Diccionario Básico Norteamericano

Richard A. Spears, Ph.D., Associate Professor
of Linguistics, Northwestern University.
Specialist in lexicography; English language
structure; phonetics; language standardization
and codification; English as a second language;
American culture.

Linda Schinke-Llano, Ph.D., Lecturer in
Linguistics, Northwestern University. Specialist
in English as a second language, bilingual
education, and second language acquisition.

Betty Kirkpatrick, M.A., Editorial Director
and Dictionaries Editor of Chambers.
Specialist in lexicography and English language
reference books both for native speakers of
English and for learners of English as a second
language.

Julio Ollero, Spanish-language Editor.

Diccionario Básico Norteamericano

Editor
Richard A. Spears

Associate Editor
Linda Schinke-Llano

Consulting Editor
Betty Kirkpatrick

Spanish-language Editor
Julio Ollero

NTC *NATIONAL TEXTBOOK COMPANY* • *Lincolnwood, Illinois U.S.A.*

INDICE

INTRODUCCIÓN

El idioma inglés le abre el mundo a aquellas personas que lo pueden hablar y escribir bien. El *Diccionario Básico Norteamericano* ha sido preparado para aquellas personas que están aprendiendo el idioma inglés y quienes están esforzándose por hablarlo y escribirlo correctamente.

Los editores han compilado 5.500 palabras básicas a las necesidades de quienes están aprendiendo el inglés. En el diccionario se incluyen palabras que se relacionan con los sujetos básicos de la vida diaria como por ejemplo: comida, ropa, deportes, gobierno y escuela. Las palabras han sido seleccionadas en base a estudios de la frecuencia de uso general como también palabras de uso frecuente en las escuelas y la comunidad.

El *Diccionario Básico Norteamericano* es único en que, considerando al estudiante cuyo conocimiento del inglés es limitado, provee una definición de cada palabra en español como también en inglés. Además, incluye una lista de vocabulario español-inglés que sirve como recurso para localizar el equivalente en inglés a palabras en español.

El *Diccionario Básico Norteamericano* es muy simple. Sus definiciones son escritas en un lenguage simple y controlado, y muchas de las características complicadas de los diccionarios grandes han sido omitidas. Las personas que utilicen esta referencia aprenderán los métodos básicos de encontrar información en un diccionario con facilidad y confianza.

El *Diccionario Básico Norteamericano* es el diccionario ideal para estudiantes deseando aprender el inglés básico y a la misma vez uso básico de un diccionario. Ya sea usado como un recurso educacional o como un diccionario portátil, el *Diccionario Básico Norteamericano* servirá como referencia indispensable a estudiantes del inglés de todas las edades. Una edición monolingüe en inglés de este diccionario, *Everyday American English Dictionary,* está también disponible de National Textbook Company.

Al estudiante

Este diccionario está concebido para personas que estudian inglés. Contiene la ortografía, la pronunciación y el significado de las 5.500 palabras de más frecuente uso por estudiantes de inglés de niveles elemental e intermedio. El diccionario incluye también todos los pronombres, preposiciones, verbos irregulares y contracciones inglesas. Y en la mayoría de las entradas se incorporan ejemplos, muy útiles para la mejor comprensión del significado de la palabra correspondiente.

Se incluye asimismo en este volumen un vocabulario español-inglés, de gran utilidad como referencia para el estudiante hispano hablante y que permite su utilización como diccionario bilingüe.

En el diccionario se utiliza una transcripción fonética especial, que figura a continuación de la correspondiente palabra inglesa. Recuerde que cada símbolo fonético o letra especial utilizada para indicar la pronunciación siempre ilustra el mismo sonido.

No es difícil aprender el sonido que corresponde a cada símbolo fonético. Más adelante se reproduce un cuadro con estas letras especiales o símbolos fonéticos, de gran utilidad para aprender el sonido que corresponde a cada uno de ellos.

Al profesor

El *Diccionario Básico Norteamericano* es un diccionario de inglés especialmente concebido para estudiantes hispano hablantes con conocimientos limitados del inglés. Se incluyen las palabras inglesas más usuales, y las definiciones se han redactado para personas con un conocimiento mínimo del inglés, empleando un vocabulario limitado. Además se ofrecen en español el equivalente de esas definiciones.

El *Diccionario Básico Norteamericano* está concebido para personas que utilizan el inglés al tiempo que lo aprenden.

Los estudiantes de inglés en niveles de principiante e intermedio encontrarán la selección de palabras incluidas en este diccionario mucho más útil que las que se encuentran en grandes diccionarios.

Organización

Cada entrada en el *Diccionario Básico Norteamericano* incluye la ortografía, la pronunciación, la parte de la oración y el significado de la palabra. Las definiciones difíciles se acompañan de ejemplos. Las palabras gramaticales, pronombres, preposiciones y contracciones se ofrecen por separado. Las definiciones están redactadas con palabras que figuran en este mismo diccionario o con palabras de las que la mayoría de los estudiantes tienen ya conocimiento pasivo. Para mayor facilidad y enseñanza del estudiante hispano hablante, el diccionario incluye la equivalencia en español de cada término, así como la traducción de su explicación.

Pronunciación

El mejor profesor del estudiante para la pronunciación es un nativo en el idioma inglés que no exagere la pronunciación de las palabras. Le proporciona además en todo caso al estudiante una pronunciación figurada que le ayude en su estudio, para lo que se utiliza el Alfabeto Fonético Internacional, International Phonetic Alphabet (IPA). Las transcripciones fonéticas se dan como un modelo de pronunciación aceptable, evitando pronunciaciones regionales y pedantes. El tipo de inglés que aquí se representa podría llamarse «educated, spoken American English» (Inglés Americano culto).

Términos y abreviaturas utilizados

adj =	adjetivo		n =	nombre
adv =	adverbio		pro =	pronombre
conj =	conjunción		prep =	preposición
cont =	contracción		pt =	pasado simple
Ex =	ejemplo		pp =	participio pasado
interj =	interjección		v =	verbo

GUIA DE SIMBOLOS FONETICOS

$[\alpha]$	shop stop top	$[\partial^\cdot]$	bird third word	$[\mathrm{m}]$	enthusiasm heroism journalism	$[t]$	tap toe two
$[\alpha w]$	cow how now	$[f]$	fan feel fit	$[n]$	new note now	$[t\int]$	cheese chew church
$[\alpha y]$	buy my white	$[g]$	get girl go	$[\mathrm{n}]$	button kitten written	$[\theta]$	thin think thought
$[æ]$	bad sat track	$[h]$	hat hold who	$[\mathrm{n}]$	bring sing thing	$[uw]$	food stew zoo
$[b]$	beet bone boot	$[hw]$	whale wheel while	$[oy]$	boy spoil toy	$[U]$	good look should
$[d]$	dead dog do	$[I]$	bit hit sit	$[ow]$	coat wrote vote	$[v]$	van vine voice
$[d\mathsf{z}]$	jail joke judge	$[i]$	feet neat street	$[\mathsf{c}]$	caught raw yawn	$[w]$	well will wind
$[ð]$	that them those	$[k]$	can caught keep	$[p]$	Pete pat pit	$[z]$	zebra zinc zoo
$[ey]$	date late rate	$[l]$	lawn leave lie	$[r]$	rat round run	$[\mathsf{z}]$	measure pleasure treasure
$[\varepsilon]$	get met set	$[\mathrm{l}]$	battle bottle puddle	$[s]$	sat sit sew		
$[ə]$	but cut nut	$[m]$	mat might mouse	$[\int]$	she shell shoe		

[ı] se coloca delante de la sílaba más fuerte en palabras de dos o más sílabas.
() encierra sonidos que a veces no se pronuncian.

TABLA DE VERBOS IRREGULARES

Infinitivo	Pasado	P. Pasado	Infinitivo	Pasado	P. Pasado
arise	arose	arisen	hang	hanged, hung	hanged, hung
awake	awaked, awoke	awaked, awoke, awoken	have	had	had
			hear	heard	heard
be	was, were	been	hide	hid	hidden
bear	bore	born, borne	hit	hit	hit
beat	beat	beat, beaten	hold	held	held
become	became	become	hurt	hurt	hurt
begin	began	begun	keep	kept	kept
bend	bent	bent	kneel	knelt	knelt
bid	bid	bid	know	knew	known
bind	bound	bound			
bite	bit	bitten	lay	laid	laid
bleed	bled	bled	lead	led	led
blow	blew	blown	leave	left	left
break	broke	broken	lend	lent	lent
breed	bred	bred	let	let	let
bring	brought	brought	lie	lay	lain
build	built	built	lose	lost	lost
burst	burst	burst	make	made	made
buy	bought	bought	mean	meant	meant
			meet	met	met
catch	caught	caught	mistake	mistook	mistaken
choose	chose	chosen			
cling	clung	clung	overcome	overcame	overcome
come	came	come	overtake	overtook	overtaken
cost	cost	cost	overthrow	overthrew	overthrown
creep	crept	crept	pay	paid	paid
cut	cut	cut	put	put	put
deal	dealt	dealt	quit	quit	quit
dig	dug	dug			
dive	dived, dove	dived	read	read	read
do	did	done	rid	rid	rid
draw	drew	drawn	ride	rode	ridden
drink	drank	drunk	ring	rang	rung
drive	drove	driven	rise	rose	risen
			run	ran	run
eat	ate	eaten	say	said	said
fall	fell	fallen	see	saw	seen
feed	fed	fed	seek	sought	sought
feel	felt	felt	sell	sold	sold
fight	fought	fought	send	sent	sent
find	found	found	set	set	set
flee	fled	fled	shake	shook	shaken
fling	flung	flung	shed	shed	shed
fly	flew	flown	shoot	shot	shot
forget	forgot	forgotten	show	showed	shown
forgive	forgave	forgiven	shrink	shrank	shrunk
freeze	froze	frozen	shut	shut	shut
get	got	got, gotten	sing	sang	sung
give	gave	given	sink	sank	sunk
go	went	gone	sit	sat	sat
grind	ground	ground	slay	slew	slain
grow	grew	grown	sleep	slept	slept

Infinitivo	Pasado	P. Pasado	Infinitivo	Pasado	P. Pasado
slide	slid	slid	swell	swelled	swelled, swollen
sling	slung	slung	swim	swam	swum
slink	slinke, slunk	slinke, slunk	swing	swung	swung
slit	slit	slit			
sow	sowed	sowed, sown	take	took	taken
speak	spoke	spoken	teach	taught	taught
speed	sped	sped	tear	tore	torn
spend	spent	spent	tell	told	told
spin	spun	spun	think	thought	thought
split	split	split	throw	threw	thrown
spread	spread	spread			
spring	sprang	sprung	understand	understood	understood
stand	stood	stood	undo	undid	undone
steal	stole	stolen			
stick	stuck	stuck	wake	waked, woke	waked, woke, woken
sting	stung	stung			
stink	stank	stunk	wear	wore	worn
stride	strode	stridden	weave	wove	woven
strike	struck	struck, stricken	weep	wept	wept
strive	strived, strove	strived, striven	win	won	won
swear	swore	sworn	wring	wrung	wrung
sweep	swept	swept	write	wrote	written

NUMEROS

Cardinales

1	one
2	two
3	three
4	four
5	five
6	six
7	seven
8	eight
9	nine
10	ten
11	eleven
12	twelve
13	thirteen
14	fourteen
15	fifteen
16	sixteen
17	seventeen
18	eighteen
19	nineteen
20	twenty
21	twenty-one
30	thirty
40	forty
50	fifty
60	sixty
70	seventy
80	eighty
90	ninety
100	one hundred
101	one hundred one
200	two hundred
300	three hundred
400	four hundred
500	five hundred
600	six hundred
700	seven hundred
800	eight hundred
900	nine hundred
1000	one thousand
100,000	one hundred thousand
1,000,000	one million

Ordinales

1st	first
2nd	second
3rd	third
4th	fourth
5th	fifth
6th	sixth
7th	seventh
8th	eighth
9th	ninth
10th	tenth
11th	eleventh
12th	twelfth
13th	thirteenth
14th	fourteenth
15th	fifteenth
16th	sixteenth
17th	seventeenth
18th	eighteenth
19th	nineteenth
20th	twentieth
21st	twenty-first
30th	thirtieth
40th	fortieth
50th	fiftieth
60th	sixtieth
70th	seventieth
80th	eightieth
90th	ninetieth
100th	(one) hundredth
101st	(one) hundred first
200th	two-hundredth
300th	three-hundredth
400th	four-hundredth
500th	five-hundredth
600th	six-hundredth
700th	seven-hundredth
800th	eight-hundredth
900th	nine-hundredth
1000th	(one) thousandth
100,000th	(one) hundred thousandth
1,000,000th	(one) millionth

FRACCIONES MAS USUALES

1/2	one-half
1/3	one-third
1/4	one-fourth or one quarter
1/5	one-fifth
3/5	three-fifths
1/8	one-eighth
5/8	five-eighths

ALGUNOS DATOS SOBRE LOS ESTADOS UNIDOS

Estado y abreviatura	Capital	Ciudad de mayor extensión
Alabama AL	Montgomery	Birmingham
Alaska AK	Juneau	Anchorage
Arizona AZ	Phoenix	Phoenix
Arkansas AR	Little Rock	Little Rock
California CA	Sacramento	Los Angeles
Colorado CO	Denver	Denver
Connecticut CT	Hartford	Hartford
Delaware DE	Dover	Wilmington
District of Columbia DC		Washington
Florida FL	Tallahassee	Jacksonville
Georgia GA	Atlanta	Atlanta
Hawaii HI	Honolulu	Honolulu
Idaho ID	Boise	Boise
Illinois IL	Springfield	Chicago
Indiana IN	Indianapolis	Indianapolis
Iowa IA	Des Moines	Des Moines
Kansas KS	Topeka	Wichita
Kentucky KY	Frankfort	Louisville
Louisiana LA	Baton Rouge	New Orleans
Maine ME	Augusta	Portland
Maryland MD	Annapolis	Baltimore
Massachusetts MA	Boston	Boston
Michigan MI	Lansing	Detroit
Minnesota MN	St. Paul	Minneapolis
Mississippi MS	Jackson	Jackson
Missouri MO	Jefferson City	St. Louis
Montana MT	Helena	Billings
Nebraska NE	Lincoln	Omaha
Nevada NV	Carson City	Las Vegas
New Hampshire NH	Concord	Manchester
New Jersey NJ	Trenton	Newark
New Mexico NM	Santa Fe	Albuquerque
New York NY	Albany	New York City
North Carolina NC	Raleigh	Charlotte
North Dakota ND	Bismarck	Fargo
Ohio OH	Columbus	Cleveland
Oklahoma OK	Oklahoma City	Oklahoma City
Oregon OR	Salem	Portland
Pennsylvania PA	Harrisburg	Philadelphia
Rhode Island RI	Providence	Providence
South Carolina SC	Columbia	Columbia
South Dakota SD	Pierre	Sioux Falls
Tennessee TN	Nashville	Memphis
Texas TX	Austin	Houston
Utah UT	Salt Lake City	Salt Lake City
Vermont VT	Montpelier	Burlington
Virginia VA	Richmond	Norfolk
Washington WA	Olympia	Seattle
West Virginia WV	Charleston	Huntington
Wisconsin WI	Madison	Milwaukee
Wyoming WY	Cheyenne	Cheyenne
Guam GU	Agana	Agana
Puerto Rico PR	San Juan	San Juan
Virgin Islands VI	Charlotte Amalie	Charlotte Amalie

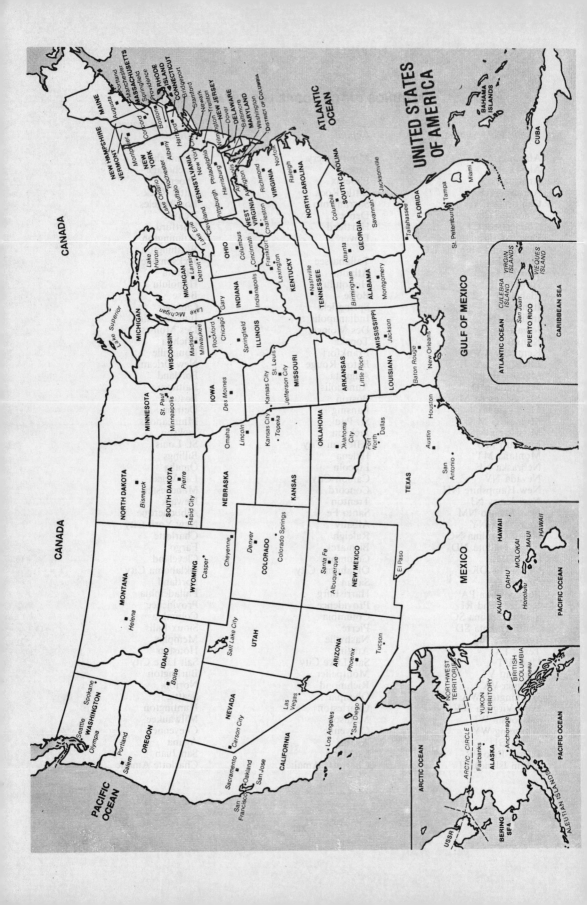

Presidentes

N.º	Nombre	Período de mandato	N.º	Nombre	Período de mandato
1	George Washington	1789-97	21	Chester A. Arthur	1881-85
2	John Adams	1797-1801	22	Grover Cleveland	1885-89
3	Thomas Jefferson	1801-09	23	Benjamin Harrison	1889-93
4	James Madison	1809-17	24	Grover Cleveland	1893-97
5	James Monroe	1817-25	25	William McKinley	1897-1901
6	John Quincy Adams	1825-29	26	Theodore Roosevelt	1901-09
7	Andrew Jackson	1829-37	27	William Howard Taft	1909-13
8	Martin Van Buren	1837-41	28	Woodrow Wilson	1913-21
9	William Henry Harrison	1841	29	Warren G. Harding	1921-23
10	John Tyler	1841-45	30	Calvin Coolidge	1923-29
11	James K. Polk	1845-49	31	Herbert Hoover	1929-33
12	Zachary Taylor	1849-50	32	Franklin D. Roosevelt	1933-45
13	Millard Fillmore	1850-53	33	Harry S. Truman	1945-53
14	Franklin Pierce	1853-57	34	Dwight D. Eisenhower	1953-61
15	James Buchanan	1857-61	35	John F. Kennedy	1961-63
16	Abraham Lincoln	1861-65	36	Lyndon B. Johnson	1963-69
17	Andrew Johnson	1865-69	37	Richard M. Nixon	1969-74
18	Ulysses S. Grant	1869-77	38	Gerald R. Ford	1974-77
19	Rutherford B. Hayes	1877-81	39	Jimmy Carter	1977-81
20	James A. Garfield	1881	40	Ronald Reagan	1981-

Fiestas nacionales

New Year's Day	January 1st
Abraham Lincoln's Birthday*	February 12th
George Washington's Birthday†	February 22nd
Memorial Day*†	May 30th
Fourth of July (Independence Day)	July 4th
Labor Day	First Monday in September
Columbus Day*†	October 12th
Election Day*	First Tuesday in November
Veterans Day†	November 11th
Thanksgiving Day	Third Thursday in November
Christmas Day	December 25th

*Fiestas oficiales (en bancos, colegios, administración) sólo en algunos estados.

†Para todos los empleados federales, y en algunos estados, estas fiestas se celebran los lunes, independientemente de la fecha que aparece en el calendario.

a [ə, ey] each; one; a word called an article which indicates one of a thing. *Ex* Please give me a pencil. A swim in the morning is very nice.

a art. un, una.

abandon [ə'bændən] *v* to go away forever from something or someone; to stop what you are doing before you have finished it.

v. abandonar; dejar algo o a alguien para siempre, dejar lo que se está haciendo antes de terminarlo.

abbreviation [əbrivi'eyʃn] *n* a short way of writing or printing a word, such as Dr. for doctor, Jan. for January.

n. abreviatura; forma reducida de escribir o imprimir una palabra.

abdomen ['æbdəmən] *n* the central part of the body which contains the stomach and other organs.

n. abdomen; la parte central del cuerpo que contiene al estómago y a otros órganos.

ability [ə'bɪləti] *n* strength, cleverness, or skill.

n. habilidad; fuerza, inteligencia o destreza.

able ['eybl] *adj* having the strength, cleverness, or skill to do something.

adj. capaz; que tiene la fuerza, inteligencia o destreza para hacer algo.

abolish [ə'balɪʃ] *v* to get rid of something; to put an end to something.

v. abolir; deshacerse de algo; poner término a algo.

about [ə'bawt] **1.** *prep* having to do with. *Ex* That book is about trains. **2.** *prep* near to; around. **3.** *adv* almost; approximately.

prep. sobre, acerca de. **1.** *prep.* que tiene que ver con. **2.** *prep.* cercano a. **3** *adv.* casi, aproximadamente.

above [ə'bəv] **1.** *prep* higher than; over. **2.** *adv* to a higher place.

1. *prep.* sobre. **2** *adv.* por encima de.

abroad [ə'brɔd] *adv* away in another country. *Ex* They spent the year abroad.

adv. fuera; en el extranjero.

abrupt [ə'brəpt] *adj* sudden; hurried

adj. brusco; repentino, inesperado.

absence ['æbsn̩(t)s] *n* the state of not being present; the missing of a day of school.

n. ausencia; el estado de no estar presente; pérdida de un día de colegio.

absent ['æbsnt] *adj* missing; not present.

adj. ausente; no presente.

abundant [ə'bəndənt] *adj* more than enough; in great plenty.

adj. abundante; más que suficiente; en gran cantidad.

accent ['æksɛnt] *n* the manner of pronouncing words. *Ex* People who live in different parts of the country have different accents.

n. acento; forma de pronunciar las palabras.

accept [æk'sɛpt] *v* to agree to receive something; to agree to something.

v. aceptar; estar de acuerdo con recibir algo; estar de acuerdo con algo.

accident ['æksədənt] **1.** *n* an event which occurs by chance. **2.** *n* an event which causes harm to a person or to property.

1. *n.* accidente; acontecimiento que ocurre por casualidad. **2.** *n.* acontecimiento que daña a una persona o propiedad.

according to [ə'kɔrdɪŋ tuw] *prep* as stated by; depending on.

prep. como dicho por; dependiendo de.

account [ə'kawnt] *n* a record of money paid and received; an explanation.

n. cuenta; anotación de dinero pagado y recibido; explicación.

accountant [ə'kawntn̩t] *n* a person who keeps records of money paid and received.

n. contable; persona que guarda registros del dinero pagado y recibido.

accurate ['ækyərət] *adj* correct; exactly right.

adj. preciso; correcto, exacto.

accuse [ə'kyuwz] *v* to say that someone has done something wrong.

v. acusar; decir que alguien ha hecho algo erróneo.

ache [eyk] *n* a dull pain that goes on and on.

n. dolor; achaque pesado y continuo.

acid ['æsəd] **1.** *n* a liquid which can eat metal or burn your skin. **2.** *adj* tasting sour or sharp.

1. *n.* ácido; líquido que puede morder el metal o quemar la piel. **2.** *adj.* de sabor agrio o fuerte.

acrobat ['ækrəbæt] *n* a person who does tricks high in the air. *Ex* Acrobats who walk on ropes can be seen at a circus.

n. acróbata; persona que hace proezas gimnásticas en el aire.

acronym ['ækrənɪm] *n* a word made from the first letters of the words in a group of words. *Ex Radar* is an acronym for *radio detecting and ranging. Scuba* is an acronym for *self-contained underwater breathing apparatus.*

n. acrónimo; palabra formada por las primeras letras de un grupo de palabras.

across [ə'krɔs] *prep* from one side to the other side of something.

prep. a través; de un lado a otro de algo.

act [ækt] **1.** *n* anything which is done or performed; part of a play. **2.** *n* a law. **3.** *v* to pretend you are someone other than yourself in a play or a film; to perform. **4.** *v* to behave in a particular way. *Ex* Please act your age!

1. *n.* acto; algo que se hace o se representa; parte de una pieza de teatro. **2.** *n.* una ley. **3.** *v.* actuar ficticiamente, pretender que se es otro distinto a sí mismo en una obra de teatro o en una película; representar. **4.** *v.* comportarse de una manera particular.

action ['ækʃn] *n* something done; the doing of something; a series of acts performed.

n. acción; hecho, hacer algo, representación de una serie de actos.

active ['æktəv] *adj* doing something; busy or lively.

adj. activo; ocupado o enérgico.

actor ['æktɚ] *n* a man or boy who acts in a play or a film.

n. actor; hombre o muchacho que actúa en una película o una obra de teatro.

actress ['æktrəs] *n* a woman or girl who acts in a play or a film.

n. actriz; mujer o chica que actúa en una película o una obra de teatro.

actual ['æktʃəwəl] *adj* real; existing; not imaginary.

adj. real; que existe, no imaginario.

add [æd] *v* to put something together with something else. You add two and two to make four: 2 + 2 = 4.

v. añadir, sumar; poner algo junto con algo más.

addition [ə'dɪʃn] *n* something added; the act of adding.

n. adición, suma; algo que se ha sumado, acto de añadir.

address [ə'drɛs] **1.** *n* the directions for delivery written on a letter or package. *Ex* The address includes the number of the house or building, the street name or number, the city, state, and zip code. **2.** *v* to write an address on a letter or package. **3.** *v* to speak to a group of people.

1. *n.* direcciones escritas para la entrega de una carta o paquete. **2** *v.* escribir una dirección en una letra o paquete. **3** *v.* hablar a un grupo de personas.

adjective ['ædʒəktɪv] *n* a word which points out something specific about a noun. *Ex Long* is an adjective in *long road,* and *The road is long.*

n. adjetivo; palabra que advierte de algo específico acerca de un nombre.

adjourn [ə'dʒɚn] *v* to end a meeting.

v. suspender, aplazar; terminar una reunión.

admire [əd'mayr] *v* to think very well of something or someone.

v. admirar; pensar muy bien de alguien o algo.

admit [əd'mɪt] **1.** *v* to agree that something is so. **2.** *v* to allow someone to come in.

v. admitir. **1.** *v.* estar de acuerdo con que algo es así. **2.** *v.* permitir la entrada a alguien.

adolescent [ædə'lɛsn̩t] **1.** *n* a person who is almost an adult; a teenager. **2.** *adj* having to do with teenagers; in the manner of a teenager.

1. *n.* adolescente; persona casi adulta. **2.** *adj.* lo relacionado con los adolescentes; al modo de un adolescente.

adopt [ə'dɑpt] **1.** *v* to take over an idea and use it as your own. **2.** *v* to receive and raise the child of someone else.

1. *v.* adoptar; apoderarse de una idea y usarla como propia. **2.** *v.* hacerse cargo y educar al hijo de otra persona.

advance [əd'væn(t)s] *v* to move forward.

v. avanzar; moverse hacia adelante.

adventure [əd'vɛntʃɚ] *n* an exciting or dangerous thing that you do or that happens to you.

n. aventura, algo excitante o peligroso que uno hace o que le sucede.

adverb ['ædvɚb] *n* a word which points out something specific about a verb, an adjective, or another adverb. Adverbs tell how, how much, when, or where. *Ex Quickly* is an adverb in *The dog came quickly when called. Very* is an adverb in *The road is very long. Never* is an adverb in *You will never catch me.*

n. adverbio; palabra que señala algo específico acerca de un verbo, un adjetivo, u otro adverbio; los adverbios indican modo, cantidad, tiempo o lugar.

advertise ['ædvɚtayz] *v* to tell people about something through newspapers, radio, and television.

v. anunciar a la gente algo a través de periódicos, radio y televisión.

advertisement [ædvɚ'tayzmənt] *n* something said on radio, television, or in the paper which tells people about things to buy or about jobs.

n. anuncio; algo dicho en la radio, la televisión o en el periódico que informa a la gente de cosas para comprar o de empleos.

affair [ə'fɛr] *n* a happening or an event.

n. asunto; acontecimiento o suceso.

affect [ə'fɛkt] *v* to do something that causes a change; to influence.

v. afectar; hacer algo que produce un cambio; influir.

affection [ə'fɛkʃn] *n* fondness; great liking.

n. cariño, afecto; predilección, simpatía.

affirmative [əˈfɜ·mətɪv] *adj* indicating yes; indicating that something is so; the opposite of negative. *Ex The boy is here* is an affirmative sentence. *The boy is not here* is a negative sentence.

adj. afirmativo; que indica sí, que indica que algo es correcto; lo opuesto de negativo.

afford [əˈford] *v* to have enough money for something you wish to buy or do.

v. permitirse el lujo; tener bastante dinero para hacer o comprar lo que se quiera.

afraid [əˈfreyd] *adj* full of fear; frightened. *Ex* George is afraid of the dark.

adj. asustado; lleno de miedo, atemorizado.

after [ˈæftɚ] 1. *prep* later; behind; following on. 2. *adv* behind; afterward.

1. *prep.* después de, más tarde; detrás de, siguiente a. 2. *adv.* detrás; después.

afternoon [æftɚˈnuwn] *n* the part of the day between noon and sunset.

n. tarde; la parte del día que transcurre entre el mediodía y la puesta del sol.

afterward [ˈæftɚwɚd] *adv* at a later time.

adv. después de; más tarde.

again [əˈgɛn] *adv* once more; one more time.

adv. de nuevo, una vez más.

against [əˈgɛn(t)st] *prep* in the opposite direction to; on the opposite side of; in contact with.

prep. contra; en la dirección opuesta; en el lado opuesto de; en contacto con.

age [eydʒ] 1. *n* the number of years something or someone has been alive, or has existed. 2. *v* to become old.

1. *n.* edad; número de años que algo o alguien ha vivido, o ha existido. 2. *v.* hacerse viejo.

agent [ˈeydʒnt] 1. *n* a person or thing which does something or causes something to happen. 2. *n* a person who is paid to look after someone else's business. 3. *n* someone who finds out secrets or other information; a spy.

1. *n.* agente; persona o cosa que hace algo o es causa de que algo suceda. 2. *n.* delegado, apoderado; persona a la que se le paga para que atienda los negocios de otra. 3. *n.* alguien que descubre secretos u otra información; espía.

agree [əˈgri] *v* to consent to something; to accept someone else's thinking or opinion.

v. estar de acuerdo con; consentir algo; aceptar el pensamiento o la opinión de otro.

agreeable [əˈgriəbl] *adj* friendly; pleasant; easy to get along with.

adj. amigable; agradable, de trato fácil.

agreement [əˈgrimənt] *n* the act of agreeing; holding the same opinion.

n. acuerdo; convenio, acto de aceptar; acto de compartir la misma opinión.

agriculture [ˈægrɪkəltʃɚ] *n* farming; the science of farming.

n. agricultura; labranza, ciencia de cultivar la tierra.

ahead [əˈhɛd] *adv* in the future; toward the front.

adv. adelante; en el futuro; hacia adelante.

aide [eyd] *n* an assistant; a helper.

n. asistente; ayudante.

aim [eym] *v* to point a gun or other weapon steadily at the target.

v. apuntar a un blanco con un arma.

air [ɛr] *n* the mixture of gases that we breathe.

n. aire; mezcla de gases que respiramos.

air conditioner [ˈɛr kəndɪʃ(ə)nɚ] *n* an electric machine which cools the air in the rooms of homes and offices.

n. acondicionador de aire; máquina eléctrica que enfría el aire en las habitaciones de las casas y oficinas.

airplane [ˈɛrpleyn] *n* a machine which carries people or cargo high in the air. *Ex* Airplanes are heavier than air, and they use propellers or jets to make them move through the air.

n. avión; máquina que transporta gente o carga por el aire.

airport [ˈɛrport] *n* the place where airplanes come in to land or take off.

n. aeropuerto; lugar donde aterrizan o despegan los aviones.

aisle [ayl] *n* a pathway between rows of seats in a church, theater, or classroom.

n. pasillo; camino entre filas o asientos en una iglesia, teatro o clase.

alarm [əˈlarm] 1. *n* sudden surprise or fear. 2. *n* a loud bell or horn which is a warning of danger. A fire alarm warns that a fire has started in a building.

n. alarma. 1. *n.* sorpresa súbita o miedo. 2. *n.* timbre o bocina que avisa de un peligro.

alarm clock [əˈlarm klak] *n* a clock which rings a bell or makes a loud sound when it is time to wake up.

n. despertador; reloj que hace sonar un timbre cuando es hora de despertarse.

album [ˈælbəm] *n* a book of blank pages in which you can keep a collection of things like stamps or photographs.

n. álbum; libro de hojas con espacios para colocar una colección de cosas, como sellos o fotografías.

alderman [ˈɔldɚmən] *n* one of the people who is elected to make the laws for a city.

n. concejal; persona elegida para legislar en una ciudad.

alert [əˈlɚt] *adj* wide awake; active; watchful.

adj. despierto; activo, atento, vigilante.

algebra [ˈældʒəbrə] *n* a branch of mathematics in which you use letters like "x" or "y" as well as numbers.

n. álgebra; rama de las matemáticas que utiliza letras, como *x* o *y* para representar números.

alibi ['æləbay] *n* an excuse; a statement which explains that an accused person was in another place when a crime took place.

n. coartada; excusa; declaración que pone de manifiesto que una persona acusada estaba en otro lugar cuando ocurrió el delito.

alike [ə'layk] **1.** *adj* similar to one another; nearly the same. **2.** *adv* in the same way; in the same manner.

1. *adj.* similar a otro; casi lo mismo. **2.** *adv.* de la misma manera.

alive [ə'layv] *adj* living; not dead; existing.

adj. vivo; no muerto; que existe.

all [ɔl] **1.** *adj* every one of; the full amount of. *Ex* She works all day. **2.** *adv* totally; completely. **3.** *pro* everything; everybody. *Ex* All are invited.

1. *adj.* todo; cada uno de un conjunto; toda la cantidad de. **2.** *adv.* totalmente, completamente. **3.** *pron.* todo; todo el mundo.

allege [ə'lɛdʒ] *v* to state a fact without giving proof; to accuse someone of something without giving proof.

v. alegar; afirmar un hecho sin dar pruebas; acusar a alguien de algo sin dar pruebas de ello.

allergy ['ælədʒi] *n* a bad reaction to a substance which is usually harmless. *Ex* Susan's baby sister has an allergy to orange juice.

n. alergia; reacción maligna a una sustancia que normalmente es inofensiva.

alley ['æli] *n* a narrow passage between buildings in cities and towns.

n. callejón; paso estrecho entre edificios en ciudades y pueblos.

alligator ['æləgeytɚ] *n* a large and dangerous reptile similar to a crocodile. *Ex* Alligators live in swamps and may grow as long as twenty feet.

n. caimán; reptil grande y peligroso similar al cocodrilo.

allow [ə'law] *v* to let someone do something or let something happen.

v. permitir; dejar que alguien haga algo o que suceda algo.

all right [ɔl 'rayt] *adj* satisfactory; well; OK.

adj. satisfactorio; bien.

almanac ['ɔlmənæk] *n* a book that gives information about the weather and other things which may happen in the days, weeks, and months of one year.

n. almanaque; libro que informa acerca del tiempo y otras cosas que pueden suceder en los días, semanas y meses del año.

almost ['ɔlmost] *adv* nearly, but not entirely.

adv. casi, pero no enteramente.

alone [ə'lown] **1.** *adv* all by yourself. *Ex* I can't do it alone. **2.** *adj* with no one else; isolated. *Ex* I am all alone.

1. *adv.* solo; únicamente. **2.** *adj.* solo con; nadie más; aislado.

along [ə'lɔŋ] *prep* following the path of; in the course of.

prep. por, a lo largo de, en el curso de.

aloud [ə'lawd] *adv* out loud; spoken; the opposite of silent.

adv. alto, en voz alta; lo opuesto de silencioso.

alphabet ['ælfəbɛt] *n* all of the letters used in writing a language. They are arranged in a special order.

n. alfabeto; todas las letras empleadas para escribir en una lengua. Se colocan en un orden especial.

alphabetize ['ælfəbətayz] *v* to arrange words, names, or titles in the same order as the letters of the alphabet.

v. alfabetizar; colocar palabras, nombres o títulos en el mismo orden que las letras del alfabeto.

already [ɔl'rɛdi] *adv* sooner than expected.

adv. ya; antes de lo esperado.

also ['ɔlsow] *adv* as well as; too; in addition to.

adv. del mismo modo que; también; además.

altar ['ɔltɚ] *n* a kind of raised table inside a church.

n. altar; especie de mesa alzada en el interior de una iglesia.

alter ['ɔltɚ] *v* to make a change in something; to become different in some way.

v. alterar; introducir un cambio en algo; volverse diferente en algún sentido.

alteration [ɔltə'reyʃn] *n* the act of altering; a change; the act of fitting clothing to a person.

n. modificación; el hecho de alterar; cambio; el ajustar la ropa a una persona.

although [ɔl'ðow] *conj* even if; but; in spite of.

conj. aunque; incluso si; en vez de.

aluminum [ə'luwmənəm] *n* a lightweight, silver-colored metal.

n. aluminio; metal ligero de color plateado.

always ['ɔlwɪz, 'ɔlweyz] *adv* at all times; forever.

adv. siempre; en todas las ocasiones; para siempre.

am [æm] *v* the present tense form of the verb *to be* that goes with I. *Ex* I am a student. I am going to town.

v. forma del presente del verbo *to be* que va acompañada de I.

amateur ['æmətʃɚ] **1.** *n* any person who plays a sport or does a job for pleasure and not for money. **2.** *n* a person who does something carelessly. **3.** *adj* careless; not good enough.

1. *n.* aficionado; cualquiera que practica un deporte o realiza un trabajo por placer y no por dinero. **2.** *n.* persona que hace algo sin poner cuidado. **3.** *adj.* descuidado; no suficientemente bueno.

amaze [ə'meyz] *v* to surprise greatly.

v. asombrar; sorprender enormemente.

ambition [æm'bɪʃn] *n* the desire to do very well; the desire to have power.

n. ambición; deseo de hacer las cosas muy bien; deseo de tener poder.

ambulance ['æmbyələn(t)s] *n* a special car or truck for taking people who are ill or hurt to the hospital.

n. ambulancia; coche o camioneta especial para transportar enfermos o heridos al hospital.

among [ə'məŋ] *prep* in the midst of; surrounded by.

prep. entre; en medio de; rodeado por.

amount [ə'mɑwnt] *n* a quantity; the total of several things added together.

n. cantidad; el total de varias cosas.

amphibian [æm'fɪbiən] *n* a class of animals which live and breathe in the water when young and breathe air when they are grown up. *Ex* Frogs and toads are amphibians.

n. anfibio; especie de animales que viven y respiran en el agua cuando son jóvenes y que de adultos respiran aire.

ample ['æmpl] *adj* of a large size; plentiful.

adj. amplio; de gran tamaño; abundante.

amuse [ə'myuwz] *v* to make others smile or laugh by something you say or do.

v. divertir; hacer que otros sonrían con algo que se dice o hace.

an [ən, æn] one, each; a word called an article which indicates one of a thing. *Ex* Please give me an apple. An elephant is a very large animal.

uno; cada uno; artículo que indica la unidad de una cosa.

analysis [ə'næləsəs] *n* a careful study of something.

n. análisis; estudio detenido de algo.

anchor ['æŋkɚ] **1.** *n* a heavy metal hook which is attached to a ship or boat by a chain. *Ex* An anchor is put on the bottom of the sea where it digs in and holds the ship or boat in place. **2.** *v* to hold a ship or boat in place with an anchor; to fasten something securely.

1. *n.* ancla; pesado garfio de metal que va unido a un bote o barco por medio de una cadena. **2.** *v.* anclar; mantener un bote o un barco en un lugar por medio de un ancla; asegurar algo firmemente.

ancient ['eyntʃənt] *adj* very, very old; in the distant past.

adj. antiguo; muy viejo; en el pasado lejano.

and [ənd, ænd] *conj* plus; in addition to; furthermore. *Ex* Apples and oranges are fruit. Please go home and eat your supper.

conj. y; más; en adición a; además.

angle ['æŋgl] *n* the sharp turn where two straight lines meet at a point. *Ex* The letters L and V each show one angle. The letter W shows three. The letters C and O show no angles.

n. ángulo; el giro brusco donde dos líneas rectas se encuentran en un punto.

angry ['æŋgri] *adj* very cross; in a bad temper.

adj. enfadado; muy malhumorado; de mal genio.

animal ['ænəməl] *n* any living creature which is not a plant. *Ex* Sometimes the word animal includes humans, and sometimes it does not.

n. animal; cualquier criatura viviente que no sea vegetal.

ankle ['æŋkl] *n* the thin, bony part of the leg just above the foot; the part of the leg which joins the foot.

n. tobillo; parte delgada y huesuda de la pierna que está inmediatamente por encima del pie; parte de la pierna que se une con el pie.

anniversary [ænə'vɚsɚi] *n* a day which is remembered each year for something special which happened once in the past. *Ex* Married people celebrate wedding anniversaries.

n. aniversario; día que se recuerda todos los años por algo especial que una vez sucedió en el pasado.

announce [ə'nɑwn(t)s] *v* to make something known by telling everyone.

v. anunciar; hacer que algo se sepa diciéndoselo a todo el mundo.

annoy [ə'nɔy] *v* to make someone cross or angry.

v. enojar; enfadar a alguien.

annual ['ænyəwəl] *adj* happening one time a year; covering the period of one year; happening every year.

adj. anual; que sucede una vez al año; que cubre el período de un año; que ocurre todos los años.

another [ə'nəðɚ] *adj* one more; a different one.

adj. otro; uno más; uno diferente.

answer ['æn(t)sɚ] **1.** *n* a spoken or written reply to a question. **2.** *v* to give a reply to a question.

1. *n.* respuesta; contestación hablada o escrita a una pregunta. **2.** *v.* contestar a una pregunta.

ant [ænt] *n* a small insect which lives in colonies. *Ex* Some ants eat fat, and some eat sugar.

n. hormiga; pequeño insecto que vive en colonias.

antarctic [ænt'ɑrktɪk] **1.** *n* the landmass surrounding the South Pole of the earth. **2.** *adj* having to do with the land surrounding the South Pole.

1. *n.* porción de tierra que rodea el Polo Sur de la Tierra. **2.** *adj.* lo que se refiere a la tierra que rodea el Polo Sur.

antenna [æn'tɛnə] **1.** *n* one of the two sensory organs on the head of an insect. The plural is antennas or antennae. *Ex* Ants have very active antennas. **2.** *n* a metal device which sends out or receives radio or television signals. The plural is antennas.

n. antena. **1.** *n.* cada uno de los dos órganos sensores de la cabeza de un insecto. El plural es *antennas* o *antennae.* **2.** *n.* dispositivo de metal que envía o recibe señales de radio o T.V. El plural es *antennas.*

antique [æn'tik] **1.** *adj* very old; in existence for a very long time. **2.** *n* a piece of furniture or other object which is old and valuable.

1. *adj.* antiguo; muy viejo; que existe desde hace mucho tiempo. **2.** *n.* antigüedad; mueble u otro objeto que es antiguo y valioso.

anxiety [æŋ'zɑyəti] *n* worry; a feeling of fear about something you think might happen.

n. ansiedad; preocupación; sensación de miedo por algo que se cree que puede suceder.

anxious ['æŋ(k)ʃəs] *adj* worried; fearful about something you think might happen.

adj. ansioso; preocupado; temeroso por algo que piensa que pueda suceder.

any ['ɛni] *adj* one or some.

adj. uno o alguno.

anything ['ɛniθɪŋ] *pro* a thing of any kind.

pro. algo; una cosa de alguna clase.

anyway ['ɛniwey] *adv* in any way; in any manner; in any case.

adv. de cualquier modo; de todos modos; en cualquier caso.

anywhere ['ɛnihwɛr] *adv* at, to, or in any place.

adv. en cualquier parte.

apart [ə'pɑrt] *adv* away from one another; separated; not together.

adv. separado de algún otro; separado; no juntos.

apartment [ə'pɑrtmənt] *n* a set of rooms used to live in; a flat.

n. lugar con habitaciones usado para vivir; piso.

ape [eyp] **1.** *n* a kind of large monkey with no tail. *Ex* Chimpanzees and gorillas are apes. **2.** *v* to copy someone's activities or motions awkwardly.

1. *n.* especie de mono grande sin rabo. **2.** *v.* imitar torpemente acciones o ademanes de alguien.

apex ['eypɛks] *n* the highest tip of something; the top point of a triangle.

n. ápice; el punto más alto de algo; el punto superior de un triángulo.

apologize [ə'pɑlədʒayz] *v* to say that you are sorry for doing something.

v. disculparse; decir que se lamenta haber hecho algo.

apology [ə'pɑlədʒi] *n* a statement of regret; the act of saying that you are sorry.

n. declaración de arrepentimiento; la acción de decir que se lamenta algo.

apostrophe [ə'pɑstrəfi] **1.** *n* the mark (') placed in a word to show that a letter has been left out. Contractions, such as *can't, I'm, won't,* and *wasn't,* have apostrophes. **2.** *n* the mark (') used to show possession as in "the man's hat."

n. apóstrofo. **1.** *n.* signo (') que se pone en una palabra para señalar la omisión de una letra. Las contracciones como can't, I'm, won't, y wasn't, llevan apóstrofo. **2.** *n.* el signo (') usado para señalar posesión.

apparatus [æpə'rætəs] *n* a collection of things to help a person do something; a set of tools and devices for doing something. *Ex* We have seven new sets of chemistry apparatus. Chemistry apparatus is found in a laboratory. Exercise apparatus is found in a gymnasium.

n. colección de cosas para ayudar a una persona a hacer algo; conjunto de herramientas y mecanismos para hacer algo.

appeal [ə'pil] *v* to ask for help.

v. pedir ayuda.

appear [ə'pir] *v* to come into sight.

v. aparecer; mostrarse.

appearance [ə'pirən(t)s] **1.** *n* the way someone or something looks to you. **2.** *n* the coming into sight of someone or something.

1. *n.* apariencia; modo en que se ve a alguien o a algo. **2.** *n.* aparición de alguien o algo.

appetite ['æpətayt] *n* the desire to eat.

n. apetito; deseo de comer.

applaud [ə'plɔd] *v* to show that you like a performance by clapping your hands together.

v. aplaudir; demostrar que gusta una representación tocando las palmas.

apple ['æpl] *n* a round red, green, or yellow fruit which grows on a tree.

n. manzana; fruta redonda roja, verde o amarilla que crece en un árbol.

appliance [ə'playən(t)s] *n* a tool or machine which helps do a special job. *Ex* Clothes washers and dryers, vacuum cleaners, and electric can-openers are home appliances.

n. herramienta o máquina que ayuda a hacer un trabajo especial.

application [æplə'keyʃn] **1.** *n* a written request for a job, membership in a club, or permission to go to a college. **2.** *n* the act of requesting a job, membership in a club, or permission to go to a college.

1. *n.* solicitud escrita para obtener un trabajo; ingresar en un club o entrar en una universidad. **2.** *n.* el acto de solicitar un trabajo, el ingreso en un club o la admisión en una universidad.

apply [ə'play] **1.** *v* to request employment, membership, or college admission. **2.** *v* to use a rule; to make yourself work very hard; to put on medicine.

1. *v.* solicitar un empleo, la admisión en un club o en una universidad. **2.** *v.* emplear una regla; aplicarse; tratar.

appoint [ə'poynt] *v* to choose someone for a job; to choose someone to do something special.

v. nombrar; elegir a alguien para un trabajo, elegir a alguien para hacer algo especial.

appointment [ə'poyntmənt] **1.** *n* a time chosen for a meeting; a plan for two or more people to meet. **2.** *n* a position or a job for which a person is chosen and not elected.

1. *n.* hora señalada para una reunión; plan para reunirse dos o más personas. **2.** *n.* puesto o empleo para el que una persona es escogida y no elegida.

appreciate [ə'priʃieyt] **1.** *v* to admire; to recognize the value of. **2.** *v* to increase in value.

1. *v.* admirar; apreciar; valorar. **2.** *v.* incrementarse en valor.

approach [ə'prowtʃ] *v* to go nearer to someone or something.

v. aproximarse; acercarse más a alguien o a algo.

approximate [ə'prɑksəmət] *adj* nearly correct; very near to.

adj. aproximado; casi correcto; muy cerca de.

apricot ['æprɪkɑt] *n* a fruit which looks like a small, yellow peach.

n. albaricoque, fruta que parece un melocotón pequeño y amarillo.

apron ['eyprən] *n* a piece of cloth which is tied around someone to keep clothes clean. *Ex* Aprons are usually found in the kitchen.

n. delantal; pieza de tela que se ata en torno a alguien para conservar limpia la ropa.

aquarium [ə'kwɛriəm] **1.** *n* a container, usually a glass tank, where fish and other water animals are kept for people to look at. **2.** *n* a public building with many glass tanks containing fish on display.

n. acuario. **1.** *n.* contenedor, normalmente un depósito de cristal, donde hay peces y otros animales acuáticos para que la gente los contemple. **2.** *n.* edificio público con depósitos de cristal que contienen peces en exposición.

arc [ɑrk] *n* a curved line which is part of a circle.

n. arco; línea curva que es parte de un círculo.

arch [ɑrtʃ] *n* a part of a house or a building which is curved over an opening. *Ex* Arches can be found over doorways and windows.

n. arco; parte de una casa o de un edificio que está curvada encima de una abertura.

archery ['ɑrtʃəi] *n* shooting at a target with a bow and arrow; the sport of shooting with a bow and arrow.

n. tiro con arco; disparar a un blanco con un arco y una flecha; deporte que consiste en disparar con un arco y una flecha.

architect ['ɑrkətɛkt] *n* a person who designs a building and watches over its construction.

n. arquitecto; persona que diseña un edificio y vigila su construcción.

arctic ['ɑrktɪk] **1.** *n* the landmass surrounding the North Pole. **2.** *adj* very, very cold.

1. *n.* ártico; porción de tierra que rodea el Polo Norte. **2.** *adj.* glacial; muy, muy frío.

are [ɑr] *v* the form of the verb *to be* that goes with *you, we,* and *they*. *Ex* You are a student. We are students. They are students.

v. forma del verbo *to be* que va con *you, we* y *they*.

area ['ɛriə] *n* a region of a state, country, city, world, or other place; an amount of space on a table, the floor, the ground, or some other flat place.

n. área; región de un estado, país, ciudad, mundo u otro lugar; porción de espacio en una mesa, suelo, tierra o algún otro lugar llano.

area code ['ɛriə kowd] *n* the part of a telephone number which you dial to place a call to a city other than your own. *Ex* You must always dial a "1" before dialing the area code. The area code for New York City is 1 + 212.

n. código de zona; la parte de un número de teléfono que se marca para llamar a otra ciudad que no sea la propia.

arena [ə'rinə] *n* a large open place with seats around it. *Ex* Games and sports can be watched in an arena.

n. un gran espacio abierto con asientos alrededor.

aren't [ɑrnt] *cont* are not.

contracción de *are not*.

argue ['ɑrgyuw] *v* to state reasons for or against something which is being discussed.

v. dar razones a favor o en contra de algo que se está discutiendo.

argument ['ɑrgyəmənt] *n* reasons for or against something which is being discussed; a discussion; a fight with words.

n. argumento; razonamientos a favor o en contra de algo que se está discutiendo; una discusión; un debate con palabras.

arise [ə'rɑyz] *v* to get up; to wake up and get out of bed. *pt* arose. *pp* arisen.

v. levantarse; despertarse y salir de la cama.

arisen [ə'rɪzṇ] *v* the past participle of arise.

v. participio pasado de *arise*.

arithmetic [ə'rɪθmətɪk] *n* the ways you work with numbers to get an answer. *Ex* Addition, subtraction, multiplication, and division are kinds of arithmetic.

n. aritmética; formas de trabajar con números para obtener una solución.

arm [ɑrm] *n* the part of the body between the hand and the shoulder.

n. brazo; parte del cuerpo entre la mano y el hombro.

armchair ['ɑrmtʃɛr] *n* a chair which has places to rest your arms.

n. sillón; silla con soportes para descansar los brazos.

armistice ['ɑrməstəs] *n* a truce.

n. tregua; armisticio.

armpit ['ɑrmpɪt] *n* the hollow place under the top part of the arm.

n. axila; lugar hueco debajo de la parte superior del brazo.

army ['ɑrmi] *n* a large group of soldiers trained for war.

n. ejército; conjunto grande de soldados, adiestrados para la guerra.

arose [ə'rowz] *v* the past tense of arise.

v. pasado de *arise*.

around [ə'rawnd] **1.** *adv* on all sides; somewhere near. **2.** *prep* on all sides of; circling; surrounding.

1. *adv.* alrededor de; en todos los lados; en algún sitio cercano. **2.** *prep.* en todas las partes de; circunvalando; rodeando.

arouse [ə'rawz] *v* to wake someone up from sleep.

v. despertar a alguien que está dormido.

arrange [ə'reyndʒ] *v* to put into a special order.

v. organizar; poner en un orden especial.

arrest [ə'rɛst] **1.** *v* to make something come to end. **2.** *v* for a policeman to catch a criminal.

1. *v.* detener; hacer que acabe algo. **2.** *v.* para la policía, arrestar a un delincuente.

arrive [ə'rɑyv] v to reach the place which you have set out for.

arrow ['erow] **1.** n a thin, straight stick made of wood with a sharp, pointed tip. *Ex* An arrow is shot with a bow. **2.** n a drawing of an arrow pointed at something important; a green light showing the shape of an arrow and telling you which way you may turn your car.

art [ɑrt] **1.** n drawing, painting, and sculpture. **2.** n an act which requires great skill. *Ex* Carving a turkey is an art.

article ['ɑrtɪkl] **1.** n a thing of a particular kind, such as an article of clothing. **2.** n a piece written in a newspaper or magazine. **3.** n a kind of word in the study of grammar. *Ex A, an,* and *the* are articles.

artist ['ɑrtɪst] **1.** n a person who paints, draws, or makes sculptures. **2.** n a person who does something with great skill.

ascend [ə'sɛnd] v to go up; to move upward.

ash [æʃ] n the powdery material left when something is completely burned up.

ashamed [ə'ʃeymd] adj feeling shame; feeling sorry and guilty because of doing something wrong.

aside [ə'sɑyd] adv to one side; apart; away.

ask [æsk] v to put a question to someone.

asleep [ə'slip] **1.** adj to be in the state of sleeping. *Ex* You are not asleep now. **2.** adv into a state of sleep. *Ex* Please do not fall asleep!

asphalt ['æsfɔlt] **1.** n a black substance like tar which is put down to make hard roads and playgrounds. **2.** n a playground or a road covered with asphalt.

aspirin ['æsprən] n a painkilling medicine which is made into white tablets; a white tablet of aspirin medicine.

assemble [ə'sɛmbl] **1.** v to meet together, as when the whole school is called together for an assembly. **2.** v to put something together; to gather things together.

assessor [ə'sɛsɚ] n a government official who decides how much property is worth for taxation.

assist [ə'sɪst] v to help.

assistant [ə'sɪstənt] n a helper.

association [əsowsi'eyʃn] n a group of people with the same goals who are organized into a club to work on those goals.

assorted [ə'sortəd] adj of many different kinds.

assure [ə'ʃɚ] v to make someone feel sure about something; to make someone feel safe or confident.

asterisk ['æstɚɪsk] n the sign (*) used in printing or writing. *Ex* An asterisk used after a word or sentence means to look at the bottom of the page for a message.

astrologer [ə'strɑlədʒɚ] n a fortune-teller who studies the stars.

astronaut ['æstrənɔt] n someone who travels in space; someone who pilots a spaceship, space capsule, or rocket; a spaceman.

astronomer [ə'strɑnəmɚ] n a scientist who studies the stars and other bodies in the sky.

astronomy [ə'strɑnəmi] n the scientific study of stars, comets, and planets and their moons.

at [æt] prep present on, in, or near; toward; to. *Ex* I will see you at school. I will be there at noon.

ate [eyt] v the past tense of eat.

v. llegar al sitio para el que se había partido.

n. flecha. **1.** n. barra fina de madera con una punta aguda y afilada. **2.** n. dibujo de una flecha que apunta a algo importante; luz verde en forma de flecha que indica adónde se debe dirigir el coche.

1. n. arte; dibujo, pintura o escultura. **2.** n. acto que requiere mucha destreza.

n. artículo. **1.** n. cosa de una clase particular, como un artículo de tela. **2.** n. texto escrito en un periódico o revista. **3.** n. tipo de palabra que se estudia en gramática.

n. artista. **1.** n. persona que pinta, dibuja, o hace esculturas. **2.** n. persona que hace algo que requiere gran destreza.

v. ascender; ir hacia arriba; moverse hacia arriba.

n. ceniza; material polvoriento que queda cuando se quema algo.

adj. avergonzado; que siente vergüenza; que se siente afligido y culpable por estar haciendo algo erróneo.

adv. aparte; al lado; fuera.

v. preguntar; hacer una pregunta a alguien.

adj. dormido. **1.** adj. estar dormido. **2.** adv. quedarse dormido.

n. asfalto. **1.** n. sustancia negra como la brea que se utiliza para hacer carreteras resistentes y campos de juego. **2.** n. un campo de juego o una carretera cubierta con asfalto.

n. aspirina; medicina analgésica hecha en forma de tabletas blancas; tableta blanca de aspirina.

v. reunir. **1.** v. encontrarse juntos, como cuando se llama a toda la escuela para una asamblea. **2.** v. juntar, poner algo junto; acumular cosas.

n. tasador; funcionario que decide qué propiedades han de pagar impuestos.

v. ayudar.

n. ayudante.

n. asociación; grupo de personas que tiene las mismas metas u objetivos, organizadas en un club para trabajar por esos objetivos.

adj. surtido de diferentes y variadas clases.

v. asegurar; hacer que alguien se sienta seguro de algo; hacer que alguien se sienta seguro o confiado.

n. asterisco; signo (*) utilizado en la imprenta y en la escritura.

n. astrólogo; adivino que estudia las estrellas.

n. astronauta; el que viaja por el espacio; el que pilota una máquina espacial, cápsula espacial o cohete; cosmonauta.

n. astrónomo; científico que estudia las estrellas y otros cuerpos del espacio.

n. astronomía; el estudio científico de las estrellas, cometas, planetas y sus lunas.

prep. en; presente en, dentro o cerca; hacia; a.

v. pasado de *eat*.

athlete ['æθlit] *n* someone who is trained or skilled in sports or games; a person who is good at sports or games.

n. atleta; alguien que se está entrenando o instruido en deportes o juegos; persona que es buena en deportes o juegos.

atlas ['ætləs] *n* a book of maps or charts.

n. atlas; libro de mapas o cartas de navegación.

atmosphere ['ætməsfir] *n* the air which surrounds the earth.

n. atmósfera; el aire que rodea la tierra.

atom ['ætəm] *n* an extremely small particle of anything. *Ex* Atoms cannot be seen.

n. átomo; partícula extremadamente pequeña de algo.

attach [ə'tætʃ] *v* to fasten, join, or tie together.

v. atar; juntar, anudar.

attack [ə'tæk] **1.** *v* to make a move to hurt someone or something. **2.** *n* the start of a fight; the act of attacking.

1. *v.* atacar; hacer un movimiento para hacer daño a algo o a alguien. **2.** *n.* ataque; comienzo de un combate; acción de atacar.

attempt [ə'tɛmpt] **1.** *v* to try to do something; to make an effort to do something. **2.** *n* a try; an effort to do something.

1. *v.* intentar hacer algo; efectuar un esfuerzo para hacer algo. **2.** *n.* intento; esfuerzo por hacer algo.

attend [ə'tɛnd] *v* to be present at an event; to come to and be present at school.

v. asistir; estar presente en un suceso; ir y estar presente en la escuela.

attendance [ə'tɛndən(t)s] *n* being at the place where something is happening; the act of attending.

n. asistencia; estar en el lugar en donde algo está sucediendo; acto de asistir.

attendant [ə'tɛndənt] *n* a helper; a person who serves others in a public place.

n. asistente; persona que sirve a otras en un sitio público.

attention [ə'tɛntʃn] **1.** *interj* a call which means that you should stop talking and listen carefully to what is being said. **2.** *n* a person's thinking about something; a person's concentration on something.

1. *interj.* atención; indicación que significa que se deje de hablar y se escuche atentamente a lo que se dice. **2.** *n.* atención; pensamiento de una persona sobre algo; concentración de una persona en algo.

attic ['ætɪk] *n* a room just under the roof of a house. *Ex* Usually attics are unfinished, and they are used to store things.

n. desván; habitación que está justo debajo del tejado de una casa.

attorney [ə'tɚni] *n* a person who handles someone else's legal business; a lawyer.

n. procurador; persona que lleva los asuntos legales de otros.

attract [ə'trækt] *v* to make someone want to come nearer; to cause something to come nearer.

v. atraer; hacer que alguien desee acercarse; hacer que algo se acerque.

attractive [ə'træktɪv] *adj* charming; lovely; having the quality of making people want to be near you.

adj. atractivo; encantador; agradable; que tiene la cualidad de hacer que la gente quiera estar a su lado.

auction ['ɔkʃn] *n* a public sale where things are sold to the people who offer the most money for them.

n. subasta; sala pública en donde se venden las cosas a quien ofrece más dinero por ellas.

audience ['ɔdiən(t)s] *n* a group of people listening to or watching something like a movie or a concert.

n. audiencia; grupo de personas que escuchan o ven algo, como una película o un concierto.

auditorium [ɔdə'toriəm] *n* a large room where people sit to watch a performance or attend a meeting.

n. auditorio; habitación grande donde la gente se sienta para ver una actuación o asistir a una reunión.

aunt [ænt] *n* the sister of your father or mother.

n. tía; la hermana del padre o de la madre.

author ['ɔθɚ] *n* a person who has written something.

n. autor; persona que ha escrito algo.

authority [ə'θorəti] **1.** *n* the power to control what other people do; the right to tell other people what to do. *Ex* The principal of a school has authority over the teachers and students. **2.** *n* a person who is in charge; the people who are in charge.

n. autoridad. **1.** *n.* poder de controlar lo que hacen los demás; derecho a decir a los demás lo que deben hacer. **2.** *n.* persona que está a cargo.

auto ['ɔtow] *n* a car. This is a short form of the word automobile.

n. coche; forma abreviada de la palabra *automobile*.

autobiography [ɔtowbay'agrəfi] *n* the story of a person's life written by the person and not by someone else.

n. autobiografía; historia de la vida de una persona escrita por ella misma.

automatic [ɔtə'mætɪk] *adj* able to work by itself. *Ex* An automatic door opens for you without touching it.

adj. automático; capaz de funcionar por sí mismo.

automobile ['ɔtəmowbil] *n* a car; a four-wheeled vehicle which you can drive from place to place.

n. automóvil; vehículo de cuatro ruedas para ir de un sitio a otro.

autumn ['ɔtəm] *n* a season between summer and winter; fall.

n. otoño; estación entre el verano y el invierno; declive.

avenue ['ævənuw] **1.** *n* a street or road; a wide street or road. **2.** *n* a path, road, or route.

n. avenida. **1.** *n.* calle o carretera; calle ancha o vía. **2.** *n.* camino, carretera o ruta.

aviation [eyvi'eyʃn] *n* the business of building, managing, and flying airplanes.

n. aviación; lo relacionado con la construcción, manejo y vuelo de los aviones.

avoid [ə'voyd] *v* to keep out of the way of something; to keep away from someone.

v. evitar; quitarse del camino de algo; alejarse de alguien.

await [ə'weyt] *v* to wait for; to look forward to.

v. esperar; estar deseando algo.

awake [ə'weyk] **1.** *adj* alert; not sleeping. **2.** *v* to stop sleeping; to wake up; to cause someone to stop sleeping. *pt* awaked, awoke. *pp* awaked, awoke, awoken.

1. *adj.* despierto; alerta. **2.** *v.* dejar de dormir; despertar; hacer que alguien deje de dormir.

award [ə'word] **1.** *v* to give a prize to someone for winning or doing well. **2.** *n* a prize given to someone for winning or doing well.

1. *v.* recompensar; dar un premio a alguien por ganar o hacer bien algo. **2.** *n.* recompensa; premio dado a alguien por haber ganado o haber hecho algo bien.

aware [ə'wɛr] *adj* watchful; alert; knowledgeable.

adj. vigilante; alerta; erudito.

away [ə'wey] **1.** *adv* from a place; a distance from a place. *Ex* We try to keep away from trouble. **2.** *adj* not at this place; absent. *Ex* He is away now.

1. *adv.* desde un sitio; distancia desde un sitio. **2.** *adj.* no en este sitio; ausente.

awful ['ɔfl] *adj* very bad, ugly, or nasty.

adj. terrible; muy mal, feo o sucio.

awkward ['ɔkwɚd] **1.** *adj* clumsy; unable to move freely and easily. **2.** *adj* uncomfortable; inconvenient; embarrassing.

1. *adj.* torpe; incapaz de moverse libre y fácilmente. **2.** *adj.* incómodo; inconveniente; embarazoso.

awoke [ə'wowk] *v* a past tense and past participle of awake.

v. pasado y participio pasado de *awake*.

awoken [ə'wowkn̩] *v* a past participle of awake.

v. participio pasado de *awake*.

axis ['æksɪs] *n* a real or imaginary line through the middle of an object, around which the object turns. *Ex* The axis of the earth passes through the North Pole and the South Pole.

n. eje; línea real o imaginaria que pasa por la mitad de un objeto, alrededor de la cual éste gira.

axle ['æksl̩] *n* the rod in a vehicle to which the wheels are attached. *Ex* Carts, wagons, and bicycles have axles.

n. eje; barra de un vehículo a la que van unidas las ruedas.

B

baby ['beybi] **1.** *n* a very young child who cannot walk yet. **2.** *adj* small; young; infantile. **3.** *v* to take care of as someone takes care of a baby; to treat as a baby.

1. *n*. bebé; niño muy pequeño que no puede andar aún. **2.** *adj.* pequeño; joven; infantil. **3.** *v.* cuidar de, como alguien que cuida de un bebé; tratar como a un bebé.

baby carriage ['beybi kɛrɪdʒ] *n* a small carrier for a baby which is pushed along. It is also called a baby buggy.

n. cochecito para bebé que se empuja.

bachelor ['bætʃ(ə)lɚ] *n* an unmarried man.

n. soltero; hombre que no se ha casado.

back [bæk] **1.** *n* the rear part of the body between the neck and the waist. *Ex* I have a pain in my back. **2.** *adv* to the rear; toward the rear. *Ex* He leaned back carefully. **3.** *adj* at or in the rear; rear. *Ex* She put it on the back porch. **4.** *v* to make something go backwards. *Ex* I will back the car out of the driveway.

1. *n*. espalda; la parte posterior del cuerpo entre el cuello y la cintura. **2.** *adv.* hacia atrás; en dirección a atrás. **3.** *adj.* atrás. **4.** *v.* hacer que algo vaya hacia atrás.

backboard ['bækbord] *n* the board to which a basketball basket is attached. It keeps the ball from going out-of-bounds and helps it bounce into the basket.

n. tablero de la portería de baloncesto, en el que se hace botar el balón para que caiga dentro de la red.

background ['bæk(g)rawnd] **1.** *n* the part of a picture which is at the back; the curtain, picture, or wall at the rear of a stage where a play is being performed. **2.** *n* a statement of the events which led to the event which is being talked about.

n. fondo. **1.** *n*. parte de un cuadro que está al fondo; la cortina, decorado o pared que está al fondo del escenario en el que se está representando una obra. **2.** *n*. exposición de los acontecimientos que condujeron al hecho del que se está hablando.

backyard ['bæk'yard] *n* the yard at the rear of a house.

n. patio trasero de una casa.

bacon ['beykn] *n* meat from the side of a pig which has been salted and smoked to give it a special flavor. *Ex* Bacon is often eaten with eggs.

n. lonja de tocino de cerdo que ha sido salada y ahumada para darle un sabor especial.

bacteria [bæk'tɪriə] *n* very tiny plants which live in water, soil, and other living bodies. The plural of bacterium.

n. bacterias; plantas muy pequeñas que viven en el agua, la suciedad y otros cuerpos vivientes. Es plural de *bacterium*.

bad [bæd] *adj* not good; wrong; spoiled.

adj. malo; no bueno; erróneo; estropeado.

badge [bædʒ] *n* a special sign or mark worn to show membership in a special group. *Ex* Police officers wear badges.

n. insignia; distintivo; signo o marca que llevan los miembros de un grupo especial.

badly ['bædli] *adv* in a bad manner; poorly. *Ex* He did badly on the exam.

adv. de una mala manera; pobremente.

bag [bæg] **1.** *n* a sack made of paper, cloth, plastic, or leather. *Ex* Something that is purchased at a store will usually be placed in a bag. **2.** *v* to capture an animal; to capture or win something. *Ex* We went hunting yesterday and bagged four rabbits.

1. *n*. saco hecho de papel, tela, plástico o cuero. **2.** *v.* capturar un animal; capturar o ganar algo.

baggage ['bægɪdʒ] *n* bags used in traveling; luggage; suitcases. Baggage refers to one or more pieces. *Ex* Your baggage is under the seat.

n. equipaje; maletas que se utilizan para viajar.

bait [beyt] *n* food used to attract fish or other animals in order to catch them.

n. cebo; comida que se utiliza para atraer peces u otros animales y poder capturarlos.

bake [beyk] *v* to cook something in an oven.

v. cocer al horno; cocinar algo en un horno.

bakery ['beykri] *n* the place where bread and cakes are baked and sold.

n. panadería; lugar donde se cuecen y venden pan y pasteles.

balance ['bælən(t)s] **1.** *v* to hold something steady so that it does not tip over. **2.** *v* to check over financial records to make sure that all money is accounted for. **3.** *n* remainder; the amount remaining; the amount of money owed someone.

1. *v.* equilibrar; estabilizar algo para que no se vuelque. **2.** *v.* hacer balance, chequear los registros financieros para asegurarse de que todo el dinero se ha contabilizado. **3.** *n*. saldo; remanente; la cantidad de dinero que posee alguien.

balcony ['bælkəni] *n* a platform, usually with railings or a low wall around it. It is built out from the side of a building.

n. balcón; plataforma, generalmente con barandilla o una pequeña valla alrededor. Se construye de manera que sobresalga de la fachada de un edificio.

bald [bɔld] *adj* without any hair on the top of the head.

adj. calvo; que no tiene pelo en la parte superior de la cabeza.

bale [beyl] *n* a specially packed bundle of something, like cotton or hay.

n. bala; fardo de algo empaquetado en forma especial, como algodón o heno.

ball [bɔl] **1.** *n* a completely round object used for playing games. **2.** *n* a very nice dancing party.

1. *n.* balón; objeto completamente redondo usado para practicar juegos. **2.** *n.* fiesta con baile.

ballerina [bælə'rinə] *n* a female ballet dancer.

n. bailarina de ballet.

ballet [bæ'ley] *n* a kind of dancing which tells a story in movement and music without using words. *Ex* A ballet is performed on a stage in front of an audience.

n. ballet; tipo de danza que cuenta una historia mediante música y movimiento sin emplear palabras.

balloon [bə'luwn] *n* a large cloth bag filled with gas which makes it rise high into the air; a small rubber bag which you can fill up with gas or blow up with your breath.

n. globo; saco grande de tela llena de gas, que le hace elevarse en el aire; pequeña bolsa de goma que se puede inflar con gas o con los pulmones.

ballot ['bælət] *n* the paper on which a person's vote is recorded. *Ex* When you finish voting, please put your ballot in the ballot box.

n. papeleta de voto; papel en el que se contiene el voto de una persona.

ballpoint ['bɔlpoynt] *n* a type of ink pen which has a tiny metal ball on the end instead of a point. As the ball rolls on the paper, it spreads the ink. Ballpoint is short for the words ballpoint pen.

n. bolígrafo; pluma especial que tiene una pequeña bolita de metal en vez de punto. Cuando la bolita gira en el papel, lo impregna de tinta.

bamboo [bæm'buw] *n* a kind of very tall grass with stiff hollow stems. *Ex* Bamboo is used for making poles, walking canes, and furniture.

n. bambú; especie de hierba muy larga con ramas duras y huecas.

ban [bæn] **1.** *n* an order to put a stop to something; an order that something not be done. **2.** *v* to order that something not be done.

1. *n.* prohibición; orden de detener algo; orden de que no se haga algo. **2.** *v.* prohibir, ordenar que no se haga algo.

banana [bə'nænə] *n* a long fruit with thick, yellow skin.

n. plátano; fruta larga con piel gruesa y amarilla.

band [bænd] **1.** *n* a group of people; a group of robbers. **2.** *n* a group of musicians who play brass and percussion instruments.

n. banda. **1.** *n.* grupo de personas; grupo de bandidos. **2.** *n.* grupo de músicos que tocan instrumentos de percusión y viento.

bandage ['bændɪdʒ] **1.** *n* a piece of cloth used to cover up a wound; a special strip of adhesive tape which is used to cover up a wound. **2.** *v* to cover up a wound with protective cloth or tape.

1. *n.* vendaje; pieza de tela usada para cubrir una herida; tira especial de cinta adhesiva utilizada para cubrir una herida. **2.** *v.* vendar; cubrir una herida con tela o cinta protectora.

bang [bæŋ] **1.** *n* a loud and sudden noise. **2.** *v* to hit something very hard.

1. *n.* ruido fuerte y súbito. **2.** *v.* golpear algo con mucha fuerza.

banister ['bænəstɚ] *n* a rail to hold on to at the side of a stairway.

n. barandilla; raíl para agarrarse a un lado de la escalera.

banjo ['bændʒow] *n* a musical instrument which is played by plucking its strings.

n. banjo; instrumento musical que se toca pulsando sus cuerdas.

bank [bæŋk] *n* a business firm which lends money or keeps it safe; a bank building.

n. banco; casa comercial que presta dinero o lo guarda; edificio de un banco.

banquet ['bæŋkwət] *n* a feast; a special dinner party.

n. banquete; festín; comida especial.

bar [bar] **1.** *n* a long bar of hard material, usually metal or wood. **2.** *n* a counter where drinks can be bought.

1. *n.* barra; pieza larga de material duro, normalmente de metal o madera. **2.** *n.* mostrador en donde se pueden adquirir bebidas.

barbecue ['barbəkyuw] **1.** *n* an outdoor party where meat is cooked over an open fire. **2.** *v* to cook meat over an open fire.

1. *n.* barbacoa; fiesta al aire libre en la que se asa carne en un fuego. **2.** *v.* asar carne a la brasa.

barbed wire [barbd 'wayr] *n* fence wire twisted so that sharp points stick out to the sides.

n. alambre de espino.

barber ['barbɚ] *n* a person who cuts hair and shaves men.

n. barbero; persona que corta el pelo y afeita a los hombres.

bare [bɛr] *adj* without covering or decoration.

adj. desnudo; sin aderezo o decoración.

bargain ['bargn] **1.** *n* something you buy at less than the usual price; a purchase made at a very good price. **2.** *v* to argue with the seller about the price of something you want to buy; to negotiate.

1. *n.* ganga; algo que se compra a menor precio del normal; compra hecha a un precio muy bueno. **2.** *v.* regatear con el vendedor el precio de algo que se quiere comprar o negociar.

barge [bardʒ] *n* a cargo boat which has a flat bottom.

n. barcaza; barco de carga que tiene el fondo plano.

bark [bark] **1.** *n* the tough covering on a tree's trunk and branches. **2.** *n* the sharp noise made by dogs and some other animals. **3.** *v* for a dog to make its sharp noise of warning or anger.

1. *n.* corteza; capa que recubre el tronco y las ramas de un árbol. **2.** *n.* ladrido; sonido agudo que emiten los perros y otros animales. **3.** *v.* ladrar; emisión, por un perro, de un sonido agudo como aviso o expresión de cólera.

barn [bɑrn] *n* a large farm building used to house animals and store crops.

n. granero; establo, edificio grande usado para guardar animales y almacenar cosechas.

barometer [bə'rɑmətɚ] *n* an instrument used to measure air pressure. *Ex* A barometer helps predict the weather.

n. barómetro; instrumento para medir la presión del aire.

barracks ['bɛrɪks] *n* the buildings where soldiers live.

n. cuartel; edificios donde viven los soldados.

barrel ['bɛrəl] *n* a container made of curved pieces of wood held together with hoops.

n. barril; contenedor hecho de piezas curvas de madera, unidas con aros.

barrier ['bɛriɚ] *n* something, like a fence or a wall, that stops you from going further.

n. barrera; algo como una valla o muro, que impide ir más adelante.

base [beys] *n* the bottom of anything; the part on which something stands or is built.

n. base; el fondo de algo; la parte sobre lo que algo se sostiene o está construida.

baseball ['beysbɔl] **1.** *n* a game where two teams take turns at using a bat to hit a ball. **2.** *n* the ball used in the game of baseball.

1. *n.* béisbol; juego en el que dos equipos golpean por turno una pelota con un bate. **2.** *n.* pelota usada en béisbol.

basement ['beysmənt] *n* the lowest room in a building, usually below the ground; the cellar.

n. sótano; la habitación más baja de un edificio, normalmente debajo del suelo.

bash [bæʃ] *v* to hit something so hard that it is smashed or dented.

v. golpear algo tan duramente que se rompe o abolla.

bashful ['bæʃfl] *adj* timid; shy.

adj. tímido; reservado.

basin ['beysn̩] *n* a round bowl for holding water.

n. tazón redondo para agua.

basket ['bæskət] **1.** *n* a container made of straw or thin pieces of wood. *Ex* Some baskets have handles for carrying. **2.** *n* the goal in the game of basketball.

1. *n.* cesta; recipiente hecho de paja o finas piezas de madera. **2.** *n.* canasta; el gol en el juego del baloncesto.

basketball ['bæskətbɔl] **1.** *n* a game played by two teams who make goals by putting a ball through a hoop. The hoop and the net hanging from it are called the basket. **2.** *n* the ball used in the game of basketball.

1. *n.* baloncesto; juego entre dos equipos consistente en obtener goles introduciendo el balón por un aro; el aro y la red que cuelgan de él se denominan cesto. **2.** *n.* balón utilizado en el baloncesto.

bat [bæt] **1.** *n* a small, mouse-like animal that flies at night. **2.** *n* a special piece of wood used to hit the ball in the game of baseball. **3.** *v* to hit at something; to hit something with a bat; to hit a baseball with a bat.

1. *n.* murciélago; animal pequeño parecido a un ratón que vuela de noche. **2.** *n.* una pieza especial de madera usada para golpear la pelota en el juego del béisbol. **3.** *v.* golpear algo; golpear algo con un bate; golpear una pelota de béisbol con el bate.

bath [bæθ] **1.** *n* the act of washing yourself all over. **2.** *n* a shower or tub in which a person washes all over. **3.** *n* short for the word bathroom.

1. *n.* baño; acto de lavarse por entero. **2.** *n.* ducha o bañera en la que una persona se lava por entero. **3.** *n.* abreviatura de *bathroom*.

bathe [beyð] *v* to wash; to wash all over; to wash your entire body; to wash a baby all over; to clean part of the body.

v. bañar; lavarse por entero; lavarse el cuerpo por entero; lavar a un bebé por entero; limpiar parte del cuerpo.

bathing suit ['beyðɪŋ suwt] *n* the clothing which is worn when a person goes swimming.

n. bañador; traje que lleva una persona cuando practica la natación.

bathroom ['bæθruwm] *n* a room with a bathtub or shower in it; the washroom.

n. cuarto de baño; habitación con bañera o ducha.

baton [bə'tɑn] *n* a stick for beating time to music; a stick used to lead a band or orchestra.

n. batuta; varita para acompañar la música; varita que se utiliza para dirigir una banda u orquesta.

batter ['bætɚ] **1.** *n* a mixture of flour and liquid used in cooking. **2.** *n* the player who hits the ball in the game of baseball.

1. *n.* pasta; mezcla de harina y líquido utilizado en la cocina. **2.** *n.* bateador, jugador que golpea la pelota en el béisbol.

battery ['bætɚi] *n* a container for storing electricity. *Ex* Batteries are used for electric power in things like flashlights and portable radios.

n. batería; contenedor para almacenar electricidad.

battle ['bætl] **1.** *n* a fight; an important fight in a war. **2.** *v* to fight something or someone very hard.

1. *n.* batalla; lucha importante en una guerra. **2.** *v.* batallar, pelear con algo o alguien muy duramente.

battleship ['bætlʃɪp] *n* a large warship with heavy armor and big guns and rockets.

n. acorazado; barco de guerra grande con blindaje pesado y grandes cañones y proyectiles.

bay [bey] *n* a part of an ocean or a lake which makes a curve into the land. *Ex* Boats and ships can anchor safely in a bay.

n. bahía; parte del mar o de un lago que forma una curva dentro de la tierra.

bayonet [beyə'nɛt] *n* a long, sharp blade attached to a rifle, so that the rifle can be used as a spear.

n. bayoneta; hoja larga y afilada que se sujeta al fusil para utilizarlo como lanza.

be [bi] *v* to have identity with; to be the same as; to exist. Present tenses: am, are, is. *pt* was, were. *pp* been. *Ex* When will you be here?

v. ser; tener identidad con; ser lo mismo que; existir; presente: *am, are, is;* pasado: *was, were;* participio: *been.*

beach [bitʃ] *n* a sandy strip of land next to an ocean or lake.

n. playa; faja arenosa de tierra próxima a un océano o lago.

bead [bid] *n* a very small ball with a hole through it. *Ex* Many beads are threaded together to make a necklace.

n. cuenta de un collar; bolita pequeña con un orificio que la traspasa.

beak [bik] *n* the hard, sharp part of a bird's mouth.

n. pico; parte dura y afilada de la boca de un ave.

beaker ['bikɚ] *n* a tall glass or cup used for holding liquids in a laboratory.

n. vaso (de laboratorio); vaso o taza alta para líquidos que se utiliza en el laboratorio.

beam [bim] **1.** *n* a long, thick piece of wood used to support something heavy like a floor. **2.** *n* a ray of light.

1. *n.* viga; pieza de madera larga y gruesa usada para soportar algo pesado, como el suelo. **2.** *n.* rayo de luz.

bean [bin] **1.** *n* a vegetable with large seeds that grow in pods. **2.** *n* the seed of the bean plant.

n. alubia. **1.** *n.* vegetal de semillas grandes que crecen en vainas. **2.** *n.* la semilla de la alubia.

bear [bɛr] **1.** *n* a heavy animal with thick, shaggy fur and a very short tail. **2.** *v* to carry something; to put up with something; to endure something unpleasant. *pt* bore. *pp* born, borne. **3.** *v* to give birth to. *pt* bore. *pp* born.

1. *n.* oso; animal pesado de piel gruesa y peluda y rabo muy corto. **2.** *v.* llevar algo; levantar algo; soportar algo desagradable. **3.** *v.* dar a luz.

beard [bird] *n* the hair which grows on a man's chin; all of the hair which grows on a man's face except the eyebrows.

n. barba; pelo que crece en el mentón de los hombres; todo el pelo que crece en la cara de los hombres excepto las cejas.

beast [bist] *n* an animal, especially a large wild animal.

n. bestia; animal, especialmente un animal grande y salvaje.

beat [bit] **1.** *v* to hit something or someone over and over again. **2.** *v* to keep regular time in music; to mark the tempo of music by moving a baton or the hand in rhythm. **3.** *v* to do better than another person or team in a game or race. *pt* beat. *pp* beat, beaten. **4.** *n* the rhythm in a piece of music.

1. *v.* golpear a algo o alguien repetidamente. **2.** *v.* mantener el ritmo en música; marcar el tiempo de la música moviendo una batuta, o la mano, rítmicamente. **3.** *v.* hacerlo mejor que otra persona o equipo en un juego o carrera. **4.** *n.* el ritmo en una pieza musical.

beaten ['bitn] *v* a past participle of beat.

v. participio pasado de *beat.*

beautiful ['byuwtəfl] *adj* lovely; very pretty. *Ex* Boys and men are said to be handsome, and girls and women are said to be beautiful.

adj. hermoso; muy bello; encantador.

beauty ['byuwti] *n* great loveliness.

n. belleza; gran hermosura.

became [bɪ'keym] *v* the past tense of become.

v. pasado de *become.*

because [bɪ'kəz] *conj* for the reason that; due to.

conj. porque; debido a.

become [bɪ'kəm] **1.** *v* to grow to be; to develop into. **2.** *v* to suit someone; to look good on someone. *Ex* That dress becomes Margaret. *pt* became. *pp* become.

1. *v.* llegar a ser; devenir. **2.** *v.* convenir; favorecer.

bed [bɛd] **1.** *n* a soft place for sleeping, usually with sheets, blankets, and pillows. **2.** *n* an area in a garden where flowers are grown. **3.** *n* the bottom of the sea.

1. *n.* cama; sitio blando para dormir, normalmente con sábanas, mantas y almohadas. **2.** *n.* arriate, macizo; área de un jardín donde se cultivan flores. **3.** *n.* el fondo del mar.

bedroom ['bɛdruwm] *n* a room where there is a bed.

n. dormitorio; habitación donde hay una cama.

bedside ['bɛdsɑyd] *n* the space next to a bed.

n. cabecera; espacio próximo a la cama.

bedspread ['bɛdspred] *n* the top cover on a bed.

n. colcha; cobertura superior de la cama.

bee [bi] *n* an insect with four wings and a stinger. *Ex* Bees make honey and wax.

n. abeja; insecto con cuatro alas y aguijón.

beef [bif] *n* the meat of a cow or a bull.

n. carne de vaca o toro.

beehive ['bihɑyv] *n* the nest bees build to live in; a box provided for bees to build their nest in.

n. colmena; nido de las abejas; cajón especial para que las abejas construyan sus nidos.

been [bɪn] *v* the past participle of be. *Ex* Where have you been?

v. participio pasado de *be.*

beer [bir] *n* a strong drink made from malt. *Ex* Beer contains a small amount of alcohol.

n. cerveza; bebida fuerte hecha de malta.

beet [bit] *n* a vegetable with a dark red root.

n. remolacha; vegetal de raíz rojo oscuro.

beetle ['bitl] *n* a roundish insect with four wings. The two front wings are hard and protect the back wings when they are folded.

n. escarabajo; insecto redondeado con cuatro alas. Las dos alas frontales son duras y protegen las alas posteriores cuando están plegadas.

before [bɪ'for] **1.** *adv* ahead; at an earlier time. *Ex* He has done this before. **2.** *prep* in front of. *Ex* The prisoner stood before the judge.

beg [bɛg] *v* to ask earnestly or humbly for something. *Ex* She begged for forgiveness.

began [bɪ'gæn] *v* the past tense of begin.

beggar ['bɛgɚ] *n* someone who lives by asking for money and food from others.

begin [bɪ'gɪn] **1.** *v* to do the first part of something; to start. *Ex* The movie will begin on time. **2.** *v* to start doing something. *Ex* He is going to begin studying. *pt* began. *pp* begun.

beginning [bɪ'gɪnɪŋ] *n* the start of something.

begun [bɪ'gən] *v* the past participle of begin.

behave [bɪ'heyv] *v* to act in a particular way; to act in a good or bad way.

behavior [bɪ'heyvyɚ] *n* manners; how a person acts or behaves.

behind [bɪ'haynd] **1.** *prep* at the back of; to the rear of. *Ex* He stood behind the chair. **2.** *adv* at a former place; at an earlier time. *Ex* I left my books behind.

believe [bɪ'liv] **1.** *v* to have a strong religious faith. **2.** *v* to accept a statement as the truth.

bell [bɛl] *n* a cup-shaped metal object that makes a ringing noise when struck.

bellow ['bɛlow] *v* to yell or roar very loudly.

belly ['bɛli] *n* the underside of something; the rounded part of the body just above the waist; the stomach.

belong to [bə'lɔŋ tuw] *v* to be the property of; to be part of. *Ex* The book belongs to the teacher.

below [bɪ'low] **1.** *adv* in a lower place; to a lower place. *Ex* Please go below and check the cargo. **2.** *prep* at a lower level than. *Ex* Your ankles are below your elbows.

belt [bɛlt] *n* a strip of material, usually leather, which fastens around the waist.

bench [bɛntʃ] *n* a long seat, usually made of wood.

bend [bɛnd] **1.** *v* to make something crooked or curved. *pt* bent. *pp* bent. **2.** *n* a curve or turn in a river or a road.

beneath [bɪ'niθ] *prep* in a position lower than; below; directly under.

benefit ['bɛnəfɪt] **1.** *n* help; aid. **2.** *n* a payment of money during times of sickness, unemployment, or old age; a payment from an insurance company. **3.** *n* a performance given to raise money for charity. **4.** *n* something, such as insurance or vacation time, which is part of the payment for working for a company. **5.** *v* to receive something good or worthwhile; to get profit or value from something. *Ex* How does that benefit me?

bent [bɛnt] *v* the past tense and past participle of bend.

berry ['bɛri] *n* any small, round juicy fruit without a stone.

beside [bɪ'sayd] *prep* near; next to.

besides [bɪ'saydz] **1.** *adv* also; in addition. *Ex* It is too big, and besides, it is ugly. **2.** *prep* other than; in addition to. *Ex* I don't want anything besides happiness.

best [bɛst] **1.** *adj* most good; as good as is possible. *Ex* This is the best fruit I have ever eaten. **2.** *adv* in a manner which is as good as possible. *Ex* I work best when I am hungry. **3.** *n* a very good person or thing; a person or thing which is as good as is possible. *Ex* I will try to do my best.

1. *adv.* antes; adelante; en un tiempo anterior. **2.** *prep.* delante de.

v. rogar; pedir algo encarecida y humildemente.

v. pasado de *begin*.

n. mendigo; el que vive pidiendo dinero y comida a otros.

v. comenzar. **1.** *v.* hacer la primera parte de algo. **2.** *v.* empezar a hacer algo.

n. el comienzo de algo.

v. participio pasado de *begin*.

v. comportarse; actuar de una forma particular; actuar de buena o mala manera.

n. comportamiento; maneras; forma en que una persona actúa o se comporta.

1. *prep.* detrás; en la parte posterior de; en la trasera de. **2.** *adv.* atrás; en un sitio anterior; en un tiempo anterior.

v. creer. **1.** *v.* tener una fuerte creencia religiosa. **2.** *v.* aceptar como verdad una afirmación.

n. campana; objeto de metal en forma de taza que produce un sonido vibrante al ser golpeado.

v. bramar; rugir, gritar muy alto.

n. vientre; la parte inferior de algo; parte redondeada del cuerpo; inmediatamente debajo de la cintura.

v. pertenecer; ser propiedad de; ser parte de.

1. *adv.* en un sitio más bajo; a un sitio inferior. **2.** *prep.* en un plano o nivel más bajo que.

n. cinturón; tira de material, normalmente cuero, que se ajusta alrededor de la cintura.

n. banco; asiento largo, normalmente hecho de madera.

1. *v.* curvar; hacer algo torcido o curvado. **2.** *n.* curva o vuelta de un río o carretera.

prep. debajo; en una posición más baja que; directamente debajo.

1. *n.* ayuda, asistencia. **2.** *n.* pago recibido durante períodos de enfermedad, desempleo o vejez; subsidio de una compañía de seguros. **3.** *n.* representación que se da para recaudar fondos para obras de caridad. **4.** *n.* algo, como un seguro o un período de vacaciones, que es parte del pago por trabajar en una compañía. **5.** *v.* recibir algo bueno o valioso; obtener beneficio de algo.

v. pasado y participio pasado de *bend*.

n. baya; cualquier fruta pequeña, redonda y jugosa, sin semillas.

prep. cerca de; junto a.

1. *adv.* además; también. **2.** *prep.* además de.

1. *adj.* lo mejor; lo más bueno; tan bueno como es posible. **2.** *adv.* de forma tan buena como sea posible. **3.** *n.* persona o cosa muy buena; persona o cosa que es tan buena como es posible.

betray [bɪ'trey] **1.** *v* to give away or reveal a secret. **2.** *v* to let someone down by breaking a promise.

1. *v.* descubrir o revelar un secreto. **2.** *v.* traicionar, abandonar a alguien quebrantando una promesa.

better ['bɛtɚ] **1.** *adj* improving in health; getting over an illness. **2.** *adj* more than good. *Ex* John is good, and Mary is even better. **3.** *adj* more clever or skilled than someone else. *Ex* Mary is better than John. **4.** *adv* in a more excellent manner. *Ex* John runs well, but Mary runs better.

1. *adj.* que mejora su salud; que supera una enfermedad. **2.** *adj.* mejor; más que bueno. **3.** *adj.* más listo o capacitado que ningún otro. **4.** *adv.* de mejor manera.

between [bɪ'twin] *prep* among; with one on each side.

prep. entre; en medio de; con uno en cada lado.

beverage ['bɛv(ə)rɪdʒ] *n* a liquid for drinking, other than water.

n. bebida; líquido para beber, distinto del agua.

beware [bɪ'wɛr] *v* to be very careful about something that may be dangerous, like a fierce dog or dangerous traffic.

v. tener cuidado; tener mucho cuidado con algo que puede ser peligroso, como un perro fiero o un tráfico peligroso.

bewilder [bɪ'wɪldɚ] *v* to puzzle a person; to confuse a person; to make a person not sure of what to do.

v. desconcertar; confundir a una persona; hacer que una persona no esté segura de lo que hace.

beyond [bɪ'yɑnd] *prep* farther on; farther away.

prep. más allá; más lejos.

Bible ['bɑybl] *n* the holy writings of Christians; the book containing the holy writings of Christianity; the book containing the holy writings of Judaism.

n. Biblia; las Sagradas Escrituras de los cristianos; el libro que contiene las Sagradas Escrituras del Cristianismo; el libro que contiene los textos sagrados del Judaísmo.

bibliography [bɪbli'ɑgrəfi] *n* an alphabetical list of authors and the books or articles which they have written.

n. bibliografía; lista alfabética de autores y de los libros o artículos que han escrito.

bicycle ['bɑysɪkl] **1.** *n* a two-wheeled vehicle with a seat, pedals, and handlebars. *Ex* The rider pushes pedals to make the bicycle move. **2.** *v* to travel by bicycle.

1. *n.* bicicleta; vehículo con dos ruedas, asiento, pedales y manillar. **2.** *v.* viajar en bicicleta.

bid [bɪd   *v* to command or invite someone; to make an offer for something. *pt* bid. *pp* bid. **2.** *n* an offer of money for something; the act of bidding.

1. *v.* ordenar o rogar a alguien; ofertar por algo. **2.** *n.* oferta, ofrecimiento de dinero para algo; el acto de licitar.

big [bɪg] *adj* large; important.

adj. grande.

bike [bɑyk] *n* a bicycle; a motorcycle.

n. bicicleta; motociclo.

bikini [bə'kini] *n* a bathing suit made of two small parts for a woman or one small part for a man.

n. bikini; traje de baño compuesto por dos pequeñas piezas para mujer o una pieza pequeña para hombre.

bilingual [bay'lɪŋgwl] **1.** *adj* knowing or using two languages; having to do with two languages. **2.** *n* a person who knows or uses two languages.

adj. bilingüe. **1.** *adj.* que conoce o usa dos idiomas; que sabe expresarse en dos idiomas. **2.** *n.* persona que conoce o se expresa en dos idiomas.

bill [bɪl] **1.** *n* a written note of how much money is due for work which has been done, or for something which has been bought. **2.** *n* the hard part of a bird's mouth. **3.** *n* the flat part of a hat or cap that points forward to keep the sun out of the eyes. **4.** *n* a piece of paper money, such as a dollar bill or a ten-dollar bill.

1. *n.* factura; nota escrita del dinero que se debe por un trabajo que se ha hecho o algo que se ha comprado. **2.** *n.* pico de un ave. **3.** *n.* visera; parte plana de un sombrero o gorra que sobresale para evitar que dé el sol en los ojos. **4.** *n.* billete; papel moneda.

billboard ['bɪlbord] *n* a very large sign showing an advertisement.

n. cartelera; señal muy grande en la que se muestra un anuncio.

billiards ['bɪlyɚdz] *n* a game played with hard balls and sticks called cues, on a table covered with thick, green cloth.

n. billar; juego que se efectúa con bolas duras y tacos, en una mesa cubierta con gruesa tela verde.

billion ['bɪlyən] *n* the name of the number 1,000,000,000.

n. billón; mil millones (en los Estados Unidos).

bin [bɪn] *n* a large container for things like coal or rubbish.

n. cubo; recipiente grande para carbón o basura.

bind [bɑynd] *v* to fasten or tie something together. *pt* bound. *pp* bound.

v. atar; sujetar cosas juntas.

bingo ['bɪŋgow] *n* a game of lucky numbers which can be played by many people at once in a hall or at a theater.

n. bingo; juego de azar mediante números, en el que pueden jugar muchas personas a la vez en un salón o en un teatro.

binoculars [bə'nɑkyələɚz] *n* a device which allows you to see for great distances. *Ex* A pair of binoculars has a small telescope for each eye.

n. prismáticos; aparato para ver a grandes distancias.

biography [bɑy'ɑgrəfi] *n* the story of a person's life written by another person.

n. biografía; la historia de la vida de una persona escrita por otra.

biology [bay'alədʒi] *n* the scientific study of living things.

n. biología; estudio científico de las cosas vivientes.

bird [bəd] *n* a winged animal covered with feathers.

n. ave; animal alado cubierto de plumas.

bird cage ['bəd keydʒ] *n* a small cage for a pet bird.

n. jaula para pájaros domésticos.

birth [bəθ] *n* the act of coming into life; the act of being born.

n. nacimiento; acto de venir a la vida.

birthdate ['bəθdeyt] *n* the date of a person's birth.

n. fecha de nacimiento de una persona.

birthday ['bəθdey] *n* the day of the year when a person was born; the anniversary of the day a person was born.

n. cumpleaños; el día del año en que una persona nació; aniversario del día en que una persona nació.

biscuit ['bɪskət] *n* a small, quickly made kind of bread. *Ex* Dough is rolled out and cut into biscuits, which are then baked.

n. galleta; especie de pequeño pan que se hace rápidamente.

bisect ['baysɛkt] *v* to divide something into two equal parts.

v. bisecar; dividir algo en dos partes iguales.

bit [bɪt] **1.** *n* a small piece of something. **2.** *v* the past tense of bite.

1. *n.* trozo; pequeña porción de algo. **2.** *v.* pasado de *bite*.

bite [bayt] **1.** *v* to take a piece out of something with the teeth; to clamp the teeth into someone or something in order to cause pain. *Ex* That dog bit me. *pt* bit. *pp* bitten. **2.** *n* the act of biting. **3.** *n* a piece of food the right size for chewing and swallowing.

1. *v.* morder; sacar un trozo de algo con los dientes; incar el diente dentro de alguien o algo para causar daño. **2.** *n.* mordisco; acto de morder. **3.** *n.* trozo de comida del tamaño adecuado para masticar y tragar.

bitten ['bɪtn̩] *v* the past participle of bite.

v. participio pasado de *bite*.

bitter ['bɪtɚ] *adj* tasting sharp or sour; not sweet.

adj. amargo; de sabor acre o agrio; no dulce.

black [blæk] **1.** *adj* of the color of tar or coal. **2.** *adj* having to do with a person of the Negro race. **3.** *n* a person of the Negro race.

1. *adj.* negro; del color del alquitrán o del carbón. **2.** *adj.* lo que se refiere a las personas de raza negra. **3.** *n.* persona de raza negra.

blackbird ['blækbəd] *n* a black songbird with a yellow beak; any bird of the color black.

n. mirlo; pájaro cantor negro con el pico amarillo; cualquier pájaro de color negro.

blackboard ['blækbord] *n* a hard surface, usually of black color, which can be written on with chalk; a chalkboard. *Ex* In the schoolroom blackboards are attached to the walls.

n. encerado; superficie dura, normalmente de color negro en la que se puede escribir con tiza.

blacksmith ['blæksmɪθ] *n* a man who makes and mends iron things, and who puts iron shoes on horses.

n. herrero; persona que hace y arregla cosas de hierro, y que pone herraduras a los caballos.

blacktop ['blæktɑp] **1.** *n* a black material used for roads and playgrounds. **2.** *n* a playground or parking lot made of a hard, black material.

1. *n.* material negro usado para carreteras y campos de juego. **2.** *n.* campo de juego o aparcamiento hecho con un material duro y negro.

blade [bleyd] **1.** *n* one leaf of grass. **2.** *n* the metal cutting part of a knife, the part other than the handle.

n. hoja. **1.** *n.* hoja de hierba. **2.** *n.* la parte cortante, de metal, de un cuchillo, la parte que no es el mango.

blame [bleym] **1.** *v* to find fault with. **2.** *n* the responsibility for something wrong which has happened.

1. *v.* culpar; criticar. **2.** *n.* culpa, responsabilidad de algo malo que ha sucedido.

blank [blæŋk] **1.** *adj* without any writing or marks. **2.** *n* a line or form which is to be filled out; an application.

1. *adj.* en blanco; sin ninguna escritura o marca. **2.** *n.* formulario a rellenar; solicitud.

blanket ['blæŋkət] *n* a bed-cover which helps to keep you warm.

n. manta; cobertor que ayuda a conservar el calor.

blast [blæst] **1.** *n* an explosion; a strong gust of air. **2.** *v* to use explosive materials like dynamite to make a hole or to loosen rock.

1. *n.* explosión; fuerte ráfaga de aire. **2.** *v.* usar materiales, como la dinamita, para hacer una perforación o romper rocas.

blaze [bleyz] **1.** *n* a brightly burning fire. **2.** *v* to burn brightly. *Ex* The fire in the fireplace was blazing brightly.

1. *n.* llamarada; fuego resplandeciente. **2.** *v.* arder con llamas brillantes.

bleach [blitʃ] **1.** *v* to take the color out of something. **2.** *n* a liquid used to take the color out of something. *Ex* Bleach is used to help wash white clothes.

1. *v.* blanquear; sacar el color a algo. **2.** *n.* lejía; líquido usado para sacar el color de algo.

bleachers ['blitʃɚz] *n* rows of seats made of boards arranged so that people can watch games and contests. This word is used in the plural.

n. graderío; hileras de asientos para que la gente pueda ver encuentros y concursos.

bleak [blik] *adj* cold and windy; grim; without cheer.

adj. desapacible; frío y ventoso; severo; sin ánimo.

bled [blɛd] *v* the past tense and past participle of bleed.

v. pasado y participio pasado de *bleed*.

bleed [blid] *v* to lose blood. *pt* bled. *pp* bled.

v. sangrar; perder sangre.

blend [blɛnd] **1.** *v* to mix together; to combine things. **2.** *n* a mixture.

1. *v.* mezclar; combinar cosas. **2.** *n.* mezcla.

blender ['blɛndɚ] *n* an electric appliance used to mix liquids.

n. batidora; aparato eléctrico utilizado para mezclar líquidos.

blew [bluw] *v* the past tense of blow.

v. pasado de *blow.*

blind [blaynd] *adj* not able to see.

adj. ciego; que no puede ver.

blink [blɪŋk] *v* to open and shut your eyes very quickly.

v. parpadear; abrir y cerrar los ojos muy rápidamente.

blister ['blɪstɚ] *n* a swelling on the skin, like a small bubble, often filled with water or blood.

n. ampolla; bulto en la piel, como una pequeña burbuja, con frecuencia lleno de agua o sangre.

blizzard ['blɪzɚd] *n* a very windy snowstorm.

n. ventisca; tormenta de nieve y viento.

block [blɑk] **1.** *n* a big piece of something, like wood, metal, or stone. **2.** *n* an area of a town or city enclosed by four streets. **3.** *v* to be in the way of something.

1. *n.* bloque; trozo grande de algo, como madera, metal o piedra. **2.** *n.* manzana; zona de un pueblo o ciudad encerrada entre cuatro calles. **3.** *v.* bloquear; interrumpir el camino de algo.

blond [blɑnd] *adj* of light coloring; with very light-colored hair.

adj. rubio; de coloración clara; con un pelo muy claro.

blood [blɘd] *n* the red liquid which is circulated inside the bodies of animals.

n. sangre; líquido rojo que circula en el interior de los cuerpos de los animales.

bloom [bluwm] **1.** *v* to come into flower. **2.** *n* a flower blossom.

1. *v.* florecer; brotar una flor. **2.** *n.* flor.

blossom ['blɑsəm] **1.** *v* to come into flower. **2.** *n* a single flower.

1. *v.* florecer; brotar una flor. **2.** *n.* flor.

blot [blɑt] **1.** *n* a spot or mark; a spot of ink. **2.** *v* to soak up a tiny puddle of a liquid; to soak up ink.

1. *n.* mancha o marca; borrón, mancha de tinta. **2.** *v.* absorber un pequeño charco de líquido; absorber tinta.

blouse [blaws] *n* a loose garment covering the upper part of the body. It is worn by girls and women.

n. blusa; prenda de vestir ligera que cubre la parte superior del cuerpo. La llevan chicas y mujeres.

blow [blow] **1.** *v* to push air out of the mouth with the lungs. *pt* blew. *pp* blown. **2.** *n* a hard knock.

1. *v.* soplar; expulsar aire por la boca. **2.** *n.* un duro golpe.

blown [blown] *v* the past participle of blow.

v. participio pasado de *blow.*

blue [bluw] **1.** *n* the color of the sky on a sunny day. **2.** *adj* of a blue color.

n. azul. **1.** *n.* el color del cielo en un día soleado. **2.** *adj.* de color azul.

blunt [blɘnt] *adj* having a dull edge or point; the opposite of sharp.

adj. despuntado; que tiene un borde o punta desafilada; lo opuesto a afilado.

blur [blɚ] **1.** *v* to make something look dim or not clear. **2.** *n* an unclear image.

1. *v.* oscurecer o enturbiar algo. **2.** *n.* una imagen borrosa.

blush [blɘʃ] *v* to turn red in the face because of shame, shyness, or being upset by something.

v. ruborizarse; ponerse roja la cara por vergüenza o timidez, o trastornarse por algo.

board [bord] **1.** *n* a long, flat piece of wood. **2.** *n* a group of people appointed to oversee something. **3.** *v* to get on a ship, airplane, or railroad train.

1. *n.* tablero; pieza de madera larga y delgada. **2.** *n.* comisión; grupo de personas nombrado para vigilar algo. **3.** *v.* embarcarse; montar en barco, avión o tren.

boarder ['bordɚ] *n* someone who pays to sleep and eat in someone else's house.

n. huésped; el que paga por dormir y comer en casa de otra persona.

boast [bowst] *v* to talk a lot about how good you are at things; to talk a lot about yourself and your possessions.

v. jactarse; hablar mucho sobre lo bueno que es uno; hablar demasiado sobre lo tuyo y tus posesiones.

boat [bowt] *n* a small ship; a vessel that floats on water.

n. bote; barco pequeño; barco que flota en el agua.

bobbin ['babn̩] *n* a spool for holding thread or yarn.

n. bobina; carrete para sujetar hilo.

bobby pin ['babipɪn] *n* a U-shaped pin made of flat wire used to hold a woman's hair in place.

n. horquilla; pasador en forma de U hecho de alambre, que sostiene el pelo de las mujeres.

body ['badi] *n* the whole of a person or animal; the whole of things like lakes, ponds, and oceans.

n. cuerpo de una persona o animal; masa de agua, como lagos, estanques y océanos.

bodyguard ['badigard] *n* a person who guards and protects someone.

n. guardaespaldas; persona que vigila y protege a alguien.

boil [boyl] **1.** *v* to make water so hot that it bubbles and makes steam. **2.** *n* a sore swelling on the body.

1. *v.* hervir; calentar el agua hasta que produzca burbujas y vapor. **2.** *n.* forúnculo; inflamación dolorosa en el cuerpo.

boiler ['boylɚ] *n* a container for boiling water; an apparatus for making steam.

n. caldera; recipiente para hervir agua; aparato para producir vapor.

bold [bowld] *adj* brave; without fear.

adj. valiente; sin miedo; bravo.

boldface ['bowldfeys] *n* wide, dark printing. *Ex* **This sentence is in boldface.**

bolt [bowlt] **1.** *n* a metal fastening for doors and gates. **2.** *v* to run away.

bomb [bam] **1.** *n* an object which can be made to explode and cause great damage. **2.** *v* to destroy with bombs.

bomber ['bamɚ] **1.** *n* an airplane which carries bombs to drop. **2.** *n* a person who leaves bombs in public places.

bond [band] **1.** *n* something which unites people in a friendly way. **2.** *n* a guarantee of money to be paid. **3.** *n* (*usually plural*) ropes or bands used to tie or fasten things.

bone [bown] *n* one of the hard, white parts which are joined together to make the skeletons of humans and other animals.

bonfire ['banfayr] *n* a large fire out-of-doors.

book [bʊk] **1.** *n* pages of print bound together in a cover. **2.** *v* to reserve a place or a ticket in advance. **3.** *v* to charge with a crime.

bookcase ['bʊkkeys] *n* a set of shelves for books.

bookkeeper ['bʊkkipɚ] *n* a person who keeps track of money spent and money earned.

boom [bʊwm] *n* a sudden sound which is very loud and low.

boomerang ['bʊwmɚæŋg] *n* a curved, wooden weapon that turns in the air and comes back to the person who throws it. *Ex* Boomerangs are from Australia.

boot [bʊwt] *n* a shoe that covers part of the leg as well as the foot.

border ['bordɚ] *n* the outside edge of something.

bore [bor] **1.** *v* to make a hole by twisting a special tool round and round. **2.** *v* to make someone tired by dull talk. **3.** *v* the past tense of bear.

born [born] **1.** *adj* having come to life. **2.** *v* a past participle of bear.

borne [born] *v* a past participle of bear.

borrow ['barow] *v* to take something which you intend to give back.

bosom ['bʊzm̩] *n* the chest; the breasts.

boss [bɔs] *n* a chief or leader.

botany ['batn̩i] *n* the scientific study of plants.

both [bowθ] **1.** *adj* having to do with two things or people. *Ex* She greeted both students. **2.** *pro* each of two things or people. *Ex* She greeted both.

bother ['baðɚ] **1.** *v* to annoy or worry. **2.** *n* fuss; trouble; an annoyance.

bottle ['batl̩] *n* a container for liquids. *Ex* Bottles are usually made of glass.

bottom ['batm̩] *n* the lowest part of anything; the underside of anything.

bough [baw] *n* a branch of a tree.

bought [bɔt] *v* the past tense and past participle of buy.

boulder ['bowldɚ] *n* a very large rock or stone.

bounce [bawn(t)s] *v* to spring up after hitting the ground; to make a ball spring up after hitting the ground.

n. negrita; impresión gruesa y oscura.

1. *n.* cerrojo; sujeción de metal para puertas y verjas. **2.** *v.* fugarse.

1. *n.* bomba; objeto que puede estar hecho para explotar y producir un gran daño. **2.** *v.* bombardear.

1. *n.* bombardero; aeroplano que transporta bombas para lanzarlas. **2.** *n.* terrorista; persona que pone bombas en lugares públicos.

1. *n.* lazo afectivo; algo que une a las personas de manera amigable. **2.** *n.* seguro de fianza; garantía. **3.** *n.* lazo, cuerdas o cintas para atar o enlazar cosas.

n. hueso; cada una de las partes blancas y duras que se unen para formar el esqueleto de los humanos y otros animales.

n. hoguera; fogata; gran fuego exterior.

1. *n.* libro; páginas impresas encuadernadas con una cubierta. **2.** *v.* reservar una plaza o billete por adelantado. **3.** *v.* acusar de un delito.

n. librería; estantería para libros.

n. tenedor de libros; persona que sigue el rastro del dinero gastado y ganado.

n. estampido; sonido súbito muy fuerte y profundo.

n. bumerang; arma curva de madera que gira en el aire y vuelve a la persona que lo lanza.

n. bota; zapato que cubre el pie y parte de la pierna.

n. borde; la parte exterior de algo.

1. *v.* taladrar; hacer un agujero mediante el giro de una herramienta especial. **2.** *v.* aburrir; cansar a alguien con una conversación pesada. **3.** *v.* pasado de bear.

1. *adj.* nacido; venido a la vida. **2.** *v.* participio pasado de bear.

v. participio pasado de bear.

v. pedir prestado; coger algo que se piensa devolver.

n. pecho; senos.

n. jefe o líder.

n. botánica; estudio científico de las plantas.

1. *adj.* ambos; relativo a dos cosas o personas. **2.** *pro.* ambos; cada una de dos cosas o personas.

1. *v.* molestar o preocupar. **2.** *n.* alboroto; confusión; molestia.

n. botella; recipiente para líquidos.

n. fondo; la parte inferior de algo; la cara de abajo de algo.

n. rama de un árbol.

v. pasado y participio pasado de buy.

n. roca o piedra muy grande.

v. botar; subir después de golpear el suelo; hacer botar una pelota después de golpear en el suelo.

bound [bɑwnd] v the past tense and past participle of bind.

v. pasado y participio pasado de *to bind*.

bouquet [bow'key] n a bunch of picked flowers.

n. ramo de flores.

bow 1. n [bow] a kind of knot used to tie ribbon or shoelaces. **2.** n [bow] a curved strip of wood with a string. A bow is used for shooting arrows. **3.** v [baw] to show respect by bending forward and lowering your head.

1. n. un tipo de lazo usado para atar cintas o cordones de los zapatos. **2.** n. arco; tira curvada de madera que lleva una cuerda; un arco se utiliza para disparar flechas. **3.** v. demostrar respeto inclinando la cabeza.

bowl [bowl] **1.** n a deep, round dish for holding liquids or food. **2.** v to roll a heavy ball down a special smooth floor in the sport of bowling.

1. n. tazón; plato redondo y profundo para guardar líquidos y alimentos. **2.** v. hacer rodar una bola pesada en un suelo especial, liso, en el deporte de los bolos.

bowling ['bowlɪŋ] n a sport where a heavy ball is rolled down a special smooth floor to hit objects at the end. The objects at the end are called bowling pins.

n. juego de bolos; deporte donde se lanza una pesada bola en una pista especial, lisa, para derribar los objetos que están al fondo. Los objetos del fondo se llaman bolos.

box [baks] **1.** n a stiff-sided container. **2.** v to strike at an opponent in the sport of boxing; to do the sport of boxing.

1. n. caja; contenedor de lados rígidos. **2.** v. golpear a un oponente en el deporte del boxeo; practicar el boxeo.

boy [boy] n a male child.

n. niño varón.

bracelet ['breyslət] n a pretty chain or band worn on the arm.

n. pulsera; bonita cadena o banda que se lleva en el brazo.

bracket ['brækət] n a piece of wood or metal that holds up a shelf.

n. escuadra; pieza de madera o metal que sujeta un estante.

brag [bræg] v to boast; to say many good things about yourself or your possessions.

v. fanfarronear; decir muchas cosas buenas sobre uno mismo o lo que se posee.

braid [breyd] **1.** v to weave hair or strips of material into something like a rope. **2.** n a woven length of hair or material.

1. v. trenzar pelo o tiras de tejido para hacer algo como una cuerda. **2.** n. trenza; trenzado largo de cabello o tela.

brain [breyn] n the part of the body inside the head. *Ex* The brain sends and receives messages and thoughts and controls the body.

n. cerebro; parte del cuerpo que está dentro de la cabeza.

brakes [breyks] n the parts of a vehicle which the driver operates to make the vehicle stop.

n. frenos; partes de un vehículo que maneja el conductor para hacer que éste se pare.

branch [bræntʃ] n an arm of a tree that grows out of its trunk.

n. rama; brazo de un árbol que crece fuera del tronco.

brand [brænd] **1.** n a mark placed on cattle to show whom they belong to. **2.** n the name or identification of a kind of a product. *Ex* What brand of coffee do you prefer?

1. n. hierro; marca puesta en el ganado para mostrar a quién pertenece. **2.** n. marca; nombre o identificación de una clase de un producto.

brass [bræs] n a yellowish metal made from melting copper and zinc together; an alloy of copper and zinc.

n. latón; metal amarillento hecho de cobre y cinc fundidos; aleación de cobre y cinc.

brave [breyv] adj unafraid; not running away from danger even when you are afraid.

adj. valiente; bravo; que no huye del peligro aun cuando esté asustado.

brawn [brɔn] n strength; powerful muscles.

n. fuerza muscular; músculos poderosos.

bread [brɛd] n a food made mostly from flour and baked into a loaf.

n. pan; alimento hecho principalmente de harina y cocido en forma de barra.

breadth [brɛdθ] n the wideness or broadness of something.

n. anchura; la extensión o anchura de algo.

break [breyk] **1.** v to pull something apart; to damage or spoil something. *pt* broke. *pp* broken. **2.** n an opening, such as a break in the clouds or a break in a water pipe.

1. v. romper; separar; dañar o estropear algo. **2.** n. abertura, grieta, ya sea en las nubes o en una cañería de agua.

breakfast ['brɛkfəst] n the first meal of the day.

n. desayuno; la primera comida del día.

breast [brɛst] **1.** n the chest; the top front of the body. **2.** n one of the glands in a mammal which can produce milk.

n. pecho; parte superior delantera del cuerpo; una de las glándulas de un mamífero capaz de producir leche.

breath [brɛθ] n the air that is taken in and forced out by the lungs.

n. respiración; aire que se toma y se expulsa por los pulmones.

breathe [brið] v to move air in and out of the body with the lungs.

v. respirar; aspirar y expirar aire con los pulmones.

bred [brɛd] v the past tense and past participle of breed.

v. pasado y participio pasado de *breed*.

breed [brid] **1.** n a species or kind of animal or plant. *Ex* I don't care for that breed of dog. **2.** v to mate and produce young; to keep plants or animals and mate them for the production of young. *pt* bred. *pp* bred.

1. n. raza de animales o variedad de plantas. **2.** v. aparear y producir crías; guardar plantas o animales y aparearlos para la producción de crías o retoños.

breeze [briz] n a gentle wind.

n. brisa; viento apacible.

brick [brɪk] *n* a block of baked clay used in building.

n. ladrillo; bloque de barro cocido que se emplea en la construcción.

bride [brayd] *n* a woman on her wedding day.

n. novia; en el día de su boda.

bridesmaid ['braydzmeyd] *n* a woman who attends the bride on her wedding day.

n. dama de honor; mujer que atiende a la novia en el día de su boda.

bridge [brɪdʒ] **1.** *n* a roadway built over a road, river, or railway so that you can get across to the other side. **2.** *n* a complicated card game.

1. *n.* puente; pista construida sobre una carretera, río o ferrocarril para cruzarlos. **2.** *n.* bridge; juego de cartas complicado.

brief [brif] *adj* short; not long.

adj. breve; corto; no largo.

bright [brayt] **1.** *adj* shining; giving out light. **2.** *adj* smart; clever.

1. *adj.* brillante; que da luz. **2.** *adj.* elegante; hábil, listo.

brilliant ['brɪlyənt] **1.** *adj* very bright; dazzling. **2.** *adj* very clever; very smart.

1. *adj.* muy brillante; deslumbrante. **2.** *adj.* muy listo o hábil; muy elegante.

brim [brɪm] *n* rim; the upper edge of something; the rim of a hat.

n. borde; borde superior de algo; ala de un sombrero.

bring [brɪŋ] *v* to carry something with you as you come. *pt* brought. *pp* brought.

v. traer; llevar algo consigo mientras se viene.

brisk [brɪsk] *adj* alert; lively.

adj. enérgico; despierto; animado.

bristle ['brɪsl] *n* a short, stiff hair as in a brush.

n. cerda; pelo pequeño y duro, como el de las brochas.

brittle ['brɪtl] *adj* easily broken.

adj. frágil; que se rompe fácilmente.

broad [brɔd] *adj* wide; the opposite of narrow.

adj. ancho; lo opuesto a estrecho.

broadcast ['brɔdkæst] *v* to send out radio or television programs of news and entertainment.

v. radiar o transmitir; emitir por radio o televisión programas de noticias y entretenimiento.

broil [broyl] *v* to cook something by putting it near a very hot source of heat.

v. asar a la parrilla; cocinar algo poniéndolo cerca de una gran fuente de calor.

broke [browk] **1.** *adj* having no money. **2.** *v* the past tense of break.

1. *adj.* arruinado; que no tiene dinero. **2.** *v.* pasado de *break*.

broken ['browkņ] *v* the past participle of break.

v. participio pasado de *break*.

bronchitis [braŋ'kaytəs] *n* an illness in the throat and chest that makes you cough a lot.

n. bronquitis; enfermedad en la garganta o el pecho que hace toser mucho.

bronze [branz] *n* a reddish-brown metal made by melting copper and tin together; an alloy of copper and tin.

n. bronce; metal rojizo de cobre y estaño fundidos; aleación de cobre y estaño.

brood [bruwd] **1.** *v* to sit quietly and think or worry about something. **2.** *n* a group of birds that all hatched in one nest at the same time.

1. *v.* rumiar un problema; sentarse tranquilamente y pensar o preocuparse por algo. **2.** *n.* nidada; grupo de pájaros que empollan en un nido al mismo tiempo.

brook [bruk] *n* a small stream.

n. arroyo; corriente pequeña de agua.

broom [bruwm] *n* a brush with a long handle. *Ex* A broom is used for cleaning floors.

n. escoba; cepillo con un mango largo.

broth [brɔθ] *n* a kind of thin soup; the liquid in which foods have been cooked.

n. caldo; líquido en el que se han cocinado los alimentos.

brother ['brəðɚ] *n* a male child who has the same parents as another child.

n. hermano; varón que tiene los mismos padres que otro niño.

brought [brɔt] *v* the past tense and past participle of bring.

v. pasado y participio pasado de *bring*.

brow [braw] *n* the forehead; the eyebrow.

n. ceja; frente.

brown [brawn] *n* the color of chocolate.

n. marrón; del color del chocolate.

bruise [bruwz] *n* a dark-colored mark where the skin has been hit but not broken.

n. contusión, cardenal; marca de color oscuro donde la piel ha sido golpeada pero no rota.

brunette [bruw'nɛt] **1.** *adj* brownish; with brownish hair. **2.** *n* a person having brown or dark brown hair; a white person with relatively dark coloring.

1. *adj.* morena; de pelo oscuro. **2.** *n.* persona que tiene el pelo marrón o marrón oscuro; persona de raza blanca con piel relativamente oscura.

brush [brəʃ] **1.** *n* a bunch of hairs or bristles on a handle. *Ex* Brushes are used for doing your hair, cleaning, and painting. **2.** *v* to make something clean with a brush; to make the hair neat with a brush.

1. *n.* cepillo; manojo de pelos o cerdas con mango. **2.** *v.* cepillar; limpiar algo con brocha o cepillo; alisar el cabello con un cepillo.

bubble [ˈbəbḷ] *n* a very thin ball of liquid containing gas or air.

n. burbuja; globo muy pequeño de líquido que contiene gas o aire.

bucket [ˈbəkət] *n* a container with a handle for holding or carrying liquids.

n. cubo; recipiente con asa para guardar o acarrear líquidos.

buckle [ˈbəkḷ] **1.** *n* a fastening on a belt or a strap. **2.** *v* to fasten your belt. **3.** *v* to be made to bend or wrinkle.

1. *n.* hebilla en un cinturón o correa. **2.** *v.* abrocharse el cinturón. **3.** *v.* combar; torcer.

bud [bəd] *n* a flower or a leaf before it has fully opened.

n. capullo; brote, flor u hoja antes de abrirse.

budge [bədʒ] *v* to move; to move a little; to give way; to yield. *Ex* The door was stuck, and it would not budge.

v. moverse; mover un poco; ceder.

budget [ˈbədʒət] *n* a statement of how much money is to be earned and spent.

n. presupuesto; informe del dinero que se espera ganar y gastar.

bug [bəg] *n* a tiny insect.

n. chinche; insecto pequeño.

build [bɪld] *v* to make or construct something. *pt* built. *pp* built.

v. hacer o construir algo.

builder [ˈbɪldɚ] *n* a person who constructs things; a person who builds buildings, especially houses.

n. constructor; persona que construye cosas; persona que construye edificios, especialmente casas.

building [ˈbɪldɪŋ] *n* a structure with walls, a floor, and a ceiling; a large structure with many levels.

n. edificio; estructura con paredes, suelo y techo; gran estructura con varias plantas.

built [bɪlt] *v* the past tense and past participle of build.

v. pasado y participio pasado de *build*.

bulb [bəlb] **1.** *n* a small glass lamp which gives out light when electricity is applied to it. **2.** *n* the rounded root from which flowers such as tulips grow.

1. *n.* bombilla; lámpara pequeña de cristal que da luz cuando se le aplica electricidad. **2.** *n.* bulbo del que brotan flores como el tulipán.

bulge [bəldʒ] **1.** *v* to swell out. **2.** *n* a lump; a swelling.

1. *v.* combarse; hincharse. **2.** *n.* bulto; hinchazón.

bulk [bəlk] *n* a large amount.

n. volumen; una gran cantidad.

bull [bʊl] *n* the male of cattle, moose, or elephants.

n. toro; macho del ganado vacuno, del alce, o del elefante.

bulldozer [ˈbʊldowzɚ] *n* a powerful tractor used for moving loads of earth, sand, or rubbish.

n. tractor potente usado para trasladar cargas de tierra, arena o basura.

bullet [ˈbʊlət] *n* a small piece of metal which is shot from a gun.

n. bala; pieza pequeña de metal que se dispara con un arma de fuego.

bulletin board [ˈbʊlətn̩ bord] *n* a panel of cork or other soft material on which messages or notices are tacked.

n. tablón de anuncios; panel de corcho u otro material flexible en el que se clavan mensajes o noticias.

bullfrog [ˈbʊlfrɔg] *n* a large frog with a very deep voice.

n. rana mugidora; rana grande que emite un sonido muy profundo.

bully [ˈbʊli] *n* someone who picks on smaller or weaker persons.

n. matón; el que golpea a personas más débiles o pequeñas.

bumblebee [ˈbəmbḷbi] *n* a large bee which makes a loud buzzing sound.

n. abejorro; abeja grande que emite un ruidoso zumbido.

bump [bəmp] **1.** *n* a swelling; a raised lump. **2.** *v* to knock into something; to knock a part of the body into something. *Ex* Ouch! I bumped my head.

1. *n.* hinchazón; porrazo. **2.** *v.* tropezar con algo; golpearse una parte del cuerpo con algo.

bumper [ˈbəmpɚ] *n* pieces of curved metal on the front and back of cars to protect them if they bump into something.

n. parachoques; piezas de metal curvado que protegen a los coches en los choques.

bun [bən] **1.** *n* a small, round cake or loaf of bread. **2.** *n* a small loaf of bread shaped to hold a hot dog or a hamburger.

1. *n.* bollo; pieza de pan pequeña o pastel. **2.** *n.* pequeña barra de pan para meter perritos calientes o hamburguesas.

bunch [bəntʃ] *n* a group of things.

n. puñado; grupo de cosas.

bundle [ˈbəndḷ] *n* a number of things tied together, like a bundle of clothes or newspapers.

n. fardo; conjunto de cosas atadas juntas, como vestidos o periódicos.

bungalow [ˈbəŋgəlow] *n* a house with no upstairs.

n. bungalow; casa sin piso superior; chalet.

bunk [bəŋk] *n* a shelf-like bed attached to a wall.

n. litera; cama agregada a una pared, tipo estantería.

buoy [ˈbuwi] *n* an object floating in the water and anchored to the bottom. *Ex* Buoys aid boats in following a safe passage and warn them of danger.

n. boya; objeto que flota en el agua, anclado al fondo.

burden [ˈbɚdn̩] *n* a load that is very heavy to carry; worrisome thoughts that are difficult to bear.

n. carga que es muy pesada de llevar; pensamientos preocupantes, difíciles de soportar.

bureau ['byɚow] **1.** *n* a chest of drawers. **2.** *n* an office, especially a government office.

burglar ['bɚglɚ] *n* someone who breaks into buildings and steals things.

burial ['beriəl] *n* the burying of something, like a dead body, in the ground.

burn [bɚn] **1.** *v* to be on fire; to set something on fire so that it will burn up. **2.** *n* an injury to the skin from fire.

burrow ['bɚow] **1.** *n* a hole or tunnel in the ground which has been dug by wild animals. *Ex* Rabbits and foxes dig and live in burrows. **2.** *v* to dig a hole or tunnel.

burst [bɚst] **1.** *v* to explode; to rush forth; to pop like a balloon. *pt* burst. *pp* burst. **2.** *n* a sudden outbreak; an explosion.

bury ['beri] *v* to put an object deep into something, usually in the ground.

bus [bəs] **1.** *n* a large vehicle which carries many people. **2.** *v* to cause people to be carried by bus.

bush [buʃ] *n* a small tree with many branches growing close to the ground; a shrub.

business ['bıznəs] *n* an occupation; commerce.

businessman ['bıznəsmæn] *n* a man who works for or manages a business firm.

businesswoman ['bıznəswumən] *n* a woman who works for or manages a business firm.

bus route ['bəs rawt] *n* the streets that a bus follows.

bus stop ['bəs stap] *n* one of the places that a bus will stop to take in or let out passengers.

bust [bəst] **1.** *n* a sculpture of someone's head, shoulders, and chest. **2.** *n* the breasts.

bustle ['bəsl] *v* to rush about busily.

busy ['bızi] *adj* with your time fully occupied; working hard.

but [bət] **1.** *prep* except. *Ex* Everyone but me got an apple. **2.** *conj* except that, unless, if not. *Ex* I would have come, but I wasn't invited.

butcher ['butʃɚ] **1.** *v* to kill a food animal and cut up the meat. **2.** *n* a person who cuts up meat for sale in a store.

butter ['bətɚ] **1.** *n* a kind of soft, yellow fat made from cream. **2.** *v* to spread butter on bread.

butterfly ['bətɚflay] *n* an insect with large, colored wings.

buttermilk ['bətɚmılk] *n* the milk left after butter has been made; a sour milk made by growing special bacteria in sweet milk.

butterscotch ['bətɚskatʃ] *n* a candy made from brown sugar and butter.

buttocks ['bətəks] *n* the two rounded parts of the body that you sit on.

button ['bətn] **1.** *n* a small, round fastener on clothing. **2.** *n* a small, round disk that you press to ring a bell or operate a radio. **3.** *v* to fasten clothing by putting buttons through buttonholes.

buttonhole ['bətnhowl] *n* a narrow hole or slot in cloth for a button to fit into.

buy [bay] *v* to give money in exchange for something. *Ex* I am going to buy a new car. *pt* bought. *pp* bought.

1. *n.* escritorio. **2.** *n.* oficina, especialmente oficina del gobierno.

n. ladrón; el que se introduce en los edificios para robar.

n. entierro; entierro de algo, como un cuerpo muerto, en el suelo.

1. *v.* quemar; arder; colocar algo al fuego para que se queme. **2.** *n.* quemadura; lesión en la piel producida por fuego.

1. *n.* madriguera; agujero o túnel en el suelo excavado por animales salvajes. **2.** *v.* cavar un agujero o túnel.

1. *v.* estallar; brotar; reventar como un balón. **2.** *n.* explosión súbita.

v. enterrar; meter un objeto profundamente en algo, normalmente el suelo.

1. *n.* autobús; vehículo grande que transporta personas. **2.** *v.* hacer que la gente viaje en autobús.

n. arbusto; árbol pequeño con ramas que crecen cerca del suelo.

n. negocio; ocupación; comercio.

n. negociante; hombre que trabaja para, o dirige una empresa.

n. mujer de negocios; mujer que trabaja para, o dirige una empresa.

n. ruta que sigue el autobús.

n. parada de autobús; uno de los lugares en que se detendrá el autobús para recoger o dejar viajeros.

n. busto. **1.** *n.* escultura de la cabeza, hombros y pecho de alguien. **2.** *n.* el busto.

n. apresurarse; ir y venir apresuradamente.

adj. ocupado, atareado; con el tiempo totalmente ocupado; que trabaja duro.

1. *prep.* pero; excepto. **2.** *conj.* excepto que; a menos que; si no.

1. *v.* matar un animal comestible y trocear la carne. **2.** *n.* carnicero; persona que corta la carne para venderla en una tienda.

1. *n.* mantequilla; especie de grasa blanda y amarilla hecha de leche. **2.** *v.* untar mantequilla sobre pan.

n. mariposa; insecto con alas grandes y coloreadas.

n. leche de manteca; la leche que queda después de que se ha hecho la mantequilla; leche agria hecha mediante el cultivo de una bacteria especial en la leche dulce.

n. confite hecho de azúcar morena y mantequilla.

n. nalgas; las dos partes redondas del cuerpo sobre las que uno se sienta.

1. *n.* botón; redondel pequeño que abrocha la ropa. **2.** *n.* disco pequeño y redondo que se aprieta para hacer sonar un timbre o poner en marcha la radio. **3.** *v.* abrochar.

n. ojal; agujeros o ranuras pequeñas en el vestido para encajar un botón dentro.

v. comprar; dar dinero a cambio de algo.

buzz [bəz] **1.** *n* a humming sound like that made by bees or flies. **2.** *v* to cause an electric buzzer to buzz; to signal a person by the use of an electric buzzer.

buzzer ['bəzɚ] *n* an electric device which makes a loud humming sound when electricity is applied to it.

by [bɑy] **1.** *prep* near; near to. *Ex* There is a post office by our house. **2.** *prep* past. *Ex* The bus went right by him and didn't stop. **3.** *prep* as an act of. *Ex* The dinner was cooked by Rachel. **4.** *adv* past. *Ex* The bus went right by.

bye [bɑy] *interj* short for the word good-bye.

1. *n.* zumbido como el que hacen las abejas o las moscas. **2.** *v.* hacer que zumbe un zumbador eléctrico; advertir a una persona mediante el uso de un zumbador eléctrico.

n. zumbador; mecanismo eléctrico que produce un zumbido cuando se le aplica electricidad.

1. *prep.* cerca; cerca de. **2.** *prep.* junto a. **3.** *prep.* por. **4.** *adv.* cerca.

interj. forma abreviada de *good-bye*.

C

cab [kæb] **1.** *n* a taxi. **2.** *n* the place in a truck where the driver sits.

cabin ['kæbən] **1.** *n* a small house made of logs or other rough materials. **2.** *n* a room for passengers on a ship or an airplane.

cabinet ['kæb(ə)nət] **1.** *n* a cupboard for storing things. **2.** *n* a group of people chosen to advise the U.S. President.

cable ['keybl] *n* a very strong, thick rope made of wires twisted together.

cable television [keybl 'tɛləvɪʒn] *n* a system of television where the programs are carried over wires rather than being sent out from an antenna.

cactus ['kæktəs] *n* a plant with thick leaves and stems. *Ex* Cactus usually grows in the desert. The plural is cactuses or cacti.

cadet [kə'dɛt] *n* a young man who is learning to be an officer in the army, navy, or air force.

cafe [kæ'fey] *n* a small restaurant; a place where you can buy a meal or a snack.

cafeteria [kæfə'tɪriə] *n* an eating place where you pick out your food at a counter and carry it to your table.

cage [keydʒ] *n* a box or room with bars where birds or animals are kept.

cake [keyk] **1.** *n* a sweet food made of flour, fat, eggs, and sugar and baked in an oven. **2.** *n* a flat lump of something, like a cake of soap.

calamity [kə'læmti] *n* something terrible that happens, like an earthquake or an airplane crash in which many people are killed or hurt.

calcium ['kælsiəm] *n* an important element which we need for strong bones and teeth. *Ex* There is much calcium in milk.

calculator ['kælkyəleytɚ] *n* a machine, usually electronic, which solves mathematical problems.

calculus ['kælkyələs] *n* a type of mathematics which uses special symbols.

calendar ['kæləndɚ] *n* a chart of all of the days and dates of each month in the year.

calf [kæf] **1.** *n* a young cow or bull. **2.** *n* the back part of the leg below the knee. The plural is calves.

call [kɔl] **1.** *n* a telephone call. **2.** *n* a stop at someone's house for a short time. **3.** *v* to cry out; for an animal or bird to make its sound. **4.** *v* to say someone's name aloud.

calm [kɑm] **1.** *adj* still; relaxed. **2.** *v* to comfort someone.

came [keym] *v* the past tense of come.

camel ['kæməl] *n* a big animal with a long neck and one or two humps on its back. *Ex* Camels carry people or things from place to place in some hot countries.

camera ['kæm(ə)rə] *n* a device for taking photographs.

camouflage ['kæməflɑʒ] *v* to disguise something so that the enemy cannot see it.

1. *n.* taxi. **2.** *n.* lugar de un camión donde se sienta el conductor.

1. *n.* cabaña; casa pequeña hecha de maderos y otros materiales rudimentarios. **2.** *n.* camarote; cabina; lugar para los pasajeros en un barco o en un avión.

1. *n.* armario para guardar cosas. **2.** *n.* gabinete; grupo de personas elegidas para aconsejar al Presidente de los Estados Unidos.

n. cable; cuerda gruesa y muy fuerte hecha con hilos que se entrelazan juntos.

n. sistema de televisión en el que se envían los programas por cable en lugar de enviarlos por medio de una antena.

n. cactus; planta de tronco y hojas finas. El plural es *cacti*.

n. cadete; joven que estudia para oficial del ejército, la marina o las fuerzas aéreas.

n. café; restaurante pequeño; lugar donde se puede comprar comida o bocadillos.

n. cafetería; lugar donde se come, en el que uno toma la comida de un mostrador y se la lleva a la mesa.

n. jaula; caja o habitación con barrotes para pájaros o animales.

n. bizcocho; dulce hecho de harina, manteca, huevos y azúcar, y cocido en un horno. **2.** *n.* bloque liso de algo, como una pastilla de jabón.

n. calamidad; acontecimiento terrible, como un terremoto o un accidente de aviación en el que mueren o resultan heridas muchas personas.

n. calcio; elemento muy importante que necesitamos para fortalecer los dientes y los huesos.

n. calculadora; máquina, generalmente electrónica, que resuelve problemas matemáticos.

n. cálculo; parte de las matemáticas que utiliza símbolos especiales.

n. calendario; carta con todos los días de los meses del año.

1. *n.* becerro; vaca o toro joven. **2.** *n.* pantorrilla; parte trasera de la pierna, bajo la rodilla.

1. *n.* llamada telefónica. **2.** *n.* visita; parada en la casa de alguien durante poco tiempo. **3.** *v.* clamar; emitir su sonido característico un ave u otro animal. **4.** *v.* llamar; pronunciar en voz alta el nombre de alguien.

1. *adj.* tranquilo; sosegado. **2.** *v.* calmar; tranquilizar a alguien.

v. pasado de *come*.

n. camello; animal grande con cuello largo y una o dos jorobas en el lomo.

n. cámara; aparato para hacer fotografías.

v. camuflar; disfrazar algo para que no pueda reconocerlo el enemigo.

25

camp [kæmp] **1.** *v* to live outdoors in a tent. **2.** *n* a place where tents are set up for outdoor living.

1. *v.* acampar; vivir en una tienda de campaña al aire libre. **2.** *n.* lugar donde se instalan tiendas para acampar.

campaign [kæm'peyn] **1.** *n* a series of actions which cause something important to happen; a battle. **2.** *v* to attempt to cause something to happen; to wage a battle.

1. *n.* campaña; serie de acciones que hacen que suceda algo importante; batalla. **2.** *v.* intentar que ocurra algo importante; librar una batalla.

campus ['kæmpəs] *n* the buildings and grounds of a college or other school. The plural is campuses.

n. campus; conjunto de edificios y terrenos de un colegio, escuela o universidad.

can [kæn] **1.** *n* a metal container for foods or liquids. **2.** *v* to be physically or mentally fit to do something; to be able to. *Ex* She can paint beautiful pictures. *pt* could.

1. *n.* lata; recipiente de metal para comida o líquido. **2.** *v.* estar capacitado física o mentalmente para hacer algo; ser capaz de; poder.

canal [kə'næl] *n* a very large ditch, dug across land and filled with water so that ships and boats can move along it.

n. canal; zanja muy grande, cavada en la tierra y llena de agua para que puedan navegar por ella distintos tipos de embarcaciones.

canary [kə'nɛri] *n* a small, yellow bird kept as a pet because of its sweet song.

n. canario; pájaro pequeño y amarillo que se cría como animal doméstico dado su dulce canto.

cancel ['kæn(t)sl] *v* to do away with; to call off.

v. cancelar; anular.

candidate ['kændədeyt, 'kæn(d)ədət] *n* a person who is running for an office; a person who is being considered for an award.

n. candidato; persona que postula por un cargo; persona a la que se considera para otorgarle una recompensa.

candle ['kændl] *n* a rounded stick of wax with a string through the center. When the string is lit, the wax burns slowly and gives off light.

n. vela; bastón redondo de cera con una mecha en su parte central. Cuando se enciende la mecha, la cera se derrite lentamente y produce luz.

candlestick ['kændlstɪk] *n* a holder for a candle. *Ex* The end of the candle is stuck in the candlestick so that the candle stands up straight.

n. palmatoria; soporte para una vela.

candy ['kændi] *n* sugar made into good-tasting things to eat.

n. caramelo; azúcar mezclado con sustancias de buen sabor.

cane [keyn] **1.** *n* the hard stem of a plant; a stick of bamboo. **2** *n* a stick which is used to help a person walk.

n. caña; tallo duro de una planta; barra de bambú. **2.** *n.* bastón; vara que se utiliza para ayudar a andar a una persona.

cannon ['kænən] *n* a big, heavy gun on wheels; a big, heavy gun mounted on a ship.

n. cañón; arma de fuego grande y pesada que va sobre ruedas o montada en un barco.

cannot [kæn'nɑt] *v* not able to; not permitted to.

canoe [kə'nuw] *n* a light, narrow boat, usually pointed at both ends. *Ex* A paddle is used to make the canoe move through the water.

n. canoa; bote ligero y estrecho, generalmente de extremos puntiagudos.

canopy ['kænəpi] *n* a covering hung over something, such as a bed, a throne, or a patio.

n. dosel; toldo; cubierta que cuelga sobre algo, como una cama, un trono o un patio.

can't [kænt] *cont* can not.

contracción de *can not.*

canvas ['kænvəs] *n* a tough, strong cloth used for tents and sails and for painting pictures on.

n. lona; tejido grueso y resistente que se utiliza para fabricar tiendas de campaña y velas de barcos y para pintar encima.

canyon ['kænyən] *n* a deep, narrow valley, often with a stream or river running through it.

n. cañón; valle estrecho y profundo, por el que generalmente corre un río.

cap [kæp] *n* a soft, small hat, usually with a bill.

n. gorra; sombrero pequeño y blando, que suele llevar visera.

capacity [kə'pæsəti] *n* the greatest amount a container will hold.

n. capacidad; la mayor cantidad que puede contener un recipiente.

cape [keyp] **1.** *n* a piece of clothing without sleeves that goes over the back and shoulders and fastens around the neck. **2.** *n* a piece of land sticking out into the sea.

1. *n.* capa; vestidura sin mangas que se coloca sobre los hombros y la espalda y se abrocha alrededor del cuello. **2.** *n.* cabo; porción de tierra que se adentra en el mar.

capital ['kæpətl] **1.** *n* the large letters of the alphabet used at the beginnings of sentences. **2.** *n* the chief city in a state or country. **3.** *n* an amount of money used for investment.

1. *n.* mayúscula; la letra grande que se utiliza al comienzo de las frases. **2.** *n.* capital; ciudad principal de un estado o país. **3.** *n.* cantidad de dinero empleado para invertir.

capitol ['kæpətl] *n* a building in which a legislative body meets.

n. capitolio; edificio en el que se reúne un cuerpo legislativo.

capsule ['kæpsl] **1.** *n* a tiny container for medicine something like a large pill. *Ex* When you swallow a capsule, it melts and lets the medicine out. **2.** *n* the closed cabin of a spacecraft.

n. cápsula. **1.** *n.* pequeño recipiente para un medicamento, semejante a una píldora grande. **2.** *n.* cápsula espacial; cabina hermética de una nave espacial.

captain ['kæptən] *n* the person in charge of a group of people like a group of soldiers, sailors, or a sports team.

n. capitán; el que tiene a su . ⌐grupo de personas, como soldados, marineros o ʋ ∩ deportivo.

captive ['kæptɪv] **1.** *n* someone who has been captured and held prisoner. **2.** *adj* held under control; held as a prisoner.

1. *n.* prisionero; el que ha sido captᵤ .ɔ y se mantiene prisionero. **2.** *adj.* preso; mantenido bajo control o en prisión.

capture ['kæptʃɚ] *v* to catch something or someone and hold by force.

v. capturar; apresar a algo o a alguien y retenerlo por la fuerza.

car [kɑr] *n* a motor vehicle used for driving from place to place.

n. coche; vehículo a motor para ir de un sitio a otro.

caramel ['kɑrməl] *n* a kind of candy made by cooking sugar, butter, and cream together.

n. caramelo; golosina hecha de azúcar, mantequilla y crema.

caravan ['kɛrəvæn] *n* a group of people traveling together for safety, usually in the desert, and usually with camels.

n. caravana; grupo de personas que viajan juntas por cuestiones de seguridad, generalmente por el desierto y con camellos.

carbon paper ['kɑrbn̩ peypɚ] *n* very thin paper with a colored coating on one side. When a sheet of carbon paper is placed between two white sheets of paper, whatever is written or typed on the top sheet will appear on the bottom sheet.

n. papel carbón; papel muy fino con una capa de color en una de sus caras, de manera que, cuando se coloca entre dos hojas de papel hace que se reproduzca en la hoja que está debajo lo que se escribe en la de arriba.

carburetor ['kɑrbɚeytɚ] *n* the part of a car's engine which mixes gasoline with air so that the engine can burn the mixture.

n. carburador; parte del motor de un coche que mezcla la gasolina con el aire para que pueda quemarse en el motor la mezcla.

card [kɑrd] **1.** *n* a square or rectangle of stiff paper. **2.** *n* a postcard on which short notes are written. Some postcards have brightly colored pictures on one side. **3.** *n* a greeting card on which is printed a design and a message for special occasions, such as Christmas or a wedding anniversary. **4.** *n* a playing card which is used in card games, such as bridge, poker, or gin rummy.

1. *n.* tarjeta; rectángulo de papel duro. **2.** *n.* tarjeta postal para escribir notas cortas. Algunas tienen imágenes en color en una de sus caras. **3.** *n.* tarjeta de felicitación, con un motivo pictórico y un mensaje impresos para enviar en ocasiones especiales, como Navidad o aniversarios de boda. **4.** *n.* naipe para juegos de cartas, como el bridge, el póker o el *gin rummy*.

cardboard ['kɑrdbɔrd] *n* a very thick and stiff kind of paper.

n. cartón; papel duro y grueso.

care [kɛr] **1.** *n* a worry; trouble. **2.** *v* to have concern; to provide comfort for someone; to like; to be fond.

1. *n.* cuidado; preocupación. **2.** *v.* estar preocupado; cuidar; proporcionar atenciones a alguien; gustar; ser aficionado.

career [kə'rir] **1.** *n* a person's progress through life; a period of existence. **2.** *n* a job or profession.

n. carrera. **1.** *n.* el progreso de una persona a lo largo de su vida; período de la vida. **2.** *n.* oficio o profesión.

careful ['kɛrfl̩] *adj* giving special attention to what is being done.

adj. cuidadoso; que presta atención especial a lo que está haciendo.

careless ['kɛrləs] *adj* not taking care; not thinking about what is being done.

adj. descuidado; que no tiene cuidado; que no piensa en lo que está haciendo.

caretaker ['kɛrteykɚ] *n* a person who looks after a building or part of a building.

n. vigilante; portero; persona que cuida un edificio o parte del mismo.

cargo ['kɑrgow] *n* the load of goods carried by a ship, truck, or airplane.

n. carga; cargamento de mercancías que transporta un barco, un camión o un avión.

carol ['kɛrəl] *n* a song of joy; a special kind of song sung at Christmastime.

n, villancico; un tipo de canciones que se cantan en Navidad.

carpenter ['kɑrpəntɚ] *n* someone who makes things out of wood.

n. carpintero; el que hace cosas de madera.

carpet ['kɑrpət] *n* a thick, soft woven covering for the floor.

n. alfombra; cubierta para el suelo de lana, gruesa y suave.

carry ['kɛri] *v* to take something from place to place.

v. transportar; llevar algo de un lugar a otro.

cart [kɑrt] **1.** *n* an open wagon with two or four wheels. *Ex* Carts are sometimes pulled by horses. **2.** *v* to carry or transport with a cart; to carry or haul something.

1. *n.* carro; carromato abierto, con dos o cuatro ruedas. **2.** *v.* acarrear; transportar con un carro; llevar o remolcar algo.

carton ['kɑrtn̩] *n* a box or similar container made from cardboard.

n. caja o recipiente de cartón.

cartoon [kɑr'tuwn] *n* a funny drawing in a newspaper or a magazine; a short, funny film in which the scenes are drawn by hand.

n. dibujo divertido en un periódico o revista; dibujos animados; film corto y divertido, en el que las escenas se han dibujado a mano.

cartridge ['kɑrtrɪdʒ] **1.** *n* a case for holding the gunpowder and bullet which is to be shot from a gun. **2.** *n* a case which holds a length of tape for a sound or television recorder.

1. *n.* cartucho donde se contiene la pólvora y la bala que ha de disparar un fusil. **2.** *n.* caja que contiene una cinta grabada para magnetófono o video.

carve [kɑrv] *v* to cut a piece of wood into a shape; to cut a piece of cooked meat or fowl into slices.

v. tallar; cortar un trozo de madera para darle una forma determinada; trinchar; cortar en trozos una pieza de carne o un ave cocinadas.

case [keys] **1.** *n* a kind of box to keep or carry things in. **2.** *n* a set of circumstances which needs to be examined; the circumstances surrounding a crime and the crime itself.

caseworker ['keyswɚkɚ] *n* a kind of public helper who works with the problems of a specific person.

cash [kæʃ] **1.** *n* money; coins and bills. **2.** *v* to receive cash for a check.

cashier [kæ'ʃir] *n* a person whose job is to receive and pay out money.

cassette [kə'sɛt] *n* a small, plastic case holding tape for a sound or television recorder.

cast [kæst] **1.** *v* to throw something outward with force. **2.** *v* to create something by pouring liquid metal or plaster into a mold. **3.** *n* the group of performers in a play or opera.

castle ['kæsl] *n* an old building with thick stone walls to resist enemy attacks.

cat [kæt] *n* a furry animal with sharp teeth and claws, often kept as a pet; a kind of mammal, including pet cats, lions, tigers, and panthers, which eats meat.

catalog ['kætlɔg] *n* a list of things in a special order, such as a list of books in a library; a special book which lists things for sale.

catch [kætʃ] *v* to get hold of something; to capture something. *pt* caught. *pp* caught.

catcher ['kætʃɚ] *n* the baseball player who stands behind the batter and catches the balls that the batter does not hit. *Ex* The catcher throws the ball back to the pitcher.

caterpillar ['kætɚpɪlɚ] *n* a worm or a grub which turns into a moth or a butterfly.

cathedral [kə'θidrəl] *n* a very large and important church.

catsup ['kɛtʃəp] *n* a mildly seasoned sauce made from tomatoes.

cattle ['kætl] *n* cows, bulls, and oxen. The word is plural, and it has no singular form.

caught [kɔt] *v* the past tense and past participle of catch.

cause [kɔz] **1.** *v* to make something happen. **2.** *n* something or someone which causes a thing to happen.

caution ['kɔʃn] **1.** *n* a statement of warning; a reminder to be careful. *Ex* Pay attention to his words of caution. **2.** *n* carefulness. *Ex* Please use caution when crossing the street. **3.** *v* to advise someone to be careful; to warn someone. *Ex* The teacher cautioned me about crossing the street.

cave [keyv] *n* a big hole in rocks or in the side of a hill.

cavern ['kævɚn] *n* a large cave.

cease [sis] *v* to stop doing something; to stop.

ceiling ['silɪŋ] *n* the top of a room.

celebration [sɛlə'breyʃn] *n* a party or a festival on a special day like a birthday or a national holiday.

cell [sɛl] **1.** *n* a single room in a prison. **2.** *n* a very tiny part of a living being contained in a very thin wall.

cellar ['sɛlɚ] *n* an underground room where things like wine are stored; a basement.

Celsius ['sɛlsiəs] *adj* a type of heat measurement in degrees; centigrade. *Ex* Freezing is 0 degrees and boiling is 100 degrees Celsius.

1. *n.* estuche; especie de caja para guardar o llevar cosas. **2.** *n.* caso; conjunto de circunstancias que han de examinarse; circunstancias que rodean a un crimen, y el crimen mismo.

n. asistente social; persona que constribuye a resolver los problemas de alguien específico.

1. *n.* dinero en efectivo; monedas y billetes. **2.** *v.* cobrar un cheque.

n. cajero; persona cuya misión consiste en recibir y pagar dinero.

n. cassette; cajita de plástico que contiene una cinta grabada para magnetófono o vídeo.

1. *v.* proyectar; lanzar algo con fuerza. **2.** *v.* vaciar metales; fundir; crear algo al verter metal líquido o una materia plástica en un molde. **3.** *n.* reparto; actores de una obra de teatro u ópera.

n. castillo; edificio antiguo con gruesos muros de piedra para resistir los ataques de los enemigos.

n. gato; animal peludo, con dientes y garras afiladas, que a menudo se tiene como animal doméstico; especie de mamíferos carnívoros en la que se incluyen gatos, leones, tigres y panteras.

n. catálogo; lista de cosas en un orden especial, como un catálogo de los libros de una biblioteca; catálogo comercial; libro que contiene el listado de productos en venta.

v. atrapar; capturar algo.

n. apañador; en el juego de béisbol, el jugador que se coloca detrás del bateador y coge las pelotas que el bateador no golpea.

n. oruga; gusano o larva que se convierte en mariposa.

n. catedral; iglesia muy grande e importante.

n. salsa de tomate sazonada.

n. ganado vacuno; toros, vacas y bueyes. Esta palabra es plural y carece de singular.

v. pasado y participio pasado de *catch*.

1. *v.* causar; hacer que ocurra algo. **2.** *n.* causante; algo o alguien que es causa de que suceda una cosa.

1. *n.* precaución; instrucción de aviso; recordatorio para que se tenga cuidado. **2.** *n.* cautela. **3.** *v.* advertir a alguien para que tenga cuidado; avisar a alguien.

n. cueva; agujero grande en una roca o en la ladera de un monte.

n. caverna; cueva grande.

v. cesar; dejar de hacer algo; parar.

n. techo; la parte superior de una habitación.

n. celebración; fiesta; reunión o festival que se celebra en un día especial, como un cumpleaños o una fiesta nacional.

1. *n.* celda; cuarto de una prisión. **2.** *n.* célula; parte muy pequeña del ser vivo contenida en una envoltura muy fina.

n. bodega; estancia subterránea donde se almacenan ciertas cosas, como el vino; sótano.

adj. una forma de medir la temperatura en grados; escala centígrada.

cement [sɪ'mɛnt] **1.** *n* a grayish, powdered clay mixture that hardens when it is mixed with sand and water. *Ex* Cement is used to stick bricks and other building materials together. **2.** *n* a type of glue that is different from paste. **3.** *v* to stick things together with cement.

cemetery ['sɛmətɛri] *n* a place where people who have died are buried.

cent [sɛnt] *n* 1/100th of a dollar; a penny.

center ['sɛntɚ] *n* the middle part of anything.

centigrade ['sɛntəgreyd] *adj* a scale for measuring heat expressed in degrees. *Ex* The boiling point of water is 100 degrees centigrade, and the freezing point is 0 degrees centigrade.

centimeter ['sɛntəmitɚ] *n* 1/100th of a meter; a distance equal to 0.39 inches.

century ['sɛntʃɚi] *n* a hundred years.

cereal ['sɪriəl] *n* any kind of grain used as food; a food product made from grain and usually eaten for breakfast.

ceremony ['sɛrəmowni] *n* an important or special happening, like a wedding.

certain ['sɚtn̩] *adj* sure; without any doubt.

certainly ['sɚtn̩li] *adv* without any doubt.

certificate [sɚ'tɪfəkət] *n* something written or printed which proves that something is true.

chain [tʃeyn] *n* metal rings joined together to make a long, strong thing like a rope.

chair [tʃɛr] *n* a single seat with a back to lean on.

chalk [tʃɔk] *n* a soft, white stone which can be made into sticks for writing on the blackboard.

chalkboard ['tʃɔkbord] *n* a hard surface which can be written or drawn on with chalk; a blackboard.

challenge ['tʃæləndʒ] **1.** *v* to invite someone to beat you at something, such as running or swimming. **2.** *n* something that makes a person wish to compete or to succeed.

champion ['tʃæmpiən] *n* someone who is better at a sport than other players; someone who wins often at a sport.

chance [tʃæn(t)s] *n* an opportunity.

change [tʃeyndʒ] **1.** *v* to make something different from what it was before. **2.** *n* the act of becoming different. **3.** *n* coins and bills returned to you when you make a purchase and pay for it with an amount of money larger than the selling price.

channel ['tʃænl] **1.** *n* a deep strip of water in a lake or harbor or between two areas of land. *Ex* Ships and large boats can go through channels without hitting bottom. **2.** *n* a kind of electrical pathway used for television signals.

chap [tʃæp] **1.** *n* a fellow. **2.** *v* for the skin, especially of the lips, to become sore and rough in cold, dry weather.

chapel ['tʃæpəl] *n* a small church or a separate part of a large church.

chapter ['tʃæptɚ] *n* a section of a book. *Ex* Chapters are usually numbered, chapter 1, chapter 2, and so forth.

character ['kɛrɪktɚ] **1.** *n* what a person is like. *Ex* A person's character may be good or bad, honest or dishonest, nice or nasty. **2.** *n* a person in a story or a play.

1. *n.* cemento; mezcla polvorienta, grisácea, de arcilla que se endurece cuando se mezcla con agua y arena. **2.** *n.* cola; especie de pegamento distinto de la pasta. **3.** *v.* fortalecer, reforzar; unir cosas con cemento.

n. cementerio; lugar donde se entierra a los muertos.

n. centavo; 1/100 de un dólar; un penique.

n. centro; la parte del medio de algo.

adj. centígrado; escala para medir la temperatura, expresada en grados.

n. centímetro; 1/100 de un metro; distancia equivalente a 0,39 pulgadas.

n. siglo; cien años.

n. cereal; cualquier tipo de grano que se emplea como alimento; producto alimenticio hecho a base de cereales que se suele tomar en el desayuno.

n. ceremonia; acontecimiento importante o especial, como una boda.

adj. cierto; seguro; sin ninguna duda.

adv. ciertamente; sin duda alguna.

n. certificado; escrito o impreso que da fe de la autenticidad de algo.

n. cadena; anillos de metal unidos que forman una especie de cuerda.

n. silla; asiento simple con respaldo.

n. tiza; piedra blanca y blanda que se puede partir en trozos para escribir sobre la pizarra.

n. pizarra; superficie dura sobre la que se puede escribir o dibujar con tiza.

1. *v.* desafiar; invitar a alguien a que se mida con uno en algo, como en una carrera a pie o de natación. **2.** *n.* estímulo; lo que hace que una persona desee competir o triunfar.

n. campeón; el que es mejor que sus competidores en un deporte; el que gana a menudo en una competición deportiva.

n. oportunidad.

1. *v.* cambiar; hacer que algo sea diferente de lo que era antes. **2.** *n.* cambio; el acto de hacerse diferente. **3.** *n.* cambio; vuelta; las monedas y billetes que nos devuelven cuando efectuamos una compra y pagamos por ella una cantidad superior al precio de venta.

n. canal. **1.** *n.* franja profunda de agua en un lago o playa, o entre dos áreas de tierra. **2.** *n.* especie de sendero eléctrico utilizado por las señales de televisión.

1. *n.* camarada. **2.** *v.* agrietarse la piel; especialmente los labios, a causa del tiempo seco y frío.

n. capilla; iglesia pequeña o parte separada de una iglesia grande.

n. capítulo; sección de un libro.

n. carácter. **1.** *n.* forma de ser de una persona. **2.** *n.* personaje; persona en una novela o una obra de teatro.

charcoal ['tʃɑrkowl] *n* a hard piece of burned wood. *Ex* Charcoal is used to cook with or to draw pictures with.

n. carbón; trozo duro de madera quemada.

charge [tʃɑrdʒ] **1.** *v* to rush at something. **2.** *n* control; custody. *Ex* I am in charge of the books. **3.** *v* to use a credit card to buy something; to buy something and be billed for it later. *Ex* Do you want to pay cash or charge it? Cash or charge?

1. *v.* cargar; precipitarse sobre algo. **2.** *n.* encargo; custodia. **3.** *v.* cargar, adeudar en una tarjeta de crédito para comprar algo; comprar algo que nos facturarán más tarde.

charity ['tʃɛrəti] *n* a feeling of kindness and affection toward other people; a gift of money, food, or shelter to someone in need.

n. caridad; sentimiento de bondad y afecto hacia otras personas; donativo de dinero; comida o asilo a un necesitado.

charm [tʃɑrm] **1.** *v* to make people think you are nice and pleasant to know. **2.** *n* something that has magic powers or can bring good luck.

v. encantar. **1.** *v.* hacer pensar a la gente que se es encantador y es agradable conocerle a uno. **2.** *n.* encanto; algo que tiene poder mágico o que puede depararnos buena suerte.

chart [tʃɑrt] *n* a map, usually of the sea; a table of information.

n. mapa; generalmente del mar; tabla de información.

chase [tʃeys] **1.** *v* to run after something or someone. **2.** *n* the act of running after someone or something.

1. *v.* cazar; correr tras algo o alguien. **2.** *n.* caza, acción de correr tras de algo o alguien.

chassis ['tʃæsi] *n* the framework which forms the base of a car.

n. chasis; estructura que forma la base de un coche.

chat [tʃæt] **1.** *v* to talk with someone in a friendly way. **2.** *n* a friendly talk.

1. *v.* charlar; hablar con alguien de manera amistosa. **2.** *n.* charla; conversación amistosa.

chatter ['tʃætɚ] **1.** *v* to talk a lot about things that are not important. **2.** *n* a lot of unimportant talk.

1. *v.* parlotear; hablar mucho de cosas sin importancia. **2.** *n.* palique; charla abundante y sin importancia.

chauffeur ['ʃowfɚ] *n* a person who is paid to drive someone else's car.

n. chófer; persona a la que se paga para que conduzca el coche de otra.

cheap [tʃip] *adj* not expensive; not costing much money.

adj. barato; no caro, que no cuesta mucho dinero.

cheat [tʃit] *v* to do something which is not honest or right, like copying someone else's answers during a test.

v. engañar; hacer algo deshonesto, o que no está bien, como copiar las respuestas de otros durante un examen.

check [tʃɛk] **1.** *v* to go back over something to make sure it is correct. **2.** *n* a pattern with small squares in it. **3.** *n* a note directing your bank to pay a sum of money to the person presenting the note.

1. *v.* comprobar; volver sobre algo para asegurarse de que es correcto. **2.** *n.* diseño con cuadros pequeños. **3.** *n.* cheque; una nota que ordena a nuestro banco que pague una cantidad de dinero a su portador.

check out ['tʃɛk 'awt] **1.** *v* to borrow something from a place which keeps a record of what is lent to whom. *Ex* Books are checked out from a library. **2.** *v* to take purchases to a counter in a store and pay for them just before you leave the store. **3.** *n* the place where you pay for purchases just before you leave a store. Often written *checkout*.

1. *v.* tomar prestado algo de un lugar en el que se lleva un registro de lo que se presta y a quién se presta. **2.** *v.* hacer compras en un almacén y pagarlas inmediatamente antes de salir. **3.** *n.* el lugar donde se abonan las compras, inmediatamente antes de salir del almacén.

checkup ['tʃɛkəp] *n* a general physical examination of the body.

n. chequeo; reconocimiento general del cuerpo.

cheek [tʃik] *n* the soft side of your face below the eyes and on either side of the nose.

n. mejilla; parte blanda del rostro, bajo los ojos y a ambos lados de la nariz.

cheer [tʃir] **1.** *n* joy; happiness. **2.** *v* to shout and cry out in honor of someone or in honor of someone's accomplishments.

1. *n.* alegría; felicidad. **2.** *v.* vitorear; gritar y vociferar en honor de alguien o en honor de lo realizado por alguien.

cheerful ['tʃirfl] *adj* happy; joyful.

adj. alegre; feliz.

cheese [tʃiz] *n* a food made from milk.

n. queso; alimento hecho de leche.

chemistry ['kɛməstri] *n* the scientific study of what things are made of.

n. química; ciencia que estudia de qué están hechas las cosas.

cherry ['tʃɛri] *n* a sweet, round, red or yellow fruit with a stone in it.

n. cereza; fruto dulce, redondo, amarillo o rojo, con una pepita en su interior.

chess [tʃɛs] *n* a game for two people, using pieces called chessmen, played on a board marked with black and white squares.

n. ajedrez; juego para dos personas donde se utilizan fichas y se juega sobre un tablero de cuadros blancos y negros.

chest [tʃɛst] **1.** *n* a large, strong box with a lid. **2.** *n* the front part of the body between the neck and the waist.

1. *n.* cofre; caja grande y fuerte con tapadera. **2.** *n.* pecho; parte frontal del cuerpo entre el cuello y el vientre.

chew [tʃuw] *v* to crush or grind with the teeth.

v. masticar; cortar o moler con los dientes.

chewing gum ['tʃuwɪŋ gəm] *n* a substance, something like candy, that is chewed but not swallowed.

n. chicle; goma de mascar; sustancia parecida a un caramelo que se mastica, sin tragarse.

chick [tʃɪk] *n* a baby chicken; a baby bird.

n. pollito; pajarito.

chicken ['tʃɪkn̩] *n* a hen or a rooster.

n. gallina o gallo.

chicken pox ['tʃɪkṇ pɑks] *n* an illness where a person has a fever and spots on the body.

n. varicela; enfermedad que produce fiebre y manchas en el cuerpo.

chief [tʃif] **1.** *n* a leader or ruler. **2.** *adj* the most important.

n. jefe. **1.** *n.* líder o conductor. **2.** *adj.* el más importante.

child [tʃɑyld] *n* a human being who is older than a baby but younger than an adolescent.

n. niño; ser humano mayor que un bebé y menor que un adolescente.

children ['tʃɪldrən] *n* boys and girls; the plural of child.

n. niños y niñas; plural de *child.*

chilly ['tʃɪli] *adj* cool; cold; feeling cold.

adj. frío; fresco; friolero.

chime [tʃɑym] *n* a musical sound made by a set of bells, usually in a clock.

n. carillón; sonido musical producido por un conjunto de campanas, generalmente de un reloj.

chimney ['tʃɪmni] *n* a small tunnel from a fireplace to the roof to let smoke out.

n. chimenea; túnel pequeño que va desde el hogar hasta el tejado, para que salga el humo.

chimpanzee [tʃɪmpæn'zi] *n* a clever and intelligent ape which is smaller than a gorilla. *Ex* Chimpanzees can be trained to perform many acts.

n. chimpancé; mono listo e inteligente, más pequeño que el gorila.

chin [tʃɪn] *n* the part of the face under the mouth.

n. barbilla; parte de la cara bajo la boca.

china ['tʃɑynə] *n* cups and plates made from a kind of fine clay.

n. china; vajilla hecha con barro fino.

chip [tʃɪp] **1.** *v* to knock off a small piece of something like a cup or a vase. **2.** *n* a small piece of something which has been knocked off of something larger.

1. *v.* astillar; desportillar; romper en trocitos algo, como una copa o un vaso. **2.** *n.* astilla; viruta; trocito que se ha arrancado de algo más grande.

chipmunk ['tʃɪpməŋk] *n* a small, wild animal, like a squirrel with stripes.

n. ardilla listada; animal salvaje pequeño, como una ardilla con listas.

chirp [tʃɚp] *n* a short, shrill sound made by some birds and insects.

n. gorjeo; sonido corto emitido por algunas aves; chirrido emitido por un grillo.

chisel ['tʃɪzl] *n* a tool with a cutting edge at the end. A chisel is used for cutting stone or wood.

n. cincel; herramienta de borde afilado, para cortar piedra o madera.

chocolate ['tʃɔklət] *n* a sweet, brown food or drink made from sugar and cocoa.

n. chocolate; bebida o alimento marrón y dulce hecho con azúcar y cacao.

choice [tʃoys] *n* the power to select something; the person or thing chosen. *Ex* Is your choice the red one or the white one? He is my choice for president.

n. elección; poder para elegir algo; la persona o cosa elegida.

choir [kwɑyr] *n* a group of people trained to sing together.

n. coro; grupo de personas que han ensayado para cantar conjuntamente.

choke [tʃowk] **1.** *v* to find it very hard to breathe because there is something stuck in your throat or because there is smoke in your lungs. **2.** *v* to cut off the breathing of a person or an animal.

1. *v.* asfixiarse; dificultad para respirar a causa de un obstáculo en la garganta, o porque hay humo en los pulmones. **2.** *v.* asfixiar; cortar el aire a una persona o animal.

choose [tʃuwz] *v* to take one thing rather than another; to make a choice. *pt* chose. *pp* chosen.

v. elegir; tomar una cosa en lugar de otra; hacer una elección.

chop [tʃɑp] **1.** *v* to cut something with hard blows. **2.** *n* a piece of meat, usually lamb or pork, on a bone.

1. *v.* tronchar; cortar algo con golpes fuertes. **2.** *n.* chuleta; trozo de carne, normalmente de cordero o cerdo, con hueso.

chopsticks ['tʃɑpstɪks] *n* two thin sticks of wood or ivory used for eating food by people living in some Far Eastern countries.

n. palillos de madera o marfil, que utilizan los orientales para comer.

chorus ['korəs] **1.** *n* the part of a song that comes after each verse. **2.** *n* the people on a stage in an opera or a concert who sing together.

1. *n.* estribillo; parte de la canción que va después de cada una de las estrofas. **2.** *n.* coro; personas que cantan juntas en una ópera o concierto.

chose [tʃowz] *v* the past tense of choose.

v. pasado de *choose.*

chosen ['tʃowzṇ] *v* the past participle of choose.

v. participio pasado de *choose.*

chrome [krowm] *n* a silvery-looking metal.

n. cromo; metal parecido a la plata.

chuckle ['tʃəkl] *v* to laugh quietly.

v. reír entre dientes; reír disimuladamente.

chum [tʃəm] *n* a close friend.

n. amigo íntimo.

church [tʃɚtʃ] *n* a building where people go to worship God. This usually refers to a Christian church.

n. iglesia; edificio al que van las personas a rogar a Dios; se refiere generalmente a una iglesia cristiana.

churn [tʃɚn] **1.** *n* a simple machine for making butter. **2.** *v* to make butter in a churn.

1. *n.* mantequera; máquina de hacer mantequilla. **2.** *v.* batir mantequilla a máquina.

cigar [sə'gɑr] *n* a stick of tobacco made of tobacco leaves rolled tightly together, for smoking.

n. cigarro; cilindro hecho con hojas de tabaco enrolladas apretadamente.

cigarette [sɪgə'rɛt] *n* finely cut pieces of tobacco rolled in a thin paper, for smoking.

n. cigarrillo; picadura de tabaco liada en un papel de fumar.

cinder ['sɪndɚ] *n* a piece of coal or wood that has been burned, but not burned away to ashes. *Ex* Cinders are often hard and rough.

n. carbonilla; trozo de carbón o de madera que se ha quemado pero no ha quedado reducida a cenizas.

cinema ['sɪnəmə] *n* a building where motion pictures are shown.

n. cine; edificio donde se proyectan películas.

circle ['sɚkl] *n* a completely round ring.

n. círculo; anillo totalmente redondo.

circular ['sɚkyələ] *adj* in the shape of a circle.

n. circular; que tiene forma de círculo.

circulate ['sɚkyəleyt] *v* to move around and come back to the starting point. *Ex* Blood circulates through the veins of our body. Library books circulate when they are checked out from the library and then returned to the library.

v. circular; moverse alrededor de algo y regresar al punto de partida.

circulation [sɚkyə'leyʃn] **1.** *n* the movement of blood throughout the body. **2.** *n* the department of a library in charge of checking books in and out.

1. *n.* circulación de la sangre por el cuerpo. **2.** *n.* el departamento de una biblioteca que tiene a su cargo el control de la entrada y salida de libros.

circumference [sɚ'kəmfrən(t)s] *n* the distance around a circle or any other round object.

n. circunferencia; el perímetro de un círculo o de cualquier otro objeto redondo.

circumstance ['sɚkəmstæn(t)s] *n* the time, place, and facts relating to an event.

n. circunstancia; tiempo, lugar y hechos relativos a un acontecimiento.

circus ['sɚkəs] *n* a traveling show with acrobats, animals, and clowns.

n. círco; espectáculo nómada en el que actúan acróbatas, animales y payasos.

citizen ['sɪtəzn] *n* a person who lives in a city, town, county, state, or nation.

n. ciudadano; persona que vive en una ciudad, condado, estado o nación.

citizenship ['sɪtəzn̩ʃɪp] *n* the condition of being a citizen of a country.

n. ciudadanía; condición de ser ciudadano de un país.

citrus ['sɪtrəs] *n* a kind of fruit. *Ex* Oranges, lemons, and grapefruit are citrus fruits.

n. cítricos; género de frutas.

city ['sɪti] *n* a very large town consisting of houses and other buildings.

n. ciudad; villa muy grande formada por casas y otros edificios.

city hall [sɪti 'hɔl] *n* the place where the business of a city is conducted.

n. ayuntamiento; lugar donde se gobierna una ciudad.

civil ['sɪvl] **1.** *adj* having to do with people or the government, but not having to do with the armed forces. **2.** *adj* polite; courteous.

adj. civil. **1.** *adj.* relativo al pueblo o al gobierno, pero no a las fuerzas armadas. **2.** *adj.* cortés; educado.

claim [kleym] **1.** *v* to demand or ask for something because you believe you should have it. **2.** *n* a right to have something; the demand for something which is due to you.

1. *v.* exigir; demandar o pedir algo porque se cree que se debería tener. **2.** *n.* derecho a tener algo; reclamación, demanda de algo que se nos debe.

clam [klæm] *n* a type of shellfish. *Ex* The meat is inside, and the clam must be opened in order to get it out.

n. almeja; tipo de molusco.

clang [klæŋ] *n* a loud, deep echoing noise, usually made by striking something metal, like a bell.

n. estruendo; sonido pesado y profundo, producido generalmente al golpear un objeto de metal, como una campana.

clap [klæp] *v* to slap the palms of the hands together to make a noise.

v. aplaudir; golpear las palmas de las manos para hacer ruido.

clash [klæʃ] **1.** *n* a loud noise made when things are banged together. **2.** *n* a disagreement; a battle. **3.** *v* for two or more things, especially colors, to look bad when placed close together. *Ex* Your orange sweater and purple skirt clash.

1. *n.* estruendo; ruido profundo que se produce al chocar cosas. **2.** *n.* desacuerdo; choque; batalla. **3.** *v.* chocar; resultar mal dos cosas cuando se colocan juntas, como por ejemplo dos colores.

clasp [klæsp] **1.** *v* to hold something tightly. **2.** *n* the fastening for a brooch or other piece of jewelry.

1. *v.* abrazar; asir algo estrechamente. **2.** *n.* cierre de un broche o de cualquier otra joya.

class [klæs] **1.** *n* a group of children or older people learning something together. **2.** *n* any group of people or things sharing one or more features in common.

n. clase. **1.** *n.* grupo de niños o mayores que aprenden algo juntos. **2.** *n.* cualquier grupo de personas o cosas que comparten una o más características .

classical ['klæsɪkl] **1.** *adj* having to do with the ancient Greek or Roman cultures. **2.** *adj* having to do with music like symphonies, operas, and chamber music.

1. *adj.* clásico; referente a las culturas antiguas de Grecia o Roma. **2.** *adj.* música clásica; sinfonías, óperas y música de cámara.

classified ['klæsıfɑyd] *adj* having to do with newspaper advertisements which are divided into different types or classes.

adj. relativo a los anuncios periodísticos divididos en tipos o clases diferentes.

classroom ['klæsruwm] *n* a room in a school where children learn things.

n. aula; habitación de una escuela donde aprenden cosas los niños.

clatter ['klætɚ] *n* a rattling noise, as when dishes are being washed or stacked.

n. estrépito; ruido grande, como el que se produce al lavar y amontonar los platos.

claw [klɔ] *n* one of the sharp, curved nails on the foot of an animal or bird.

n. garra; cada una de las uñas afiladas y curvas de las patas de un animal salvaje.

clay [kley] *n* a soft, sticky material which can be modeled into things; a soft, sticky earth that can be baked to make bricks or pots.

n. arcilla; material blando y viscoso con el que se pueden modelar cosas; tierra blanda y viscosa que se cuece para hacer ladrillos o cacharros.

clean [klin] **1.** *adj* without dirt or dust; free of anything dirty or unpleasant. **2.** *v* to remove the dirt or dust from something or someplace.

1. *adj.* limpio; sin suciedad ni polvo; libre de toda suciedad o cosa desagradable. **2.** *v.* limpiar; lavar; quitar la suciedad o el polvo de algo.

cleaner ['klinɚ] *n* a tool or chemical substance used to help clean something.

n. limpiador; herramienta o sustancia química para lavar.

cleanse [klɛnz] *v* to make something clean.

v. limpiar.

clean up [klin 'ɑp] *v* to make something clean; to remove a mess or a problem. *Ex* Please clean this mess up. Please clean up this mess.

v. limpiar; eliminar un lío o un problema.

clear [klir] **1.** *adj* bright, or with nothing in the way, so that you can see things clearly. **2.** *v* to clean up; to remove everything. *Ex* Please clear the dirty dishes off the table. **3.** *v* to become sunny. *Ex* The sky is clearing.

1. *adj.* claro, que no tiene nada que impida ver las cosas claramente. **2.** *v.* limpiar; eliminar todo; aclarar. **3.** *v.* salir el sol.

clench [klɛntʃ] *v* to close your teeth or fist tightly on or around something. *Ex* He clenched his teeth on the X-ray film.

v. sujetar; cerrar los dientes o el puño fuertemente en torno a algo.

clerk [klɚk] **1.** *n* someone who does office work, such as answering letters and keeping accounts; a person who sells things in a store. **2.** *v* to work as a clerk in an office or a store.

1. *n.* oficinista; el que hace trabajo de oficina, como contestar cartas y llevar la contabilidad; dependiente; persona que vende cosas en un almacén. **2.** *v.* trabajar como empleado en una oficina o almacén.

clever ['klɛvɚ] *adj* quick to learn; able to do things very well.

adj. inteligente; que aprende rápidamente; hábil; que es capaz de hacer las cosas muy bien.

click [klık] *n* a short, snapping sound.

n. sonido débil y corto.

cliff [klıf] *n* a high, steep wall of rock, earth, or ice. *Ex* One must be careful not to fall off of a cliff.

n. acantilado; muro escarpado de rocas, tierra o hielo.

climate ['klɑymɚt] *n* the kind of weather a country or region usually has. *Ex* Africa and India have hot climates.

n. clima; el tiempo que normalmente suele hacer en un país o región.

climb [klɑym] *v* to move upward using your feet and sometimes your hands to hold on. *Ex* She climbed the stairs with ease. She climbed the cliff with difficulty.

v. escalar; subir utilizando las manos y, a veces, los pies para agarrarse.

cling [klıŋ] *v* to hold on to something tightly. *pt* clung. *pp* clung.

v. agarrar algo fuertemente.

clinic ['klınık] *n* a place where people go to see doctors or nurses.

n. clínica; lugar adonde va la gente para ver al médico o a la enfermera.

clip [klıp] **1.** *v* to cut or trim something with scissors. **2.** *n* a small, metal device for holding papers together.

1. *v.* recortar; cortar algo con tijeras. **2.** *n.* clip; sujetapapeles; pequeño objeto metálico para mantener unidos papeles.

cloakroom ['klowkruwm] *n* a place where people can leave hats and coats.

n. guardarropa; lugar donde se pueden dejar los abrigos y sombreros.

clock [klɑk] *n* a machine that tells you what time it is.

n. reloj; máquina que marca la hora.

clockwise ['klɑkwɑyz] *adv* in the circular direction in which a clock's hands move as seen from the front of the clock; the opposite of counterclockwise.

adv. según el sentido en que se mueven las agujas de un reloj cuando las observamos de frente; lo opuesto es *counterclockwise*.

clog [klɔg] *v* to block a passage, tube, or pipe to keep things from going through. *Ex* There was no water because the pipe was clogged.

v. atascar; bloquear un paso, un tubo o una tubería para impedir que pasen las cosas a través de ellos.

close 1. *v* [klowz] to shut something. *Ex* Please close the door. **2.** *adv* [klows] near; nearby.

1. *v.* cerrar. **2.** *adv.* junto; cerca.

closet ['klɑzət] *n* a very small room in which clothing is hung.

n. ropero; cuarto muy pequeño en el que se cuelga la ropa.

cloth [klɔθ] *n* a woven material that clothes and coverings are made of.

n. paño; tejido de lana con el que se hacen los trajes y abrigos.

clothes [klow(ð)z] *n* all of the things made of cloth that a person wears.

n. ropas; todas las cosas hechas con tela que usan las personas.

clothesline ['klow(ð)zlɑyn] *n* a rope stretched above the ground and used for hanging clothes on to dry.

n. tendedero; cuerda tendida para colgar los vestidos a fin de que se sequen.

clothespin ['klow(ð)zpɪn] *n* a wooden or plastic device used to fasten clothing onto a clothesline.

n. pinza de madera o plástico para sujetar la ropa en el tendedero.

clothing ['klowðɪŋ] *n* clothes.

n. ropa.

cloud [klɑwd] *n* one of the very large white bodies seen in the sky. *Ex* A cloud is made of millions of tiny water drops floating in the air.

n. nube; cada una de las grandes formas blancas que se ven en el cielo.

cloudy ['klɑwdi] *adj* having to do with a day with so many clouds in the sky that little sunlight gets through.

n. nuboso; relativo al día en el que hay tantas nubes en el cielo que sólo puede pasar una débil luz solar.

clout [klɑwt] *n* a hard blow.

n. tortazo; un golpe fuerte.

clover ['klowvɚ] *n* a plant with three rounded leaves at the end of each stem and small white or pink blossoms.

n. trébol; planta que tiene tres hojas redondeadas por cada tallo y pequeñas flores blancas o rosas.

clown [klɑwn] *n* a circus performer who has a painted face and who does funny tricks.

n. payaso; artista de circo que lleva la cara pintada y hace cosas graciosas.

club [kləb] **1.** *n* a heavy stick for hitting. **2.** *n* a group of people who meet together to do things or discuss things.

1. *v.* bastón pesado para golpear. **2.** *n.* grupo de personas que se reúnen para hacer o discutir cosas.

cluck [klək] *n* the soft, short sound a hen makes to her chicks.

n. cloqueo; el sonido suave y breve que hace una gallina a sus polluelos.

clue [kluw] *n* something that helps you find the answer to a puzzle or a mystery.

n. pista; algo que ayuda a encontrar la solución a un rompecabezas o a un misterio.

clump [kləmp] *n* a number of plants or trees growing close together.

n. mata; grupo de plantas o árboles, que crecen juntas.

clumsy ['kləmzi] *adj* not graceful; not good at handling things.

adj. torpe; no agraciado; que no sirve para manejar cosas.

clung [kləŋ] *v* the past tense and past participle of cling.

v. pasado y participio pasado de *cling*.

cluster ['kləstɚ] *n* a bunch; a group.

n. racimo; grupo.

clutch [klətʃ] **1.** *v* to grab something and hold on to it tightly; to clench something. **2.** *n* a part of the machinery which makes it possible to control the power of an engine. **3.** *n* a pedal in some cars which is pushed down when the gears are shifted.

1. *v.* agarrar algo y sujetarlo fuertemente. **2.** *n.* parte de la maquinaria que permite controlar la potencia de un motor. **3.** *n.* embrague; pedal de los coches que se pisa para cambiar la marcha.

coach [kowtʃ] **1.** *n* a large bus used to carry people over long distances. **2.** *n* the standard class or second class of airplane travel. *Ex* Are you flying first-class or coach? **3.** *n* a person who trains sports teams and gives players advice during games. **4.** *v* to train the member of a sports team; to train a person in skills such as acting, singing, or debate.

1. *n.* autocar; autobús grande para transportar personas a largas distancias. **2.** *n.* clase estándar; o segunda clase, en un viaje aéreo. **3.** *n.* entrenador; persona que entrena a un equipo deportivo y da instrucciones a los jugadores durante el partido. **4.** *v.* entrenar a los miembros de un equipo deportivo; enseñar a una persona a actuar, a cantar o a debatir.

coal [kowl] *n* a hard, black mineral used for fuel.

n. carbón; mineral duro y negro empleado como combustible.

coarse [kors] *adj* rough; rude.

adj. tosco; rudo.

coast [kowst] **1.** *n* the border of land next to the sea. **2.** *v* to go downhill in a vehicle without applying power. *Ex* If I can pedal my bicycle to the top of the hill, I can coast for the rest of the way to school.

1. *n.* costa; borde de la tierra próximo al mar. *2. v.* deslizar un vehículo cuesta abajo, en punto muerto.

coat [kowt] *n* an item of warm outer clothing with sleeves.

n. abrigo; prenda de tejido cálido, con mangas, que se pone sobre las demás ropas.

coat hanger ['kowt hæŋɚ] *n* a device made of wire, wood, or plastic on which a coat or other clothing can be hung neatly. *Ex* The coat hanger is hung on a pole in a closet.

n. percha; instrumento de alambre, madera o plástico para colgar el abrigo o la ropa.

coat hook ['kowt huk] *n* a hook on which a coat or other clothing can be hung.

n. gancho para colgar el abrigo o la ropa.

cobbler ['kɑblɚ] **1.** *n* a person who repairs shoes. **2.** *n* a type of fruit pie with a thick crust.

1. *n.* zapatero; el que repara zapatos. **2.** *n.* tarta de fruta con corteza gruesa.

cobweb ['kɑbwɛb] *n* the net of very fine threads made by a spider; a net of fine threads and dust which looks like the net made by a spider.

n. telaraña; red de finísimos hilos tejida por una araña; red de hilos finos y polvo que parece hecha por una araña.

cockroach ['kɑkrowtʃ] *n* an insect pest which crawls about in houses. It is also called a roach.

n. cucaracha; insecto nocivo que se desliza en las casas. Se le llama también *roach*.

cocoa ['kowkow] *n* a brown powder made from cocoa beans. *Ex* Cocoa is used to make chocolate candy or hot chocolate.

n. cacao; polvo hecho a base de semillas de cacao.

coconut ['kowkənət] *n* a very large nut with white meat and a white liquid inside; the meat of the coconut. *Ex* The coconut is the fruit of the palm tree.

n. coco; especie de nuez muy grande, de carne y líquido blancos en su interior; carne del coco.

cod [kɑd] *n* a large ocean fish caught for food.

n. bacalao; pez grande macizo que se pesca como alimento.

code [kowd] *n* secret words or signals used to send messages.

n. código; palabras secretas o señales utilizadas para enviar mensajes.

coffee ['kɔfi] *n* a hot drink made from ground-up, roasted coffee beans.

n. café; bebida caliente hecha de granos de café tostados y molidos.

coffin ['kɔfn] *n* a large metal or wooden box that a dead body is put into.

n. ataúd; caja grande de metal o madera para introducir un cuerpo muerto.

coil [koyl] **1.** *v* to wind something, such as a rope, in rings. **2.** *n* a length of something, such as wire or rope, wound in rings.

1. *v.* enrollar. enroscar algo, como una cuerda. **2.** *n.* carrete; trozo enrollado de algo como una cuerda.

coin [koyn] *n* a piece of money made of metal.

n. moneda; dinero hecho de metal.

coin return ['koyn rɪtɚn] **1.** *n* an opening in a vending machine or pay telephone where change is given back to you. **2.** *n* the button or lever which causes coins to be returned to you from a vending machine or a telephone.

1. *n.* abertura en una máquina de venta automática o en un teléfono público por la que sale el cambio. **2.** *n.* el botón o palanca que hace que una máquina como las citadas devuelva las monedas introducidas.

coin slot ['koyn slɑt] *n* a slot on a vending machine or a pay telephone where money is put in.

n. ranura para introducir las monedas en una máquina de venta automática o en un teléfono público.

cola ['kowlə] *n* a cold, sweet, and bubbly drink which comes in cans or bottles.

n. refresco de cola; bebida dulce, fría y burbujeante envasada en lata o botella.

cold [kowld] **1.** *adj* not hot. *Ex* Fire is hot, and ice is cold. **2.** *n* an illness which affects the nose and throat.

1. *adj.* frío; no caliente. **2.** *n.* catarro; enfermedad que afecta a la nariz y a la garganta.

cold-blooded ['kowld'blədəd] **1.** *adj* having to do with animals which do not have naturally warm bodies; having to do with reptiles and other lower animals. **2.** *adj* cruel; vicious.

1. *adj.* de sangre fría; relativo a los animales que no tienen el cuerpo caliente por naturaleza; relativo a los reptiles y otros animales. **2.** *adj.* cruel; despiadado.

coliseum [kɑlə'siəm] *n* a large arena or other structure used for public performances. Sometimes spelled colosseum.

n. coliseo; circo; ruedo grande o cualquier otra estructura en la que se efectúan representaciones. A veces se escribe *colosseum*.

collage [kə'lɑʒ] *n* a work of art made from many different things glued onto a surface.

n. collage; obra de arte hecha con cosas muy diferentes pegadas sobre una superficie.

collapse [kə'læps] *v* to fall to pieces; to fall down into a heap.

v. despedazarse; derrumbarse.

collar ['kɑlɚ] *n* the part of a shirt, blouse, or coat which goes around the neck.

n. cuello; parte de la camisa, la blusa o la chaqueta que va en torno al cuello.

collect [kə'lɛkt] *v* to bring together; to gather together.

v. coleccionar; reunir; juntar.

collection [kə'lɛkʃn] *n* the things that a person collects, such as stamps, seashells, or coins.

n. colección; cosas que junta una persona, como sellos, conchas marinas o monedas.

college ['kɑlɪdʒ] *n* a place where a person can continue schooling after high school.

n. facultad; lugar donde se puede continuar estudiando una vez hecho el bachillerato.

collide [kə'lɑyd] *v* to come into sudden, hard contact with something. *Ex* The two cars collided.

v. chocar; darse repentina y fuertemente contra algo.

colon ['kowlən] **1.** *n* the punctuation mark (:) used to direct attention to what follows it. **2.** *n* the lower part of the large intestine; the lower part of the bowels.

1. *n.* dos puntos (:); signo de puntuación que se emplea para atraer la atención hacia el texto que va a continuación. **2.** *n.* colon; la parte inferior del intestino grueso.

colonist ['kɑlənɪst] *n* a person who settles in a colony.

n. colonizador; colono; persona que se establece en una colonia.

colony ['kɑləni] **1.** *n* a large population of insects, such as ants or termites. **2.** *n* a country or a region ruled by another country. *Ex* The United States used to be a colony of Great Britain. **3.** *n* a group of people living together and sharing common interests. *Ex* Artists and musicians sometimes live in colonies.

n. colonia. **1.** *n.* población grande de insectos, como hormigas o termitas. **2.** *n.* país o región gobernados por otro país. **3.** *n.* grupo de personas que viven juntos y comparten intereses comunes.

color ['kələ·] **1.** *n* a quality of light that makes things appear as red, yellow, blue, and so forth. **2.** *v* to use crayons or pencils to add colors to pictures or to draw pictures.

1. *n.* color; cualidad de la luz que hace que las cosas aparezcan como rojas, amarillas, azules, etc. **2.** *n.* colorear; dar colores a los dibujos, o pintar cosas mediante tizas y lápices de colores.

column ['kaləm] **1.** *n* a pillar; a tall square or round support on a building. **2.** *n* a line of soldiers. **3.** *n* a list of numbers or words where there is one number or word on each line.

1. *n.* columna; pilar; soporte alto, redondo o cuadrado, de un edificio. **2.** *n.* columna; fila de soldados. **3.** *n.* lista de números o palabras en la que sólo se contiene un número o una palabra por línea.

comb [kowm] **1.** *n* a piece of plastic or metal with teeth in it. *Ex* A comb is used to make a person's hair neat. **2.** *v* to use a comb to make the hair neat.

1. *n.* peine; pieza de plástico o de metal con dientes. **2.** *v.* peinar; alisar el cabello con un peine.

combination [kambə'neyʃn̩] **1.** *n* a mixture; a combining. **2.** *n* the special letters or numbers that are needed to open a combination lock.

1. *n.* combinación; mezcla. **2.** *n.* combinación de una cerradura; conjunto de letras y números especiales que hay que utilizar para abrirla.

combination lock [kambəneyʃn̩ 'lak] *n* a kind of lock which will open only when the proper set of letters or numbers has been set on its dial.

n. cerradura de combinación; clase de cerradura que sólo se puede abrir si se manipula su dial de acuerdo a una determinada combinación de letras y números.

combine [kəm'bayn] *v* to mix together; to join together.

v. combinar; mezclar; juntar.

come [kəm] *v* to approach; to arrive; to move near. *Ex* Come to me. When do you think the train will come? *pt* came. *pp* come.

v. venir; aproximarse; llegar; acercarse.

comedian [kə'midiən] *n* an actor who makes people laugh.

n. comediante; cómico; actor que hace reír a la gente.

comedy ['kamədi] *n* a funny play or motion picture.

n. comedia; obra de teatro divertida o película graciosa.

comfort ['kəmfɚt] **1.** *n* assistance; the state of being at ease. **2.** *v* to make a sad person feel better. *Ex* The nurse comforted the patient.

1. *n.* consuelo; ayuda; confort; estado de comodidad. **2.** *v.* reconfortar; hacer que se sienta mejor una persona que está triste.

comfortable ['kəm(p)ftɚbl̩, 'kəm(p)fɚtəbl̩] *adj* feeling at ease, without pain or worries.

adj. confortable; cómodo; sin dolor o preocupación.

comic ['kamık] **1.** *adj* funny; having to do with a funny person. **2.** *n* a comedian. **3.** *n* a thin booklet of entertaining drawings, usually for young people.

1. *adj.* cómico; gracioso; relativo a una persona graciosa. **2.** *n.* comediante. **3.** *n.* comic; tebeo; cuadernillo de dibujos entretenidos, generalmente para jóvenes.

comics ['kamıks] *n* (*plural*) the section of a newspaper where the funny drawings are found.

n. (plural) comics; sección de un periódico que contiene dibujos divertidos e historietas.

comma ['kamə] *n* a punctuation mark (,) used as a separator within a sentence.

n. coma (,), signo de puntuación que se utiliza como separación dentro de una frase.

command [kə'mænd] *v* to tell someone what to do. *Ex* He commanded the soldiers to go to sleep.

v. mandar; decir a uno lo que tiene que hacer.

commence [kə'mɛn(t)s] *v* to begin.

v. comenzar; empezar.

commencement [kə'mɛn(t)smənt] *n* the graduation ceremony at a school or college.

n. graduación; ceremonia de entrega de diplomas en una escuela o facultad.

commercial [kə'mɚʃl̩] **1.** *adj* having to do with commerce; having to do with selling things. **2.** *n* an advertisement on radio or television.

1. *adj.* comercial; relativo al comercio; relativo a la venta de cosas. **2.** *n.* anuncio de radio o televisión.

commit [kə'mıt] *v* to do something, usually something wrong, like a crime.

v. cometer, generalmente algo malo, como un delito.

committee [kə'mıti] *n* a small number of people who meet together to arrange things.

n. comité; pequeño grupo de personas que se reúnen para resolver asuntos.

common ['kamən] *adj* ordinary; usual; everyday.

adj. común; ordinario; usual; diario.

commotion [kə'mowʃn̩] *n* noise and fuss.

n. tumulto; alboroto; disturbio.

community [kə'myuwnəti] *n* a group of individuals living in one particular area; the area that a group of people live in.

n. comunidad; grupo de individuos que vive en un área particular; área en la que vive un grupo de personas.

companion [kəm'pænyən] *n* a friend; a friend who accompanies you.

n. compañero; amigo; amigo que te acompaña.

company ['kəmpəni] **1.** *n* a business firm. **2.** *n* a group of people who are guests at a party.

1. *n.* compañía; empresa. **2.** *n.* conjunto de invitados a una fiesta.

comparative [kəm'pɛrətɪv] *n* a form of an adjective or adverb that shows more of something. *Ex* Better is the comparative of good. Redder is the comparative of red.

n. comparativo; forma de un adjetivo o adverbio que expresa más de algo.

compare [kəm'pɛr] *v* to say how things are alike or different; to show whether one thing is better or worse than another.

v. comparar; decir si las cosas son iguales o diferentes; mostrar si una cosa es mejor o peor que otra.

compass ['kəmpəs] **1.** *n* an instrument which shows directions, such as north, south, east, and west. **2.** *n* a tool for drawing a circle or an arc.

1. *n.* brújula; instrumento que indica la dirección, Norte, Sur, Este u Oeste. **2.** *n.* compás; instrumento para dibujar círculos o arcos.

compel [kəm'pɛl] *v* to force someone to do something.

v. compeler; obligar a alguien a que haga algo.

compete [kəm'pit] *v* to be in a test or race with someone to see who is best. *Ex* The tall boy will compete with me in the archery contest.

v. competir con alguien en una prueba o carrera para ver quién es mejor.

competition [kəmpə'tɪʃn] *n* a test of how much people know or how good they are at something.

n. competición; prueba para averiguar cuánto sabe la gente o cuál es su habilidad en algo.

complain [kəm'pleyn] *v* to tell about something that you think is wrong, or that is upsetting you.

v. quejarse; hablar de algo que crees que está mal o que te molesta.

complaint [kəm'pleynt] *n* a statement of protest; a charge against someone.

n. queja; declaración o protesta; demanda contra alguien.

complete [kəm'plit] **1.** *adj* whole; total. **2.** *v* to finish something.

1. *adj.* completo; total. **2.** *v.* completar; terminar algo.

complicated ['kəmpləkeytəd] *adj* not easy; not simple; difficult to do.

adj. complicado; no fácil; no simple; dificultoso.

compliment ['kəmpləmənt] *n* something nice said about a person.

n. cumplido; algo agradable que se dice de una persona.

composition [kəmpə'zɪʃn] **1.** *n* things put together to make a whole. **2.** *n* a story or report written in school. **3.** *n* a piece of music.

1. *n.* composición; cosas que juntas forman un todo. **2.** *n.* redacción; historia o informe escrito en el colegio. **3.** *n.* composición; obra musical.

comprehension [kəmpri'hɛntʃn] *n* the ability to understand.

n. comprensión; capacidad de comprender.

compress [kəm'prɛs] *v* to press things together; to put pressure on something.

v. comprimir; apretar varias cosas conjuntamente; presionar sobre algo.

computer [kəm'pyuwtɚ] *n* an electronic device which can be instructed to do mathematics and other things with numbers or words.

n. computadora; ordenador; máquina electrónica que se puede programar para que realice operaciones matemáticas y realice otras funciones, con números y palabras.

computer program [kəmpyuwtɚ 'prowgræm] *n* a set of instructions given to a computer.

n. programa de ordenador; el conjunto de instrucciones que se le dan a la máquina.

conceal [kṇ'sil] *v* to hide something; to keep something secret.

v. ocultar; esconder algo; encubrir; mantener en secreto algo.

conceited [kṇ'sitəd] *adj* thinking too highly of yourself.

adj. engreído; que tiene un concepto demasiado elevado de sí mismo.

concentrate ['kɑn(t)sṇtreyt] **1.** *v* to bring things together in one place. **2.** *v* to think hard about something.

v. concentrar. **1.** *v.* reunir cosas en un lugar. **2.** *v.* concentrarse; pensar intensamente en algo.

concern [kṇ'sɚn] **1.** *v* to interest or trouble yourself with something. *Ex* I cannot concern myself with that problem. **2.** *n* a worry; something which must be remembered or watched over.

1. *v.* preocuparse o interesarse por algo. **2.** *n.* preocupación; algo que se debe recordar o vigilar.

concert ['kɑnsɚt] *n* a performance of musical compositions.

n. concierto; interpretación de obras musicales.

conclude [kṇ'kluwd] *v* to end something; to finish something.

v. concluir; terminar; finalizar algo.

conclusion [kṇ'kluwʒṇ] *n* the end of something; the final part of something.

n. conclusión; el final de algo, parte final de algo.

concrete ['kɑnkrit] *n* a mixture of cement, gravel, and water that dries as hard as stone.

n. hormigón; mezcla de cemento, grava y agua que al secarse se hace tan dura como una piedra.

condense [kṇ'dɛn(t)s] *v* to make something small or shorter by taking part of it away. *Ex* Milk is condensed by taking away part of the water in the milk. Books are condensed by taking out parts that are not very important to the story.

v. condensar; hacer algo más pequeño o más corto quitándole una parte de su composición.

condition [kṇ'dɪʃn] *n* the state in which something or someone is.

n. condición; estado en que está algo o alguien.

condominium [kɑndə'mɪniəm] *n* an apartment or building which is owned by the people who live in it.

n. condominio; apartamento o edificio cuya propiedad comparten quienes viven en él.

conduct 1. *n* ['kɑndəkt] behavior. **2.** *v* [kṇ'dəkt] to lead someone or something; to lead a chorus, orchestra, or band.

1. *n.* conducta; comportamiento. **2.** *v.* dirigir algo o a alguien; dirigir un coro, una banda o una orquesta.

conductor [kn'dəktɚ] **1.** *n* the person who leads a chorus, orchestra, or band. **2.** *n* the person who supervises a bus or a train car.

1. *n*. director de coro, banda u orquesta. **2.** *n*. revisor; persona que supervisa un autobús o un vagón de tren.

cone [kown] **1.** *n* the fruit of pine and fir trees. **2.** *n* an object which is round at the bottom and pointed at the top.

1. *n*. piña; fruto del pino y del abeto. **2.** *n*. cono; figura geométrica de base redonda y parte superior puntiaguda.

conference ['kɑnf(ə)rən(t)s] *n* a meeting of two or more people to discuss something.

n. conferencia; reunión de dos o más personas para discutir algo.

confess [kn'fɛs] *v* to say that you have done something wrong; to admit to having done something wrong. *Ex* The postmaster confessed making the error.

v. confesar; admitir o decir que se ha hecho algo malo.

confetti [kn'fɛti] *n* tiny bits of colored paper thrown in the air at parades and celebrations.

n. confeti; papelillos de colores que se lanzan al aire en paradas, desfiles y conmemoraciones.

confirm [kn'fɚm] *v* to give approval for something; to assure that something has been said or done.

v. confirmar; aprobar algo; asegurar que se ha hecho o dicho algo.

confuse [kn'fyuwz] **1.** *v* to mix a person up. *Ex* Please don't confuse me with too many facts at one time. **2.** *v* to mistake one thing or person for another thing or person. *Ex* People always confuse me with my sister.

1. *v*. desconcertar a una persona. **2.** *v*. confundir a una persona o cosa con otras.

congratulate [kn'grætʃəleyt] *v* to tell a person you are glad about something good that has happened to him.

v. congratularse; decir a una persona que uno se alegra por algo bueno que la ha sucedido.

congregation [kɑngrə'geyʃn] *n* a gathering; a gathering of people in a religious service.

n. congregación; reunión; asamblea; reunión de personas en un servicio religioso.

congress ['kɑngrəs] *n* a group of people elected to make laws; the United States House of Representatives and the United States Senate.

n. congreso; grupo de personas elegidas para legislar; la Cámara de Representantes y el Senado de los Estados Unidos.

conjunction [kn'dʒəŋkʃn] *n* a word which joins together sentences, clauses, phrases, or words.

n. conjunción; palabra que une oraciones, frases y palabras.

connect [kə'nɛkt] *v* to join or fasten two or more things together. *Ex* Please connect me with the telephone number I gave you. Please connect the microphone to the recorder.

v. conectar; juntar o unir dos o más cosas entre sí.

connection [kə'nɛkʃn] *n* the place where two or more things are joined together; something which joins things together.

n. conexión; el lugar donde dos o más cosas se conectan entre sí; algo que une cosas.

conquer ['kɑŋkɚ] *v* to beat an opponent; to overcome someone or something.

v. conquistar; batir a un oponente; vencer algo o a alguien.

conscious ['kɑntʃəs] *adj* knowing what is going on; able to hear and understand what is going on around you.

adj. consciente; que sabe lo que pasa; capaz de oír y comprender lo que ocurre a su alrededor.

consent [kn'sɛnt] **1.** *v* to agree to something. *Ex* I consent to your going to Washington. **2.** *n* permission. *Ex* I give my consent for you to go to Washington.

1. *v*. consentir; estar de acuerdo con algo. **2.** *n*. permiso.

consider [kn'sɪdɚ] *v* to think carefully about something.

v. considerar; pensar algo detenidamente.

considerable [kn'sɪdɚəbl] *adj* much; a lot of.

adj. considerable; mucho; gran cantidad de.

considerate [kn'sɪdɚət] *adj* kind to others; thoughtful.

adj. considerado; amable con los demás.

consideration [knsɪdɚ'eyʃn] *n* thoughtfulness; kindness.

n. consideración; amabilidad; solicitud.

consonant ['kɑnsənənt] *n* a sound of language which is not a vowel sound. *Ex* The letters *p, t, k, v, f,* and *h* represent consonants.

n. consonante; sonido en una lengua que no es el de vocal.

constitution [kɑnstə'tuwʃn] **1.** *n* the nature of something; the structure and physical makeup of a person or thing. **2.** *n* a document stating a country's basic principles. The laws of that country are based on the stated principles.

n. constitución. **1.** *n*. la naturaleza de algo; la estructura y composición física de una persona o cosa. **2.** *n*. constitución política; documento que establece los principios básicos por los que ha de regirse un país y sobre los que se fundamentan las leyes.

construct [kn'strɑkt] *v* to build or make something.

v. construir o hacer algo.

construction [kn'strɑkʃn] *n* the act of building or constructing; the business of building.

n. construcción; acción de construir; negocio de la construcción de edificios.

contain [kn'teyn] *v* to hold something inside.

n. contener; tener algo dentro.

container [kn'teynɚ] *n* a can, box, or bottle which holds something.

n. recipiente; lata, caja o botella que contiene algo.

contented [kn'tɛntəd] *adj* happy; pleased with the state of things.

adj. satisfecho; feliz; complacido con el estado de las cosas.

contents ['kantents] *n* what is contained in something. *Ex* A list of what is contained in a book is found in the table of contents.

n. contenido; lo que está dentro de algo.

continent ['kantənənt] *n* one of the seven major landmasses on the earth. The continents are Africa, Antarctica, Asia, Australia, Europe, North America, and South America.

n. continente; cada una de las siete grandes masas de tierra de nuestro planeta. Los continentes son: Africa, América del Norte, América del Sur, Antártida, Asia, Australia y Europa.

continual [kn'tɪnyuwəl] *adj* frequent; constant, repeated.

adj. continuo; constante, repetido.

continue [kn'tɪnyuw] *v* to keep on; to go on; to keep doing something.

v. continuar; seguir; no dejar de hacer algo.

continuous [kn'tɪnyuwəs] *adj* keeping on without stopping.

adj. continuo; seguido; sin parar.

contract 1. *n* ['kantrækt] a written agreement; a formal agreement. **2.** *v* [kn'trækt] to become smaller.

1. *n.* contrato; acuerdo escrito; acuerdo formal. **2.** *v.* contraerse; hacerse más pequeño.

contraction [kn'trækʃn] **1.** *n* the act of becoming smaller. **2.** *n* a word which has been made shorter by leaving out one or more letters.

n. contracción. **1.** *n.* acción de contraerse. **2.** *n.* contracción gramatical; palabra que se ha hecho más corta, al quitarle una o más letras.

contractor ['kantræktɚ] *n* a person whose job is to manage the construction of buildings.

n. constructor o contratista; persona cuyo oficio consiste en dirigir la construcción de edificios.

contradict [kantrə'dɪkt] *v* to state the opposite; to claim the opposite.

v. contradecir; establecer lo opuesto; afirmar lo opuesto.

contrast 1. *n* ['kantræst] the difference between two things, such as light and dark, heavy and light, or big and small. **2.** *n* ['kantræst] the control on a television set that makes the difference between the light and dark areas greater or smaller. **3.** *v* [kn'træst] to compare things as to their differences or as to their degree of difference.

1. *n.* contraste; la diferencia que hay entre dos cosas, como la luz y la oscuridad, lo pesado y lo ligero o lo grande y lo pequeño. **2.** *n.* contraste de un aparato de televisión; el mando que aumenta o disminuye las diferencias entre las áreas claras y las oscuras. **3.** *v.* contrastar; comparar cosas por lo que se refiere a sus diferencias o a su grado de diferencia.

control [kn'trowl] **1.** *v* to be in charge of something or someone. **2.** *n* a knob, lever, or button which operates some machine or device.

1. *v.* controlar; estar al cargo de algo o de alguien. **2.** *n.* control; pomo, palanca o botón que pone en funcionamiento algunas máquinas o artilugios.

convenient [kn'vinyənt] *adj* easy to use or reach.

adj. práctico; fácil de manejar; cómodo, fácil de alcanzar.

convent ['kanvent] *n* a building for nuns to live in.

n. convento; edificio donde viven frailes o monjas.

convention [kn'vɛntʃn] *n* a group of people gathered together to conduct business and make decisions. *Ex* Political parties hold conventions.

n. convención; grupo de personas reunidas para dirigir determinados asuntos o tomar decisiones.

conversation [kanvɚ'seyʃn] *n* talk between two or more people.

n. conversación; charla entre dos o más personas.

convict 1. *n* ['kanvɪkt] a person, guilty of a crime, who has been sent to prison. **2.** *v* [kn'vɪkt] to find a person guilty of a crime.

1. *n.* convicto; persona culpable de un delito que ha ingresado en prisión. **2.** *v.* condenar; declarar culpable de un delito a una persona.

convince [kn'vɪn(t)s] *v* to persuade someone that you are right; to persuade someone of a fact.

v. convencer; persuadir a alguien de que se tiene razón; persuadir a alguien de un hecho.

cook [kʊk] **1.** *v* to heat food and prepare it for eating. **2.** *v* to cook food for a living; to be able to cook food satisfactorily. **3.** *n* a person who cooks food; a person who cooks food well.

1. *v.* cocinar; calentar comida y prepararla para comerla. **2.** *v.* cocinar; saber cocinar; ser capaz de cocinar satisfactoriamente. **3.** *n.* cocinero; persona que cocina; persona que cocina bien.

cookie ['kʊki] *n* a small, flat, sweet shape of dough, baked in an oven.

n. galleta; porción pequeña de masa, dulce y plana, cocinada en horno.

cool [kuwl] *adj* not quite cold.

adj. fresco; no completamente frío.

copper ['kapɚ] *n* a reddish-brown metal.

n. cobre; metal pardo-rojizo.

copy ['kapi] **1.** *v* to make or do something exactly the same as something else. **2.** *n* something which is made exactly like something else.

1. *v.* copiar; hacer una cosa exactamente igual que otra. **2.** *n.* copia; lo que se ha hecho exactamente igual a otra cosa.

copyright ['kapirayt] *n* the legal right to copy or sell music, writing, or art work.

n. derechos de autor; derecho legal para reproducir o vender una obra musical, literaria o artística.

coral ['korəl] **1.** *n* a deep pink color. **2.** *n* a hard, stony, pink or white material made from the shells of millions of tiny sea

1. *n.* coral; color rosa intenso. **2.** *n.* coral; materia dura, petrificada, blanca o rosa formada por las conchas de mi-

animals which live in a colony. *Ex* Coral is sometimes used in making jewelry.

llones de diminutos animales marinos que viven en colonias.

cord [kord] *n* heavy string.

n. cuerda.

corduroy ['kordə‚oy] *n* a heavy cloth with many tiny parallel ridges. Trousers made of corduroy are called corduroys.

n. pana; tejido fuerte con muchas rayas finas paralelas. A los pantalones de pana se les llama *corduroys*.

core [kor] *n* the middle part of something; the part where the seeds are in an apple or a pear.

n. corazón; núcleo; la parte central de algo; lugar donde se encuentran las semillas de una manzana o una pera.

cork [kork] **1.** *n* a very soft wooden material from a special tree. **2.** *n* a cork or rubber stopper put in the opening of a bottle to keep liquid from spilling out.

n. corcho. **1.** *n.* materia muy esponjosa procedente de un árbol especial. **2.** *n.* tapón; de corcho o goma, puesto en una botella para evitar que se salga el líquido que contiene.

corkscrew ['korkskruw] *n* a tool used to pull corks out of bottles.

n. sacacorchos; herramienta para quitar los tapones a las botellas.

corn [korn] **1.** *n* the hard seeds of the corn or maize plant. **2.** *n* a lump on the toe which hurts when a tight shoe is worn.

1. *n.* semillas de maíz. **2.** *n.* callo; bulto en un dedo del pie que duele cuando se lleva un zapato apretado.

corncob ['kornkɑb] *n* a cylinder of plant material on which corn kernels or seeds grow.

n. mazorca de maíz; cilindro de la planta del maíz en el que crecen los granos o semillas.

corner ['kornɚ] *n* the place where two walls meet; the place where two roads or streets meet.

n. esquina; lugar donde se juntan dos paredes; cruce; lugar donde se encuentran dos carreteras o calles.

cornflakes ['kornfleyks] *n* a breakfast cereal made from corn. This is the plural. *Ex* Cornflakes are eaten cold with milk and sugar.

n. copos de maíz que se toman en el desayuno. Este es el plural.

corporation [korpə'reyʃn] *n* a large business firm.

n. empresa grande.

correct [kə'rɛkt] **1.** *adj* right; true; with no mistakes. **2.** *v* to make right. **3.** *v* to grade papers, marking things which are wrong.

1. *adj.* correcto; sin errores; cierto. **2.** *v.* corregir ejercicios o deberes estudiantiles, señalando lo que es incorrecto.

corridor ['korədɚ] *n* a hallway; a long, narrow passage with rooms leading off it.

n. corredor; pasillo largo y estrecho al que dan las habitaciones.

cost [kɔst] **1.** *n* what you have to pay for something; the price of something. *Ex* The cost of a house is very great. **2.** *v* to require a particular amount of money in payment. *Ex* This hat costs twelve dollars. *pt* cost. *pp* cost.

1. *n.* coste; lo que hay que pagar por algo; el precio de algo; **2.** *v.* costar; requerir una determinada cantidad de dinero como pago.

costly ['kɔstli] *adj* expensive; costing a lot.

adj. costoso; que cuesta mucho; caro.

costume ['kɑstuwm] **1.** *n* the clothes worn by an actor on stage. **2.** *n* the style of clothes worn at different times in history.

1. *n.* vestuario. ropas que lleva un actor en escena. **2.** *n.* los tipos de vestidos que se han llevado en diferentes momentos históricos.

cot [kat] *n* a small bed; a collapsible or portable bed.

n. cuna; cama pequeña; catre, cama plegable o portátil.

cottage ['katɪdʒ] *n* a small house in the country or in the woods.

n. casa pequeña en el campo o en el bosque.

cotton ['katn] *n* thread or cloth made from the cotton plant.

n. algodón; hilo o tejido fabricado a partir del algodón.

couch [kawtʃ] *n* a long, soft seat where more than one person can sit.

n. sofá; asiento largo y blando en el que puede sentarse más de una persona.

cough [kɔf] **1.** *n* the loud noise made when a person has a sore throat or bronchitis. **2.** *v* to make a loud noise like a bark when sick with a sore throat or bronchitis.

1. *n.* tos. sonido característico que emite una persona que tiene bronquitis o la garganta dolorida. **2.** *v.* toser; emitir un sonido característico, parecido a un ladrido, cuando se está enfermo de la garganta o se tiene bronquitis.

could [kʊd] *v* the past tense of can.

v. pasado de *can*.

couldn't ['kʊdnt] *cont* could not.

contracción de *could not*.

council ['kawn(t)sl] *n* a group of people in charge of something like a town, city, or other organization.

n. consejo; grupo de personas que tienen a su cargo algo como una urbe, una ciudad u otro tipo de organización.

count [kawnt] **1.** *v* to name the numbers in their proper order. *Ex* Please count from one to one hundred. **2.** *v* to find out and say how many of something there are. *Ex* He is counting the sailboats on the lake.

v. contar. **1.** *v.* nombrar los números en su orden. **2.** *v.* averiguar y decir cuántas unidades hay de algo.

countdown ['kawntdawn] *n* the counting backwards of seconds of time as is done before a rocket is fired.

n. cuenta atrás de los segundos que faltan para el lanzamiento de un cohete espacial.

counter ['kawntɚ] *n* a kind of long table in a shop or a cafe; a drainboard.

n. mostrador; especie de mesa larga de una tienda o cafetería.

counterclockwise [kɑwntɚ'klɑkwɑyz] *adv* in a direction opposite to the way the hands of a clock move; the opposite of clockwise.

adv. en dirección opuesta al movimiento de las agujas del reloj. Es el opuesto de *clockwise.*

country ['kʌntri] **1.** *n* a nation; an independent state. **2.** *n* the land areas which are not towns or cities, and in which few people live. *Ex* Farms are located in the country.

1. *n.* país; nación; estado independiente. **2.** *n.* campo; áreas de tierra sin ciudades y en las que vive poca gente.

county ['kɑwnti] *n* a local unit of government in a state. *Ex* Almost every state in the United States is divided up into a number of counties.

n. condado; unidad administrativa local de un estado.

couple ['kʌpl] *n* two of anything; a pair.

n. par; dos unidades de algo.

coupon ['k(y)uwpɑn] *n* a printed piece of paper which can be exchanged for something else.

n. cupón; trozo de papel impreso que se puede cambiar por alguna otra cosa.

courage ['kɚɪdʒ] *n* bravery; without fear even when there is danger.

n. valor; sin miedo incluso cuando hay un peligro.

course [kors] **1.** *n* the direction in which anything goes. **2.** *n* a number of lessons on one special subject.

n. curso. **1.** *n.* dirección en la que va algo. **2.** *n.* un determinado número de lecciones sobre una determinada materia.

court [kort] *n* a judge, lawyers, and, sometimes, a jury; a session in a courtroom where a case is to be heard; the judge who speaks for the legal system in a courtroom.

n. tribunal de justicia; juez, abogados y, a veces, jurado; sesión de un tribunal de justicia durante la vista de un caso; el juez que habla en nombre del sistema legal en un tribunal de justicia.

courtroom ['kortruwm] *n* the place where judges, juries, and lawyers work; the place where accused criminals have trials and where lawsuits are tried.

n. sala de un tribunal; el lugar donde actúan los jueces, los abogados y el jurado; lugar donde se presentan las pruebas contra los acusados y donde se celebran los procesos.

courtyard ['kortyard] *n* an enclosed space near a building or surrounded by a building.

n. patio; lugar cerrado cerca de un edificio o rodeado por un edificio.

cousin ['kəzn] *n* the child of your uncle or aunt.

n. primo; hijo del tío o de la tía.

cover ['kʌvɚ] **1.** *v* to put one thing over another so as to hide it. *Ex* Please cover the food so that flies won't get on it. **2.** *n* a lid; a blanket; something used to cover something else.

1. *v.* cubrir; poner una cosa sobre otra para ocultarla. **2.** *n.* tapadera; manta, lo que se utiliza para cubrir algo.

cow [kɑw] *n* the female of cattle. *Ex* Cows give milk, but bulls do not.

n. vaca; hembra del toro.

coward ['kɑwɚd] *n* someone who is not brave.

n. cobarde; alguien que no es valiente.

cowboy ['kɑwboy] *n* a man on a ranch who looks after cattle.

n. vaquero; persona que cuida el ganado vacuno en un rancho.

crab [kræb] *n* a water animal with a hard shell and large claws. *Ex* Some crabs are good to eat.

n. cangrejo; animal acuático que tiene un caparazón duro y largas pinzas.

crack [kræk] **1.** *v* to cause something to break but not fall apart. *Ex* She cracked the egg on the side of the bowl. **2.** *n* a split or large opening in something. *Ex* There is a crack in this cup. **3.** *n* a sharp, sudden noise. *Ex* I was wakened by a crack of thunder.

1. *v.* agrietar; hacer que algo se rompa pero no se parta. **2.** *n.* grieta; hendidura abierta en algo. **3.** *n.* crujido; ruido repentino y agudo.

cracker ['krækɚ] *n* a thin, crisp biscuit or cookie, sometimes salted.

n. galleta; bizcocho fino y crujiente, salado a veces.

cradle ['kreydl] **1.** *n* a baby's bed with rockers instead of legs. **2.** *n* a frame or structure for holding something. *Ex* A boat may rest on a cradle when it is out of water. **3.** *v* to hold something carefully. *Ex* He cradled the kitten next to his chest.

1. *n.* cuna; cama para niños que tiene balancines en lugar de patas. **2.** *n.* soporte o estructura para sostener algo. **3.** *v.* acunar; mecer algo cuidadosamente.

craftsman ['kræftsmən] *n* a man who is good at making things with his hands.

n. artesano; hombre hábil haciendo cosas manualmente.

crafty ['kræfti] *adj* clever; sly.

adj. astuto; listo; sigiloso.

crane [kreyn] **1.** *n* a machine for lifting heavy things. **2.** *n* a kind of a long-legged bird.

1. *n.* grúa; máquina para levantar cosas pesadas. **2.** *n.* grulla; clase de ave de patas largas.

crash [kræʃ] **1.** *n* a loud, smashing noise. **2.** *v* to bump into something noisily. *Ex* The train crashed into the car.

1. *n.* estampido; ruido extraordinariamente grande. **2.** *v.* chocar contra algo ruidosamente.

crate [kreyt] **1.** *n* a container for packing vegetables, eggs, fruit, or bottles. *Ex* Crates are made of thin pieces of wood fastened together. **2.** *v* to package something in a crate; to build a crate around something. *Ex* They had to crate the car for shipment on a boat.

1. *n.* cajón; recipiente para embalar verduras, huevos, fruta o botellas. **2.** *v.* embalar; empaquetar algo en un cajón, construir un cajón alrededor de algo.

crawl [krɔl] **1.** v to move forward on the hands and knees. **2.** n a stroke used in swimming.

1. v. gatear; avanzar sobre las manos y las rodillas. **2.** n crol (natación).

crayon ['kreyɑn] n a soft stick of colored wax used to color pictures.

n. pintura al pastel; barra blanda de cera coloreada que se emplea para colorear dibujos.

crazy ['kreyzi] adj silly; out of your mind.

adj. loco; tonto; fuera de razón.

cream [krim] n the rich, fatty part of milk. Ex Butter is made from cream.

n. nata; la parte grasienta de la leche.

crease [kris] n a mark or a ridge made by folding or doubling something like paper or cloth.

n. pliegue; marca u ondulación hecha al doblar algo, como tela o papel.

create [kri'eyt] v to make something; to bring something into being.

v. crear; hacer algo; dar el ser a algo.

creator [kri'eytɚ] n a maker; a producer.

n. creador; productor.

creature ['kritʃɚ] n a living thing, such as a bird, insect, or other animal.

n. criatura; ser viviente, como las aves, los insectos u otros animales.

credit ['krɛdət] n money that is due a person; permission to charge purchases.

n. crédito; dinero que se debe a una persona; permiso para cargar compras.

credit card ['krɛdət kɑrd] n a plastic card you carry with you so that you can buy things and have them charged to you. Ex When you use a credit card you must pay for your purchases later.

n. tarjeta de crédito; tarjeta de plástico que se lleva para comprar cosas que nos cobran posteriormente.

creep [krip] v to move slowly and quietly, sometimes on the hands and knees. pt crept. pp crept.

v. arrastrarse; gatear; moverse lenta y pausadamente, a veces sobre las manos y las rodillas.

crept [krɛpt] v the past tense and past participle of creep.

v. pasado y participio pasado de creep.

crescent ['krɛsṇt] n anything shaped like the new moon; a curved shape, wide in the middle and pointed at both ends.

n. creciente; lo que tiene forma de luna nueva; forma curva, ancha por el medio y puntiaguda en ambos extremos.

crew [kruw] n the people who work on a ship or on an airplane.

n. tripulación; el conjunto de personas que trabajan en un barco o en un avión.

crib [krɪb] n a small bed with bars to keep a young child from falling out.

n. cuna; cama pequeña con barrotes para evitar que se caiga un niño pequeño.

cricket ['krɪkət] n a brown or black insect, something like a grasshopper, which makes a chirping noise.

n. grillo; insecto negro o pardo, parecido al saltamontes, que emite un sonido chirriante.

crime [krɑym] n something wrong that can be punished by law.

n. delito; algo malo que puede ser castigado por la ley.

crinkle ['krɪŋkl] v to wrinkle something by squeezing it tightly.

v. arrugar algo estrujándolo fuertemente.

cripple ['krɪpl] **1.** v to damage the arms and legs of someone. Ex He was crippled by a horrible accident. **2.** n a person whose arms or legs have been damaged in some way.

1. v. lisiar; dañar los brazos y piernas de alguien. **2.** n. lisiado; persona que tiene dañados de alguna forma brazos o piernas.

crisp [krɪsp] adj hard and dry; easily broken, like a potato chip.

adj. crujiente; seco y duro; que se quiebra fácilmente, como una patata frita.

critic ['krɪtɪk] n a person who makes a judgment of value; a person who determines the worth of something that someone else has done.

n. crítico; persona que formula un juicio de valor; persona que determina el valor de algo que ha hecho otra persona.

criticize ['krɪtəsɑyz] v to state what is right or wrong with someone or something.

v. criticar; establecer qué es lo que está bien o mal de algo o de alguien.

croak [krowk] **1.** n a deep, hoarse noise, like the sound a large frog makes. **2.** v to make the sound a frog makes.

1. n. ruido ronco y profundo, como el que emite una rana. **2.** v. croar; emitir un sonido como el de una rana.

crocodile ['krɑkədɑyl] n a very large and dangerous, scaly reptile which lives in or near water in hot countries. Ex The crocodile is something like an alligator.

n. cocodrilo; reptil de piel escamosa, muy grande y peligroso que vive dentro o cerca del agua en los países cálidos.

crook [krʊk] **1.** n a long, hooked stick carried by shepherds. **2.** n a person who is not honest.

1. n. cayado; bastón largo y ganchudo que llevan los pastores. **2.** n. timador; persona que no es honrada.

crooked ['krʊkəd] **1.** adj not straight; bent; curved. **2.** adj not honest.

1. adj. torcido; doblado; curvo. **2.** adj. tortuoso; no honesto.

crop [krɑp] n grain, fruit, or vegetables grown for food.

n. cosecha; cereales; frutas o verduras que se cultivan para comer.

cross [krɔs] **1.** n anything shaped like X or +. **2.** adj angry or grouchy.

1. n. cruz; lo que tiene la forma de X o de †. **2.** adj. enfadado o malhumorado.

crow [krow] **1.** *n* a large, black bird with a harsh, croaking voice. **2.** *v* to make the sound a rooster makes.

1. *n.* cuervo; pájaro negro grande que emite un graznido chillón. **2.** *v.* cacarear; emitir el sonido semejante al de un gallo.

crowd [krɑwd] *n* a lot of people all together in one place.

n. multitud; conjunto grande de personas juntas en un lugar.

crown [krɑwn] *n* a special headdress worn by a king or queen. *Ex* Crowns are made of precious metal and may have jewels attached.

n. corona; tocado especial que llevan el rey o la reina.

cruel ['kruwl] *adj* very unkind.

adj. cruel; muy despiadado.

cruise [kruwz] **1.** *v* to travel in a boat, airplane, or car at an even speed, usually for a long distance. **2.** *n* a pleasure trip in a boat.

1. *v.* hacer un crucero; viajar en un barco, avión o coche a velocidad constante, generalmente para cubrir una larga distancia. **2.** *n.* crucero; viaje de placer en un barco.

crumb [krəm] *n* a very small piece of bread, cake, or cracker.

n. migaja; porción muy pequeña de pan, pastel o galleta.

crumble ['krəmbl] *v* to break into small pieces; to break something into small pieces; to make something into crumbs.

v. desmenuzar; romper en pequeñas porciones; romper algo en pequeñas porciones; convertir algo en migajas.

crumple ['krəmpl] *v* to crush something into wrinkles. *Ex* He crumpled up the paper and threw it into the wastebasket.

v. estrujar; hacer una bola.

crunch [krəntʃ] *v* to make a loud noise when you are chewing something hard and crisp like an apple or a cracker.

v. masticar haciendo ruido; hacer mucho ruido cuando se mastica algo duro y crujiente, como una galleta.

crush [krəʃ] *v* to press something together; to squash something. *Ex* She crushed the bug with her foot.

v. machacar; presionar cosas conjuntamente; aplastar algo.

crust [krəst] *n* the hard outer covering of something like a loaf of bread or a pie.

n. corteza; cubierta dura de algo, como de una barra de pan o de un pastel.

crutch [krətʃ] *n* a special stick with a padded top piece that fits under the armpit. *Ex* People with broken legs use crutches to help them to walk.

n. muleta; bastón especial con una pieza almohadillada en su parte superior que se adapta bajo la axila.

cry [krɑy] **1.** *v* to weep; to weep and make tears. **2.** *v* to shout for joy or in anger. **3.** *n* a shout.

1. *v.* llorar; llorar con lágrimas. **2.** *v.* llorar de alegría o de rabia. **3.** *n.* grito.

crystal ['krɪstl] *n* a hard mineral that is transparent.

n. cristal; mineral duro y transparente.

cub [kəb] *n* a young bear, fox, or lion.

n. cachorro; oso, zorro o león joven.

cube [kyuwb] *n* a shape having six sides of equal measurement, like a cube of sugar.

n. cubo; figura geométrica de seis caras iguales, como un terroncillo de azúcar.

cuddle ['kədl] *v* to hug with affection.

v. abrazar amorosamente.

cue [kyuw] **1.** *n* a signal to begin. **2.** *n* a stick used in the game of billiards.

1. *n.* entrada; señal para comenzar. **2.** *n.* taco utilizado en el juego de billar.

cuff [kəf] *n* the end of a sleeve at the wrist.

n. puño; parte final de una manga, en la muñeca.

culture ['kəltʃɚ] **1.** *n* a civilization; the beliefs and customs of a group of people. **2.** *n* an appreciation of the fine arts, science, and the humanities.

n. cultura. **1.** *n.* civilización, costumbres y creencias de un grupo de personas. **2.** *n.* apreciación de las bellas artes, las ciencias y las humanidades.

cunning ['kənɪŋ] *adj* crafty; clever in an unpleasant way.

adj. astuto; inteligente pero de una forma desagradable.

cup [kəp] *n* a small, bowl-shaped container with a handle, used for drinking.

n. taza; recipiente en forma de tazón, con mango, que se emplea para beber.

cupboard ['kəbɚd] *n* a set of shelves with doors. *Ex* Cups and dishes are stored in a kitchen cupboard.

n. armario; conjunto de estanterías con puertas.

curb [kɚb] *n* the raised edge at each side of the street.

n. bordillo; el borde elevado que hay a cada lado de la calle.

cure [kyuwr] **1.** *v* to help make a sick person well again; to heal. **2.** *n* something used to help a person get well, usually a medicine or a treatment. *Ex* That cure did not make me well.

1. *v.* curar; ayudar a que se ponga bien una persona enferma; cicatrizar. **2.** *n.* algo que se utiliza para ayudar a una persona a ponerse bien, generalmente una medicina o un tratamiento.

curious ['kyɚiəs] **1.** *adj* wanting to know or find out. **2.** *adj* odd; strange.

adj. curioso. **1.** *adj.* que desea saber o averiguar cosas. **2.** *adj.* raro; extraño.

curl [kɚl] **1.** *v* to twist into curves or rings. *Ex* Wet weather makes my hair curl. **2.** *n* a ring of hair; a coil of hair.

1. *v.* rizar. torcer en curvas o anillos. **2.** *n.* rizo del cabello.

curler ['kɚlɚ] *n* a roller or a pin which girls and women put into their hair to make it curly.

n. rulo; rodillo u horquilla que se ponen las chicas y las mujeres en el pelo para rizárselo.

curly ['kɚli] *adj* not straight; going around in curves; with curls.

adj. rizado; no liso; que transcurre con curvas; con rizos.

current ['kɚənt] **1.** *n* a flow of air, water, or electricity. **2.** *adj* at present; right now.

n. corriente. **1.** *n.* flujo de aire, agua o electricidad. **2.** *adj.* actual; al momento presente; justamente ahora.

curtain ['kɚtn] *n* a piece of cloth hanging down to cover a window or a stage in a theater.

n. cortina; trozo de tela que cuelga para cubrir una ventana o un escenario del teatro; telón.

curve [kɚv] *n* a line shaped like part of a circle.

n. curva; línea que tiene la forma de una parte del círculo.

cushion ['kuʃn] *n* a soft pillow covered with material, usually on a couch or chair.

n. cojín; almohadilla cubierta de tela, generalmente se pone sobre un sofá o una silla.

custodian [kəs'towdiən] *n* a person who guards and maintains property or important papers; a janitor.

n. custodio; persona que guarda y conserva la propiedad de papeles importantes; portero.

custom ['kəstəm] *n* what is usually done; habit.

n. costumbre; lo que se hace generalmente; hábito.

customer ['kəstəmɚ] *n* someone who wants to buy something, usually in a store.

n. cliente; el que quiere comprar algo, generalmente en una tienda.

customs ['kəstəmz] *n* the government office which collects money from people who bring goods into a country. The word is in the plural, and there is no singular word with this meaning.

n. aduana; oficina gubernamental que cobra dinero a las personas que introducen mercancías en un país. La palabra está en plural, y no hay ninguna palabra en singular que tenga este significado.

cut [kət] **1.** *n* a wound. **2.** *v* to make pieces of something small by using scissors or a knife. *pt* cut. *pp* cut.

1. *n.* herida. **2.** *v.* cortar; hacer trozos más pequeños de algo usando las tijeras o el cuchillo.

cycle ['saykl] **1.** *n* a bicycle; a motorcycle. **2.** *n* a repetition, such as a cycle of seasons or pulses of electricity.

1. *n.* bicicleta; motocicleta. **2.** *n.* ciclo; repetición, tal como un ciclo de estaciones o los impulsos eléctricos.

cyclone ['sayklown] *n* a very bad storm in which a strong wind goes round and round.

n. ciclón; tormenta muy dañina, en la que gira y gira un viento muy fuerte.

cylinder ['sɪləndɚ] *n* a hollow, rounded piece of metal often used in machinery.

n. cilindro; pieza redonda y hueca de metal que se usa a menudo en maquinarias.

cymbal ['sɪmbl] *n* a large, round metal disk used as a musical instrument. *Ex* Two cymbals are struck together to make a crashing sound in an orchestra.

n. platillo; disco grande y redondo de metal usado como instrumento musical.

dab [dæb] **1.** *v* to touch something lightly. **2.** *n* a little bit of something, such as a bit of food or a patch of paint.

daffodil ['dæfədɪl] *n* a yellow spring flower shaped something like a trumpet.

dagger ['dægɚ] *n* a short sword.

daily ['deyli] **1.** *adv* every day; once every day. **2.** *adj* occurring every day; occurring once every day.

dainty ['deynti] *adj* pretty; delicate.

dairy ['dɛri] *n* a place where milk, butter, and cheese are processed and stored.

dam [dæm] *n* a special kind of wall which stops or slows down the flow of water. *Ex* Dams are built in rivers, streams, and canals.

damage ['dæmɪdʒ] **1.** *v* to harm or injure something. **2.** *n* harm or injury.

damp [dæmp] *adj* slightly wet.

dance [dæn(t)s] **1.** *v* to move in time to music. **2.** *n* a specific kind of bodily movement done in time with music. **3.** *n* a party or gathering where dancing is done.

dandruff ['dændrəf] *n* bits of the scalp which lift off and appear as white or grayish bits in the hair.

danger ['deyndʒɚ] *n* risk; the opposite of safety.

dangerous ['deyndʒɚəs] *adj* not safe.

dare [dɛr] **1.** *v* to have the courage to do something. *Ex* I wouldn't dare swim so far. **2.** *v* to challenge a person to do something. *Ex* I dare you to jump over that rock. **3.** *n* a challenge; an act of urging or tempting someone to do something. *Ex* He was silly to take the dare.

daring ['dɛrɪŋ] *adj* full of courage; brave.

dark [dɑrk] *adj* without light.

darling ['dɑrlɪŋ] *n* someone dearly loved.

darn [dɑrn] *v* to mend a hole by sewing over it with thread or yarn.

dart [dɑrt] **1.** *n* a kind of small arrow thrown by hand. *Ex* Darts are thrown at a target in a game called darts. **2.** *v* to run or move very quickly from one point to another.

dash [dæʃ] **1.** *v* to rush suddenly; to dart. **2.** *n* a short straight line in writing, like this—. *Ex* A dash is longer than a hyphen.

data ['deytə, 'dætə] *n* facts and figures; information. This word is plural. The singular form is datum.

date [deyt] **1.** *n* a time when something happens; an appointment; a certain day, month, or year. **2.** *n* the person with whom an appointment is made to go to a movie, party, or some other entertainment. **3.** *n* a sweet, sticky fruit with a large seed in it.

daughter ['dɔtɚ] *n* a female child of a father and mother.

dawn [dɔn] *n* the first light of day; the time of the first light of day.

day [dey] *n* the time between sunrise and sunset; a period of time lasting 24 hours.

1. *v.* tocar algo ligeramente. **2.** *n.* una pizca de algo, como un pedacito de comida, un toque de pintura.

n. narciso; flor amarilla de primavera en forma de trompeta.

n. daga; puñal; espada pequeña.

1. *adv.* diariamente; cada día; una vez al día. **2.** *adj.* que ocurre todos los días; que ocurre una vez todos los días.

adj. delicado; bonito; fino; elegante.

n. lechería; lugar donde se procesan y almacen leche, mantequilla y queso.

n. presa; muro que detiene o aminora la corriente de agua.

1. *v.* dañar o perjudicar algo. **2.** *n.* daño o perjuicio; herida.

adj. húmedo; mojado ligeramente.

1. *v.* danzar; moverse al compás de la música. **2.** danza *n.* modo específico de movimiento corporal realizado a compás de la música. **3.** baile. *n.* baile; fiesta o reunión donde se danza.

n. caspa; porciones pequeñas de cuero cabelludo que se desprenden y motean el pelo de blanco o grisáceo.

n. riesgo; peligro; lo opuesto a seguridad.

adj. peligroso; no seguro.

1. *v.* atreverse; tener el valor de hacer algo. **2.** *v.* desafiar a una persona a que haga algo. **3.** *n.* desafío; acto de inducir o tentar a alguien a que haga algo.

adj. atrevido; osado; corajudo; valiente.

adj. oscuro; falto de luz.

n. querido; alguien querido.

v. zurcir; repasar un agujero cosiéndolo con hilo o hebra.

1. *n.* dardo; especie de flecha corta que se arroja con la mano. **2.** *v.* correr o moverse muy rápidamente de un punto a otro.

1. *v.* precipitarse; actuar con prisa y repentinamente; arrojar; lanzar. **2.** *n.* guión; pequeña línea recta que se utiliza en la escritura.

n. datos, hechos y cifras; información. El término «data» es el plural de *datum*.

1. *n.* fecha; tiempo en que sucede algo; cita, cierto día, mes o año. **2.** *n.* la persona con la que se establece una cita para ir al cine, a una fiesta o a cualquier otro pasatiempo. **3.** *n.* dátil; fruta dulce y pegajosa que contiene una pepita gruesa.

n. hija; vástago hembra de un padre y una madre.

n. alba; aurora; primera luz del día.

n. día; tiempo que transcurre entre la salida y la puesta del sol; período de 24 horas

day-care ['deykɛr] *adj* having to do with the care of preschool children during the day, especially when the parents work.

dazed ['deyzd] *adj* confused or bewildered.

dazzle ['dæzl] *v* to confuse someone with a bright light; to confuse or overpower someone with anything brilliant or overwhelming. *Ex* The speaker dazzled the crowd with his brilliant remarks.

dead [dɛd] *adj* without life.

dead end [dɛd 'ɛnd] *n* the end of a street where there is no place to go but back; a course of thought or action leading nowhere further.

deaf [dɛf] *adj* not able to hear; not able to hear well.

deal [dil] **1.** *n* an amount, usually large. *Ex* We spent a great deal of money on a new car. **2.** *v* to do business with someone; to manage or handle someone or something. *Ex* I am sure that I can deal with this problem. **3.** *v* to pass out cards to players in a card game. *Ex* Who is dealing the cards this time? *pt* dealt. *pp* dealt.

dealt [dɛlt] *v* the past tense and past participle of deal.

dear [dir] **1.** *adj* much loved; precious. *Ex* She is a very dear friend. **2.** *n* a person who is well liked or loved. *Ex* She is such a dear.

death [dɛθ] *n* the end of life.

debate [dɪ'beyt] **1.** *n* a formal discussion of an important question. **2.** *v* to discuss and argue an important subject.

debit ['dɛbət] *n* a charge against an account; an amount of money owed to an account.

debt [dɛt] *n* that which is owed to a person or an account.

decade ['dɛkeyd] *n* a period of ten years.

decay [dɪ'key] **1.** *v* to decrease gradually; to rot away; to spoil. **2.** *n* a decrease; a falling apart; a rotting away.

deceive [dɪ'siv] *v* to make someone believe something that is not true; to cheat. *Ex* Do not try to deceive me with your lies.

decent ['disɲt] *adj* proper; considered polite by most people.

decide [dɪ'sɑyd] *v* to make up your mind about something; to settle something; to choose a solution.

decimal ['dɛs(ə)ml] **1.** *adj* numbered by tens. **2.** *n* short for decimal point or decimal fraction.

decimal point ['dɛs(ə)ml poynt] *n* a period standing after a whole number and before the tenths (hundredths, thousandths, and so on) of a whole number. *Ex* The number 10.2 has a decimal point between 0 and 2.

decision [dɪ'sɪʒɲ] *n* something which is to be decided; something which has been decided.

deck [dɛk] **1.** *n* the floor of a boat or a ship. **2.** *n* a stack of something, usually cards which are used in card games.

declarative [dɪ'klɛrətɪv] *adj* having to do with a sentence which makes a statement.

declare [dɪ'klɛr] *v* to say something clearly; to make something known.

decorate ['dɛkɚeyt] *v* to make something look pretty; to put ornaments on something; to paint a room or put new draperies in a room.

decrease [dɪ'kris] *v* to grow smaller in number or size.

adj. lo relacionado con el cuidado de niños preescolares, especialmente cuando trabajan los padres.

adj. aturdido; atolondrado; confuso o desconcertado.

v. deslumbrar; desconcertar a alguien con una luz brillante; confundir o dominar a alguien con algo brillante o irresistible.

adj. muerto; sin vida.

n. callejón sin salida; final de una calle de la que sólo se puede salir retrocediendo; rumbo de pensamiento o acción que no conduce a ninguna parte.

adj. sordo; que no puede oír; que no oye bien.

1. *n.* cantidad, generalmente grande. **2.** *v.* hacer negocios; negociar con algo o alguien; dirigir o manipular algo o a alguien. **3.** *v.* repartir cartas a los jugadores en un juego de cartas.

v. pasado o participio pasado de *deal*.

1. *adj.* querido; muy amado; lindo. **2.** *n.* persona que gusta mucho o a la que se quiere.

n. muerte; fin de la vida.

1. *n.* debate; discusión formal sobre un asunto importante. **2.** *v.* discutir y razonar un tema importante.

n. débito; cargo en cuenta; cantidad de dinero debido en una cuenta.

n. deuda; lo que se debe a una persona o en una cuenta.

n. década; período de diez años.

1. *v.* decaer. decrecer gradualmente; pudrirse; descomponerse; estropearse. **2.** *n.* disminución; descomposición; caído a pedazos.

v. engañar; hacer creer a alguien lo que no es cierto; estafar; burlar.

adj. decente; correcto; considerado y cortés para con la gente.

v. decidir sobre algo; resolver algo; elegir una solución.

1. *adj.* decimal, numerado de diez en diez. **2.** *n.* abreviatura para punto decimal o fracción decimal.

n. punto entre un número entero y la parte decimal de ese número.

n. decisión; algo que se decide o se ha decidido.

1. *n.* cubierta de un bote o un barco. **2.** *n.* una pila de algo, generalmente naipes que se usan en los juegos de cartas.

adj. relativo a una frase que constituye una declaración.

v. declarar; decir algo claramente; dar a conocer algo.

v. decorar; hacer que algo parezca bonito; colocar adornos en algo; pintar una habitación o poner cortinas nuevas.

v. disminuir; hacer más pequeño en número o tamaño.

deduct [dɪ'dəkt] v to take away an amount from the total. *Ex* They deducted ten dollars from my pay because I broke a vase.

v. deducir; restar una cantidad de un total.

deed [did] n the doing of something; something which has been done.

n. hecho; la acción de algo; algo que se ha hecho.

deep [dip] **1.** adv to or into a great distance downward. *Ex* The fish swam deep into the water. **2.** adj of a great length downward. *Ex* That is a very deep hole.

1. *adv.* profundo; hacia o dentro de una gran distancia descendente. **2.** *adj.* profundo; con gran profundidad.

deer [dir] n a wild animal with four legs. *Ex* The male deer has large, branched horns on his head.

n. ciervo; animal salvaje cuadrúpedo.

defeat [dɪ'fit] **1.** v to beat someone at a game; to conquer a person or a problem. *Ex* The other team defeated us. **2.** n the loss of a game or contest; failure. *Ex* We were sorry about our defeat in the soccer game.

1. *v.* vencer; derrotar a alguien en un juego; ganar a una persona o vencer un problema. **2.** *n.* derrota; pérdida en un juego o competición; fallo.

defecate ['dɛfəkeyt] v to empty the bowels.

v. defecar; vaciar los intestinos.

defend [dɪ'fɛnd] v to try to keep someone or yourself from being beaten; to guard someone or something against attack.

v. defender; tratar de preservar a alguien o a uno mismo de un golpe; guardar a algo o a alguien de un ataque.

definite ['dɛfənət] adj certain; without doubt.

adj. categórico; cierto; sin duda.

defy [dɪ'fɑy] v to refuse to obey a person or a rule. *Ex* Do not defy my orders. Do not defy me.

v. desafiar; rehusar la obediencia a una persona o una regla.

degree [dɪ'gri] n a unit of measurement. Temperature is measured in degrees, either centigrade or Fahrenheit. Longitude and latitude are measured in degrees.

n. grado; unidad de medida. La temperatura se mide en grados centígrados o Fahrenheit. La longitud y la latitud se miden en grados.

delay [dɪ'ley] **1.** v to put something off until a later time. *Ex* We will have to delay the game until the rain stops. **2.** n a period of time during which something is stopped. *Ex* We will have a ten-minute delay until the playing field dries.

1. *v.* retrasar; diferir algo hasta un momento posterior. **2.** *n.* demora; período de tiempo durante el que se detiene algo.

delegate 1. n ['dɛləgeyt, 'dɛləgət] a person elected or appointed to represent other people at a convention or a conference. **2.** v ['dɛləgeyt] to appoint a person to represent a group of people; to grant authority to a person; to assign a task to a person.

1. *n.* delegado; persona elegida o designada para representar a otros en una convención o conferencia. **2.** *v.* delegar; designar a una persona para representar a un grupo de personas; otorgar autoridad a una persona; asignar una tarea a una persona.

deli ['dɛli] n a delicatessen. Short for delicatessen.

n. delicatessen. Abreviatura de *delicatessen*.

deliberate 1. adj [dɪ'lɪbɚət] not by accident; done on purpose. **2.** v [dɪ'lɪbɚeyt] to think about something; to discuss the good and bad points of an idea.

1. *adj.* deliberado; que no ocurre por accidente; hecho a propósito. **2.** *v.* deliberar; pensar en algo; discutir los puntos buenos y malos de una idea.

delicate ['dɛlɪkət] adj fragile; easily broken or damaged.

adj. delicado; frágil; que se rompe o daña fácilmente.

delicatessen [dɛlɪkə'tɛsn] n a shop that sells food ready to eat, such as cooked meats or special cheeses and salads.

n. tienda que vende platos preparados; tienda que se especializa en manjares exquisitos y exóticos.

delicious [dɪ'lɪʃəs] adj very good to taste and eat.

adj. delicioso; muy bueno para paladear o comer.

delight [dɪ'lɑyt] **1.** n great pleasure or joy. **2.** v to make someone very happy.

1. *n.* deleite; gran placer o alegría. **2.** *v.* deleitar; hacer muy feliz a alguien.

deliver [dɪ'lɪvɚ] **1.** v to hand something over to someone else. **2.** v to rescue or set free. **3.** v to give birth to a baby.

1. *v.* repartir; entregar algo a otros. **2.** *v.* rescatar o librar. **3.** *v.* dar a luz a un bebé.

delivery [dɪ'lɪvɚi] **1.** n the act of bringing or taking something to a place. **2.** n the act of giving birth to a baby.

1. *n.* entrega; acto de traer o llevar algo a un sitio. **2.** *n.* el acto de dar a luz a un bebé.

demand [dɪ'mænd] **1.** v to ask for something in a commanding way, without saying please. **2.** n a claim for something due; an act of asking in a commanding way.

1. *v.* demandar; pedir algo de manera dominante, sin cortesía. **2.** *n.* demanda; reclamación por algo que se debe; acción de preguntar de manera dominante.

democracy [dɪ'mɑkrəsi] n a system of government where the people have a voice in the things that a government does.

n. democracia; sistema político en el que el pueblo tiene voz en las cosas que hace el gobierno.

Democrat ['dɛməkræt] n a member of the Democratic political party of the United States.

n. miembro del Partido Demócrata de los Estados Unidos.

demon ['dimən] n an evil spirit or devil.

n. demonio; espíritu maligno.

den [dɛn] **1.** n a cave or shelter where some kinds of wild animals live. **2.** n a comfortable room in a house; a study; a family room.

1. *n.* guarida; cueva o refugio donde viven algunas especies animales. **2.** *n.* leonera; habitación acogedora de una casa; estudio; habitación familiar.

denominator [dɪ'namǝneytǝ-] *n* the part of a fraction which is below or to the right of the line in a fraction. *Ex* In the fraction 2/5, 5 is the denominator.

n. denominador; parte de la fracción aritmética que está debajo o a la derecha de la línea.

dense [dɛn(t)s] *adj* thick; difficult to make your way through, like a dense forest.

adj. denso; espeso; *n.* espesura; lugar por el que es difícil caminar, como por un tupido bosque.

dent [dɛnt] *n* a bent place in something, usually caused by a blow.

n. abolladura; trozo curvado de algo, originado generalmente por un golpe.

dental ['dɛntl] *adj* having to do with the teeth.

adj. dental; referido a los dientes.

dentist ['dɛntɪst] *n* someone who takes care of people's teeth as a profession.

n. dentista; aquel cuya profesión consiste en el cuidado de los dientes de las personas.

deny [dɪ'nay] *v* to say that something which has been said is not true.

v. negar; decir que no es verdad algo que se ha dicho.

deodorant [di'owdǝ-ǝnt] *n* a substance which takes away or covers up bad odors.

n. desodorante; sustancia que elimina o disimula los malos olores.

depart [dɪ'part] *v* to go away; to leave a place.

v. marcharse; irse; abandonar un lugar.

department [dɪ'partmǝnt] *n* a part or section of a shop, office, or factory.

n. departamento; parte o sección de una tienda, oficina o factoría.

depend [dɪ'pɛnd] *v* to count on someone or something; to rely on someone or something.

v. depender; contar con alguien o algo; confiar en alguien o algo.

deposit [dɪ'pazǝt] **1.** *v* to put something down and leave it. *Ex* Please deposit this package on the table. **2.** *n* an amount of money put into a bank account. **3.** *n* a small amount of money left in partial payment for something.

1. *v.* depositar; dejar alguna cosa y abandonarla. **2.** *n.* depósito; cantidad de dinero en una cuenta bancaria. **3.** *n.* cantidad pequeña de dinero entregada como pago parcial de algo.

depot ['dipow] *n* a train or bus station.

n. cochera; estación de tren o autobus.

depression [dɪ'prɛʃn] **1.** *n* a hollow or pressed-in place. **2.** *n* an economic condition where there is much unemployment and very little business activity. **3.** *n* a state of mind where one feels very sad and unwanted.

n. depresión. **1.** *n.* lugar hundido o apretado. **2.** *n.* situación económica en la que se da un alto nivel de desempleo y la actividad económica es baja. **3.** *n.* estado mental en el que uno se siente muy triste y poco querido.

depth [dɛpθ] *n* how deep something is.

n. profundidad; lo profundo que algo es.

descend [dɪ'sɛnd] *v* to go down something; to go down.

v. descender; bajar; bajar algo.

describe [dɪ'skrayb] *v* to say what something or someone is like.

v. describir; decir cómo es algo o alguien.

desert 1. *n* ['dɛzǝ-t] an area of land where very little can grow because there is no water. **2.** *v* [dɪ'zǝ-t] to run away from something that you are supposed to do; to run away from one's duty.

1. *n.* desierto; área de tierra donde crecen muy pocas cosas debido a la escasez de agua. **2.** *v.* desertar; evadirse de algo que se tiene que hacer; eludir el cumplimiento del deber.

deserve [dɪ'zǝ-v] *v* to be worthy of something; to be owed something because of something done well. *Ex* She deserves an award for bravery.

v. merecer; ser digno de algo; debérsele a uno algo por algo bien hecho.

design [dɪ'zayn] **1.** *v* to draw a pattern; to make a plan or drawing. **2.** *n* a pattern or a plan.

1. *v.* diseñar; dibujar un modelo; hacer un plano o dibujo. **2.** *n.* diseño; modelo o plano.

desire [dɪ'zayr] **1.** *v* to want something very much. **2.** *n* a wish; a request.

1. *v.* desear; querer algo con muchas ganas. **2.** *n.* deseo; ruego.

desk [dɛsk] *n* a table used for reading or writing. *Ex* Many desks have drawers to keep things in.

n. escritorio; mesa de despacho; mesa que se utiliza para leer o escribir.

despair [dɪ'spɛr] **1.** *n* sorrow; great sadness. **2.** *v* to give up hope.

1. *n.* desesperación; pesar; tristeza grande. **2.** *v.* desesperar; abandonar la esperanza.

despise [dɪ'spayz] *v* to dislike something or someone very much.

v. despreciar; tener mucha antipatía a algo o a alguien.

dessert [dɪ'zǝ-t] *n* something sweet, such as cake, pie, or ice cream, served after the main part of the meal.

n. postre; algo dulce, como un pastel, una tarta o un helado que se sirve después de la parte principal de una comida.

destroy [dɪ'stroy] *v* to kill something; to ruin something completely.

v. destruir; matar algo; arruinar completamente algo.

detail [dɪ'teyl] *n* a small part; a small fact.

n. detalle; parte o hecho pequeño.

detective [dɪ'tɛktɪv] *n* a person who works in secret to find information which may help lead to a criminal.

n. detective; persona que trabaja en secreto para obtener información que puede ayudar a descubrir a un delincuente.

detention [dɪ'tɛntʃn] **1.** *n* the act of holding back; being held by the police. **2.** *n* a notice that you are to stay after school as punishment.

1. *n.* detención; acción de contener; acción de retener a alguien por la policía. **2.** *n.* notificación de que uno tiene que quedarse más tiempo en el colegio, como castigo.

detergent [dɪ'tɚdʒnt] *n* a substance which, like soap, helps get things clean.

n. detergente; sustancia que, como el jabón, ayuda a limpiar las cosas.

determine [dɪ'tɚmən] *v* to decide something; to make a choice between two or more things. *Ex* Have you determined which shoes you will wear to school?

v. determinar; decidir algo; elegir entre dos o más cosas.

detest [dɪ'tɛst] *v* to hate something or someone very much.

v. detestar; odiar mucho a algo o a alguien.

detour ['dituwɚ] *n* a temporary path or route around an obstacle. *Ex* We had to make a detour because the bridge had washed out.

n. desvío; camino o carretera provisional en torno a un obstáculo.

develop [dɪ'vɛləp] **1.** *v* to grow older gradually, as a puppy grows into a dog. **2.** *v* to show the symptoms of something; to cause something to increase. *Ex* I am developing a cold. **3.** *v* to cause photographic film to reveal images; to make pictures from photographic film.

1. *v.* desarrollar; hacerse mayor gradualmente, al modo en que un cachorro se convierte en perro. **2.** *v.* mostrar síntomas de algo; provocar el incremento de algo. **3.** *v.* revelar; tratar una película fotográfica para revelar imágenes; sacar copias de una película fotográfica.

device [dɪ'vays] *n* a piece of equipment; a tool; a gadget.

n. dispositivo; pieza de un equipo; herramienta; artilugio.

devil ['dɛvl] *n* an evil spirit; the supreme evil spirit, Satan; a wicked or cruel person.

n. diablo; espíritu maligno; el Demonio; Satanás; persona malvada o cruel.

dew [duw] *n* drops of moisture which cover the ground in the very early morning.

n. rocío; gotas o humedad que cubre la tierra por la mañana temprano.

diagonal [day'ægənl] **1.** *n* a line drawn from one corner of something to the opposite corner. **2.** *adj* slanting.

1. *n.* diagonal; línea que va de un vértice al opuesto. **2.** *adj.* inclinado.

diagram ['dayəgræm] **1.** *n* a plan or drawing to show what a thing is, or how it works. **2.** *v* to draw a plan; to make a line drawing of something. **3.** *v* to make a drawing showing the structure of a sentence.

1. *n.* diagrama; plano o dibujo que muestra cómo es una cosa, o cómo funciona. **2.** *v.* dibujar un plano; hacer un dibujo lineal de algo. **3.** *v.* hacer un dibujo que muestre la estructura de una frase.

dial [dayl] *n* the flat round part of something with numbers on it, like a clock, combination lock, or telephone.

n. dial; parte redonda y plana de algo con números escritos sobre ella, como en un reloj, en una cerradura de combinación o en un teléfono.

dialect ['dayəlɛkt] *n* a special way of speaking a language in one part of a country.

n. dialecto; modo especial en que se habla la lengua en una parte de un país.

dialog ['dayələg] *n* a conversation between two people.

n. diálogo; conversación entre dos personas.

diameter [day'æmətɚ] *n* the length of a straight line drawn from one side of a circle to the other, passing through the center.

n. diámetro; longitud de una línea recta trazada de un lado a otro del círculo y que pasa por el centro.

diamond ['day(ə)mənd] *n* a very hard, colorless precious stone which sparkles.

n. diamante; piedra preciosa muy dura, incolora que emite destellos.

diaper ['daypɚ] *n* the cloth which is folded into a pants-like shape for a very young baby.

n. pañal; paño que se dobla en forma de calzoncillos para un bebé.

diary ['day(ə)ri] *n* a book in which you write down what you do every day.

n. diario; libro en el que se anota lo que se hace cada día.

dice [days] *n* a pair of small cubes with a different number of spots on each side. They are used in various games. The word is plural. The singular is die.

n. dados; par de cubos pequeños con un número diferente de puntos en cada cara. Se utilizan en varios juegos. La palabra es plural. El singular es *die*.

dictation [dɪk'teyʃn] *n* the act of writing down words or sentences as they are spoken. *Ex* Some secretaries take dictation.

n. dictado; acto de escribir palabras o frases mientras las dice otra persona.

dictionary ['dɪkʃəneri] *n* a book which tells you the meanings of words and how to spell them.

n. diccionario; libro que explica el significado de las palabras y cómo deben deletrearse.

did [dɪd] *v* the past tense of do.

v. pasado de *do*.

didn't ['dɪdn̩t] *cont* did not.

v. contracción de *did not*.

die [day] **1.** *v* to stop living; to come to an end. **2.** *n* one of a pair of dice.

1. *v.* morir; dejar de vivir. **2.** *n.* dado.

diesel engine [dis̩l 'ɛndʒn̩] *n* a powerful engine which burns a special kind of oil.

n. motor de gasoil; máquina potente que quema un tipo especial de petróleo.

differ ['dɪfɚ] **1.** *v* to be unlike. *Ex* This one differs from that one. **2.** *v* to disagree; to be of different opinions. *Ex* I don't mind if you differ, but please don't shout.

1. *v.* diferenciarse; ser distinto. **2.** *v.* diferir; no estar de acuerdo; tener opiniones distintas.

difference ['dɪfrən(t)s] *n* that which makes something unlike something else. *Ex* This is bigger than that; the difference is size.

n. diferencia; lo que hace a algo distinto de otra cosa.

different ['dɪfrənt] *adj* not the same.

adj. diferente; no el mismo.

difficult ['dɪfəkəlt] *adj* hard to do; hard to deal with; hard to understand.

adj. difícil; duro de hacer; duro de tratar; duro de entender.

difficulty ['dɪfəkəlti] *n* trouble; disagreement; something which is difficult.

n. dificultad; problema; desacuerdo; algo que es difícil.

dig [dɪg] *v* to make a hole in the ground. *Ex* John dug a hole for the tree he was planting. *pt* dug. *pp* dug.

v. cavar; hacer un agujero en la tierra.

digest [dɪ'dʒɛst] *v* for the body to process food and turn it into energy and waste matter.

v. digerir; para el cuerpo es procesar la comida, convirtiéndola en energía y en materia de desecho.

dignified ['dɪgnəfaɪd] *adj* acting in a serious manner.

adj. solemne; que actúa con seriedad.

dim [dɪm] *adj* with very little light; not bright.

adj. oscuro; con poca luz; no brillante.

dime [daɪm] *n* a U.S. coin worth ten cents.

n. moneda norteamericana de 10 centavos.

dimple ['dɪmpl] *n* a little hollow, usually in your cheek or chin.

n. hoyuelo; hueco pequeño, normalmente en la mejilla o barbilla.

dine [daɪn] *v* to eat dinner.

v. cenar.

dingy ['dɪndʒi] *adj* dull; looking dirty.

adj. deslucido; de aspecto sucio.

dining room ['daɪnɪŋ ruwm] *n* a room where meals are eaten.

n. comedor; habitación donde se come.

dinner ['dɪnɚ] *n* the main meal of the day.

n. cena; comida principal del día.

dinosaur ['daɪnəsor] *n* a very large reptile that lived millions of years ago.

n. dinosaurio; reptil muy grande que vivió hace millones de años.

dip [dɪp] **1.** *v* to put a thing into and take it out of something quickly. *Ex* He dipped his spoon into his soup. **2.** *n* a swim. *Ex* Come on, let's go for a dip.

1. *v.* sumergir; bañar; introducir una cosa en algo y sacarla rápidamente. **2.** *n.* baño.

diploma [dɪ'plowmə] *n* a written statement or certificate showing that a person has met the necessary educational requirements.

n. diploma; informe escrito o certificado que muestra que una persona ha alcanzado la formación requerida.

direct [dɪ'rɛkt] **1.** *adj* straight; in the quickest or shortest way. **2.** *v* to lead someone; to show someone the way.

1. *adj.* derecho; de la forma más rápida o más corta. **2.** *v.* dirigir; conducir a alguien; mostrar el camino a alguien.

direction [dɪ'rɛkʃn] *n* the way in which something goes, such as up, down, left, right, north, south, and so on.

n. dirección; camino que toma algo; arriba, abajo, izquierda, norte, sur, etc.

director [dɪ'rɛktɚ] *n* the leader; the person in charge.

n. director; líder; persona que está a cargo de algo.

dirt [dɚt] *n* soil; earth.

n. tierra; suelo.

dirty ['dɚti] *adj* not clean; in need of washing.

adj. sucio; no limpio; que necesita una limpieza.

disagree [dɪsə'gri] *v* to have a different opinion about something.

v. diferir; tener una opinión diferente sobre algo.

disappear [dɪsə'pɪr] *v* to go away suddenly; to vanish.

v. desaparecer; irse de repente; esfumarse.

disappoint [dɪsə'poynt] *v* to make someone sad because of a failure. *Ex* They disappointed me by not winning. If I don't buy my mother a birthday present, she will be disappointed.

v. desilusionar; poner a alguien triste debido a un fracaso.

disaster [dɪ'zæstɚ] *n* a calamity; a great misfortune.

n. desastre; calamidad; una gran desgracia.

disciple [dɪ'saypl] *n* a follower or a pupil.

n. discípulo; seguidor o alumno.

discount ['dɪskawnt] *n* a special price lower than the regular price.

n. descuento; precio especial más bajo que el normal.

discourage [dɪ'skɚɪdʒ] *v* to take away a person's desire to do something. *Ex* Please discourage the children from writing on the wall.

v. desalentar; quitar a una persona el deseo de hacer algo.

discover [dɪ'skʌvɚ] *v* to find out something; to see something for the first time.

v. descubrir; encontrar algo; ver algo por primera vez.

discovery [dɪ'skʌvɚi] *n* something which has been found out.

n. descubrimiento; algo que se ha encontrado.

discuss [dɪ'skəs] *v* to talk about something.

v. discutir; hablar sobre algo.

discussion [dɪ'skəʃn] *n* an argument or talk with other people.

n. discusión; argumentar o hablar con otras personas.

disease [dɪ'ziz] *n* an illness; a sickness.

n. enfermedad.

disgrace [dɪs'greys] **1.** *n* shame. **2.** *v* to bring shame on someone.

1. *n.* vergüenza. **2.** *v.* deshonrar a alguien.

disguise [dɪs'gɑyz] **1.** *v* to change the appearance of someone or something so that recognition is not possible. **2.** *n* the materials used to disguise a person, such as clothing, a wig, or a mustache.

1. *v.* disfrazar; cambiar la apariencia de alguien o algo para que no sea posible reconocerlo. **2.** *n.* disfraz; el material usado para disfrazar a una persona, como ropa, peluca o bigote.

disgust [dɪs'gəst] *n* a feeling of dislike so strong that it makes you feel sick.

n. repugnancia; sentimiento de aversión tan fuerte que le hace a uno sentirse mal.

disgusting [dɪs'gəstɪŋ] *adj* sickening; horrible.

adj. repugnante; nauseabundo, horrible.

dish [dɪʃ] *n* a plate for food.

n. plato para comida.

dishonest [dɪs'anəst] *adj* untrustworthy; not honest; the opposite of honest.

adj. deshonesto; poco fiable; no honesto; lo contrario de honesto.

disk [dɪsk] *n* a thin, flat, circular object like a phonograph record. Also spelled disc.

n. disco; objeto circular liso como un disco fonográfico. También se escribe *disc.*

dislike [dɪs'lɑyk] *v* to hate something or someone; not to like something or someone.

v. tener antipatía a; odiar algo o a alguien; no gustarle a uno algo o alguien.

dismay [dɪs'mey] *n* fear; a feeling of being upset and sad.

n. consternación; miedo; estado de trastorno y tristeza.

dismiss [dɪs'mɪs] *v* to send someone away; to tell someone to leave.

v. despedir; enviar lejos a alguien.

dissect [dɪ'sɛkt] *v* to separate something into small pieces in order to study them better. *Ex* I dissected a frog in biology class.

v. disecar; separar algo vivo en piezas pequeñas para estudiarlas mejor.

distance ['dɪstən(t)s] *n* the length of the space between two places.

n. distancia; longitud del espacio comprendido entre dos puntos.

distant ['dɪstənt] *adj* faraway.

adj. distante; lejos.

distinct [dɪ'stɪŋkt] *adj* separate; clearly seen or heard.

adj. distinto; diferente; visto u oído con nitidez.

distinguish [dɪs'tɪŋgwɪʃ] *v* to notice that two or more things are different from one another; to pick out one thing from the midst of others. *Ex* Can you distinguish the sound of a harp in the orchestra?

v. distinguir; observar que dos o más cosas son distintas una de otra; escoger una cosa entre otras.

distress [dɪs'trɛs] *n* the feeling of great pain, sorrow, or worry.

n. pena; sentimiento de gran dolor; pesar; preocupación.

distribute [dɪs'trɪbyuwt] *v* to supply and deliver something. *Ex* Please distribute these papers to the class.

v. distribuir; suministrar y entregar algo.

district ['dɪstrɪkt] *n* a part of a town or country.

n. distrito; parte de una ciudad o país.

disturb [dɪs'tɚb] *v* to interrupt someone; to bother someone.

v. molestar; interrumpir a alguien; fastidiar a alguien.

disturbance [dɪs'tɚbən(t)s] *n* a noisy interruption, as when people upset a meeting by shouting out.

n. alboroto; ruido ininterrumpido como cuando la gente hace fracasar un mitin con sus gritos.

ditch [dɪtʃ] *n* a very long, narrow trench which is dug in the ground to drain water away.

n. foso; trinchera larga y estrecha, que se cava en la tierra para drenarla.

ditto machine ['dɪtow məʃin] *n* a machine which makes copies of information you have typed on special paper.

n. multicopista; máquina que hace copias de la información que se ha mecanografiado en un papel especial.

dittos ['dɪtowz] *n* sheets of paper, such as lessons or a test, which have been copied on a ditto machine.

n. copias; hojas de papel, como lecciones o un test, que se han copiado en una multicopista.

dive [dɑyv] *v* to plunge headfirst into the water or down through the air. *pt* dived, dove. *pp* dived.

v. zambullirse; arrojarse de cabeza al agua.

diver ['dɑyvɚ] *n* someone who goes down into very deep water or down through the air; a person who dives.

n. buzo; el que se sumerge en aguas muy profundas; persona que bucea.

divide [dɪ'vɑyd] *v* to separate into parts.

v. dividir; separar en partes.

dividend ['dɪvədɛnd] **1.** *n* a number which is to be divided by another number. **2.** *n* a division or share of something.

1. *n.* dividendo; número que debe ser dividido por otro número. **2.** *n.* división o porción de algo.

division [dɪ'vɪʒn] *n* the part of arithmetic in which one number is separated into as many equal groups as another number.

n. división; parte de la aritmética en que un número es separado en tantos grupos iguales como indica otro número.

division sign [dɪ'vɪʒn̩ saɪn] *n* the sign (÷) which indicates that you are supposed to divide. *Ex* 10 ÷ 5 = 2.

n. signo de división; signo : que indica que hay que dividir.

divisor [dɪ'vaɪzɚ] *n* in mathematics, the number which is divided into another number.

n. divisor; en matemáticas, el número entre el que es dividido otro número.

divorce [dɪ'vɔrs] *n* the legal ending of a marriage.

n. divorcio; separación legal del matrimonio.

dizzy ['dɪzi] *adj* giddy; feeling that your head is spinning around.

adj. mareado; estado en el que la cabeza le da a uno vueltas.

do [duw] *v* to perform an act. *Ex* What are you doing? I am doing the washing. Present tenses: do, does. *pt* did. *pp* done.

v. hacer; desempeñar un papel.

dock [dɑk] **1.** *n* the place where ships and boats are unloaded or repaired. **2.** *v* to bring a ship or boat to rest at a pier.

1. *n.* muelle; lugar donde se amarran o se reparan los barcos. **2.** *v.* atracar; traer un barco o bote para que permanezca en el muelle.

doctor ['dɑktɚ] **1.** *n* someone who helps people get better when they are ill. **2.** *v* to try to help a person get better; to treat a person medically.

1. *n.* doctor; persona que ayuda a las personas a curarse cuando están enfermas. **2.** *v.* medicinar; intentar ayudar a una persona a curarse; tratar médicamente a una persona.

dodge [dɑdʒ] **1.** *v* to avoid hitting something by jumping quickly to one side. **2.** *v* to avoid answering a question.

1. *v.* escabullirse; evitar el choque de algo saltando rápidamente a un lado. **2.** *v.* eludir; evitar la contestación a una pregunta.

does [dəz] *v* the form of the verb *do* which is used with *he, she,* and *it. Ex* He does the laundry once a week.

v. hace; forma del verbo *do* que se emplea con *he, she* e *it.*

doesn't ['dəzn̩t] *cont* does not.

contracción de *does not.*

dog [dɔg] *n* a four-legged animal which is often kept as a pet.

n. perro; animal de cuatro patas, que a menudo es objeto de mimos.

doll [dɑl] *n* a toy made to look like a human being.

n. muñeca; juguete que se parece a un ser humano.

dollar ['dɑlɚ] *n* a unit of money in the United States. *Ex* A dollar equals one hundred pennies or cents, four quarters, ten dimes, or twenty nickels.

n. dólar; unidad de moneda de los Estados Unidos.

dollar sign ['dɑlɚ saɪn] *n* the sign ($) indicating dollars.

n. signo $ indicativo del dólar.

dome [dowm] *n* a curved roof shaped like half of a ball.

n. cúpula; techo curvado con forma de medio globo.

domino ['dɑmənow] *n* a small, oblong piece of wood painted black with white dots. *Ex* Dominos are used to play a game.

n. dominó; piezas de madera pequeñas, rectangulares, pintadas de blanco con puntos negros.

done [dən] *v* the past participle of do.

v. participio de *do.*

don't [downt] *cont* do not.

contracción de *do not.*

doodle ['duwdl̩] *v* to draw or scribble while thinking about something else.

v. garabatear; dibujar o escribir deprisa mientras se piensa en otra cosa.

door [dor] *n* a kind of barrier which has to be opened to go in or out of a building or room. *Ex* In a house a door is usually made of wood and is fitted with a handle.

n. puerta; especie de barrera que tiene que abrirse para entrar o salir de un edificio o habitación.

doorman ['dormæn] *n* a man whose job is to open doors at the entrance of an important building.

n. portero; persona cuyo trabajo consiste en abrir puertas a la entrada de un edificio importante.

doorstep ['dorstɛp] *n* the step just outside a doorway.

n. umbral; parte inferior o escalón delante de la puerta.

doorway ['dorwey] *n* the opening or frame into which a door is fitted.

n. abertura o marco en el que se ajusta una puerta.

dormitory ['dormətori] *n* a large room with lots of beds.

n. dormitorio; habitación grande con muchas camas.

dose [dows] *n* the exact amount of medicine that should be taken at one time.

n. dosis; cantidad exacta de medicina que se debe tomar cada vez.

dot [dɑt] *n* a small, round mark.

n. punto; señal pequeña y redonda.

double ['dəbl̩] **1.** *adj* twice as great; twice as much. *Ex* Please give me a double serving. **2.** *v* to grow to twice the size; to cause something to become twice as big.

1. *adj.* doble; dos veces en tamaño o cantidad. **2.** *v.* doblar; crecer hasta el doble de tamaño; hacer que algo sea dos veces más grande.

double feature [dəbl̩ 'fitʃɚ] *n* a special movie where two films are shown.

n. programa doble; sesión de cine especial en la que se pasan dos películas.

doubt [dawt] **1.** *v* to distrust something or someone. *Ex* He doubts my honesty. **2.** *n* a lack of trust. *Ex* Her mind is filled with doubt.

1. *v.* dudar; desconfiar de algo o de alguien. **2.** *n.* duda; falta de confianza.

doubtful ['dɑwtfl] *adj* not quite believing; not being sure.

adj. dudoso; que no cree del todo; inseguro.

dough [dow] *n* a thick, floury mixture which is baked into bread or cakes.

n. masa; mezcla espesa y enharinada que se cuece al horno para hacer pan o pasteles.

doughnut ['downət] *n* a circular cake made of dough which has been fried in oil.

n. buñuelo; pastel circular hecho de pasta que se fríe en aceite.

dove 1. *n* [dəv] a pretty bird, something like a pigeon. **2.** [dowv] *v* a past tense of dive.

1. *n.* tórtola; un pájaro bonito, parecido a una paloma. **2.** *v.* pasado de *dive*.

down [dɑwn] **1.** *adv* to or at a lower place. *Ex* Please put that book down. **2.** *prep* toward a lower part of something. *Ex* The bucket fell down the well.

1. *adv.* abajo; en un lugar más bajo. **2.** *prep.* hacia una parte más baja de algo.

downstairs [dɑwn'sterz] **1.** *adv* to a lower floor; at a lower floor. *Ex* He carried it downstairs. **2.** *adj* located on or in the lower floor. *Ex* He is in the downstairs bathroom. **3.** *n* the lowest floor; a basement. *Ex* Does this house have a downstairs?

1. *adv.* hacia un piso más bajo. **2.** *adj.* situado en el piso más bajo. **3.** *n.* el piso más bajo; sótano.

downtown [dɑwn'tɑwn] **1.** *adv* to or at the center of the city. *Ex* Please take this downtown with you. **2.** *adj* located in the center of the city. *Ex* Please come and see me at my downtown office. **3.** *n* a well developed center of the city. *Ex* This city doesn't even have a downtown!

1. *adv.* hacia o en el centro de la ciudad. **2.** *adj.* localizado en el centro de la ciudad. **3.** *n.* «el centro» de la ciudad.

doze [dowz] *v* to close the eyes because sleep is needed; to sleep lightly for a very short time.

v. dormitar; cerrar los ojos porque se siente la necesidad de dormir; dormir ligeramente durante poco tiempo.

dozen ['dəzn] *n* a set of twelve of anything.

n. docena; un conjunto de doce unidades de algo.

draft [dræft] *n* a gust of cold air; an annoying breeze.

n. corriente; ráfaga de aire frío; brisa molesta.

drag [dræg] **1.** *v* to pull something along the ground. **2.** *v* to be pulled along the ground.

1. *v.* arrastrar; tirar de algo sobre el suelo. **2.** *v.* ser arrastrado por el suelo.

dragon ['drægən] *n* a huge, imaginary animal which has a long tail and which breathes fire. *Ex* Dragons are found in fairy tales.

n. dragón; animal grande, imaginario que tiene una larga cola y aliento de fuego.

drain [dreyn] **1.** *v* to take away or release water or some other liquid; to free a container from its liquid contents. **2.** *n* an opening in a sink, bathtub, or floor which leads liquids to the sewer pipe.

1. *v.* drenar; sacar agua u otro líquido; liberar un recipiente de su contenido líquido. **2.** *n.* desagüe; abertura en un lavabo, bañera o piso que lleva los líquidos a una alcantarilla.

drainboard ['dreynbord] *n* the counter on one or both sides of a sink.

n. desagüe a uno o a ambos lados del lavabo.

drama ['drɑmə] **1.** *n* a play, especially a serious play. **2.** *n* a school subject where plays and acting are studied.

1. *n.* drama; obra de teatro; especialmente cuando es muy seria. **2.** *n.* asignatura escolar que tiene por objeto el análisis de obras o interpretaciones teatrales.

drank [dræŋk] *v* the past tense of drink.

v. pasado de *drink*.

drapery ['dreypri] *n* heavy curtains over a window.

n. cortinajes; cortinas gruesas en una ventana.

draw [drɔ] **1.** *v* to pull something. *Ex* The horse is drawing the wagon. **2.** *v* to make a picture with pencils or crayons. *Ex* She is drawing a picture of a horse drawing a wagon. *pt* drew. *pp* drawn.

1. *v.* arrojar; tirar algo. **2.** *v.* dibujar; hacer dibujos con lápiz o pastel.

drawer [drɔr] *n* a kind of box that fits into a piece of furniture. *Ex* Drawers can be pulled out or pushed in.

n. cajón; especie de caja que se adapta en un mueble.

drawing ['drɔɪŋ] **1.** *n* a picture which has been drawn with a pencil or a crayon. **2.** *n* a school subject in which you are taught to draw.

1. *n.* dibujo, pintura realizada con lápiz o pastel. **2.** *n.* asignatura escolar en la que se enseña a dibujar.

drawn [drɔn] *v* the past participle of draw.

v. participio de *draw*.

dread [drɛd] **1.** *v* to fear something. **2.** *n* a great fear.

1. *v.* temer; tener miedo a algo. **2.** *n.* terror; miedo grande.

dreadful ['drɛdfl] *adj* causing great fear; terrible; awful.

adj. terrible; que causa un gran miedo; horrible.

dream [drim] **1.** *n* the thoughts that go on in your mind after you are asleep. **2.** *v* to have thoughts and pictures in your mind when you are asleep.

1. *n.* sueño; pensamientos que pasan por la mente después de quedarse dormido. **2.** *v.* soñar; tener pensamientos y ver imágenes cuando se duerme.

drench [drɛntʃ] *v* to soak something.

v. mojar; empapar algo.

dress [drɛs] **1.** *n* a garment worn by girls and women. **2.** *v* to put clothes on yourself or someone else.

1. *n.* vestido; prenda usada por chicas y mujeres. **2.** *v.* vestirse; ponerse ropas u otras cosas.

dressmaker ['dresmeykɚ] *n* a person who makes clothes for girls, women, and small children.

n. modista; persona que fabrica ropas para chicas, mujeres o niños pequeños.

drew [druw] *v* the past tense of draw.

v. pasado de *draw*.

dribble ['drɪbl] **1.** *v* to let food or liquid run out of the mouth and down onto the chin. **2.** *v* to bounce a basketball with one hand in the game of basketball.

1. *v.* gotear; dejar correr comida o líquido fuera de la boca y hacia la barbilla. **2.** *v.* encestar el balón con una mano en el juego del baloncesto.

drift [drɪft] *v* to be floated or blown along. *Ex* The boat drifted down the river.

v. ir a la deriva; permanecer flotando o ser impulsado por el viento.

drill [drɪl] **1.** *v* to make a hole in something with a special tool. *Ex* I must drill a hole for this wire to pass through. **2.** *n* a tool used to make holes. *Ex* He drilled the hole with an electric drill. **3.** *n* a kind of practice; an exercise.

1. *v.* taladrar; hacer un agujero en algo con una herramienta especial. **2.** *n.* taladro; herramienta usada para hacer agujeros. **3.** *n.* práctica, instrucción.

drink [drɪŋk] **1.** *v* to swallow water, milk, juice, or some other liquid. *pt* drank. *pp* drunk. **2.** *n* a serving of a liquid which is to be drunk.

1. *v.* beber; tragar agua, leche, zumo o algún otro líquido. **2.** *n.* bebida; preparado líquido bebible.

drinking fountain ['drɪŋkɪŋ fawntn] *n* a special stand with a faucet from which a person can get a drink of water.

n. fuente; aparato con grifo del cual una persona puede servirse agua.

drip [drɪp] **1.** *v* to drop in little drips. *Ex* The faucet is dripping. The water is dripping from the faucet. **2.** *n* a drop of water; the sound of dripping.

1. *v.* gotear; caer en pequeñas gotas. **2.** *n.* goteo; gota de agua; el sonido que produce el goteo.

drive [drayv] **1.** *v* to make something move along. *pt* drove. *pp* driven. **2.** *n* a trip in a car. *Ex* Let's go out for a drive.

1. *v.* conducir; hacer que algo avance. **2.** *n.* viaje; un viaje en coche.

driven ['drɪvn] *v* the past participle of drive.

v. participio de *drive*.

driver ['drayvɚ] *n* a person who drives something, especially a car.

n. conductor; persona que conduce algo, especialmente un coche.

driveway ['drayvwey] *n* a paved road for cars which leads to a house or other building. *Ex* A driveway is not a public road.

n. entrada para coches que lleva a una casa o edificio.

drizzle ['drɪzl] *n* light rain.

n. llovizna; lluvia ligera.

droop [druwp] *v* to bend or flop over.

v. doblar.

drop [drɑp] **1.** *v* to let something fall. **2.** *n* a tiny bead of water or some other liquid.

1. *v.* tirar; dejar caer algo. **2.** *n.* gota; partícula de agua o de otro líquido.

drove [drowv] *v* the past tense of drive.

v. pasado de *drive*.

drown [drawn] *v* to die under water because there is no air to breathe.

v. ahogarse; morir bajo el agua porque no hay aire para respirar.

drowsy ['drawzi] *adj* sleepy.

adj. soñoliento.

drug [drəg] **1.** *n* a medicine or chemical substance used in treating illness. **2.** *n* a dangerous or illegal substance used for pleasure.

1. *n.* medicamento; medicina o sustancia química usada en el tratamiento de enfermedades. **2.** *n.* droga; sustancia peligrosa e ilegal usada por placer.

druggist ['drəgəst] *n* the person in a drugstore who sells medicine and fills prescriptions.

n. boticario; farmacéutico; persona que vende medicinas y dispensa recetas.

drugstore ['drəgstor] *n* a store where medicines are sold along with many other small items, such as books, combs, pencils, magazines, and so forth.

n. tienda que vende medicinas y otros artículos como libros, peines, lapiceros, revistas, etc.

drum [drəm] *n* a hollow instrument that one beats to make music. *Ex* Andy plays drums in the school band.

n. tambor; instrumento hueco que se golpea para hacer música.

drumstick ['drəmstɪk] **1.** *n* the stick that is used to beat a drum. **2.** *n* the leg of a chicken or a turkey when served as food.

1. *n.* baquete; palo usado para golpear el tambor. **2.** *n.* muslo de pollo o pavo, servido como alimento.

drunk [drəŋk] **1.** *adj* sleepy or silly from drinking too much alcohol. **2.** *v* the past participle of drink.

1. *adj.* borracho; dormido o atontado por beber demasiado alcohol. **2.** *v.* participio pasado de *drink*.

dry [dray] **1.** *adj* not wet; without water. **2.** *v* to cause something to become dry.

1. *adj.* seco; no mojado; sin agua. **2.** *v.* secar; hacer que algo se seque.

dry cleaners [dray 'klinɚz] *n* a business which cleans clothing in a special way which uses no water.

n. tintorería; tienda donde se limpia la ropa en seco.

dryer ['drayɚ] *n* a machine which dries things with electric or gas heat.

n. secador; máquina que seca cosas mediante calor producido por gas o electricidad.

duck [dək] **1.** *n* a large, web-footed bird which swims on top of the water. **2.** *v* to dip under water for a moment; to lower the head to get it out of the way of something.

1. *n.* pato; ave palmípeda, grande, que nada sobre el agua. **2.** *v.* zambullirse; meterse en el agua por un momento; bajar la cabeza tratando de evitar algo.

due [duw] *adj* owing; not paid.

n. deuda; lo que no se ha pagado.

dug [dəg] *v* the past tense and past participle of dig.

v. pasado y participio de *dig*.

dull [dəl] *adj* uninteresting; not lively; not sharp.

adj. aburrido; no interesante; no agudo.

dumb [dəm] **1.** *adj* not able to speak. **2.** *adj* stupid.

1. *adj.* mudo; incapaz de hablar. **2.** *n.* tonto.

dummy ['dəmi] **1.** *n* a model made to look like a person; something used in place of a real thing used. **2.** *n* a stupid person.

1. *n.* maniquí; figura que simula una persona; objeto ficticio. **2.** *n.* tonto; persona estúpida.

dump [dəmp] **1.** *v* to throw something down; to get rid of something. **2.** *n* a place where rubbish is thrown.

1. *v.* verter; tirar algo; conseguir librarse de algo. **2.** *n.* basurero; lugar donde se tira la basura.

dunce [dən(t)s] *n* a fool; someone who is slow to learn things.

n. ignorante; tonto; lento para aprender.

dung [dəŋ] *n* waste matter from the bowels of an animal; manure.

n. estiércol; desecho de los intestinos de los animales; abono.

dungeon ['dəndʒn̩] *n* a dark prison cell, usually under the ground.

n. calabozo; celda oscura normalmente bajo tierra.

duplex ['duwplɛks] *n* a double house; a building which contains two dwellings, side by side.

n. dúplex; casa doble, edificio que tiene dos casas adosadas.

during ['dʊrɪŋ] *prep* throughout; while something is happening. *Ex* Please don't talk during class.

adv. durante; a lo largo de; mientras que ocurre algo.

dusk [dəsk] *n* the part of the evening just before the sky gets really dark.

n. anochecer; parte de la tarde justo antes de que oscurezca.

dust [dəst] **1.** *n* tiny bits of powdery dirt. **2.** *v* to remove the bits of dirt from furniture or from all of the rooms of a house.

1. *n.* polvo; partículas de suciedad. **2.** *v.* quitar el polvo; quitar la suciedad de los muebles de la casa.

dustpan ['dəstpæn] *n* a pan or scoop into which dust is swept with a broom.

n. recogedor; utensilio en el que se introduce el polvo con una escoba.

duty ['duwti] *n* what a person ought to do; what a person has to do.

n. obligación; lo que una persona debería hacer; lo que se tiene que hacer.

dwarf [dwɔrf] **1.** *n* an animal, plant, or person that is much smaller than most others of the same kind. **2.** *adj* small; smaller than usual.

1. *n.* enano; animal, planta o persona que es mucho más pequeña que la mayoría de los de su especie. **2.** *adj.* enano; pequeño; más pequeño de lo normal.

dye [dɑy] **1.** *n* a powder or liquid used to change the color of cloth or liquid. **2.** *v* to change the color of something, usually cloth or other material.

1. *n.* tinte; polvo o líquido usado para cambiar el color de la ropa o de un fluido. **2.** *v.* teñir; cambiar el color de algo, normalmente ropa u otro material.

dynamite ['dɑynəmɑyt] *n* a powerful, explosive substance.

n. dinamita; potente sustancia explosiva.

each [itʃ] **1.** *adj* every. **2.** *pro* every person or thing in a group; every one.

1. *adj.* cada. **2.** *pro.* cada persona o cosa en un grupo; cada uno.

eager ['igɚ] *adj* wanting very much to do something.

adj. ansioso; muy deseoso de hacer cosas.

eagle ['igl] *n* a large bird of prey, with claws and a sharp beak.

n. águila; ave grande de presa; con garras y pico afilado.

ear [ir] **1.** *n* one of the two organs of hearing. *Ex* Animals and people have two ears. **2.** *n* a spike or stick of corn.

1. *n.* oído; uno de los dos órganos de la audición. **2.** *n.* espiga; estaca o palo del maíz.

earache ['ireyk] *n* a pain inside the ear.

n. otalgia; dolor de oídos.

early ['ɚli] **1.** *adv* before the appointed time. *Ex* He arrived early. **2.** *adj* near the beginning. *Ex* His early arrival surprised us.

1. *adv.* pronto; antes de la hora fijada. **2.** *adj.* próximo; que va a comenzar.

earn [ɚn] *v* to get something, usually money, in return for working; to deserve something. *Ex* She earns ten dollars an hour. She has earned our respect.

v. ganar; conseguir algo, normalmente dinero, como recompensa al trabajo; merecer algo.

earnest ['ɚnəst] *adj* serious; sincere.

adj. formal; serio; sincero.

earring ['irɪŋ] *n* a piece of jewelry which is worn on the ear.

n. pendiente; joya que se lleva en la oreja.

earth [ɚθ] **1.** *n* the planet we live on; the world. **2.** *n* the ground in a garden or field.

1. *n.* tierra; planeta en el que vivimos; el mundo. **2.** *n.* tierra; el suelo del jardín o del campo.

earthquake ['ɚθkweyk] *n* a violent shaking of the earth's surface.

n. terremoto; violenta sacudida de la superficie terrestre.

ease [iz] *n* freedom from pain or worry; rest from work.

n. alivio; libertad de dolor o pena; descanso del trabajo.

easel ['izl] *n* a special stand which holds a picture which is being painted by an artist.

n. caballete; soporte especial que sujeta un cuadro que está pintando un artista.

easily ['izəli] *adv* with no difficulty.

adv. fácilmente; sin dificultad.

east [ist] *n* the direction in which the sun rises; the opposite of west.

n. este; dirección en que sale el sol; lo contrario de oeste.

Easter ['istɚ] *n* a holiday which commemorates the time when Christians believe Jesus rose from the dead.

n. Semana Santa; fiesta en la que los cristianos conmemoran la resurrección de Jesús.

easy ['izi] *adj* not difficult; not hard to do or understand.

adj. fácil; no difícil; no duro de hacer o entender.

eat [it] *v* to chew and swallow food. *pt* ate. *pp* eaten.

v. comer; masticar y tragar comida.

eaten ['itn] *v* the past participle of eat.

v. comido; participio de *eat.*

eaves [ivz] *n* the edges of the roof sticking out over the tops of the walls.

n. alero; bordes de los tejados que sobresalen por encima de la parte superior de las paredes.

echo ['ɛkow] *n* the sound that comes back to you, as when you shout in a tunnel or a cave.

n. eco; sonido que vuelve a quien lo emite, como cuando se grita en un túnel o cueva.

eclipse [ɪ'klɪps] *n* a cutting off of the light from the sun when the moon comes between the sun and the earth; a cutting off of the sun's light on the moon when the earth comes between the sun and the moon.

n. eclipse; obstrucción de la luz del sol cuando la luna se interpone entre el sol y la tierra; obstrucción de la luz del sol sobre la luna, cuando la tierra se pone entre el sol y la luna.

economics [ɛkə'nɑmɪks] *n* the study of the relationship of money, workers, and goods in a country.

n. economía; estudio de las relaciones entre el dinero, los trabajadores y los bienes en un país.

edge [ɛdʒ] **1.** *n* the cutting side of a knife. **2.** *n* the end of something like a tabletop or a shelf.

1. *n.* filo; cara cortante de un cuchillo. **2.** *n.* borde; el final de algo como el tablero de una mesa.

editor ['ɛdətɚ] *n* a person who makes decisions about material which is to be printed.

n. editor; persona que toma decisiones sobre el material que debe imprimirse.

educate ['ɛdʒəkeyt] *v* to help someone to learn; to teach someone something.

v. educar; ayudar a alguien a aprender; enseñar algo a alguien.

education [ɛdʒə'keyʃn] *n* helping people learn, usually in schools or colleges.

n. educación; enseñanza a personas, que normalmente se realiza en colegios o escuelas.

eel [il] *n* a very long fish that looks like a snake.

n. anguila; pez largo semejante a una serpiente.

effect [ə'fɛkt] *n* the result of something. *Ex* The effect of cold weather is to make you shiver.

n. efecto; el resultado de algo.

effort ['ɛfət] *n* a hard try; a using of power. *Ex* Please make an effort to get your paper in on time. It takes much effort to move a piano.

n. esfuerzo; con empleo de la fuerza.

egg [ɛg] *n* an oval object with a thin shell which holds a baby bird, fish, or reptile.

n. huevo; objeto oval con cáscara fina que contiene una cría de ave, pez o reptil.

either ['iðə] **1.** *adj* each; both. *Ex* There is a house at either end of the street. **2.** *adj* one; one of two. *Ex* Please sit in either chair. **3.** *adv* a word that introduces a choice. *Ex* Either be polite or go home!

1 *adj.* cualquiera de los dos; cada; ambos. **2.** *adj.* cada; uno; uno de dos. **3.** *adv.* palabra que introduce a una elección.

elaborate 1. *v* [ə'læbəeyt] to work out in detail; to explain in detail. *Ex* Please elaborate on your plan. **2.** *adj* [ə'læbrət] detailed; complicated; complex. *Ex* The artist has painted an elaborate picture.

1. *v.* elaborar; trabajar con detalle; explicar con detalle. **2.** *adj.* complicado; detallado; complejo.

elastic [ə'læstɪk] **1.** *n* cloth made with rubber so that it will stretch. **2.** *adj* stretchy; flexible.

1. *n.* elástico; tejido hecho con goma que se puede estirar. **2.** *adj.* elástico; que se estira; flexible.

elbow ['ɛlbow] *n* the joint in the middle of the arm; the bony point on the joint in the middle of the arm.

n. codo; la articulación que hay en la mitad del brazo; punto óseo de la articulación de la mitad del brazo.

elder ['ɛldə] *adj* older. *Ex* His elder sister is going to college next fall.

adj. mayor; más viejo.

elect [ɪ'lɛkt] *v* to select a person for a job by a majority vote. *Ex* The voters elected John to be mayor.

v. elegir; seleccionar a una persona para un puesto por medio de la elección de la mayoría.

election [ɪ'lɛkʃn] *n* the act of electing; a time set aside for selecting public officials by voting.

n. elección; acto de elegir; época en que se eligen los cargos públicos por votación.

electric [ɪ'lɛktrɪk] *adj* using electricity; operated by electricity.

adj. eléctrico; que utiliza electricidad; que funciona por electricidad.

electricity [ɪlɛk'trɪsəti] *n* an invisible force which is used to make light and heat. It also makes power for engines and machinery.

n. electricidad; fuerza invisible que se emplea para producir luz y calor.

electron [ɪ'lɛktrɑn] *n* a tiny part of an atom which bears a negative charge.

n. electrón; partícula pequeña de un átomo que posee carga negativa.

electronic [ɪlɛk'trɑnɪk] *adj* having to do with electric or radio devices.

n. electrónico; relativo a elementos eléctricos o de radio.

element ['ɛləmənt] *n* a basic part of something; one of the basic chemical materials of which all matter is made.

n. elemento; partícula básica de algo; uno de los materiales químicos básicos de los que está formada la materia.

elephant ['ɛləfnt] *n* a very large animal with a long nose called a trunk. *Ex* Elephants live naturally in Africa and India.

n. elefante; animal muy grande con una nariz larga llamada trompa.

elevator ['ɛləveytə] *n* a device like a small room which carries people up or down in a building.

n. ascensor; artificio semejante a una habitación pequeña que sube y baja a la gente en un edificio.

elf [ɛlf] *n* a tiny, mischievous fairy.

n. elfo; duende menudo y travieso.

elite [ɪ'lit] *n* a group of people with special power or privileges.

n. élite; grupo de personas con poderes o privilegios especiales.

else [ɛls] **1.** *adv* in a different way; in a different place; at a different time. *Ex* He must put it there and nowhere else. **2.** *adj* other; different. *Ex* It must have been somebody else.

1. *adv.* además; en diferente forma; en diferente lugar; en distinto tiempo. **2.** *adj.* otro; diferente.

elsewhere ['ɛlshwɛr] *adv* in another place; to another place. *Ex* He must have put it elsewhere.

adv. en otra parte; a otra parte.

embarrass [ɛm'bɛrəs] *v* to make someone feel shy by teasing or by making difficulties for them.

v. turbar; hacer que alguien sienta timidez por gastarle bromas o crearle dificultades.

embroider [ɛm'broydə] *v* to make pretty designs on material by using needles and thread.

v. bordar; hacer dibujos bonitos sobre la tela, mediante aguja e hilo.

emerald ['ɛmrəld] *n* a bright green precious stone.

n. esmeralda; piedra preciosa brillante y verde.

emergency [ɪ'mədʒn(t)si] *n* a dangerous or urgent situation.

n. emergencia; situación peligrosa o urgente.

emperor ['ɛmpəə] *n* the male ruler of an empire.

n. emperador; gobernante masculino de un imperio.

empire ['ɛmpayr] *n* a group of countries which is ruled by one king or queen, called an emperor or empress.

n. imperio; grupo de países gobernados por un rey o reina, llamados emperador o emperatriz.

employ [ɛm'ploy] *v* to give work to someone, usually for payment.

v. emplear; dar trabajo a alguien, normalmente a cambio de pago.

employee [ɛm'ployi] *n* a person who is employed by an employer; a person who works for another person.

n. empleado; persona que es empleada por el patrón; persona que trabaja para otra.

employer [ɛm'ployɚ] *n* a person who hires workers and pays them for their work.

n. patrón; persona que admite a trabajadores y les paga por su trabajo.

employment [ɛm'ploymənt] *n* working; a job.

n. trabajo; empleo.

empty ['ɛmpti] *adj* without anything inside.

adj. vacío; que no tiene nada dentro.

enamel [ə'næml] *n* a hard, shiny paint.

n. esmalte; pintura brillante y dura.

enclose [ɛn'klowz] *v* to put something in an envelope or package; to surround or shut in by a fence or a wall.

v. adjuntar; poner algo en un sobre o paquete; cercar o encerrar mediante una valla o pared.

encourage [ɛn'kɚɪdʒ] *v* to help someone to keep on trying; to try to give courage to someone.

v. animar; ayudar a alguien para que prosiga en su intento; intentar dar valor a alguien.

encyclopedia [ɛnsayklə'pidiə] *n* a book or set of books which tells something about every subject.

n. enciclopedia; libro o colección de libros que tratan algo sobre cada tema.

end [ɛnd] **1.** *n* the last part; the finish. **2.** *v* to bring something to a finish; to come to a finish.

1. *n.* el final; la última parte. **2.** *v.* terminar; llevar algo a una conclusión; llegar a una conclusión.

endure [ɛn'd(y)uwr] *v* to bear trouble or pain with courage and patience.

v. soportar; llevar un problema o dolor con valor y paciencia.

enemy ['ɛnəmi] *n* someone who fights against you or your country.

n. enemigo; alguien que lucha contra uno o contra su país.

energy ['ɛnɚdʒi] *n* force; power.

n. energía; fuerza; poder.

engaged [ɛn'geydʒd] *adj* bound by a promise, as when a man and a woman are engaged to be married to each other.

adj. comprometido; obligado por una promesa, como cuando un hombre y una mujer se prometen para casarse.

engine ['ɛndʒn] *n* a machine which makes things work. *Ex* Airplanes, cars, and trains are all moved by engines.

n. motor; máquina que hace funcionar a diferentes objetos.

engineer [ɛndʒə'nir] **1.** *n* someone who makes or looks after machines. **2.** *n* someone who plans and builds dams, roads, railroads, and bridges. **3.** *n* a person whose job is to drive a train.

1. *n.* mecánico; persona que fabrica o repara máquinas. **2.** *n.* ingeniero; persona que proyecta y construye presas, calles, ferrocarriles y puentes. **3.** *n.* maquinista; persona cuyo trabajo consiste en conducir un tren.

engineering [ɛndʒə'nirɪŋ] *n* the planning of buildings, roads, bridges, and so forth.

n. ingeniería; proyección de edificios, calles, puentes y otras cosas.

English [,ɪŋglɪʃ] *n* the language spoken by people in the United Kingdom, the United States of America, Australia, New Zealand, and parts of Canada, Africa, and India.

n. inglés; lengua hablada en el Reino Unido, Estados Unidos de América, Australia, Nueva Zelanda y zonas del Canadá, Africa e India.

enjoy [ɛn'dʒoy] *v* to take pleasure in something.

v. divertirse; conseguir placer con algo.

enormous [ɪ'nɔrməs] *adj* very large; huge.

adj. enorme; muy grande; inmenso.

enough [ɪ'nəf] *adj* as much as is needed and no more.

adj. bastante; tanto como se necesita y no más.

enroll [ɛn'rowl] *v* to put a name on a list; to register for school.

v. inscribir; incluir un nombre en una lista; matricularse para el colegio.

enrollment [ɛn'rowlmənt] **1.** *n* the act of enrolling or registering. **2.** *n* the total number of people, usually students, who are enrolled.

1. *n.* inscripción; acto de inscribirse o matricularse. **2.** *n.* registro; número total de personas, normalmente los estudiantes matriculados.

enter ['ɛntɚ] *v* to go into or come into a place.

v. entrar.

entertain [ɛntɚ'teyn] **1.** *v* to amuse someone. **2.** *v* to have someone as your guest.

1. *v.* divertir, entretener; **2.** *v.* alojar a alguien en casa.

entertainment [ɛntɚ'teynmənt] *n* a show or concert that entertains or amuses.

n. espectáculo; entretenimiento; función o concierto que entretiene o divierte.

enthusiasm [ɛn'θuwziæzm̩] *n* eagerness; great interest in something.

n. entusiasmo; afán; gran interés en algo.

entire [ɛn'tayr] *adj* complete; whole.

adj. completo; entero.

entitle [ɛn'taytl] *v* to enable someone to do or get something. *Ex* This ticket entitles you to see the movie one time.

v. autorizar; capacitar a alguien para que consiga o haga algo.

entrance ['ɛntrən(t)s] *n* a doorway or a way into a place.

n. entrada; portal o camino hacia un lugar.

entry ['ɛntri] *n* the act of entering; an entrance.

n. entrada; acto de entrar.

envelope ['ɛnvəlowp] *n* a folded piece of paper in which you put a letter which is to be mailed.

n. sobre; papel doblado en el que se pone la carta que se envía por correo.

envy ['ɛnvi] **1.** *v* to feel a bit jealous of someone's possessions. *Ex* John envies Martha because she has a car. **2.** *n* a wish to have something that belongs to someone else. *Ex* John was overcome with his envy of Martha's car.

1. *v.* envidiar; sentir celos de las posesiones de alguien. **2.** *n.* envidia; deseo de tener algo que pertenece a algún otro.

epidemic [ɛpə'dɛmɪk] *n* a disease which affects many people all at the same time.

n. epidemia; enfermedad que afecta a mucha gente al mismo tiempo.

episode ['ɛpəsowd] *n* an event in a story; a complete short story which is part of a longer story.

n. episodio; lance de una historia; historia corta, completa que forma parte de una historia larga.

equal ['ikwəl] *adj* of the same size, quantity, or value as something else.

adj. igual; del mismo tamaño; calidad o valor que otra cosa.

equal sign ['ikwəl sɑyn] *n* the sign = which shows that two things are equal, as in $2 + 2 = 4$.

n. signo igual: el signo = que indica que dos cosas son iguales, como en $2 + 2 = 4$.

equation [ɪ'kweyʒn̩] *n* a statement that two things are the same. *Ex* $10 + 1 = 11$ is an equation.

n. ecuación; manifestación de que dos cosas son equivalentes.

equator [ɪ'kweytɚ] *n* an imaginary line around the middle of the earth's surface.

n. ecuador; línea imaginaria alrededor de la mitad de la superficie terrestre.

equipment [ɪ'kwɪpmənt] *n* all of the things needed to do a job, play a game, or go on an expedition.

n. equipo; conjunto de cosas que se necesitan para hacer un trabajo, para un juego o para emprender una expedición.

eraser [ɪ'reysɚ] *n* a small object made of rubber which is used to wipe away pencil marks; a block of material used to wipe away chalk marks from a chalkboard.

n. borrador; objeto pequeño fabricado con goma que se utiliza para suprimir los errores de la escritura a lápiz; especie de esponja que se utiliza para quitar la tiza de la pizarra.

erect [ɪ'rɛkt] *adj* upright; standing straight.

adj. erguido; derecho; levantado.

erode [ɪ'rowd] *v* to wear down the earth; to wash away the soil.

v. erosionar; desgastar la tierra, llevarse el agua el suelo fértil.

erosion [ɪ'rowʒn̩] *n* the wearing down of the land by wind and water.

n. erosión; desgaste de la tierra por el viento y el agua.

errand ['ɛrənd] *n* a short journey to take a message or to deliver or pick up something.

n. recado; viaje corto para llevar un mensaje o para entregar o recoger algo.

error ['ɛrɚ] *n* a mistake; something that has been done incorrectly.

n. error; equivocación; algo hecho incorrectamente.

erupt [ɪ'rəpt] *v* to burst forth; to explode. *Ex* The volcano erupted and killed many cattle.

v. entrar en erupción; explotar; estallar.

escalator ['ɛskəleytɚ] *n* a moving staircase.

n. escalera mecánica.

escape [ə'skeyp] *v* to get free, usually from something unpleasant.

v. escapar; librarse, normalmente de algo desagradable.

especially [ə'spɛʃ(ə)li] *adv* most of all; of greatest importance.

adv. especialmente; de mayor importancia; primordialmente.

essay ['ɛsey] *n* a piece of written work in which the writer's opinions can be told.

n. ensayo; obra literaria en la que el escritor expresa sus ideas.

estate [ə'steyt] **1.** *n* a large house located on a large piece of land. **2.** *n* the money and property left behind when a person dies.

1. *n.* finca; casa grande situada en un terreno amplio. **2.** *n.* herencia; dinero y bienes que deja una persona al morir.

estimate 1. *v* ['ɛstəmeyt] to guess the size, quantity, or value of something. **2.** *n* ['ɛstəmət] a guess at the size, quantity, or value of something.

1. *v.* estimar; sopesar el tamaño, calidad o valor de algo. **2.** *n.* cálculo; suposición sobre el tamaño, calidad o valor de algo.

etc. [ɛt'sɛtɚə] and so on; and other similar things. An abbreviation of *et cetera*.

abreviatura de etcétera.

ethnic ['ɛθnɪk] *adj* having to do with human races or groups of people from different countries and the customs they have.

adj. étnico; relativo a las razas humanas o grupo de personas de distintos países y sus costumbres.

eve [iv] *n* an evening before a special day, such as Christmas Eve or New Year's Eve.

even ['ivn] **1.** *adj* level; smooth. **2.** *adj* having to do with any number that can be divided exactly by two.

evening ['ivnɪŋ] *n* the time between afternoon and night.

event [ɪ'vɛnt] *n* something that happens; an episode.

ever ['ɛvɚ] *adv* always; for all time.

evergreen ['ɛvɚgrin] *n* a shrub or tree that keeps its leaves and stays green all through the year.

every ['ɛvri] *adj* each; each one.

everybody ['ɛvribɑdi] *pro* each person.

everyday ['ɛvridey] **1.** *adv* daily. **2.** *adj* common; usual; ordinary.

everyone ['ɛvriwən] *pro* each person; everybody.

everything ['ɛvriθɪŋ] *pro* all things.

everywhere ['ɛvrihwɛr] *pro* all places.

evidence ['ɛvədən(t)s] *n* facts that lead to a proof; information given in court which proves or disproves something.

evil ['ivl] **1.** *adj* very bad; wicked; not good. **2.** *n* badness; wickedness.

exactly [ɛg'zæk(t)li] *adv* in a correct manner; with no mistakes. *Ex* She did it exactly right.

exaggerate [ɛg'zædʒɚeyt] *v* to say that something is bigger or more important than it really is. *Ex* He exaggerated the size of the fish that he caught.

exam [ɛg'zæm] *n* a test. Short for examination.

examination [ɛgzæmɪ'neyʃn] *n* a test; a number of questions that you have to answer, usually in writing, to show how much you know about something.

examine [ɛg'zæmɪn] *v* to look at something very closely and carefully. *Ex* The jeweler examined the diamond slowly. **2.** *v* to give a test to someone about something. *Ex* The teacher examined the student on the parts of speech.

example [ɛg'zæmpl] **1.** *n* a sample; a single one of many. **2.** *n* a pattern to be copied, such as when you follow someone's good example.

excellent ['ɛksələnt] *adj* very, very good.

except [ɛk'sɛpt] *prep* leaving out something; apart from something. *Ex* Everyone can go except Martha.

exchange [ɛks'tʃeyndʒ] *v* to give one thing in return for another. *Ex* Please exchange the white shoes for red shoes.

exciting [ɛk'sɑytɪŋ] *adj* having to do with something which you feel strongly about; having to do with something which excites you. *Ex* We saw a very exciting movie last night. You can feel excited if something nice is going to happen.

exclaim [ɛk'skleym] *v* to say something suddenly and loudly.

exclamation [ɛksklə'meyʃn] *n* something which is shouted out.

exclamation point [ɛksklə'meyʃn̩ poynt] *n* a punctuation mark (!) which is placed after a written exclamation. *Ex Help!* is an exclamation.

excuse 1. *n* [ɛk'skuws] a reason for not doing something. *Ex* He gave a poor excuse for his behavior. **2.** *v* [ɛk'skuwz] to forgive the bad behavior of someone. *Ex* Please excuse John's rudeness. **3.** *v* [ɛk'skuwz] to permit someone to leave; to

n. víspera; noche anterior a un día especial, tal como la víspera de Navidad o Año Nuevo.

1. *adj.* liso; a nivel. **2.** *adj.* par; dícese del número que puede ser dividido por dos exactamente.

n. tarde; período de tiempo entre las horas de después del mediodía y la noche.

n. acontecimiento; algo que ocurre; episodio.

adv. siempre; para todo el tiempo.

n. árbol de hoja perenne; arbusto o árbol cuyas hojas están verdes todo el año sin caerse.

adj. cada; cada uno.

pro. todos; todo el mundo.

1. *adv.* diario; todos los días; diariamente. **2.** *adj.* común; ordinario; usual.

pro. cada persona; todo el mundo.

pro. todo; todas las cosas.

pro. en todas partes.

n. evidencia; hechos que conducen a una prueba; información facilitada en un juicio que prueba o desmiente algo.

1. *adj.* perverso; muy malo; travieso; no bueno. **2.** *n.* maldad.

adv. exactamente; de manera correcta; sin errores.

v. exagerar; decir que algo es más grande o más importante de lo que es en realidad.

n. abreviatura de *examination*.

n. examen; test; conjunto de preguntas que se han de contestar, normalmente por escrito, para mostrar el conocimiento sobre algo.

v. examinar. **1.** *v.* mirar algo minuciosa y cuidadosamente. **2.** *v.* examinar; hacer un test sobre algo a alguien.

n. ejemplo. **1.** *n.* muestra; uno en particular entre muchos. **2.** *n.* modelo a copiar, como cuando se sigue el buen ejemplo de alguien.

adj. excelente; muy bueno.

prep. excepto; dejando fuera algo; aparte de algo.

v. cambiar; dar algo por otra cosa.

adj. emocionante; relacionado con algo que atrae; relacionado con algo que emociona.

v. exclamar; decir algo repentinamente y en voz alta.

n. exclamación; algo que se dice repentinamente y en voz alta.

n. signo de admiración; signo ortográfico que se coloca después de una exclamación escrita.

1. *n.* excusa; razón para no hacer algo. **2.** *v.* perdonar; olvidar la mala conducta de alguien. **3.** *v.* dispensar; permitir a alguien salir; permitir ausentarse a alguien.

permit someone to be absent. *Ex* Please excuse me, I must leave now.

excused [ɛk'skuwzd] *adj* forgiven; pardoned. *Ex* John has an excused absence.

adj. perdonado; olvidado.

executive [ɛg'zɛkyətɪv] *n* a person who controls or directs a business firm.

n. ejecutivo; persona que controla o dirige empresas.

exercise ['ɛksɚsayz] **1.** *n* the training of your body or mind. **2.** *v* to make your body or mind work; to train your body or mind to work; to do exercises; to practice movements of the body to make it strong.

1. *n.* ejercicio; entrenamiento del cuerpo o de la mente. **2.** *v.* ejercitar; hacer ejercicio, entrenar al cuerpo o la mente; hacer trabajar el cuerpo o la mente; practicar movimientos con el cuerpo para estar más fuerte.

exhaust [ɛg'zɔst] **1.** *n* gases which come out of a gasoline or diesel engine. **2.** *n* the pipe which lets out the gases from a gasoline or diesel engine. **3.** *v* to use something up; to tire someone or something out completely. *Ex* Running hard exhausts me.

1. *n.* escape; gases que expulsa el tubo de escape del motor de gasolina o diesel. **2.** *n.* tubo de escape. **3.** *v.* agotar; usar algo hasta el fin; cansar a alguien o apurar algo completamente.

exhausted [ɛg'zɔstəd] *adj* completely worn-out.

adj. exhausto; agotado.

exhibit [ɛg'zɪbət] **1.** *n* a showing of art or other things or projects. **2.** *v* to show something; to put something on display.

1. *n.* exposición; muestra de arte o de otras cosas o proyectos. **2.** *v.* exponer; mostrar algo; poner algo en exposición.

exhibition [ɛksə'bɪʃn] *n* a public show of things, such as works of art, flowers, or furniture.

n. exhibición; muestra pública de cosas, como trabajos u obras de arte, flores o muebles.

exist [ɛg'zɪst] *v* to be; to continue to live.

v. existir; ser; continuar viviendo.

exit ['ɛgzɪt] *n* the way out of a place.

n. salida; camino para salir.

expand [ɛk'spænd] *v* to grow bigger; to swell.

v. extender; hacer más grande; abultar.

expect [ɛk'spɛkt] *v* to look forward to something; to think that something will happen. *Ex* I expect the doorbell to ring at any moment.

v. esperar; esperar con agrado; pensar en que ocurrirá algo.

expedition [ɛkspə'dɪʃn] *n* a journey to explore a place or to search for something, such as plants and animals.

n. expedición; viaje para explorar un lugar o buscar algo, como plantas y animales.

expense [ɛk'spɛn(t)s] *n* cost; payment of money; the costs of doing business.

n. gasto; coste; pago en moneda; los costes en los negocios.

expensive [ɛk'spɛn(t)sɪv] *adj* costly; costing a lot of money.

adj. caro; costoso; que cuesta mucho dinero.

experience [ɛk'spɪriən(t)s] *n* knowledge of something because you have seen it or done it.

n. experiencia; conocimiento de algo porque se ha visto o hecho.

experiment [ɛk'spɛrəmənt] *n* something tried out to see what will happen; a test to find out something.

n. experimento; algo que se realiza para ver qué ocurrirá; prueba para averiguar algo.

expert ['ɛkspɚt] *n* someone who knows a lot about a particular subject.

n. experto; alguien que sabe mucho sobre un tema en particular.

explain [ɛk'spleyn] *v* to give the meaning of something; to make something clear. *Ex* Please explain this question to me.

v. explicar; dar el significado de algo; hacer algo más claro.

explanation [ɛksplə'neyʃn] *n* anything said or written that helps you to understand clearly the reason for something.

n. explicación; lo que se dice o escribe para ayudar a entender mejor la razón de algo.

explode [ɛk'splowd] *v* to cause something to blow up or burst with a loud bang; to burst or blow up with a loud bang. *Ex* A stick of dynamite exploded near the building.

v. explotar; hacer que algo vuele o se queme produciendo un gran estruendo.

explore [ɛk'splor] *v* to travel to places to try to find out about them. *Ex* I leave tomorrow to explore the Amazon.

v. explorar; viajar para conocer lugares.

explosion [ɛk'splowʒn] *n* a sudden burst with a loud noise; the act of blowing up or exploding.

n. explosión; estallido repentino con ruido fuerte; el acto de volar algo o estallar.

express [ɛk'sprɛs] **1.** *v* to put thoughts into words, music, or pictures; to mean. *Ex* The word *will* expresses the future tense. **2.** *adj* very fast. **3.** *n* a very fast train; an express train.

1. *v.* expresar; manifestar pensamientos con palabras, música o dibujos; significar. **2.** *adj.* veloz; muy rápido. **3.** *n.* expreso; tren muy rápido.

expression [ɛk'sprɛʃn] **1.** *n* the look on faces when people are happy, sad, or worried. *Ex* Miguel has a very sad expression. **2.** *n* a way of saying things which tells people more than words alone. *Ex* Martha speaks with much expression. **3.** *n* a word or phrase; a peculiar word or phrase. *Ex* Please don't use that expression when I am around.

1. *n.* expresión; aspecto de la cara cuando se está feliz, triste o preocupado. **2.** *n.* expresión; modo de hablar que dice a las personas más que las meras palabras. **3.** *n.* palabra o frase; frase o palabra peculiar.

expressway [ɛk'sprɛswey] *n* a special highway where cars, trucks, and buses can move very fast.

extend [ɛk'stɛnd] *v* to stretch something out; to make something longer; to stretch out; to become longer.

extent [ɛk'stɛnt] *n* the length, size, or area of anything.

extra ['ɛkstrə] *adj* more than necessary or expected.

extracurricular [ɛkstrəkə'rɪkyələ˞] *adj* outside of school classes; in addition to schoolwork. *Ex* John is doing too many extracurricular activities.

extraordinary [ɛk'strordn̩ɛri] *adj* very unusual; not ordinary; surprising.

extreme [ɛk'strim] *adj* farthest. *Ex* Please put it on the extreme right-hand side.

eye [ɑy] *n* one of the two organs of sight; one of the two things which people and animals see with.

eyebrow ['ɑybrɑw] *n* the line of hairs over each eye.

eyelash ['ɑylæʃ] *n* one of the little hairs that grow along the edge of the eyelid.

eyelid ['ɑylɪd] *n* the piece of skin that covers the eye. It opens and closes.

eyepiece ['ɑypis] *n* the glass part of a telescope or microscope which you look through.

n. autopista; carretera especial donde los coches, camiones y autobuses pueden circular muy velozmente.

v. extender; alargar algo; hacer algo más largo; hacerse más largo.

n. extensión; longitud; tamaño o área de algo.

adj. extra; más que necesario o esperado.

adj. extraescolar; fuera del plan de estudios; fuera del colegio; además del trabajo en la escuela.

adj. extraordinario; muy inusual; no ordinario.

adj. extremado; lejano.

n. ojo; uno de los dos órganos de la visión; una de las dos cosas con que los animales y personas ven.

n. ceja; línea de pelo sobre cada uno de los ojos.

n. pestaña; pelos cortos que crecen en el párpado.

n. párpado; piel que cubre el ojo. Se abre y se cierra.

n. ocular; cristal del telescopio o microscopio por el que se mira.

fable ['feybl] *n* a short story, usually about animals, which teaches you a lesson.

n. fábula; historia corta, normalmente sobre animales, que contiene una moraleja.

face [feys] *n* the front of the head; the front of some objects, such as a mountain or a clock.

n. cara; parte anterior de la cabeza; el frente de algunos objetos, tales como una montaña o un reloj.

fact [fækt] *n* a thing that everyone knows is true and not imaginary; true information.

n. hecho; algo que todo el mundo sabe que es verdad y no imaginación; información verdadera.

factor ['fæktɚ] **1.** *n* a number which divides evenly into another number. *Ex* Four is a factor of eight, but five is not. **2.** *n* a piece of information which must be known when explaining something.

factor. **1.** *n.* número que divide a otro. **2.** *n.* parte de información que debe ser conocida cuando se explica algo.

factory ['fæktri] *n* a building where things are made in large quantities, usually by machines.

n. fábrica; edificio donde se fabrican cosas en grandes cantidades, normalmente mediante máquinas.

fade [feyd] *v* to lose color or freshness.

v. desteñir; perder color o lozanía.

Fahrenheit ['fɛrənhɑyt] *n* a measurement of heat stated in degrees. The freezing point of water is 32 degrees Fahrenheit, and the boiling point is 212 degrees Fahrenheit.

n. grados fahrenheit; medida de la temperatura expresada en grados. El punto de congelación del agua es de 32° Fahrenheit y el punto de ebullición es de 212° Fahrenheit.

fail [feyl] *v* not to be able to do something you try to do; to be unsuccessful.

v. fallar; no poder hacer algo que se intenta hacer; no tener éxito.

failure ['feylɚ] *n* an act of failing; an attempt which does not succeed.

n. fracaso; acto de abandonar; intento que no se consigue.

faint [feynt] **1.** *adj* weak. *Ex* I can only hear a faint whisper on the telephone. **2.** *adj* dizzy; about to become unconscious. *Ex* I feel faint. **3.** *v* to pass out; to lose consciousness.

1. *adj.* delicado; débil. **2.** *adj.* desfallecido; desvanecido; inconsciente. **3.** *v.* desvanecerse; perder el sentido; desmayarse.

fair [fɛr] **1.** *adj* light in coloring. *Ex* Martha has very fair skin. **2.** *adj* just; right or good. **3.** *n* an event with contests, entertainment, and things like merry-go-rounds to ride.

1. *adj.* claro; de color claro. **2.** *adj.* justo; correcto o bueno. **3.** *n.* feria; acontecimiento en el que hay concursos, atracciones y otras cosas como tiovivos.

fairy ['fɛri] *n* a very small, imaginary person who can do magic.

n. duende; personaje muy pequeño, imaginario, que puede hacer magia.

fairy tale ['fɛri teyl] *n* a story about fairies; a story about something which is not true.

n. cuento de hadas; historia sobre duendes; historia sobre algo que no es verdad.

faith [feyθ] **1.** *n* what a person believes in; a person's religious beliefs. **2.** *n* a trust that what is said is true.

1. *n.* fe; en lo que una persona cree; creencia religiosa de una persona. **2.** *n.* creencia; confianza en que lo dicho es verdad.

faithful ['feyθfl] *adj* keeping your promises; believing.

adj. leal; que cumple lo que promete; creyente.

fake [feyk] **1.** *adj* false; imitation. *Ex* You are wearing a fake diamond ring. **2.** *n* something that looks valuable but is not; a cheap copy of something. *Ex* That diamond is a fake.

1. *adj.* falso; imitado. **2.** *n.* falsificación; algo que parece que tiene valor pero que no lo tiene; copia barata de algo caro.

fall [fɔl] **1.** *v* to drop through the air. *pt* fell. *pp* fallen. **2.** *n* the season between summer and winter; autumn.

1. *v.* caer; tirar algo por el aire. **2.** *n.* otoño; estación entre el verano y el invierno.

fallen ['fɔlən] *v* the past participle of fall.

v. caído; participio pasado de *fall.*

false [fɔls] *adj* wrong; not real or true; untrustworthy.

adj. falso; erróneo; no real o verdadero; poco fiable.

familiar [fə'mɪlyɚ] *adj* well known or close to you. *Ex* Oh, it's good to see a familiar face.

adj. familiar; muy conocido o cercano a uno.

family ['fæmli] *n* a mother and father and their children; related people living in the same house or apartment.

n. familia; la madre, el padre y los hijos; personas emparentadas que viven en la misma casa o apartamento.

family name [fæmli 'neym] *n* your last name; the name that goes after a title, such as Mr. or Mrs.

n. apellido; el nombre que va a continuación del tratamiento de Sr. o Sra.

famine ['fæmən] *n* great scarcity of food; starvation.

n. hambre; gran escasez de comida; inanición.

famished ['fæmɪʃt] *adj* very hungry; starving.

adj. hambriento.

famous ['feyməs] *adj* well-known.

adj. famoso; muy conocido.

fan [fæn] **1.** *n* something which makes the air move. *Ex* Some fans are run by electricity. **2.** *n* someone who is very fond of a certain sport, hobby, or famous person.

1. *n.* abanico; instrumento para mover el aire. **2.** *n.* persona muy interesada en un deporte, en una afición o en una persona famosa.

fancy ['fæn(t)si] *adj* decorated; highly ornamented.

adj. decorado; que tiene una gran ornamentación.

fang [fæŋ] *n* a long, pointed tooth.

n. colmillo; diente largo y puntiagudo.

far [fɑr] *adv* a long way away.

adv. lejos; a gran distancia.

farce [fɑrs] **1.** *n* a kind of a play where funny, but unlikely things happen. **2.** *n* a situation in real life where strange or impossible things happen.

1. *n.* farsa; obra en la que ocurren cosas muy divertidas pero improbables. **2.** *n.* situación en la vida real en la que ocurren cosas extrañas o imposibles.

fare [fer] *n* the price you pay for traveling on a public vehicle, such as a bus.

n. tarifa; precio que se paga por viajar en un vehículo público, como un autobús.

farewell [fer'wɛl] *n* a good-bye.

n. despedida; adiós.

farm [fɑrm] **1.** *n* a place where a farmer keeps animals and grows food. **2.** *v* to run a farm.

1. *n.* granja; lugar donde un granjero cuida animales y cultiva la tierra. **2.** *v.* labrar; trabajar una granja.

farmer ['fɑrmɚ] *n* a person who runs a farm.

n. granjero; persona que trabaja una granja.

farmyard ['fɑrmyɑrd] *n* an area of land with barns, cowsheds, and other farm buildings.

n. corral; área de tierra con granero, establos y otras instalaciones de la granja.

farsighted ['fɑrsaytəd] **1.** *adj* able to see best at great distances. *Ex* People who are farsighted sometimes need glasses to see objects close by. **2.** *adj* having good foresight; being able to plan ahead.

1. *adj.* hipermétrope; capaz de ver mejor a gran distancia. **2.** *adj.* clarividente; previsor; que es capaz de planificar con tiempo.

farther ['fɑrðɚ] **1.** *adj* more distant. *Ex* Please take hold of the farther end. **2.** *adv* at a greater distance away. *Ex* Please move farther on.

1. *adj.* más distante. **2.** *adv.* más lejos; a mayor distancia.

fascinating ['fæsəneytɪŋ] *adj* very attractive; very charming; very interesting.

adj. fascinante; muy atractivo; muy interesante.

fast [fæst] **1.** *adj* very quick. *Ex* He is a fast runner. **2.** *adv* very quickly. *Ex* He will get there fast.

1. *adj.* veloz; muy rápido. **2.** *adv.* rápidamente.

fasten ['fæsn] *v* to join together. *Ex* Please fasten the parts together.

v. atar; unir.

fat [fæt] **1.** *adj* big and round. *Ex* Look at that fat cow! **2.** *n* the whitish, greasy part of meat. *Ex* She cut the fat off of the meat.

1. *adj.* gordo; grande y redondo. **2.** *n.* grasa; parte grasienta y blanquecina de la carne.

fatal ['feytl] *adj* causing death; disastrous. *Ex* The club struck a fatal blow.

adj. fatal; que causa la muerte; desastroso.

father ['fɑðɚ] *n* a man who has children in his family.

n. padre; hombre que tiene hijos en su familia.

faucet ['fɔsət] *n* a device near a sink which lets a person turn the water on and off.

n. grifo; dispositivo cercano a la pila que permite abrir o cerrar el agua.

fault [fɔlt] *n* a mistake; anything which spoils something which is otherwise good.

n. falta; fallo; lo que estropea algo que, de otra manera, sería bueno.

favor ['feyvɚ] *n* an act of kindness which is done for someone.

n. favor; acto de generosidad que tiene alguien.

favorite ['feyvrət] **1.** *n* a person or thing which is liked better than any other. *Ex* Vanilla ice cream is my favorite. **2.** *adj* liked better than any other. *Ex* Vanilla is my favorite flavor.

1. *n.* predilecto; persona o cosa que gusta más que otra. **2.** *adj.* favorito; que gusta más que otra cosa.

fawn [fɔn] *n* a young deer.

n. cervatillo; ciervo joven.

fear [fir] **1.** *n* a feeling of alarm when you think you are in danger. *Ex* Mary was overcome by fear. **2.** *v* to have feelings of alarm about something. *Ex* John fears snakes.

1. *n.* miedo; sensación de alarma cuando crees que estás en peligro. **2.** *v.* temer; tener sensación de miedo por algo.

fearful ['firfl] **1.** *adj* afraid. *Ex* Mary is fearful of tall buildings. **2.** *adj* terrible; awful. *Ex* We were awakened by a fearful noise.

1. *adj.* temeroso. **2.** *adj.* terrible; horrible.

fearless ['firləs] *adj* without fear; brave.

adj. bravo; sin miedo.

feast [fist] *n* a large, special meal with lots of good things to eat and drink. *Ex* Thanksgiving is an American feast.

n. banquete; comida especial en la que se pueden comer y beber muchas cosas distintas y muy buenas.

feat [fit] *n* an act of great skill or strength.

n. proeza; hazaña o firmeza.

feather ['fɛðɚ] *n* one of the light shafts of material which covers birds.

n. pluma; materia que cubre el cuerpo de las aves.

feature ['fitʃɚ] **1.** *n* a special or memorable part of something; one of the parts of the face which go together with other parts to help identify that face. *Ex* Petals are some of the important features of plants. **2.** *n* the main movie shown at a double feature; an item advertised as on sale.

1. *n.* característica; parte especial o memorable de algo; parte del rostro que junto con otras partes ayuda a identificar. **2.** *n.* película principal pasada en una sesión de cine doble; un artículo anunciado en venta.

fed [fɛd] *v* the past tense and past participle of feed.

v. pasado y participio pasado de *feed.*

federal ['fɛd(ə)rəl] *adj* having to do with the United States government in Washington, D.C.

adj. federal; relacionado con el gobierno de los Estados Unidos, en Washington D.F.

fee [fi] *n* a charge for a service; the price of a service. *Ex* Dr. Jones' fee was too high, so I went to another doctor.

n. honorarios; precio por un servicio.

feeble ['fibl] *adj* very weak; not strong.

adj. endeble; muy débil; no fuerte.

feed [fid] **1.** *v* to give food to a person or an animal. *pt* fed. *pp* fed. **2.** *n* the food given to an animal.

1. *v.* alimentar; dar comida a una persona o animal. **2.** *n.* alimento; pienso; comida dada a un animal.

feel [fil] **1.** *v* to find out what something is like by touching it; to come into contact with something. **2.** *v* to be aware of; to experience. *Ex* He felt sick. *pt* felt. *pp* felt.

1. *v.* tocar; averiguar cómo es algo tocándolo; entrar en contacto con algo. **2.** *v.* sentir; darse cuenta de; experimentar.

feelings ['filɪŋz] *n* emotions.

n. sentimientos; emociones.

feet [fit] *n* the plural of foot.

n. pies; plural de *foot.*

fell [fɛl] *v* the past tense of fall.

v. pasado de *fall.*

fellow ['fɛlow] *n* a man; a companion.

n. compañero.

felt [fɛlt] **1.** *v* the past tense and past participle of feel. **2.** *n* a thick material used for hats.

1. *v.* pasado y participio pasado de *feel.* **2.** *n.* fieltro; tela gruesa utilizada para hacer sombreros.

female ['fimeyl] **1.** *n* a human or animal that can become a mother. *Ex* Girls and women are females. **2.** *adj* having to do with girls and women or animals which can become mothers.

1. *n.* hembra; humano o animal que puede ser madre. **2.** *adj.* lo relacionado con chicas y mujeres o animales hembras.

feminine ['fɛmənən] *adj* having to do with girls or women.

adj. femenino; lo relacionado con chicas y mujeres.

fence [fɛn(t)s] *n* something put around a field, yard, or garden to keep animals and people in or out.

n. valla; lo que se coloca alrededor de un campo, terreno o jardín para mantener a los animales o personas dentro o fuera.

fender ['fɛndɚ] *n* metal parts of the body of a car which cover the wheels.

n. parachoques; partes metálicas de la carrocería de un coche que cubren las ruedas.

fern [fɚn] *n* a plant which has lacy, feathery leaves but no flowers.

n. helecho; planta que tiene hojas plumosas, pero no flores.

ferry ['fɛri] *n* a boat used to take people or cars across water where there is no bridge.

n. ferry; barco utilizado para llevar personas o coches por el agua, donde no hay puentes.

fertile ['fɚtl] *adj* able to produce seeds or plants abundantly; able to produce offspring. *Ex* The soil is fertile in Iowa. Our old cat is no longer fertile.

adj. fértil; que puede producir semillas o plantas abundantemente; capaz de tener descendencia.

fertilizer ['fɚtlɑyzɚ] *n* a substance which is placed on the soil around plants to help them grow.

n. fertilizante; sustancia que se echa en el suelo, alrededor de las plantas, para ayudarlas a crecer.

festival ['fɛstəvl] *n* a joyful celebration with dancing, music, and sometimes food.

n. fiesta; celebración divertida con baile, música y, a veces, comida.

fever ['fivɚ] *n* an illness which makes your body very hot and makes you feel weak and thirsty.

n. fiebre; enfermedad que hace que el cuerpo esté muy caliente y se sienta débil y sediento.

few [fyuw] **1.** *adj* not many. **2.** *pro* not many people. *Ex* Few ever really learn calculus well.

1. *adj.* pocos; no muchos. **2.** *pro.* unos cuantos; no mucha gente.

fib [fɪb] **1.** *n* a small lie; something which is not quite true. **2.** *v* to tell a small lie.

1. *n.* mentirijilla; algo que no es del todo verdad. **2.** *v.* decir una mentirijilla.

fiber ['fɑybɚ] *n* a thread or a thread-like thing.

n. fibra; hilo; hebra.

fiction ['fɪkʃn] *n* a made-up story or book about people and happenings that are not really true.

n. ficción; historia o libro sobre personas y hechos que no son auténticos.

fiddle ['fɪdl] **1.** *n* a violin. **2.** *v* to play about with something in a careless sort of way. *Ex* Please don't fiddle with the light switch.

1. *n.* violín. **2.** *v.* tocar algo sin cuidado.

fidget ['fɪdʒət] *v* to wiggle or move about in a restless way. *Ex* People fidget when they are nervous.

v. agitarse; moverse sin descanso.

field [fild] *n* an open piece of land, often surrounded by hedges.

n. campo; zona de tierra abierta, a menudo rodeada por una valla.

fierce [firs] *adj* angry; wild.

adj. fiero; enfadado; salvaje.

fiery ['fayri] *adj* like fire; flaming or burning.

adj. ardiente; como fuego; que arde o echa llamas.

fight [fayt] **1.** *v* to struggle against someone or something. *pt* fought. *pp* fought. **2.** *n* a struggle; a battle; an act of fighting.

1. *v.* pelear; luchar contra alguien o algo. *pt. fought; pp. fought.* **2.** *n.* pelea; batalla; acto de luchar.

figure ['fɪgyɚ] **1.** *n* the shape of something; the shape of a person's body. **2.** *n* a number. **3.** *v* to work out something. *Ex* I was able to figure out the answer.

1. *n.* figura; la forma de algo; la forma del cuerpo de una persona. **2.** *n.* cifra; número. **3.** *v.* resolver algo.

file [fayl] **1.** *n* a metal tool with a rough surface, used to make things smooth. **2.** *n* a line of people following one behind the other. **3.** *n* written records; a packet of written records.

1. *n.* lima; herramienta de metal de superficie rugosa, utilizada para alisar cosas. **2.** *n.* fila; línea de personas puestas unas detrás de otras. **3.** *n.* fichero, expediente; conjunto de registros escritos.

file cabinet ['fayl kæb(ə)nət] *n* a set of drawers used for storing written records. *Ex* Please put these files into the file cabinet.

n. archivador; conjunto de cajones utilizados para almacenar registros.

fill [fɪl] *v* to put so much in a container that you cannot get any more in.

v. llenar; poner tanto contenido que no se puede echar más.

filling ['fɪlɪŋ] *n* a dental cavity which has been filled by a dentist; the substance placed into a dental cavity by a dentist.

n. empaste; cavidad dental que rellena un dentista; la sustancia que el dentista pone en la cavidad dental.

film [fɪlm] **1.** *n* a strip of special plastic used in a camera to record images. **2.** *n* a movie; a moving picture.

1. *n.* cinta de plástico especial utilizada en una cámara para grabar imágenes. **2.** *n.* película; imágenes en movimiento.

filmstrip ['fɪlm strɪp] *n* a strip of transparent plastic with pictures on it. *Ex* When a filmstrip is used in a projector, the pictures will be projected onto a screen.

n. película; cinta de plástico transparente, con imágenes.

filter ['fɪltɚ] **1.** *n* a special strainer used to separate dirt and other solids from liquids. **2.** *v* to use a special strainer to remove dirt and other solids from liquids.

1. *n.* filtro; colador especial utilizado para separar la suciedad y otros sólidos de los líquidos. **2.** *v.* filtrar, utilizar un colador especial para separar la suciedad y otros sólidos de los líquidos.

filthy ['fɪlθi] *adj* very dirty.

adj. mugriento; muy sucio.

fin [fɪn] *n* one of the wing-like parts of a fish which help it to balance and swim.

n. aleta; membrana externa, a manera de ala, que tiene el pez para mantener el equilibrio y nadar.

final ['faynl] *adj* the very last; coming at the end.

adj. final.

finally ['faynli] *adv* at last; at the end.

adv. finalmente, al final.

find [faynd] *v* to see something you are looking for; to discover something. *pt* found. *pp* found.

v. encontrar; ver algo que se está buscando; descubrir algo.

fine [fayn] **1.** *adj* very good; excellent. **2.** *adj* very small; detailed.

1. *adj.* muy bueno, excelente. **2.** *adj.* muy pequeño; detallado; fino.

finger ['fɪŋgɚ] *n* one of the five long parts of the hand.

n. dedo; cada una de las cinco partes alargadas de la mano.

fingernail ['fɪŋgɚneyl] *n* the hard part of the finger, located at the end of the finger.

n. uña; parte dura del dedo, al final del mismo.

fingerprint ['fɪŋgɚprɪnt] *n* the pattern made when you press your finger or thumb on the surface of something.

n. huella dactilar; señal que deja el dedo sobre una superficie.

finish ['fɪnɪʃ] **1.** *v* to complete something; to come to an end. **2.** *n* the end of something.

1. *v.* acabar; completar algo; llegar al final. **2.** *n.* fin; el final de algo.

fir [fɚ] *n* a kind of evergreen with leaves like needles.

n. abeto; especie de árbol de hojas perennes parecidas a agujas.

fire [fayr] *n* the flames, light, and heat made by something burning.

n. fuego; las llamas, la luz y el calor producidas por algo que se está quemando.

fire alarm ['fayr əlarm] *n* a loud siren or horn which tells people that a fire has started.

n. alarma; sirena que avisa del comienzo de un fuego.

fire drill ['fayr drɪl] *n* an exercise where the people in a large building practice leaving the building because of a pretend fire.

n. ejercicio en el que las personas que habitan en un edificio practican la salida de emergencia; un fuego supuesto.

fire engine ['fayr ɛndʒn] *n* a big truck which carries the firemen and their equipment to put out a fire.

n. coche de bomberos; camión que transporta a los bomberos y sus equipos para apagar un fuego.

fire extinguisher ['fayr ɛkstɪŋgwɪʃɚ] *n* a tank full of water or chemicals used to help put out a fire.

n. extintor; cisterna llena de agua o sustancias químicas que apagan el fuego.

fire fighter ['fayr faytɚ] *n* a person whose job is to put out fires; a fireman.

n. bombero; persona cuyo trabajo es apagar fuegos.

fire hose ['fayr howz] *n* a long, strong tube on a fire engine or in a building which carries water to put out fires.

n. manguera; tubo largo, fuerte, que va en un camión de bomberos o está en un edificio y que transporta el agua para apagar fuegos.

firehouse ['fayrhaws] *n* the place where fire engines are kept and where firemen wait to be called to a fire.

n. parque de bomberos; lugar donde los bomberos permanecen y aguardan la llamada para ir a apagar un fuego.

fireman ['fayrmən] *n* a man whose job it is to put out fires.

n. bombero; persona cuyo trabajo es apagar fuegos.

fireplace ['fayrpleys] *n* a chamber or open place under the chimney where a fire burns.

n. hogar; lugar abierto bajo la chimenea donde se enciende el fuego.

fireworks ['fayrwɚks] *n* devices made of gunpowder packed in cardboard tubes. *Ex* Fireworks are set off after dark on special days.

n. fuegos artificiales; cohetes; artificios fabricados con pólvora en tubos de cartón.

firm [fɚm] **1.** *adj* solid; strong and not easily moved. **2.** *n* a company; a business.

1. *adj.* firme; sólido; pesado y no fácil de mover. **2.** *n.* firma; empresa; negocio.

first [fɚst] **1.** *adv* at the beginning; before anything else. *Ex* Please do this one first. **2.** *adj* having to do with the one at the beginning; before the second. *Ex* He was the first person there.

1. *adj.* primeramente; al principio; antes que nada. **2.** *adj.* primero; relacionado con el comienzo; antes del segundo.

fish [fɪʃ] **1.** *n* a swimming animal which cannot live out of water. *Ex* Fish have fins and scales, and they are good to eat. **2.** *v* to attempt to hook or net a fish. *Ex* The old man is going to fish for tuna.

1. *n.* pez; animal nadador que no puede vivir fuera del agua. **2.** *v.* pescar; intentar coger, o coger con red a un pez.

fisherman ['fɪʃɚmən] *n* a man who catches fish.

n. pescador; persona que coge peces.

fishing-rod ['fɪʃɪŋrad] *n* a pole which holds the string used in fishing.

n. caña de pescar; palo que sujeta el sedal.

fist [fɪst] *n* a tightly closed hand.

n. puño; mano cerrada y apretada.

fit [fɪt] **1.** *v* to be the right size and shape for something; to put something neatly into something; to shape something so that it can be put into something else neatly. *Ex* This shirt doesn't fit well. **2.** *adj* healthy. *Ex* My, you look fit!

1. *v.* ajustar; tener el tamaño y forma adecuada para algo; poner algo encajando en algo; amoldar algo para que se introduzca en algo. **2.** *adj.* sano; en buena forma.

fix [fɪks] *v* to mend something. *Ex* Please fix this broken chair.

v. arreglar; reparar algo.

fizz [fɪz] *v* to bubble and make a hissing sound.

v. hacer un ruido como el de un gas que se escapa.

flag [flæg] *n* a piece of cloth with a colored pattern. *Ex* Each country in the world has its own flag with its own pattern.

n. bandera; trozo de tela de color o de colores.

flake [fleyk] *n* a very small, thin piece of something, such as a snowflake.

n. escama; fragmento muy pequeño, delgado como un copo de nieve.

flame [fleym] *n* the bright fire that leaps from something burning.

n. llama; fuego brillante que surge de algo que arde.

flannel ['flænl] *n* a soft, wooly material.

n. franela; tejido suave y lanoso.

flannel board ['flænl bord] *n* a panel covered with flannel. It is used to hold colored flannel shapes and figures which stick to it easily.

n. franelograma; panel cubierto con franela, utilizado para sujetar figuras de franela que se fijan fácilmente al panel.

flap [flæp] **1.** *v* to move something up and down. *Ex* The bird is flapping its wings. **2.** *n* anything which hangs loose or is hinged.

1. *v.* sacudir; mover algo arriba y abajo. **2.** *n.* faldón; algo que cuelga o está suelto.

flare [fler] **1.** *v* to burst into bright light, as when a piece of wood suddenly bursts into flame. **2.** *n* a warning signal which uses a bright flame to attract attention.

1. *v.* llamear; **1.** *v.* arder produciendo luz brillante, como cuando arde un trozo de madera. **2.** *n.* señal luminosa para llamar la atención.

flash [flæʃ] *n* a sudden bright light that appears only for a moment. *Ex* A flash of lightning lit up the sky.

n. resplandor; ráfaga de luz que aparece sólo por un momento.

flashlight ['flæʃlayt] *n* a small electric light run by batteries. *Ex* You hold a flashlight in your hand and aim it wherever you want to see.

n. linterna; lucecita que funciona a pilas.

flask [flæsk] *n* a kind of bottle, usually made of metal or glass, for holding liquids. *Ex* Flasks can be found in a chemistry laboratory.

n. frasco; especie de botella fabricada normalmente con metal o cristal para contener líquidos.

flat [flæt] **1.** *adj* smooth; without bumps and being the same height all over. **2.** *n* a home on one floor which is part of a larger building; an apartment.

flavor ['fleyvɚ] *n* what makes foods taste different from one another. *Ex* Ice cream comes in many flavors, like strawberry, vanilla, and chocolate.

flea [fli] *n* a tiny, jumping insect. *Ex* Fleas are pests when they live in the fur of pet dogs and cats.

fled [flɛd] *v* the past tense and past participle of flee.

flee [fli] *v* to run away, usually because of danger. *pt* fled. *pp* fled.

fleece [flis] *n* the coat of wool on a sheep.

fleet [flit] *n* a number of ships or vehicles that belong together.

flesh [flɛʃ] *n* the soft parts of the body; the muscles and the skin.

flew [fluw] *v* the past tense of fly.

flexible ['flɛksəbl] *adj* bendable; not stiff or rigid.

flicker ['flɪkɚ] *v* to burn brightly and then dimly so that the light is not steady. *Ex* The candle is flickering.

flight [flɑyt] *n* the act of flying through the air; a journey in an airplane.

flimsy ['flɪmzi] *adj* not strong or thick; easily broken.

fling [flɪŋ] *v* to throw something away from you. *pt* flung. *pp* flung.

flint [flɪnt] *n* a very hard kind of stone which gives off sparks when you strike it with steel.

float [flowt] *v* to rest on top of a liquid or on air. *Ex* A boat floats on the water.

flock [flɑk] *n* a large group of birds.

flood [fləd] **1.** *n* a great overflowing of water, usually over dry land. **2.** *v* to fill or overfill with water or some other liquid.

floor [flor] *n* the part of a room that people walk on.

flop [flɑp] **1.** *v* to let yourself fall down heavily. **2.** *v* to throw or slap something down. **3.** *n* a play or film which is a failure.

florist ['flɔrɪst] *n* a person who sells flowers and plants for a living.

flour ['flawɚ] *n* a white powder made from grain. *Ex* Flour is used to make bread and cakes.

flow [flow] *v* to move along smoothly. *Ex* A river flows from its head to its mouth.

flower ['flawɚ] *n* the pretty, colored part of a plant.

flowerpot ['flawɚpat] *n* a plastic or clay pot in which flowers or other plants are planted.

flown [flown] *v* the past participle of fly.

flu [fluw] *n* an illness causing a fever and a sore throat. This word is short for influenza.

fluff [fləf] *n* a light, soft stuff that comes off woolen cloth and similar materials, such as blankets and carpets.

fluid ['fluwəd] *n* something that can flow, such as a liquid or a gas. *Ex* Both water and air are fluids.

flung [fləŋ] *v* the past tense and past participle of fling.

---

1. *adj.* llano; liso; sin protuberancias y con la misma altura todo. **2.** *n.* piso; casa en una planta de un edificio; apartamento.

n. sabor; lo que hace unas comidas distintas de otras.

n. pulga; insecto saltador y diminuto.

v. pasado y participio pasado de *flee.*

v. huir; escapar, normalmente a causa de un peligro.

n. lana; pelo de las ovejas.

n. flota; conjunto de barcos o vehículos de una nación.

n. carne; partes blandas del cuerpo; los músculos y la piel.

v. pasado de *fly.*

adj. flexible; ni duro ni rígido.

v. parpadear la luz; arder con brillo que se atenúa después, de manera que la luz no es regular.

n. vuelo; acción de volar; viaje en avión.

adj. frágil; ni fuerte ni duro; fácil de romper.

v. arrojar; lanzar algo.

n. pedernal; piedra dura que despide chispas cuando se golpea contra el acero.

v. flotar; sostenerse en la superficie de un líquido, o en el aire.

n. bandada; grupo grande de pájaros.

1. *n.* inundación; gran avenida de agua, normalmente sobre tierra seca. **2.** *v.* desbordarse; llenar o rebosar con agua u otro líquido.

n. piso; suelo de una habitación sobre el que se camina.

1. *v.* dejarse caer pesadamente. **2.** *v.* dejar caer algo con descuido o ruido. **3.** *n.* obra de teatro o película que es un fracaso.

n. florista; persona cuyo trabajo es vender flores o plantas.

n. harina; polvo blanco procedente del grano del trigo.

v. deslizarse; moverse suavemente.

n. flor; la parte de la planta más bonita y coloreada.

n. maceta; recipiente de plástico o barro en el que se plantan flores u otras plantas.

v. participio pasado de *fly.*

n. gripe; enfermedad que produce fiebre y dolor de garganta. Es abreviatura de *influenza.*

n. pelusa; material ligero y suave que procede de tejidos de lana y similares, como mantas y alfombras.

n. fluido; algo que puede fluir, tal como un líquido o un gas.

v. pasado y participio pasado de *fling.*

flutter ['flʌtɚ] *v* to flap about; to move the wings quickly. *Ex* The butterfly fluttered from flower to flower.

fly [flʌy] **1.** *v* to move through the air. *pt* flew. *pp* flown. **2.** *n* a small flying insect which bothers people and gets on food.

foam [fowm] *n* a lot of tiny, white bubbles, usually on the top of a liquid or soapy water; froth.

focus ['fowkəs] *v* to adjust a microscope or a telescope in order to see better; for the eyes to adjust in order to see better.

foe [fow] *n* an enemy.

fog [fɔg] *n* thick, cloudy air.

foggy ['fɔgi] *adj* with much fog in the air.

fold [fowld] **1.** *v* to double something over. **2.** *n* a crease; a doubling over.

folder ['fowldɚ] *n* a piece of heavy paper, folded over so that it can hold important papers. *Ex* Please put those folders on my desk.

foliage ['fowlɪ(ə)dʒ] *n* the leaves on trees and plants.

folk [fowk] *n* people. This refers to two or more people. Folks means the same thing.

follow ['fɑlow] *v* to come after someone or something.

folly ['fɑli] *n* silliness; a foolish action.

fond [fɑnd] *adj* loving; liking very much.

food [fuwd] *n* the things we eat to keep us alive.

fool [fuwl] **1.** *n* a silly person. **2.** *v* to trick someone; to deceive someone.

foolish ['fuwlɪʃ] *adj* silly; stupid; not wise.

foot [fut] **1.** *n* the part of the body you stand on. The plural is feet. *Ex* A shoe fits on a foot. You have two feet. **2.** *n* a measure of twelve inches.

football ['futbɔl] **1.** *n* a game in which you try to score goals by crossing a special line while holding the ball. **2.** *n* the special ball used in the game of football. *Ex* A football is pointed at both ends instead of being round.

footpath ['futpæθ] *n* a path or a part of the road where people can walk but vehicles are not allowed.

footprint ['futprɪnt] *n* a mark someone's foot leaves in wet sand or soft earth.

footstep ['futstɛp] *n* the sound made by a foot when a person is walking. *Ex* She was startled by the sound of footsteps.

forbid [for'bɪd] *v* to command or order someone not to do something.

force [fors] **1.** *n* power; strength. **2.** *v* to use power or strength to get something done. *Ex* She forced me to leave the room.

ford [ford] *n* a place in the river where the water is shallow enough that a person can walk or drive through it easily.

forearm ['forɑrm] *n* the part of the arm between the wrist and the elbow.

forecast ['forkæst] **1.** *v* to say that something will happen before it does; to predict something. **2.** *n* a statement of what will happen in the future; a prediction.

forehead ['forhɛd] *n* the part of the face above the eyes.

foreign ['forən] *adj* from another country; strange.

v. revolotear; mover las alas rápidamente.

1. *v.* volar; moverse por el aire. **2.** *n.* mosca; insecto pequeño que molesta a las personas y se posa sobre la comida.

n. espuma; conjunto de burbujas formadas en la superficie de un líquido o agua jabonosa.

v. enfocar; ajustar un microscopio o telescopio para ver mejor.

n. adversario; enemigo.

n. niebla; nube en contacto con la tierra; aire denso y nuboso.

adj. neblinoso; con mucha niebla.

1. *v.* plegar; doblar algo. **2.** *n.* doblez; pliegue.

n. carpeta; papel fuerte doblado de tal forma que puede contener papeles importantes.

n. follaje; hojas de árboles y plantas.

n. gente; se refiere a dos o más personas; *folks* significa lo mismo.

v. seguir; ir detrás de alguien o algo.

n. locura; simpleza; acción tonta.

adj. cariñoso; que le gusta mucho algo.

n. comida; alimentos que tomamos para mantenernos vivos.

1. *n.* necio; persona tonta. **2.** *v.* estafar; engañar a alguien; burlar a alguien.

adj. tonto; estúpido; no cuerdo.

1. *n.* pie; parte del cuerpo que apoyamos en el suelo. **2.** *n.* pie; medida de doce pulgadas.

1. *n.* fútbol (americano); juego entre dos equipos que consiste en marcar goles cuando se llega a una línea determinada al tiempo que se sujeta el balón. **2.** *n.* balón especial utilizado en el fútbol.

n. acera; camino o parte de la calle por donde las personas pueden caminar pero los vehículos no.

n. pisada; huella; marca dejada por el pie de alguien en la arena mojada o tierra blanda.

n. paso; sonido que hace el pie al caminar.

v. prohibir; ordenar a alguien que no haga algo.

1. *n.* fuerza; poder. **2.** *v.* forzar; utilizar el poder o la fuerza para conseguir algo.

n. vado; lugar en el río en el que el agua es poco profunda, de manera que puede pasar fácilmente una persona o un coche.

n. antebrazo; parte del brazo entre la muñeca y el codo.

1. *v.* pronosticar; decir que ocurrirá algo antes de que suceda; predecir algo. **2.** *n.* pronóstico; relación de lo que ocurrirá en el futuro; predicción.

n. frente; parte de la cara sobre los ojos.

adj. extranjero; de otro país; extraño.

foreigner ['forənɚ] *n* a person from outside the country.

n. extranjero; persona de otro país.

foreman ['formən] *n* a worker who supervises other workers.

n. capataz; trabajador que supervisa a otros.

forest ['forəst] *n* a large area of land where lots of trees grow close together.

n. bosque; zona extensa de tierra en la que hay muchos árboles.

forethought ['forθɔt] *n* a thought or plan for the future.

n. previsión; plan para el futuro.

foreword ['forwɚd] *n* a preface; a short statement at the beginning of a book.

n. prólogo; escrito corto al principio de un libro.

forfeit ['forfɪt] *v* to give up something because of something you have done.

v. multa; pago debido a algo que se ha hecho.

forgave [for'geyv] *v* the past tense of forgive.

v. pasado de *forgive.*

forge [fordʒ] **1.** *n* a blacksmith's workshop, with a furnace for heating the metal. **2.** *v* to copy someone else's handwriting or an important document for a dishonest purpose.

1. *n.* herrería; lugar donde trabaja el herrero, con forja para calentar el metal. **2.** *v.* falsificar; copiar la letra de otra persona o un documento importante con propósitos deshonestos.

forgery ['fordʒɚi] *n* something written or painted which is not genuine; someone else's handwriting copied for a dishonest purpose; a fake.

n. falsificación; escrito o pintura que no es el original; escritura copiada de alguien con un fin deshonesto.

forget [for'gɛt] *v* not to remember. *pt* forgot. *pp* forgotten.

v. olvidar; no recordar.

forgive [for'gɪv] *v* to pardon someone; to stop being angry with someone who has done something wrong. *pt* forgave. *pp* forgiven.

v. perdonar; dispensar a alguien; dejar el enfado con alguien que ha hecho algo mal.

forgiven [for'gɪvn̩] *v* the past participle of forgive.

v. participio pasado de *forgive.*

forgot [for'gɑt] *v* the past tense of forget.

v. pasado de *forget.*

forgotten [for'gɑtn̩] *v* the past participle of forget.

v. participio pasado de *forget.*

fork [fork] *n* a tool used to pick up food.

n. tenedor; instrumento para comer.

form [form] **1.** *v* to put something into a special shape. *Ex* She formed a vase with the clay. **2.** *n* a shape. *Ex* That vase has a lovely form. **3.** *n* a paper asking questions which are to be answered. *Ex* Please fill out this form.

1. *v.* formar; poner algo de forma especial, dar forma. **2.** *n.* forma. **3.** *n.* solicitud; impreso que debe rellenarse.

former ['formɚ] *n* the first of two things named. *Ex* Cola and milk are both good, but I prefer the former.

n. la primera de dos cosas nombradas.

fort [fort] *n* a strong building made to keep enemies out.

n. fuerte; construcción sólida para mantener fuera a los enemigos.

forth [forθ] *adv* onwards; out.

adv. adelante; fuera.

fortress ['fortrəs] *n* a fort; a building which looks like a fort.

n. fortaleza; construcción semejante a un fuerte.

fortunate ['fortʃənət] *adj* lucky.

adj. afortunado.

fortune ['fortʃn̩] *n* what comes by luck or chance; great riches or wealth.

n. fortuna; lo que viene por suerte; riqueza grande.

forward ['forwɚd] *adv* towards the front.

adv. hacia adelante.

fossil ['fɑsl] *n* the remains of an animal or a plant which has turned to stone after being buried for millions of years.

n. fósil; restos de un animal o planta que se han petrificado después de estar sepultados durante millones de años.

fought [fɔt] *v* the past tense and past participle of fight.

v. pasado y participio pasado de *fight.*

foul [fawl] **1.** *adj* dirty; horrible. **2.** *n* an act of breaking a rule in a game such as basketball. **3.** *v* to interfere with another player in a game such as basketball.

1. *adj.* sucio; horrible. **2.** *n.* falta, acto de romper una norma en un juego, como el baloncesto. **3.** *v.* jugar sucio; estorbar a un jugador en un juego, como el baloncesto.

found [fawnd] *v* the past tense and past participle of find.

v. pasado y participio pasado de *find.*

foundation [fawn'deyʃn̩] **1.** *n* the solid part of a building below ground level. **2.** *n* a basic amount of learning on which more learning can be based.

1. *n.* cimientos; parte sólida de un edificio que está bajo el suelo. **2.** *n.* base; mínimos básicos sobre los que se puede aprender más.

fountain ['fawntn̩] **1.** *n* water pushed up into the air continually in one or more streams. **2.** *n* a drinking fountain which lets you get a drink when you turn it on.

1. *n.* fuente; agua que mana continuamente de uno o más chorros. **2.** *n.* grifo del que sale agua cuando se abre.

fountain pen ['fawntn̩ pɛn] *n* a pen which must be filled with ink before it can be used. *Ex* Fountain pens have metal points which must be cared for.

n. pluma estilográfica; pluma que hay que rellenar con tinta antes de usarla.

fowl [faʊl] *n* a type of large bird, such as a chicken, duck, or turkey.

n. ave; pájaro grande, como el pollo, el pato o el pavo.

fox [faks] *n* a wild animal which has a long, bushy tail. *Ex* Foxes are clever, and they sometimes steal chickens.

n. zorro; animal salvaje de cola larga y peluda.

fraction [ˈfrækʃn] *n* a part of a whole number, such as 1/2 or 3/4.

n. fracción; parte de un número entero, como 1/2 ó 3/4.

fracture [ˈfræktʃɚ] **1.** *v* to crack or break something. **2.** *n* a crack or break in something.

1. *v.* fracturar; romper o crujir algo. **2.** *n.* fractura; rotura o crujido de algo.

fragile [ˈfrædʒl] *adj* delicate; easily broken or damaged.

adj. frágil; que se puede romper o dañar fácilmente.

fragment [ˈfrægmənt] *n* a bit or piece broken off of something.

n. fragmento; un trozo o pieza rota de algo.

frame [freym] *n* the wood or metal around something such as a window or a picture.

n. marco; madera o metal que rodea algo, como una ventana o un cuadro.

framework [ˈfreymwɚk] *n* the outline or the main parts of something that the rest is built onto.

n. estructura; contorno o partes principales de algo sobre las que descansa el resto.

frank [fræŋk] *adj* sincere; open and honest.

adj. franco; sincero; abierto y honesto.

frankfurter [ˈfræŋkfɚtɚ] *n* a sausage something like a wiener or a hot dog.

n. salchicha de Francfurt.

fraud [frɔd] *n* dishonesty; cheating.

n. fraude; engaño; acción contraria a la verdad o a la rectitud.

freak [frik] *n* a person, plant, or animal whose appearance is not ordinary or normal, such as a white blackbird.

n. raro; persona, planta o animal cuya apariencia no es ordinaria o normal, como un mirlo blanco.

freckle [ˈfrɛkl] *n* one of many small, dark spots on the skin. *Ex* Mary has red hair and lots of freckles.

n. peca; manchita oscura en la piel.

free [fri] **1.** *adj* without payment; without a charge for. *Ex* I received a free sample in the mail. **2.** *adj* not a prisoner. *Ex* He was in jail for a week, but he is free now. **3.** *v* to release something or someone. *Ex* George freed the butterfly from the net.

1. *adj.* gratis; sin tasas; sin carga. **2.** *adj.* libre; no preso. **3.** *v.* soltar; liberar algo o a alguien.

freedom [ˈfridəm] *n* the state of being free; the state of being free from something such as control by a government.

n. libertad; estado de ser libre; estado de estar libre de algo, como de control por un gobierno.

freeze [friz] **1.** *v* to become hard because of the cold; to make something hard by making it very cold. *pt* froze. *pp* frozen. **2.** *n* a short and sudden period of weather where the temperature goes below 32 degrees Fahrenheit.

1. *v.* helar; solidificarse a causa del frío. **2.** *n.* helada; período de tiempo corto y repentino en el que la temperatura baja de 32° Fahrenheit.

frequent [ˈfrikwənt] *adj* happening often; usual; common. *Ex* Mary is a frequent visitor at our house.

adj. frecuente; que ocurre a menudo; usual; común.

fresh [frɛʃ] *adj* new; healthy; not tired.

adj. fresco; nuevo; sano; no cansado.

fret [frɛt] *v* to be discontented; to worry; to cry or complain about something.

v. inquietarse; estar descontento; preocuparse; quejarse de algo.

friction [ˈfrɪkʃn] *n* a difficulty in moving two things because they are rubbing together.

n. fricción; dificultad para mover dos cosas porque se están rozando.

friend [frɛnd] *n* someone you know well and like a lot.

n. amigo; alguien a quien se conoce bien y se le aprecia.

friendly [ˈfrɛndli] *adj* kind; showing friendship.

adj. amable; amigable.

fright [frayt] *n* sudden fear; alarm.

n. susto; miedo repentino; alarma.

frightened [ˈfraytṇd] *adj* afraid of something.

adj. aterrado; que teme algo.

frightening [ˈfraytnɪŋ] *adj* fearful; terrifying.

adj. espantoso, aterrador.

fringe [frɪndʒ] *n* an edging of loose threads, usually on clothing, lamp shades, or rugs.

n. fleco; borde con hilos sueltos, normalmente en ropas, pantallas de lámparas o alfombras.

frisky [ˈfrɪski] *adj* lively; playful.

adj. animado; juguetón.

frizzy [ˈfrɪzi] *adj* very tightly curled.

adj. ensortijado; rizado muy finamente.

frog [frɔg] *n* a small animal that lives in or near water and can jump a long way. *Ex* Frogs are amphibians.

n. rana; animal pequeño que vive en o cerca del agua y puede dar grandes saltos.

frolic [ˈfralɪk] **1.** *v* to have fun; to dance and play games. **2.** *n* a party; a session of dancing and games.

1. *v.* retozar; estar de broma; saltar y jugar. **2.** *n.* fiesta; sesión de baile y juegos.

from [frəm] *prep* out of; due to. *Ex* He just came from the house. He just arrived from Poland. The fish will die from being in the air.

prep. de; desde.

front [frənt] *n* the opposite of back; the most forward part of anything.

n. frente; lo opuesto de trasero; la parte más delantera de algo.

frontier [frən'tír] *n* a border between two countries; the front edge of advancing settlement; the new areas being settled in the United States during the 1800s.

n. frontera; límite entre dos países; la vanguardia de la colonización; las nuevas áreas establecidas en los Estados Unidos durante el siglo XIX.

front yard ['frənt 'yɑrd] *n* the small area of land in front of a house.

n. jardín; zona pequeña de tierra que hay delante de una casa.

frost [frɔst] *n* a thin, icy covering on the ground when it is cold.

n. escarcha fina y helada que cubre el suelo cuando hace frío.

frosting ['frɔstɪŋ] *n* a sweet, sugary coating on a cake or other kind of pastry.

n. escarchado; revestimiento dulce y azucarado de una pasta u otro tipo de pastel.

froth [frɔθ] *n* a lot of tiny, white bubbles, usually on top of liquid; foam.

n. espuma; burbujas pequeñas, normalmente blancas, en la superficie de un líquido.

frown [frawn] **1.** *v* to wrinkle the forehead when you are angry or displeased. **2.** *n* a cross or angry look on your face.

1. *v.* fruncir el ceño; arrugar la frente cuando se está enfadado o disgustado. **2.** *n.* ceño; mirada de disgusto en el rostro.

froze [frowz] *v* the past tense of freeze.

v. pasado de *freeze*.

frozen ['frowzn] **1.** *adj* solid with ice; below zero degrees centigrade; below 32 degrees Fahrenheit. **2.** *v* the past participle of freeze.

1. *adj.* helado; hecho hielo; bajo 0°C; bajo 32°F. **2.** *v.* participio pasado de *freeze*.

fruit [fruwt] *n* a part of a bush or tree which can be eaten. *Ex* Apples, peaches, and oranges are fruits. Please give me a piece of fruit.

n. fruta; parte comestible de un arbusto o árbol.

fruitful ['fruwtfl] **1.** *adj* producing much fruit. **2.** *adj* productive. *Ex* The meeting was very fruitful, and many new ideas resulted.

1. *adj.* fructífero; que produce mucho fruto. **2.** *adj.* productivo.

frustrated ['frʌstreytəd] *adj* discouraged; disappointed; unhappy because you cannot have, be, or do something.

adj. frustrado; desalentado; desilusionado; infeliz debido a que no se puede tener, ser o hacer algo.

fry [fray] *v* to cook something in fat or oil.

v. freír; cocinar algo en grasa o aceite.

frying pan ['frayɪŋ pæn] *n* a pan in which food is fried; a skillet.

n. sartén; cacerola en la que se fríe la comida.

fuel ['fyuwl] *n* anything used to make heat, such as coal, gas, or wood.

n. combustible; algo que se utiliza para obtener calor, como carbón, gas o madera.

full [fʊl] **1.** *adv* completely; all the way to the top. *Ex* Please fill my glass full. **2.** *adj* total; holding as much as possible. *Ex* My glass is full.

1. *adv.* completo; entero. **2.** *adj.* total; tanto como sea posible.

fully ['fʊli] *adv* completely; entirely.

adv. completamente; enteramente.

fun [fən] *n* enjoyment; a very happy kind of pleasure.

n. broma; diversión.

funeral ['fyuwn(ə)rəl] *n* the ceremony of burying a dead person.

n. entierro; ceremonia de enterrar el cuerpo de un muerto.

funnel ['fənl] *n* a tube that is very wide at the top so that you can pour liquid through it into a very small opening.

n. embudo; tubo ancho en su parte superior, con el que se puede introducir un líquido, en una abertura estrecha.

funny ['fəni] *adj* amusing; laughable.

adj. divertido; cómico; gracioso.

fur [fɚ] *n* the soft hair on animals.

n. piel; pelo suave de los animales.

furnace ['fɚnəs] *n* a place where great heat is produced by a fire; the equipment which provides heat for a house or other building.

n. horno; lugar en el que se produce calor mediante fuego; caldera; equipo que produce calor en una casa u otro edificio.

furnish ['fɚnɪʃ] *v* to provide something; to provide furniture for a room or building. *Ex* They will furnish paper for us to write on. They haven't furnished the house, so there is nothing to sit on.

v. suministrar; proveer algo; amueblar una habitación o edificio.

furniture ['fɚnɪtʃɚ] *n* things like chairs, beds, and tables which are found in houses and other buildings.

n. mueble; sillas, camas y mesas que se encuentran en las casas u otros edificios.

further ['fɚðɚ] **1.** *adv* to a greater distance. *Ex* I must go further. **2.** *adj* more. *Ex* I will make no further comments.

fury ['fyɚi] *n* very great anger.

fuse [fyuwz] **1.** *n* a piece of string or material attached to something that will explode. *Ex* A fuse burns slowly to allow time for the person who lit it to get away. **2.** *n* a piece of wire used for safety in an electric system. The wire is mounted in a round holder.

fuss [fəs] **1.** *n* an argument; a complaint. **2.** *v* to cry or complain.

future ['fyuwtʃɚ] **1.** *n* the time to come; the days, months, and years ahead of us. **2.** *adj* in the time ahead.

fuzzy ['fəzi] **1.** *adj* covered with tiny hairs or fluff. **2.** *adj* not clearly or easily seen.

1. *adv.* más lejos. **2.** *adj.* más.

n. furia; enfado grande.

1. *n.* mecha; cuerda o material unido a algo que hará explosión. **2.** *n.* fusible; trozo de alambre utilizado como seguridad en un sistema eléctrico.

1. *n.* queja; reclamación. **2.** *v.* inquietarse; llorar o quejarse.

1. *n.* futuro; tiempo que está por venir; los días, meses y años que están por llegar. **2.** *adj.* que está por llegar.

1. *adj.* velloso; cubierto con pelos finos o pelusa. **2.** *adj.* borroso; que no se ve clara o fácilmente.

gadget ['gædʒət] *n* a small, cleverly designed tool or piece of apparatus. *Ex* Where is the gadget which fits in this hole?

n. artilugio; pequeña herramienta o pieza de un aparato.

gain [geyn] *v* to earn or win; to add to what you have already. *Ex* I'm trying not to gain weight.

v. ganar; merecer; añadir a lo que ya se tiene.

gale [geyl] *n* a strong wind.

n. temporal; viento fuerte.

gallery ['gæləri] **1.** *n* the upper floor of seats in a theater. **2.** *n* a room or building where works of art can be seen. *Ex* We visited the art gallery yesterday.

1. *n.* tribuna; la planta alta del teatro. **2.** *n.* galería; museo; habitación o edificio donde se pueden ver obras de arte.

gallon ['gælən] *n* a measure of liquid equal to four quarts or eight pints. *Ex* Eighteen gallons of gas cost a lot of money.

n. galón; medida de líquido equivalente a cuatro cuartos u ocho pintas.

gallop ['gæləp] **1.** *n* the fastest speed at which a horse can run. **2.** *v* for a horse to run very rapidly.

1. *v.* galope; velocidad más rápida a la que corre un caballo. **2.** *v.* galopar; correr muy rápidamente un caballo.

galoshes [gə'laʃəz] *n* a special kind of waterproof overshoes.

n. chanclas; especie de zapatos de goma impermeables.

gamble ['gæmbl] *v* to play a game for money.

v. jugar a algo por dinero; apostar.

game [geym] *n* an activity which is done according to the rules; a sports contest.

n. juego; actividad hecha de acuerdo a unas reglas; competición deportiva.

gang [gæŋ] **1.** *n* a group of people working together. **2.** *n* a band of robbers or thieves.

1. *n.* cuadrilla; grupo de personas que trabajan juntas. **2.** *n.* banda de ladrones.

gangster ['gæŋ(k)stɚ] *n* a member of a gang of robbers and thieves.

n. gángster; miembro de una banda de ladrones.

gap [gæp] *n* an opening or break in something.

n. boquete; abertura o rotura en algo.

garage [gə'raʒ] *n* a place where vehicles are kept or repaired.

n. garaje; lugar en el que se guarda o reparan los vehículos, taller.

garbage ['garbɪdʒ] **1.** *n* trash; paper, cans, glass, and food scraps from the kitchen. **2.** *n* the place where garbage or trash is put; a garbage can. *Ex* Please throw the broken glass in the garbage.

1. *n.* basura; desecho; papel, latas, cristal y desperdicios de comida procedentes de la cocina. **2.** *n.* basurero; lugar al que se arrojan la basura o los desperdicios.

garbage can ['garbɪdʒ kæn] *n* a container for garbage.

n. cubo de la basura.

garden ['gardn] *n* a piece of land where flowers, fruit, or vegetables are grown.

n. jardín; trozo de tierra donde crecen flores, frutas o vegetales.

garment ['garmənt] *n* any article of clothing.

n. prenda; algún artículo de vestir.

garter ['gartɚ] *n* a ring made of elastic which keeps a stocking from falling down.

n. liga; anillo elástico que impide que se caigan las medias.

gas [gæs] **1.** *n* air or something like air which can fill a space. **2.** *n* short for the word gasoline.

1. *n.* gas; aire o algo parecido al aire que puede llenar un espacio. **2.** *n.* abreviatura de gasolina.

gash [gæʃ] *n* a long, deep cut or wound.

n. raja; cortadura larga y profunda.

gasoline ['gæsəlin] *n* a liquid fuel used by cars, trucks, and other vehicles.

n. gasolina; combustible líquido utilizado en coches, camiones y otros vehículos.

gasp [gæsp] **1.** *v* to take a quick, deep breath; to struggle for breath. **2.** *n* a quick, deep breath which is a sign of fright or shock.

1. *v.* jadear; tomar aliento rápida y profundamente. **2.** *n.* jadeo; respiración entrecortada; respiración profunda, rápida, que es señal de miedo o trauma.

gate [geyt] *n* a door in a fence or wall.

n. verja; puerta de una cerca o pared.

gather ['gæðɚ] *v* to collect; to pick up one by one.

v. reunir; coleccionar; recoger uno por uno.

gave [geyv] *v* the past tense of give.

v. pasado de *give.*.

gay [gey] *adj* happy and lively.

adj. alegre; animado.

gaze [geyz] *v* to look at something steadily; to stare.

v. contemplar; mirar algo fijamente.

gear [gir] **1.** *n* the part of a car or bicycle which changes the speed. **2.** *n* possessions; equipment. *Ex* Don't forget your camping gear.

1. *n.* cambio; parte de un coche o bicicleta que cambia la velocidad. **2.** *n.* posesiones; equipo.

geese [gis] *n* the plural of goose.

n. gansos. Plural de *goose.*

gem [dʒɛm] *n* a precious stone; a jewel.

n. gema; piedra preciosa; joya.

general ['dʒɛn(ə)rəl] **1.** *adj* usual; happening everywhere. **2.** *n* a commander in the army.

1. *adj.* general; usual; que ocurre en todas partes. **2.** *n.* general; jefe del ejército.

generous ['dʒɛnərəs] *adj* kind in sharing or giving things to others.

adj. generoso; bondadoso al compartir o dar cosas a los otros.

gentle ['dʒɛntl] *adj* quiet; soft or soothing; careful. *Ex* You must be gentle with a baby.

adj. dulce; apacible; suave; benigno.

gentleman ['dʒɛntlmən] *n* a kind and honorable man; a polite term for man.

n. caballero; hombre bondadoso y honorable; término cortés para referirse a un hombre.

genuine ['dʒɛnyəwən] *adj* real; true; not a fake or a copy. *Ex* This is a genuine diamond.

adj. genuino; auténtico; verdadero; no falsificado ni copiado.

geography [dʒi'ɑgrəfi] *n* the study of the surface of the earth and the people and animals living there.

n. geografía; el estudio de la superficie terrestre y de las personas y animales que viven en ella.

geometry [dʒi'ɑmətri] *n* the part of mathematics having to do with lines, angles, and shapes such as triangles and circles.

n. geometría; parte de las matemáticas relacionada con las líneas, ángulos y formas tales como triángulos y círculos.

germ [dʒɚm] *n* a very tiny bit of animal or plant life that you can only see under a microscope. *Ex* Some germs cause diseases.

n. germen; embrión de animal o planta que se ve solamente al microscopio.

get [gɛt] **1.** *v* to receive; to go and bring back something. **2.** *v* to become; to achieve. *Ex* I hope you get well. *pt* got. *pp* got, gotten.

1. *v.* obtener; recibir. **2.** *v.* conseguir; llegar a ser; lograr.

ghost [gowst] *n* the spirit of a dead person.

n. fantasma; el espíritu de una persona muerta.

giant ['dʒayənt] **1.** *n* a very big, strong person, usually in fairy tales. **2.** *n* an animal, plant, or person that is much larger than others of the same kind. **3.** *adj* very large; larger than usual.

1. *n.* gigante; personaje grande, fuerte, que normalmente aparece en cuentos de hadas. **2.** *adj.* gigante; animal, planta o persona que es mucho más grande que los otros de su misma especie. **3.** *adj.* gigantesco; muy grande; más grande de lo normal.

giddy ['gɪdi] *adj* having the feeling that things are going around and around; silly.

adj. mareado; sensación en la que las cosas dan vueltas y vueltas; tonto.

gift [gɪft] *n* something which is given as a present.

n. obsequio; regalo.

gigantic [dʒay'gæntɪk] *adj* enormous; giant-like.

adj. gigantesco; enorme.

giggle ['gɪgl] **1.** *v* to laugh in a silly way. **2.** *n* a small, silly laugh.

1. *v.* reírse tontamente. **2.** *n.* risilla; risa tonta y suave.

gill [gɪl] *n* an opening in a fish's skin for breathing. *Ex* Every fish has a pair of gills.

n. agalla; abertura en la piel de los peces por la que respiran.

ginger ['dʒɪndʒɚ] *n* the root of a plant. *Ex* Ginger tastes spicy and makes your mouth feel hot.

n. jenjibre; raíz de una planta.

gingerbread ['dʒɪndʒɚbrɛd] *n* a cake or cookie made with ginger.

n. pan de jenjibre; dulce hecho con jenjibre.

giraffe [dʒə'ræf] *n* a tall animal with a very long neck. *Ex* Giraffes are found in Africa.

n. jirafa; animal alto con un cuello larguísimo.

girl [gɚl] *n* a female child; a child who will grow up to be a woman.

n. niña; al crecer será mujer.

give [gɪv] *v* to hand something over freely to someone else. *pt* gave. *pp* given.

v. dar; entregar algo libremente a alguien.

given ['gɪvn] *v* the past participle of give.

v. participio pasado de *give.*

glacier ['gleyʃɚ] *n* a mass of ice that moves very slowly down a mountainside.

n. glaciar; masa de hielo que se mueve muy lentamente ladera abajo de una montaña.

glad [glæd] *adj* pleased; happy.

adj. complacido; contento.

glance [glæn(t)s] **1.** *v* to look at something or someone quickly. **2.** *n* a quick look.

1. *v.* ojear; mirar algo o a alguien rápidamente. **2.** *n.* vistazo; mirada rápida.

glare [glɛr] **1.** *n* a dazzling bright light. **2.** *v* to stare angrily at someone.

1. *n.* resplandor; luz brillante y deslumbrante. **2.** *v.* mirar coléricamente a alguien.

glass [glæs] **1.** *n* a hard material you can see through. *Ex* Windows are made of glass. **2.** *n* a drinking vessel made of a hard material you can see through.

1. *n.* cristal; material duro y transparente. **2.** *n.* vaso; recipiente para beber normalmente hecho de cristal.

glasses ['glæsəz] *n* two framed pieces of a special kind of glass. *Ex* If you cannot see well, glasses help you to see better.

n. gafas; dos trozos de cristal especial enmarcados.

gleam [glim] v to shine. *Ex* Old metal gleams when it is polished.

v. centellear; brillar.

glide [glayd] v to move smoothly and easily; to flow gently.

v. deslizarse; moverse suave y fácilmente; fluir suavemente.

glider ['glaydɚ] n a light airplane which can fly for some time without an engine after being launched.

n. planeador; aeroplano ligero que puede volar durante un tiempo, sin motor, después de ser lanzado.

glimmer ['glɪmɚ] v to shine faintly and unsteadily.

v. brillar débilmente y de forma vacilante.

glimpse [glɪmps] n a very brief sight of something or someone.

n. visión brevísima de algo o alguien.

glisten ['glɪsn̩] v to shine or gleam.

v. relumbrar; brillar o centellear.

glitter ['glɪtɚ] v to sparkle; to reflect light brightly.

v. relucir; centellear; reflejar luz brillantemente.

globe [glowb] n a round object like a ball or the world.

n. esfera; objeto redondo como un balón o el mismo mundo.

gloomy ['gluwmi] adj dark; dim; miserable; the opposite of cheerful.

adj. oscuro; confuso; pobre; lo opuesto a alegre.

glossary ['glɔsɚi] n a short list of words and their meanings.

n. glosario; lista corta de palabras y sus significados.

glove [gləv] n a covering for the hand. *Ex* A glove has a separate covering for each finger.

n. guante; funda para la mano.

glow [glow] v to burn without flames; to give out a steady light.

v. estar candente; arder sin llamas; dar una luz invariable.

glue [gluw] 1. n a strong substance like paste used to stick things together. 2. v to stick things together with a paste-like substance.

1. n. cola; sustancia consistente utilizada para pegar cosas. 2. v. pegar; fijar cosas con una especie de pasta.

glum [gləm] adj silent and sad; gloomy.

adj. taciturno; silencioso y triste; sombrío.

glutton ['glətn̩] n a person who is greedy and eats too much.

n. glotón; persona voraz que come demasiado.

gnarled [narld] adj twisted and lumpy like the trunk of a very old tree.

adj. nudoso; retorcido y grumoso, como el tronco de un árbol muy viejo.

gnash [næʃ] v to grind the teeth together when very angry.

v. rechinar los dientes; cuando se está enfadado.

gnat [næt] n a small, flying insect which stings.

n. mosquito; insecto volador pequeño que pica.

gnaw [nɔ] v to wear something away by scraping at it with teeth. *Ex* The dog was gnawing a bone.

v. roer; desgastar algo rascándolo con los dientes.

go [gow] v to start off or move. *pt* went. *pp* gone.

v. ir; ponerse en marcha; moverse.

goal [gowl] 1. n a kind of target. *Ex* The basket in basketball is a goal. 2. n a scoring of points in sports like basketball or football. *Ex* He made four goals in the last game.

1. n. meta, especie de objetivo. 2. n. gol; tanto; marcaje de puntos en deportes como el baloncesto o el fútbol.

goat [gowt] n an animal something like a sheep. *Ex* Goats usually have little horns and a short beard.

n. cabra; animal parecido a la oveja.

gobble ['gabl] v to swallow food quickly without chewing it.

v. engullir; tragar comida rápidamente, sin masticarla.

goblin ['gablən] n an ugly and troublesome elf.

n. duende feo y molesto.

going to ['gowɪŋ tuw] v will. *Ex* He is going to buy groceries tomorrow. She is not going to come to my party.

v. forma que indica futuro.

gold [gowld] n a yellow, shiny metal which is worth a lot of money.

n. oro; metal amarillo, brillante y muy valioso.

goldfish ['gowldfɪʃ] n a small fish kept as a pet. *Ex* Goldfish are usually a pretty reddish-gold color.

n. pez de colores; pez de acuario.

golf [gɔlf] n a game which is played with a small, white ball and a set of long-handled clubs.

n. golf; juego en el que se utiliza una bola blanca, pequeña y una serie de bastones largos.

gone [gɔn] v the past participle of go.

v. participio pasado de *go*.

gong [gɔŋ] n a round, metal disc which makes a deep ringing sound when you hit it.

n. gong; disco redondo de metal que produce un sonido intenso y resonante al golpearlo.

good [gʊd] adj right or satisfactory; nice; kind.

adj. bueno; correcto; satisfactorio; gentil.

good-bye [gʊd'bay] n a word said to someone who is just going away.

n. adiós; palabra que se dice cuando alguien se va.

goodness ['gʊdnəs] n the act of being good or kind.

n. bondad; acto de ser bueno o amable.

goods [gʊdz] n things bought and sold.

n. bienes; mercancías; cosas que se compran y venden.

goose [guws] n a big bird like a duck with a long neck. The plural is geese.

n. ganso; ave grande semejante a un pato con el cuello largo.

gorgeous ['gɔrdʒəs] *adj* splendid; magnificent; richly colored and beautiful.

adj. espléndido; magnífico; bello y coloreado ricamente.

gorilla [gə'rɪlə] *n* the largest kind of ape. *Ex* Gorillas live in Africa.

n. gorila; la mayor especie de mono.

gossip ['gɑsəp] **1.** *n* chatter about other people, sometimes spiteful and unkind. **2.** *v* to say unkind things about other people.

1. *n.* chisme; charla sobre otras personas, a veces rencorosa y dura. **2.** *v.* chismorrear; decir cosas desagradables de otras personas.

got [gɑt] *v* the past tense and a past participle of get.

v. pasado y participio pasado de *get*.

gotten ['gɑtn̩] *v* a past participle of get.

v. participio pasado de *get*.

govern ['gəvɚn] *v* to rule or control.

v. gobernar o controlar.

government ['gəvɚ(n)mənt] *n* a group of people who have the power to make laws and decide what is best for the country.

n. gobierno; grupo de personas que tiene el poder de dictar leyes y decidir qué es lo mejor para el país.

governor ['gəvə(r)nɚ] *n* the elected head of one of the U.S. states; the chief executive of a state.

n. gobernador; la persona elegida como jefe de uno de los estados norteamericanos; el principal ejecutivo de un estado.

gown [gɑwn] *n* a woman's dress; a loose-fitting cloak or a robe.

n. vestido de mujer; bata; manto suelto o túnica.

grab [græb] *v* to take hold of something suddenly.

v. arrebatar; tomar algo de repente.

graceful ['greysfl̩] *adj* easy and smooth in movement; the opposite of clumsy.

adj. grácil; fácil y suave de movimiento; lo opuesto de torpe.

gracious ['greyʃəs] *adj* kind; charming.

adj. gracioso; amable; agradable.

grade [greyd] **1.** *v* to decide how good something is; to correct homework. *Ex* The teacher grades papers at home and brings them back to school. **2.** *n* a number or letter showing how well a person has done in school. *Ex* She deserves only a grade of C. What grade did you get?

1. *v.* calificar; decidir si algo está bien; corregir los deberes. **2.** *n.* nota; número o letra que muestra cómo lo ha hecho de bien una persona en la escuela.

gradual ['grædʒəwəl] *adj* happening slowly, little by little.

adj. gradual; que sucede lentamente; poco a poco.

graduate 1. *v* ['grædʒəweyt] to earn and receive a school diploma; to finish with schooling. **2.** *n* ['grædʒəwət] a person who has received a school diploma.

1. *v.* graduarse; obtener y recibir un diploma escolar; terminar la educación. **2.** *n.* graduado, titulado; persona que ha recibido un diploma escolar.

graduation [grædʒə'weyʃn̩] *n* the ceremony where school diplomas are awarded.

n. graduación; ceremonia en la que se conceden los diplomas escolares.

grain [greyn] *n* one of the seeds of plants, such as wheat or corn, which we eat.

n. grano; semillas de las plantas comestibles, como del trigo o del maíz.

gram [græm] *n* a metric unit of weight equal to 0.035 ounce.

n. gramo; unidad métrica de peso equivalente a 0,035 onzas.

grammar ['græmɚ] *n* the study of the way people put words together when they speak or write.

n. gramática; arte que enseña a hablar y a escribir correctamente.

grand [grænd] *adj* important; large; splendid.

adj. magnífico; importante; grande; espléndido.

grandchild ['græn(d)tʃayld] *n* a child born of one of your children. *Ex* Mary's daughter is named Martha. Martha's daughter is named Ann. Ann is Mary's grandchild.

n. nieto; niño nacido de un hijo.

grandfather ['græn(d)faðɚ] *n* your father's father; your mother's father.

n. abuelo; el padre de la madre o del padre de uno.

grandmother ['græn(d)məðɚ] *n* your father's mother; your mother's mother.

n. abuela; la madre del padre o de la madre de uno.

grandparent ['græn(d)pɛrənt] *n* your father's mother or father; your mother's mother or father.

n. abuelos; la madre o padre de la madre o padre de uno.

granite ['grænət] *n* a very hard rock used for buildings.

n. granito; roca muy dura utilizada en construcción.

grant [grænt] *v* to give; to allow as a favor.

v. conceder; dar; permitir como favor.

grape [greyp] *n* a green, purple, or red fruit that grows in bunches on a vine.

n. uva; fruta verde, púrpura o roja que crece en racimos en la vid.

grapefruit ['greypfruwt] *n* a round fruit like a large orange with a yellow skin and a sharp taste.

n. pomelo; fruta redonda como una naranja grande con piel amarilla y sabor amargo.

graph [græf] *n* a diagram that shows how a series of measurements change.

n. gráfico; diagrama que muestra cómo cambian una serie de medidas.

grasp [græsp] v to seize and hold tightly.

v. empuñar; asir y retener apretadamente.

grass [græs] n a low green plant which has thin leaves and covers fields and lawns.

n. césped; planta pequeña verde de hojas finas, que cubre campos y prados.

grasshopper ['græshɔpə] n a hopping, leaping insect. *Ex* A grasshopper's back legs are very big and strong.

n. saltamontes; insecto saltador.

grate [ɹeyt] 1. n a framework of iron for holding a fire in a fireplace. 2. v to rub something, such as cheese, against a rough surface to make small particles.

1. n. parrilla; armazón de hierro para mantener el fuego en la chimenea. 2. v. rallar; raspar algo, como el queso, contra una superficie áspera para sacar partículas pequeñas.

grateful ['greytfl] adj giving thanks; thankful.

adj. agradecido.

grave [greyv] 1. adj very serious. 2. n a hole in the ground where a dead person is buried.

1. adj. grave; muy serio. 2. n. tumba; hoyo en el suelo donde se entierra a una persona muerta.

gravel ['grævl] n lots of little rocks which can be used to make paths and driveways.

n. gravilla; piedrecitas que pueden utilizarse para hacer caminos y carreteras.

gravity ['grævəti] n the force which makes things fall downward and holds things onto the earth.

n. gravedad; fuerza que atrae a todos los cuerpos hacia el centro de la Tierra.

gravy ['greyvi] n the juice of cooked meat, sometimes mixed with flour to make it thicker.

n. salsa; jugo de la carne cocinada. A veces se mezcla con harina para espesarla.

gray [grey] 1. n a neutral color between black and white. 2. adj of a neutral color; between black and white.

1. n. gris; color neutro entre negro y blanco. 2. adj. grisáceo; de un color neutro entre negro y blanco.

graze [greyz] 1. v to eat grass. *Ex* The cows are grazing in the field. 2. v to scrape the skin. *Ex* I grazed my elbow on the wall.

1. v. pastar; comer hierba. 2. v. rasparse la piel.

grease [gris] n a thick, oily substance; softened animal fat.

n. grasa; sustancia oleosa, espesa; parte blanda de un animal gordo.

greasy ['grisi] adj slippery with oil or grease.

adj. grasiento; resbaladizo a causa de aceite o grasa.

great [greyt] adj large; big; important; famous.

adj. grande; importante; famoso.

greed [grid] n a great longing to have more of something even though you already have enough.

n. codicia; ansia de tener más de algo, aunque se tenga ya suficiente.

green [grin] 1. n the color of grass in the springtime. 2. adj of the same color as grass in the springtime.

1. n. verde; color de la hierba en primavera. 2. adj. verdoso; del mismo color que la hierba en primavera.

greenhouse ['grinhaws] n a house made of glass where plants can grow all year long.

n. invernadero; construcción de cristal donde pueden crecer las plantas durante todo el año.

greet [grit] v to welcome; to speak to someone when you meet.

v. saludar; dar la bienvenida a alguien; hablar a alguien cuando te encuentras con él.

greeting ['gritɪŋ] n a welcome; a kind wish often written on a birthday or Christmas card.

n. saludo; bienvenida; especie de deseo escrito frecuentemente en una felicitación o en una tarjeta de Navidad.

grew [gruw] v the past tense of grow.

v. pasado de *grow*.

grief [grif] n great sadness.

n. pena; tristeza grande.

grieve [griv] v to be very sad about something; to be very unhappy.

v. afligirse; estar muy triste por algo; ser muy desgraciado.

grill [grɪl] 1. n a thin grate on which meat is cooked over an open fire; a flat panel of metal on which meat is cooked. 2. v to cook meat on a grill.

1. n. parrilla; reja fina para cocinar la carne sobre el fuego; papel liso de metal sobre el que se cocina la carne. 2. v. asar en parrilla.

grim [grɪm] adj stern; unsmiling; looking unpleasant. *Ex* Mrs. Green looks very grim. This stormy weather looks grim.

adj. severo; serio; de aspecto desagradable.

grime [graym] n dirt that sticks on and is hard to get off.

n. mugre; suciedad que se pega y es difícil de quitar.

grin [grɪn] v to smile broadly.

v. sonreír; reír mostrando los dientes.

grind [graynd] 1. v to crush something to a powder. 2. v to rub together. *Ex* Please stop grinding your teeth together! *pt* ground. *pp* ground.

1. v. moler; triturar algo hasta reducirlo a polvo. 2. v. restregar; frotar algo.

grip [grɪp] 1. v to hold on to something tightly. *Ex* You must grip the bat tightly. 2. n a tight hold on something. *Ex* Get a good grip on the bat before you swing it.

1. v. agarrar; empuñar algo con fuerza. 2. n. apretón; sujeción con fuerza a algo.

grit [grɪt] n a small piece of dirt or sand.

n. polvo; partícula de arena o suciedad.

groan [grown] 1. n a deep, unhappy sound of pain or sorrow. 2. v to make a deep, sorrowful sound.

1. n. gemido; sonido profundo y penoso de dolor o pesar. 2. v. gemir; emitir un sonido profundo y doloroso.

grocer ['growsɚ] n a person who runs a grocery store.

n. tendero; persona que tiene una tienda de ultramarinos.

groceries ['growsriz] n the food and other things that you buy at a grocery store. Ex This week's groceries cost nearly fifty dollars.

n. víveres; comida y otras cosas que se pueden comprar en una tienda de ultramarinos.

grocery store ['growsri stor] n the place where food and things like cleaning supplies are sold; a supermarket. Ex You can't buy gasoline at a grocery store.

n. tienda de ultramarinos; lugar donde se venden comida y cosas como útiles de limpieza; supermercado.

groove [gruwv] n a long, narrow cut hollowed out, usually in wood or metal.

n. ranura; corte estrecho y largo, normalmente hecho en madera o metal.

grope [growp] v to feel for something with your hands because you cannot see well. Ex John groped his way across the dark room.

v. andar a tientas; tocar algo con las manos porque no se puede ver bien.

gross [grows] 1. adj very big; very fat. 2. n twelve dozen (144).

1. adj. grueso; muy grande; muy gordo. 2. n. gruesa; doce docenas.

grouch [grawtʃ] 1. v to complain and be unpleasant about something or everything. 2. n a person who is always complaining.

1. v. refunfuñar; quejarse y estar descontento de algo o de todo. 2. n. rezongón; persona que está siempre quejándose.

ground [grawnd] 1. n the earth we walk on. 2. v the past tense and past participle of grind.

1. n. suelo; tierra sobre la que andamos. 2. v. pasado y participio pasado de grind.

ground beef ['grawnd 'bif] n chopped beef; hamburger.

n. hamburguesa; filete hecho con carne de vacuno picada.

group [gruwp] n a number of people or things together in one place.

n. grupo; número de personas o cosas juntas en un sitio.

grove [growv] n a small group of trees; a small field planted with fruit trees.

n. arboleda; pequeño grupo de árboles; campo pequeño plantado de árboles frutales.

grow [grow] v to get bigger; to raise plants or crops. Ex My younger brother is growing very fast. My uncle grows wheat on his farm. pt grew. pp grown.

v. crecer; hacerse mayor; desarrollarse las plantas y cosechas.

growl [grawl] 1. v to make a low rumbling noise deep down in the throat. Ex Dogs and lions growl when they are angry or afraid. 2. n a deep, low noise made by an angry animal.

1. v. gruñir; hacer un ruido bajo y retumbante con la garganta. 2. n. gruñido; ruido bajo y profundo hecho por un animal enfadado.

grown [grown] v the past participle of grow.

v. participio pasado de grow.

grown-up ['grownəp] 1. adj adult; fully grown; not childish. Ex Frank acts like a grown-up man. 2. n an adult; a fully grown person. Ex Grown-ups don't drink as much milk as children do.

1. adj. adulto; totalmente crecido; no infantil. 2. n. adulto; persona totalmente desarrollada.

grudge [grədʒ] n a feeling of unfriendliness or dislike for someone.

n. rencilla; sentimiento de hostilidad o disgusto por alguien.

gruff [grəf] adj rough in manner; stern; grouchy.

adj. brusco; de maneras bruscas; serio, malhumorado.

grumble ['grəmbl̩] v to find fault and say you are not satisfied.

v. refunfuñar; encontrar faltas y decir que no se está satisfecho.

grumpy ['grəmpi] adj bad-tempered; grouchy.

adj. gruñón; malhumorado; con mal carácter.

grunt [grənt] 1. v to make a noise like a pig. 2. n the sound that a pig makes.

1. v. gruñir; hacer un ruido como el de un cerdo. 2. n. gruñido, sonido que emite un cerdo.

guarantee [gɛrən'ti] n a written statement that a product will be repaired or replaced if it is not good.

n. garantía; escrito por el que se comprometen a repararnos o reponer una mercancía defectuosa.

guard [gard] 1. v to look after something or someone. 2. n a person whose job is to look after something, someplace, or someone.

1. v. guardar; cuidar algo o a alguien. 2. n. guarda; persona cuyo trabajo es cuidar algo o a alguien.

guardian ['gardiən] n a guard; a keeper; a person assigned to take care of a child.

n. guardián; guarda; tutor; persona encargada de la tutela de un niño.

guess [gɛs] v to answer a question without knowing for sure that it is the right answer.

v. adivinar; contestar una pregunta sin saber con seguridad cuál es la respuesta correcta.

guest [gɛst] n a visitor; someone you invite to your house; someone who is invited somewhere.

n. invitado; visitante; alguien a quien se invita a casa; alguien que está invitado en alguna parte.

guidance ['gaydn̩(t)s] n explaining or showing the way to someone.

n. guía; explicación o muestra del camino a alguien.

guidance counselor ['gaydn̩(t)s kawn(t)sələɚ] n a person whose job is to give advice about school and jobs.

n. guía vocacional; persona que aconseja sobre escuelas y trabajos.

guide [gɑyd] **1.** v to show someone the way. **2.** n a person who shows the way.

guilt [gɪlt] n a feeling of having done something wrong.

guilty [ˈgɪlti] adj responsible for something wrong; not innocent; judged to be a criminal.

guinea pig [ˈgɪni pɪg] n a small, furry animal with short ears and tail, often kept as a pet.

guitar [gɪˈtɑr] n a musical instrument with strings which are plucked to make music.

gulf [gəlf] n a very large bay that cuts into the land.

gull [gəl] n a web-footed seabird, usually colored gray and white.

gulp [gəlp] **1.** v to take a quick, deep swallow of food or air. **2.** n a quick, deep swallow of food or air.

gum [gəm] n a sweet, rubbery substance which you chew but don't swallow.

gun [gən] n a machine which shoots bullets.

gunpowder [ˈgənpɑwdɚ] n a special powder which explodes when a flame is touched to it.

gush [gəʃ] v to rush out suddenly, as when water rushes out of a burst pipe.

gust [gəst] n a sudden bursting out of wind or laughter.

gutter [ˈgətɚ] n a long, metal channel at the edge of a roof for draining off rainwater; the place at the side of a road where rainwater runs off.

gym [dʒɪm] **1.** n a gymnasium. **2.** n a course or class in physical education; gym class.

gymnasium [dʒɪmˈneyziəm] n a large room fitted with ropes, bars, and all kinds of equipment for exercise.

gym suit [ˈdʒɪm suwt] n the special clothing worn in a physical education class.

Gypsy [ˈdʒɪpsi] n someone who belongs to a race of people who originally came from India.

---

1. v. guiar; mostrar a alguien el camino. **2.** n. guía; persona que muestra el camino.

n. culpa; sentimiento de haber hecho algo malo.

adj. culpable; responsable de haber hecho algo malo; no inocente; sentenciado por criminal.

n. cobaya; animal pequeño con orejas y rabo corto, que es a menudo animal de compañía.

n. guitarra; instrumento musical de cuerda.

n. golfo; ensenada muy grande que se adentra en la tierra.

n. gaviota; ave marina palmípeda, normalmente blanca y gris.

1. v. engullir; tomar un trago rápido y profundo de comida o aire. **2.** n. trago; trago profundo de comida o aire.

n. chicle; sustancia dulce y de goma que se mastica pero no se traga.

n. fusil; arma de fuego que dispara balas.

n. pólvora; polvo especial que explota cuando lo toca una llama.

v. chorrear; precipitarse algo fuera repentinamente, como cuando el agua sale de una tubería reventada.

n. ráfaga; estallido rápido de viento o de risa.

n. canalón; canal largo de metal al borde de un tejado para evacuar el agua de lluvia; cuneta; lugar al lado de una carretera por donde corre el agua de lluvia.

1. n. gimnasio. **2.** n. curso o clase de educación física; clase de gimnasia.

n. gimnasio; habitación grande dotada de cuerdas, barras y todo tipo de equipo para hacer ejercicio físico.

n. traje de gimnasia; ropa especial que se lleva en la clase de educación física.

n. gitano; perteneciente a una raza procedente de la India.

habit ['hæbət] *n* something you do regularly and often, almost without thinking about it, such as brushing your teeth.

had [hæd] *v* the past tense and past participle of have. *Ex* She had already gone. She has had two helpings already.

hadn't ['hædņt] *cont* had not.

had to ['hæd tuw] *v* was obliged to; was made to do something. *Ex* I had to go to town yesterday. She didn't want to go to school, but she had to.

hail [heyl] *n* frozen rain which falls as little lumps of ice.

hair [hɛr] *n* the soft covering which grows on the head.

hairbrush ['hɛrbrəʃ] *n* a special brush used for arranging the hair.

hairdo ['hɛrduw] *n* an arrangement of the hair, especially one which someone has been paid to do. Usually said of women's hair.

hairpin ['hɛrpɪn] *n* a U-shaped wire pin used to hold hair in place.

half [hæf] *n* one of two equal parts. *Ex* When you cut something in half, you divide it into two parts which are the same size.

hall [hɔl] **1.** *n* the space inside the entrance to a building; a corridor. **2.** *n* a large room, usually in a public building, used for meetings and special occasions.

hall pass ['hɔl pæs] *n* a piece of paper which gives you the right to be in the hallways of a school.

halo ['heylow] *n* a ring of light around the sun or moon; a ring of light around the heads of holy people in paintings.

halt [hɔlt] **1.** *v* to stop. *Ex* All of the traffic halted when the policeman blew his whistle. **2.** *n* a stop; an act of stopping. *Ex* The traffic came to a halt.

halve [hæv] *v* to divide into two equal parts. *Ex* Frank halved the apple, and we both had a piece of it.

ham [hæm] *n* meat from the thigh of a pig.

hamburger ['hæmbɚgɚ] **1.** *n* chopped or ground beef. **2.** *n* a sandwich made of cooked ground beef on a bun, usually with such things as pickles, onions, mustard, and ketchup.

hammer ['hæmɚ] **1.** *n* a heavy tool used to drive nails into wood or to hit and break things. **2.** *v* to drive a nail into something; to pound constantly.

hammock ['hæmək] *n* a swinging bed of netting or canvas hung up by ropes at each end.

hamper ['hæmpɚ] **1.** *n* a large basket; a picnic basket; a basket or container used to collect dirty clothes for the laundry. **2.** *v* to hinder; to keep someone from doing something.

hamster ['hæm(p)stɚ] *n* a small, furry animal, usually golden-brown, often kept as a pet.

hand [hænd] *n* the end of your arm which you use to hold things.

n. hábito; algo que se hace regular y frecuentemente, casi sin pensarlo, como lavarse los dientes.

v. pasado y participio pasado de *have*.

contracción de *had not*.

v. que tuvo que hacer algo, obligado a hacer algo.

n. granizo; lluvia que cae en forma de terrones de hielo.

n. pelo; cabello; revestimiento blando que crece en la cabeza.

n. cepillo para el pelo.

n. peinado; arreglo del cabello; se dice especialmente cuando se ha pagado por él. Normalmente se refiere al peinado femenino.

n. horquilla para el pelo; alambre en forma de U que se usa para mantener el cabello en su sitio.

n. mitad; cada una de dos partes iguales de una cosa.

1. *n.* vestíbulo; espacio interior a la entrada de un edificio; corredor. **2.** *n.* sala; habitación grande, generalmente de un edificio público, utilizada para reuniones y acontecimientos especiales.

n. pase; papel que permite permanecer en el vestíbulo de la escuela.

n. halo; aureola; anillo de luz que rodea al sol o a la luna; aureola que rodea la cabeza de los santos en sus representaciones icónicas.

1. *v.* detener; parar. **2.** *n.* parada; acción de detenerse.

v. partir por la mitad.

n. jamón; carne del muslo de un cerdo.

1. *n.* hamburguesa; carne de vacuno picada. **2.** *n.* bocadillo hecho de pan y carne de vacuno picada y cocinada, que se toma generalmente acompañada de pepinillos, cebolla, mostaza y salsa de tomate.

1. *n.* martillo; herramienta pesada que se utiliza para meter clavos en la madera o para golpear y romper cosas. **2.** *v.* martillear; clavar; introducir un clavo en algo; machacar constantemente.

n. hamaca; cama oscilante de malla o lona que se cuelga mediante las cuerdas que lleva en cada uno de sus extremos.

1. *n.* canasta; cesta grande; cesta para llevar la merienda; cesto para la ropa sucia. **2.** *v.* obstaculizar; estorbar; impedir que alguien haga algo.

n. hámster; animal peludo y pequeño, generalmente de color dorado o castaño y que suele ser animal de compañía.

n. mano; parte final del brazo que se utiliza para coger cosas.

handbag ['hændbæg] *n* a small, light bag that can be carried in one hand; a woman's purse.

n. bolso de mujer; cartera; bolso ligero que se puede llevar en la mano; monedero.

handful ['hændfl] *n* a small number or quantity; as much as one hand will hold.

n. puñado; número o cantidad pequeños; lo que puede caber en una mano.

handicap ['hændikæp] *n* something that makes doing things very difficult.

n. desventaja; tara; algo que dificulta la realización de una cosa.

handicraft ['hændikræft] *n* work in which things are made by hand and not by machine.

n. artesanía; hecho a mano y no a máquina.

handkerchief ['hæŋkɚtʃɪf] *n* a small piece of cloth for wiping the eyes or the nose.

n. pañuelo; trozo pequeño de tela que se utiliza para enjugar los ojos o la nariz.

handle ['hændl] **1.** *n* a part of something by which you can hold on. *Ex* Cups, pans, and windows have handles. **2.** *v* to hold things and feel them with your hands.

1. *n.* mango; asa; parte de algo por la que se le puede asir. **2.** *v.* tocar; agarrar cosas y sentirlas con las manos; manejar.

handlebar ['hændl|bɑr] *n* the part of a bicycle that a person holds on to and steers with.

n. manillar; parte de la bicicleta con la que se conduce, asiéndola con las manos.

handsome ['hæn(t)səm] *adj* good-looking.

adj. guapo; hermoso; apuesto.

handy ['hændi] **1.** *adj* useful and clever with your hands. **2.** *adj* nearby; close at hand.

1. *adj.* diestro; útil y hábil con las manos. **2.** *adj.* cercano; a mano.

handyman ['hændimæn] *n* someone who can fix many different things and do many different chores.

n. mañoso; alguien capaz de arreglar multitud de cosas y realizar muy diferentes trabajos.

hang [hæŋ] *v* to fasten something to a firm support so that it swings freely, but cannot fall. *pt* hung, hanged. *pp* hung, hanged.

v. colgar; sujetar algo a un soporte firme, de manera que pueda balancearse libremente, sin caerse.

hangar ['hæŋɚ] *n* a large shed for airplanes.

n. hangar; gran cobertizo para aviones.

hanged [hæŋd] *v* a past tense and past participle of hang.

v. pasado y participio pasado de *hang*.

hanger ['hæŋɚ] *n* a shaped piece of wood or metal used to hang clothes on so that they don't get wrinkled.

n. percha; trozo de madera o metal o metal al que se ha dado una forma especial para colgar en él vestidos, de manera que no puedan arrugarse.

haphazard [hæp'hæzɚd] *adj* not planned; happening by chance.

adj. fortuito; no planificado; que sucede por casualidad.

happen ['hæpən] *v* to take place.

v. ocurrir; suceder.

happiness ['hæpinəs] *n* joy; gladness.

n. alegría; felicidad.

happy ['hæpi] *adj* full of joy.

adj. feliz.

harbor ['hɑrbɚ] *n* a sheltered place where ships stay before going out to sea.

n. puerto; lugar abrigado donde permanecen los barcos antes de hacerse a la mar.

hard [hɑrd] **1.** *adj* not soft; solid. *Ex* Stones are hard. **2.** *adj* difficult.

1. *adj.* duro; lo contrario de blando; sólido. **2.** *adj.* difícil.

hardly ['hɑrdli] *adv* barely; only just.

adv. apenas; escasamente; por poco.

hardware ['hɑrdwer] **1.** *n* tools, nails, screws, and metal parts for machines. **2.** *n* computers and the machines which are attached to them.

1. *n.* ferretería; herramientas; tornillos; tuercas y partes metálicas de las máquinas. **2.** *n.* los ordenadores y las máquinas agregadas a ellos, equipo.

hardy ['hɑrdi] *adj* tough; brave.

adj. robusto; fuerte; audaz; atrevido.

harm [hɑrm] **1.** *v* to damage or hurt. **2.** *n* damage.

1. *v.* dañar o estropear. **2.** *n.* daño.

harmful ['hɑrmfl] *adj* doing harm or damage.

adj. perjudicial; que hace daño.

harmless ['hɑrmləs] *adj* doing no harm; the opposite of harmful.

adj. inofensivo; que no hace daño; lo opuesto a *harmful*.

harness ['hɑrnəs] *n* the straps and other equipment worn by a horse.

n. arreos; las correas y demás equipo con que se apareja a un caballo.

harp [hɑrp] *n* a big musical instrument shaped like a triangle with strings which are plucked to make music.

n. arpa; instrumento musical de gran tamaño, en forma de triángulo y que lleva cuerdas que suenan musicalmente al puntearlas.

harsh [hɑrʃ] *adj* rough; unkind; unpleasant.

adj. severo; tosco; poco amable; desagradable.

harvest ['hɑrvəst] **1.** *v* to gather in grain, fruits, and vegetables when they are grown. **2.** *n* the gathering of food after it is grown.

1. *v.* cosechar; recoger el grano, los frutos o los vegetales cuando están maduros. **2.** *n.* cosecha; recogida de granos cuando han madurado.

has [hæz] *v* the present tense form of the verb *have* which goes with *he, she,* and *it. Ex* Mark has seven books.

forma de la tercera persona del presente de indicativo del verbo *have.*

hasn't ['hæznt] *cont* has not.

contracción de *has not.*

haste [heyst] *n* hurry.

n. prisa.

hasten ['heysn] *v* to hurry up.

v. darse prisa.

has to ['hæstuw] a phrase meaning *must. Ex* Sam has to go to the doctor today.

v. frase que significa «debe», «tiene que».

hat [hæt] *n* a covering for the head.

n. sombrero; pieza para cubrir la cabeza.

hatch [hætʃ] *v* to break out of the eggshell, as when baby birds are hatched.

v. sacar del cascarón; romper la cáscara, como hacen los pollitos al nacer.

hatchet ['hætʃət] *n* a small axe.

n. hacha pequeña.

hate [heyt] *v* to dislike someone or something very much.

v. odiar; tener muchísima antipatía a algo o a alguien.

haughty ['hɔti] *adj* full of pride.

adj. arrogante; orgulloso.

haul [hɔl] *v* to drag along; to pull.

v. arrastrar; tirar de.

haunt [hɔnt] *v* for a ghost or evil spirit to visit a place often.

v. aparecer un fantasma; visitar frecuentemente un sitio un fantasma.

haunted ['hɔntəd] *adj* dwelled in or visited by ghosts.

adj. habitado o visitado por fantasmas; encantado.

have [hæv] *v* to own; to hold. Present tenses: has, have. *pt* had. *pp* had. *Ex* I have two books. Martha has two books.

v. haber; tener.

haven't ['hævnt] *cont* have not.

contracción de *have not.*

hawk [hɔk] *n* a bird of prey that hunts small birds and animals.

n. halcón; ave de presa que caza pequeños pájaros y animales.

hay [hey] *n* dried grass used for feeding animals.

n. heno; hierba seca que se da como alimento a los animales.

hay fever ['hey fivɚ] *n* an illness which causes sneezing and a runny nose. *Ex* Hay fever is caused by pollen in the air.

n. fiebre del heno; enfermedad que origina estornudos y moquillo.

haze [heyz] *n* mist; a very thin cloud.

n. neblina; nube liviana.

he [hi] **1.** *pro* a male person or animal. *Ex* He will put his hat on the peg. **2.** *pro* any person which has been talked about without referring to the sex of that person. *Ex* If someone comes in, he will have to sit here.

1. *pro.* él; persona o animal macho. **2.** *pro.* cualquier persona sobre la que se habla sin hacer referencia a su sexo.

head [hɛd] **1.** *n* the part of the body above the neck. **2.** *n* the person who is in charge; a chief or leader. **3.** *n* the source of a river; the beginning of a river.

1. *n.* cabeza; la parte del cuerpo que está sobre el cuello. **2.** *n.* jefe; persona que ocupa un cargo. **3.** *n.* la fuente; el manantial; el comienzo de un río.

headache ['hɛdeyk] *n* a continuous, dull pain somewhere in the head.

n. dolor de cabeza.

headline ['hɛdlɑyn] *n* the very large print found at the top of a newspaper or magazine column.

n. titular; texto impreso al principio de una columna de periódico o revista.

headphones ['hɛdfownz] *n* a frame holding a pair of loudspeakers over the ears. *Ex* You can listen to things in private using headphones.

n. auriculares; aparato con dos altavoces que se coloca en las orejas.

headset ['hɛdsɛt] *n* headphones; headphones with a microphone attached.

n. auriculares con micrófono incorporado.

heal [hil] *v* to make someone well again.

v. curar; sanar; volver a poner bueno a alguien.

health [hɛlθ] *n* how your body feels. *Ex* You have good health when you are not ill.

n. salud.

healthy ['hɛlθi] *adj* well in mind and body; free from illness.

adj. sano; que está bien tanto mental como físicamente; libre de enfermedad.

heap [hip] **1.** *n* a pile, like a pile of dry leaves. **2.** *v* to make a pile; to pile up something. *Ex* He heaped the leaves into a pile.

1. *n.* montón; pila, como una pila de hojas secas. **2.** *v.* amontonar; apilar algo.

hear [hir] *v* to use your ears to listen to sounds. *pt* heard. *pp* heard.

v. oír; utilizar los oídos para escuchar sonidos.

heard [hɚd] *v* the past tense and past participle of hear.

v. pasado y participio pasado de *hear*.

heart [hɑrt] *n* the part of the body which pumps the blood around.

n. corazón; órgano corporal que bombea la sangre.

heat [hit] **1.** *n* warmth; hotness. **2.** *v* to make something hot.

1. *n.* calor. **2.** *v.* calentar; poner caliente algo.

heater ['hitɚ] *n* a device which produces heat by burning fuel or electricity.

n. calentador; aparato que produce calor mediante petróleo o electricidad.

heave [hiv] *v* to haul or lift something up with a great effort.

v. empujar; arrastrar o elevar algo con gran esfuerzo.

heaven ['hɛvn̩] *n* the home of God; the sky above us.

n. cielo; la morada de Dios; el cielo que está sobre nosotros.

heavy ['hɛvi] *adj* difficult to pick up and carry away; weighing a lot.

adj. pesado; difícil de levantar y arrastrar.

he'd [hid] *cont* he would; he had.

contracción de *he would; he had*.

hedge [hɛdʒ] *n* a row of bushes growing close together in a line like a fence.

n. seto; fila de arbustos que crecen juntos formando una valla.

heel [hil] **1.** *n* the back end of the foot; the part of the foot which is directly under the leg when you are standing. **2.** *n* the back end of a shoe; the part of a shoe which holds up the heel of the foot.

1. *n.* talón; parte trasera del pie; la parte del pie que está directamente debajo de la pierna cuando se está parado. **2.** *n.* tacón; parte trasera de un zapato; la parte del zapato que sostiene el talón.

height [hɑyt] *n* how tall something is.

n. altura; medida de lo alto que es algo.

heir [ɛr] *n* a person who will receive money or property when the present owner dies.

n. heredero; persona que recibe dinero o propiedades a la muerte de su propietario.

heiress ['ɛrəs] *n* a girl or woman who will receive money or property when the present owner dies.

n. heredera; chica o mujer que recibe dinero o propiedades a la muerte de su propietario.

held [hɛld] *v* the past tense and past participle of hold.

v. pasado y participio de *hold*.

helicopter ['hɛləkɑptɚ] *n* a kind of aircraft without wings which can go straight up or down in the air as well as move along.

n. helicóptero; especie de avión sin alas que puede ascender o descender verticalmente y avanzar.

hell [hɛl] *n* a place of misery and punishment.

n. infierno; lugar de miseria y castigo.

he'll [hil] *cont* he will.

contracción de *he will*.

helmet ['hɛlmət] *n* a covering, usually made of metal, which protects the head. *Ex* Football players wear helmets.

n. casco; cubierta, generalmente de metal, que protege la cabeza.

help [hɛlp] **1.** *v* to make something easier for a person to do. *Ex* Please help me wash the dishes. **2.** *n* aid; assistance. *Ex* Please give me some help with the dishes.

1. *v.* ayudar; hacer que a una persona le resulte más fácil algo. **2.** *n.* ayuda; asistencia.

helpful ['hɛlpfl] *adj* being of help; giving assistance.

adj. útil; que sirve de ayuda; que proporciona asistencia.

helping ['hɛlpɪŋ] *n* a serving of food; a portion of food.

n. ración; porción de comida.

helpless ['hɛlpləs] *adj* not being able to help yourself or others, often because of weakness.

adj. desvalido; desamparado; incapaz de ayudarse a sí mismo o de ayudar a los demás, normalmente a causa de la debilidad.

helter-skelter [hɛltɚ'skɛltɚ] *adv* every which way; in all directions.

adv. desbandada; atropelladamente; en todas direcciones.

hem [hɛm] *n* an edge of cloth which is folded over and sewn to make it neat.

n. dobladillo; borde de un paño doblado sobre sí mismo y cosido para que quede pulcro.

hemisphere ['hɛməsfir] *n* one half of the earth; one half of a sphere. *Ex* The United States is in the northern hemisphere.

n. hemisferio; una de las dos mitades en que puede dividirse la Tierra o una esfera.

hen [hɛn] *n* a mother bird; a mother chicken.

n. gallina; hembra de un ave.

her [hɚ] **1.** *pro* belonging to a female. *Ex* Her car is in the driveway. **2.** *pro* the objective form of she. *Ex* I did it for her.

1. *pron.* su; de ella; perteneciente a una mujer. **2.** *pron.* forma objetiva de *she*.

herb [ɚb] *n* a plant which is used for flavoring food or for medicine.

n. hierba; planta usada como condimento o medicina.

herd [hɚd] *n* a group of animals kept together. *Ex* There is a herd of cows on my uncle's farm.

n. rebaño; grupo de animales que se guardan juntos.

here [hir] *adv* in, to, or at this place.

adv. aquí; en este sitio.

hero ['hɪrow] **1.** *n* a man or boy who does something brave. **2.** *n* the most important man in a book, play, or opera.

1. *n.* héroe; hombre o muchacho que se comporta muy valientemente. **2.** *n.* el protagonista de un libro, una obra de teatro o una ópera.

heroine ['hɛrowɪn] **1.** *n* a girl or woman who does something brave. **2.** *n* the most important woman in a book, play, or opera.

1. *n.* heroína; chica o mujer que se comporta muy valientemente. **2.** *n.* la protagonista de un libro, una obra de teatro o una ópera.

heroism ['hɛrowɪzm] *n* great bravery.

n. heroísmo; valentía en grado sumo.

hers [hɚz] *pro* that which belongs to her. *Ex* That car is hers.

pro. suyo; que pertenece a ella; de ella.

herself [hɚ'sɛlf] *pro* she and no one else.

pro. ella misma y ninguna más.

he's [hiz] *cont* he is; he has.

contracción de *he is; he has.*

hesitate ['hɛzəteyt] *v* to pause because you are not sure what to do or say next.

v. vacilar; dudar porque no se está seguro de lo que se va a hacer o decir.

hexagon ['hɛksəgɑn] *n* a six-sided shape.

n. hexágono; polígono de seis lados.

hibernate ['hɑybɚneyt] *v* to sleep all through the winter as some animals do.

v. hibernar; dormir durante todo el invierno, como hacen algunos animales.

hiccup ['hɪkəp] **1.** *n* a sharp noise in your throat made when you have eaten or drunk too quickly. *Ex* You do not make hiccups on purpose, and sometimes it is difficult to stop. **2.** *v* to make a sharp noise in the throat when you have eaten or drunk too quickly. Also spelled hiccough.

1. *n.* hipo; sonido característico que se emite cuando se ha comido o bebido con demasiada rapidez. **2.** *v.* hipar; emitir un sonido característico cuando se ha comido o bebido con demasiada rapidez.

hid [hɪd] *v* the past tense of hide.

v. pasado de *hide.*

hidden ['hɪdn] *v* the past participle of hide.

v. participio pasado de *hide.*

hide [hɑyd] **1.** *v* to go where no one can see or find you; to put something where no one can see it or find it. *pt* hid. *pp* hidden. **2.** *n* the skin of an animal.

1. *v.* esconderse; ir adonde nadie puede verle o encontrarle a uno; esconder; poner algo donde nadie puede verlo o encontrarlo. **2.** *n.* piel de un animal.

hide-and-seek [hɑydn'sik] *n* a game where one person hides and other people try to find him.

n. escondite; juego en el que uno se esconde y otros tratan de encontrarle.

hideous ['hɪdiəs] *adj* very ugly; horrible.

adj. horroroso; muy feo; horrible.

hifi ['hɑyfɑy] *n* a good-quality record player. Short for the words high fidelity.

n. alta fidelidad; tocadiscos de alta calidad. Abreviatura de las palabras *high fidelity.*

high [hɑy] *adj* a long way up; tall. *Ex* That is a very high mountain.

adj. alto; alta; elevada.

high chair ['hɑy tʃɛr] *n* a tall chair which makes it possible for an infant to eat at the table with adults.

n. trona; silla alta que permite a un niño comer con los adultos en una mesa alta.

high rise ['hɑy rɑyz] *n* a very tall apartment or office building.

n. rascacielos; edificio de oficinas o apartamentos muy alto.

high school ['hɑy skuwl] **1.** *n* the last three or four year period of school after grade school. **2.** *n* the building where high school is held.

1. *n.* el período de tres o cuatro años de estudios después de los estudios de grado. **2.** *n.* Instituto de Segunda Enseñanza; edificio donde se cursa la *High School.*

highway ['hɑywey] *n* a public road where cars, buses, and trucks can move at high speed.

n. autopista; carretera pública donde coches, camiones y autobuses pueden circular a elevada velocidad.

hike [hɑyk] **1.** *v* to go for a very long walk, usually in the country. **2.** *n* a very long walk in the country.

1. *v.* ir de excursión; dar un largo paseo, generalmente por el campo. **2.** *n.* excursión; paseo muy largo por el campo.

hill [hɪl] *n* a part of the ground which is higher than the rest but lower than a mountain.

n. colina; parte del terreno que es más alto que el resto que lo rodea y más bajo que una montaña.

him [hɪm] *pro* the objective form of he. *Ex* I did it for him.

pro. lo; le; forma objetiva de *he.*

himself [hɪm'sɛlf] *pro* he and no one else.

pro. él mismo y nadie más.

hinder ['hɪndɚ] *v* to delay or prevent someone from doing something.

v. entorpecer; dificultar o impedir que alguien haga algo.

hinge [hɪndʒ] *n* a folding joint, usually made of metal. *Ex* Doors are fitted with hinges so that they can be opened and shut.

n. bisagra; junta doblada, generalmente de metal.

hint [hɪnt] **1.** *v* to suggest something without actually saying it in so many words. **2.** *n* a suggestion.

1. *v.* insinuar; sugerir algo sin decirlo con muchas palabras. **2.** *n.* sugerencia.

hip [hɪp] *n* one of the sides of the body just below the waist.

n. cadera; parte del cuerpo inmediatamente debajo de la cintura.

hire [hɑyr] *v* to employ someone.

v. alquilar.

his [hɪz] *pro* belonging to a male. *Ex* This is his car.

pro. su; de él; perteneciente a un varón.

hiss [hɪs] **1.** *v* to make a noise that sounds like s-s-s-s-s. *Ex* Cats hiss when they are angry. **2.** *n* a noise that sounds like s-s-s-s-s.

1. *v.* sisear; emitir un sonido que suena como s-s-s-s-s. **2.** *n.* siseo; sonido que suena como s-s-s-s-s.

historian [hɪs'toriən] *n* a person who studies the past.

n. historiador; persona que estudia el pasado.

history ['hɪstə·i] *n* the study of what has happened in the past.

n. historia; el estudio de lo que sucedió en el pasado.

hit [hɪt] **1.** *v* to knock something. *pt* hit. *pp* hit. **2.** *n* a show or a song which is a big success.

1. *v.* golpear algo. **2.** *n.* espectáculo o canción que alcanza un gran éxito.

hive [hayv] *n* the place where bees live.

n. colmena; lugar donde viven las abejas.

hoard [hord] *n* a store or stock of something hidden away. *Ex* Squirrels have a hoard of nuts hidden away for the winter.

n. provisión; acumulación de algo escondido.

hoarse [hors] *adj* having a rough-sounding voice, as when you have a sore throat. *Ex* I was hoarse for a week after my cold.

adj. ronco; que habla con voz áspera, como cuando se tiene la garganta dolorida.

hobby ['habi] *n* something you like to do very much in your spare time, such as stamp collecting.

n. pasatiempo favorito; algo que nos gusta hacer mucho en nuestro tiempo libre, como el coleccionar sellos.

hockey ['haki] *n* a game where you try to hit a ball into the goal with a long stick curved at one end. *Ex* Hockey is usually played on the ice.

n. hockey; juego en el que se trata de meter una bola en la portería con un bastón largo y curvo en uno de sus extremos.

hoe [how] **1.** *n* a long-handled garden tool used for clearing weeds and loosening the soil. **2.** *v* to clear weeds and loosen the soil with a special tool.

1. *n.* azadón; herramienta de jardinería con un mango largo que se utiliza para quitar maleza y remover la tierra. **2.** *v.* quitar maleza y remover la tierra con una herramienta especial.

hold [howld] **1.** *v* to have in your hands or your arms; to contain. **2.** *n* the part of a ship where cargo is kept. *pt* held. *pp* held.

1. *v.* asir; tener en las manos o en los brazos; contener. **2.** *n.* bodega; parte de un barco donde se almacena la carga.

hole [howl] *n* an opening in or through something. *Ex* Don't fall into that hole! There is a hole in my sock.

n. agujero; abertura en algo o a través de algo.

holiday ['haləde'y] *n* a time when you do not have to work or to go to school.

n. vacación; período durante el cual no hay que ir a trabajar o al colegio.

hollow ['halow] *adj* having a space or hole inside. *Ex* A basketball is hollow. The earth is not hollow.

adj. hueco; que contiene un espacio vacío o un agujero.

holly ['hali] *n* an evergreen tree with prickly leaves and bright red berries. *Ex* Holly is often used for decoration at Christmas.

n. acebo; árbol de hoja perenne y espinosa; tiene bayas de color rojo brillante.

holster ['howlstə·] *n* a leather case on a belt for holding a gun.

n. pistolera; estuche de cuero colgado de un cinturón para llevar una pistola.

holy ['howli] *n* anything belonging to, or having to do with God or religion.

n. sagrado; lo que pertenece o tiene relación con Dios o con la religión.

home [howm] *n* the place where you live.

n. hogar; casa; el lugar donde se vive.

home ec. [howm 'ɛk] *n* short for home economics; the study of managing a household.

n. abreviatura de economía doméstica; el estudio de la gestión de un hogar.

homeowner ['howmownə·] *n* a person who owns a house or apartment.

n. casero; propietario de una casa o apartamento.

home plate ['howm 'pleyt] *n* a base in baseball where the batter stands and where a player must run to to win a point.

n. base en el béisbol, en la que permanece el bateador y hacia la que un jugador debe correr para ganar un punto.

homework ['howmwə·k] *n* work done at home, usually schoolwork.

n. deberes; trabajo hecho en casa; generalmente trabajos escolares.

honest ['anəst] *adj* truthful; not likely to steal from others.

adj. honesto; veraz; que es poco probable que robe a otros.

honey ['həni] *n* a sweet food made by bees.

n. miel; alimento dulce que fabrican las abejas.

honeymoon ['hənimuwn] *n* a short vacation taken by the bride and groom just after they are married.

n. luna de miel; vacación corta que se toman el novio y la novia inmediatamente después de la boda.

honk [hɔŋk] **1.** *n* the cry of a goose; the sound of the horn on a vehicle. **2.** *v* for a goose to make its cry; to sound the horn of a vehicle.

1. *n.* graznido del ganso; bocinazo; sonido de la bocina de un vehículo. **2.** *v.* graznar; emitir el ganso su grito; sonido de la bocina de un vehículo.

honor ['anə·] **1.** *v* to show respect for someone or something. **2.** *n* a privilege; respectability.

1. *v.* honrar; mostrar respeto por algo o alguien. **2.** *n.* honor; privilegio; respetabilidad.

honors ['anɚz] *n* special recognition given to a very good student.

n. matrícula de honor; reconocimiento especial øtorgado a un estudiante muy bueno.

hood [hʊd] *n* a loose cloth covering for the head. *Ex* Some coats and jackets have hoods.

n. capucha; prenda de paño que cubre la cabeza.

hoof [hʊf] *n* the hard part of a horse's foot. The plural is hooves. *Ex* Cattle, deer, and some other animals also have hooves.

n. casco; parte dura de la pezuña del caballo. El plural es *hooves.*

hook [hʊk] *n* a curved, pointed piece of metal for catching, holding, or pulling things.

n. gancho; pieza de metal curvado y puntiagudo para atrapar, sujetar o arrastrar algo.

hoop [huwp] *n* a large ring made of metal or wood.

n. aro; anillo grande hecho de metal o de madera.

hoot [huwt] **1.** *v* to shout scornfully at someone. **2.** *n* the cry of an owl in the night; the sound of a horn.

1. *v.* silbar, abuchear. **2.** *n.* grito, ululato; el grito de un buho en la noche; bocinazo.

hop [hap] **1.** *v* to move in short jumps; to jump on one leg. **2.** *n* a short jump.

1. *v.* dar saltitos; saltar sobre una pierna. **2.** *n.* saltito.

hope [howp] **1.** *v* to wish that something may happen although you know it may not. **2.** *n* a belief or trust that something good will happen.

1. *v.* esperar; desear que ocurra algo aunque se sabe que puede no ocurrir. **2.** *n.* esperanza; creencia o confianza de que ocurra algo bueno.

hopeful ['howpfl] *adj* hoping; full of hope.

adj. esperanzado; lleno de esperanza.

hopeless ['howpləs] *adj* without hope; impossible.

adj. desesperado; sin esperanza; imposible.

horde [hord] *n* a crowd or mass of people.

n. horda; multitud o masa de personas.

horizon [hə'rayzn] *n* the place where the sky and the earth appear to meet.

n. horizonte; lugar donde parece que se unen el cielo y la tierra.

horizontal [horə'zantl] *adj* level with the ground; parallel to the horizon.

adj. horizontal; al nivel de la tierra; paralelo al horizonte.

horn [horn] **1.** *n* one of the sharp, bony parts that grow out of the heads of cows, deer, and some other animals. **2.** *n* a musical instrument which is blown to make musical sounds.

1. *n.* cuerno; cada una de las partes óseas y afiladas que crecen en la cabeza de las vacas, ciervos y algunos otros animales. **2.** *n.* instrumento musical que emite sonidos musicales cuando se sopla.

horrible ['horəbl] *adj* ugly and awful; terrible.

adj. horrible; feo y horroroso; terrible.

horrid ['horəd] *adj* nasty; very unpleasant.

adj. antipático; odioso; muy desagradable.

horror ['horɚ] *n* a very great fear or loathing.

n. horror, miedo o aversión muy grande.

horse [hors] *n* an animal used for riding and pulling things.

n. caballo; animal que se utiliza para mantener o cargar cosas.

horseback ['horsbæk] *n* the back or top of a horse.

n. parte posterior o superior del caballo.

horseshoe ['horsʃuw] *n* a curved iron shoe which is nailed to the bottom of a horse's hoof.

n. herradura; calzado curvo de hierro que se clava en la parte inferior del casco del caballo.

hose [howz] **1.** *n* a long, thin tube used for carrying water from a tap. **2.** *n* socks or stockings.

1. *n.* manguera; tubo delgado que se utiliza para acarrear agua desde un grifo. **2.** *n.* calcetines; medias.

hospital ['haspɪtl] *n* a place where people who are ill or hurt are looked after by doctors and nurses.

n. hospital; lugar adonde se traslada a los enfermos o heridos para que los cuiden los médicos y las enfermeras.

host [howst] **1.** *n* a boy or man who has other people as his guests. **2.** *n* a crowd or a large number.

1. *n.* anfitrión; hombre o muchacho que tiene a otras personas como huéspedes. **2.** *n.* multitud; montón.

hostess ['howstəs] *n* a girl or woman who has other people as her guests.

n. anfitriona; mujer o muchacha que tiene a otras personas como huéspedes.

hot [hat] *adj* very warm.

adj. caliente; muy cálido.

hot chocolate [hat 'tʃɔklət] *n* a hot drink made from milk and cocoa.

n. chocolate caliente; bebida caliente compuesta de leche y cacao.

hot dog ['hat dɔg] **1.** *n* a wiener; a special sausage made for sandwiches. **2.** *n* a sandwich made with a wiener, a long bun, and mustard or ketchup.

1. *n.* perrito caliente. Salchicha especial para bocadillos. **2.** *n.* bocadillo hecho con salchicha, un bollo largo y mostaza o salsa de tomate.

hotel [how'tɛl] *n* a building with many rooms and a place to eat. *Ex* People stay in hotels when they are traveling.

n. hotel; edificio con muchas habitaciones y comedor.

hound [hawnd] *n* a hunting dog.

n. perro de caza.

hour ['awɚ] *n* a period of time equal to 60 minutes.

n. hora; período de tiempo de 60 minutos.

house [haws] *n* a building to live in.

n. casa; edificio para vivir.

houseboat ['hɑwsbowt] *n* a large, flat-bottomed boat used as a floating house.

n. casa flotante; bote grande de quilla plana utilizado como vivienda.

household ['hɑwshowld] *n* all of the people who live in the same house; the people and possessions in a house.

n. casa; todas las personas que viven en la misma casa; las personas y posesiones de una casa.

House of Representatives [hɑws əv reprə'zɛntətɪvz] *n* one of the two parts of the United States Congress.

n. cámara de representantes; una de las dos cámaras que componen el congreso de los Estados Unidos.

houseplant ['hɑwsplænt] *n* any plant which grows well inside a house.

n. planta de interior; planta que crece bien dentro de una casa.

hover ['həvɚ] *v* to float or stay in one place in the air.

v. flotar o permanecer quieto en el aire.

how [hɑw] *adv* in what way.

adv. cómo; en qué modo.

however [hɑw'ɛvɚ] *adv* in what way; to what degree; except that; but.

adv. sin embargo; de qué modo; por muy (+ adjetivo) que; no obstante; pero.

howl [hɑwl] **1.** *v* to make a long, crying sound. *Ex* Dogs and wolves howl. **2.** *n* a long, crying noise.

1. *v.* aullar; emitir un sonido largo y agudo. **2.** *n.* aullido; grito largo y agudo.

hub [həb] *n* the middle of a wheel.

n. cubo; centro de una rueda.

huddle ['hədl] *v* to crowd closely together, perhaps to get warm.

v. apiñarse; apretarse unos contra otros, tal vez para darse calor.

hug [həg] **1.** *v* to hold someone or something close to you in your arms. **2.** *n* an act of hugging.

1. *v.* abrazar; estrechar algo o a alguien entre los brazos. **2.** *n.* abrazo; acción de abrazar.

huge [hyuwdʒ] *adj* enormous; very big.

adj. enorme; muy grande.

hum [həm] *v* to make a musical sound in your nose as though you are saying m-m-m-m without opening your mouth.

v. canturrear; emitir un sonido musical con la nariz, sin abrir la boca.

human ['hyuwmən] **1.** *n* a man, woman, or child. **2.** *adj* having to do with people, not animals or plants.

1. *n.* humano; hombre, mujer o niño. **2.** *adj.* lo que se refiere a personas y no a animales o a plantas.

human being [hyuwmən 'biɪŋ] *n* a person; a man, woman, or child.

n. ser humano; persona; hombre, mujer o niño.

humble ['həmbl] *adj* meek; the opposite of proud.

adj. humilde; lo contrario de orgulloso.

humidity [hyuw'mɪdəti] *n* the moisture in the air.

n. humedad.

humor ['hyuwmɚ] *n* fun; jokes.

n. humor; bromas.

humorist ['hyuwmɚɪst] *n* someone who makes people laugh at jokes and sayings; a comedian.

n. humorista; persona que hace reír a otros con chistes y dichos; comediante.

humorous ['hyuwmɚəs] *adj* funny; amusing.

adj. humorístico; divertido.

hump [həmp] *n* a lump or large bump; the mound of fat on a camel's back.

n. joroba o chichón grande; montón de grasa en la espalda del camello.

hundred ['həndrəd] *n* the number 100 which is 10 X 10.

n. cien; 10 × 10.

hung [həŋ] *v* a past tense and past participle of hang.

v. pasado o participio pasado de *hang.*

hunger ['həŋgɚ] *n* the need for food.

n. hambre; necesidad de alimento.

hungry ['həŋgri] *adj* feeling the desire or need for food.

adj. hambriento; que siente deseo o necesidad de comer.

hunt [hənt] **1.** *v* to chase after something in order to catch it or shoot it. **2.** *n* a chase after something such as wild game; a search.

1. *v.* cazar; perseguir algo para capturarlo o matarlo. **2.** *n.* caza; persecución de algo, como un gamo salvaje; investigación.

hunter ['həntɚ] *n* someone who hunts wild animals or birds for food or sport.

n. cazador; persona que caza animales salvajes o pájaros para comer o por deporte.

hurdle ['hɚdl] *n* a kind of fence which people or horses have to jump over in races; anything that stops a person's progress.

n. valla; especie de empalizada sobre la que tienen que saltar hombres o caballos en las carreras; barrera; algo que detiene el progreso de una persona.

hurl [hɚl] *v* to throw something hard.

v. lanzar; arrojar algo duro.

hurricane ['hɚəkeyn] *n* a very great windstorm.

n. huracán.

hurry ['hɚi] *v* to move fast in order to get somewhere more quickly, or to finish doing something sooner.

v. apresurar; moverse rápidamente con el fin de llegar a algún sitio, o terminar de hacer algo más rápidamente.

hurt [hɚt] **1.** *v* to give pain. *pt* hurt. *pp* hurt. **2.** *n* pain; grief; an injury.

1. *v.* causar dolor, lastimar. **2.** *n.* daño; pena; lesión.

husband ['həzbṇd] *n* a married man.

hush [həʃ] **1.** *v* to become quiet or silent. **2.** *n* a sudden period of silence.

hustle ['həsl] *v* to hurry; to make someone hurry along by pushing and shoving.

hut [hət] *n* a small, wooden house.

hyphen ['hɑyfṇ] *n* the sign (-) which connects some pairs of words.

hypothesis [hɑy'pɑθəsəs] *n* a theory; an idea which will be discussed and tested.

n. esposo; hombre casado.

1. *v.* callar; quedar tranquilo o en silencio. **2.** *n.* quietud; silencio repentino.

v. apresurar; hacer que alguien se dé prisa empujándolo.

n. cabaña; choza.

n. guión; signo — que conecta dos palabras.

n. hipótesis; teoría; idea para discutir y calibrar.

I [ɑy] *pro* the person who is talking; yourself. *Ex* I am talking to you. I am tired. I am reading a dictionary.

pro. yo; la persona que habla; uno mismo.

ice [ɑys] *n* water which has been frozen solid.

n. hielo; agua solidificada.

ice cream [ɑys 'krim] *n* a frozen food made with milk and sugar.

n. helado; alimento frío hecho con leche y azúcar.

ice skates ['ɑys skeyts] *n* a pair of shoes with blades attached so that they can be used to glide on the ice.

n. patines; calzado provisto de cuchillas que se utiliza para deslizarse por el hielo.

icicle ['ɑysɪkl] *n* a long, thin spike of ice, usually hanging from something.

n. carámbano; estaca delgada de hielo que generalmente cuelga de algo.

icing ['ɑysɪŋ] *n* a sugar coating on cakes and cookies.

n. glaseado; capa de azúcar en pasteles y pastas.

I'd [ɑyd] *cont* I would; I had.

contracción de *I would; I had.*

idea [ɑy'diə] *n* a plan which you think of; a picture in your mind.

n. idea; plan en el que se piensa; representación de la mente.

ideal [ɑy'dil] *adj* perfect; exactly right.

adj. ideal; perfecto; exacto.

identical [ɑy'dɛntəkl] *adj* exactly the same.

adj. idéntico; lo mismo exactamente.

identification [ɪdɛntəfə'keyʃn] *n* cards or papers you carry with you to show who you are.

n. identificación; carnés o papeles que se llevan con uno para demostrar la identidad.

idiot ['ɪdiət] *n* a person whose mind does not work properly; a crazy person.

adj. perezoso; que no trabaja; que no hace nada.

idle ['ɑydl] *adj* lazy; not working; doing nothing.

n. idiota; persona cuya mente no discurre correctamente; loco.

idol ['ɑydl] *n* an image or statue of a person or animal that is worshiped as a god.

n. ídolo; imagen o estatua de una persona o un animal que se adora como a un dios.

if [ɪf] *conj* in case that; whether. *Ex* Please tell me if you can come. I will if I can. If it rains, I will not come.

conj. si; en caso de que.

igloo ['ɪgluw] *n* a hut made of blocks of hard snow. *Ex* Eskimos build igloos to live in.

n. iglú; cabaña hecha con nieve dura.

ignorant ['ɪgnəʔənt] *adj* without knowledge; not knowing.

adj. ignorante; que no sabe; que no tiene conocimiento.

ignore [ɪg'nor] *v* to take no notice; to pretend someone or something is not there.

v. ignorar; desconocer.

ill [ɪl] *adj* sick; not healthy.

adj. enfermo; que no tiene salud.

I'll [ɑyl] *cont* I will.

contracción de *I will.*

illegal [ɪ'ligl] *adj* against the law; unlawful.

adj. ilegal; en contra de la ley.

illuminate [ɪ'luwməneyt] *v* to light; to throw light upon.

v. iluminar; llenar de luz.

illustrate ['ɪləstreyt] *v* to give an example; to draw a helpful picture.

v. ilustrar; dar un ejemplo; dibujar; hacer un dibujo ilustrativo.

illustration [ɪlə'streyʃn] *n* a picture; a drawing; an example.

n. ilustración; cuadro; dibujo; ejemplo.

I'm [ɑym] *cont* I am.

contracción de *I am.*

image ['ɪmɪdʒ] *n* an exact likeness or copy of something; a statue.

n. imagen; retrato exacto o copia de algo; estatua.

imaginary [ɪ'mædʒənɛri] *adj* something you think of that is not real.

adj. imaginario; algo en que se piensa y no es real.

imagine [ɪ'mædʒn] *v* to picture in your mind what something or someone is like.

v. imaginar; dibujar en la mente la imagen de algo o de alguien.

imitate ['ɪməteyt] *v* to copy; to do something the same as someone else.

v. imitar; copiar; hacer algo de la misma manera que otro.

immediately [ɪ'midiətli] *adv* at once.

adv. inmediatamente; en seguida.

immense [ɪ'mɛn(t)s] *adj* enormous; very big.

adj. inmenso; enorme.

immigrate ['ɪməgreyt] *v* to move into a country.

v. inmigrar; trasladarse a un país.

immigration [ɪmə'greyʃn] **1.** *n* moving into a country. **2.** *n* the government office in charge of people moving into or visiting a country.

1. n. inmigración; traslado a otro país. **2.** n. el departamento gubernativo de los Estados Unidos que se encarga de los inmigrantes y de quienes visitan el país.

imperative [ɪm'pɛrətɪv] *n* a kind of sentence which makes a demand. *Ex* Close the door! is an imperative.

n. imperativo; frase con la que se da una orden.

importance [ɪm'pɔrtn̩(t)s] *n* value; significance.

n. importancia; valor; relevancia.

important [ɪm'pɔrtn̩t] *adj* of great value; of great significance; well-known and respected.

adj. importante; de gran valor; muy significativo; bien conocido y respetado.

impossible [ɪm'pɑsəbl̩] *adj* not able to be done.

adj. imposible; que no se puede hacer.

impress [ɪm'prɛs] **1.** *v* to make something stay in someone's mind. **2.** *v* to press a dent or hollow into something.

1. v. inculcar; hacer que permanezca una idea en la mente de alguien. **2.** v. imprimir.

impression [ɪm'prɛʃn̩] **1.** *n* an idea or thought that is fixed firmly in your mind. **2.** *n* marks that are made by pressing or printing.

1. n. impresión; idea o pensamiento que se fija firmemente en la mente. **2.** n. marcas que se hacen presionando o imprimiendo.

impressive [ɪm'prɛsɪv] *adj* making a deep impression on the mind.

adj. impresionante; que produce una profunda impresión en la mente.

improve [ɪm'pruwv] *v* to make better; to become better.

v. mejorar; hacerse mejor.

improvement [ɪm'pruwvmənt] *n* a change for the better.

n. mejora; cambio a mejor.

impudent ['ɪmpyədənt] *adj* not respectful; rude.

adj. descarado; irrespetuoso; rudo.

in [ɪn] **1.** *prep* at the inside of; within. *Ex* Please go in the house right now. **2.** *adv* to or at the inside. *Ex* Please go in now.

1. prep. en; en el interior de; dentro. **2.** adv. al interior.

inch [ɪntʃ] **1.** *n* one twelfth of a foot. **2.** *v* to crawl along very slowly, an inch at a time.

1. n. pulgada; duodécima parte de un pie. **2.** v. avanzar muy lentamente, pulgada a pulgada.

incident ['ɪn(t)sədənt] *n* something that happens; an event.

n. incidente; suceso.

include [ɪn'kluwd] *v* to count something in; to contain. *Ex* Please include me on your list.

v. incluir; contener.

income ['ɪnkəm] *n* the money that comes to you because you work; wages.

n. ingresos; el dinero que se percibe como consecuencia del trabajo; salario.

income tax ['ɪnkəm tæks] *n* a federal, city, or state tax on the money people earn.

n. impuesto sobre la renta; impuesto federal, municipal o estatal sobre lo que se gana.

increase [ɪn'kris] *v* to grow larger in size or number; to make larger in size or number.

v. incrementar; crecer en tamaño o número; hacer crecer en tamaño o número.

indeed [ɪn'did] *adv* without question; as a matter of fact.

adv. efectivamente; sin discusión; en realidad.

indent [ɪn'dɛnt] *v* to skip a few spaces before writing the first line of a new paragraph.

v. sangrar; saltarse unos cuantos espacios antes de escribir la primera línea de un párrafo.

independent [ɪndə'pɛndənt] *adj* not ruled by another person or country.

adj. independiente; no dominado por otra persona o país.

index ['ɪndɛks] *n* a long list in alphabetical order, usually at the end of a book. *Ex* An index lists the numbers of the pages where things are mentioned in a book.

n. índice; lista larga en orden alfabético, que generalmente va al final de un libro.

index finger ['ɪndɛks fɪŋgɚ] *n* the finger right next to the thumb; the finger that is often used for pointing.

n. dedo índice; el próximo al pulgar; dedo que se utiliza a menudo para señalar.

Indian ['ɪndiən] **1.** *n* a person from India; an East Indian. **2.** *n* a person descended from the people who lived in the Americas before the Europeans came; an American Indian.

1. n. indio; nativo de la India. **2.** n. descendiente del pueblo que vivía en América antes de que llegaran los europeos; indio americano.

indignant [ɪn'dɪgnənt] *adj* annoyed or angry about something you think is wrong.

adj. indignado; molesto o enfadado con algo que se considera que no está bien.

individual [ɪndə'vɪdʒəwəl] **1.** *adj* having to do with just one; separate. **2.** *n* a person; one person. *Ex* Do you think that an individual should own two cars?

1. adj. individual; que concierne sólo a uno; separado. **2.** n. personal.

indoor ['ɪndor] *adj* inside a building; the opposite of outdoor.

adj. interior de un edificio; lo contrario de exterior.

indoors [ɪn'dorz] *adv* to or at the inside of a building.

adv. dentro; en el interior de un edificio.

industry ['ɪndəstri] **1.** *n* hard work; constant work. **2.** *n* manufacturing; making things in factories.

1. *n.* trabajo duro o constante. **2.** *n.* industria; manufactura; hacer cosas en una factoría.

infant ['ɪnfnt] *n* a baby; a young child.

n. niño; menor.

infinity [ɪn'fɪnəti] **1.** *n* a number of indefinite size. **2.** *n* an unlimited number, length, or time period.

1. *n.* infinidad; número de magnitud indefinida. **2.** *n.* infinito; número, longitud o período de tiempo ilimitado.

infirmary [ɪn'fəˑmər·i] *n* a small hospital; a place in a school or factory where a person can receive medical treatment.

n. enfermería; hospital pequeño; lugar que hay en los colegios y en las fábricas en donde se puede recibir tratamiento médico.

inflammable [ɪn'flæməbl] *adj* easily set on fire; burnable. *Ex* Paper is inflammable.

adj. inflamable; que arde fácilmente.

influenza [ɪnfluw'ɛnzə] *n* a disease like a cold, but usually worse. It is also called flu.

n. gripe; enfermedad semejante al resfriado, pero más maligna.

inform [ɪn'form] *v* to tell or give information.

v. informar; dar o recibir información.

information [ɪnfəˑ'meyʃn] *n* facts; knowledge; an explanation of something.

n. información; conocimiento; explicación de algo.

infuriate [ɪn'fyuwrieyt] *v* to make very angry.

n. enfurecer; poner furioso.

inhabit [ɪn'hæbət] *v* to live in or occupy.

v. habitar; vivir en.

initial [ɪ'nɪʃl] **1.** *adj* first; beginning. **2.** *n* the first letter of a word or name. *Ex* Gene Jones' initials are G.J.

1. *adj.* inicial; lo primero; el del comienzo. **2.** *n.* la primera letra de una palabra o nombre.

injection [ɪn'dʒekʃn] *n* a shot; the act of sticking a hollow needle into the body and pushing liquid medicine into the body. The medicine is to treat an illness or stop a person from getting one. *Ex* The doctor gave Martha an injection to keep her from getting the flu.

n. inyección; acto de clavar una aguja hueca en el cuerpo para introducir en el mismo un líquido medicinal y curar una enfermedad o prevenirla.

injure ['ɪndʒəˑ] *v* to harm or hurt.

v. herir; lastimar.

injury ['ɪndʒəˑi] *n* a hurt; a wound; an insult.

n. herida; daño, ofensa.

ink [ɪŋk] *n* a colored liquid used in writing with a pen.

n. tinta; líquido coloreado utilizado para escribir con pluma.

inn [ɪn] *n* a small hotel.

n. posada; hotel pequeño.

innocent ['ɪnəsnt] *adj* without guilt.

adj. inocente; sin culpa.

input ['ɪnput] **1.** *n* information given to a person or a group; information given to a computer. **2.** *v* to give information to a computer.

1. *n.* entrada; información que se da a una persona o grupo; información que se da a un ordenador. **2.** *v.* proporcionar información a un ordenador.

inquire [ɪn'kwɑyr] *v* to ask; to ask about something.

v. preguntar; inquirir acerca de algo.

inquisitive [ɪn'kwɪzətɪv] *adj* eager to find out about something; curious; nosey.

adj. inquisidor; ávido por enterarse de algo; curioso; entrometido.

insect ['ɪnsɛkt] *n* a very small animal with six legs. *Ex* Ants, bees, and beetles are insects. Spiders have eight legs and are not really insects.

n. insecto; animal muy pequeño con seis patas.

inside [ɪn'sɑyd] **1.** *prep* in; within. *Ex* The cow is inside the barn. **2.** *adv* to, at, or into the interior of something. *Ex* Please put this inside.

1. *prep.* en; en el interior. **2.** *adv.* hacia o en el interior de algo.

insist [ɪn'sɪst] *v* to demand; to say or ask over and over again.

v. insistir; decir o pedir insistentemente algo.

inspect [ɪn'spɛkt] *v* to look carefully at something; to examine.

v. inspeccionar; examinar; mirar cuidadosamente algo.

inspector [ɪn'spɛktəˑ] **1.** *n* someone who examines things to make sure everything is all right. **2.** *n* a police officer who is in charge of other police officers.

1. *n.* inspector; persona que examina las cosas para asegurarse de que todo está en orden. **2.** *n.* oficial de policía que tiene a su cargo a otros policías.

installment [ɪn'stɔlmənt] **1.** *n* one part of the money owed for something which is to be paid for bit by bit. **2.** *n* one of the parts of a serial story or film; an episode.

1. *n.* plazo; parte del dinero que se abona por algo que hay que pagar poco a poco. **2.** *n.* parte de un serial o una película; episodio.

instantly ['ɪnstəntli] *adv* at once; without delay.

adv. instantáneamente; en seguida; sin dilación.

instead [ɪn'stɛd] **1.** *prep* in place of. *Ex* She wanted red instead of green. **2.** *adv* as a different choice. *Ex* She wanted red instead.

1. *prep.* en vez de. **2.** *adv.* en cambio.

instinct ['ɪnstɪŋkt] *n* the ability to do something without being taught. *Ex* Baby ducks are able to swim by instinct.

n. instinto; habilidad para hacer algo sin que nos lo enseñen.

instruct [ɪn'strəkt] *v* to teach or inform someone.

instructor [ɪn'strəktɚ] *n* a teacher.

instrument ['ɪnstrəmənt] **1.** *n* a tool; a measuring device; a piece of apparatus. **2.** *n* something which makes musical sounds. *Ex* Mary plays the trumpet and other instruments too.

insulation [ɪnsə'leyʃn] **1.** *n* a covering or coating which helps hold in heat. *Ex* My new coat provides good insulation against the cold. Our apartment is cold because the building does not have good insulation. **2.** *n* a covering on an electrical wire or an electronic part to keep it from touching other wires, other parts, or people.

insult 1. *v* [ɪn'səlt] to say something rude or hurtful. **2.** *n* ['ɪnsəlt] something rude said about a person or thing.

insurance [ɪn'ʃɚən(t)s] *n* a contract with a company in which the company promises to pay money if you die or have some other loss.

integer ['ɪntədʒɚ] *n* any whole number including zero and numbers like -1 and -2.

intelligent [ɪn'tɛlədʒn̩t] *adj* smart; good at learning things.

intend [ɪn'tɛnd] *v* to mean to do something, as when you intend to pay someone back.

intense [ɪn'tɛn(t)s] *adj* very great. *Ex* I have an intense dislike for spinach.

interest ['ɪntrəst] **1.** *n* a wish to know more about something. **2.** *n* money paid as a fee for money borrowed. **3.** *v* to cause someone to be curious.

interested ['ɪntɚestəd, 'ɪntrəstəd] *adj* curious; paying attention; involved.

interesting ['ɪntɚestɪŋ, 'ɪntrəstɪŋ] *adj* holding a person's attention. *Ex* That is a very interesting story.

interfere [ɪntɚ'fir] *v* to meddle; to hinder; to try to stop something from going on.

interior [ɪn'tiriɚ] *n* the inside of something.

interjection [ɪntɚ'dʒɛkʃn] *n* a word or a phrase used as an exclamation. *Ex* Good heavens! is an interjection.

intermediate [ɪntɚ'midiət] *adj* at a middle point or level.

intermission [ɪntɚ'mɪʃn] *n* a break or rest period between the parts of a play, concert, opera.

Internal Revenue [ɪntɚn̩l 'rɛvənuw] *n* the name of the department which collects taxes for the federal government.

international [ɪntɚ'næʃn̩l] *adj* having to do with two or more countries; having to do with foreign countries or people from foreign countries. *Ex* Maria is interested in international politics.

interrogative [ɪntɚ'rɑgətɪv] **1.** *adj* questioning; asking a question. **2.** *n* a sentence which asks a question; a question word. *Ex* How, why, and what are interrogatives.

interrupt [ɪntɚ'rəpt] *v* to break in on something which is happening. *Ex* Please don't interrupt me when I am speaking.

intersect [ɪntɚ'sɛkt] *v* to pass through; to cut across. *Ex* Please draw a line that intersects this line.

interstate ['ɪntɚsteyt] **1.** *adj* having to do with something that affects two or more of the U.S. states. **2.** *n* a highway which goes between major cities in the U.S. states; an interstate highway.

interval ['ɪntɚvl] *n* a period of time between two events.

---

v. instruir; enseñar o informar a alguien.

n. instructor; profesor.

1. *n.* instrumento; herramienta; mecanismo de medida, pieza de un aparato. **2.** *n.* instrumento musical; algo que emite sonidos musicales.

1. *n.* aislamiento; abrigo o capa que ayuda a mantener el calor. **2.** *n.* recubrimiento de un hilo eléctrico o una parte electrónica para evitar que entre en contacto con otros hilos, otras partes o que toque a las personas.

1. *v.* insultar; decir algo rudo o hiriente. **2.** *n.* insulto; algo rudo que se dice sobre una persona o cosa.

n. seguro; contrato con una compañía por el que ésta se compromete a abonar una cantidad si uno muere o tiene cualquier otra pérdida.

n. número entero; cualquier número, incluyéndose el cero y los números negativos como -1 y -2.

adj. inteligente; que aprende con facilidad.

v. proponerse; tener intención de hacer algo.

adj. intenso; muy grande.

1. *n.* deseo de saber más sobre algo. **2.** *n.* interés; dinero que se paga como precio de una cantidad prestada. **3.** *v.* interesar; hacer que alguien tenga curiosidad por algo.

adj. interesado; curioso; que presta atención; involucrado.

adj. interesante; que atrae la atención.

v. interferir; entrometerse; entorpecer; tratar de detener algo que está en marcha.

n. interior.

n. interjección; palabra o frase que se utiliza como exclamación.

adj. intermedio; en un punto o nivel medio.

n. descanso; intermedio; interrupción o período de descanso entre las partes de una obra de teatro, un concierto o una ópera.

n. renta pública; nombre del departamento que recolecta impuestos para el gobierno federal de los Estados Unidos.

adj. internacional; relativo a dos o más países; lo que se refiere a países extranjeros o a los súbditos de países extranjeros.

1. *adj.* interrogativo; que plantea una pregunta. **2.** *n.* frase que plantea una pregunta; pregunta.

v. interrumpir; cortar algo que está sucediendo.

v. cruzar; pasar a través; cortar.

1. *adj.* interestatal; referido a lo que afecta a dos o más estados. **2.** *n.* autopista entre las principales ciudades de los Estados Unidos; autopista que une dos o más estados.

n. intervalo; período de tiempo entre dos acontecimientos.

interview ['ɪntɚvyuw] **1.** v to talk with someone; to ask questions of someone. **2.** n a talk with someone, often broadcast or reported in a newspaper.

into ['ɪntuw, ɪn'tuw] prep to the interior; toward the inside of.

introduce [ɪntrə'duws] **1.** v to tell people each other's names when they meet for the first time. **2.** v to bring a new idea into whatever you are talking or writing about.

introduction [ɪntrə'dəkʃn] **1.** n the act of introducing one person to another. **2.** n the act of bringing up a new topic.

invade [ɪn'veyd] v to attack; to go into a place or a country by force.

invalid 1. n ['ɪnvələd] a person who is ill. **2.** adj [ɪn'væləd] false; no longer usable.

invent [ɪn'vɛnt] v to think up or make something which is completely new and has never been thought of before.

investigate [ɪn'vɛstəgeyt] v to try to find out the cause of something; to examine a problem.

investment [ɪn'vɛstmənt] n the placing of money into a bank in order to get the money which the bank pays for the use of the money; money spent in the hope of increasing the amount in the future. Ex Money in the bank is a good investment. Buying a home is a good investment.

invisible [ɪn'vɪzəbl] adj not able to be seen.

invitation [ɪnvə'teyʃn] n asking someone to come to a party or some other event.

invite [ɪn'vayt] v to ask a person to be your guest.

iris ['ayrəs] **1.** n the round, colored part of the eye. **2.** n a garden plant with large flowers and long, pointed leaves.

iron ['ayɚn] **1.** n a strong, gray metal. **2.** n a heavy tool used to take the wrinkles out of clothing. **3.** v to use an iron to take the wrinkles out of clothes.

irony ['ayrəni] n a kind of mockery where the words used do not fit the situation.

irregular [ɪ'rɛgyəlɚ] adj not regular; not following a regular pattern.

irritate ['ɪrəteyt] v to annoy or make angry.

is [ɪz] v a present tense form of the verb be used with the third person singular: he, she, and it.

island ['aylənd] n a piece of land with water all around it.

isle [ayl] n an island.

isn't ['ɪznt] cont is not.

issue ['ɪʃuw] **1.** n a result; a problem. **2.** v to send; to give out something.

isthmus ['ɪsməs] n a narrow strip of land connecting two larger pieces of land.

it [ɪt, ət] **1.** pro a thing talked about before. Ex Give it to me. It is a very large one. **2.** pro a state; a condition; the weather. Ex It is raining. It is hard to believe. How is it going?

italics [ɪ'tælɪks] n a special kind of print which slants to the right. Ex This sentence is in italics.

itch [ɪtʃ] n a tickling feeling on the skin which makes you want to scratch.

it'd ['ɪtəd] cont it would; it had.

it'll ['ɪtl] cont it will.

1. v. entrevistar; hablar con alguien; hacer preguntas a alguien. 2. n. entrevista, charla con alguien a menudo emitida por radio o publicada en una publicación periódica.

prep. en; dentro de; al interior.

1. v. presentar; decir a cada persona el nombre de las demás cuando se reúnen por primera vez. 2. v. lanzar (una idea); comprometer una nueva idea en cualquier cosa sobre la que se esté hablando o escribiendo.

1. n. presentación; acto de presentar una persona a otra. 2. n. acto de sacar a colación un tema nuevo.

v. invadir; entrar por la fuerza en una plaza o en un país.

1. n. inválido; persona enferma. 2. adj. falso; que no se puede seguir usando.

v. inventar; pensar o hacer algo completamente nuevo y que nunca se ha ideado antes.

v. investigar; tratar de encontrar la causa de algo; examinar un problema.

n. inversión; imposición de dinero en un banco para percibir el dinero que abona éste por utilizar ese dinero; dinero que se emplea con la esperanza de incrementar el patrimonio en el futuro.

adj. invisible; que no se puede ver.

n. invitación; acto de pedir a alguien que vaya a una reunión o cualquier otro acontecimiento.

v. invitar; pedir a una persona que sea nuestro huésped.

1. n. iris; parte redonda y coloreada del ojo. 2. n. lirio; planta de jardín con grandes flores y hojas largas y puntiagudas.

1. n. hierro; metal duro y gris. 2. n. plancha; herramienta pesada para alisar las arrugas de las telas. 3. v. planchar.

n. ironía; especie de burla en la cual las palabras utilizadas no se corresponden con la situación.

adj. irregular; que no sigue una pauta regular.

v. irritar; enojar.

forma de la tercera persona de singular del presente de indicativo del verbo to be, utilizada con he, she e it.

n. isla; porción de tierra rodeada de agua por todas partes.

n. isla.

contracción de is not.

1. n. resultado; problema. 2. v. emitir; distribuir algo.

n. istmo; estrecha franja de tierra que une dos porciones de tierra mayores.

1. pro. cosa de la que se habló antes. 2. pro. que al ir con el verbo implicará estado o condición, tiempo atmosférico.

n. cursiva; clase de caracteres de imprenta inclinados a la derecha.

n. picazón; cosquilleo de la piel que produce ganas de rascarse.

contracción de it would; it had.

contracción de it will.

its [ɪts, əts] *pro* belonging to it. *Ex* Where is its lid? Its knob needs polishing.

pro. su; neutro.

it's [ɪts] *cont* it is; it has.

contracción de *it is; it has.*

itself [ɪt'sɛlf] *pro* it and it alone.

pro. él mismo.

I've [ɑyv] *cont* I have.

contracción de *I have.*

ivy ['ɑyvi] *n* a climbing plant which grows on walls, fences, and posts.

n. hiedra; planta trepadora que crece en las paredes, vallas y postes.

jab [dʒæb] *v* to poke or stab at something suddenly.

jacket ['dʒækət] **1.** *n* a short coat. **2.** *n* a loose paper cover on a book.

jagged ['dʒægəd] *adj* having sharp or rough edges.

jail [dʒeyl] *n* a place where people are locked up as a punishment.

jam [dʒæm] *n* fruit cooked together with sugar until it is thick and soft. *Ex* Please give me some jam for my bread.

janitor ['dʒænətɚ] *n* the person who cleans a building and carries the keys to the doors; a custodian.

jar [dʒɑr] *n* a pottery or glass container with a wide opening.

jaw [dʒɔ] *n* the bones of the head in which the teeth grow.

jazz [dʒæz] *n* a kind of lively dance music.

jealous ['dʒɛləs] *adj* wishing you had something someone else has; full of envy.

jeans [dʒinz] *n* trousers made of strong cloth; blue jeans.

jeep [dʒip] *n* a small, open car used by the army.

jeer [dʒir] *v* to make fun of someone in an unkind way.

jelly ['dʒɛli] *n* fruit juice boiled with sugar until it is elastic and wobbly. *Ex* I like peanut butter and jelly sandwiches.

jerk [dʒɚk] *n* a short, sudden movement.

jersey ['dʒɚzi] *n* a knitted sweater, often worn while playing sports.

jet [dʒɛt] **1.** *n* a rush of liquid or gas through a small opening in a pipe or hose. **2.** *n* a kind of airplane without propellers.

jewel ['dʒuwəl] *n* a valuable stone, such as a diamond or emerald.

jeweler ['dʒuw(ə)lɚ] *n* a person whose job is making, repairing, and selling jewelry.

jewelry ['dʒuw(ə)lri] *n* necklaces, bracelets, rings, and other ornaments made of jewels and precious metals such as gold and silver.

jigsaw ['dʒɪgsɔ] *n* a fine saw that can make short curved and straight cuts.

jigsaw puzzle ['dʒɪgsɔ pəzl] *n* a puzzle made of odd-shaped pieces cut by a jigsaw. They are put together to make a picture.

jingle ['dʒɪŋgl] *n* a clinking sound made by coins or bells.

job [dʒɑb] *n* work done, usually for money.

jockey ['dʒɑki] *n* a person, usually a boy or man, who rides a horse in a race.

jog [dʒɑg] **1.** *v* to move along more quickly than walking, but not as fast as running. **2.** *n* a bend or turn in a path or roadway.

v. pinchar; atizar o apuñalar algo repentinamente.

1. *n.* chaqueta. **2.** *n.* sobrecubierta de papel de un libro.

adj. mellado; que tiene filos ásperos.

n. cárcel; lugar donde se encierra a algunas personas como castigo.

n. mermelada; fruta que se cuece con azúcar hasta que queda espesa y blanda.

n. portero; persona que limpia un edificio y guarda las llaves de las puertas.

n. tarro; pote de vidrio de boca ancha.

n. mandíbula; hueso de la boca en el que se insertan los dientes.

n. jazz; cierto tipo de música de baile.

adj. celoso; deseoso de algo que tiene otro; envidioso.

n. pantalones vaqueros; pantalones confeccionados con tela recia.

n. coche pequeño y abierto utilizado por el ejército.

v. burlarse; divertirse a costa de alguien de manera descortés.

n. gelatina; jugo de fruta que se cuece con azúcar hasta que se hace elástico y temblón.

n. sacudida; movimiento corto y repentino.

n. suéter de punto que a menudo se usa para hacer deporte.

1. *n.* chorro de líquido o gas que sale con gran fuerza por un tubo o una manguera estrecha. **2.** *n.* reactor; tipo de avión sin hélices.

n. joya; piedra preciosa como el diamante o la esmeralda.

n. joyero; persona que hace, repara y vende joyas.

n. joyería; collares, brazaletes, anillos y otras prendas de adorno hechas con piedras y metales preciosos, como el oro y la plata.

n. sierra de vaivén que puede hacer cortes rectos y curvados.

n. rompecabezas; puzzle formado por piezas desiguales cortadas con una sierra de vaivén y que, al unirlas, forman un cuadro.

n. cascabeleo; sonido tintineante producido por monedas o campanas.

n. empleo, trabajo que generalmente se hace por dinero.

n. jockey; persona, normalmente un hombre o muchacho, que monta un caballo en una carrera.

1. *v.* trotar; moverse de modo más rápido que andando, pero sin llegar a correr. **2.** *n.* curva o vuelta en un sendero o carretera.

join [dʒoyn] **1.** v to put together or fasten. **2.** v to become a member of a group.

1. v. juntar; poner junto o pegado. **2.** v. hacerse miembro de un grupo.

joint [dʒoynt] n the place where two parts of something come together. Ex Knees and elbows are joints.

n. junta; lugar donde se unen dos partes de algo.

joke [dʒowk] **1.** n something a person does or says to make other people laugh; a short, funny story. **2.** v to tell a short, funny story; to tell funny stories and say funny things with other people.

1. n. broma; chiste, todo lo que una persona hace o dice para hacer reír a otros; historieta graciosa. **2.** v. contar un chiste; contar historietas graciosas en reunión con otras personas.

jolly ['dʒali] adj cheerful; full of fun.

adj. alegre; jovial.

jolt [dʒowlt] **1.** v to move forward in jerky movements. **2.** n a bump; a shaking-up; a shock.

1. v. sacudir; mover con movimientos espasmódicos. **2.** n. porrazo; choque; sacudida.

jostle ['dʒasl] v to push or knock against someone, usually in a crowd.

v. empujar o golpear algo, generalmente en una multitud.

journal ['dʒɚnl] n a magazine or a newspaper.

n. periódico o revista.

journalism ['dʒɚnlɪzm] **1.** n the business of writing or publishing a magazine or a newspaper. **2.** n a school subject where people learn how to write for newspapers or magazines.

n. periodismo. **1.** n. trabajo que consiste en escribir y publicar en un periódico o revista. **2.** n. periodismo; materia escolar en la que se aprende a escribir para periódicos o revistas.

journey ['dʒɚni] n a trip; the act of traveling from one place to another.

n. viaje; acto de trasladarse de un lugar a otro.

jovial ['dʒowviəl] adj cheerful; jolly.

adj. jovial; alegre.

joy [dʒoy] n a feeling of great happiness.

n. alegría; sentimiento de gran felicidad.

judge [dʒədʒ] **1.** n the person in authority in a court of law who decides how to punish someone who has done something wrong. **2.** v to make a decision about someone or something.

1. n. juez; persona que decide cómo castigar a quien ha delinquido. **2.** v. juzgar; tomar una decisión sobre alguien o algo.

judgment ['dʒədʒmənt] n an act of judging; an opinion; a decision.

n. juicio; acto de juzgar; opinión; decisión.

jug [dʒəg] n a heavy container for liquids, sometimes with a handle used for pouring.

n. jarra; recipiente para líquidos; suele tener un asa que se utiliza para agarrarla y servir.

juggler ['dʒəglɚ] n a person who is skilled at balancing things and keeping them moving in the air.

n. malabarista; persona que hace equilibrios con objetos y los mantiene en movimiento en el aire con gran habilidad.

juice [dʒuws] n the liquid in oranges, lemons, tomatoes, and other fruits and vegetables.

n. jugo; zumo; líquido que tienen las naranjas, los limones, los tomates y otras frutas y verduras.

jukebox ['dʒuwkbaks] n a machine which plays phonograph records when you put money into it.

n. gramola; máquina que pone discos cuando se le echan monedas.

jumble ['dʒəmbl] n a mixture of odd things.

n. revoltijo; mezcla de cosas dispares.

jump [dʒəmp] **1.** v to leap off the ground; to leap over something. **2.** n a leap up; a leap over something.

1. v. saltar desde el suelo o sobre algo. **2.** n. salto.

junction ['dʒəŋkʃn] n a place where two or more things meet, such as roads or railroad tracks.

n. empalme; lugar donde se encuentran dos o más cosas, como carreteras o vías de ferrocarril.

jungle ['dʒəŋgl] n a forest in hot countries where plants and trees grow so thickly that it is hard to find a way through.

n. jungla; bosque de los países cálidos donde las plantas y los árboles son tan espesos que es difícil encontrar un camino.

junior ['dʒuwnyɚ] **1.** adj younger; of lower rank. Ex Clara is a junior executive. **2.** n a person who is younger or less important than others. **3.** n a boy or man with the same name as his father.

1. adj. más joven; de menor rango. **2.** n. persona que es más joven o menos importante que otras. **3.** n. hombre o muchacho que se llama igual que su padre.

junk [dʒəŋk] **1.** n something that is of no use or value; rubbish. **2.** n a kind of Chinese sailing ship.

1. n. trasto; algo que no tiene utilidad ni valor; basura. **2.** n. junco; barco chino.

jury ['dʒɚi] n people chosen to make a decision about the facts in a law trial.

n. jurado; conjunto de personas elegidas para que decidan en un juicio.

just [dʒəst] **1.** adj right; fair; reasonable. **2.** adv exactly; completely. **3.** adv almost; barely.

1. adj. justo; equitativo; razonable. **2.** adv. exactamente; completamente. **3.** adv. casi; apenas.

justice ['dʒəstəs] **1.** n fairness; rightness. **2.** n the legal system; a legal judgment. **3.** n a judge; a judge of the U.S. Supreme Court.

1. n. justicia. **2.** n. el sistema legal; un juicio legal. **3.** n. juez; juez del Tribunal Supremo de los Estados Unidos.

K

kaleidoscope [kə'lɑydəskowp] *n* a toy which is a tube which uses mirrors to reflect beautiful designs from bits of colored glass.

n. caleidoscopio; juguete que consiste en un tubo con espejos que reflejan hermosos dibujos de cristales coloreados.

kangaroo [kæŋgə'ruw] *n* an Australian animal which can jump a long way. *Ex* The mother kangaroo has a pocket for her baby.

n. canguro; animal australiano que puede dar grandes saltos.

keep [kip] **1.** *v* to hold on to something and not give it away. *Ex* Please keep this book for me. **2.** *v* to continue; to persist; to remain. *Ex* Please keep quiet! *pt* kept. *pp* kept.

1. *v.* guardar; tomar algo y no soltarlo. **2.** *v.* continuar; persistir; permanecer.

keeper ['kipɚ] *n* someone who looks after or guards something, like a gamekeeper or a keeper at a zoo.

n. guarda; persona que tiene a su cargo algo, como un guardabosque o un guarda del zoo.

kennel ['kɛnl] *n* a small house or a shelter for a dog.

n. caseta (del perro); casita o refugio para el perro.

kept [kɛpt] *v* the past tense and past participle of keep.

v. pretérito y participio pasado de *keep*.

kernel ['kɚnl] *n* the inside part of a nut which can be eaten; a grain of corn.

n. almendra; parte interior comestible de una nuez; grano de maíz.

kerosene ['kɛrəsin] *n* a liquid fuel sometimes used for cooking or heating.

n. keroseno; combustible líquido utilizado a veces para cocinar o calentarse.

ketchup ['kɛtʃəp] *n* a sauce made of tomatoes and spices; the same as catsup.

n. catsup; salsa hecha con tomates y especias.

kettle ['kɛtl] *n* a metal container used for boiling water, sometimes called a teakettle. *Ex* A kettle has a lid, a handle, and sometimes a spout.

n. hervidor; recipiente para hervir agua. A veces se le llama tetera.

key [ki] **1.** *n* a small piece of metal, shaped so that it will open a lock. **2.** *n* a lever on a piano or a typewriter.

1. *n.* llave; pequeño trozo de metal hecho de tal forma que puede abrir una cerradura. **2.** *n.* tecla de un piano o de una máquina de escribir.

keyboard ['kibord] *n* the keys of a piano, organ, or typewriter.

n. teclado; conjunto de teclas de un piano, un órgano o una máquina de escribir.

keyhole ['kihowl] *n* a hole specially shaped so that a key will fit in.

n. ojo de la cerradura; agujero hecho para que pueda entrar la llave.

kick [kɪk] *v* to hit something or someone with the foot. *Ex* He kicked the ball very hard.

v. dar una patada; golpear con el pie a algo o a alguien.

kid [kɪd] **1.** *n* a young goat. **2.** *n* a young child.

1. *n.* cabrito; cría de la cabra. **2.** *n.* chiquillo; niño pequeño.

kidnap ['kɪdnæp] *v* to take someone away by force.

v. secuestrar; llevarse a uno por la fuerza.

kill [kɪl] *v* to cause someone or something to die.

v. matar; causar la muerte a alguien; acabar con algo.

kilogram ['kɪləgræm] *n* a unit of weight equal to 1,000 grams and equal to 2.2046 pounds.

n. kilogramo; unidad de peso equivalente a 1.000 gramos o a 2,2046 libras.

kilometer [kə'lɑmətɚ] *n* a unit of length equal to 1,000 meters and equal to 0.62 miles.

n. kilómetro; unidad de longitud equivalente a 1.000 metros y a 0,62 millas.

kind [kɑynd] **1.** *n* type; sort; variety. **2.** *adj* friendly; good to other people.

1. *n.* clase; tipo, variedad. **2.** *adj.* amable; amistoso; bueno para los demás.

kindergarten ['kɪndɚgɑrtn̩] *n* a school or class for very young children.

n. jardín de infancia; escuela o clase para niños muy pequeños.

king [kɪŋ] *n* a man who rules a country, usually because his family did so before him.

n. rey; persona que rige los destinos de un país, normalmente porque su familia lo hizo antes.

kingdom ['kɪŋdəm] *n* a country ruled by a king or queen.

n. reino; país regido por un rey o una reina.

kiss [kɪs] **1.** *v* to touch with your lips someone you like. **2.** *n* an act of kissing.

1. *v.* besar; rozar con los labios a alguien que nos gusta. **2.** *n.* beso; acción de besar.

kitchen ['kɪtʃn̩] *n* a room where cooking is done.

n. cocina; habitación donde se hace la comida.

kite [kɑyt] *n* a toy made of paper or cloth on light wood. It is flown on the end of a string when it is windy.

n. cometa; juguete hecho con papel o trapo que se monta sobre madera ligera. Se ata al extremo de una cuerda y se eleva cuando se expone al viento.

kitten ['kɪtn̩] *n* a young cat.

n. gatito.

Kleenex ['klinɛks] *n* the trademarked brand name of a soft paper used for wiping the nose or the eyes.

n. Kleenex; marca registrada de un papel suave que se utiliza como pañuelo.

knapsack ['næpsæk] *n* a bag for food and clothing that you carry on your back. *Ex* Some people carry books in a knapsack.

n. mochila; saco para ropas y comida que se lleva a la espalda.

knee [ni] *n* the joint in the middle of the leg.

n. rodilla; articulación que une las dos partes de la pierna.

kneel [nil] *v* to get down on your knees. *pt* knelt. *pp* knelt.

v. arrodillarse.

knelt [nɛlt] *v* the past tense and past participle of kneel.

v. pasado y participio pasado de *kneel.*

knew [nuw] *v* the past tense of know.

v. pretérito de *know.*

knife [nɑyf] *n* a thin, sharp piece of metal with a handle. It is used for cutting. The plural is knives.

n. cuchillo; lámina delgada de metal, con mango, que se usa para cortar.

knit [nɪt] *v* to weave yarn into clothing with long needles.

v. hacer punto; hacer ropa entretejiendo lanas con largas agujas.

knob [nɑb] *n* a round handle, like a door handle.

n. pomo; asa redonda, como el tirador de una puerta.

knock [nɑk] **1.** *v* to hit something hard; to bump into something; to tap on a door with your knuckles. **2.** *n* an act of knocking; the sound of knocking.

1. *v.* golpear algo con fuerza; tropezar con algo; llamar a una puerta con los nudillos. **2.** *n.* golpe; acción de golpear, sonido del golpe.

knot [nɑt] *n* the place where two pieces of string or ribbon have been tied together.

n. nudos; lugar en el que se atan, entre sí, dos trozos de cuerda o cinta.

know [now] *v* to understand and be sure about something you have read or seen. *pt* knew. *pp* known.

v. saber; comprender y estar seguro de algo que se ha leído o visto.

knowledge ['nɑlɪdʒ] *n* what you have learned and what you understand about things.

n. conocimiento; lo aprendido o comprendido acerca de las cosas.

known [nown] *v* the past participle of know.

v. participio pasado de *know.*

knuckle ['nəkl] *n* a finger joint.

n. nudillo; coyuntura de los dedos.

lab [læb] *n* short for the word laboratory.

n. laboratorio; abreviatura de *laboratory*.

label ['leybl] **1.** *n* a small piece of paper or cardboard with writing or printing on it. *Ex* I couldn't tell what was in the can because I couldn't read the label. **2.** *v* to make a label; to put a label on something.

1. *n.* etiqueta; trozo de papel o cartón con algo escrito o impreso. **2.** *v.* etiquetar; nacer una etiqueta o ponerla sobre algo.

labor ['leybɚ] **1.** *n* hard work. **2.** *n* workers; people who work. **3.** *v* to work hard.

1. *n.* trabajo; esfuerzo. **2.** *n.* trabajadores; personas que trabajan. **3.** *v.* laborar; trabajar duramente.

laboratory ['læbrətori] *n* a room or building where scientific tests are done. It is also called a lab.

n. laboratorio; estancia o edificio donde se realizan investigaciones; también se le llama *lab*.

lace [leys] **1.** *v* to fasten your shoestrings. **2.** *n* a special string used to fasten shoes. **3.** *n* material woven with a pretty pattern of holes.

1. *v.* atar los cordones de los zapatos. **2.** *n.* cordón; cuerda especial para atarse los zapatos. **3.** *n.* encaje.

lad [læd] *n* a boy.

n. chico; chaval.

ladder ['lædɚ] *n* a set of wooden or metal rungs between two long pieces of wood or metal. *Ex* Ladders are used for climbing up or down.

n. escalera; conjunto de peldaños de madera o metal entre dos largos trozos metálicos o de madera.

ladle ['leydl] *n* a spoon shaped like a small cup with a long, straight handle. *Ex* Ladles are used for serving soup or other liquids.

n. cazo; especie de cuchara con forma de taza y mango largo y recto.

lady ['leydi] *n* another word for woman.

n. mujer; como *woman*.

lag [læg] *v* to follow along slowly behind others.

v. rezagarse; ir lentamente detrás de otros.

laid [leyd] *v* the past tense and past participle of lay.

v. pretérito y participio de *lay*.

lain [leyn] *v* the past participle of lie.

v. participio pasado de *lie*.

lake [leyk] *n* a very large pool of water with land all around it.

n. lago; porción de agua rodeada de tierra por todas partes.

lamb [læm] *n* a young sheep.

n. cordero; cria de la oveja.

lame [leym] *adj* not able to walk easily because you have hurt your leg or your foot.

adj. cojo; que no puede andar con facilidad por tener lesionada la pierna o el pie.

lamp [læmp] **1.** *n* a decorative device which holds a light, usually electric. **2.** *n* an electric light bulb.

1. *n.* lámpara; aparato decorativo que tiene luz, normalmente eléctrica. **2.** *n.* bombilla eléctrica.

lance [læn(t)s] **1.** *n* a long spear. **2.** *v* to cut open a boil so that the fluid can drain away.

1. *n.* lanza; arpón largo. **2.** *v.* sajar; dar un corte en un forúnculo para drenar el líquido.

land [lænd] **1.** *n* the parts of the earth that are not covered by water. **2.** *v* to come down from the air onto the land or water; for a ship to come to shore.

1. *n.* tierra; parte de la tierra que no está cubierta de agua. **2.** *v.* aterrizar; bajar desde el aire a tierra o al agua; venir a la orilla un barco.

landing ['lændɪŋ] **1.** *n* coming back to land from the sea or the air. **2.** *n* the place where boats tie up at shore. **3.** *n* the floor at the top of the stairs.

1. *n.* desembarco; vuelta a tierra desde un barco o avión. **2.** *n.* embarcadero; sitio de la costa en el que se amarran los barcos. **3.** *n.* rellano.

landlady ['lændleydi] *n* a woman who owns a house or apartment where other people pay to live.

n. casera; mujer que posee una casa o apartamento donde viven otras personas mediante pago.

landlord ['lændlord] *n* a man who owns a house or apartment where other people pay to live.

n. casero; hombre que posee una casa o apartamento donde viven otras personas mediante pago.

lane [leyn] **1.** *n* a little road, usually in the country. **2.** *n* one of the pathways for vehicles on a very wide road. *Ex* Please keep in your own lane.

1. *n.* camino vecinal, generalmente está en el campo. **2.** *n.* carril; cada uno de los espacios individuales por donde pueden circular los vehículos en una carretera muy ancha.

language ['læŋgwɪdʒ] **1.** *n* human speech or writing. **2.** *n* the kind of speech used in a particular country, such as German in Germany or French in France.

1. *n.* lenguaje; habla o escritura de los humanos. **2.** *n.* idioma; modo de hablar en un determinado país, como el alemán en Alemania o el francés en Francia.

lantern ['læntɚn] *n* a metal and glass container for a lighted candle or other flame; a very large electric flashlight.

n. linterna; recipiente de metal y vidrio con una fuente de luz en su interior; faro; farol.

lap [læp] **1.** *n* the top part of your legs when you are sitting. **2.** *n* one time around a racetrack or a swimming pool.

lard [lɑrd] *n* fat from pigs, used in cooking.

large [lɑrdʒ] *adj* big; very big.

laser ['leyzɚ] *n* a very powerful kind of light beam. This word is an acronym for *light amplification by stimulated emission of radiation.*

lash [læʃ] **1.** *v* to hit someone with a whip; to tie up firmly. **2.** *n* a whip. **3.** *n* an eyelash.

lasso ['læsow] *n* a long rope with a big loop at one end. *Ex* A lasso is used to catch wild horses and cattle.

last [læst] **1.** *adj* coming at the end; after all others. **2.** *v* to hold out or endure; to continue to live.

late [leyt] *adj* behind time; not early.

lather ['læðɚ] *n* a foam made by using soap and water together.

latitude ['lætətuwd] *n* the distance north or south of the equator measured in degrees. The equator is at zero degrees latitude. *Ex* Washington, D.C. is at approximately 39 degrees north latitude.

laugh [læf] **1.** *v* to make a noise to show you feel happy or think something is funny. **2.** *n* a noise people make when something is funny.

launch [lɔntʃ] **1.** *v* to start something on its way, such as a ship or a rocket. **2.** *n* a large, open motorboat.

laundromat ['lɔndrəmæt] *n* a place where laundry is taken to be washed in coin-operated washers and dryers.

laundry ['lɔndri] **1.** *n* the place where dirty clothes are washed. **2.** *n* dirty clothes which are waiting to be washed; clothes which have just been washed.

lava ['lɑvə] *n* rock which has flowed out of a volcano in a liquid form.

lavatory ['lævətori] **1.** *n* a room containing a washbasin and a toilet; a bathroom. **2.** *n* a washbasin.

lavender ['lævəndɚ] *n* a light purple color.

law [lɔ] **1.** *n* a rule which tells people what they can or cannot do; all of the rules of government. In the U.S. there are federal, state, and local laws. **2.** *n* the study of the rules of government.

lawn [lɔn] *n* a smooth area of grass which is cut and looked after carefully.

lawn mower ['lɔn mowɚ] *n* a machine used to cut the grass on a lawn.

lawyer ['loyɚ] *n* a person who takes care of another person's legal matters.

lay [ley] **1.** *v* to put something down. *pt* laid. *pp* laid. **2.** *v* the past tense of lie.

layer ['leyɚ] *n* a flat covering or thickness. *Ex* Please bake me a layer cake.

lazy ['leyzi] *adj* not wanting to work; not wanting to make any effort.

lead [lid] **1.** *v* to be first; to show other people the way. *pt* led. *pp* led. **2.** *n* [lɛd] a heavy, soft, gray metal.

leader ['lidɚ] *n* a person who is in front or at the head of a group of people.

leaf [lif] *n* the flat, green part of a plant or tree. The plural is leaves.

1. *n.* regazo; la parte superior de las piernas cuando está uno sentado. **2.** *n.* vuelta a una pista de carreras o a una piscina.

n. manteca de cerdo que se utiliza en la cocina.

adj. grande; muy grande.

n. láser; un tipo de rayo muy potente. La palabra es acrónimo de la traducción inglesa de «amplificación de la luz mediante emisión estimulada de radiación».

1. *v.* azotar; golpear a alguien con un látigo; amarrar; atar firmemente. **2.** *n.* azote. **3.** *n.* pestaña.

n. lazo; cuerda larga con una gran lazada en un extremo.

1. *adj.* último; que llega al final, después de todos los otros. **2.** *v.* durar; aguantar; resistir; continuar viviendo.

adj. tarde; después de la hora; lo contrario de temprano.

n. espuma formada con jabón y agua.

n. latitud; distancia desde el norte o desde el sur, al Ecuador, medida en grados. El Ecuador está en la latitud 0° grados.

1. *v.* reír; hacer un ruido especial para demostrar felicidad o porque se piensa que algo es gracioso. **2.** *n.* risa; ruido que la gente hace cuando cree que algo tiene gracia.

1. *v.* lanzar; hacer que un objeto comience su andadura, como botar un barco o lanzar un cohete. **2.** *n.* lancha; bote de motor, grande y abierto.

n. lavandería automática; lugar donde se lava la ropa en máquinas que funcionan con monedas.

1. *n.* lavandería; lugar donde se lava la ropa; **2.** *n.* ropa sucia, que se ha de lavar o acaba de lavarse.

n. lava; roca que sale de un volcán en forma líquida.

1. *n.* aseos; estancia en la que hay un lavabo y un retrete; cuarto de baño. **2.** *n.* lavabo.

n. lavanda; un color morado claro.

1. *n.* ley; regla que dice a la gente lo que se puede o no se puede hacer; conjunto de reglas del Estado. **2.** *n.* derecho; estudio de las leyes.

n. césped; área mullida de hierba que se corta y cuida con esmero.

n. cortacésped; máquina para cortar el césped.

n. abogado; persona que tiene a su cargo los asuntos legales de otra.

1. *v.* derribar; echar algo. **2.** *v.* pasado de *lie.*

n. capa o espesor.

adj. perezoso; que no desea trabajar o hacer el menor esfuerzo.

1. *v.* dirigir; ser el primero; conducir; mostrar el camino a otros. **2.** *n.* plomo; metal gris, pesado y blando.

n. líder; persona que está al frente o a la cabeza de un grupo o un pueblo.

n. hoja; parte verde de una planta o árbol.

leak [lik] **1.** *v* for a liquid to escape from a hole or a crack. **2.** *n* the accidental escape of a fluid from a hole or crack in a pipe or container.

lean [lin] **1.** *adj* thin; without fat. **2.** *v* to rest against something; to tilt against something; to place something against something else at a slant.

leap [lip] *v* to jump up; to jump over.

leap year ['lip yir] *n* a year with 366 days, having 29 days in February. *Ex* Leap year comes every four years.

learn [lɚn] *v* to find out about things or how to do something.

lease [lis] *n* a written contract which states that you have the right to use certain property which is not yours.

least [list] **1.** *n* the smallest amount. *Ex* That was the least we could do. **2.** *adj* the smallest in size or importance.

leather ['lɛðɚ] *n* the skin of animals, used to make things like shoes and gloves.

leave [liv] **1.** *v* to go away from somewhere. **2.** *v* to let something stay where it is. *pt* left. *pp* left.

lecture ['lɛktʃɚ] *n* a talk given to an audience or a class at school.

lecturer ['lɛktʃɚ] *n* a person who gives a lecture; a person who teaches a class.

led [lɛd] *v* the past tense and past participle of lead.

ledge [lɛdʒ] *n* a narrow shelf.

left [lɛft] **1.** *adj* the opposite side of right. *Ex* When you face north, west is on your left side. **2.** *v* the past tense and past participle of leave.

leg [lɛg] **1.** *n* the part of the body which joins on to the foot. *Ex* Human beings have two legs. **2.** *n* one of the pieces of wood that hold up a chair or table.

legal ['ligl] **1.** *adj* in keeping with the law; lawful. **2.** *adj* having to do with laws.

legend ['lɛdʒnd] *n* a story from long ago which may or may not be true.

legion ['lidʒn] *n* a large group of soldiers; a large number.

lemon ['lɛmən] *n* a sour, yellow citrus fruit.

lemonade [lɛmən'ɑyd] *n* a drink made from lemon juice and sugar.

lend [lɛnd] *v* to let someone have something of yours which will be given back. *pt* lent. *pp* lent.

length [lɛŋ(k)θ] *n* how long something is.

lengthen ['lɛŋ(k)θn] *v* to make longer; to grow longer.

lens [lɛnz] *n* a curved piece of glass used in eyeglasses or in instruments such as telescopes and cameras. The plural is lenses.

lent [lɛnt] *v* the past tense and past participle of lend.

less [lɛs] *adj* a smaller amount.

lesson ['lɛsn] *n* something to be learned.

let [lɛt] *v* to agree that someone may do something; to give permission. *pt* let. *pp* let.

let's [lɛts] *cont* let us.

letter ['lɛtɚ] **1.** *n* one of the symbols used to write words. *Ex* Our alphabet has 26 letters. **2.** *n* a written message that is put in an envelope.

1. *v.* rezumar un líquido a través de un agujero o una rotura. **2.** *n.* escape de agua accidental; escape de un fluido por un agujero o rotura de una tubería o recipiente.

1. *adj.* magro; sin grasa. **2.** *v.* apoyarse; descansar apoyado contra algo; apoyar contra algo; apoyar inclinadamente unas cosas sobre otras.

v. brincar; saltar.

n. año bisiesto; año de 366 días en el que febrero tiene 29.

v. aprender cosas o la manera de hacer algo.

n. arrendamiento; contrato escrito por el que uno puede hacer uso de una propiedad que no le pertenece.

1. *n.* lo menos; la cantidad más pequeña. **2.** *adj.* lo menor en tamaño o importancia.

n. cuero; piel de los animales utilizada para fabricar objetos, como zapatos o guantes.

1. *v.* abandonar; irse de alguna parte. **2.** *v.* dejar que algo se quede donde está.

n. conferencia; charla o clase dada a un auditorio.

n. conferenciante; profesor; persona que da una clase o conferencia.

v. pasado y participio pasado de *lead*.

n. repisa; anaquel estrecho.

1. *adj.* izquierda; lo opuesto a derecha. **2.** *v.* pasado y participio pasado de *leave*.

1. *n.* pierna; parte del cuerpo que se une con el pie. **2.** *n.* pata; uno de los trozos de madera que sujeta a una silla o a una mesa.

1. *adj.* legal; que está de acuerdo con la ley. **2.** *adj.* lo referente a las leyes.

n. leyenda; historia de tiempos remotos que puede ser cierta o no.

n. legión; grupo grande de soldados. Un gran número.

n. limón; fruta amarilla y ácida, del grupo de los cítricos.

n. limonada; bebida hecha con zumo de limón y azúcar.

v. prestar; permitir que alguien tenga algo que nos pertenece y que nos devolverá.

n. longitud; largura de una cosa.

v. alargar; hacer más largo; crecer.

n. lente; pieza curva de vidrio que se utiliza en las gafas o en instrumentos como los telescopios y las cámaras fotográficas.

v. pasado y participio pasado de *lend*.

adj. menos; cantidad menor.

n. lección; lo que se ha de aprender.

v. permitir; estar de acuerdo con que alguien haga algo; dar permiso.

contracción de *let us*.

1. *n.* letra; cada uno de los símbolos que se emplean para escribir palabras. **2.** *n.* carta; mensaje escrito que se mete en un sobre.

lettuce ['lɛtəs] *n* a garden plant with large green leaves which you can eat without cooking. *Ex* Lettuce is used in salads.

n. lechuga; hortaliza de grandes hojas verdes que se puede comer cruda.

level ['lɛvl] *adj* flat; with no bumps; parallel to the horizon.

adj. llano; sin protuberancias; paralelo al horizonte.

lever ['lɛvɚ] *n* a bar pushed down at one end so that it lifts something on the other end.

n. palanca; barra que al empujarla hacia abajo, en un extremo, levanta algo que hay en el otro.

liar ['layɚ] *n* a person who tells lies.

n. mentiroso; persona que dice mentiras.

liberty ['lɪbɚti] *n* freedom to do as you think is right.

n. libertad para hacer lo que se quiera.

librarian [lay'brɛriən] *n* a person who is trained to work in a library.

n. bibliotecario; persona a la que se ha preparado para trabajar en una biblioteca.

library ['laybrɛri] *n* a room or a building full of books.

n. biblioteca; habitación o edificio lleno de libros.

license ['laysn̩(t)s] *n* a special piece of printed paper that you must have before you can do certain things. *Ex* You need a license to go fishing, or to drive a car.

n. licencia; documento especial que debemos conseguir para que nos permitan hacer ciertas cosas.

lick [lɪk] *v* to touch something with your tongue, like a lollipop or an ice cream cone.

v. lamer; tocar algo con la lengua, como un pirulí o un helado.

licorice ['lɪkrɪʃ] *n* a black candy with a rubbery feeling.

n. regaliz; caramelo negro, de textura gomosa.

lid [lɪd] *n* the top which can be taken off something, such as a box or a saucepan.

n. tapadera; parte superior de algo que puede quitarse, como de una caja o de una cacerola.

lie [lay] **1.** *v* to say something that you know is not true. *pt* lied. *pp* lied. **2.** *v* to rest flat; to recline. *pt* lay. *pp* lain.

1. *v.* mentir; decir algo que se sabe que no es verdad. **2.** *v.* echarse; estar tumbado.

life [layf] *n* the time between birth and death. The plural is lives.

n. vida; tiempo que transcurre entre el nacimiento y la muerte.

lifeboat ['layfbowt] *n* a special boat kept ready to rescue people who have been shipwrecked.

n. bote salvavidas; bote especial preparado para rescatar a los náufragos.

lifeguard ['layfgard] *n* a person whose job is to watch over swimmers at the beach or at a pool.

n. vigilante; persona que vigila a los nadadores en la playa o en la piscina.

lift [lɪft] *v* to move or raise something up.

v. levantar; mover algo hacia arriba.

light [layt] **1.** *adj* not heavy. **2.** *n* something which shines brightly so that the darkness is gone. *Ex* Please turn the light out.

1. *adj.* ligero; no pesado. **2.** *n.* luz; algo que brilla tan intensamente que hace desaparecer la oscuridad.

light bulb ['layt bəlb] *n* a hollow glass ball which can be screwed into an electric lamp. *Ex* The wires inside the light bulb give off light when the lamp is turned on.

n. bombilla; bola hueca de vidrio que se puede enroscar en una lámpara eléctrica.

lighten ['laytn̩] **1.** *v* to cause to be less heavy. **2.** *v* to make less dark.

1. *v.* aligerar; hacer que pese menos. **2.** *v.* iluminar; hacer menos oscuro.

lighter ['laytɚ] **1.** *adj* not as heavy. **2.** *n* something used to make fire, such as a cigarette lighter.

1. *adj.* menos pesado. **2.** *n.* mechero.

lightly ['laytli] *adj* gently; not heavily.

adj. ligeramente; levemente.

lightning ['laytnɪŋ] *n* a sudden bright flash of light in the sky when there is a thunderstorm.

n. relámpago; destello repentino de luz que se produce en el cielo durante las tormentas.

likable ['laykəbl] *adj* pleasant; easy to get along with. Also spelled likeable.

adj. simpático; que es fácil llevarse bien con él. Se dice también *likeable.*

like [layk] **1.** *v* to be fond of; to be pleased with. **2.** *prep* the same as; almost the same as.

1. *v.* gustar; ser aficionado a; estar a gusto con. **2.** *prep.* como; semejante, casi lo mismo que.

likely ['laykli] **1.** *adj* probable; expected to happen. **2.** *adv* probably.

1. *adj.* probable; que se espera que suceda. **2.** *adv.* probablemente.

lily ['lɪli] *n* a tall garden plant with large white or brightly colored flowers.

n. azucena; planta de jardín que tiene flores grandes blancas o de brillante colorido.

limb [lɪm] *n* an arm or a leg; a branch.

n. miembro; un brazo o una pierna; una rama.

lime [laym] **1.** *n* a white powder made from limestone, used for making mortar. **2.** *n* a green citrus fruit.

1. *n.* cal; polvo blanco sacado de la piedra caliza que se emplea para hacer mortero. **2.** *n.* lima; fruta verde, de la familia de los cítricos.

limit ['lɪmət] *n* the place where something ends.

n. límite; lugar donde termina algo.

limp [lɪmp] **1.** *adj* without stiffness; wilted. **2.** *v* to walk in a lame way.

line [layn] *n* a thin mark; a wire such as a telephone line or an electric power line.

linen ['lɪnən] **1.** *n* cloth made from the flax plant. **2.** *n* sheets, pillowcases, towels, and other household items made of cloth.

linger ['lɪŋgɚ] *v* to hang about; to delay leaving.

link [lɪŋk] *n* one of the rings in a chain.

linoleum [lə'nowliəm] *n* a stiff, shiny floor covering. *Ex* Sometimes linoleum is used on drainboards.

lint [lɪnt] *n* bits of fluff which gather on clothing or carpets.

lion ['layən] *n* a strong and dangerous wild animal, like a very big cat.

lioness ['layənəs] *n* a female lion.

lip [lɪp] *n* one of the two soft edges of the mouth. *Ex* You have an upper lip and a lower lip.

lipstick ['lɪpstɪk] *n* a kind of crayon in a case, used by girls and women to color their lips red or pink.

liquid ['lɪkwɪd] *n* anything which is wet and flows like water.

list [lɪst] *n* words or bits of information placed under each other in a column. *Ex* There are twelve items on my shopping list.

listen ['lɪsn] *v* to try to hear something.

liter ['litɚ] *n* a unit of liquid measure equal to 1.057 quarts.

literature ['lɪtɚətʃɚ] **1.** *n* poems, stories, and books. **2.** *n* any writing or explanation. *Ex* Did your new lawn mower come with any literature on how to operate it?

litter ['lɪtɚ] **1.** *n* rubbish or wastepaper left lying about. **2.** *n* all the babies born to a mother animal at one time.

litterbug ['lɪtɚbəg] *n* a name for a person who is careless and leaves rubbish lying about.

little ['lɪtl] *adj* not big; small.

live [lɪv] **1.** *v* to have life; to be alive. **2.** *adj* [layv] living; not dead; alive.

lively ['layvli] *adj* jolly; active; full of life.

liver ['lɪvɚ] *n* an inside part of the body; an organ of the body.

living room ['lɪvɪŋ ruwm] *n* a room with comfortable furniture where the family gathers together to talk, read, watch television, or entertain visitors.

lizard ['lɪzɚd] *n* a scaly reptile with four legs.

load [lowd] **1.** *n* all that can be carried at one time, like a load of bricks or a load of bananas. **2.** *v* to put bullets into a gun to make it ready for shooting.

loaf [lowf] *n* a shaped mass of baked bread.

loan [lown] **1.** *v* to lend. **2.** *n* something lent; something borrowed.

loathe [lowð] *v* to hate or despise greatly.

lobby ['labi] *n* the entrance hall in a large building.

lobster ['labstɚ] *n* a shellfish with two large, strong claws.

local ['lowkl] *adj* nearby; near or close by a certain place.

1. *adj*. fláccido; sin rigidez; marchito. **2.** *v*. cojear.

n. trazo; marca fina; hilo de una línea telefónica o de un tendido eléctrico.

1. *n*. lino; tejido de lino. **2.** *n*. sábanas; fundas de almohada, toallas y otras prendas de la casa; ropa blanca.

v. demorarse; haraganear; rezagarse.

n. eslabón; cada uno de los anillos de una cadena.

n. linóleo; recubrimiento para el suelo, duro y brillante.

n. pelusa que sale de tejidos o alfombras.

n. león; animal salvaje fuerte y peligroso, parecido a un gato grande.

n. leona; hembra del león.

n. labio; uno de los bordes blandos de la boca.

n. barra de labios; especie de lápiz en un estuche que utilizan las chicas y las mujeres para colorear sus labios de rojo o de rosa.

n. líquido; todo lo que es húmedo y fluye, como el agua.

n. lista; palabras o unidades de información colocadas ordenadamente en una columna.

v. escuchar; tratar de oír algo.

n. litro; unidad de medida para líquidos, igual a 1,057 cuartos de galón.

1. *n*. literatura; poemas, relatos y libros. **2.** *n*. cualquier escrito o aclaración.

1. *n*. desperdicios o papelotes abandonados aquí y allá. **2.** *n*. camada; todos los vástagos que un animal hembra da a luz a un mismo tiempo.

n. nombre que se da a la persona descuidada que tira desperdicios y papeles al suelo.

adj. pequeño; no grande.

1. *v*. vivir; tener vida; estar vivo. **2.** *adj*. vivo; no muerto.

adj. jovial; activo; lleno de vida.

n. hígado; órgano del cuerpo.

n. cuarto de estar; habitación amueblada cómodamente, en la que se reúne la familia para charlar, leer, ver la televisión o recibir a las visitas.

n. lagarto; reptil con escamas y cuatro patas.

1. *n*. carga; todo lo que se puede transportar de una vez, como una carga de ladrillos o una carga de plátanos. **2.** *v*. cargar; meter balas en un fusil para prepararlo para disparar.

n. barra de pan; masa de pan cocido con forma.

1. *v*. prestar. **2.** *n*. préstamo; lo prestado.

v. aborrecer o despreciar intensamente.

n. vestíbulo de un edificio grande.

n. langosta; marisco con dos pinzas grandes y potentes.

adj. local; cercano o junto a un lugar determinado.

lock [lɑk] *n* a strong fastening for a door or gate that can only be opened with a key.

n. cerradura; cierre fuerte de una puerta o verja que sólo se puede abrir con una llave.

locker ['lɑkɚ] *n* a place where you can lock up your clothing or books. *Ex* I can't remember which gym locker is mine.

n. taquilla; lugar donde se pueden guardar con llave ropas o libros.

locomotive [lowkə'mowtɪv] *n* a train engine, especially an old one which runs on steam power.

n. locomotora; motor de tren especialmente el modelo antiguo que funciona a vapor.

locust ['lowkəst] *n* an insect something like a large grasshopper. *Ex* Locusts destroy crops.

n. langosta; insecto parecido al saltamontes.

lodge [lɑdʒ] *n* a small house in the country. *Ex* Hunters stay overnight in a lodge.

n. casa pequeña en el campo.

loft [lɔft] *n* a large space under the roof which can be used for storage or large projects. *Ex* Chin Wu takes ballet lessons in a loft on Clark Street.

n. desván; espacio grande bajo el tejado, que se puede utilizar como almacén o para proyectos que precisan de gran espacio.

log [lɔg] **1.** *n* a thick, round piece of wood. **2.** *n* a record book for all of the things which happen aboard ship.

1. *n.* tronco; trozo de madera redondo y grueso. **2.** *n.* cuaderno de bitácora; libro en el que se registra todo lo que acontece a bordo de un barco.

loiter ['loytɚ] *v* to linger; to dawdle; to hang around.

v. vagar; callejear; holgazanear.

lollipop ['lɑlipɑp] *n* a large piece of candy on the end of a stick.

n. pirulí; caramelo colocado en el extremo de un palillo.

lone [lown] *adj* single; the only one.

adj. solo; el único.

lonely ['lownli] *adj* feeling sad because you are alone.

adj. soledad; sentimiento de tristeza que provoca el estar solo.

long [lɔŋ] *adj* of a large distance.

adj. largo.

long division [lɔŋ dɪ'vɪʒn] *n* divison in mathematics where all of the steps are performed and are shown on your paper.

n. división; en matemáticas, división en la que hay que cumplimentar todos los pasos y reflejarlos en el papel.

longhand ['lɔŋhænd] **1.** *n* the kind of writing where the letters flow together; cursive writing. **2.** *adj* having to do with writing that flows together; not printed letter by letter.

1. *n.* escrito a mano; tipo de escritura en el que las letras van ligadas unas a otras; escritura cursiva. **2.** *adj.* relativo a la escritura manual.

longitude ['lɔndʒətuwd] *n* east and west distance measured in degrees. *Ex* Greenwich, England is at zero degrees longitude.

n. longitud; distancia al este y al oeste medida en grados.

look [lʊk] *v* to watch; to try to see.

v. mirar; tratar de ver.

loom [luwm] *n* a machine for weaving thread into cloth.

n. telar; máquina para fabricar tejido a partir de hilos.

loop [luwp] *n* a ring of wire, string, or ribbon.

n. lazo de alambre, cuerda o goma.

loose [luws] *adj* the opposite of tight; not properly fastened.

adj. suelto; lo opuesto a tenso; que no se ha apretado suficiente.

loosen ['luwsn̩] *v* to make something less tight; to grow less tight.

v. aflojar; relajar; hacer que algo esté menos tenso.

lose [luwz] *v* to be responsible for something's disappearance; not to be able to find something. *pt* lost. *pp* lost.

v. perder; ser responsable de la desaparición de algo; ser incapaz de encontrar algo.

loss [lɔs] *n* the lack of something that you once had; a disappearance; the death of someone you love.

n. pérdida; carencia de algo que se tuvo; desaparición; muerte de un ser querido.

lost [lɔst] *v* the past tense and past participle of lose.

v. pasado y participio pasado de *lose.*

lost and found ['lɔst ən 'fawnd] *n* a place where things people find are put. *Ex* If you lose a glove, you should check the lost and found.

n. depósito de objetos perdidos.

lot [lɑt] **1.** *n* a large number; a great many. **2.** *n* a piece of land; a section of land where a house can be built.

1. *n.* muchos; en gran número. **2.** *n.* solar; porción de terreno; parcela, parte de un terreno donde se puede construir una casa.

lotion ['lowʃn] *n* a soothing liquid medicine that you can put on sore places on your skin.

n. loción; líquido medicinal calmante que se pone sobre las partes doloridas de la piel.

lotus ['lowtəs] *n* a water lily that grows in some hot countries.

n. loto; lirio acuático que crece en algunos países cálidos.

loud [lawd] *adj* noisy; easily heard.

adj. ruidoso; en voz alta; que se oye con facilidad.

loudspeaker ['lawdspikɚ] *n* the part of a radio, record player, or P.A. system that makes the sound.

n. altavoz; el elemento de una radio, tocadiscos o sistema que reproduce el sonido.

lounge [lawndʒ] **1.** *n* a room with comfortable chairs in a club, hotel, or other building. **2.** *v* to lie about in a lazy way.

1. *n.* salón; estancia con asientos confortables de un club, hotel u otros edificios. **2.** *v.* repanchigarse, estar tirado de manera perezosa.

lovable ['ləvəbl] *adj* worth loving; cute and cuddly.

adj. adorable; mono y cariñoso.

love [ləv] **1.** *v* to be very fond of; to like someone or something very much. **2.** *n* a strong feeling of fondness that you have for someone.

1. *v.* amar; estar muy apegado a; gustar mucho algo o alguien. **2.** *n.* amor; sentimiento de intenso cariño hacia alguien.

lovely ['ləvli] *adj* beautiful; pretty; nice.

adj. hermoso; bonito; lindo.

low [low] *adj* not high; not tall.

adj. bajo; no alto.

lower ['lowɚ] **1.** *adj* not as high. **2.** *v* to let down; to bring down. *Ex* You should lower the flag at night.

1. *adj.* más bajo; no tan alto. **2.** *v.* bajar; arriar.

loyal ['loyəl] *adj* faithful; true to someone.

adj. fiel; leal a alguien.

luck [lək] *n* something that happens by chance. *Ex* I had bad luck fishing, and I caught nothing.

n. suerte; algo que sucede por casualidad.

lucky ['ləki] *adj* having good luck.

adj. afortunado; que tiene suerte.

luggage ['ləgɪdʒ] *n* baggage; suitcases and trunks. *Ex* His luggage is new.

n. equipaje; maletas y baúles.

lukewarm ['luwk'worm] *adj* between cool and warm.

adj. tibio; entre caliente y frío.

lumber ['ləmbɚ] *n* timber; timber which has been cut into boards.

n. madera; madera cortada en tablones.

lump [ləmp] *n* a piece of something, usually without any special shape, like a lump of clay or dough.

n. trozo; pedado de algo, normalmente sin tener forma especial, como un pedazo de arcilla o pasta.

lunar ['luwnɚ] *adj* having to do with the moon.

adj. lunar; relativo a la luna.

lunch [ləntʃ] *n* the meal eaten at midday.

n. almuerzo; comida del mediodía.

lunch box ['ləntʃ baks] *n* a box used for carrying a lunch to school or work.

n. tartera; recipiente para llevarse la comida al colegio o al trabajo.

lunchroom ['ləntʃruwm] *n* the room in a school or other place where lunch is eaten; a cafeteria.

n. comedor; estancia de la escuela o de otro lugar donde se almuerza; cafetería.

lunge [ləndʒ] **1.** *v* to make a sudden thrust or rush at something. **2.** *n* a jump or a rush at something or someone.

1. *v.* arremeter; acometer repentinamente contra algo. **2.** *n.* envestida o empujón a algo o alguien.

lurch [lɚtʃ] *v* to jerk forward or to one side.

v. dar sacudidas; tambalearse; dar tumbos hacia adelante o a un lado.

lurk [lɚk] *v* to hide yourself while you are waiting for someone or something; to prowl about.

v. estar al acecho; esconderse mientras se espera algo o a alguien.

luscious ['ləʃəs] *adj* delicious; lovely.

adj. delicioso; adorable.

luxury ['ləkʃɚi] *n* something expensive and pleasant that you would like to have but don't really need; great comfort.

n. lujo; algo costoso y agradable que nos gustaría tener, pero que no necesitamos; muy confortable.

macaroni [mækə'rowni] *n* long, stiff tubes of dried wheat paste that become soft when cooked in boiling water; a kind of pasta.

n. macarrones; pasta de trigo seca, con forma de tubos largos duros que se ablandan al cocinarlos en agua hirviendo; un tipo de pasta.

machine [mə'ʃin] *n* an instrument, usually made of metal, which does some special job, like a sewing machine or a washing machine.

n. máquina; instrumento, fabricado normalmente de metal, que realiza un trabajo especial, como una máquina de coser o una lavadora.

machinery [mə'ʃinə·i] *n* the working parts of a machine; machines in general.

n. maquinaria; partes de una máquina que realiza un trabajo; máquinas en general.

mad [mæd] **1.** *adj* angry. **2.** *adj* crazy.

1. *adj.* encolerizado; furioso. **2.** *adj.* loco.

made [meyd] *v* the past tense and past participle of make.

v. pasado y participio pasado de *make.*

magazine ['mægəzɪn] *n* a thin book that comes out every week, every month, or every few months. *Ex* There is a magazine for almost every subject.

n. revista; publicación que sale cada semana, cada mes o cada pocos meses.

maggot ['mægət] *n* a tiny worm or grub that is found in bad meat, cheese, or fruit.

n. gusano pequeño o larva que se encuentra en la carne, el queso o la fruta que están en mal estado.

magic ['mædʒɪk] *n* an imaginary power that makes wonderful things happen; tricks that appear to make impossible things happen.

n. mágico; poder imaginario que hace que sucedan cosas maravillosas; truco que aparenta hacer cosas imposibles.

magician [mə'dʒɪʃn̩] *n* a person who can do magic.

n. mago; persona que hace magia.

magnet ['mægnət] *n* a piece of iron or steel that has the power to pull other pieces of metal to it.

n. imán; trozo de hierro o acero que atrae piezas de metal.

magnetic [mæg'nɛtɪk] **1.** *adj* the ability to attract metal objects. **2.** *adj* the ability to attract people. *Ex* Susan has a magnetic personality.

1. *adj.* magnético; capaz de atraer objetos metálicos. **2.** *adj.* atrayente; capaz de atraer a personas.

magnificent [mæg'nɪfəsnt] *adj* splendid; very grand.

adj. magnífico; espléndido; grandioso.

maid [meyd] *n* a woman servant.

n. doncella; sirvienta.

mail [meyl] **1.** *n* anything sent through the post office, such as letters or packages. **2.** *v* to send letters or packages through the post office.

n. correo. **1.** *n.* lo que se envía por correo, como cartas o paquetes. **2.** *v.* enviar cartas o paquetes por correo.

mailbox ['meylbɑks] *n* a container where you put mail for the post office to pick up and send; a box where you receive mail.

n. buzón; caja en la que se pone el correo para que lo recojan y lo envíen; caja de la que se recoge el correo.

mail carrier ['meyl keriə·] *n* a person who delivers mail to homes and offices.

n. cartero; persona que entrega el correo en casas y oficinas.

main [meyn] **1.** *adj* most important. **2.** *n* a very large water pipe, usually called a water main.

1. *adj.* principal; el más importante. **2.** *n.* conducción muy grande de agua, normalmente llamada cañería maestra.

majesty ['mædʒəsti] **1.** *n* a title given to kings or queens. **2.** *n* power and dignity. *Ex* The judge spoke with great majesty.

1. *n.* majestad; título que se da a los reyes o reinas. **2.** *n.* majestuosidad; poder y dignidad.

major ['meydʒə·] **1.** *adj* of great importance. **2.** *n* an officer in the army.

1. *adj.* mayor; de más importancia. **2.** *n.* mayor; graduación militar.

majority [mə'dʒɔrɪty] **1.** *n* a number greater than half; usually used in the counting of votes. *Ex* Twelve people voted, and Martha got 7 votes, which is a majority. **2.** *n* the greatest number of people.

1. *n.* mayoría; número mayor que la mitad; normalmente empleada en el recuento de votos. **2.** *n.* el mayor número de personas.

make [meyk] *v* to produce; to build; to create; to cause. *pt* made. *pp* made.

v. hacer; producir; fabricar; crear; causar.

makeup ['meykəp] *n* face powder, lipstick, and coloring used around the eyes.

n. maquillaje; polvos de la cara, lápiz de labios y pintura de ojos.

make up ['meyk 'əp] *v* to repeat work done badly; to take a test after the rest of the class. *Ex* John will not be allowed to make up the examination.

v. rectificar; repetir un trabajo mal hecho; hacer un examen después que el resto de la clase.

male [meyl] **1.** *n* a person or an animal that can become a father. **2.** *adj* having to do with the biological sex which relates to men and boys.

1. *n.* masculino; persona o animal que puede ser padre. **2.** *adj.* varón; relacionado con el sexo biológico que se refiere a los hombres y a los niños.

mammal ['mæməl] *n* the kind of animal whose females have milk to feed their babies.

n. mamífero; animales cuyas hembras producen leche para alimentar a sus hijos.

man [mæn] **1.** *n* a grown-up male human being. The plural is men. **2.** *n* mankind; all human beings.

1. *n.* hombre; adulto humano masculino. El plural es *men*. **2.** *n.* humanidad; todos los humanos.

manage ['mænɪdʒ] *v* to look after or be responsible for something, such as a business or a household.

v. dirigir; cuidar o ser responsable de algo, como los negocios o la casa.

manager ['mænɪdʒɚ] *n* a person in charge of something such as a business, a baseball team, or a factory.

n. director; persona encargada de algo, como un negocio, un equipo de béisbol o una fábrica.

mane [meyn] *n* the long hair that some animals have on their necks. *Ex* Horses and male lions have manes.

n. crin; pelo largo que algunos animales tienen en el cuello.

mangle ['mæŋgl] *v* to tear or cut something up; to destroy something.

v. estropear; desgarrar o cortar algo; destruir algo.

manicure ['mænəkyɚ] **1.** *v* to trim and polish the fingernails. **2.** *n* a trimming and polishing of the fingernails.

1. *v.* hacer la manicura; arreglar y pulir las uñas. **2.** *n.* manicura; el arreglo y pulido de las uñas.

manicurist ['mænəkyɚɪst] *n* a person whose job is to manicure other people's hands.

n. manicura; persona cuyo trabajo consiste en hacer la manicura.

mankind [mæn'kaynd] *n* all human beings; humans of both sexes.

n. humanidad; género humano; todos los humanos; humanos de ambos sexos.

manners ['mænɚz] *n* how you behave towards other people; the way in which you do things. *Ex* It is good manners to say "please" and "thank you."

n. maneras; forma de comportarse de las demás personas; forma de hacer las cosas.

mansion ['mæntʃn] *n* a very large house.

n. mansión; casa muy grande.

manure [mə'nuwr] *n* anything put into the ground to make plants and crops grow better; dung.

n. abono; lo que se echa a la tierra para que las plantas y cosechas crezcan más; estiércol.

many ['mɛni] *adj* a lot.

adj. muchos.

map [mæp] *n* a special kind of drawing to show how to find your way about a place, a country, or the different parts of the world.

n. mapa; tipo especial de dibujo que muestra cómo encontrar un lugar, país o las diferentes partes del mundo.

marble ['marbl] **1.** *n* a hard kind of stone that is used in important buildings. *Ex* Marble is also carved into statues and beautiful ornaments. **2.** *n* one of the round, glass balls used in a game called marbles.

1. *n.* mármol; especie dura de piedra que se utiliza en edificios importantes. **2.** *n.* canica; una de las bolas redondas, de cristal, utilizada en el juego de las canicas.

march [martʃ] *v* to walk in step. *Ex* Soldiers march in time to music in a parade.

v. marchar; caminar; andar.

mare [mɛr] *n* a female horse.

n. yegua; hembra del caballo.

margarine ['mardʒɚən] *n* a soft, yellow food which is like butter.

n. margarina; alimento amarillo, blando, parecido a la mantequilla.

margin ['mardʒn] *n* the blank edge on the side of a page where nothing is printed or written.

n. margen; espacio en blanco al borde de una hoja en el que no se imprime ni se escribe nada.

marine [mə'rin] **1.** *adj* having to do with the sea. **2.** *n* a soldier who serves on a ship.

1. *adj.* marino: relacionado con el mar. **2.** *n.* marino; soldado que sirve en un barco.

marionette [mɛriə'nɛt] *n* a puppet made to move by pulling strings.

n. marioneta; muñeco que se mueve tirando de unas cuerdas.

mark [mark] *n* a spot or line on something.

n. señal; mancha o línea sobre algo.

market ['markət] *n* a shop; a store; a place where farmers and fishermen come to sell their goods.

n. mercado; almacén; lugar donde los granjeros y pescadores van a vender sus mercancías.

maroon [mə'ruwn] **1.** *n* a dark reddish color. **2.** *v* to leave someone stranded. *Ex* The family was marooned on an island for two weeks.

1. *adj.* marrón; color rojizo oscuro. **2.** *v.* abandonar a alguien.

marriage ['mɛrɪdʒ] *n* the ceremony by which a man and woman become husband and wife.

n. boda; ceremonia en la que un hombre y una mujer se convierten en marido y mujer.

marry ['mɛri] *v* to become husband and wife; to unite a man and a woman as husband and wife.

v. casarse; convertirse en marido y mujer; unir a un hombre y a una mujer en matrimonio.

marsh [marʃ] *n* a piece of wet, swampy land which is unsafe to walk on because your feet sink down into it.

n. pantano; trozo de tierra húmedo y peligroso, porque se hunden los pies al andar.

marshal ['marʃl] *n* an official of the police; someone who guards prisoners; a sheriff.

n. alguacil; oficial de policía; alguien que cuida de los prisioneros; *sheriff*, jefe de policía de un condado.

marshmallow ['marʃmɛlow] *n* a soft, puffy, white candy. *Ex* Marshmallows are very good when roasted over an open fire.

n. malvavisco; caramelo dulce, blanco y blando.

marshy ['marʃi] *adj* wet; swampy.

adj. pantanoso; mojado.

marvel ['marvl] **1.** *v* to wonder; to be amazed; **2.** *n* a wonderful thing; a miracle.

1. *v.* maravillarse; preguntarse; estar asombrado. **2.** *n.* maravilla; cosa maravillosa; un milagro.

marvelous ['marvələs] *adj* wonderful; thrilling.

adj. maravilloso; emocionante.

mascot ['mæskət] *n* a person, animal, or charm that is supposed to bring good luck. *Ex* Our team's mascot is a lion.

n. mascota; persona, animal o amuleto al que se supone portador de suerte.

masculine ['mæskyələn] *adj* like, or having to do with, men and boys.

adj. masculino; relacionado con hombres y niños.

mash [mæʃ] *v* to crush something so that it becomes soft and smooth. *Ex* Please mash the potatoes for dinner.

v. machacar; aplastar algo de tal forma que se queda blando y liso.

mask [mæsk] *n* a cover to hide the face. *Ex* Masks can be funny, pretty, or frightening.

n. máscara; funda para esconder el rostro.

mass [mæs] *n* a lump of something; a large quantity or number.

n. masa; conjunto de algo; gran cantidad o número.

massive ['mæsɪv] *adj* huge; large and heavy.

adj. macizo; inmenso; grande y pesado.

mass media [mæs 'midiə] *n* newspapers, radio stations, television stations, and magazines which carry information to millions of people. This word is plural. *Ex* The mass media bring us news every day.

n. medios de comunicación; periódicos, radio, televisión y revistas que llevan información a millones de personas. Esta palabra es plural.

mast [mæst] *n* a very long pole, such as a flagpole.

n. mástil; palo muy largo, como el asta de una bandera.

master ['mæstɚ] *n* someone who is in control or in command of other people or of pets.

n. patrón; el que controla o dirige a otras personas.

mat [mæt] *n* a piece of thick material on a floor or other surface. *Ex* Small mats are used on tables under hot plates.

n. estera; tejido tupido que va sobre el suelo u otra superficie.

match [mætʃ] **1.** *n* a thin piece of wood or cardboard with a tip that makes fire. **2.** *v* to find something that goes with something that you already have; to go with; to be the same as. *Ex* Chin Wu bought a blue skirt to match her blue sweater.

1. *n.* cerilla; trozo de madera fino, o de cartón, que tiene una cabeza que produce fuego. **2.** *v.* armonizar; encontrar una cosa que va con algo que se tiene ya; ser lo mismo que.

mate [meyt] **1.** *n* a spouse; a wife's husband; a husband's wife. **2.** *v* to join together to produce and raise offspring. Usually said of animals.

1. *n.* cónyuge; consorte; marido de una mujer; mujer de un marido. **2.** *v.* desposar; aparearse; unirse para producir descendencia. Normalmente se dice de los animales.

material [mə'tiriəl] *n* the matter that something is made of; cloth.

n. material; la sustancia de que está hecho algo; tejido.

math [mæθ] *n* short for the word mathematics.

n. abreviatura de *mathematics.*

mathematics [mæθə'mætɪks] *n* the study of numbers, measurements, and quantities.

n. matemáticas; el estudio de los números, medidas y cantidades.

matinee [mætə'ney] *n* an afternoon performance of a show.

n. matiné; función de tarde de un espectáculo.

mattress ['mætrəs] *n* the thick, soft part of the bed that you lie on.

n. colchón; parte gruesa y blanda de la cama sobre la que se echa uno.

may [mey] *v* a word which expresses permission, probability, or possibility. *Ex* I may go to the baseball game tomorrow. May I have another piece of pie? *pt* might.

v. poder; palabra que expresa permiso, probabilidad o posibilidad.

maybe ['meybi] *adv* perhaps; possibly.

adv. quizá; posiblemente.

mayor ['meyɚ] *n* someone chosen to be the leader of a city or town.

n. alcalde; persona elegida como jefe de un pueblo o ciudad.

maze [meyz] *n* a place with many paths that cross and turn so that it is hard to find the way. *Ex* Mazes are used in a laboratory where rats or mice try to learn how to get through.

n. laberinto; lugar con muchos caminos que se entrecruzan de forma que es difícil encontrar la salida.

me [mi] *pro* the objective form of I. *Ex* Give it to me.

pro. me; mí.

meadow ['mɛdow] *n* a field of grass where cows can graze.

n. prado; campo de hierba donde pastan las vacas.

meal [mil] *n* food eaten at certain times of the day. *Ex* Breakfast, lunch, dinner, and supper are the names of meals.

n. comida que se toma a ciertas horas del día.

meal ticket ['mil tɪkət] *n* a card which allows you to eat in the cafeteria without paying cash each time.

n. vale; tarjeta que permite comer en la cafetería sin tener que pagar cada vez que se come.

mean [miɲ] **1.** *adj* unkind; cruel; selfish. **2.** *v* to signify; to stand for. *Ex* Red means stop. Elderly means old. *pt* meant. *pp* meant.

1. *adj.* mezquino; poco amable; cruel; egoísta. **2.** *v.* querer decir; significar.

meaning ['miniɲ] *n* the sense or explanation of something said or written.

n. significado; el sentido o explicación de algo dicho o escrito.

meant [mɛnt] *v* the past tense and past participle of mean.

v. pasado y participio pasado de *mean*.

meanwhile ['minhwɑyl] *n* the time between two events or happenings.

n. entretanto; tiempo que transcurre entre dos acontecimientos o hechos.

measles ['mizlz] *n* an illness. *Ex* When you have measles you have a high fever and small, itchy, red spots.

n. sarampión; una enfermedad.

measure ['mɛʒɚ] **1.** *v* to find out the size of something. **2.** *n* an amount; a measured amount.

1. *v.* medir; averiguar el tamaño de algo. **2.** *n.* medida; cantidad.

measurement ['mɛʒɚmənt] *n* the size or amount of something.

n. medición; tamaño o cantidad de algo.

meat [mit] *n* the parts of an animal that are cooked and eaten.

n. carne; partes de un animal que se cocinan y comen.

mechanic [mə'kænɪk] *n* a person who cares for machines, especially cars and trucks.

n. mecánico; persona encargada del cuidado de las máquinas, especialmente coches y camiones.

mechanical [mə'kænɪkl] *adj* machine-like; operated by a machine.

adj. mecánico; propio de una máquina; accionado por una máquina.

medal ['mɛdl] *n* an award in the form of a special metal coin given for great skill or courage.

n. medalla; premio en forma de moneda metálica que se da como recompensa de una acción que requiere gran habilidad o valor.

meddle ['mɛdl] *v* to interfere with what someone else is trying to do.

v. entrometerse; interferir en lo que alguien más está intentando hacer.

media ['midiə] *n* newspapers, magazines, radio, and television; the mass media. The singular is medium.

n. medios; periódicos, revistas, radio y televisión; medios de comunicación. El singular es *medium*.

medicine ['mɛdəsn] *n* something you eat or drink or rub on yourself to feel better when you are ill.

n. medicina; lo que se come o bebe, o se fricciona sobre uno mismo, para sentirse mejor cuando se está enfermo.

medium ['midiəm] **1.** *adj* middle-sized; in between. **2.** *n* a channel or a means of carrying information. *Ex* Radio is an important medium. The plural is media.

1. *adj.* mediano; intermedio. **2.** *n.* medio; canales o medios para transmitir información. El plural es *media*.

meek [mik] *adj* gentle and patient; too gentle and patient for your own good.

adj. dócil; gentil y paciente; demasiado sumiso y paciente para el propio interés.

meet [mit] **1.** *v* to come together with someone or something. *pt* met. *pp* met. **2.** *n* a game, match, or tournament. *Ex* Are you going to the track meet?

1. *v.* encontrarse; reunirse con algo o alguien. **2.** *n.* concurso deportivo, juego, partido o torneo.

meeting ['mitiɲ] *n* coming together for a purpose.

n. reunión; encuentro para un propósito.

melt [mɛlt] *v* to turn to liquid when heated. *Ex* Butter melts when it is heated.

v. fundir; volverse líquido algo cuando se calienta.

member ['mɛmbɚ] *n* someone who belongs to a team, club, or some other group of people.

n. miembro; el que pertenece a un equipo, club o a algún otro grupo de personas.

memo ['mɛmow] *n* a note to help you remember something; a note from someone at your office or business.

n. memorándum; nota que ayuda a recordar algo; nota que a uno le deja alguien de su empresa o negocio.

memorial [mə'moriəl] *n* something, such as a ceremony or object, which helps keeps memories alive.

n. memorial; ceremonia u objeto que ayuda a mantener vivo el recuerdo.

memory ['mɛmɚi] *n* the part of the mind that remembers things.

n. memoria; parte de la mente que recuerda las cosas.

men [mɛn] *n* the plural of man.

n. hombres; plural de *man*.

mend [mɛnd] *v* to fix; to repair; to put something right.

v. arreglar; reparar; poner algo bien.

mental ['mɛntl] *adj* having to do with the mind; worked out in your head and not written out.

adj. mental; relacionado con la mente; pensado y no escrito.

mention ['mɛntʃn] *v* to speak briefly about something.

v. mencionar; hablar brevemente de algo.

menu ['mɛnyuw] *n* a card or a piece of paper that lists what there is to eat at a restaurant or a cafe.

n. menú; carta que contiene lo que hay para comer en un restaurante o café.

mercy ['mɚsi] *n* pity; forgiveness.

n. clemencia; misericordia; perdón.

mere [mir] *adj* lowly; nothing more than. *Ex* That creature is not a pet; it is a mere pest!

adj. mero; no más que.

merit ['mɛrət] **1.** *v* to deserve something such as a reward or punishment. **2.** *n* goodness; virtue; worth.

1. *v.* merecer algo, como un premio o castigo. **2.** *n.* mérito; bondad; virtud; valor.

mermaid ['məˈmeyd] *n* an imaginary sea creature, supposed to be half woman and half fish, with a fish tail instead of legs.

n. sirena; criatura marina imaginaria, mitad mujer y mitad pez, que tiene cola de pez en lugar de piernas.

merry ['mɛri] *adj* happy; enjoying yourself.

adj. alegre; feliz; que se divierte.

merry-go-round ['mɛrigowrawnd] *n* a ride at a carnival or fair which carries you around while you sit on a wooden pony or some other animal.

n. tiovivo; pista de feria que gira mientras se está sentado en un caballito de madera o en algún otro animal.

mess [mɛs] *n* confusion; a muddle; a mixed-up situation.

n. lío; confusión; enredo; situación confusa.

message ['mɛsɪdʒ] *n* information for a person who is not present. It can be a written message or a spoken one. *Ex* Please give this message to Billy.

n. mensaje; información escrita o verbal para una persona que no está presente.

messenger ['mɛsn̩dʒə] *n* a person who carries a message to someone.

n. mensajero; persona que lleva un mensaje a alguien.

met [mɛt] *v* the past tense and past participle of meet.

v. pasado y participio pasado de *meet*.

metal ['mɛtl] *n* a hard material, such as iron, steel, or lead.

n. metal; material duro como el hierro, el acero o el plomo.

meteor ['mitiə] *n* a piece of rock traveling in space, often called a shooting star. *Ex* Sometimes a meteor strikes the earth.

n. meteoro; trozo de roca que viaja por el espacio, llamada a menudo estrella fugaz.

meter ['mitə] **1.** *n* an instrument for measuring a quantity of something, such as gas, water, or electricity. **2.** *n* a unit of measurement equal to 39.37 inches.

1. *n.* contador; instrumento para medir la cantidad de algo, como gas, agua o electricidad. **2.** *n.* metro; unidad de medida equivalente a 39,37 pulgadas.

method ['mɛθəd] *n* a way of doing something.

n. método; forma de hacer algo.

metropolitan [mɛtrə'palətn̩] *n* having to do with a large city.

adj. metropolitano; relacionado con una ciudad grande.

mice [mays] *n* the plural of mouse.

n. ratones; plural de *mouse*.

microphone ['maykrəfown] *n* an instrument that picks up sounds for radio, television, or tape recorders.

n. micrófono; instrumento que recoge sonidos en radio, televisión o cassettes.

microscope ['maykrəskowp] *n* an instrument with a tube that you look through, which makes very tiny things look much larger.

n. microscopio; instrumento que tiene un tubo por el que se mira, que hace aparecer mucho más grandes las cosas pequeñas.

microwave ['maykroweyv] **1.** *adj* having to do with a kind of powerful radio signal which is used in home cooking. *Ex* We have a new microwave oven. **2.** *n* short for microwave oven. **3.** *v* to cook something in a microwave oven. *Ex* Clara's mother microwaved a chicken for dinner.

1. *adj.* microonda; relacionado con un tipo de señal de radio potente que se utiliza para cocinar. **2.** *n.* horno de microondas; abreviatura de *microwave oven*. **2.** *v.* cocinar algo en un horno de microondas.

midday ['mɪd'dey] *n* the middle of the day; the period of time around the noon hour.

n. mediodía; período de tiempo en torno a las doce en punto.

middle ['mɪdl] **1.** *adj* halfway; in the center. **2.** *n* the center; the halfway point.

1. *adj.* medio; en el centro. **2.** *n.* mitad; el centro; medio.

middle name [mɪdl 'neym] *n* a name between the first name and the last name. *Ex* Roger is John Roger Jones' middle name.

n. segundo nombre.

midnight ['mɪdnayt] *n* 12 o'clock at night; the middle of the night.

n. media noche; las doce en punto de la noche; la mitad de la noche.

midst [mɪdst] *n* the middle; a place near the center; a part surrounded by the rest. *Ex* I got lost in the midst of the crowd.

n. en medio de; lugar cerca del centro; parte rodeada por el resto.

might [mayt] **1.** *n* strength; power. **2.** *v* a word which expresses possibility or probability. **3.** *v* the past tense of may.

1. *n.* fuerza; poder; energía. **2.** *v.* palabra que expresa posibilidad o probabilidad. **3.** *v.* pasado de *may*.

mighty ['mayti] *adj* powerful; strong.

adj. poderoso; fuerte.

migration [may'greyʃn] *n* the movement from one place to another; usually said of groups of people or animals. *Ex* Ducks have an annual migration.

n. migración; traslado de un lugar a otro; normalmente referido a personas o animales.

mild [mayld] *adj* not strong or severe; not too cold or too hot.

adj. apacible; ni duro ni severo; templado; ni demasiado frío ni demasiado caliente.

mile [mɑyl] *n* a measure of distance equal to 1,760 yards or 1.609 kilometers.

n. milla; medida de longitud igual a 1,760 yardas ó 1,609 kilómetros.

military ['mɪlətɛri] **1.** *adj* having to do with the army, navy, air force, or marines. **2.** *n* the government departments having to do with war and defense.

1. *adj.* militar; relacionado con el ejército, la marina o las fuerzas aéreas. **2.** *n.* militares; departamentos gubernamentales relacionados con la guerra y la defensa.

milk [mɪlk] **1.** *n* the white liquid that is used to feed babies. *Ex* Cow's milk is drunk in the U.S. **2.** *v* to take milk from a cow or other mammal.

1. *n.* leche; líquido blanco con el que se alimentan los bebés. **2.** *v.* ordeñar; obtener leche de una vaca u otro mamífero.

milkman ['mɪlkmæn] *n* a person whose job is to bring milk to your house.

n. lechero; persona cuyo trabajo es llevar leche a las casas.

mill [mɪl] **1.** *n* a machine for grinding things like grain, coffee beans, and pepper into very small pieces. **2.** *n* a building or factory where cloth or steel is made.

1. *n.* molino; máquina para triturar cosas como grano, café, alubias y pimienta. **2.** *n.* edificio o fábrica donde se fabrican tejidos o acero.

millimeter ['mɪləmitə-] *n* a measurement equal to a thousandth part of a meter, or 0.04 inches.

n. milímetro; milésima parte de un metro.

million ['mɪlyən] *n* one thousand times one thousand; 1,000,000.

n. millón; mil veces mil; 1.000.000.

millionaire [mɪlyə'nɛr] *n* a person who has money or property equal to at least $1,000,000.00.

n. millonario; persona que tiene dinero o propiedades de al menos un millón de dólares.

mimeograph machine ['mɪmiəgræf məʃin] *n* a machine that produces copies of something which you have typed on special paper. The machine has a part that rotates and prints each copy with ink.

n. multicopista; máquina que produce copias de algo mecanografiado en un papel especial. La máquina tiene una parte que gira e impregna de tinta cada copia.

mimic ['mɪmɪk] **1.** *v* to copy or imitate someone else, usually in a mocking way. **2.** *n* a person who copies other people very well.

1. *v.* remedar o imitar a alguien, normalmente en forma burlona. **2.** *n.* imitador; persona que imita muy bien a otras personas.

mind [mɑynd] **1.** *n* what you think with; your memory and the thinking power of the brain. **2.** *v* to obey. **3.** *v* to be careful and think about what you are doing.

1. *n.* mente; con lo que se piensa; la memoria y la capacidad de pensamiento del cerebro. **2.** *v.* obedecer. **3.** *v.* considerar; tener cuidado y pensar en lo que se va a hacer.

mine [mɑyn] **1.** *n* a large, deep hole in the ground where miners dig for coal or gold. **2.** *pro* that which belongs to me. *Ex* That book is mine.

1. *n.* mina; cavidad profunda y grande en la tierra, en la que cavan los mineros para extraer carbón y oro. **2.** *pro.* mío, lo que pertenece a uno mismo.

miner ['mɑynə-] *n* someone who works in a mine.

n. minero; persona que trabaja en una mina.

mineral ['mɪnə-əl] *n* any substance in the earth which can be dug out and used, such as coal or metal.

n. mineral; material que se puede extraer de la tierra y utilizar como el carbón o el metal.

mingle ['mɪŋgl] *v* to mix with or go about with, as when you mingle with a crowd at a football game.

v. entremezclarse; mezclarse con, como cuando uno se mezcla con una multitud en un partido de fútbol.

miniature ['mɪn(i)ətʃə-] **1.** *n* a small copy of something. **2.** *adj* small; smaller than normal.

1. *n.* miniatura; copia pequeña de algo. **2.** *adj.* pequeño; más pequeño de lo normal.

minister ['mɪnəstə-] *n* a clergyman, especially a Protestant clergyman; a preacher.

n. clérigo; especialmente un clérigo protestante; pastor protestante; predicador.

minor ['mɑynə-] **1.** *adj* not important. **2.** *n* a person who is not yet an adult.

1. *adj.* menor; no importante. **2.** *n.* menor; persona que no es todavía adulta.

minority [mə'norəti] *n* a small number of people; a race or nationality of people who are few in number.

n. minoría; pequeño número de gente; raza o nacionalidad de personas cuyo número es pequeño.

mint [mɪnt] **1.** *n* a place where coins are made. **2.** *n* a garden plant used for flavoring.

1. *n.* casa de moneda; lugar donde se hacen monedas. **2.** *n.* menta; planta utilizada para dar sabor.

minus sign ['mɑynəs sɑyn] *n* the sign (-) which means to subtract. *Ex* 3 - 2 = 1.

n. el signo (—) que indica restar.

minute ['mɪnət] *n* one minute is 60 seconds. *Ex* There are 60 minutes in an hour.

n. minuto; un minuto son 60 segundos.

miracle ['mɪrəkl] *n* something wonderful or fortunate that you would not expect to happen.

n. milagro; algo maravilloso o feliz que no se espera que ocurra.

mirage [mə'rɑʒ] *n* something you imagine you can see that is not really there, as when hot and thirsty travelers in the desert think they see water ahead.

n. espejismo; algo que se cree ver pero que en realidad no está, como cuando los viajeros calurosos y sedientos creen que ven agua en el desierto.

mirror ['mɪrə-] *n* a piece of glass with something behind it so that you can see yourself instead of seeing through the glass.

n. espejo; trozo de cristal con algo detrás, de manera que uno puede verse, en lugar de ver a través del cristal.

misbehave [mɪsbə'heyv] *v* to behave badly; to behave in a rude way.

v. portarse mal; tener mala conducta.

mischief ['mɪstʃəf] *n* harm or damage; naughtiness.

n. perjuicio; daño; desobediencia.

miser ['mayzɚ] *n* someone who hoards all his money.

n. avaro; el que atesora todo su dinero.

miserable ['mɪzɚəbl] *adj* feeling very sad and unhappy.

adj. desdichado; que se siente muy triste e infeliz.

misery ['mɪzɚi] *n* unhappiness; sorrow.

n. miseria; desdicha; dolor.

misfortune [mɪs'fortʃn] *n* bad luck; a calamity.

n. infortunio; mala suerte; calamidad.

miss [mɪs] **1.** *v* to fail to hit, catch, or find something. **2.** *n* a failure to hit, catch, or find something. **3.** *n* a girl or an unmarried young lady. **4.** *n* (*capitalized*) a title for a girl or unmarried woman.

1. *v.* errar; no atinar a algo; no tomar o no encontrar algo. **2.** *n.* fracaso; fallo en atinar a algo, en tomar o encontrar algo. **3.** *n.* señorita; chica o mujer soltera. **4.** *n.* (con mayúscula) título que se da a una chica o mujer soltera.

mist [mɪst] *n* a very low cloud.

n. niebla; nube muy baja.

mistake [mɪ'steyk] **1.** *v* to confuse something with something else; to blunder; to misunderstand. *pt* mistook. *pp* mistaken. **2.** *n* an error; something wrong.

1. *v.* equivocar; confundir algo con otra cosa; equivocarse; entender mal. **2.** *n.* equivocación; error.

mistaken [mɪ'steykn] *v* the past participle of mistake.

v. participio pasado de *mistake*.

mistletoe ['mɪsltow] *n* an evergreen plant with pearl-like berries, which grows on the branches of trees. *Ex* Mistletoe is used for decoration at Christmas.

n. muérdago; planta de hoja perenne con frutos como perlas, que crece sobre las ramas de los árboles.

mistook [mɪ'stʊk] *v* the past tense of mistake.

v. pasado de *mistake*.

mistrust [mɪs'trəst] **1.** *v* not to trust someone; not to believe someone. **2.** *n* disbelief; lack of trust.

1. *v.* desconfiar; no confiar en alguien; no creer en alguien. **2.** *n.* desconfianza; incredulidad; falta de confianza.

misunderstanding [mɪsəndɚ'stændɪŋ] *n* a case where different people's meanings or intentions are not correctly understood.

n. equivocación; mala interpretación; situación en la que no se interpreta correctamente lo que quieren decir otras personas, o cuáles son sus intenciones.

mitten ['mɪtn] *n* one of a pair of coverings for the hands. *Ex* Mittens are like gloves but without places for the fingers.

n. manopla; cada una de las dos prendas que se utilizan para cubrir las manos.

mix [mɪks] *v* to put different things together.

v. mezclar; juntar cosas diferentes.

mixture ['mɪkstʃɚ] *n* two or more things put together.

n. mezcla; dos o más cosas puestas juntas.

moan [mown] **1.** *n* a long, low sound made by a person in pain or sorrow. **2.** *v* to make a long, low sound when in pain or sorrow.

1. *n.* gemido; sonido bajo y prolongado emitido por una persona a causa de dolor o pena. **2.** *v.* gemir; emitir un sonido bajo y prolongado al sentir dolor o pena.

mock [mak] *v* to make fun of someone.

v. burlarse; mofarse de alguien.

mockery ['makɚi] *n* the act of making fun of something or someone.

n. mofa; el acto de burlarse de algo o alguien.

model ['madl] **1.** *n* a copy of something like a boat or airplane, usually smaller than the real thing. **2.** *n* someone who wears clothing to show it off to people who might want to buy it. **3.** *n* a person who stays quite still while being painted or drawn by an artist.

1. *n.* modelo; copia de algo como un barco o avión, normalmente más pequeño que el objeto real. **2.** *n.* modelo; quien se pone ropa para mostrarla a las personas que pudieran querer comprarla. **3.** *n.* modelo; persona que posa mientras un artista la pinta o dibuja.

moderate ['madɚət] *adj* fair; not extreme.

adj. moderado; regular; no extremado.

modern ['madɚn] *adj* at this time; not old-fashioned; up-to-date.

adj. moderno; de este tiempo; no anticuado.

moist [moyst] *adj* damp; slightly wet.

adj. húmedo; ligeramente mojado.

moisture ['moystʃɚ] *n* dampness; slight wetness.

n. humedad.

mold [mowld] **1.** *n* a fungus or other growth which can be found in damp places. **2.** *n* a specially shaped cavity or hollow which gives its shape to clay, plaster, or plastic which is poured in. **3.** *v* to make an object through the use of a mold.

1. *n.* hongo u otra vegetación que se encuentra en lugares pantanosos. **2.** *n.* molde; cavidad o hueco especial que da su forma al barro, el yeso o el plástico que se vierten en su interior. **3.** *v.* moldear; fabricar un objeto con un molde.

mole [mowl] **1.** *n* a small animal with sharp claws, tiny eyes, and thick fur. *Ex* Moles dig long tunnels in the ground. **2.** *n* a dark spot on the skin.

1. *n.* topo; animal pequeño con garras afiladas, ojos diminutos y piel gruesa. **2.** *n.* lunar; mancha oscura en la piel.

moment ['mowmənt] *n* a very short time.

n. momento; pequeño lapso de tiempo.

monarch ['manark] *n* a king, queen, emperor, or empress.

n. monarca; rey, reina, emperador, o emperatriz.

monastery ['manəsteri] *n* a building where monks live.

n. monasterio; edificio en el que viven monjes.

money ['məni] *n* coins and paper bills.

n. dinero; monedas o billetes de papel.

money order ['mǝni ordǝ] *n* a check issued by a bank or post office. *Ex* When you buy a money order, you must pay a small fee.

n. giro postal; cheque emitido por un banco u oficina de correos.

mongrel ['mʌŋgrl] *n* a dog which is a mixture of different types.

n. perro de raza indefinida; perro que es mezcla de diferentes razas.

monk [mǝŋk] *n* a member of a religious group living in a monastery.

n. monje; miembro de un grupo religioso que vive en un monasterio.

monkey ['mǝŋki] *n* a small, lively animal with a long tail. *Ex* Monkeys are very good at climbing trees and swinging from branch to branch.

n. mono; animal muy vivo, pequeño, que tiene una larga cola.

monster ['mɑn(t)stǝ] *n* an enormous, horrible creature; a plant or animal of unusual or frightening appearance.

n. monstruo; criatura enorme, horrible; planta o animal de apariencia inusual o espantosa.

month [mʌnθ] *n* a time period of about four weeks. *Ex* There are twelve months in a year.

n. mes; período de tiempo de unas cuatro semanas.

monument ['mʌnyǝmǝnt] *n* a statue or a building that is put up to make people remember someone or some event.

n. monumento; estatua o edificio levantado para recordar a alguien o algún acontecimiento.

mood [muwd] *n* how you feel; the state of your mind. *Ex* You can be in a good mood when you are happy, or in a bad mood when something has made you cross or unhappy.

n. humor; estado de ánimo; el estado de la mente.

moon [muwn] *n* the largest and brightest light seen in the sky at night.

n. luna; la luz mayor y más brillante que se ve en el cielo por la noche.

mop [mɑp] **1.** *n* pieces of sponge or thick cotton yarn fastened to a long stick. *Ex* Mops are used to clean floors. **2.** *v* to clean a floor with a mop.

1. *n.* mopa; trozos de esponja o hebras de algodón apretadas y unidas a un palo largo. **2.** *v.* limpiar el suelo con una mopa.

moral ['morǝl] **1.** *adj* good; virtuous. **2.** *n* a lesson learned from a story.

1. *adj.* bueno; virtuoso. **2.** *n.* moraleja; lección aprendida de una historia.

more [mor] *adj* of a greater number; of a larger amount. *Ex* Please give me more potatoes.

adj. más; de mayor número; de mayor cantidad.

morning ['mornɪŋ] *n* the time between dawn and midday.

n. mañana; período de tiempo entre el alba y el mediodía.

mortar ['mortǝ] *n* a mixture of cement, sand, and water used in building to make bricks or stones stick together.

n. argamasa; mezcla de cemento, arena y agua utilizada en construcción para unir ladrillos o piedras.

mosaic [mow'zeyɪk] *n* a pattern or picture made by arranging lots of small pieces of colored glass or stones.

n. mosaico; diseño o dibujo fabricado al ordenar montones de piezas pequeñas, de cristal o piedra.

mosquito [mǝ'skitow] *n* a small, flying insect which bites.

n. mosquito; pequeño insecto volador que pica.

moss [mɔs] *n* a very small, green plant that looks like velvet. *Ex* Moss grows close to the ground in damp places, especially in the woods.

n. musgo; planta verde, muy pequeña, que parece terciopelo.

most [mowst] **1.** *adj* of the greatest number; of the largest amount. **2.** *pro* the greatest number; the largest amount.

1. *adj.* más; lo más; el mayor número. **2.** *pro.* el mayor número; la cantidad más grande.

moth [mɔθ] *n* an insect rather like a butterfly, except that it only flies at night. *Ex* Moths are attracted to light.

n. polilla; insecto semejante a una mariposa, que solamente vuela por la noche.

mother ['mǝðǝ] *n* a woman who has children.

n. madre; mujer que tiene hijos.

motion ['mowʃn̩] *n* movement.

n. impulso; movimiento.

motion picture [mowʃn̩ 'pɪktʃǝ] *n* a movie; a moving picture; what you see in a movie theater.

n. película; imagen en movimiento; lo que se ve en el cine.

motion picture theater [mowʃn̩ pɪktʃǝ 'θiǝtǝ] *n* the building where movies are shown; a cinema.

n. cine; edificio donde se muestran películas.

motor ['mowtǝ] *n* a machine which makes something work or move.

n. motor; máquina que hace que algo funcione o se mueva.

motorbike ['mowtǝbayk] *n* a kind of heavy bicycle with a motor.

n. ciclomotor; especie de bicicleta con motor.

motorcycle ['mowtǝsaykl̩] *n* a heavy and powerful kind of bicycle with a motor; a large motorbike.

n. motocicleta; especie de bicicleta pesada y potente con motor.

motto ['mɑtow] *n* a short saying which gives a rule for behavior, such as *Be prepared*.

n. lema; frase corta que da una regla de comportamiento.

mound [mawnd] *n* a heap of stones or earth; a small, rounded hill.

n. montículo; montón de piedras o tierra; colina pequeña redondeada.

mount [mawnt] **1.** *n* a mountain. **2.** *v* to get up onto something, like a horse or a bicycle.

1. *n.* monte; montaña. **2.** *v.* montarse sobre algo como un caballo o una bicicleta.

mountain ['mawntn̩] *n* a very high hill.

n. montaña; colina muy alta.

mouse [maws] *n* a little animal with a long tail and sharp teeth.

n. ratón; animal pequeño con cola larga y dientes afilados.

mouth [mawθ] **1.** *n* the opening in the face used for speaking and eating. **2.** *n* the end of a river which flows into a lake or the ocean; the place where you enter a river from the ocean or a lake.

1. *n.* boca; abertura de la cara que se usa para hablar y comer. **2.** *n.* desembocadura; el final de un río que desemboca en un lago u océano; el lugar por donde se entra a un río, desde el océano o un lago.

move [muwv] **1.** *v* to go from one place to another; to make something go from one place to another. **2.** *n* a step in the playing of a game such as chess.

1. *v.* mover; ir de un lugar a otro; llevar algo de un lugar a otro. **2.** *n.* movimiento; un paso en un juego como el ajedrez.

movement ['muwvmənt] *n* the act of moving.

n. movimiento; el acto de mover.

movie ['muwvi] *n* a motion picture; what you see at a cinema.

n. película; lo que se ve en el cine.

mow [mow] *v* to cut grass or hay.

v. segar; cortar hierba o heno.

Mr. ['mɪstɚ] *n* an abbreviation of mister, a title for men.

n. señor; abreviatura de *mister*. Tratamiento que se da a los hombres.

Mrs. ['mɪsəz] *n* an abbreviation of mistress, a title for married women.

n. señora; abreviatura de *mistress*. Tratamiento que se da a una mujer casada.

Ms. [mɪz] *n* a title for married or unmarried women.

n. señorita; tratamiento que se da a una mujer casada o soltera.

much [mətʃ] **1.** *adj* a great amount of. *Ex* Is there much snow in February? **2.** *n* a lot; a large amount. *Ex* Don't give me much!

1. *adj.* mucho; gran cantidad de. **2.** *adv.* mucho; gran cantidad.

mud [məd] *n* soft, wet earth.

n. barro; tierra blanda, mojada.

muffin ['məfn̩] *n* a soft bread, usually served warm. *Ex* Some muffins are made with raisins or other fruit.

n. bollo; pan blando, que se suele servir templado.

muffler ['məflɚ] **1.** *n* a wooly scarf. **2.** *n* a part of the car which makes the engine noises quieter.

1. *n.* bufanda; tapaboca. **2.** *n.* silenciador; parte del coche que atenúa el ruido del motor.

mug [məg] *n* a large, heavy cup with straight sides.

n. jarro; copa grande y pesada de lados rectos.

mule [myuwl] *n* an animal whose parents are a donkey and a horse.

n. mula; animal cuyos padres son una burra y un caballo.

multiplication [məltəplə'keyʃn̩] *n* the part of arithmetic where one number is multiplied by another. *Ex* 2 × 2 = 4.

n. multiplicación; parte de la aritmética en la que se multiplica un número por otro.

multiplication sign [məltəplə'keyʃn̩ sayn] *n* the sign (×) which indicates that you should multiply one number by another; the times sign. *Ex* 2 × 2 = 4.

n. signo (×) que indica que se debe multiplicar un número por otro.

multiplication table [məltəplə'keyʃn̩ teybl̩] *n* a chart which shows multiplication problems and their answers.

n. tabla de multiplicar, que contiene los problemas de multiplicación y sus respuestas.

multiplier ['məltəplayɚ] *n* a number by which another number is multiplied.

n. multiplicador; número por el que se multiplica otro número.

multiply ['məltəplay] *v* to increase; to make something a number of times greater.

n. multiplicar; hacer algo cierto número de veces mayor.

mumble ['məmbl̩] *v* to speak with your mouth nearly closed so that your words are not heard clearly.

v. murmurar; hablar con la boca casi cerrada, de forma que las palabras no se perciben claramente.

mumps [məmps] *n* an illness which makes your neck swell up and makes it hurt to swallow.

n. paperas; enfermedad en la que el cuello se hincha y duele al tragar.

munch [məntʃ] *v* to chew with a crunching sound.

v. mascar; masticar haciendo un ruido crujiente.

municipal [myuw'nɪsəpl̩] *adj* having to do with a city.

n. municipal; relacionado con una ciudad.

murder ['mɚdɚ] *v* to kill someone on purpose and against the law.

v. asesinar; matar a alguien deliberadamente y en contra de la ley.

murderer ['mɚdɚɚ] *n* a person who kills someone on purpose and against the law.

n. asesino; persona que mata a alguien deliberadamente y en contra de la ley.

murmur ['mɚmɚ] **1.** *n* a gentle, soft sound that goes on and on. **2.** *v* to make a gentle, soft sound; to talk very softly.

1. *n.* murmullo; sonido agradable, suave y continuo. **2.** *v.* susurrar; hacer un sonido agradable, suave; hablar suavemente.

muscle ['məsl] *n* the parts of the body that tighten and loosen to make it move.

n. músculo; las partes del cuerpo que se contraen y relajan para producir movimiento.

museum [myuw'ziəm] *n* a place where interesting collections of things are set out for people to look at.

n. museo; lugar donde se exponen para su contemplación colecciones de objetos.

mushroom ['məʃruwm] *n* a small fungus plant shaped like an umbrella. *Ex* Some mushrooms can be eaten; some of them are poisonous.

n. champiñón; hongo pequeño con forma de paraguas.

music ['myuwzɪk] *n* pleasing sounds that you sing or play on a musical instrument.

n. música; sonidos agradables producidos al cantar o tocar un instrumento musical.

musician [myuw'zɪʃn] *n* a person whose job or hobby is to make music of some kind.

n. músico; persona cuyo trabajo o hobby es hacer música de algún tipo.

must [məst] *v* to have to do something, such as going to school every day. *Ex* I must wash the dishes today.

v. deber; tener que hacer algo, como ir al colegio todos los días.

mustache ['məstæʃ] *n* the hair growing on a man's upper lip, especially if it is allowed to grow long.

n. bigote; pelo que crece encima del labio superior de un hombre, especialmente si se deja crecer mucho.

mustard ['məstəd] *n* a spicy, bright yellow sauce which is eaten on hamburgers and hot dogs.

n. mostaza; salsa amarilla brillante, especiada, que se toma con hamburguesas y perritos calientes.

mutiny ['myuwtṇi] *n* a refusal by soldiers, sailors, or airmen to obey their officers.

n. motín; negativa por parte de los soldados, marinos o aviadores a obedecer a sus oficiales.

mutter ['mətə] *v* to speak so softly that it is hard to understand the words.

v. murmurar; hablar tan suavemente que es difícil entender las palabras.

muzzle ['məzl] **1.** *n* the jaws and nose of an animal. **2.** *n* a set of straps built to fasten on an animal's nose and mouth to keep it from biting.

1. *n.* hocico; boca y nariz de un animal. **2.** *n.* bozal; correa para sujetar la nariz y boca de un animal para que no muerda.

my [mɑy] *pro* belonging to me. *Ex* That is my car.

pro. mi; mis; que me pertenece.

myself [mɑy'sɛlf] *pro* me and no one else.

pro. yo mismo; yo y nadie más.

mystery ['mɪstəi] *n* something strange that has happened, but that cannot be explained or easily understood.

n. misterio; algo extraño que ha ocurrido pero que no se puede explicar o entender fácilmente.

myth [mɪθ] *n* a very old story which explains how something began or happened; an imaginary person or event.

n. mito; historia antigua que explica cómo empezó u ocurrió algo; persona o acontecimiento imaginario.

nag [næg] *v* to keep scolding or finding fault. *Ex* Please don't nag me about my homework.

v. regañar; reñir o encontrar faltas.

nail [neyl] **1.** *n* the hard part at the end of a finger or toe. **2.** *n* a thin, sharp piece of metal used to join pieces of wood. *Ex* Please hammer the nail into this wood.

1. *n.* uña; parte dura al final del dedo. **2.** *n.* clavo; pieza de metal afilada, fina, utilizada para unir piezas de madera.

naked ['neykəd] *adj* not wearing any clothes or covering.

adj. desnudo; que no lleva ropa alguna.

name [neym] **1.** *n* what a person or thing is called. **2.** *v* to give a name to someone or something; to list things; to say the names of things. *Ex* Please name the U.S. Presidents.

1. *n.* nombre; como se llama una persona o cosa. **2.** *v.* nombrar; dar nombre a alguien o algo; listar cosas, decir el nombre de las cosas.

nap [næp] *n* a short sleep.

n. siesta; sueño corto.

napkin ['næpkɪn] *n* a square piece of cloth or paper used to wipe your mouth and fingers when you eat.

n. servilleta; trozo cuadrado de tela o papel utilizada para limpiarse la boca y los dedos después de comer.

narrow ['nɛrow] *adj* slim; thin; not wide.

adj. estrecho; delgado; no profundo.

nasty ['næsti] *adj* not nice; not pleasant.

adj. sucio; desagradable; grosero.

nation ['neyʃn] *n* a country; all of the people who live in one country under one government.

n. nación; país; todas las personas que viven en un país bajo un gobierno.

national ['næʃənl] *adj* belonging to one nation or country.

adj. nacional; perteneciente a una nación o país.

nationality [næʃə'næləti] *n* the country of a person's citizenship; the country to which a person belongs.

n. nacionalidad; el país de ciudadanía de una persona; el país al que pertenece una persona.

native ['neytɪv] **1.** *n* a person belonging to a particular place or country. *Ex* I am a native of southern Indiana. **2.** *adj* having to do with a particular place. *Ex* That flower is not native to this country.

1. *n.* natural; persona perteneciente a un país o lugar particular. **2.** *adj.* nativo; relacionado con un lugar en particular.

natural ['nætʃərəl] *adj* part of nature; not man-made.

adj. natural; parte de la naturaleza; no fabricado por el hombre.

nature ['neytʃər] *n* everything in the world that is not man-made.

n. naturaleza; todas las cosas del mundo que no ha fabricado el hombre.

naughty ['nɔti] *adj* having to do with bad behavior; wicked.

adj. desobediente; relativo a una mala conducta; perverso.

nausea ['nɔziə] *n* a sick feeling in your stomach; the feeling that you are going to vomit.

n. náusea; sensación de mareo en el estómago; sensación de que se va a vomitar.

navigate ['nævəgeyt] *v* to steer or guide a ship or airplane.

v. navegar; gobernar o guiar un barco o un aeroplano.

navy ['neyvi] *n* a nation's warships and the sailors who run them.

n. marina de guerra; barcos de guerra de una nación y los marineros que los tripulan.

near [nir] **1.** *adv* close. *Ex* Please come near. **2.** *adj* close. *Ex* Wow, that was a near miss! **3.** *prep* close to. *Ex* Please don't get near me.

1. *adv.* cerca; de cerca. **2.** *adj.* próximo; cercano. **3.** *prep.* cerca de.

nearly ['nirli] *adv* very close; almost; not far from. *Ex* I nearly fell down.

adv. muy cerca; casi; no lejos de.

nearsighted ['nirsɑytəd] *adj* able to see close better than far.

adj. corto de vista; que ve mejor de cerca que de lejos.

neat [nit] *adj* tidy; in good order.

adj. aseado; ordenado.

necessary ['nɛsəseri] *adj* having to be done; needed.

adj. necesario; que ha de hacerse.

neck [nɛk] *n* the part of your body between your head and your shoulders.

n. cuello; parte del cuerpo que está entre la cabeza y los hombros.

necklace ['nɛkləs] *n* a string of beads or a thin chain worn around the neck.

n. collar; cadena de cuentas o de eslabones que se lleva alrededor del cuello.

nectar ['nɛktər] *n* a sweet juice found in some flowers.

n. néctar; jugo dulce que tienen algunas flores.

need [nid] *v* to have to have something. *Ex* You need clothes to keep you warm.

v. necesitar; tener necesidad de algo.

needle ['nidl] *n* a long, thin pointed piece of metal used for sewing. There are also special needles for knitting.

n. aguja; pieza de metal larga y fina que se utiliza para coser.

negative ['nɛgətɪv] *adj* meaning or saying no; not positive.

adj. negativo; que significa o dice no; no positivo.

neglect [nə'glɛkt] *v* to be careless about looking after something. *Ex* Please don't neglect your homework.

v. descuidar; no hacer caso de algo.

neighbor ['neybɚ] *n* a person who lives near you.

n. vecino; persona que vive cerca de uno.

neighborhood ['neybɚhud] *n* the area in which you live. *Ex* There are many restaurants in our neighborhood.

n. vencindad; área en la que se vive.

neither ['niðɚ] **1.** *adj* not one or the other. *Ex* Neither student could answer the question. **2.** *pro* not one or the other. *Ex* Neither could answer the question.

1. *adj.* ninguno de los dos; ni el uno ni el otro. **2.** *pro.* ninguno; ni uno ni otro.

nephew ['nɛfyuw] *n* the son of a brother or sister.

n. sobrino; el hijo de un hermano o hermana.

nerve [nɚv] **1.** *n* one of the small, thread-like parts of your body that carry messages to and from the brain so you can move and feel. **2.** *n* courage and daring.

1. *n.* nervio; cada uno de los cordones filamentosos del cuerpo que llevan y traen mensajes del cerebro para poder moverse y sentir. **2.** *n.* vigor; valor y atrevimiento.

nervous ['nɚvəs] *adj* jumpy; easily frightened. *Ex* Examinations make me nervous.

adj. nervioso; saltarín; que se asusta fácilmente.

nest [nɛst] *n* a bird's home, where the eggs are laid and hatched; the home of some kinds of insects such as wasps.

n. nido; casa de un ave en la que ponen e incuban los huevos; la casa de algunas especies de insectos, como las avispas.

net [nɛt] *n* something like a cloth woven with enormous spaces between the threads.

n. malla; tejido con espacios grandes entre los hilos.

network ['nɛtwɚk] **1.** *n* an arrangement of ropes, wires, or lines running in many different directions and crossing one another. **2.** *n* a radio or television broadcasting company connected to the many stations which send out its programs.

1. *n.* red; disposición de cuerdas, alambres o líneas en muchas direcciones y cruzándose unas con otras. **2.** *n.* compañía de radiodifusión conectada a muchas estaciones que emiten sus programas.

neutral ['nuwtrəl] **1.** *adj* in between; not on one side or the other. **2.** *n* a gear on a vehicle which lets the engine run without the vehicle going anywhere.

1. *adj.* neutral; ni a un lado ni al otro. **2.** *n.* punto muerto; posición del cambio en un coche que permite que el motor funcione sin que el vehículo se mueva.

neutron ['nuwtrɑn] *n* a part of the atom which has no electrical charge.

n. neutrón; partícula del átomo que no tiene carga eléctrica.

never ['nɛvɚ] *adj* not ever; not at any time. *Ex* We never have enough time to do our work.

adv. nunca; jamás.

new [nuw] *adj* only just made; not old; not seen before.

adj. nuevo; no viejo; no visto antes.

newborn ['nuwbɔrn] *adj* just born.

adj. recién nacido.

news [nuwz] *n* things that have just happened; stories and reports of things that have just happened. This word is singular, and there is no plural form. *Ex* Have you heard the good news? The news is good.

n. noticias; cosas que acaban de ocurrir; reportajes sobre cosas que acaban de ocurrir. Esta palabra es singular y no tiene plural.

newspaper ['nuwzpeypɚ] *n* the paper which has the news of the day printed in it.

n. periódico; papel que contiene impresas las noticias del día.

newsstand ['nuwzstænd] *n* the place where newspapers and magazines are sold. *Ex* Please buy me a newspaper at the newsstand.

n. quiosco de periódicos; lugar donde se venden periódicos y revistas.

next [nɛkst] *adj* the nearest; the one after.

adj. próximo; el más cercano.

nibble ['nɪbl] **1.** *v* to take very small bites. **2.** *n* a very small bite of food.

1. *v.* mordisquear; morder trozos pequeños. **2.** *n.* mordisco; bocadito de comida.

nice [nɑys] *adj* kind; friendly; pretty; pleasant.

adj. agradable; bueno; amistoso; bonito.

nick [nɪk] *n* a little cut in something; a chipped place in something. *Ex* There is a nick in my cup, but it's not broken.

n. mella; corte pequeño en algo; cortadura en algo.

nickel ['nɪkl] **1.** *n* a silvery-gray metal. **2.** *n* a coin worth five cents.

1. *n.* níquel; metal plateado. **2.** *n.* moneda de cinco centavos de dólar.

nickname ['nɪkneym] *n* a name you give to someone for fun. *Ex* John's nickname is Shorty because he is not very tall.

n. apodo; nombre que se da a alguien por diversión.

niece [nis] *n* the daughter of a brother or sister.

n. sobrina, la hija de un hermano o hermana.

night [nɑyt] *n* the time between sunset and sunrise, when the sky is dark.

n. noche; período de tiempo entre la puesta y salida de sol; cuando el cielo está oscuro.

nightgown ['nɑytgɑwn] *n* a garment worn in bed by girls and women.

nip [nɪp] **1.** *v* to pinch or bite off a little bit of something. **2.** *n* a little bit or pinch of something.

no [now] **1.** *adv* the opposite of yes. **2.** *adj* not yes.

noble ['nowbḷ] *adj* great; grand.

nobody ['nowbɑdi] **1.** *pro* no person; not anyone. **2.** *n* a person of no importance. *Ex* He's just a nobody.

nod [nɑd] **1.** *v* to bend the head forward and back to show agreement. **2.** *v* to let the head fall forward when sleepy.

noise [noyz] *n* a sound; a very loud or unpleasant sound; an unmusical sound.

nomad ['nowmæd] *n* one of a group of people who have no permanent home, but who roam about looking for food for themselves and their animals.

nominal ['nɑmən]] *n* a noun; a word or group of words used as a noun.

none [nən] *pro* not one; not any.

nonfiction [nɑn'fɪkʃn] *n* literature which is not fiction; literature written about true events and people.

nonsense ['nɑnsɛn(t)s] *n* talk which means nothing.

noon [nuwn] *n* midday; 12 o'clock in the day.

noose [nuws] *n* a loop in a rope that can be tightened by pulling it.

nor [nor] *conj* and not; and not this one. *Ex* They found comfort neither here nor there.

normal ['normǝl] *adj* ordinary; usual.

north [norθ] *n* the direction which is the opposite of south. *Ex* North is on your left as you face the rising sun.

North Pole ['norθ 'powl] *n* the farthest northern point in the world; 90 degrees north latitude.

nose [nowz] *n* the part of the face through which air is brought into the body.

nosey ['nowzi] *adj* wanting to know all about other people's belongings and activities.

nostril ['nɑstrǝl] *n* one of the two openings in the nose.

not [nɑt] *adv* indicates the negative of verbs. *Ex* She does not run fast.

note [nowt] **1.** *n* a written message; a short letter. **2.** *n* a sound in music. **3.** *n* a piece of paper money.

notebook ['nowtbʊk] *n* a little book in which you write things down that you don't want to forget.

nothing ['nǝθɪŋ] *pro* not anything.

notice ['nowtǝs] **1.** *v* to see something. **2.** *n* a piece of paper announcing something; a printed announcement of something.

noun [nɑwn] *n* a word which is the name of something.

nourish ['nɚɪʃ] *v* to feed.

novel ['nɑvḷ] **1.** *adj* new and different. **2.** *n* a long story about imaginary people.

novelty ['nɑvḷti] *n* something new and different.

now [nɑw] *adv* at this time.

n. camisón; prenda que se ponen las chicas y las mujeres para dormir.

1. *v.* pellizcar o morder un poco de algo. **2.** *n.* mordisco; trozo pequeño o pellizco de algo.

1. *adv.* no; el opuesto de sí. **2.** *adj.* ninguno.

adj. noble; grande.

1. *pro.* nadie; ninguno. **2.** *n.* nadie; persona insignificante.

1. *v.* asentir; inclinar la cabeza en señal de asentimiento. **2.** *v.* dar cabezadas; dejar caer la cabeza cuando se duerme.

n. ruido; sonido; sonido fuerte y desagradable; sonido no musical.

n. nómada; cada una de las personas de un grupo que no tienen casa permanente y vagan en busca de comida para ellos y sus animales.

n. sustantivo; nombre, palabra o grupos de palabras usadas como nombre.

pro. ninguno; nada.

n. literatura que no es ficción; literatura escrita sobre personas y acontecimientos verdaderos; no ficticio.

n. absurdo; cosa sin sentido.

n. mediodía; las doce en punto.

n. lazo; nudo en una cuerda que puede apretarse al tirar.

conj. ni; y no; y no éste.

adj. normal; ordinario; usual.

n. norte; dirección opuesta al sur.

n. Polo Norte; el punto de la Tierra más lejano hacia el norte; 90 grados latitud norte.

n. nariz; parte de la cara por la que se introduce el aire en el cuerpo.

adj. curioso; que quiere saberlo todo sobre las pertenencias y actividades de otras personas.

n. cada una de las dos ventanas de la nariz.

adj. no; indica el negativo de los verbos.

1. *n.* nota; mensaje escrito. **2.** *n.* nota; sonido musical. **3.** *n.* billete de banco.

n. agenda; libro pequeño en el que se escriben cosas que no se quieren olvidar.

pro. nada.

1. *v.* observar; ver algo. **2.** *n.* aviso; trozo de papel en el que se anuncia algo; anuncio impreso de algo.

n. nombre; palabra que es el nombre de algo.

v. nutrir; alimentar.

1. *adj.* nuevo; diferente. **2.** *n.* novela; historia larga sobre personas imaginarias.

n. novedad; algo nuevo y diferente.

adv. ahora; actualmente.

nowhere ['nowhwɛr] *adv* not anywhere or any place.

adv. en ninguna parte; a ninguna parte.

nozzle ['nɑzl] *n* a spout at the end of a pipe or hose.

n. tobera; espita que hay al final de una tubería o manguera.

nuclear ['nuwkliɚ] *adj* having to do with atomic weapons; having to do with atomic energy.

adj. nuclear; relacionado con las armas atómicas; relacionado con la energía atómica.

nucleus ['nuwkliəs] *n* the central part of a cell or an atom.

n. núcleo; parte central de una célula o átomo.

nude [nuwd] *adj* naked; not wearing clothing.

adj. desnudo; que no lleva ropa.

nudge [nədʒ] *v* to poke or push something or someone gently with your elbow.

v. tocar con el codo; empujar suavemente a algo o a alguien con el codo.

nuisance ['nuwsṇ(t)s] *n* something or someone who gets in the way of what others want to do.

n. molestia; algo o alguien que se interpone en el camino de lo que otras personas quieren hacer.

null set ['nəl 'sɛt] *n* zero.

n. nulo; cero.

numb [nəm] *adj* not able to feel, as when your fingers are numb with cold.

adj. entumecido; insensible, como cuando los dedos se adormecen por el frío.

number ['nəmbɚ] *n* a written or spoken symbol telling how many. *Ex* Both four and 4 are numbers.

n. número; símbolo escrito o hablado que indica una cantidad.

numeral ['nuwmɚl] *n* a figure indicating how many. *Ex* The figure 4 is a numeral.

n. cifra; figura que indica la cantidad.

numerator ['nuwmɚeytɚ] *n* the part of the fraction which is above or to the left of the line. *Ex* In the fraction 3/4, the 3 is the numerator, and the 4 is the denominator.

n. numerador; la parte de la fracción que está sobre o a la izquierda de la línea.

numerous ['nuwmɚəs] *adj* very many.

adj. numeroso; muchos.

nun [nən] *n* a female member of a religious group who sometimes lives in a convent.

n. monja; miembro femenino de un grupo religioso que a veces vive en un convento.

nurse [nɚs] *n* someone who helps the doctor take care of people who are ill.

n. enfermera; quien ayuda al médico a curar a las personas.

nursery ['nɚs(ə)ri] *n* a room or a building where very young children sleep or play.

n. habitación o edificio donde duermen o juegan los niños.

nut [nət] **1.** *n* a fruit or seed with a very hard shell. **2.** *n* a piece of metal with a hole through it that you screw on to a bolt.

1. *n.* nuez; fruta o semilla con cáscara dura. **2.** *n.* tuerca; pieza de metal con un agujero por el que se mete un tornillo.

nylon ['nɑylɑn] *n* a man-made material used for making clothing, brushes, and other useful things.

n. nilón; material utilizado para fabricar ropas, cepillos y otras cosas útiles.

oak [owk] *n* a kind of tree which can grow very big and lives to a very old age. *Ex* An oak has acorns as its fruit.

n. roble; especie de árbol grande que vive muchos años.

oar [or] *n* a long piece of wood with one flat end that is used to row a boat.

n. remo; palo largo con final plano que se utiliza para remar.

oasis [ow'eysəs] *n* a place in the desert where plants and trees grow because there is water.

n. oasis; lugar en el desierto donde crecen plantas y árboles porque hay agua.

oath [owθ] *n* a solemn promise that you will speak the truth or keep your word.

n. juramento; promesa solemne de que se dirá la verdad o se mantendrá la palabra.

oatmeal ['owtmil] *n* a hot, thick breakfast cereal made from ground-up oats.

n. harina de avena; desayuno caliente a base de cereales; se prepara con copos de avena.

oats [owts] *n* a kind of grain used mostly for feeding animals, especially horses.

n. avena; especie de grano que se utiliza principalmente para alimentar animales.

obedience [ow'bidiən(t)s] *n* doing as you are told.

n. obediencia; acto de realizar lo que a uno le han dicho.

obey [ow'bey] *v* to do as someone tells you to do. *Ex* You must obey your teacher.

v. obedecer; hacer lo que alguien le dice a uno que haga.

obituary [ow'bɪtʃəwɛri] *n* a notice of someone's death, usually in the newspaper.

n. necrológica; noticia sobre la muerte de alguien, normalmente en el periódico.

object 1. *n* ['ɑbdʒɛkt] a thing; something you can see or handle. **2.** *v* [əb'dʒɛkt] to disagree with someone else's idea.

1. *n.* objeto; una cosa; algo que se ve o se toca. **2.** *v.* objetar; no estar de acuerdo con la idea de alguien.

objection [əb'dʒɛkʃn] *n* a disagreement; a complaint against something.

n. objeción; desacuerdo; queja contra algo.

oblige [ə'blaydʒ] **1.** *v* to do someone a favor. **2.** *v* to force someone to do something.

1. *v.* complacer; hacer un favor a alguien. **2.** *v.* obligar; forzar a alguien a hacer algo.

oblong ['ɑblɔŋ] **1.** *n* a rectangle. **2.** *adj* rectangular.

1. *n.* rectángulo. **2.** *adj.* rectangular.

observe [əb'zɚv] **1.** *v* to watch carefully; to notice. *Ex* Observe her careful movements. **2.** *v* to celebrate; to remember a special day. *Ex* They do not observe all holidays.

1. *v.* observar; mirar detenidamente; notar. **2.** *v.* celebrar; recordar un día especial.

obstacle ['ɑbstək] *n* anything that stands in the way so that you cannot go forward.

n. obstáculo; algo que está en medio de forma que impide el paso.

obstinate ['ɑbstənət] *adj* wanting your own way; stubborn.

adj. obstinado; terco.

obtain [əb'teyn] *v* get; go and get; seek and get.

v. obtener; conseguir; lograr; buscar y conseguir.

occasion [ə'keyʒn] *n* a particular event or happening.

n. ocasión; acontecimiento o suceso particular.

occupation [ɑkyə'peyʃn] *n* the kind of work that a person does; a job.

n. ocupación; el tipo de trabajo que hace una persona; un trabajo.

occupy ['ɑkyəpay] **1.** *v* to live in; to dwell in. **2.** *v* to go into enemy land in wartime and take over towns and cities.

1. *v.* ocupar; vivir en; habitar en. **2.** *v.* ocupar; entrar en el campo enemigo en tiempo de guerra y tomar ciudades.

occur [ə'kɚ] *v* to happen.

v. suceder; ocurrir.

ocean ['owʃn] *n* a very big sea with salty water.

n. océano, mar muy grande de agua salada.

o'clock [ə'klɑk] *n* the time by the clock. *Ex* It is three o'clock.

n. la hora del reloj.

octopus ['ɑktəpus] *n* a sea creature with eight arms. *Ex* The octopus has suckers on its arms.

n. pulpo; animal marino que tiene ocho brazos.

odd [ɑd] **1.** *adj* strange; queer. **2.** *adj* not even in number. *Ex* The numbers 1, 3, 5, 7, and 9 are odd numbers.

1. *adj.* extraño; raro. **2.** *adj.* impar.

odor ['owdɚ] *n* a smell.

n. olor.

of [əv] *prep* from; made from; separate from.

prep. de; hecho de; separado de.

off [ɔf] **1.** *prep* from; from the top; the opposite of on. **2.** *adv* away from; the opposite of on. *Ex* Please turn the light off.

1. *prep.* de; desde arriba; lo opuesto de *on;* **2.** *adv.* fuera; lo opuesto de *on.*

offend [ə'fɛnd] *v* to displease; to do something wrong; to make someone angry.

v. ofender; disgustar; hacer algo erróneo; enfadar a alguien.

offense [ə'fɛn(t)s] **1.** *n* a crime. **2.** *n* an action that causes hurt feelings or anger in another person.

1. *n.* delito; crimen. **2.** *n.* ofensa; acción que origina sentimientos de dolor o enfado en otra persona.

offensive [ə'fɛn(t)sɪv] *adj* causing hurt; unpleasant.

adj. ofensivo; causante de dolor; desagradable.

offer ['ɔfɚ] *v* to say you will do or give something.

v. ofrecer; decir que se hará o dará algo.

office ['ɔfɪs] *n* a building or room where people work with business papers.

1. *n.* oficina; edificio o estancia donde trabajan personas con papeles de negocios.

officer ['ɔfəsɚ] **1.** *n* someone who commands others, as in the army, navy, or air force. **2.** *n* a police officer.

n. oficial; alguien que dirige a otros, como en el ejército, la marina o las fuerzas aéreas. **2.** *n.* agente de policía.

official [ə'fɪʃl] **1.** *n* an officer. **2.** *adj* authorized; genuine.

1. *n.* funcionario. **2.** *adj.* autorizado; genuino.

offspring ['ɔfsprɪŋ] *n* a child; children. This form is used in both the singular and the plural. *Ex* I am an offspring of my parents. Chicks are the offspring of chickens.

n. vástago; hijo; chicos. Se utiliza tanto como plural, como singular.

often ['ɔfn̩] *adv* many times; happening over and over.

adv. a menudo; muchas veces; que sucede una y otra vez.

oil [oyl] **1.** *n* a thick, greasy liquid which can come from animals or plants, or from under the ground. **2.** *v* to put oil on metal parts so they can move better.

1. *n.* aceite; líquido espeso y grasiento que procede de animales, plantas o del subsuelo de la tierra; petróleo. **2.** *v.* engrasar; echar aceite sobre las partes metálicas para que funcionen mejor.

ointment ['oyntmənt] *n* a soothing paste you put on sores or cuts.

n. ungüento; crema calmante que se pone sobre inflamaciones o cortaduras.

okay ['ow'key] **1.** *adj* correct; all right. **2.** *v* to approve something. **3.** *n* approval; an act of approval. Also spelled O.K.

1. *adj.* correcto; bien. **2.** *v.* aprobar algo. **3.** *n.* aprobación; el acto de aprobar.

old [owld] *adj* having been alive or existing for a long time.

adj. anciano; viejo; que ha vivido o existido durante mucho tiempo.

old-fashioned [owld'fæʃn̩d] *adj* not modern; from long ago.

adj. anticuado; no moderno; de hace tiempo.

omelette ['ɑmlət] *n* eggs beaten up and cooked for a while and then folded over.

n. tortilla; huevos batidos cocinados.

omit [ow'mɪt] *v* to leave out; not to do something.

v. omitir; dejar de; no hacer algo.

on [ɔn] **1.** *prep* upon; resting upon the surface of; the opposite of off. **2.** *adv* to a place resting on the surface of; the opposite of off. *Ex* Please turn the light on.

1. *prep.* sobre; encima de la superficie de; lo opuesto de *off*. **2.** *adv.* encima; que descansa sobre la superficie de; lo opuesto de *off*.

once [wən(t)s] **1.** *adv* for one time only. **2.** *adv* at a long time ago.

1. *adv.* una vez. **2.** *adv.* hace muchos años.

one [wən] **1.** *n* the number 1. **2.** *pro* any person; someone.

1. *n.* el número 1. **2.** *pro.* uno; alguien; una persona.

one-way ['wən'wey] *adj* having to do with a street where the traffic moves only in one direction.

adj. de dirección única; relacionado con una calle donde el tráfico es de una sola dirección.

onion ['ənyən] *n* a bulb-like vegetable with a strong smell and flavor.

n. cebolla; vegetal con bulbo de olor y sabor fuertes.

online ['ɔnlɑyn] *adj* having to do with the direct control of a computer.

adj. relacionado con el control directo de una computadora.

only ['ownli] **1.** *adj* single; one and no more. **2.** *adv* just; merely; just once.

1. *adj.* solo; singular; uno y no más. **2.** *adv.* solamente; justamente; meramente; sólo una vez.

open ['owpən] **1.** *adj* not shut; able to let things through. **2.** *v* to make open; to make a door open; to unfasten, unfold, unseal, or uncover. The opposite of shut and close.

1. *adj.* abierto; no cerrado; que permite que pasen las cosas. **2.** *v.* abrir; desatar; desdoblar; quitar el sello; destapar; lo opuesto de cerrar y encerrar.

opening ['owpənɪŋ] *n* an open place; a passageway; a hole or space.

n. abertura; lugar abierto; pasadizo; un agujero o espacio.

opera ['ɑprə] *n* a musical performance including singing, orchestral music, and sometimes dance.

n. ópera; obra musical que incluye partes cantadas y orquestadas y, a veces, baile.

operate ['ɑpɚeyt] **1.** *v* to run; to function; to work. *Ex* This toy does not operate correctly. Do you know how to operate a tape recorder? **2.** *v* to perform surgery.

1. *v.* operar; funcionar. **2.** *v.* operar; hacer una operación quirúrgica.

operation [ɑpə'reyʃn̩] **1.** *n* something that is done; a project. **2.** *n* surgery done in a hospital by a doctor.

1. *n.* operación; algo que se hace; un proyecto. **2.** *n.* operación quirúrgica hecha en un hospital por un cirujano.

opinion [ə'pɪnyən] *n* what you think about something.

n. opinión; lo que se piensa sobre algo.

opportunity [ɑpɚ'tuwnəti] *n* a chance to do something.

n. oportunidad; posibilidad de hacer algo.

opposite ['ɑpəzɪt] *adj* as different as possible from something else; across from.

adj. opuesto; tan distinto de algo como sea posible; al otro lado.

optical ['ɑptəkl] *n* having to do with eyes or seeing.

n. óptico; relacionado con los ojos o la vista.

optician [ɑp'tɪʃn] *n* a person who makes and sells eyeglasses and other things with lenses.

n. óptico; persona que fabrica y vende gafas y otras cosas con lentes.

or [ɔr] *conj* a word indicating a choice; if not one, then the other. *Ex* Please give me a red one or a blue one.

conj. o; palabra indicativa de elección; si no uno, entonces el otro.

orange ['ɔrəndʒ] **1.** *n* a sweet citrus fruit grown mostly in Florida and California. **2.** *n* a color between yellow and red.

1. *n.* naranja; fruta cítrica dulce que se da principalmente en Florida y California. **2.** *n.* naranja; color entre amarillo y rojo.

orangutan [ə'ræŋətæŋ] *n* a large, reddish-brown ape that lives in jungles.

n. orangután; mono de color rojizo que vive en las selvas.

orbit ['ɔrbɪt] *n* the path in which something moves around another thing in space. *Ex* The moon's orbit is fairly close to the earth.

n. órbita; en el espacio; senda por la que se mueve algo, alrededor de otra cosa.

orchard ['ɔrtʃɚd] *n* a field or an area where fruit trees grow.

n. huerto; campo o área donde crecen árboles frutales.

orchestra ['ɔrkəstrə] *n* a group of musicians who play a variety of instruments.

n. orquesta; grupo de músicos que tocan distintos instrumentos.

order ['ɔrdɚ] **1.** *n* a command; a request for goods; a request for your choice of food at a restaurant. **2.** *v* to ask that something be done; to command that something be done. **3.** *n* neatness; tidiness.

1. *n.* orden; mandato; petición de mercancías; elección de comida en un restaurante. **2.** *v.* mandar; ordenar; pedir que se haga algo. **3.** *n.* orden; pulcritud; limpieza.

ordinary ['ɔrdnɛri] *adj* usual; not special or different.

adj. corriente; normal; ni especial ni diferente.

ore [ɔr] *n* rock or mineral from which metal is made.

n. mena; roca de la que se obtiene el metal.

organ ['ɔrgən] **1.** *n* a large musical instrument with a keyboard and pipes that the sounds come from. **2.** *n* a body part, such as the heart, which performs a specific function.

1. *n.* órgano; instrumento musical grande con teclado y unos tubos de los que procede el sonido. **2.** *n.* órgano; parte del cuerpo, como el corazón, que ejerce una función especial.

organization [ɔrgənə'zeyʃn] *n* a group of people or of nations who get together to work for a particular purpose.

n. organización; grupo de personas o naciones que trabajan juntos con un fin particular.

organize ['ɔrgənayz] *v* to get a group of people together for a particular purpose; to plan and arrange something.

v. organizar; formar un grupo de personas para un propósito en particular; planear y acordar algo.

origin ['ɔrədʒn] *n* the source; the cause of something.

n. origen; fuente; la causa de algo.

ornament ['ɔrnəmənt] *n* anything used to make something look prettier, such as jewelry or a vase.

n. adorno; lo que se utiliza para hacer que algo parezca más bonito, como joyas o un jarrón.

orphan ['ɔrfn] *n* a child whose mother and father are both dead.

n. huérfano; niño cuyos padres han muerto.

other ['əðɚ] **1.** *n* the second of the two; the alternative. **2.** *adj* alternate; one that is not this one.

1. *n.* otro; el segundo de dos; la alternativa. **2.** *adj.* otro; uno que no es éste.

others ['əðɚz] *pro* other people. *Ex* We like this one, but others don't.

pro. otros; otras personas.

otherwise ['əðɚwayz] *adv* if not; if things are different.

adv. de otra manera; si no; si las cosas son diferentes.

ought [ɔt] *v* should.

v. deber.

ounce [awn(t)s] *n* a measurement of weight. *Ex* There are 16 ounces to a pound.

n. onza; medida de peso.

our ['awɚ] *pro* belonging to us. *Ex* That is our car.

pro. nuestro; nuestra; nuestros; nuestras; que nos pertenecen.

ours ['awɚz] *pro* that which belongs to us. *Ex* That car is ours.

pro. nuestro; la nuestra; los nuestros; las nuestras; lo que nos pertenece.

out [awt] **1.** *prep* toward the outside; the opposite of in. *Ex* The bird flew out the window. **2.** *adv* toward the outside; away from the inside; the opposite of in. *Ex* The bird flew out.

1. *prep.* fuera; lo opuesto de *in.* **2.** *adv.* fuera; en el exterior; lo opuesto de *in.*

outburst ['awtbɜ·st] *n* a sudden noise, such as cheering when a goal is scored at a football game.

n. explosión; ruido repentino, como cuando se marca un gol en el fútbol.

outdoor ['awtdor] *adj* outside a building; the opposite of indoor.

adj. externo; fuera de un edificio; lo opuesto de *indoor*.

outdoors ['awtdorz] *adv* to or at the outside of a building.

adv. al aire libre; en el exterior de un edificio.

outfit ['awtfɪt] *n* a set of clothing or equipment.

n. equipo; conjunto de ropa o herramientas.

outing ['awtɪŋ.] *n* a pleasure trip or walk.

n. excursión; viaje o paseo de placer.

outlaw ['awtlɔ] *n* a person who fights against the law; a person who is a criminal. *Ex* Robin Hood and his men were outlaws.

n. proscrito; persona que lucha contra la ley; persona que es un delincuente.

outlet ['awtlɛt] **1.** *n* a place where something can flow out or go out. **2.** *n* the place where you put a plug in to get electricity.

1. *n.* desagüe, salida; lugar por donde algo puede manar o salir. **2.** *n.* salida; lugar donde se pone un enchufe para conseguir electricidad.

outline ['awtlayn] **1.** *v* to draw a line to show the shape of something. **2.** *n* a line drawn to show the shape of something around the outside edge. **3.** *n* a list of the main ideas of a story or a plan.

1. *v.* perfilar; dibujar una línea para mostrar la forma de algo. **2.** *n.* perfil; línea dibujada para mostrar el contorno de algo. **3.** *n.* esquema; lista de las ideas principales de una historia o plan.

output ['awtput] **1.** *n* the amount of production of a factory. *Ex* This factory has a large output. **2.** *n* what a computer puts out; an answer from a computer; the result of a computer program.

n. rendimiento. **1.** *n.* la cantidad de producción de una fábrica. **2.** *n.* lo que una computadora muestra; contestación de una computadora; resultado de un programa en una computadora.

outside ['awt'sayd] **1.** *adj* out-of-doors; the opposite of indoors. *Ex* They have an outside entrance to their garage. **2.** *adv* out; away from the inside. *Ex* It is raining, and I can't go outside.

1. *adj.* exterior; externo; lo opuesto de *indoors*. **2.** *adv.* fuera; afuera.

oval ['owvl] **1.** *n* a shape like an egg; a shape like a long circle. *Ex* The letter O is an oval. **2.** *adj* egg-shaped.

1. *n.* oval; de forma de huevo; de forma de círculo alargado. **2.** *adj.* ovalado.

oven ['əvn] *n* the inside part of a stove where things are baked.

n. horno; la parte interior de una estufa donde se cuecen cosas.

over ['owvɜ·] **1.** *prep* above. *Ex* The roof is over our heads. **2.** *adv* again. *Ex* You don't understand it. Please read it over.

1. *prep.* sobre; encima de. **2.** *adv.* otra vez; de nuevo.

overall ['owvɜ·ɔl] *adj* complete; total.

adj. global; completo; total.

overcame [owvɜ·'keym] *v* the past tense of overcome.

v. pasado de *overcome*.

overcoat ['owvɜ·kowt] *n* an outdoor coat to be worn over other clothing.

n. abrigo; prenda que se pone encima de otras.

overcome [owvɜ·'kəm] *v* to defeat; to get the better of someone or something. *pt* overcame. *pp* overcome.

v. vencer; derrotar; conseguir lo mejor de alguien o algo.

overflow [owvɜ·'flow] *v* to spill over the top of a container because it is too full.

v. desbordarse; derramarse un recipiente por estar demasiado lleno.

overtake [owvɜ·'teyk] *v* to catch up with and go in front of someone or something. *pt* overtook. *pp* overtaken.

v. alcanzar; atrapar o coger a alguien o algo.

overtaken [owvɜ·'teykn] *v* the past participle of overtake.

v. pasado de *overtake*.

overthrew [owvɜ·'θruw] *v* the past tense of overthrow.

v. pasado de *overthrow*.

overthrow [owvɜ·'θrow] *v* to destroy; to defeat completely. *pt* overthrew. *pp* overthrown.

v. derribar; destruir; derrotar completamente.

overthrown [owvɜ·'θrown] *v* the past participle of overthrow.

v. participio pasado de *overthrow*.

overtime ['owvɜ·taym] **1.** *n* time spent doing something after a time limit has been reached. *Ex* When a basketball score is tied at the end of the game, the game goes into overtime. When you work more hours than usual, it is called overtime. **2.** *n* payment for working more than normal hours.

1. *n.* tiempo suplementario; tiempo que se emplea en hacer algo después del tiempo requerido. **2.** *n.* horas extraordinarias; pago por trabajar más horas de las normales.

overtook [owvɜ·'tuk] *v* the past tense of overtake.

v. pasado de *overtake*.

owe [ow] *v* to need to pay for something you have bought.

v. deber; necesitar pagar algo que se ha comprado.

owl [awl] *n* a bird with big eyes and a sharp, curved beak. *Ex* Owls fly at night and sleep through the day.

n. búho; ave con ojos grandes y pico curvo y afilado.

own [own] *v* to have something that belongs to you; to have something as yours and yours alone.

v. poseer; tener algo que le pertenece a uno; tener algo como de uno y sólo de uno.

ox [ɑks] *n* a cow; a bull.

n. buey; vaca; toro.

oxen ['ɑksn] *n* bulls and cows. The singular is ox.

n. toros y vacas. El singular es *ox*.

oyster ['oystɜ·] *n* a shellfish with a very hard, flat shell in two parts.

n. ostra; marisco de concha lisa y dura que tiene dos partes.

pace [peys] **1.** *n* a step or the length of a step. *Ex* The door is six paces in front of you. **2.** *v* to walk back and forth in a nervous or bored manner.

1. *n.* paso; la longitud de un paso. **2.** *v.* pasearse de un lado a otro nerviosamente.

pack [pæk] **1.** *v* to put things into a container. *Ex* I must go and pack my suitcase. **2.** *n* a bundle of things carried on your back.

1. *v.* empaquetar; embalar cosas en un recipiente. **2.** *n.* fardo; un montón de cosas que se lleva a la espalda.

package ['pækɪdʒ] *n* a parcel; a bundle; a container. *Ex* Joel mailed two packages at the post office.

n. paquete; fardo; envase.

packet ['pækət] *n* a small parcel; a small package.

n. paquete pequeño.

pad [pæd] **1.** *n* a lot of sheets of paper glued or sewn together at the top. **2.** *n* a piece of thick, soft material; a cushion. **3.** *v* to line with pads; to cushion with soft material. *Ex* I like to sit on a comfortably padded chair.

1. *n.* bloc; conjunto de hojas de papel, pegadas o cosidas juntas por su parte superior. **2.** *n.* cojín; pieza de tela gruesa y blanda; almohadón. **3.** *v.* revestir con cojines; enguatar, rellenar con material blando.

paddle ['pædl] **1.** *v* to swim with small strokes of the hands and feet or paws. *Ex* The dog paddled out to the boat. **2.** *v* to spank gently. *Ex* The mother paddled the child for breaking the chair. **3.** *n* a pole with a flat part at one end, like an oar, used to move a canoe through the water.

1. *v.* chapotear; nadar con golpes cortos de las manos y los pies. **2.** *v.* dar azotes cariñosos. **3.** *n.* paleta; vara con una parte plana en uno de sus extremos, como un remo, que se utiliza para mover una canoa por el agua.

page [peydʒ] **1.** *n* one side of a sheet of paper in a book, magazine, or newspaper. **2.** *n* someone who calls people or runs errands. *Ex* The librarian sent a page to get the book. **3.** *v* to call a person for whom there is a message; to call a person over a P.A. system. *Ex* Please page Mr. Kim and tell him that there is a telephone call for him.

1. *n.* página; cara de una hoja de papel de un libro, una revista o un periódico. **2.** *n.* botones; recadero; el que llama a la gente a hacer recados. **3.** *v.* llamar a una persona para decirle que tiene un mensaje; llamar a una persona por un altavoz.

pageant ['pædʒnt] *n* a show in costume, usually about things that happened long ago.

n. espectáculo; representación de época, que toma como motivo cosas que han sucedido hace mucho tiempo.

paid [peyd] *v* the past tense and past participle of pay.

v. pasado y participio pasado de *pay*.

pail [peyl] *n* a bucket; a container for water, milk, or some other liquid.

n. cubo; recipiente para agua, leche o algún otro líquido.

pain [peyn] **1.** *n* the feeling of hurt. **2.** *v* to cause hurt.

1. *n.* dolor; sensación de daño. **2.** *v.* doler; causar daño.

paint [peynt] **1.** *v* to color something with a brush and a special colored liquid; to make a picture using a brush and colored liquids. **2.** *n* a special colored liquid which gives color and protection to objects on which it is spread.

1. *v.* pintar; dar color a algo con una brocha y un líquido especial coloreado; hacer un cuadro con un pincel y pinturas. **2.** *n.* pintura; líquido coloreado que da color y protege aquellos objetos sobre los que se extiende.

painting ['peyntɪŋ] *n* a colored picture painted on paper or canvas. *Ex* Paintings are found in museums and galleries.

n. cuadro; pintura sobre papel o lienzo.

pajamas [pə'dʒæməz] *n* the shirt and pants or similar clothing worn in bed.

n. pijama; blusa y pantalón que se pone uno para dormir.

palace ['pæləs] *n* the house where a king or queen lives.

n. palacio; casa donde vive un rey o una reina.

pale [peyl] *adj* not having much color or brightness; looking washed out.

adj. pálido; que no tiene mucho color o brillantez; desteñido.

palm [pɑm] **1.** *n* the inside of your hand between your fingers and your wrist. **2.** *n* a tall tree with fan-shaped leaves at the top. *Ex* Palm trees grow in hot countries.

1. *n.* palma; interior de la mano entre los dedos y la muñeca. **2.** *n.* palmera; árbol alto, con hojas en forma de abanico en su parte superior.

pan [pæn] *n* a metal container with a handle, used for cooking.

n. cacerola; recipiente de metal con mango, que se utiliza para cocinar.

pancake ['pænkeyk] *n* a thin, round cake eaten hot. *Ex* Pancakes are cooked in a frying pan.

n. pastelillo redondo y delgado, que se come caliente.

panic ['pænɪk] *n* sudden fear or terror that keeps people from thinking reasonably.

n. pánico; sentimiento repentino de miedo o terror que impide a las personas pensar razonablemente.

pansy ['pænzi] *n* a small garden plant with velvety, brightly colored flowers.

n, pensamiento; pequeña planta de jardín que tiene flores aterciopeladas de colores vivos.

pant [pænt] *v* to gasp for breath.

v. jadear; respirar con dificultad.

pantomime ['pæntəmɑym] *n* a play in which the actors do not speak.

n. pantomima; obra en la que los actores no hablan.

pantry ['pæntri] *n* a small room or cupboard where food is kept.

n. despensa; habitación pequeña, cuarto o alacena donde se guardan los alimentos.

pants [pænts] *n* trousers.

n. pantalones.

paper ['peypɚ] *n* the material used to write on or wrap parcels in.

n. papel; material utilizado para escribir o hacer paquetes.

paper clip ['peypɚ klɪp] *n* a length of wire bent in a special way so that it will hold a few sheets of paper together.

n. clip sujetapapeles; trozo de alambre doblado de una manera especial para mantener juntas unas cuantas hojas de papel.

paper cutter ['peypɚ kətɚ] *n* a device with a large blade used for cutting small stacks of paper neatly.

n. guillotina; instrumento que tiene una cuchilla larga y que se utiliza para cortar limpiamente tacos pequeños de papel.

paper punch ['peypɚ pəntʃ] *n* a device used to punch holes in sheets of paper. It is also called a hole punch.

n. perforadora de papel; instrumento o maquinita para abrir agujeros en los papeles. También se le llama *hole punch.*

parachute ['pɛrəʃuwt] *n* a large piece of strong cloth which is fastened to a person who is going to jump from an airplane. *Ex* The parachute opens like an umbrella and lowers the person slowly to the ground.

n. paracaídas; trozo grande de tela fuerte que se ata a una persona que se va a lanzar desde un avión.

parade [pə'reyd] *n* a lot of people walking or marching together, sometimes in costume.

n. desfile; grupo grande de personas que andan o marchan juntas, a veces con uniformes.

paragraph ['pɛrəgræf] *n* a part of a piece of writing which is one or more sentences long. *Ex* Each new paragraph is indented at the beginning.

n. párrafo; parte de una obra o escrito que tiene una o más frases.

parallel ['pɛrəlɛl] **1.** *adj* going in the same direction the same distance apart and never meeting. *Ex* Railroad tracks are parallel. **2.** *n* a line of latitude. *Ex* Thirty-eight degrees latitude is the same as the thirty-eighth parallel.

1. *adj.* paralelo; que van en la misma dirección y a la misma distancia siempre, sin encontrarse. **2.** *n.* paralelo; línea de latitud.

paraphrase ['pɛrəfreyz] **1.** *v* to say or write something in a simpler way; to say or write something in your own words. **2.** *n* writing or other words which have been restated.

1. *v.* parafrasear; decir o escribir algo de forma sencilla; decir o escribir algo con las propias palabras. **2.** *n.* paráfrasis; escrito u otras palabras que se han vuelto a exponer.

parcel ['pɑrsl] *n* a package; a wrapped-up package.

n. paquete; un paquete envuelto.

pardon ['pɑrdn̩] **1.** *v* to forgive. **2.** *n* forgiveness.

1. *v.* perdonar; olvidar. **2.** *n.* perdón; olvido.

parent ['pɛrənt] *n* a mother or a father.

n. padre o madre.

parentheses [pə'rɛnθəsiz] *n* () are parentheses. The singular is parenthesis. *Ex* (This sentence is in parentheses.)

n. paréntesis (). El singular es *parenthesis.*

parish ['pɛrɪʃ] **1.** *n* an area or neighborhood which has its own church. **2.** *n* one of the counties of the state of Louisiana.

1. *n.* parroquia; área o vecindad que tiene su propia iglesia. **2.** *n.* uno de los condados del Estado de Louisiana.

park [pɑrk] **1.** *n* an open place with grass, trees, and a place for children to play. **2.** *v* to stop a vehicle and leave it in a parking space.

1. *n.* parque; lugar abierto con césped, árboles y espacio para que jueguen los niños. **2.** *v.* aparcar; detener un vehículo y dejarlo en una plaza de aparcamiento.

parliament ['pɑrləmənt] *n* the group of people elected to make the laws of a country; the name of the legislature in England and in many other countries.

n. parlamento; conjunto de personas elegidas para hacer las leyes de un país; nombre de la legislatura en Inglaterra y en muchos otros países.

parlor ['pɑrlɚ] *n* a living room.

n. salón; cuarto de estar.

parrot ['pɛrət] **1.** *n* a brightly colored bird often kept as a pet in a cage. *Ex* Some parrots can imitate talking. **2.** *v* to copy someone's words; to repeat someone's words.

1. *n.* loro; ave de colores brillantes que se suele tener en una jaula como animal doméstico. **2.** *v.* copiar las palabras de alguien; repetir las palabras de alguien.

part [pɑrt] **1.** *n* a piece of something. **2.** *v* to separate; to separate from; to divide. *Ex* He parts his hair on the left. They parted as friends.

1. *n.* parte; trozo de algo. **2.** *v.* partir; separar; separar de; dividir.

participle ['pɑrtəsɪpl] *n* a special form of a verb. Present participles always end in *ing*. Regular past participles end in *ed*.

n. participio; modo verbal. El participio presente termina siempre en *ing*. El participio pasado de los verbos regulares terminan en *ed*.

particle ['pɑrtɪkl̩] *n* a tiny bit or piece of something.

n. partícula; trozo o partícula pequeña de algo.

particular [pɚ'tɪkyələ˞] **1.** *adj* single; special. **2.** *adj* fussy; very careful; choosy.

1. *adj.* particular; especial. **2.** *adj.* exigente; muy cuidadoso; quisquilloso.

partner ['pɑrtnɚ] *n* a person who shares equally; a person who works well with some other person; a person who owns a business with you.

n. socio; persona que comparte en términos de igualdad; persona que trabaja bien con alguna otra; persona que tiene un negocio con otra.

party ['pɑrti] *n* a celebration; a group of people having a good time in one place.

n. reunión; guateque; grupo de personas que se lo pasa bien en un lugar.

pass [pæs] **1.** *v* to move ahead of something or someone in front of you. **2.** *v* to hand something to someone.

1. *v.* pasar; adelantar a algo o alguien. **2.** *v.* pasar; dar algo a alguien.

passage ['pæsɪdʒ] *n* a way through something; a hallway.

n. corredor; camino a través de algo; vestíbulo.

passenger ['pæsṇdʒɚ] *n* someone who rides in a vehicle but is not the driver.

n. pasajero; el que va en un vehículo sin conducirlo.

pass out ['pæs 'ɑwt] **1.** *v* to faint; to become unconscious. **2.** *v* to hand out something to someone.

1. *v.* desmayarse; quedar inconsciente. **2.** *v.* distribuir; dar algo a alguien.

passport ['pæsport] *n* special papers from the government which help you travel in other countries.

n. pasaporte; documento especial concedido por el gobierno que nos permite viajar por otros países.

past [pæst] **1.** *adj* ended; finished; just finished. **2.** *prep* up to and beyond. *Ex* He drove his car past me and didn't stop. **3.** *n* earlier times; history. *Ex* I love to hear stories of the past. **4.** *adj* having to do with something that happened before.

1. *adj.* pasado; consumado; acabado de terminar. **2.** *prep.* por delante de; más allá de.

pasta ['pɑstə] *n* foods made from flour paste, such as macaroni, spaghetti, lasagne, and ravioli.

n. pasta; alimentos hechos con harina, como los macarrones, los fideos, la lasaña y los ravioli.

paste [peyst] *n* a thick, white liquid used to stick paper and other things together.

n. engrudo; líquido blanco y espeso que se usa para pegar papeles y otras cosas.

pastime ['pæstɑym] *n* a game or hobby that you like to do to pass the time.

n. pasatiempo; juego o hobby que te gusta hacer para pasar el tiempo.

pastry ['peystri] *n* a special kind of bread or cake made with flour, water, and butter. *Ex* Sometimes pastries are very fancy.

n. pasteles; tipo de pan o pasteles hechos con harina, agua y mantequilla.

pasture ['pæstʃɚ] *n* a field where cattle and horses eat the grass.

n. pastizal; campo en el que comen hierba los caballos y el ganado vacuno.

P.A. system ['pi 'ey sɪstəm] *n* a public address system; an electronic device which makes the voice louder and broadcasts it to many people.

n. megafonía; sistema para dirigirse al público; artificio electrónico que eleva la voz y la hace llegar a mucha gente.

pat [pæt] **1.** *v* to hit something very lightly. **2.** *n* a very light tap. *Ex* He gave the dog a pat on the head.

1. *v.* dar palmaditas a algo. **2.** *n.* palmadita; golpe ligero.

patch [pætʃ] **1.** *n* a small piece of ground. *Ex* We grow pumpkins in the pumpkin patch. **2.** *n* a small piece of cloth used to cover a hole in clothing. **3.** *v* to sew a small piece of cloth over a hole in clothing. *Ex* I have a patch on the knee of my trousers.

1. *n.* parcela; trozo pequeño de terreno. **2.** *n.* remiendo; trozo pequeño de tela que se emplea para tapar agujeros en la ropa. **3.** *v.* remendar; coser un pequeño trozo de tela para tapar un roto en la ropa.

patent ['pætṇt] *n* a government paper that keeps other people from using an invention without permission.

n. patente; documento oficial que impide que se utilice sin permiso un invento de alguien.

path [pæθ] *n* a narrow way along which people may travel, usually on foot.

n. sendero; camino estrecho por el que pasa la gente, normalmente andando.

patience ['peyʃn(t)s] *n* the ability to wait for something without making a fuss or getting uncomfortable.

n. paciencia; capacidad para esperar algo sin demostrar impaciencia o incomodidad.

patient ['peyʃnt] **1.** *n* a sick person who is looked after by a doctor. **2.** *adj* able to wait for something without making a fuss or getting uncomfortable.

1. *n.* paciente; enfermo al que trata un médico. **2.** *adj.* paciente; que es capaz de esperar algo sin demostrar impaciencia o incomodidad.

patio ['pætiow] *n* a paved outdoor living area next to a house. *Ex* We had a picnic on our patio last night.

n. patio; zona habitable, pavimentada, en el exterior y próxima a una vivienda.

patrol [pə'trowl] **1.** *v* to walk or drive around looking for people making trouble. *Ex* The police don't patrol this area enough. **2.** *n* one or more persons out on patrol; someone who helps move people through the halls or across the street.

1. *v.* patrullar; andar o conducir de un lado a otro, buscando a las personas que molestan. **2.** *n.* patrulla; una o más personas que patrullan, alguien que ayuda a la gente a moverse por las salas o por la calle.

patter ['pætɚ] **1.** *v* to tap lightly and quickly. **2.** *n* the sound of light tapping. *Ex* I hear the patter of rain on the roof.

1. *v.* tamborilear con los dedos; dar golpecitos ligeros y rápidos. **2.** *n.* tamborileo; el sonido producido al tamborilear.

pattern ['pætɚn] **1.** *n* a model or plan to help you make something. *Ex* I made this dress from a pattern. **2.** *n* curved or straight lines repeated many times, as on wallpaper.

1. *n.* patrón; modelo o plan que ayuda a hacer algo. **2.** *n.* estampado; líneas curvas o rectas que se repiten muchas veces, como en un papel de empapelar.

pause [pɔz] **1.** *v* to stop doing something for a moment. **2.** *n* a stopping of something for a moment.

1. *v.* dejar de hacer algo durante un momento. **2.** *n.* pausa; parada de algo durante un momento.

pavement ['peyvmənt] *n* the hard part of a road, sidewalk, or playground.

n. pavimento; la parte dura de una carretera, acera o campo de juego.

pavilion [pə'vɪlyən] *n* a large tent or canopy.

n. pabellón; gran entoldado o tienda.

paw [pɔ] *n* the foot of a four-legged animal which has claws.

n. pata; la pezuña con garras de un animal de cuatro patas.

pay [pey] *v* to give money for something which you have bought or for work which has been done. *pt* paid. *pp* paid.

v. pagar; dar dinero por algo que se ha comprado o a cambio de algo que se ha hecho.

payment ['peymənt] *n* money given for goods or for work. *Ex* I have not received payment of my wages for two weeks.

n. pago; dinero dado a cambio de bienes o de trabajo.

P.E. ['pi 'i] *n* physical education; gym class.

n. educación física; clase de gimnasia.

pea [pi] *n* one of the round, green seeds which are used as food. *Ex* Peas grow in pods on a climbing plant.

n. guisante; semilla verde y redonda que se toma como alimento.

peace [pis] *n* a time when no one is fighting; a time when there is no war.

n. paz; período de tiempo en el que no se lucha; en el que no hay guerra.

peach [pitʃ] *n* a juicy, round fruit with a velvety skin and a stone-like seed.

n. melocotón; fruta redonda de piel aterciopelada y semilla dura.

peak [pik] *n* the topmost point; the top of a high mountain.

n. cumbre; el punto más alto; pico; la parte más alta de una montaña.

peal [pil] *n* a loud sound, such as loud bells ringing.

n. repique; sonido alto, como el de las campanas.

peanut ['pinət] *n* a kind of nut which grows underground in a pod.

n. cacahuete; especie de nuez que crece bajo tierra, dentro de una vaina.

peanut butter ['pinət bətɚ] *n* a paste made of ground-up peanuts. *Ex* Peanut butter is spread on bread, sometimes with jelly, to make a sandwich.

n. manteca de cacahuete.

pear [per] *n* a juicy fruit something like an apple, only softer and sort of cone-shaped.

n. pera; fruta jugosa, parecida a una manzana pero más blanda y parecida a un cono.

pearl [pɚl] *n* a small, creamy-white jewel, used for necklaces and other jewelry. *Ex* Pearls grow inside some oyster shells.

n. perla; joya pequeña de color blanco lechoso, utilizada para hacer collares y piezas de joyería.

peasant ['pezņt] *n* a person who works the land or works as a laborer on someone's land. *Ex* Peasants are usually poor.

n. campesino; persona que trabaja la tierra o trabaja como peón en la tierra de otro.

pebble ['pebl] *n* a small, smooth, roundish piece of stone.

n. guijarro; trozo de piedra redondeado, pequeño y liso.

peck [pɛk] *v* for a bird to jab with its beak. *Ex* Hens peck at their food.

v. picotear; picar un pájaro con su pico.

peculiar [pə'kyuwlyɚ] *adj* odd; strange; unusual.

adj. peculiar; extraño; inusual.

pedal ['pedl] *n* a foot lever to make something work. *Ex* Bicycles, cars, and pianos all have pedals which do different things.

n. pedal; palanca que se maneja con el pie para efectuar un trabajo.

pedestrian [pə'destriən] *n* someone who is walking; a person on foot, not on a horse or in a car.

n. peatón; persona que va andando; á pie, no a caballo ni en coche.

peel [pil] **1.** *n* the skin of fruits and vegetables. **2.** *v* to take the skin off of something, such as a piece of fruit.

1. *n.* piel de las frutas y los vegetales. **2.** *v.* mondar; quitar la piel de algo, como una pieza de fruta.

peep [pip] **1.** *v* to take a quick look. **2.** *n* the sound made by a baby chick.

1. *v.* mirar furtivamente; echar una rápida ojeada. **2.** *n.* sonido emitido por un polluelo.

peer [pir] *v* to look very closely. *Ex* She peered at me for a very long time.

v. mirar muy fijamente.

peg [peg] *n* a round rod of wood which you can use to hang things on or fasten things down. *Ex* Please hang your coat on the peg in the wall. Please help me hammer in this tent peg.

n. colgador; trozo redondo de madera que se puede utilizar para colgar o atar cosas.

pellet ['pelət] *n* a tiny ball of something such as paper, clay, or metal.

n. bolita de algo, de papel, de barro o de metal.

pelt [pelt] **1.** *n* the hide or skin of an animal. **2.** *v* to throw; to throw down. *Ex* We pelted the kid with snowballs. The rain pelted us until we got home.

1. *n.* pellejo o piel de un animal. **2.** *v.* lanzar de arriba a abajo; arrojar.

pen [pen] *n* a tool used for writing with ink.

n. pluma; instrumento que se utiliza para escribir con tinta.

penalty ['pɛn‖ti] *n* a punishment for breaking a rule.

n. penalización; castigo consiguiente al quebrantamiento de una regla.

pencil ['pɛn(t)sl] *n* a thin tool for writing or drawing. *Ex* A pencil is made of wood with a stick of black or colored material in the center.

n. lápiz; útil para escribir o dibujar.

pencil sharpener ['pɛn(t)sl ʃɑrpənɚ] *n* a device which puts a new point on a pencil. *Ex* Some pencil sharpeners are electric.

n. sacapuntas; instrumento para sacar punta a un lápiz.

pendulum ['pɛndʒələm] *n* a weight on the end of a rod that swings from side to side as in a clock.

n. péndulo; peso puesto al final de una varilla que se balancea de lado a lado, como en el reloj.

peninsula [pə'nɪn(t)sələ] *n* an area of land which sticks far out into the sea. *Ex* The southern part of Florida is a peninsula.

n. península; espacio de tierra que se adentra profundamente en el mar.

penny ['pɛni] *n* a coin made of copper. It is worth one cent. *Ex* One hundred pennies equal one dollar.

n. penique; moneda de cobre. Su valor es de un centavo norteamericano.

people ['pipl] *n* men, women, boys, and girls.

n. gente; hombres, mujeres, muchachos y muchachas.

pepper ['pɛpɚ] **1.** *n* a spicy powder used to flavor food. *Ex* Pepper tastes hot and can make you sneeze if you breathe it in. **2.** *v* to sprinkle pepper on food. *Ex* Mike always peppers his food whether it needs it or not. **3.** *n* a red or green vegetable, sometimes called a bell pepper.

1. *n.* pimienta; especie en polvo utilizada para condimentar comidas. **2.** *v.* sazonar una comida con pimienta. **3.** *n.* pimiento; vegetal rojo o verde.

peppermint ['pɛpɚmɪnt] *n* a green plant used for flavoring sauces, drinks, and candy.

n. menta; planta verde que se utiliza para condimentar salsas y dar sabor a bebidas y caramelos.

percent [pɚ'sɛnt] *n* a fraction of one hundred. The percent sign is %. *Ex* The fraction 1/4 is 25%.

n. porcentaje; fracción de la centena. El signo del tanto por ciento es %.

perch [pɚtʃ] **1.** *n* something a bird sits on or stands on, like a branch or a twig. **2.** *n* a kind of fish which is good to eat.

1. *n.* percha; algo sobre lo que un ave se posa, como una ramita. **2.** *n.* perca; especie de pez comestible.

percolator ['pɚkəleytɚ] *n* a kind of coffeepot. *Ex* A percolator makes coffee by sending boiling water up and letting it run down through the ground-up coffee.

n. cafetera con filtro.

percussion [pɚ'kəʃn] **1.** *n* something striking something else. **2.** *n* musical instruments, such as drums and cymbals, that are struck.

1. *n.* percusión; algo que golpea a otra cosa. **2.** *n.* instrumentos musicales, como tambores y timbales que hay que golpear para que suenen.

perfect **1.** *adj* ['pɚfɪkt] without any errors; without fault. **2.** *v* [pɚ'fɛkt] to make exactly right.

1. *adj.* perfecto; sin error ni falta. **2.** *v.* perfeccionar; hacerlo exactamente bien.

perform [pɚ'form] *v* to do or act; to play a part on the stage; to play a musical instrument.

v. actuar; representar un papel en un escenario; tocar un instrumento musical.

performance [pɚ'formən(t)s] *n* an act; a play or other entertainment.

n. representación.

perfume [pɚ'fyuwm] *n* a sweet smell; a liquid having a sweet smell.

n. perfume; olor dulce; líquido que tiene un olor dulce.

perhaps [pɚ'hæps] *adv* maybe; possibly.

adv. quizás; puede ser; probablemente.

peril ['pɛrəl] *n* great danger.

n. peligro; gran riesgo.

perimeter [pə'rɪmətɚ] *n* the outside measurement of a figure or area.

n. perímetro; medida de contorno de una figura o área.

period ['pɪriəd] **1.** *n* a length of time. **2.** *n* a punctuation mark (.) which is found at the end of some kinds of sentences.

1. *n.* período; espacio de tiempo. **2.** *n.* signo de puntuación (.), al final de algunas frases.

periodical [pɪri'ɑdəkl] **1.** *adj* appearing at fixed intervals; published at fixed intervals. *Ex* A monthly magazine is a periodical publication. **2.** *n* a magazine or other publication which appears at fixed intervals. *Ex* The library has a large collection of periodicals.

1. *adj.* periódico; que aparece a intervalos fijos; publicado a intervalos fijos. **2.** *n.* revista u otras publicaciones que aparecen a intervalos fijos.

periscope ['pɛrəskowp] *n* a tube containing mirrors used in submarines or underground so that people can see what is happening above them.

n. periscopio; tubo con espejos en su interior que se utiliza en los submarinos, o bajo tierra, para ver lo que sucede encima del que lo utiliza.

perish ['pɛrɪʃ] *v* to die; to be destroyed.

v. perecer; morir; ser destruido.

permanent ['pɚmənənt] **1.** *adj* long lasting; not ever changing. **2.** *n* a permanent wave in the hair, put into the hair to keep it curly or wavy for a long time.

1. *adj.* permanente; duradero; que no cambia nunca. **2.** *n.* permanente; ondulación del cabello que dura mucho tiempo.

permission [pɚ'mɪʃn] *n* freedom to do something. *Ex* The principal gave Frank permission to leave early.

n. permiso; libertad para hacer algo.

permit 1. *v* [pɚ'mɪt] to allow; to give permission. **2.** *n* ['pɚmɪt] a license; a piece of paper which allows you to do something.

1. *v.* permitir; dar permiso. **2.** *n.* licencia; documento que permite hacer algo.

persist [pɚ'sɪst] *v* to keep trying to do something or asking for something.

v. persistir; intento continuado de hacer algo o preguntar insistentemente por algo.

person ['pɚsn] *n* a man, woman, or child.

n. persona; hombre, mujer o niño.

personal ['pɚsənl] *adj* belonging to one person; private.

adj. personal; que pertenece a una persona; privado.

personnel [pɚsə'nɛl] **1.** *n* employees; people who work in a place. **2.** *n* an office in a company which takes care of hiring people and managing their benefits.

1. *n.* empleados; personas que trabajan en un sitio. **2.** *n.* departamento de personal; sección de una empresa que se ocupa de contratar al personal y de administrar lo relacionado con el mismo.

perspire [pɚ'spayr] *v* to give off sweat from your skin when you are very hot.

v. sudar; transpirar sudor por la piel cuando se tiene mucho calor.

persuade [pɚ'sweyd] *v* to talk someone into doing something; to convince someone to do something.

v. persuadir; hablar a alguien para que haga algo; convencer a alguien para que haga algo.

pest [pɛst] *n* someone or something that makes difficulties for others; a nuisance; a bothersome creature such as a mouse, a cockroach, or a silverfish.

n. parásito; alguien o algo que produce dificultades a otros; fastidio; bicho molesto, como una mosca, una cucaracha o un lepisma.

pet [pɛt] **1.** *n* an animal that is kept at home. *Ex* Dogs and cats are pets. **2.** *v* to pat and caress a person or a pet.

1. *n.* animal doméstico. **2.** *v.* tocar o acariciar a una persona o a un animal doméstico.

petal ['pɛtl] *n* the part of a flower that grows out from the middle; the colored part of a flower.

n. pétalo; parte de la flor que crece en su parte central; parte coloreada de una flor.

petticoat ['pɛtikowt] *n* a skirt worn under dresses by girls and women. Also called a slip.

n. enagua; falda que llevan bajo los vestidos las chicas y las mujeres.

petty ['pɛti] *adj* small; unimportant.

adj. insignificante; que no tiene importancia.

pew [pyuw] *n* a long, wooden bench with a back for people to sit on in a church.

n. banco largo de madera; con un respaldo para que se siente la gente en la iglesia.

pharmacist ['fɑrməsɪst] *n* the person who runs a drugstore and fills prescriptions.

n. farmacéutico; persona que regenta una farmacia y prescribe medicamentos.

pharmacy ['fɑrməsi] *n* a drugstore; a store or a department where prescriptions are filled.

n. farmacia; almacén o tienda donde se despachan las recetas.

phone [fown] **1.** *n* a telephone. **2.** *v* to make a telephone call.

1. *n.* teléfono. **2.** *v.* telefonear.

phonograph ['fownəgræf] *n* a machine which plays phonograph records; a hifi; a stereo.

n. fonógrafo; máquina que reproduce el sonido de los discos, equipo de alta fidelidad o de estereofonía.

photograph ['fowtəgræf] *n* a picture taken with a camera.

n. fotografía; imagen tomada con una cámara fotográfica.

photography [fə'tɑgrəfi] *n* using a camera to take pictures; the hobby or business of taking pictures with a camera.

n. fotografía; la utilización de una cámara para obtener fotos; la afición o la profesión de la fotografía.

phrase [freyz] *n* a group of words, usually part of a sentence.

n. frase; un grupo de palabras.

phys. ed. ['fɪz 'ɛd] *n* physical education; P.E.

n. educación física.

physical ['fɪzəkl] *adj* having to do with nature or the body.

adj. físico; lo relativo a la naturaleza o al cuerpo.

physical education [fɪzəkl ɛdʒə'keyʃn] *n* instruction in exercise and the use of the body; gym class; P.E.

n. instrucción en ejercicios físicos y en el empleo del cuerpo; clase de gimnasia.

physics ['fɪzɪks] *n* the science that studies force and motion.

n. física; ciencia que estudia la fuerza y el movimiento.

piano [pɪ'yænow] *n* a large musical instrument with a keyboard. When you press a piano key, a hammer strikes a tightly stretched string and makes a sound.

n. piano; instrumento musical grande con un teclado. Cuando se presiona una tecla, un martillo golpea una cuerda tensa y produce el sonido.

pick [pɪk] **1.** *v* to choose; to gather. **2.** *n* a sharp tool used to break rock or hard ground.

1. *v.* elegir; recoger. **2.** *n.* pico; herramienta afilada que se utiliza para romper las piedras y el suelo duro.

pickle ['pɪkl] **1.** *v* to cook a vegetable in vinegar and spices and store it. *Ex* Last year we pickled beets. **2.** *n* a vegetable or a slice of a vegetable, usually a cucumber, which has been cooked and preserved in vinegar.

1. *v.* escabechar; preparar una verdura con vinagre y especias y guardarla. **2.** *n.* un vegetal o trozo de un vegetal, generalmente pepinillo, que se ha macerado en vinagre.

picnic ['pɪknɪk] *n* an outing where food is taken along to be eaten outside.

n. picnic; excursión en la que se lleva la comida para tomarla al aire libre.

picture ['pɪktʃɚ] *n* a drawing, painting, or photograph.

pie [pɑy] *n* a food made of pastry on the outside and fruit or meat on the inside. *Ex* Pie usually means a piece of fruit pie eaten for dessert.

piece [pis] **1.** *n* a part or bit of something, but not all of it. **2.** *n* one of something, such as a piece of paper.

pier [pir] *n* a platform of stone, wood, or metal that reaches out over the water so that ships and boats can stop at the end of it.

pierce [pirs] *v* to make a hole with something sharp. *Ex* Chin Wu had her ears pierced yesterday.

pig [pɪg] *n* a fat farm animal with a curly tail. *Ex* We get ham and bacon from pigs.

pigeon ['pɪdʒn] *n* a plump bird with short legs, that makes a cooing sound. *Ex* Pigeons are often found around the buildings in a city.

pigtail ['pɪgteyl] *n* a braid of hair hanging from the back of the head.

pile [pɑyl] *n* a lot of things on top of each other, like a pile of books or a pile of junk.

pilgrim ['pɪlgrəm] **1.** *n* someone who travels a long way to visit a holy place. **2.** *n* one of the early settlers at Plymouth (New England) in 1620.

pill [pɪl] *n* a bit of medicine shaped like a tiny ball or a pellet which must be swallowed.

pillar ['pɪlɚ] *n* a large post of stone or wood, used to hold up part of a building.

pillow ['pɪlow] *n* a bag filled with feathers or some soft material, where you lay your head in bed.

pillowcase ['pɪlowkeys] *n* a covering for a pillow. It is also called a pillowslip.

pilot ['pɑylət] *n* a person who steers a ship into a harbor; a person who controls an airplane.

pimple ['pɪmpl] *n* a small, pointed swelling on the skin, usually on the face.

pin [pɪn] *n* a thin, pointed piece of metal wire used for fastening or holding things together.

pinch [pɪntʃ] **1.** *v* to squeeze something tightly; to clamp onto something; to press something hard between your thumb and index finger. **2.** *n* a squeezing; an act of pinching with the thumb and index finger.

pine [pɑyn] *n* an evergreen tree with cones and leaves like needles.

pineapple ['pɑynæpl] *n* a sweet tropical fruit with a very rough skin. *Ex* Pineapples grow in hot countries.

pink [pɪŋk] **1.** *n* a pale red color. **2.** *adj* pale red.

pint [pɑynt] *n* a measure for liquid equal to 16 ounces. *Ex* There are two pints in a quart.

pipe [pɑyp] **1.** *n* a tube, usually of metal, through which a liquid or gas flows. **2.** *n* a small bowl on the end of a tube, used for smoking tobacco.

pirate ['pɑyrət] *n* someone who robs ships at sea.

pistol ['pɪstəl] *n* a small handgun that can be carried in the pocket.

pit [pɪt] *n* a hole in the ground.

pitch [pɪtʃ] **1.** *v* to throw something forward; to throw a baseball toward the batter. **2.** *v* to set up a tent. **3.** *n* tar; a black sticky substance. **4.** *n* the highness or lowness of a note.

n. dibujo; cuadro o fotografía.

n. pastel de pasta en el exterior y fruta o carne en el interior.

1. *n.* pieza; trozo de algo. **2.** *n.* una unidad de algo, como un trozo de papel.

n. malecón; plataforma de piedra, madera o metal que sobresale del agua, de manera que los barcos y botes puedan pararse al final del mismo.

v. perforar; hacer un agujero con algo afilado.

n. cerdo; animal de granja que tiene el rabo rizado.

n. paloma; ave regordeta de patas cortas que arrulla.

n. coleta; trenza de cabello que cae por detrás de la cabeza.

n. montón; conjunto de cosas que están unas sobre otras, como una pila de libros o una pila o montón de chatarra.

1. *n.* peregrino; persona que recorre un largo camino para visitar un lugar sagrado. **2.** *n.* uno de los primeros colonos de Plymouth (New England) en 1620.

n. píldora; medicamento que se traga y que tiene forma de bolita.

n. pilar; poste grande de piedra o madera que se utiliza para sostener parte de un edificio.

n. almohada; cojín relleno de plumas, o alguna otra materia blanda, sobre la que se recuesta la cabeza en la cama.

n. funda de almohada. Se le llama también *pillowslip.*

n. piloto; persona que guía los barcos en los puertos; persona que pilota un avión.

n. grano; pequeño abultamiento de la piel, generalmente en la cara.

n. alfiler; alambre puntiagudo de metal utilizado para abrochar o mantener unidas cosas.

1. *v.* pellizcar; apretar algo; apretar con una abrazadera; presionar fuertemente algo con los dedos pulgar e índice. **2.** *n.* pellizco; acto de pinzar con los dedos pulgar e índice.

n. pino; árbol que está siempre verde y tiene piñas y hojas en forma de agujas.

n. piña; fruto tropical de piel muy rugosa.

1. *n.* rosa; color rojo pálido. **2.** *adj.* de color rosa; rojo pálido.

n. pinta; medida para líquidos igual a 16 onzas.

1. *n.* tubería; tubo generalmente de metal y por el que fluye un líquido o un gas. **2.** *n.* pipa; cazoleta pequeña en el extremo de un tubo que se utiliza para fumar tabaco.

n. pirata; el que roba barcos en el mar.

n. pistola; arma pequeña que se puede llevar en el bolsillo.

n. hoyo en el suelo.

1. *v.* lanzar; arrojar algo; lanzar una pelota de béisbol hacia el bateador. **2.** *v.* armar una tienda de campaña. **3.** *n.* alquitrán; sustancia pegajosa y negra. **4.** *n.* el tono más alto o más bajo de una nota.

pitcher ['pɪtʃɚ] **1.** *n* a large jug for holding or pouring liquids. **2.** *n* a person who throws a baseball toward the batter.

1. *n.* cántaro; jarro grande para contener o servir líquidos. **2.** *n.* lanzador; la persona que lanza la pelota hacia el bateador.

pitch pipe ['pɪtʃ pɑyp] *n* a small musical instrument used only for giving the pitch to a chorus or for tuning other instruments.

n. diapasón; instrumento musical pequeño utilizado solamente para dar el tono en un coro o para afinar otros instrumentos.

pity ['pɪti] *n* a feeling of sadness you have because someone else is ill or unhappy.

n. sentimiento de tristeza que se tiene por otra persona que está enferma o es desdichada.

pivot ['pɪvət] *n* the pin or center on which something turns.

n. pivote; perno o centro sobre el que gira algo.

pizza ['pitsə] *n* a food made of cheese, tomatoes, and other things on a disk of pastry.

n. pizza; comida hecha con queso, tomate y otras cosas que se extienden sobre un disco de pasta.

place [pleys] **1.** *n* somewhere where something is. **2.** *v* to put something somewhere.

1. *n.* lugar; sitio en donde está algo. **2.** *v.* emplazar; poner algo en alguna parte.

plague [pleyg] *n* a terrible illness that spreads from person to person very quickly.

n. plaga; una terrible enfermedad que se extiende rápidamente de unas personas a otras.

plaid [plæd] *n* a piece of cloth with a checked pattern.

n. tela escocesa; tejido con dibujo a cuadros.

plain [pleyn] **1.** *adj* ordinary; not fancy or decorated. **2.** *n* a large, flat part of a country.

1. *adj.* simple; sencillo; sin adornos o decoración. **2.** *n.* llanura; parte grande y lisa de un país.

plan [plæn] **1.** *v* to think out how a thing can be done before you do it. **2.** *n* a model or drawing showing the shape and design of something, like a building or a town.

1. *v.* planear; pensar cómo se debe hacer una cosa antes de hacerla; planificar. **2.** *n.* plano; modelo o dibujo que muestra la forma y diseño de algo, como un edificio o una ciudad.

plane [pleyn] **1.** *n* an airplane. **2.** *n* a carpenter's tool used to make wood smooth.

1. *n.* avión. **2.** *n.* cepillo; herramienta de carpintero que se utiliza para suavizar y alisar la madera.

planet ['plænət] *n* a body in the sky which, like the earth, goes around the sun.

n. planeta; cuerpo celeste que gira alrededor del sol, como la Tierra.

plank [plæŋk] *n* a long, flat, heavy piece of wood, thicker than a board.

n. tablón; trozo de madera grande, plano y pesado, más grueso que un tablero.

plant [plænt] **1.** *n* anything that grows up out of the earth, such as grass or flowers. **2.** *v* to put something into the ground so that it will grow.

1. *n.* planta; lo que crece en la tierra, como hierbas o flores. **2.** *v.* plantar; poner algo en el suelo para que crezca.

plaster ['plæstɚ] **1.** *n* a mixture of sand, water, and lime which hardens when it is put on walls and ceilings. **2.** *v* to spread plaster onto walls and ceilings.

1. *n.* yeso; mezcla de tierra, agua y cal que se endurece cuando se pone en las paredes o en el techo. **2.** *v.* enyesar; recubrir con yeso paredes y techos.

plastic ['plæstɪk] **1.** *adj* flexible; moldable. **2.** *n* material that can be molded into different shapes when it is soft. Later it becomes hard. *Ex* Combs, cups, and buckets are made of plastic.

1. *adj.* flexible; moldeable. **2.** *n.* plástico; material flexible que puede moldearse de diversas formas cuando está blando. Después se endurece.

plate [pleyt] *n* a round, flat dish for food.

n. plato para comer.

platform ['plætform] **1.** *n* the raised part of a hall or theater for the speakers or actors. **2.** *n* the part of a railway station beside the tracks, where you get on a train.

1. *n.* estrado; la parte elevada de una sala o teatro en la que se sitúan los oradores o actores. **2.** *n.* andén; parte de una estación de ferrocarril, junto a las vías, desde la que se sube al tren.

play [pley] **1.** *v* to have fun; to take part in a game; to perform on a musical instrument. **2.** *n* a show acted on a stage, usually without music.

1. *v.* jugar; divertirse; tocar un instrumento musical; tomar parte en un juego. **2.** *n.* obra; función representada en un escenario y que normalmente no tiene música.

playground ['pleygrawnd] *n* a special place at school or in a park where children can play.

n. patio de juego; lugar especial de una escuela o de un parque donde pueden jugar los niños.

playmate ['pleymeyt] *n* someone you play with.

n. compañero de juego.

playtime ['pleytɑym] *n* a period of time for playing, not working or studying.

n. recreo; período de tiempo para jugar, no para estudiar o trabajar.

please [pliz] **1.** *v* to make someone feel happy. **2.** *adv* a word used to make a request seem more polite. *Ex* Please feed the cat.

1. *v.* complacer; hacer que se sienta feliz alguien. **2.** *adv.* por favor; palabra que se utiliza para hacer más cortés el acto de preguntar.

pleasure ['plɛʒɚ] *n* a feeling of being glad and happy when you are enjoying yourself.

n. placer; sentimiento de bienestar y felicidad que tienes cuando te diviertes.

pleat [plit] *n* a fold in cloth, pressed or stitched down to keep it in place.

n. pliegue en un tejido, planchado o cosido para mantenerlo en su lugar.

pledge [plɛdʒ] **1.** *v* to promise; to make a vow; to give your word. **2.** *n* a promise; a vow; giving your word of honor.

plenty ['plɛnti] *n* more than enough; all that is needed. *Ex* I have plenty of air in my tires. That boy is plenty of trouble.

pliers ['playɚz] *n* a tool which can pinch very hard. *Ex* Pliers are used to twist or bend wire and to tighten things.

plot [plɑt] **1.** *n* a small piece of land. *Ex* We will plant a few tomatoes on that plot. **2.** *n* the main happenings in a play or story; a wicked or evil plan. **3.** *v* to make a plan; to make an evil plan against something.

plow [plaw] **1.** *n* a farm tool which cuts into the ground and turns it over. *Ex* A plow is usually pulled by a tractor, but can be pulled by a horse or a mule. **2.** *v* to turn over the soil with a plow.

pluck [plək] *v* to pull at the strings of a musical instrument, such as a guitar.

plug [pləg] **1.** *n* a piece of metal or rubber made to fit into a hole so that liquid cannot get out. **2.** *n* the device at the end of an electric cord which is put into an outlet to get electrical power. **3.** *v* to put a plug into something. *Ex* Please plug in the lamp.

plum [pləm] *n* a juicy fruit with a stone in the middle.

plumber ['pləmɚ] *n* a person whose job is to connect up or repair water, gas, or sewer pipes.

plumbing ['pləmɪŋ] **1.** *n* the water, gas, and sewer pipes in buildings and leading to buildings. **2.** *n* bathroom facilities.

plump [pləmp] *adj* well-rounded; almost fat.

plunge [pləndʒ] *v* to throw yourself into water; to rush into something.

plural ['plurəl] *n* the form of a word which indicates more than one. *Ex* The plural of cat is cats. The plural of child is children.

plus [pləs] **1.** *n* the sign (+) which shows that numbers are to be added together. *Ex* Put a plus before the number 4. **2.** *prep* increased by. *Ex* 2 + 2 = 4.

plus sign ['pləs sayn] *n* the sign (+) which indicates that numbers are to be added together; a plus.

plywood ['playwud] *n* a piece of wood made of very thin layers of wood glued together.

pneumonia [nə'mownyə] *n* a painful illness of the lungs.

poach [powtʃ] **1.** *v* to cook foods, such as fish or eggs without their shells, in very hot water. **2.** *v* to catch animals or fish on someone else's land without permission.

P.O. Box ['pi ow 'baks] *n* a post office box; a numbered and locked box in a post office where you can receive your mail; the number of a post office box. *Ex* Please send your payment to P.O. Box 4365.

pocket ['pakət] *n* a little bag sewn into clothes to put things in.

pocketknife ['pakətnayf] *n* a small folding knife which can be carried in the pocket.

pod [pad] *n* the outside covering of seeds.

poem ['powəm] *n* a piece of writing, like a song without music, that shows your thoughts and feelings.

poet ['powət] *n* someone who writes poems.

poetry ['powtri] **1.** *n* the art of writing poetry; the writing of poems. **2.** *n* poetry or poems. *Ex* Maria just bought a book of poetry.

1. *v.* prometer; hacer un voto; dar palabra. **2.** *n.* promesa; voto; acto de dar la palabra de honor.

n. bastante; más que suficiente; todo lo que se necesita.

n. alicates; herramienta con la que se puede pinzar fuertemente.

1. *n.* parcela; trozo pequeño de terreno. **2.** *n.* argumento; los hechos más importantes de una obra o relato; plan perverso o malvado. **3.** *v.* conspirar; preparar un plan perverso contra algo.

1. *n.* arado; instrumento de labranza, que se introduce en la tierra y la remueve. **2.** *v.* arar; labrar la tierra con un arado.

v. pulsar las cuerdas de un instrumento musical, como la guitarra.

1. *n.* tapón; pieza de metal o de goma que se introduce en un agujero para que no pueda escaparse el líquido. **2.** *n.* enchufe; dispositivo que hay al final de un cable eléctrico que se introduce en una toma para obtener corriente eléctrica. **3.** *v.* poner un tapón o enchufe en algo.

n. ciruela; fruto jugoso con hueso.

n. fontanero; persona cuya profesión consiste en instalar o reparar tuberías de agua y de gas, o desagües.

1. *n.* fontanería; las tuberías de agua y de gas y los desagües que hay en un edificio y las que conducen estos elementos a los edificios. **2.** *n.* aparatos sanitarios.

adj. rollizo; casi gordo.

v. zambullirse; arrojarse al agua; meterse en algo.

n. plural; forma de una palabra que indica que son o hay más de uno.

1. *n.* mas; signo (+) utilizado para indicar qué números han de sumarse. **2.** *prep.* más.

n. el signo (+) que indica qué números han de sumarse.

n. contrachapado; pieza de madera formada por láminas de madera muy finas pegadas unas a otras.

n. neumonía; enfermedad pulmonar muy dolorosa.

1. *v.* escalfar; cocinar alimentos, como pescados o huevos sin sus cáscaras y en agua muy caliente. **2.** *v.* cazar o pescar furtivamente en las tierras de otros.

n. apartado de correos; caja numerada y cerrada en una oficina de correos en la que se puede recibir correspondencia; número de un apartado de correos.

n. bolsillo; bolsa pequeña, cosida a los trajes para meter cosas dentro.

n. navaja; cuchillo corto y plegado que se puede llevar en el bolsillo.

n. vaina; la cubierta exterior de las semillas.

n. poema; género literario, similar a una canción sin música, que expresa pensamientos y sentimientos.

n. poeta; el que escribe poemas.

1. *n.* poesía; arte de escribir poesía; la escritura de poemas. **2.** *n.* poesía o poemas.

point [poynt] **1.** *n* the sharp end of something, like a pin or a pencil. *Ex* That needle has a very sharp point. **2.** *v* to indicate something; to aim the index finger at something. *Ex* Don't point at people!

1. *n.* punta afilada de algo, como un alfiler o un lápiz. **2.** *v.* apuntar; indicar algo; señalar hacia algo con el dedo índice.

pointed ['poyntəd] *adj* sharp; with a point; like the end of a pin.

adj. afilado; con punta, como el final de un alfiler.

poison ['poyzn] **1.** *n* something swallowed or injected that can cause illness or death. **2.** *v* to give poison to a living creature; to put poison into something that a living creature will eat or drink.

1. *n.* veneno; algo que puede provocar una enfermedad, o la muerte, al ingerirlo. **2.** *v.* envenenar; dar veneno a una criatura viviente, poner veneno en algo que va a comer o beber un ser vivo.

poke [powk] *v* to jab or push something or someone suddenly.

v. atizar; pinchar o apretar algo o a alguien repentinamente.

poker ['powkɚ] **1.** *n* a metal rod used for stirring a fire. **2.** *n* a kind of a card game.

1. *n.* atizador; vara de metal utilizada para atizar el fuego. **2.** *n.* póker; juego de cartas.

polar ['powlɚ] *adj* having to do with the North Pole or the South Pole. *Ex* Polar bears live near the North Pole.

adj. polar; relativo al polo Norte o al polo Sur.

pole [powl] **1.** *n* a long, rounded piece of wood or metal, used to hold something up, such as a flag. **2.** *n* the north or south ends of the earth's axis; the north or south ends of a magnet.

1. *n.* asta; pieza redonda y larga de madera o metal utilizada para mantener enhiesto algo, como una bandera. **2.** *n.* polo; extremo norte o sur del eje de la Tierra; los extremos de un imán.

police [pə'lis] **1.** *n* people whose job is to see that the laws are obeyed; people whose job is to enforce the law. **2.** *v* to act as a police officer; to patrol.

1. *n.* policía; conjunto de personas cuyo trabajo consiste en hacer que se obedezcan las leyes. **2.** *v.* actuar como un policía; patrullar.

policeman [pə'lismən] *n* a male member of a police force.

n. policía; varón miembro de una fuerza de policía.

policy ['poləsi] **1.** *n* a plan for dealing with something; a course of action. **2.** *n* a contract for insurance.

1. *n.* política; plan para tratar algo; curso de acción. **2.** *n.* póliza de seguro.

polish ['polɪʃ] **1.** *v* to make something shiny by rubbing it hard, usually with a special powder, paste, or liquid. **2.** *n* a special powder, paste, or liquid for use in polishing.

1. *v.* pulir; afinar algo restregándolo con fuerza con un polvo, pasta o líquido especial. **2.** *n.* pulimento; polvo, pasta o líquido especial para pulir algo.

polite [pə'layt] *adj* having good manners.

adj. cortés; con buenas maneras.

political [pə'lɪtəkl] *adj* having to do with politics.

adj. político; relativo a la política.

politics ['polətɪks] *n* the activity of running government; the activity of controling government; the activity of working with and controling any group of people.

n. política; actividad de gobierno; la actividad de controlar a cualquier grupo de personas o trabajar con ellas.

pollen ['polən] *n* a yellow powder in the middle of flowers. *Ex* Pollen gives me hay fever.

n. polen; polvo amarillo que tienen las flores.

poncho ['pontʃow] *n* an outer garment like a blanket with a hole for the head to go through.

n. poncho; prenda exterior, semejante a una manta, que tiene un agujero por el que se mete la cabeza.

pond [pond] *n* a small lake.

n. charca; lago pequeño.

pony ['powni] *n* a little horse; a young horse.

n. poney; caballo pequeño; caballo joven.

poodle ['puwdl] *n* a kind of dog with very curly hair, often called a French poodle.

n. caniche; perro de pelo muy rizado.

pool [puwl] *n* a small area of water, sometimes no bigger than a puddle; a swimming pool.

n. estanque; pequeña extensión de agua, a veces no mucho mayor que un charco; piscina.

poor [puwr] **1.** *adj* having little money or few belongings. **2.** *adj* not good; of low quality. *Ex* The soil is poor there, and nothing will grow.

1. *adj.* pobre; que tiene poco dinero o pertenencias. **2.** *adj.* pobre; que no es bueno; de baja calidad.

pop [pop] **1.** *n* a sharp, exploding sound. **2.** *adj* popular. *Ex* I really like to listen to pop music.

1. *n.* taponazo; ruido seco y detonante. **2.** *adj.* popular.

popcorn ['popkorn] *n* a special kind of corn that makes a popping sound and bursts open when it is heated.

n. palomita de maíz; tipo especial de maíz que revienta y produce un sonido detonante al calentarlo.

popular ['popyəlɚ] *adj* liked by most people. *Ex* Andy is very popular.

adj. popular; que gusta a la mayoría de la gente.

population [popyə'leyʃn] **1.** *n* the people living in any country, city, town, or village. *Ex* The population of Springfield is quite small. **2.** *n* the number of people living in a country, city, town, or village. *Ex* The population of Springfield is 2,365.

1. *n.* población; la gente que vive en un país, ciudad o pueblo. **2.** *n.* población; número de personas que viven en un país, ciudad o pueblo.

porch [portʃ] *n* a covered entrance to a building.

n. porche; entrada cubierta de un edificio.

porcupine ['pɔrkyəpayn] *n* a wild animal with a coat of sharp needles or spines mixed with hairs.

n. puerco espín; animal salvaje que tiene la piel cubierta de afiladas agujas o espinas entremezcladas con los pelos.

pork [pork] *n* the meat of pigs and hogs.

n. carne de cerdo.

port [port] *n* a harbor; a town with a harbor.

n. puerto; ciudad con puerto.

portable ['portəbl] *adj* able to be carried . *Ex* Elaine has a new portable television set.

n. portátil; que se puede trasladar.

porter ['portɚ] *n* a person whose job is to carry luggage at airports and train stations.

n. mozo; persona cuyo trabajo consiste en llevar los equipajes en los aeropuertos y en las estaciones de ferrocarril.

portion ['porʃn] *n* a part; a helping or serving of food.

n. porción; ración o servicio de comida.

portrait ['portrət] *n* a painting or drawing of a person.

n. retrato; pintura o dibujo de una persona.

position [pə'zɪʃn] **1.** *n* place; location. *Ex* Please move that chair into a new position. **2.** *n* a job. *Ex* Joel has a new position at his office.

1. *n.* posición; lugar; localización. **2.** *n.* puesto de trabajo.

positive ['pazətɪv] *adj* meaning yes; absolutely sure; not negative.

adj. positivo; que significa sí; absolutamente seguro; no negativo.

possess [pə'zɛs] *v* to own; to have.

v. poseer; tener.

possessive [pə'zɛsɪv] **1.** *adj* owning; having; selfish. **2.** *adj* having to do with words which show ownership. *Ex* The word *his* is a possessive pronoun.

1. *adj.* posesivo; que posee; que tiene. **2.** *adj.* relativo a las palabras que indican posesión.

possible ['pasəbl] *adj* able to be done.

adj. posible; que se puede hacer.

possibly ['pasəbli] *adv* perhaps; maybe.

adv. tal vez; quizás; puede ser.

post [powst] *n* a long piece of wood or metal fastened in the ground so that it stands up; a pole.

n. poste; trozo grande de madera o metal ligado al suelo para que se mantenga derecho; asta.

postage ['powstɪdʒ] *n* the charge for sending something through the mails; stamps.

n. franqueo; tasa que se paga por enviar algo por correo.

postcard ['pows(t)kard] *n* a thin piece of cardboard on which you can write to your friends. *Ex* Many postcards have pictures on the back.

n. tarjeta postal; tarjeta en la que se puede escribir a los amigos.

poster ['powstɚ] *n* a large notice or picture that tells you about something that is going to happen.

n. cartel; anuncio o imagen que advierte de algo que va a ocurrir.

postman ['pows(t)mən] *n* a man whose job is to collect and deliver the mail.

n. cartero; persona cuyo oficio consiste en recoger y repartir cartas.

post office ['post ɔfəs] *n* the place where you buy stamps and send off letters and parcels.

n. Oficina de correos; lugar donde se compran sellos y se envían las cartas y los paquetes.

postpone [pows(t)'pown] *v* to put off until another time.

v. posponer; aplazar.

pot [pat] *n* a deep pan for cooking; a teapot; a flowerpot.

n. olla; cacerola profunda que sirve para cocinar; tetera; florero.

potato [pə'teytow] *n* a vegetable grown under the ground. *Ex* Potatoes can be baked, fried, or boiled.

n. patata; vegetal que crece bajo la tierra.

potter ['patɚ] *n* a person who makes pots and other things out of clay.

n. alfarero, persona que hace vasijas con barro.

pottery ['patɚi] *n* crockery; ornaments and other things made of baked clay.

n. alfarería; loza, adornos y otros objetos hechos de barro cocido.

pouch [pawtʃ] *n* a small bag.

n. morral; bolsa pequeña.

poultry ['powltri] *n* chickens, ducks, and geese.

n. volatería; pollos, patos y gansos.

pounce [pawn(t)s] *v* to spring or jump down on something suddenly.

v. precipitarse; saltar sobre algo súbitamente.

pound [pawnd] **1.** *n* a measurement of weight equal to 16 ounces or 0.453 kilograms. **2.** *v* to beat or hammer on something. *Ex* He pounded in the nail with a hammer.

1. *n.* libra; unidad de peso igual a 16 onzas ó 0,453 kilos. **2.** *v.* martillear; golpear algo con un martillo.

pour [por] *v* to make liquid run out of a container by tipping it forward.

v. derramar; verter el líquido de un recipiente al volcarlo.

pout [pawt] *v* to close your lips and push them out to show that you are not pleased.

v. poner mala cara; apretar los labios y empujarlos hacia fuera como señal de descontento.

powder ['pawdɚ] *n* very tiny dust-like bits of something. *Ex* Flour and cocoa are powders.

n. polvo; partículas muy finas de algo.

powder room ['pɑwdɚ ruwm] *n* a bathroom with only a toilet and a sink; a very polite name for a bathroom.

n. cuarto de baño que sólo tiene un aseo y un lavabo; nombre refinado para el cuarto de baño.

power ['pɑwɚ] *n* ability to do something.

n. poder; capacidad para hacer algo.

practical ['præktɪkl̩] *adj* useful; sensible.

adj. práctico; útil; razonable.

practice ['præktəs] **1.** *v* to do something over and over until you are good at it. **2.** *n* the doing of something over and over until you are good at it.

1. *v.* practicar; hacer algo una y otra vez hasta que sale bien. **2.** *n.* práctica; repetición de algo una y otra vez hasta que sale bien.

prairie ['prɛri] *n* a large area of flat, grassy land with very few trees.

n. pradera; una gran extensión de terreno llano con hierba y con muy pocos árboles.

praise [preyz] **1.** *v* to say very nice things about someone or something. **2.** *n* very nice things said about someone or something.

1. *v.* alabar; decir cosas muy agradables de algo o de alguien. **2.** *n.* alabanza; algo agradable dicho de algo o de alguien.

pray [prey] *v* to request humbly; to ask God for help.

v. rezar; rogar humildemente; pedir ayuda a Dios.

prayer ['prɛɚ] *n* the act of praying.

n. oración; el acto de orar.

preach [pritʃ] *v* to speak to others about being good, usually in church.

v. predicar; hablar a otros sobre la bondad, generalmente en la iglesia.

preacher ['pritʃɚ] *n* a minister of a church; a clergyman who preaches sermons.

n. predicador; ministro de una iglesia; clérigo que dice sermones.

precinct ['prisɪŋkt] *n* a subdivision of a county or city. *Ex* You must vote in your own precinct.

n. circunscripción; distrito electoral en los Estados Unidos; subdivisión de un condado o ciudad.

precious ['prɛʃəs] *adj* very valuable; worth lots of money.

adj. precioso; muy valioso; que vale mucho dinero.

prefer [prə'fɚ] *v* to like one better than the other.

v. preferir; gustar uno más que otro.

prefix ['prifɪks] *n* a syllable at the beginning of a word which changes its meaning. If you put *un* before the word *pleasant* it changes the meaning to *not pleasant.*

n. prefijo; sílaba situada al principio de una palabra y que cambia su significado.

pregnant ['prɛgnənt] *adj* carrying a baby or babies not yet born.

adj. embarazada; que lleva a un niño o niños que aún no han nacido.

preliminary [prə'lɪmənɛri] *adj* first; early; before the final.

adj. preliminar; primero; antes del final.

prepare [prə'pɛr] *v* to make or get something ready. *Ex* I hardly have time to prepare dinner.

v. preparar; hacer o dejar algo listo.

preposition [prɛpə'zɪʃn] *n* a kind of word that goes before a noun or pronoun to show how it is related to other words. *Ex In, out, up, down,* and *around* are prepositions.

n. preposición; palabra que va delante de un nombre o un pronombre a fin de señalar la manera en que se relaciona con otras palabras.

prescription [prə'skrɪpʃn] *n* a piece of paper from a doctor which states what kind of medicine you should get from a drugstore. *Ex* The pharmacist filled my prescription.

n. receta; trozo de papel que escribe un doctor para prescribir la clase de medicamentos que se deben comprar en la farmacia.

present 1. *adj* ['prɛznt] now; at this time. **2.** *adj* ['prɛznt] in attendance; not absent. **3.** *n* ['prɛznt] a gift; something nice given to someone. **4.** *v* [prɪ'zɛnt] to give something like a gift; to perform something like a play.

1. *adj.* presente; ahora; en este momento. **2.** *adj.* presente; no ausente. **3.** *n.* regalo; algo bonito que se da a alguien. **4.** *v.* regalar; dar algo a modo de regalo; representar algo, como una obra de teatro.

president ['prɛzədənt] *n* the elected head of a government or other organization.

n. presidente; jefe electo de un gobierno o de otra organización.

press [prɛs] **1.** *v* to push against; to push down. **2.** *n* all of the newpapers and magazines, the companies which publish them, and the people who write what is printed in them.

1. *v.* apretar; empujar contra; presionar. **2.** *n.* prensa; el conjunto de periódicos y revistas, las empresas que los publican y las personas que escriben lo que está impreso en ellos.

pressure ['prɛʃɚ] *n* force or weight pushing against something.

n. presión; peso o fuerza que presiona contra algo.

pretend [prɪ'tɛnd] *v* to make believe; to do play acting.

v. pretender; hacer creer; fingir; disimular.

pretty ['prɪti] *n* nice-looking; lovely; almost beautiful.

n. bonito; lindo; casi bello.

prevent [prɪ'vɛnt] *v* to stop something from happening.

v. prevenir; detener el acontecimiento de algo.

previous ['priviəs] *adj* happening or occurring before some other event.

adj. previo; que sucede u ocurre antes que cualquier otro acontecimiento.

prey [prey] *n* a bird or animal that is hunted for food by another bird or animal.

n. presa; ave o animal cazado por otra ave o animal para servirle de alimento.

price [prɑys] *n* the amount of money you must pay for something.

n. precio; la cantidad de dinero que ha de pagarse por algo.

prick [prɪk] *v* to make a tiny hole with something sharp.

pride [prɑyd] *n* a good opinion of how clever you are and how nice you look; a feeling of pleasure about something you have done well.

priest [prist] *n* a man who is in charge of a church and who leads the prayers there.

primary ['prɑymɛri] **1.** *adj* first of all; initial. **2.** *n* a first election to see who will run for office in the final election.

prince [prɪn(t)s] *n* the son of a king or queen.

princess ['prɪn(t)səs] *n* the daughter of a king or queen.

principal ['prɪn(t)səpl] **1.** *n* the person in charge of a school. **2.** *adj* main; major; most important. *Ex* Your principal problem is your lack of speed.

principle ['prɪn(t)səpl] *n* a rule or standard of behavior.

print [prɪnt] **1.** *v* to press words and pictures on paper with a heavy machine. **2.** *v* to draw letters one at a time rather than writing longhand. **3.** *n* the letters that appear on a page; neatly formed letters rather than writing.

prison ['prɪzn] *n* a very large jail run by a state or the federal government.

prisoner ['prɪz(ə)nɚ] *n* someone who has been locked up in a jail as a punishment.

private ['prɑyvət] **1.** *adj* belonging to one person or a group of people; not public; personal. **2.** *n* a low-ranking soldier in the army.

prize [prɑyz] **1.** *n* a reward for doing something well. **2.** *v* to value something highly. *Ex* I prize that vase very highly.

probable ['prɑbəbl] *adj* likely to happen.

probably ['prɑbəbli] *adv* maybe; perhaps; likely.

problem ['prɑbləm] *n* a question that is difficult to answer or decide; a happening that causes trouble; something that must be solved.

proceed [prə'sid] *v* to go ahead; to go on.

procession [prə'sɛʃn] *n* a large number of people or vehicles moving along in a straight line.

prod [prɑd] *v* to poke; to jab.

produce **1.** *v* [prə'duws] to make; to cause; to bring into being. **2.** *n* ['prowduws] fruits and vegetables.

producer [prə'duwsɚ] *n* someone who produces a film or a play; a company that produces something.

product ['prɑdəkt] *n* something which has been produced or manufactured.

profession [prə'fɛʃn] *n* a kind of work that needs special study and training, such as the nursing profession or the teaching profession.

professor [prə'fɛsɚ] *n* a teacher in a college or university.

profit ['prɑfət] **1.** *n* gain; the money left after all expenses have been paid. **2.** *v* to gain from; to make money from.

program ['prowgræm] **1.** *n* a printed piece of paper giving information about a performance. **2.** *n* the order of events; a course of action. **3.** *n* the coded instructions given to a computer; a computer program. **4.** *v* to give coded instructions to a computer.

progress ['prɑgrɛs] *n* movement forward or onward; improvement.

v. pinchar; hacer un agujero pequeño con algo afilado.

n. orgullo; excelente opinión sobre lo bueno, lo inteligente y lo guapo que es uno; sentimiento de placer por algo que se ha hecho bien.

n. sacerdote; hombre que está a cargo de una iglesia y que dirige los rezos.

1. *adj.* primario; primero de todo; inicial. **2.** *n.* primaria; elección previa para ver quién será el candidato en la elección final.

n. príncipe; el hijo de un rey o de una reina.

n. princesa; la hija de un rey o de una reina.

1. *n.* director; persona que tiene a su cargo una escuela. **2.** *adj.* principal; mayor; más importante.

n. principio; regla o modelo de comportamiento.

1. *v.* imprimir palabras y dibujos sobre papel mediante máquinas. **2.** *v.* escribir en letras de molde; dibujar las letras una a una en vez de escribir de corrido. **3.** *n.* impresión; letras que aparecen en una página; letras formadas con mucha claridad más que escritas.

n. prisión; cárcel muy grande regida por un gobierno estatal o federal.

n. prisionero; el que ha sido encerrado en una cárcel como castigo.

1. *adj.* privado; que pertenece a una persona o a un grupo de personas; no público; personal. **2.** *n.* soldado raso en el ejército.

1. *n.* premio; recompensa por haber hecho algo bien. **2.** *v.* apreciar mucho algo.

adj. probable; que puede suceder.

adv. probablemente; tal vez; quizás.

n. problema; pregunta difícil de contestar o de decidir; asunto que origina molestias; algo que debe resolverse.

v. proceder; ir adelante; seguir.

n. desfile; número grande de personas o vehículos que avanzan en la misma dirección.

v. empujar; pinchar.

1. *v.* producir; hacer; causar; dar el ser. **2.** *n.* productos agrícolas; frutas y verduras.

n. productor; el que produce un film o una obra de teatro; empresa que produce algo.

n. producto; lo que ha sido producido o manufacturado.

n. profesión; clase de trabajo que precisa de estudio y entrenamiento especiales, como la enfermería o la enseñanza.

n. profesor universitario; profesor de facultad o universidad.

1. *n.* ganancia; el dinero que queda después de que se ha hecho frente a todos los gastos. **2.** *v.* ganar; hacer dinero de.

1. *n.* programa; papel impreso que contiene información sobre una representación. **2.** *n.* el orden de los acontecimientos; un curso de acción. **3.** *n.* programa de ordenador; instrucciones codificadas que se dan a un ordenador. **4.** *v.* programar; proporcionar instrucciones codificadas a un ordenador.

n. progreso; movimiento hacia adelante; mejoría.

prohibit [prə'hıbət] *v* to forbid; to prevent.

projector [prə'dʒɛktɚ] *n* a machine which shows a strong light through a film so that the picture on the film can be seen on a screen or the wall.

promise ['prɑmıs] **1.** *v* to say that you will or will not do something without fail. **2.** *n* a pledge that you will or will not do something.

prompt [prɑmpt] *adj* quickly; at once; without delay.

prong [prɔŋ] *n* one of the sharp spikes on a fork.

pronoun ['prownawn] *n* a word which stands for another word. *Ex He, she,* and *it* are pronouns.

pronounce [prə'nawn(t)s] *v* to speak or sound out words.

pronunciation [prənən(t)si'eyʃn] *n* the saying of speech sounds; the way of saying speech sounds.

proof [pruwf] *n* a way of showing that what is said is true.

prop [prɑp] *n* a long piece of wood or metal that is put under something to keep it from falling down.

propel [prə'pɛl] *v* to drive forward.

propeller [prə'pɛlɚ] *n* the spinning part of a ship and of some airplanes which drives them forward.

proper ['prɑpɚ] *adj* right; as it should be.

property ['prɑpɚti] *n* something that belongs to someone.

prophecy ['prɑfəsi] *n* what someone says will happen in the future.

prophesy ['prɑfəsay] *v* to say what will happen in the future.

propose [prə'powz] *v* to suggest something, such as a plan of action or way of going about things.

prosecute ['prɑsəkyuwt] *v* to present the negative side of a case against a person in a court of law.

protect [prə'tɛkt] *v* to guard or defend.

protest 1. *v* [prə'tɛst] to object to something; to disagree. **2.** *n* ['prowtɛst] a complaint; a group of people all complaining about the same thing.

proton ['prowtɑn] *n* a very tiny part of an atom.

protractor ['prowtræktɚ] *n* an instrument used in measuring and drawing angles.

proud [prawd] *adj* having a feeling of pride; pleased that you are good at something.

prove [pruwv] *v* to show that what is said is true.

proverb ['prɑvɚb] *n* a well-known short saying which is often used to show you how you should act, like *He who laughs last laughs longest.*

provide [prə'vayd] *v* to supply; to give what is needed.

provision [prə'vıʒn] **1.** *n* the act of providing something for someone. **2.** *n* a rule; a part of a rule or a law. *Ex* There is a provision in your lease that says you can't keep pets.

prowl [prawl] *v* to move about silently and secretly.

pry [pray] *v* to peer into or try to find out about things that do not concern you.

psychiatrist [sə'kayətrəst] *n* a person whose profession is treating mental illness, sometimes with medicine. *Ex* A psychiatrist is a special kind of doctor.

psychologist [say'kalədʒəst] *n* a person who studies behavior. *Ex* Some psychologists treat mental illness.

v. prohibir; impedir.

n. proyector; máquina que proyecta una intensa luz sobre una película para que ésta se pueda ver en una pantalla o en la pared.

1. *v.* prometer; decir que se hará o no hará algo. **2.** *n.* promesa; compromiso de que se hará o no hará algo.

adj. pronto; rápidamente; enseguida; sin demora.

n. púa; una de las afiladas puntas de un tenedor.

n. pronombre; palabra que sustituye a otra.

v. pronunciar; decir sonidos o palabras.

n. pronunciación; la madera de emitir los sonidos; manera de emitir sonidos hablados.

n. prueba; modo de demostrar que es verdad lo que se dice.

n. puntal; pieza larga de madera o metal que se pone debajo de algo para impedir que se caiga.

v. propulsar.

n. hélice; parte giratoria de un barco y de algunos aviones que les hace avanzar.

adj. apropiado; como debería ser.

n. propiedad; algo que pertenece a alguien.

n. profecía; lo que alguien dice que ocurrirá en el futuro.

v. profetizar; decir lo que sucederá en el futuro.

v. proponer; sugerir algo, como un plan de acción o la manera de enfocar las cosas.

v. procesar; presentar en un tribunal la parte negativa de un caso contra una persona.

v. proteger; guardar o defender.

1. *v.* protestar; objetar algo; disentir. **2.** *n.* protesta; grupo de personas que reclaman todos lo mismo.

n. protón; parte muy pequeña de un átomo.

n. transportador; instrumento que se emplea para medir y dibujar ángulos.

adj. orgulloso; complacido de ser bueno para algo.

v. probar; demostrar que es verdad lo que se dice.

n. refrán; proverbio corto muy conocido que se utiliza a menudo para mostrarnos cómo debemos actuar.

v. proveer; suministrar; dar lo que se necesita.

1. *n.* provisión; acto de suministrar algo a alguien. **2.** *n.* regla; norma; parte de una norma o ley.

v. merodear; moverse alrededor de algo silenciosa y secretamente.

v. curiosear; mirar atentamente o tratar de descubrir cosas que no nos conciernen.

n. psiquiatra; persona cuya profesión consiste en tratar las enfermedades mentales, a veces con medicamentos.

n. psicólogo; persona que estudia el comportamiento.

public ['pəblɪk] *adj* open to or belonging to everyone; the opposite of private.

publication [pəblə'keyʃn] **1.** *n* a book, magazine, or newspaper; anything which is printed and offered to the public. **2.** *n* the act of publishing.

publish ['pəblɪʃ] *v* to print many copies of and offer them to the public, usually for a price.

pudding ['pʊdɪŋ] *n* a soft, sweet food eaten at the end of a meal.

puddle ['pədl] *n* a small pool of water left on the ground after a rain.

puff [pəf] **1.** *v* to blow air or smoke out of the mouth. **2.** *n* a small, sudden gust of wind; a bit of air or smoke blown out of the mouth.

pull [pʊl] *v* to get hold of something and bring it towards you.

pulley ['pʊli] *n* a whee! with a hollow rim. *Ex* You put a rope around the pulley and pull on it to lift heavy things.

pullover ['pʊlowvɚ] *n* a knitted garment with sleeves; a kind of sweater.

pump [pəmp] **1.** *n* a machine used to raise water to a higher level, such as pumping it out of a well; a machine used to force air into a tire. **2.** *v* to use a pump to force liquid or air into something or to a higher level.

pumpkin ['pəmpkn] *n* a large yellow- or orange-colored fruit that grows on a vine on the ground.

punch [pəntʃ] *v* to hit hard, usually with your fists.

punch card ['pəntʃ kɑrd] *n* a card into which little holes are punched in a pattern that a computer can understand.

punctual ['pəŋktʃəwəl] *adj* on time; not late.

punctuate ['pəŋktʃəweyt] *v* to divide writing into phrases or sentences by using special marks, such as a period (.), a question mark (?), or a comma (,).

puncture ['pəŋktʃɚ] **1.** *v* to make a hole in something. *Ex* A nail punctured my bicycle tire. **2.** *n* a hole made by puncturing. *Ex* There is a puncture in my bicycle tire.

punish ['pənɪʃ] *v* to make someone suffer or pay for doing something wrong.

punishment ['pənɪʃmənt] *n* something that makes a person suffer or pay for doing something wrong.

pupil ['pyuwpl] **1.** *n* a person taught by a teacher; a student. **2.** *n* the round, dark circle in the middle of your eye through which you see.

puppet ['pəpət] *n* a doll which can be moved by pulling strings or putting your hand inside it.

puppy ['pəpi] *n* a young dog; a baby dog.

purchase ['pɚtʃəs] **1.** *v* to buy something. **2.** *n* something that you have bought; something which you are going to buy.

pure [pyuwr] *adj* clean; without fault.

purple ['pɚpl] **1.** *n* a color made by mixing red and blue. **2.** *adj* of a color between red and blue.

purpose ['pɚpəs] *n* something you plan to do.

purr [pɚ] **1.** *n* the sound a cat makes when it is happy. **2.** *v* to make the sound of a happy cat.

adj. público; abierto o que pertenece a todo el mundo; lo opuesto de privado.

1. *n.* publicación; libro, revista o periódico; algo impreso que se ofrece al público. **2.** *n.* publicación; acción de publicar.

v. publicar; imprimir muchas copias de algo y ofrecerlas al público, normalmente por dinero.

n. pudin; alimento dulce y blando que se toma al final de las comidas.

n. charco; agua que queda en el suelo después de la lluvia.

1. *v.* soplar aire o expulsar humo por la boca. **2.** *n.* soplo; golpe pequeño y repentino de viento; bocanada de aire o humo expulsada por la boca.

v. arrastrar; empujar algo y traerlo hacia uno.

n. polea; rueda de borde cóncavo.

n. pulóver; prenda de punto con mangas; especie de suéter.

1. *n.* bomba; máquina para elevar agua, como la bomba de un pozo; máquina utilizada para introducir aire en un neumático. **2.** *v.* bombear; utilizar una bomba para introducir líquido o aire en algo o para elevar el nivel.

n. calabaza; fruto amarillo o anaranjado de una planta que es trepadora o que crece en el suelo.

v. golpear; dar golpes fuertes, normalmente con los puños.

n. tarjeta perforada; tarjeta que ha sido perforada de acuerdo a unas normas, de manera que puede leerla un ordenador.

adj. puntual; a tiempo, no tarde.

v. puntuar; dividir un escrito en frases utilizando signos especiales, como el punto (.), el signo de interrogación (?) o la coma (,).

1. *v.* perforar; hacer un agujero en algo. **2.** *n.* agujero perforado.

v. castigar; hacer sufrir o hacer pagar a alguien por haber hecho mal algo.

n. castigo; lo que hace a una persona sufrir o pagar por haber hecho mal algo.

1. *n.* discípulo; persona a la que enseña un profesor; estudiante. **2.** *n.* pupila; círculo oscuro en la mitad del ojo, por el cual se ve.

n. marioneta; muñeca que se puede mover tirando de cuerdas o introduciendo la mano en ella.

n. cachorro; perro joven.

1. *v.* comprar algo. **2.** *n.* compra; lo que se ha comprado, algo que se va a comprar.

adj. puro; limpio, sin falta.

1. *n.* púrpura; color hecho mediante la mezcla del rojo y el azul. **2.** *adj.* purpúreo; de un color que está entre el rojo y el azul.

n. propósito; algo que se planea hacer.

1. *n.* ronroneo; el sonido que emite un gato cuando está contento. **2.** *v.* ronronear; emitir el mismo sonido que un gato cuando está contento.

purse [pɝs] *n* a small bag to keep money in.

n. monedero; bolsito para guardar dinero.

pursue [pɚˈsuw] *v* to go after; to follow.

v. perseguir; ir detrás; seguir.

push [pʊʃ] *v* to move something away from you without lifting it.

v. empujar; desplazar algo sin levantarlo.

put [pʊt] *v* to place something somewhere. *pt* put. *pp* put.

v. poner; emplazar algo en alguna parte.

puzzle [ˈpəzl̩] *n* a kind of game or question. *Ex* You have to do lots of clever thinking to get the answer to a puzzle.

n. rompecabezas; especie de juego o pregunta.

puzzled [ˈpəzl̩d] *adj* confused.

adj. perplejo; confuso.

pyramid [ˈpɪrəmɪd] *n* a solid shape with four flat, triangular sides, usually on a square base.

n. pirámide; forma sólida de 4 lados triangulares normalmente sobre una base cuadrada.

python [ˈpɑyθɑn] *n* a large, dangerous snake that can kill living creatures by squeezing them in its coils.

n. pitón; serpiente grande y peligrosa que puede matar a los seres vivos enroscándolos en sus anillos.

quack [kwæk] **1.** *n* the noise a duck makes. **2.** *v* to make the noise a duck makes.

quadrangle ['kwɑdræŋgl] *n* any four-sided shape.

quaint [kweynt] *adj* old-fashioned; slightly odd.

quake [kweyk] **1.** *v* to tremble; to shake. **2.** *n* short for earthquake.

quality ['kwɑləti] *n* how good or bad something is. *Ex* Clothes of good quality usually cost more but will last longer than clothes of poor quality.

quantity ['kwɑntəti] *n* the size, number, or amount of things.

quarrel ['kwɑrəl] *v* to argue or disagree with someone in an angry way.

quarry ['kwori] **1.** *n* a place where stone for building is dug out. **2.** *n* an animal which is being hunted.

quart [kwort] *n* a measure of liquid equal to two pints or 0.946 liters. *Ex* There are four quarts in a gallon.

quarter ['kwortɚ] **1.** *n* one fourth of anything; a fourth part. **2.** *n* a coin equal to one quarter of a dollar, or twenty-five cents.

queen [kwin] *n* a woman who is the royal ruler of a country; the wife of a king.

queer [kwir] *adj* odd; strange; not ordinary.

question ['kwɛstʃn] **1.** *n* something someone wants to know; something that someone asks. *Ex* I want to ask you a question. **2.** *v* to ask someone something. *Ex* The police questioned her about the accident.

question mark ['kwɛstʃn mɑrk] *n* the sign (?) used in writing to indicate that a question is being asked. *Ex* Please put a question mark at the end of each question.

quick [kwɪk] *adj* fast; in a very short time.

quiet ['kwɑyət] *adj* not making a noise; silent; at rest.

quilt [kwɪlt] *n* a thick, padded bed cover.

quit [kwɪt] *v* to stop doing something; to leave off doing something; to leave. *Ex* Please quit bothering me. *pt* quit. *pp* quit.

quite [kwɑyt] *adv* completely; positively.

quiz [kwɪz] *n* a lot of questions to find out how much someone knows; a small examination.

quotation [kwow'teyʃn] *n* someone's exact words used again. *Ex* He read us a quotation from Shakespeare.

quotation marks [kwow'teyʃn mɑrks] *n* the signs (") and (") which are put around someone's exact words and other special words.

quote [kwowt] *v* to read, write, or say someone's exact words.

quotient ['kwowʃnt] *n* the answer to a division problem in mathematics.

---

1. *n.* graznido; sonido que emiten los patos. **2.** *v.* graznar; hacer el sonido que emiten los patos.

n. cuadrángulo; figura de cuatro lados.

adj. pintoresco; algo extraño.

1. *v.* temblar; sacudir. **2.** *n.* abrev. de *earthquake,* temblor de tierra.

n. calidad; lo bueno o lo malo que es algo.

n. cantidad; tamaño; número o cantidad de cosas.

v. reñir; discutir o mostrar el desacuerdo con alguien de forma agria.

1. *n.* cantera; lugar de donde se obtienen las piedras para construir los edificios. **2.** *n.* presa; animal cazado.

n. cuarto; medida para líquidos igual a dos pintas o 0,946 litros.

1. *n.* cuarto; cuarta parte de algo. **2.** *n.* moneda equivalente a un cuarto de dólar, ó 25 centavos.

n. reina; mujer titular del reino de un país, esposa de un rey.

adj. raro; extraño; no ordinario.

1. *n.* pregunta; algo que alguien desea saber; algo que pregunta alguien. **2.** *v.* preguntar a alguien algo.

n. signo de interrogación (?) empleado en un texto para indicar que se plantea una pregunta.

adj. rápido; en muy corto espacio de tiempo.

adj. silencioso; tranquilo; descansando.

n. edredón; colcha gruesa y almohadillada.

v. dejar; dejar de hacer algo; abandonar lo que se estaba haciendo.

adv. completamente; positivamente.

n. encuesta; formulación de preguntas para saber el grado de conocimientos que tiene alguien; examen corto.

n. cita; utilización de las palabras exactas de alguien.

n. comillas («); se ponen al principio y al final de una cita y de algunas palabras especiales.

v. citar; leer, escribir o pronunciar las palabras exactas de otro.

n. cociente; la solución de un problema matemático de división.

rabbit ['ræbət] *n* a small, furry animal with long ears. *Ex* We saw a rabbit hopping through the woods.

n. conejo; animal pequeño, peludo, con orejas largas.

race [reys] **1.** *v* to move very quickly to get to a place before someone else does. **2.** *n* a contest to see who can get to a goal first. **3.** *n* a large group of people having a similar appearance, especially the same skin color. *Ex* Europeans, Africans, and Chinese belong to different races.

1. *v.* correr; moverse muy rápidamente para llegar a un lugar antes que cualquier otro. **2.** *n.* carrera; competición para ver quien llega el primero a una meta. **3.** *n.* raza; grupo grande de personas que tienen un mismo aspecto, especialmente el color de la piel.

racetrack ['reystræk] *n* the path or course where a race is run.

n. pista; recorrido por donde se celebra una carrera.

rack [ræk] *n* a framework to keep things on, such as a hat rack.

n. perchero; estructura para poner cosas.

racket ['rækət] **1.** *n* an oval frame with a network of strings and a handle. *Ex* A racket is used to strike a ball in tennis and other games. **2.** *n* a loud noise; a lot of loud noises.

1. *n.* raqueta; marco oval que tiene red y lleva mango. **2.** *n.* alboroto; ruido grande; gran cantidad de ruidos.

radar ['reydɑr] *n* a special kind of radio which helps find objects in the dark and in fog. The word is an acronym for *radio detecting and ranging*. *Ex* Radar is used by ships and airplanes.

n. radar; especie de radio que ayuda a encontrar objetos en la oscuridad o en la niebla. La palabra es un acrónimo de *radio detecting and ranging*.

radiant ['reydiənt] **1.** *adj* bright; shining. **2.** *adj* joyful; bright and very cheerful.

1. *adj.* brillante; radiante. **2.** *adj.* lleno de alegría; muy alegre.

radiate ['reydieyt] **1.** *v* to send out rays of heat or light. **2.** *v* to spread out in many directions from a center.

1. *n.* irradiar; enviar rayos de luz y calor. **2.** *v.* radiar; esparcir en muchas direcciones desde un centro.

radiator ['reydieytər] **1.** *n* a large, iron object used to put heat into a room. **2.** *n* the part of a car engine which gives off the heat from the engine.

1. *n.* radiador; objeto grande de hierro utilizado para calentar una habitación. **2.** *n.* radiador; parte del motor del coche que lo refrigera.

radio ['reydiow] *n* an instrument that brings broadcast music and voices through the air from far away.

n. aparato de radio; aparato que recoge la música y las voces que viajan por el aire desde muy lejos.

radius ['reydiəs] *n* a straight line from the center of a circle to its outer edge.

n. radio; línea recta que va desde el centro de un círculo a un punto de su perímetro.

raft [ræft] *n* floating logs or boards fastened together.

n. balsa; troncos o maderos flotantes unidos.

rag [ræg] *n* a piece of cloth that is old and often full of holes.

n. harapo; ropa vieja que a menudo está llena de agujeros.

rage [reydʒ] *n* great anger; fury.

n. rabia; ira grande; furia.

raid [reyd] *n* a quick surprise attack.

n. incursión; ataque rápido por sorpresa.

rail [reyl] **1.** *n* a wooden or metal bar used as part of a fence or railing; a bar which you hold on to when going up or down stairs. **2.** *n* one of the two (or three) metal bars used to make railroad tracks.

1. *n.* barandilla; madera o metal que forma parte de una valla o verja; barra que ayuda a subir o bajar una escalera. **2.** *n.* rail; una de las dos (o tres) barras de metal utilizado para hacer vías de ferrocarril.

railing ['reylɪŋ] *n* a fence of posts and rails; a low wall made of bars to keep people from falling off of something.

n. verja; valla con postes y barrotes; muro bajo hecho con barrotes para evitar que la gente se caiga de algún sitio.

railroad ['reylrowd] *n* a very long track of metal bars which trains run on. It is also called a railway.

n. vía férrea; pista muy larga de barras de metal sobre la que circulan los trenes. Se le llama también *railway*.

rain [reyn] **1.** *n* drops of water that fall from the clouds. **2.** *v* for drops of water to fall from the sky.

1. *n.* lluvia; gotas de agua que caen de las nubes. **2.** *v.* llover; caer gotas de agua del cielo.

rainbow ['reynbow] *n* a beautifully colored arch seen in the sky when the sun shines after a rain.

n. arco iris; arco de bellos colores que se ve en el cielo cuando sale el sol después de la lluvia.

raincoat ['reynkowt] *n* a coat made of rubber or some other material that doesn't let the rain through.

n. impermeable; abrigo de goma o de algún otro material que no deja pasar la lluvia.

rainfall ['reynfɔl] *n* the amount of rain that falls in a certain period of time.

n. precipitación; cantidad de lluvia que cae en un cierto periodo de tiempo.

raise [reyz] **1.** *v* to lift up. *Ex* Maria raised her hand to ask a question. **2.** *v* to collect. *Ex* We raised fifty dollars for charity. **3.** *v* to increase. *Ex* The landlord raised the rent.

1. *v.* levantar. **2.** *v.* recolectar. **3.** *v.* incrementar.

raisin ['reyzn̩] *n* a dried grape used in baking, or eaten by itself.

n. pasa; uva seca que se utiliza en pastelería o que se consume directamente.

rake [reyk] **1.** *n* a garden tool with a long handle and metal teeth. **2.** *v* to use a rake to pull out loose grass from the lawn or to gather leaves that have fallen from the trees.

1. *n.* rastrillo; herramienta de jardinería con mango largo y dientes de metal. **2.** *v.* rastrillar; utilizar un rastrillo para quitar la hierba cortada o recoger las hojas caídas de los árboles.

ram [ræm] **1.** *n* a male sheep. **2.** *v* to push hard; to crash into something.

1. *n.* carnero; macho de la oveja. **2.** *v.* apisonar; meter algo a la fuerza.

ramble ['ræmbl̩] **1.** *v* to walk about for pleasure. **2.** *v* to talk for a long time without making much sense.

1. *v.* salir de excursión; pasear por placer. **2.** *v.* divagar; hablar durante mucho tiempo sin que tenga mucho sentido lo dicho.

ramp [ræmp] **1.** *n* a long, slanted walkway that lets people move between floors of different levels without using stairs. **2.** *n* the special road which leads cars onto a highway or expressway.

1. *n.* rampa; camino largo e inclinado que permite a la gente moverse entre pisos de distintos niveles sin utilizar las escaleras. **2.** *n.* carretera especial que lleva a los vehículos hacia una autopista.

ran [ræn] *v* the past tense of run.

v. pasado de *run*.

ranch [rænt∫] *n* a very big farm where large numbers of cattle, horses, or sheep are raised.

n. rancho; granja muy grande en la que hay gran cantidad de ganado vacuno, caballos u ovejas.

rang [ræŋ] *v* the past tense of ring.

v. pasado de *ring*.

ranger ['reyndʒɚ] *n* a person whose job is to look after a forest or a large area of land.

n. guardabosques; persona cuyo trabajo consiste en vigilar un bosque o área grande de tierra.

rank [ræŋk] **1.** *n* the position of a soldier or sailor in the armed forces. *Ex* His rank is major. **2.** *n* a row or line of things or people.

1. *n.* graduación; puesto de un soldado o marinero en las fuerzas armadas. **2.** *n.* fila o línea de cosas y personas.

ransack ['rænsæk] *v* to search through something in a rather rough and untidy way.

v. registrar; buscar en algo de manera ruda y desordenada.

ransom ['ræn(t)səm] *n* money paid for the safe return of someone who has been captured or kidnapped.

n. rescate; dinero que se paga para que regrese sano y salvo alguien que ha sido capturado o secuestrado.

rap [ræp] *v* to hit sharply.

v. golpear; dar un golpecito.

rapid ['ræpəd] *adj* quick; speedy.

adj. rápido; veloz.

rapids ['ræpədz] *n* a rocky part of a river where the water flows very fast.

n. rápidos; parte rocosa de un río por donde corre el agua muy rápidamente.

rare [rɛr] *adj* unusual; valuable.

adj. raro; inusual; valioso.

rascal ['ræskl̩] *n* a dishonest person; a person who makes trouble and cannot be trusted.

n. tunante; deshonesto; persona que causa molestias y a la que no se puede dar crédito.

rash [ræ∫] **1.** *n* a lot of red spots on the skin, usually as part of a disease or an allergy. **2.** *adj* without careful thought. *Ex* That was a rash decision.

1. *n.* sarpullido; granos rojos en la piel que suelen salir como consecuencia de una enfermedad o de un proceso alérgico. **2.** *adj.* irreflexivo; que no piensa detenidamente.

raspberry ['ræzbɛri] *n* a small, soft, red fruit with lots of seeds.

n. frambuesa; fruto pequeño y rojo que tiene multitud de semillas.

rat [ræt] *n* an animal like a large mouse, with long, sharp teeth.

n. rata; animal similar a un ratón grande, que tiene dientes largos y afilados.

rate [reyt] **1.** *n* how fast something happens. **2.** *n* the cost of a unit of something. *Ex* The rate for renting a car is $45.00 a day.

1. *n.* velocidad; rapidez con que suceden las cosas. **2.** *n.* precio; coste de una unidad de algo.

rather ['ræðɚ] *adv* to some extent; somewhat; a little bit.

adv. bastante; algo; un poco.

ratio ['rey∫ow] *n* the relationship in size or number of two or more things; a proportion.

n. proporción; relación de tamaño o número entre dos o más cosas.

ration ['ræ∫n̩] *n* a share or a portion; a limited portion.

n. ración; trozo o porción; porción limitada.

rattle ['ræt̩l] **1.** *v* to shake something so that it makes a lot of clicking noises. **2.** *n* a lot of little clicking noises heard when you shake something. **3.** *n* a baby's toy that makes lots of clicking noises when it is shaken.

1. *v.* sacudir; agitar algo para que produzca abundantes sonidos metálicos. **2.** *n.* sonidos metálicos que se oyen cuando se agita algo; cascabeleo. **3.** *n.* sonajero; juguete de un bebé que produce sonidos metálicos cuando se le agita.

rattlesnake ['ræt̩l̩sneyk] *n* a poisonous snake with rattling, bony rings on its tail.

n. serpiente de cascabel; reptil venenoso que tiene en su cola anillos óseos que producen el sonido de un cascabel.

raw [rɔ] *adj* not cooked.

adj. crudo; no cocinado.

ray [rey] *n* a thin line of light like a sunbeam.

n. rayo; fina línea de luz, como un rayo de sol.

rayon ['reyɑn] *n* a man-made, silky material. *Ex* Dresses, blouses, ties, and other clothes are made of rayon.

n. rayon; material de seda artificial.

razor ['reyzɚ] *n* a very sharp instrument, used to shave hair off.

n. máquina de afeitar; instrumento muy afilado, usado para afeitarse.

reach [ritʃ] **1.** *v* to stretch out far enough to touch or get hold of something. **2.** *v* to get to a place; to arrive.

1. *v.* alcanzar; estirarse para tocar o llegar a algo. **2.** *v.* llegar; llegar a un sitio.

react [ri'ækt] *v* to make a response to something. *Ex* I don't know how to react to this problem.

v. reaccionar; dar una respuesta a algo.

reaction [ri'ækʃn] *n* a response to something.

n. reacción; respuesta a algo.

read 1. *v* [rid] to follow and understand printed or written words. *pt* read. *pp* read. **2.** *v* [rɛd] the past tense and past participle of read.

1. *v.* leer; seguir y entender palabras impresas o manuscritas. **2.** *v.* pasado y participio pasado de *read*.

reading ['ridɪŋ] **1.** *n* for someone to read. **2.** *n* the study of how to read; a school course in how to read.

1. *n.* lectura. **2.** *n.* estudio de cómo se lee; curso escolar para enseñar a leer.

ready ['rɛdi] *adj* prepared; able to do something at once.

adj. preparado; listo; capaz de hacer algo enseguida.

real [ril] *adj* true; not made up or imaginary.

adj. real; verdadero; no inventado o imaginario.

real estate ['ril əsteyt] **1.** *n* land; a piece of land and the house on it. **2.** *n* the business of selling land, or land and houses.

1. *n.* bienes raíces; tierra; trozo de terreno con casa. **2.** *n.* el negocio consistente en vender tierras, o tierras y casas.

realize ['ri(ə)lɑyz] *v* to understand clearly.

v. darse cuenta; comprender claramente.

really ['rili] *adv* without question; in fact.

adv. sin duda; de hecho.

reap [rip] *v* to cut and gather in crops of grain.

v. segar; cortar y recoger la cosecha de grano.

rear [rir] **1.** *n* the back part. **2.** *v* to raise offspring.

1. *n.* posterior; parte trasera. **2.** *v.* criar; tener vástagos.

reason ['rizn] *n* why something is done or said; an explanation.

n. razón; el por qué se hace o se dice algo; explicación.

reasonable ['rizənəbl] *adj* sensible; fair; good enough.

adj. razonable; sensible; sensato; suficientemente bueno.

rebel [rɪ'bɛl] *v* to go against someone in authority.

v. rebelarse; ir contra una autoridad.

receipt [ri'sit] *n* a written or printed note that proves you have paid for something.

n. recibo; nota impresa o manuscrita que prueba que se ha pagado algo.

receive [rɪ'siv] *v* to take something that is given to you or sent to you.

v. recibir; tomar algo que se nos da o se nos envía.

receiver [rɪ'sivɚ] **1.** *n* a person who receives something. **2.** *n* the part of a telephone which you hold to your ear and mouth.

1. *n.* receptor; persona que recibe algo. **2.** *n.* auricular; la parte del teléfono que se lleva uno a la oreja y a la boca.

recent ['risnt] *adj* happening a short time ago.

adj. reciente; que ha sucedido hace poco tiempo.

receptionist [rɪ'sɛpʃənɪst] *n* a person whose job is to greet people and find out what they want when they come into an office.

n. recepcionista; persona cuyo trabajo consiste en recibir a la gente cuando llegan a una oficina.

recess 1. *v* [rɪ'sɛs] to take a break in a meeting or some other activity. *Ex* Congress recessed for the holidays. **2.** *n* ['risɛs] a place set back in a wall. *Ex* The drinking fountain is in a recess in the west wall. **3.** *n* ['risɛs] a rest from work or lessons; a time when schoolchildren can go out to play between classes.

1. *v.* hacer una pausa en una reunión o en cualquier otra actividad. **2.** *n.* hueco; lugar excavado en una pared. **3.** *n.* recreo; descanso en el trabajo o entre clases; tiempo durante el cual los escolares pueden jugar.

recipe ['rɛsəpi] *n* information that tells how to cook something and what to put into it.

n. receta; información sobre cómo cocinar algo y qué poner en ello.

recite [rɪ'sɑyt] *v* to say something aloud that you have learned by memory. *Ex* Jorge recited the poem.

v. recitar; decir en voz alta algo que se ha aprendido de memoria.

reckless ['rɛkləs] *adj* careless; not thinking or caring about what could happen.

adj. imprudente; que no piensa o se ocupa de lo que podría suceder.

recognize ['rɛkəgnɑyz] *v* to know something because you have seen it before.

v. reconocer; conocer algo porque se ha visto anteriormente.

recommend [rɛkə'mɛnd] *v* to state that something or someone is worthy.

v. recomendar; establecer que algo o alguien es valioso.

record 1. *v* [rɪ'kord] to write down something; to copy sounds or images onto tape or film. **2.** *n* ['rɛkəd] a phonograph disk; a phonograph recording. **3.** *n* ['rɛkəd] the best that someone has ever done in a contest. *Ex* Margie broke the record for the 50 meter race.

1. *v.* registrar; anotar algo; copiar sonidos o imágenes en cinta o en película. **2.** *n.* disco; registro fonográfico. **3.** *n.* récord; lo mejor que se ha hecho jamás en una prueba.

recorder [rɪ'kordə] **1.** *n* an instrument which records sounds or images on tape. **2.** *n* a musical instrument you blow into to make musical sounds.

1. *n.* grabadora; instrumento que graba en una cinta sonidos o imágenes. **2.** *n.* flauta; instrumento musical que se sopla para producir música.

record player ['rɛkəd pleyə] *n* an instrument for playing phonograph records; a hifi; a stereo.

n. tocadiscos; aparato que reproduce discos fonográficos.

recover [rɪ'kavə] **1.** *v* to find or get something back that has been lost. **2.** *v* to get better after being ill.

1. *v.* recuperar; encontrar algo que se había perdido. **2.** *v.* recuperarse; encontrarse mejor después de haber estado enfermo.

recreation [rɛkri'eyʃŋ] *n* something people like to do in their free time, such as sports or gardening.

n. recreo; algo que le gusta hacer a la gente en su tiempo libre, como un deporte o trabajos de jardinería.

rectangle ['rɛktæŋgl] *n* a shape that has four sides and four right angles but is not a square. Two of the sides are longer than the other two. *Ex* A dollar bill is shaped like a rectangle.

n. rectángulo; figura de cuatro lados y cuatro ángulos rectos que no es un cuadrado porque dos de sus lados son más largos que los otros dos.

rectangular [rɛk'tæŋgyələ] *adj* shaped like a rectangle.

adj. rectangular; que tiene forma de rectángulo.

recur [rɪ'kə] *v* to happen again.

v. repetirse; volver a ocurrir.

red [rɛd] **1.** *n* the color of fire engines and seven of the stripes of the U.S. flag. **2.** *adj* of a red color.

1. *n.* rojo; el color de los coches de bomberos y de siete de las barras de la bandera de los Estados Unidos. **2.** *adj.* rojizo; de color rojo.

redhead ['rɛdhɛd] *n* a person with reddish or copper-colored hair.

n. pelirrojo; persona que tiene el pelo de color rojizo o cobrizo.

reduce [rɪ'duws] **1.** *v* to make something smaller. **2.** *v* to grow smaller; to lose weight.

1. *v.* reducir; hacer más corto algo. **2.** *v.* disminuir; perder peso.

reed [rid] *n* a tall, stiff grass that grows in or near water. *Ex* Reeds are usually hollow.

n. junco; hierba rígida y alta que crece cerca del agua.

reef [rif] *n* a line of rocks lying just under the water, so that the waves break over it.

n. arrecife; línea rocosa, poco profunda, bajo el agua, en la que rompen las olas.

reek [rik] *v* to smell very strong and bad. *Ex* That cheese really reeks.

v. apestar; oler muy fuerte y mal.

reel [ril] *n* a plastic or metal holder for recording tape or movie film.

n. bobina; soporte de metal o de plástico de una cinta magnetofónica o de una película.

refer [rɪ'fə] **1.** *v* to mention or speak of. *Ex* Please don't refer to that problem again. **2.** *v* to suggest that someone look in a particular place for something; to suggest that someone ask a particular person. *Ex* He referred me to the dictionary for the answer to my question.

1. *v.* mencionar; hablar de. **2.** *v.* remitir; sugerir a alguien que busque algo en un determinado sitio; sugerir a alguien que pregunte a una persona en particular.

referee [rɛfə'ri] *n* someone who has to see that rules are obeyed in games and sports.

n. árbitro; el que vigila que se obedezcan las reglas en juegos y deportes.

reference ['rɛf(ə)rən(t)s] **1.** *n* the mention of something. *Ex* Joel made reference to my new bicycle. **2.** *adj* having to do with the kind of book in which you look up information, such as a dictionary or encyclopedia. *Ex* Please look it up in a reference work.

1. *n.* referencia; mención de algo. **2.** *adj.* referencia; referente al libro en el que se busca información, como un diccionario o una enciclopedia.

reflect [rɪ'flɛkt] *v* to throw back light or heat from a shiny surface.

v. reflejar; devolver luz o calor una superficie pulimentada.

refreshment [rɪ'frɛʃmənt] *n* a light snack or a drink that makes you feel better when you are tired.

n. refresco; bebida o comida ligera que le hace sentir mejor a uno cuando está cansado.

refrigerator [rɪ'frɪdʒəeytə] *n* a machine which keeps the food inside cold and fresh. *Ex* The refrigerator in our kitchen is broken.

n. frigorífico; máquina que conserva fríos y frescos los alimentos que se guardan en ella.

refuge ['rɛfyuwdʒ] *n* a shelter; a safe place for people or animals.

n. refugio; sitio seguro para personas o animales.

refuse [rɪ'fyuwz] *v* to say that you will not do something you are asked to do.

v. rehusar; decir que no se hará algo que se le pide a uno que haga.

regard [rɪ'gard] **1.** *v* to look at. **2.** *v* to think well or affectionately of someone. **3.** *n* a good or affectionate thought about someone. *Ex* John sent his regards to our family.

1. *v.* mirar. **2.** *v.* considerar; pensar bien o con afecto sobre alguien. **3.** *n.* consideración; pensamiento bueno o afectivo acerca de alguien.

region ['ridʒn] *n* an area; an area of a country.

n. región; zona de un país.

register ['rɛdʒəstɚ] **1.** *v* to sign up for something; to enroll in a school or a class. **2.** *n* a written list of names or things for a special purpose.

1. *v.* inscribirse; alistarse en algo; matricularse en una escuela o clase. **2.** *n.* lista escrita de nombres o cosas con un propósito especial.

regret [rɪ'grɛt] *v* to feel sorry about something.

v. lamentar; sentir pena por algo.

regular ['rɛgyələ] *adj* usual; always happening at the same time.

adj. regular; que sucede siempre al mismo tiempo.

regulate ['rɛgyəleyt] *v* to control; to provide rules and enforce them.

v. regular; controlar; establecer reglas y hacerlas cumplir.

regulation [rɛgyə'leyʃn] **1.** *n* an act of regulating. **2.** *n* a rule or part of a law.

1. *n.* regulación; acto de regular. **2.** *n.* regla o parte de una ley.

regulator ['rɛgyəleytɚ] *n* a thing or person which regulates or controls.

n. regulador; persona o cosa que regula o controla.

rehearse [rɪ'hɚs] *v* to practice for a performance.

v. enseñar; practicar para una representación.

reign [reyn] *n* the period of time that a king or queen rules a country.

n. reinado; el período de tiempo durante el que un rey o una reina gobierna un país.

reindeer ['reyndir] *n* a kind of large deer that lives in very cold places. *Ex* They say that Santa Claus's sleigh is pulled by reindeer.

n. reno; especie de ciervo grande que vive en lugares muy fríos.

reins [reynz] *n* the leather straps used to guide a horse.

n. riendas; correas de cuero para guiar un caballo.

rejoice [rɪ'dʒoys] *v* to feel full of joy; to celebrate and express your happiness.

v. alegrarse; sentirse alegre; celebrar y expresar alegría.

relative ['rɛlətɪv] *n* a person who is part of your family. *Ex* Your mother, father, brothers, sisters, grandparents, aunts, uncles, etc., are all your relatives.

n. pariente; persona que forma parte de la familia.

relax [rɪ'læks] *v* to rest and take it easy.

v. relajarse; descansar.

release [rɪ'lis] *v* to let go; to set free.

v. soltar; dejar marchar; dejar en libertad.

relent [rɪ'lɛnt] *v* to become less angry at someone; to forgive; to give in.

v. ablandarse; llegar a estar menos enfadado con alguien; perdonar; ceder.

reliable [rɪ'layəbl] *adj* able to be trusted.

adj. fidedigno; que se le puede creer.

relief [rɪ'lif] *n* freedom from pain or trouble; the state of having trouble or pain just taken away.

n. alivio; liberación del dolor o molestia; estado en el que se encuentra uno cuando acaba de desaparecer un dolor o una molestia.

relieve [rɪ'liv] **1.** *v* to give help; to reduce pain or worry. **2.** *v* to take over work from someone else.

1. *v.* aliviar; prestar ayuda; reducir el dolor o el sentimiento. **2.** v. hacerse cargo del trabajo de otro.

religion [rɪ'lɪdʒn] *n* a system of beliefs in God or gods.

n. religión; sistema de creencias en Dios o en dioses.

religious [rɪ'lɪdʒəs] *adj* believing in and worshipping God or gods.

adj. religioso; que cree y rinde culto a Dios o a los dioses.

rely [rɪ'lay] *v* to trust or depend on.

v. confiar en; depender de.

remain [rɪ'meyn] *v* to stay behind; to be left behind.

v. quedarse; quedar atrás; quedar olvidado.

remainder [rɪ'meyndɚ] **1.** *n* the number left after subtracting another number; anything which remains or is left over. **2.** *n* the number left in a division problem. *Ex* A remainder is left because it is smaller than the divisor and cannot be divided.

1. *n.* resto; número que queda después de restar un número de otro; lo que permanece o se abandona. **2.** *n.* el número que queda en una división.

remark [rɪ'mark] *n* something that is said.

n. comentario; algo que se dice.

remember [rɪ'mɛmbɚ] *v* to keep something in your memory; to bring something into your thinking from your memory; the opposite of forget.

v. recordar; guardar algo en la memoria; traer algo al pensamiento desde la memoria; lo contrario de olvidar.

remind [rɪ'maynd] *v* to make someone remember something; to help someone remember something.

v. recordar; hacer que alguien recuerde algo; ayudar a alguien a recordar algo.

remote control [rɪmowt kn'trowl] **1.** *n* controling something from a distance. **2.** *n* a device that will control something from a distance. *Ex* The remote control for our television is broken.

1. *n.* control remoto; el control de algo a distancia. **2.** *n.* control remoto; aparato que controla algo a distancia.

remove [rɪ'muwv] *v* to take away; to take out; to take off.

v. quitar; llevarse; sacar.

renew [rɪ'nuw] **1.** v to make new; to make something seem like new. **2.** v to get permission from a librarian to borrow a book for a time longer than you had asked for at first. Ex John had to renew his library book because he had not finished it.

1. v. renovar; hacer nuevo; hacer que algo parezca nuevo. **2.** v. renovar; obtener permiso en una biblioteca para retener un libro prestado durante más tiempo del solicitado en un principio.

rent [rent] **1.** v to pay someone money for the use of something. Ex We rent our apartment from a landlord. **2.** v to charge someone money for the use of your property. Ex Our landlord rents an apartment to us. **3.** n money paid or collected for renting. Ex I paid the rent yesterday.

1. v. alquilar; pagar una cantidad de dinero por la utilización de algo. **2.** v. alquilar; cobrar una cantidad de dinero por la utilización de algo de la propiedad de uno. **3.** n. renta; dinero pagado o cobrado por el alquiler.

repair [rɪ'per] v to mend; to fix; to make things right.

v. reparar; componer; arreglar cosas.

repeat [rɪ'pit] v to say or do over again.

v. repetir; decir o hacer de nuevo.

repent [rɪ'pent] **1.** v to stop doing wrong and promise to do right. **2.** v to be sorry; to regret.

1. v. arrepentirse; dejar de hacer mal y prometer hacer bien. **2.** v. lamentar; sentir.

replace [rɪ'pleys] v to put back; to substitute one for the other.

v. reponer; reemplazar; sustituir una cosa por otra.

reply [rɪ'play] **1.** v to answer. **2.** n an answer.

1. v. contestar. **2.** n. respuesta.

report [rɪ'port] **1.** v to write or tell about something that has happened. **2.** n a piece of writing or a speech telling about something that has happened. **3.** n the noise made by a cannon or a gun.

1. v. relatar; escribir o hablar sobre algo que ha sucedido. **2.** n. informe; texto o discurso que cuenta algo que ha sucedido. **3.** n. estampido; ruido producido por un fusil o un cañón.

report card [rɪ'port kard] n a card or piece of paper which tells how well you are doing in school.

n. boletín de notas; tarjeta o papel que informa sobre la actuación de uno en la escuela.

reporter [rɪ'portɚ] n a person whose job is to gather news for radio, television, or a newspaper.

n. reportero; persona cuyo oficio consiste en recoger noticias para la radio, la televisión o los periódicos.

represent [reprə'zent] v to speak or act for someone or something else.

v. representar; hablar o actuar en nombre de alguien o algo.

representative [reprə'zentətɪv] **1.** n a person who speaks or acts for someone else. **2.** n a person elected to a legislature; a person elected to the U.S. House of Representatives.

1. n. representante; persona que habla o actúa en nombre de otra. **2.** n. persona elegida para una legislatura; persona elegida para la Cámara de Representantes de los Estados Unidos.

reproach [rɪ'prowtʃ] v to scold or blame a person for doing something wrong.

v. regañar; censurar a una persona por haber hecho algo mal.

reproduction [riprə'dəkʃn] n the process of producing babies.

n. reproducción; el proceso de continuar la especie.

reptile ['reptayl] n a cold-blooded, scaly animal, such as a snake or a crocodile.

n. reptil; animal cubierto de escamas, de sangre fría, como una serpiente o un cocodrilo.

republic [ri'pəblɪk] n a type of government or a type of country where the voters elect people to make the laws and people to run the government.

n. república; tipo de gobierno o de país en que los votantes eligen a las personas que hacen las leyes y a las que gobiernan.

Republican [rɪ'pəblɪkn] n one of the two major political parties in the U.S.

n. Republicano; uno de los dos partidos políticos principales de los Estados Unidos.

request [rɪ'kwest] v to ask someone to do something; to ask for something.

v. solicitar; pedir a alguien que haga algo; pedir algo.

require [rɪ'kwayr] v to need.

v. requerir; necesitar.

requirements [rɪ'kwayrmənts] n a set of things you must do to achieve something. Ex What are the requirements for joining your club?

n. requisitos; conjunto de cosas que se deben hacer para lograr algo.

rescue ['reskyuw] **1.** v to save; to take someone away from danger. **2.** n saving someone or something from danger.

1. v. rescatar; salvar algo o a alguien de un peligro. **2.** n. rescate; acción de salvar a alguien o algo de un peligro.

resemble [rɪ'zembl] v to look like someone or something else. Ex You resemble your older brother.

v. parecerse a algo o a alguien.

reservoir ['rezɚvwar] n a man-made lake for storing water.

n. embalse; lago artificial para almacenar agua.

resist [rɪ'zɪst] v to struggle or fight against someone who is trying to make you do something you do not want to do.

v. resistir; combatir o luchar contra alguien que intenta que se haga algo en contra de la voluntad de uno.

resolve [rɪ'zalv] **1.** v to decide to do something; to make up your mind. **2.** v to settle an argument; to find a solution to some difficulty.

1. v. resolver; decidir hacer algo; decidirse. **2.** v. resolver una discusión; encontrar una solución a alguna dificultad.

respect [rɪ'spekt] **1.** v to admire or have a very good opinion of someone. **2.** n a good opinion about someone.

1. v. respetar; admirar o tener una opinión muy buena de alguien. **2.** n. respeto; buena opinión sobre alguien.

responsibility [rɪspɑnsə'bɪləti] **1.** *n* a duty or task. **2.** *n* the state of being responsible for something.

responsible [rɪ'spɑnsəbl] *adj* looking after the safe keeping of someone or something. *Ex* Your parents are responsible for you.

rest [rɛst] **1.** *v* to stop working or playing and be quiet for a time. *Ex* I have worked very hard, and now it is time to rest. **2.** *n* a period when someone or something stops working; a time when someone sits or lies down. *Ex* I have worked very hard, and I need a rest. **3.** *n* the remainder; the part that is left. *Ex* I will eat the rest of the bread.

restaurant ['rɛst(ə)rənt] *n* a place where a person can buy and eat food. *Ex* You don't usually eat snacks at a restaurant, only full meals.

restrain [rɪ'streyn] *v* to hold back.

restroom ['rɛstruwm] *n* a bathroom in a public building. There is not usually a bathtub in a restroom, only toilets and sinks.

result [rɪ'zəlt] *n* whatever happens at the end of some action. *Ex* If you go out without your coat, you may catch cold as a result.

retire [rɪ'tayr] **1.** *v* to go away; to go to bed. **2.** *v* to end a job or career, usually when you have grown old.

retreat [rɪ'trit] *v* to go back or run away from danger.

return [rɪ'tɚn] *v* to come back; to give something back.

reveal [rɪ'vil] *v* to show something that is hidden or secret.

revenge [rɪ'vɛndʒ] **1.** *v* to get even with someone who has hurt or injured you; to punish someone who has hurt or injured you. **2.** *n* an act of getting even with someone.

reverse [rɪ'vɚs] **1.** *adj* in the opposite way; in the other way. *Ex* Please put these numbers into reverse order. **2.** *v* to make something turn around or go the other way. *Ex* You must reverse the letter which you have printed backwards. **3.** *n* the gear in a car which makes the car go backwards. *Ex* Please put the car into reverse and back up.

review [rɪ'vyuw] **1.** *v* to go over something; to look at something like a book or a film and then tell about it. **2.** *n* the act of studying or going over something; a piece of writing which tells about a book or a film.

revolt [rɪ'vowlt] **1.** *v* to rebel against authority; to turn against the government; to make war against the government. **2.** *n* a revolution; a turning against authority.

revolution [rɛvə'luwʃn] *n* the overthrowing of a government by rebels who want another kind of government.

revolve [rɪ'vɑlv] *v* to turn around in a circle; to make something turn around in a circle.

revolver [rɪ'vɑlvɚ] *n* a kind of pistol.

revolving door [rɪvɑlvɪŋ 'dor] *n* a special kind of doorway which is shaped like an X when you look at it from above. The X turns, and you get in or out by walking between the arms of the X while it is turning.

reward [rɪ'word] **1.** *n* something you get in return for something you have done, such as a prize for winning a race. **2.** *v* to give someone a prize for winning or doing something well.

rhyme [raym] **1.** *n* words that have the same sounds at the end. *Ex* Blue, shoe, and zoo make a rhyme. **2.** *v* for words to have the same sounds at the end. *Ex* Blue, shoe, and zoo rhyme.

rhythm ['rɪðəm] *n* a regular pattern or beat of music that you can keep time to.

1. *n.* deber o tarea. **2.** *n.* responsabilidad; ser responsable de algo.

adj. responsable; que cuida algo o a alguien.

1. *v.* descansar; dejar de trabajar o de jugar y estarse quieto durante un rato. **2.** *n.* descanso; período durante el cual algo o alguien deja de trabajar; tiempo durante el que alguien se sienta o se acuesta. **3.** *n.* resto; la parte que ha quedado.

n. restaurante; sitio donde se puede comprar comida y comérsela.

v. reprimir; contener.

n. aseos; cuarto de baño de un edificio público. En los aseos no suele haber bañera, sólo retretes y lavabos.

n. resultado; aquello que sucede al final de una acción.

1. *v.* retirarse; irse; irse a la cama. **2.** *v.* jubilarse; dejar el trabajo o poner fin a la carrera, por lo general cuando se llega a la vejez.

v. retirarse; retroceder; correr ante un peligro.

v. devolver algo; volver.

v. revelar; mostrar algo que está escondido o secreto.

1. *v.* vengarse; desquitarse de alguien que le ha golpeado a uno o insultado; castigar a alguien que le ha golpeado o insultado a uno. **2.** *n.* venganza; acto de vengarse de alguien.

1. *adj.* inverso; del modo contrario; de otro modo. **2.** *v.* invertir; dar la vuelta a algo. **3.** *n.* marcha atrás; marcha que hace que un coche vaya hacia atrás.

1. *v.* repasar; revisar algo; ver un libro o una película y reseñarla después. **2.** *n.* repaso; acción de estudiar o repasar algo; reseña; texto que revisa un libro o una película.

1. *v.* rebelarse contra la autoridad; volverse contra el gobierno; luchar contra el gobierno. **2.** *n.* revolución; revuelta contra la autoridad.

n. revolución; derrocamiento de un gobierno por rebeldes que postulan otra forma de gobierno.

v. revolver; girar en círculo; hacer girar a algo en círculo.

n. revólver; cierto tipo de pistola.

n. puerta giratoria; tipo especial de puerta que, vista desde arriba tiene forma de X. La X gira, y se entra o se sale caminando entre los brazos de la X mientras dan la vuelta.

1. *n.* recompensa; lo que se obtiene por algo que se ha realizado, como un premio por ganar una carrera. **2.** *v.* premiar; dar un premio a alguien por haber ganado o por haber hecho algo bien.

1. *n.* rima; palabras que tienen el mismo sonido en su terminación. **2.** *v.* rimar; tener las palabras los mismos sonidos al final.

n. ritmo; pauta regular de la música para que se pueda conservar el tiempo.

rhythm band ['rɪðəm bænd] *n* a school band where the students strike different instruments in time with music.

n. banda escolar; los estudiantes tocan al tiempo distintos instrumentos.

rib [rɪb] *n* one of the curved bones running from the backbone to the front of the body.

n. costilla; cada uno de los huesos curvos del cuerpo que, desde la espina dorsal, llegan hasta la parte frontal del cuerpo.

ribbon ['rɪbən] *n* a narrow piece of silky or velvety cloth. *Ex* She put a yellow ribbon in her hair. Mary wrapped the gift and tied the package with a ribbon.

n. cinta; trozo estrecho de tela sedosa o aterciopelada.

rice [rays] *n* the seeds of a food plant which is grown where it is very wet, sometimes in a flooded field. *Ex* A grain of rice is hard, but it becomes soft when it is cooked.

n. arroz; las semillas de una planta que crece donde hay mucha humedad, a veces en un campo encharcado.

rich [rɪtʃ] **1.** *adj* having lots of money. **2.** *adj* very fatty, creamy, or sweet. *Ex* This ice cream is very rich.

1. *adj.* rico; que tiene mucho dinero. **2.** *adj.* muy grasiento, cremoso o dulce.

rid [rɪd] *v* to remove entirely; to become free of something; to make something free of something. *Ex* You must rid this house of pests. *pt* rid. *pp* rid.

v. eliminar; quitar por completo; librarse de algo; hacer que algo quede libre.

ridden ['rɪdn] *v* the past participle of ride.

v. participio pasado de *ride*.

riddle ['rɪdl] *n* a special kind of question. *Ex* You have to be clever to guess the answer to a riddle.

n. adivinanza; tipo especial de pregunta.

ride [rayd] *v* to be carried in a vehicle or on an animal. *pt* rode. *pp* ridden.

v. montar; ir en un vehículo o sobre un animal.

rider ['raydɚ] *n* someone who rides.

n. jinete; el que monta.

ridge [rɪdʒ] *n* a long, narrow top of a hill between valleys; a narrow, raised strip of something.

n. cresta; cima larga y estrecha de una colina entre valles; franja estrecha y elevada de algo.

ridicule ['rɪdəkyuwl] *v* to make fun of or laugh at someone.

v. ridiculizar; burlarse o reírse de alguien.

ridiculous [rɪ'dɪkyələs] *adj* silly; foolish; laughable.

adj. ridículo; tonto; loco.

rifle ['rayfl] *n* a long gun.

n. rifle; fusil.

right [rayt] **1.** *n* the right-hand side; the opposite of left. **2.** *adj* correct; proper; the opposite of wrong.

1. *n.* derecha; lo contrario de izquierda. **2.** *adj.* correcto; adecuado; lo opuesto a erróneo.

right angle ['rayt 'æŋgl] *n* an angle of 90 degrees. *Ex* The letter L has one right angle. The corners of a square or a rectangle are right angles.

n. ángulo recto; ángulo de 90 grados.

rim [rɪm] *n* the outside edge of something round, like the rim of a wheel.

n. borde; canto exterior de una cosa redonda, como la llanta de una rueda.

ring [rɪŋ] **1.** *n* a piece of circular jewelry that is worn on a finger. *Ex* My mother takes off her rings when she washes the dishes. **2.** *n* a circle. *Ex* Please draw a ring around the correct answer. **3.** *n* a bell-like sound. **4.** *v* to make a bell ring. *pt* rang. *pp* rung.

1. *n.* anillo; joya en forma de círculo que se pone en el dedo. **2.** *n.* círculo. **3.** *n.* sonido metálico, como el de una campana. **4.** *v.* hacer sonar un timbre.

ringmaster ['rɪŋmæstɚ] *n* a man who announces the acts in a circus.

n. jefe de pista; hombre que anuncia las actuaciones en un circo.

rink [rɪŋk] *n* a large circle of ice that people can ice-skate on; a large, smooth floor that people can roller-skate on.

n. pista; gran círculo de hielo en el que la gente puede patinar; suelo liso en el que se puede patinar.

rinse [rɪn(t)s] *v* to take soap away by washing in clear water.

v. enjuagarse; quitarse el jabón con agua limpia.

riot ['rayət] *n* a noisy disturbance by a lot of people, often dangerous and violent.

n. motín; perturbación ruidosa en la que interviene mucha gente, a menudo peligrosa y violenta.

rip [rɪp] **1.** *v* to tear something. **2.** *n* a torn place in something.

1. *v.* desgarrar; rasgar algo. **2.** *n.* rasgadura; desgarrón en algo.

ripe [rayp] *adj* ready to eat, usually said of fruit or vegetables.

adj. maduro; listo para comerse, se dice normalmente de frutas o verduras.

ripple ['rɪpl] *n* a small wave or movement on the surface of water.

n. onda; ola pequeña o movimiento en la superficie del agua.

rise [rayz] *v* to move upwards; to go higher. *pt* rose. *pp* risen.

v. elevarse; moverse hacia arriba; ir más arriba.

risen ['rɪzn] *v* the past participle of rise.

v. participio pasado de *rise*.

risk [rɪsk] **1.** *n* a chance that you may lose something or be harmed in some way. **2.** *v* to take a chance; to take a chance of losing or getting injured.

1. *n.* riesgo; situación en la que se puede perder algo o salir perjudicado de algún modo. **2.** *v.* arriesgar; correr el riesgo de perder algo o salir perjudicado.

river ['rɪvɚ] *n* a large amount of water that flows across the land into a lake or sea.

n. río; gran cantidad de agua que fluye por la tierra y desemboca en un lago o en el mar.

roach [rowtʃ] *n* short for the word cockroach, an insect pest.

n. cucaracha; abreviatura de *cockroach*, insecto nocivo.

road [rowd] *n* a hard, level surface used for vehicles to travel on.

n. carretera; superficie dura y nivelada por la que circulan los vehículos.

roam [rowm] *v* to wander about.

v. rondar; vagar en torno a algo.

roar [ror] **1.** *n* a loud, deep noise. *Ex* The tiger's roar is frightening. The roar of the sea woke me up. **2.** *v* to make a loud, deep noise.

1. *n.* rugido; sonido profundo y prolongado. **2.** *v.* rugir; emitir un sonido profundo y prolongado.

roast [rowst] **1.** *v* to cook meat in an oven. **2.** *n* a large piece of meat like beef or pork that is cooked in an oven.

1. *v.* asar; cocinar carne en un horno. **2.** *n.* asado; trozo grande de carne de cerdo o de vacuno asada en un horno.

rob [rɑb] *v* to take something that is not yours; to steal by force.

v. robar; tomar algo que no es de uno, robar usando la fuerza.

robber ['rɑbɚ] *n* someone who steals by force.

n. ladrón; que roba empleando la fuerza.

robbery ['rɑbɚi] *n* a theft; stealing.

n. robo.

robe [rowb] *n* a loose garment that covers a person down to the ankles.

n. túnica; prenda suelta que cubre a una persona hasta los tobillos.

robin ['rɑbən] *n* a wild bird with an orange breast and brown and gray feathers.

n. petirrojo; pájaro que tiene la pechuga de color naranja y las plumas marrones y grises.

robot ['rowbɑt] *n* a machine built to look like a human; a machine built to do the work of a human.

n. robot; máquina construida para parecer un ser humano; máquina que hace el trabajo de un hombre.

rock [rɑk] **1.** *n* a large piece of stone. **2.** *v* to move back and forth or from side to side. *Ex* Babies like to be rocked.

1. *n.* roca; piedra grande. **2.** *v.* mecer; mover adelante y atrás o de lado a lado.

rocket ['rɑkət] **1.** *n* a machine that is shot up into space, sometimes carrying astronauts. **2.** *n* a type of fireworks that is shot up into the air.

1. *n.* cohete; máquina que se lanza al espacio, llevando a veces a astronautas. **2.** *n.* cohete; especie de fuego de artificio que se lanza al aire.

rod [rɑd] *n* a long, thin stick or bar, usually of wood or metal.

n. vara; palo o barra largo y delgado, normalmente es de madera o metal.

rode [rowd] *v* the past tense of ride.

v. pasado de *ride*.

roll [rowl] **1.** *v* to move along by turning over and over; to move something by turning it over and over. **2.** *n* a kind of bread or pastry.

1. *v.* rodar; mover algo girándolo una y otra vez. **2.** *n.* panecillo; cierto tipo de pan o pasta.

roller ['rowlɚ] **1.** *n* something that rolls things flat and smooth. **2.** *n* a hair curler.

1. *n.* rodillo; instrumento para enrollar cosas planas y blandas. **2.** *n.* rulo para el pelo.

roller skates ['rowlɚ skeyts] *n* skates with wheels.

n. patín sobre ruedas.

rolling pin ['rowlɪŋ pɪn] *n* a tube-shaped piece of wood or metal used to flatten dough or pastry before it is cooked.

n. rodillo; pieza en forma de tubo, de madera o metal, que se utiliza para alisar masa o pasta antes de cocinarla.

roof [ruf, ruwf] *n* the covering on top of a building or a car.

n. tejado; techo, cubierta superior de un edificio o de un coche.

room [ruwm] *n* a part of the inside of a house, such as a bedroom or kitchen.

n. habitación; parte en el interior de la casa, como el dormitorio o la cocina.

rooster ['ruwstɚ] *n* an adult male chicken; a cock.

n. gallo; pollo adulto.

root [rut, ruwt] *n* the part of a plant or tree that grows underground.

n. raíz; parte de una planta o árbol que crece bajo tierra.

rope [rowp] *n* a very thick string or cord.

n. soga; cuerda o cordel grueso.

rose [rowz] **1.** *n* a beautiful, sweet-smelling flower with a prickly stem. **2.** *v* the past tense of rise.

1. *n.* rosa; flor muy hermosa y olorosa de tallo espinoso. **2.** *v.* pasado de *rise*.

rot [rɑt] *v* to decay; to go bad. *Ex* The apples fell off the tree and rotted on the ground.

v. pudrir; decaer; estropearse.

rotate ['rowteyt] *v* to turn around; to turn something around.

v. rotar; girar; girar alrededor de algo.

rotten ['rɑtn̩] *adj* rotted; decayed; spoiled. *Ex* The apples on the ground are rotten.

adj. podrido; estropeado.

rough [rəf] *adj* not smooth; bumpy.

adj. áspero; no liso; lleno de baches.

round [rawnd] *adj* curved like a circle; in the shape of a ball.

adj. redondo, curvo como un círculo; que tiene forma de pelota.

route [rawt, ruwt] *n* the exact way to get from one place to another.

n. ruta; el camino exacto para ir de un lugar a otro.

row 1. *n* [row] a line of things or people. **2.** *v* [row] to move a boat through the water, using oars. **3.** *n* [raw] a noisy fight or quarrel.

1. *n.* fila de cosas o de personas. **2.** *v.* remar; mover un bote por el agua por medio de remos. **3.** *n.* bronca; pelea o discusión ruidosa.

royal ['roy(ə)l] *adj* having to do with a king or a queen.

adj. real; relacionado con un rey o una reina.

rub [rəb] *v* to move something against something else, such as putting polish on furniture with a cloth. *Ex* He rubbed the brass until it shined brightly.

v. frotar; mover una cosa contra otra, como cuando se limpia un mueble con un paño.

rubber ['rəbɚ] *n* a material that stretches.

n. goma; material que se estira.

rubber band [rəbɚ 'bænd] *n* a ring made of rubber, used for holding papers or other things together.

n. goma para sujetar papeles y otras cosas.

rubber stamp [rəbɚ 'stæmp] *n* a small block of wood with a layer of rubber on it. The rubber is molded with letters spelling out a message. A rubber stamp is used with a stamp pad.

n. sello de caucho; consiste en un pequeño bloque de madera con una capa de goma moldeada con letras, según un texto determinado. El sello se utiliza con un tampón.

rubbish ['rəbɪʃ] *n* something which is worthless; trash; garbage.

n. basura; algo sin valor; desperdicio; desecho.

ruby ['ruwbi] *n* a jewel, deep red in color.

n. rubí; piedra preciosa de color rojo intenso.

rudder ['rədɚ] *n* a piece of wood or metal at the back of a boat or an airplane, used for steering.

n. timón; pieza de madera o metal en la popa de un barco o de un avión que sirve para conducirlo.

rude [ruwd] *adj* bad-mannered; the opposite of polite.

adj. rudo; de toscas maneras; lo contrario de cortés.

rug [rəg] *n* a small floor mat or carpet; a carpet.

n. alfombra; pequeña estera para el suelo.

rugged ['rəgəd] *adj* rough and strong.

adj. escabroso; áspero y acentuado.

ruin ['ruwən] **1.** *v* to spoil or destroy; to make something useless. **2.** *n* an old building that is falling down.

1. *v.* arruinar; estropear o destruir; dejar inservible algo. **2.** *n.* ruina; edificio viejo que se está cayendo.

rule [ruwl] **1.** *n* a ruler used for measuring. **2.** *n* a law or a regulation; what a person must or must not do. **3.** *v* to run a country or a government, as a king or a queen.

1. *n.* regla utilizada para medir. **2.** *n.* ley o norma; aquello que una persona debe o no debe hacer. **3.** *v.* gobernar un país o dirigir un gobierno, como lo hace un rey o una reina.

ruler ['ruwlɚ] **1.** *n* a straight piece of wood used for measuring things. **2.** *n* a person who is the head of a country.

1. *n.* regla; trozo de madera que se utiliza para medir cosas. **2.** *n.* gobernante; persona que está al frente de un país.

rum [rəm] *n* a liquor made of sugarcane.

n. ron; licor procedente de la caña de azúcar.

rumble ['rəmbl] *n* a low-pitched, deep, rolling sound, like faraway thunder.

n. estruendo; sonido de tono bajo, profundo, como un trueno lejano.

rumor ['ruwmɚ] *n* something said about a person or events that may or may not be true.

n. rumor; algo que se dice sobre una persona; hechos que pueden ser verdad o no.

run [rən] **1.** *v* to move quickly on your feet. *pt* ran. *pp* run. **2.** *n* the act of moving quickly on your feet from one place to another.

1. *v.* correr; moverse rápidamente empleando los pies. **2.** *n.* carrera; acción de moverse rápidamente de un sitio a otro utilizando los pies.

rung [rəŋ] **1.** *n* a piece of wood or metal used as a step in a ladder. **2.** *v* the past participle of ring.

1. *n.* peldaño; trozo de madera o metal que constituye cada uno de los pasos de una escala. **2.** *v.* participio pasado de *ring*.

rural ['rʊrəl] *adj* having to do with the country; the opposite of urban.

adj. rural; relativo al campo; lo opuesto a urbano.

rush [rəʃ] **1.** *v* to hurry; to move quickly to get somewhere on time. **2.** *n* a great hurry. **3.** *n* a tall kind of grass growing near water.

1. *v.* apurarse; moverse rápidamente para alcanzar algo a tiempo. **2.** *n.* prisa. **3.** *n.* junco; hierba alta que crece cerca del agua.

rust [rəst] **1.** *n* a brownish-red coating that appears on iron or steel after it has been wet for some time. **2.** *v* for iron or steel to get a brownish-red coating after being wet for some time.

1. *n.* óxido; capa rojiza que aparece sobre el hierro o el acero que han estado mojados durante un cierto tiempo. **2.** *v.* oxidarse el hierro o el acero tras haber estado durante cierto tiempo en contacto con el agua.

rustle ['rəsl] *n* a soft, whispering sound, such as is made by dry leaves rubbing together.

n. susurro; sonido susurrante, como el que hacen las hojas secas de los árboles al rozarse.

rut [rət] *n* a deep track made by a wheel in soft ground; a deep track or groove.

n. rodada; huella profunda que deja una rueda sobre suelo blando; huella o surco profundo.

rye [ray] **1.** *n* a kind of grain which is used in a special kind of bread. **2.** *n* rye bread; rye bread used for a sandwich. *Ex* Please give me a ham on rye sandwich.

1. *n.* centeno; especie de cereal que se utiliza para hacer una clase particular de pan. **2.** *n.* pan de centeno; pan de centeno utilizado para hacer un emparedado.

sack [sæk] *n* a large bag made of cloth, paper, or plastic.

sacred ['seykrəd] *adj* holy.

sad [sæd] *adj* not happy; feeling sorry.

saddle ['sædl] *n* a leather seat for a rider on a horse or a bicycle.

safari [sə'fɑri] *n* an expedition in Africa in search of wild animals.

safe [seyf] **1.** *adj* out of danger; not able to be hurt. **2.** *adj* having arrived safely at a base or at home plate in baseball. **3.** *n* a very strong metal box used to lock money and valuable things away safely.

safety ['seyfti] *n* freedom from harm or danger.

safety pin ['seyfti pın] *n* a wire pin, folded so that the sharp point is hidden in a metal cover.

sag [sæg] *v* to sink down or bend in the middle; to hang limply or droop.

said [sɛd] *v* the past tense and past participle of say.

sail [seyl] **1.** *n* a piece of cloth fastened to a ship's mast. *Ex* Sails catch the wind so that the ship is moved along. **2.** *v* for a ship to move along using sails to catch the wind.

sailor ['seylɚ] *n* someone who works on a ship; a person who sails a boat for fun.

saint [seynt] *n* a very good and holy person.

salad ['sæləd] *n* a mixture of cold vegetables, such as lettuce, tomatoes, and celery. *Ex* Some salads have meat, fish, or eggs added to them. Other salads are made only of fruit.

salary ['sæl(ə)ri] *n* money paid regularly for work done.

sale [seyl] **1.** *n* the exchange of something for money; an act of selling. **2.** *n* a period when stores sell their goods more cheaply.

salesclerk ['seylzklɚk] *n* a person who sells things in a store.

saliva [sə'lɑyvə] *n* the liquid that keeps the inside of your mouth moist.

salmon ['sæmən] *n* a large fish with silvery scales and pink flesh.

salt [sɔlt] **1.** *n* a white powder that we get from the earth and from seawater. *Ex* It is used in cooking and at meals to make food taste better. **2.** *v* to put salt on food.

salute [sə'luwt] **1.** *v* to greet someone by raising your right hand to your forehead. **2.** *n* a greeting where the right hand is raised to the forehead.

same [seym] *adj* not different; like something else.

sample ['sæmpl] *n* one of, or a small part of, something that shows what the rest is like. *Ex* Please give me a sample of that candy.

sand [sænd] *n* small grains of rock which we find in large quantities at the beach or in the desert.

sandals ['sændlz] *n* light shoes held on the feet with straps.

n. saco; bolsa grande hecha de tela, papel o plástico.

adj. sagrado; santo.

adj. triste; no feliz.

n. silla de cuero para montar a caballo; sillín de bicicleta.

n. safari; expedición al Africa en busca de animales salvajes.

1. *adj.* seguro, salvo; fuera de peligro; que no se le puede herir. **2.** *adj.* que ha llegado a salvo a una base o a la base del bateador en el juego del béisbol. **3.** *n.* caja fuerte; caja muy resistente de metal para guardar dinero y objetos de valor.

n. seguridad; ausencia de peligro.

n. imperdible; alfiler doblado de tal forma que la punta está tapada por una cubierta de metal.

v. combarse; hundirse o doblarse por la mitad; aflojarse; colgar.

v. pasado y participio pasado de *say.*

1. *n.* vela de un barco; trozo de tela sujeta a un mástil. **2.** *v.* navegar; moverse utilizando la fuerza del viento, con las velas.

n. marinero; el que trabaja en un barco; el que maneja un barco por entretenimiento.

n. santo; persona muy buena.

n. ensalada; mezcla de vegetales fríos, como lechuga, tomate y apio.

n. salario; dinero que se paga por el trabajo de una forma regular.

1. *n.* venta; cambio de algo por dinero; acción de vender. **2.** *n.* rebajas; período de tiempo en el que los almacenes venden los productos a precios menores.

n. dependiente; persona que vende en unos almacenes.

n. saliva; líquido que mantiene húmedo el interior de la boca.

n. salmón; pez grande, de escamas plateadas y carne rosa.

1. *n.* sal; polvo blanco que se saca de la tierra y del agua del mar. **2.** *v.* salar; poner sal en la comida.

1. *v.* saludar llevándose la mano derecha a la frente. **2.** *n.* saludo hecho en esa forma.

adj. idéntico; no diferente; igual que otro.

n. muestra; unidad o pequeña parte de algo que muestra cómo es el resto.

n. arena; porción minúscula de roca que se encuentra en grandes cantidades en la playa o en el desierto.

n. sandalias; zapatos ligeros que se sujetan con cuerdas o correas.

sandwich ['sændwɪtʃ] *n* two pieces of bread with meat or some other food between them.

n. bocadillo; dos trozos de pan con carne o algún otro alimento entre ellos.

sang [sæŋ] *v* the past tense of sing.

v. pasado de *sing*.

sanitary ['sænəteri] *adj* free from germs; very clean.

adj. higiénico; libre de gérmenes; muy limpio.

sanitation [sænə'teyʃn] **1.** *n* cleanliness. **2.** *n* the name of a department in a city which cares for the sewers and collects the garbage.

1. *n*. higiene; limpieza. **2.** *n*. sanidad; departamento encargado del alcantarillado y de la recogida de basuras.

sank [sæŋk] *v* the past tense of sink.

v. pasado de *sink*.

sap [sæp] *n* the juice of plants and trees.

n. savia; jugo de las plantas y los árboles.

sardine [sɑr'din] *n* a small fish, usually sold in flat cans.

n. sardina; pescado pequeño que se suele vender en latas.

sash [sæʃ] **1.** *n* a thin strip of ribbon worn around the waist or over the shoulder. **2.** *n* the part of a window that slides up and down.

1. *n*. faja; cinta que se lleva alrededor de la cintura o sobre el hombro. **2.** *n*. marco de una ventana.

sat [sæt] *v* the past tense and past participle of sit.

v. pasado y participio pasado de *sit*.

satellite ['sætlɑyt] *n* a small planet or other object that revolves around another planet. *Ex* The moon is the earth's satellite.

n. satélite; pequeño planeta u otro cuerpo que gira alrededor de otro planeta.

satin ['sætn] *n* a soft, shiny cloth.

n. raso; satén; tejido brillante y fino.

satisfactory [sætəs'fæktəi] *adj* good enough; pleasing.

adj. satisfactorio; suficientemente bueno; que complace.

satisfy ['sætəsfɑy] *v* to do all you can to please someone, or to fill a need.

v. satisfacer; hacer todo lo que se puede para complacer a alguien o cubrir una necesidad.

sauce [sɔs] *n* a liquid that is poured over food to give it more flavor.

n. salsa; líquido que se vierte sobre un alimento para darle más sabor.

saucepan ['sɔspæn] *n* a cooking pot with a lid and a handle.

n. cacerola; cacharro de cocina con tapadera y mango.

saucer ['sɔsɚ] *n* a small, curved plate put under a cup.

n. platillo; plato pequeño y curvo que se pone bajo una copa.

sausage ['sɔsɪdʒ] *n* a meat mixture chopped up very small and put into a thin tube made of animal skin.

n. embutido; carne picada y mezclada que se pone dentro de un fino tubo hecho de tripas de animales.

savage ['sævɪdʒ] *adj* fierce and cruel; wild.

adj. salvaje; fiero y cruel.

save [seyv] **1.** *v* to keep something for use later on. **2.** *v* to help someone who is in danger; to rescue someone or something.

1. *v*. ahorrar; guardar algo para utilizarlo más tarde. **2.** *v*. salvar; ayudar a uno que está en peligro; rescatar a alguien de algo.

savings ['seyvɪŋz] *n* money that you have saved; money that you keep in a bank to earn interest.

n. ahorros; dinero ahorrado; dinero que se guarda en un banco para obtener intereses por él.

saw [sɔ] **1.** *n* a metal tool with pointed teeth on one edge, used for cutting wood. **2.** *v* the past tense of see.

1. *n*. sierra; herramienta de metal con dientes puntiagudos en uno de sus bordes, utilizada para cortar madera. **2.** *v*. pasado de *see*.

sawdust ['sɔdəst] *n* powder from wood that has been sawed.

n. serrín; polvo de madera que se produce al serrarla.

say [sey] *v* to speak; to tell something. *pt* said. *pp* said.

v. decir; hablar.

saying ['seyɪŋ] *n* something which is said over and over. *Ex* I am tired of hearing old sayings from you.

n. dicho; algo que se dice una y otra vez.

scab [skæb] *n* the dry crust on a sore place or wound when it begins to heal.

n. costra; capa seca de una herida cuando comienza a curarse.

scald [skɔld] *v* to burn someone or something with a very hot liquid or steam.

v. escaldar; quemar a alguien o algo con un líquido o vapor muy caliente.

scale [skeyl] **1.** *n* one of the many small, hard flakes that cover the skin of snakes and fish. **2.** *n* a set of notes in music. **3.** *n* a machine used for weighing things.

1. *n*. escama; cada uno de los elementos duros y pequeños que cubren la piel de los peces y reptiles. **2.** *n*. escala; conjunto de notas musicales. **3.** *n*. báscula; máquina para pesar cosas.

scar [skɑr] *n* the mark left on your skin after a sore or wound has healed.

n. cicatriz; marca que deja en la piel una úlcera o una herida después de curarse.

scarce [skɛrs] *adj* not enough; difficult to find; rare.

adj. escaso; en cantidad no suficiente; difícil de encontrar; raro.

scarcely ['skɛrsli] *adv* hardly; not enough.

adv. escasamente, no suficiente.

scarcity ['skɛrsɪti] *n* a shortage or absence of something.

n. escasez o ausencia de algo.

scarecrow ['skɛrkrow] *n* something, usually like the dummy figure of a man, which is put in a field to frighten the birds away from the crops.

n. espantapájaros; lo que se pone en los campos para asustar a los pájaros y alejarlos de las cosechas, que normalmente tiene forma de muñeco.

scared [skɛrd] *adj* afraid; frightened.

adj. asustado; atemorizado.

scarf [skɑrf] *n* a long, thick piece of material you wear to keep your neck or head warm.

n. bufanda; trozo de tejido grueso que se lleva para mantener caliente el cuello o la cabeza.

scarlet ['skɑrlət] **1.** *n* a bright red color. **2.** *adj* of a bright red color.

1. *n.* escarlata; color brillante. **2.** *adj.* escarlata; de color rojo brillante.

scatter ['skætɚ] *v* to throw things around in all directions, like scattering bread crumbs on the ground for birds to eat.

v. esparcir; arrojar cosas en todas las direcciones, como pan desmenuzado para que coman los pájaros.

scene [sin] *n* a view; the place where something happens; part of a play.

n. escena; vista; lugar donde sucede algo; parte de una obra de teatro.

scenery ['sin(ə)ri] **1.** *n* what you see when you look around you, such as hills, fields, and trees. **2.** *n* the things used on a stage to make it look like a real place.

1. *n.* paisaje; lo que se contempla cuando se mira alrededor, como colinas, campos y árboles. **2.** *n.* decorado de un escenario para hacer que parezca un sitio real.

scent [sɛnt] *n* a smell; the smell which an animal leaves behind.

n. rastro; el olor que un animal deja detrás de sí.

schedule ['skɛdʒuwl] **1.** *n* a list of things and the times they are supposed to happen. **2.** *v* to put something or someone's name on a schedule.

1. *n.* horario; lista de cosas con las horas en que se supone que sucederán. **2.** *v.* listar; catalogar; poner el nombre de alguien o algo en una lista.

scholar ['skɑlɚ] *n* a person who studies; a pupil or a student.

n. escolar; estudiante; persona que estudia.

scholarship ['skɑlɚʃɪp] **1.** *n* knowledge or learning. **2.** *n* a sum of money given to a student because of high grades. *Ex* Maria got a scholarship to help her go to college.

1. *n.* erudición; conocimiento o aprendizaje. **2.** *n.* beca; suma de dinero que se da a un estudiante por sus buenas notas.

school [skuwl] *n* a place where people go to learn.

n. escuela; lugar donde va la gente a aprender.

science ['sayən(t)s] *n* knowledge gotten by careful study and testing of things, often having to do with nature. *Ex* Chemistry is a natural science.

n. ciencia; conocimiento obtenido mediante cuidadosos estudios y experimentos, relacionados generalmente con la naturaleza.

scientist ['sayəntəst] *n* someone who finds out why things happen on earth and in space.

n. científico; el que descubre el por qué de las cosas en la tierra o en el espacio.

scissors ['sɪzɚz] *n* a cutting tool like two knives fastened together in the middle. *Ex* A pair of scissors is used to cut paper or cloth.

n. tijeras; herramienta para cortar que lleva dos cuchillas unidas en su mitad.

scold [skowld] *v* to speak crossly to a person who has done something wrong.

v. regañar; hablar malhumoradamente a una persona que ha hecho algo mal.

scoop [skuwp] **1.** *n* a tool shaped like a deep shovel. *Ex* A scoop is used to dig up earth or sand. Small scoops are used to measure dry foods such as sugar or flour. **2.** *v* to dig or measure with a scoop.

1. *n.* pala; herramienta a modo de paleta ancha. **2.** *v.* cabar; excavar con una pala; medir con una pala.

scooter ['skuwtɚ] *n* a small, two-wheeled vehicle, moved by pushing with one foot or by an engine.

n. patinete; pequeño vehículo de dos ruedas que se mueve con un pie, o con un motor.

scorch [skortʃ] *v* to burn slightly; to dry up with heat. *Ex* Mother scorched my new blouse with the iron.

v. chamuscar; quemar ligeramente; secar con calor.

score [skor] **1.** *n* the number of points or goals made in a game. **2.** *v* to make points or goals in a game.

1. *n.* tanteo; número de puntos o de goles conseguidos en un juego. **2.** *v.* marcar goles o conseguir puntos en un juego.

scoreboard ['skorbord] *n* a large panel or board used to show the score of a game.

n. marcador; tablero grande utilizado para mostrar los tantos o puntos conseguidos en un juego.

scorn [skorn] **1.** *v* to think that something or someone is not worth bothering about, or no good. **2.** *n* distaste; sneering. *Ex* He looked with scorn at the bad food.

1. *v.* despreciar; pensar que no vale la pena preocuparse por algo o por alguien, o que algo o alguien no es bueno. **2.** *n.* desprecio; aversión; desdén.

scout [skawt] **1.** *n* someone sent to spy on the enemy. **2.** *n* a Boy Scout; a Girl Scout. **3.** *v* for someone to go ahead of the group and come back and tell what lies ahead. *Ex* Tommy scouted ahead of the rest of the hikers and found a river.

1. *n.* explorador; alguien que se envía para espiar al enemigo. **2.** *n.* boy scout o girl scout. **2.** *v.* explorar; adelantarse al grupo para informar a la vuelta sobre lo que hay delante.

scowl [skawl] **1.** *v* to frown. **2.** *n* a frown.

1. *v.* fruncir el ceño. **2.** *n.* ceño.

scramble ['skræmbl] **1.** *v* to climb on rough ground, usually on the hands and feet and usually fast. **2.** *v* to mix up thoroughly. *Ex* John scrambled eggs in the frying pan.

1. *v.* trepar; subir por un terreno accidentado, generalmente utilizando las manos y los pies y deprisa. **2.** *v.* mezclar completamente.

scrap [skræp] **1.** *n* a small piece of something, like paper or cloth. **2.** *n* a fight; a quarrel. **3.** *v* to fight; to quarrel.

1. n. trozo; pedazo; porción pequeña de algo, como papel o tela. *2. n.* pelea; riña. *3. v.* luchar; reñir.

scrape [skreyp] *v* to rub against something with a rough or sharp edge.

v. raspar; arañar; frotar algo con un objeto rugoso o afilado.

scratch [skrætʃ] **1.** *n* a mark made with something sharp. **2.** *n* a long, narrow injury of the skin. *Ex* I got a bad scratch from the cat. **3.** *v* to scrape with fingernails or claws. *Ex* The cat scratched me.

1. n. arañazo; marca dejada con algo afilado. *2. n.* herida larga y estrecha en la piel. *3. v.* arañar con uñas o garras afiladas.

scrawl [skrɑwl] *v* to write in a messy way that is not easy to read.

v. garabatear; escribir de forma que no es fácil de leer.

scream [skrim] **1.** *n* a very loud, high-pitched cry of surprise, pain, or fear. **2.** *v* to make a loud, high-pitched cry of surprise, pain, or fear.

1. n. grito muy agudo y potente de sorpresa, dolor o miedo. *2. v.* gritar; emitir un grito muy agudo y potente de sorpresa, dolor o miedo.

screech [skritʃ] **1.** *n* a piercing scream. **2.** *v* to make a piercing scream.

1. n. chillido; grito penetrante. *2. v.* gritar; emitir un grito penetrante.

screen [skrin] **1.** *n* a lightweight wall you can move about. **2.** *n* what a television or movie picture is shown on.

1. n. biombo; muro ligero que se puede mover de un lado a otro. *2. n.* pantalla de televisión o de cine donde se proyectan las imágenes.

screw [skruw] *n* a special kind of thick nail with grooves. *Ex* Screws are used to hold pieces of wood or metal together.

n. tornillo; especie de clavo grueso con surcos.

screwdriver ['skruwdrɑyvɚ] *n* a tool used to turn a screw into a hole in wood or metal.

n. destornillador; herramienta que se utiliza para introducir un tornillo en un agujero de madera o metal.

scribble ['skrɪbl] *v* to write in a careless and messy way.

v. garabatear; escribir de manera descuidada y desordenada.

script [skrɪpt] *n* handwriting; printing that looks like handwriting.

n. escritura manuscrita; impresión que parece un manuscrito.

scrub [skrəb] *v* to rub something, usually with a brush, to get it clean.

v. restregar algo, generalmente con un cepillo, para limpiarlo.

sculpture ['skəlptʃɚ] *n* the art of carving stone or wood, or working clay or metal into statues and beautiful designs.

n. escultura; arte de cincelar madera o piedra o de modelar barro o metal, convirtiéndolos en estatuas y modelos bellos.

scurry ['skɚi] *v* to hurry along.

v. escabullirse; correr apresuradamente para alejarse de algo.

sea [si] *n* the salty water that covers part of the earth where there is no land.

n. mar; agua salada que cubre la mayor parte de la Tierra.

seafood ['sifuwd] *n* fish and shellfish eaten as food.

n. mariscos y pescados que se toman como alimento.

sea gull ['si gəl] *n* a seabird, usually colored gray and white. *Ex* The sea gull makes a loud, screeching sound.

n. gaviota; ave marina, usualmente de color blanco y gris.

seal [sil] **1.** *n* a fish-eating animal that can also live on land. *Ex* Seals are mammals with beautiful, brown fur. **2.** *v* to close or fasten something so that it cannot be opened without breaking the fastening.

1. n. foca; animal que se alimenta de peces y que puede vivir también en tierra. *2. v.* sellar; cerrar o atar algo de manera que no pueda abrirse sin romper el sello o las ligaduras.

seam [sim] *n* a line where two pieces of material are joined together by sewing.

n. costura; línea en que se unen dos trozos de tela cosidos.

seaplane ['sipleyn] *n* an airplane that can take off from and land on the sea or the land.

n. hidroavión; avión que puede despegar y aterrizar sobre el agua.

search [sɚtʃ] **1.** *v* to look everywhere for something. **2.** *n* the act of looking everywhere for something.

1. v. buscar; mirar si está algo en alguna parte. *2. n.* búsqueda; acción de buscar algo en alguna parte.

searchlight ['sɚtʃlɑyt] *n* a very powerful beam of light that shows things clearly in the dark.

n. reflector; rayo muy potente de luz para ver las cosas en la oscuridad.

seashell ['siʃɛl] *n* the hard covering on some kinds of fish and sea animals. *Ex* Rachel collects seashells on the beach.

n. concha; cubierta dura de algunos peces y animales marinos.

seashore ['siʃor] *n* a beach; a place by the sea where people take vacations. It is also called the seaside.

n. costa; playa; lugar junto al mar donde la gente pasa las vacaciones. Se le llama también *seaside*.

season ['sizn] **1.** *v* to add things, like salt and pepper, to food to improve its flavor. **2.** *n* a period of the year. *Ex* Spring, summer, fall, and winter are the four seasons of the year.

1. v. sazonar; añadir cosas, como sal y pimienta, a los alimentos para mejorar su sabor. *2. n.* estación; período del año.

seat [sit] *n* a piece of furniture used for sitting.

n. asiento; mueble que se utiliza para sentarse.

seaweed ['siwid] *n* plants that grow in the sea.

n. alga; planta que crece en el mar.

second ['sɛkənd] **1.** *adj* next after first and before third. **2.** *n* a measurement of time. *Ex* There are 60 seconds in a minute.

1. *adj.* segundo; el que sigue al primero y precede al tercero. **2.** *n.* segundo; unidad de tiempo.

secondary ['sɛkəndɛri] *adj* second in importance; next after primary.

adj. secundario; segundo en importancia; lo que sigue a lo primario.

secret ['sikrət] **1.** *n* something known only to a very few people. *Ex* I am going to tell you a secret that you must not tell anyone else. **2.** *adj* private; not public; known only to a few people.

1. *n.* secreto; algo que sólo conocen unas cuantas personas. **2.** *adj.* privado; no público; que lo conocen sólo unas pocas personas.

secretary ['sɛkrəteri] *n* someone who writes or types business letters in an office.

n. secretaria; persona que escribe o mecanografía cartas comerciales, en una oficina.

section ['sɛkʃn] *n* a part or a piece of something.

n. sección; parte o trozo de algo.

security [sə'kyuwrəti] *n* safeness.

n. seguridad.

security guard [sə'kyuwrəti gard] *n* a person whose job is to guard people or places.

n. guardia de seguridad; persona cuyo trabajo consiste en guardar personas o lugares.

see [si] *v* to use the eyes to look at something. *pt* saw. *pp* seen.

v. ver; utilizar los ojos para mirar algo.

seed [sid] *n* the part of a plant from which new plants grow. *Ex* Grains of corn are seeds that new corn plants will grow from.

n. semilla, parte de una planta de la que nacen otras.

seek [sik] *v* to look for. *pt* sought. *pp* sought.

v. buscar.

seem [sim] *v* to look like; to appear to be like. *Ex* It seems like winter today.

v. parecerse.

seen [sin] *v* the past participle of see.

v. participio pasado de *see*.

seesaw ['si'sɔ] *n* a strong board fastened in the middle to a heavy piece of wood or metal. *Ex* Two people can sit on a see-saw, one on each end, and go up and down in turn. It is also called a teeter-totter.

n. balancín; madero fuerte unido a la mitad de una pieza recia de madera o metal.

seize [siz] *v* to grasp and hold on to.

v. agarrar; tomar fuertemente.

seldom ['sɛldəm] *adv* not often.

adv. rara vez; no a menudo.

select [sə'lɛkt] *v* to choose.

v. seleccionar; elegir.

self [sɛlf] *n* your own person.

n. uno mismo.

selfish ['sɛltɪʃ] *adj* thinking only of yourself, and not caring about other people's wishes; greedy.

adj. egoísta; que piensa sólo en sí mismo sin tener en cuenta lo que desean los demás.

sell [sɛl] *v* to give something in exchange for money. *pt* sold. *pp* sold.

v. vender; dar algo a cambio de dinero.

semester [sə'mɛstɚ] *n* one half of the school year. *Ex* The first semester begins in the fall.

n. semestre; la mitad de un año escolar.

semicircle ['sɛmisɚkl] *n* a half circle.

n. semicírculo; la mitad de un círculo.

semicolon ['sɛmikowlən] *n* a punctuation mark (;) sometimes used to separate major parts of a sentence.

n. punto y coma; signo de puntuación (;), que se utiliza a veces para separar dos partes principales de una oración.

Senate ['sɛnət] *n* one of the two groups of people elected to make laws in the U.S. *Ex* The U.S. Congress consists of the Senate and the House of Representatives.

n. Senado; uno de los dos grupos de personas elegidos para hacer las leyes en los Estados Unidos.

senator ['sɛnətɚ] *n* a member of the Senate; a lawmaker who has been elected to the Senate.

n. senador; miembro del Senado; legislador que ha sido elegido para ocupar un puesto en el Senado.

send [sɛnd] *v* to make a person or thing go somewhere. *pt* sent. *pp* sent.

v. enviar; hacer que una persona o cosa vayan a alguna parte.

senior ['sinyɚ] **1.** *n* someone who is older and more important than others. **2.** *n* a person in the final year of high school. **3.** *adj* older and more important.

1. *n.* veterano; el que es más antiguo o más importante que otros. **2.** *n.* persona que cursa el último año de bachillerato. **3.** *adj.* veterano; más antiguo y más importante.

sensation [sɛn'seyʃn] **1.** *n* a feeling. *Ex* My hand is so cold that there is no sensation in my fingers. **2.** *n* an exciting happening; an exciting success. *Ex* The play was a sensation.

1. *n.* sensación; sentimiento. **2.** *n.* suceso o acontecimiento emocionante.

sense [sɛn(t)s] **1.** *n* good or right knowledge. **2.** *v* to be able to learn about something through taste, smell, touch, sight, or hearing.

1. *n.* sentido común; conocimiento bueno o recto. **2.** *v.* sentir; ser capaz de conocer algo por el gusto, el olfato, el tacto, el oído o la vista.

senseless ['sɛn(t)sləs] **1.** *adj* foolish; stupid; without good sense. **2.** *adj* not conscious of what is going on.

1. *adj.* insensato; loco; estúpido; sin sentido común. **2.** *adj.* que no es consciente de lo que está ocurriendo.

sensible ['sɛn(t)səbl] *adj* wise; having good sense.

adj. sensato; sabio; que tiene sentido común.

sent [sɛnt] *v* the past tense and past participle of send.

sentence ['sɛntən(t)s] **1.** *n* a number of words which make a complete thought when put together; a group of words put together according to the rules of grammar. **2.** *n* a punishment for breaking laws. *Ex* He received a sentence of ten days in jail.

sentry ['sɛntri] *n* a soldier who keeps guard.

separate 1. *adj* ['sɛprət] not joined together; divided. **2.** *v* ['sɛpəꞏeyt] to divide; to move apart.

sequin ['sikwɪn] *n* a small, round, shiny ornament sewn on clothing to make it sparkle.

sergeant ['sɑrdʒnt] *n* an officer in the military or the police.

serial ['sɪriəl] *n* a story or film that appears in parts and not all at one time.

series ['siriz] *n* a number of things or events following one another in regular order.

serious ['siriəs] **1.** *adj* not funny. *Ex* Stop laughing and start being serious. **2.** *adj* worrisome; severe. *Ex* Molly has a serious illness.

serpent ['sɚpənt] *n* a snake.

servant ['sɚvnt] *n* someone who is paid to work in someone else's house.

serve [sɚv] *v* to work for someone; to hand out food at meals; to sell things over the counter in a shop.

service ['sɚvəs] **1.** *n* the act of serving; the serving of customers in a restaurant or a cafe. **2.** *n* a religious ceremony.

session ['sɛʃn] *n* a period of time devoted to some activity.

set [sɛt] **1.** *v* to place something somewere. **2.** *v* to put dishes, glasses, and silverware on a table before a meal. *Ex* Why do I always have to set the table? *pt* set. *pp* set. **3.** *n* a number of things of the same type; a collection of individual items that make up a whole. *Ex* Grandfather has a new set of false teeth. Mrs. Wu just bought a complete set of dishes.

settle ['sɛtl] *v* to agree on something; to bring about agreement. *Ex* Let us settle this argument peacefully.

settler ['sɛtlɚ] *n* one of the people who move into a new region and make a new home.

several ['sɛvrəl] *adj* more than two of something; a few.

severe [sə'vir] *adj* very serious; not merciful; stern.

sew [sow] *v* to join cloth together with a needle and thread.

sewer ['suwɚ] *n* the underground pipes which carry wastes away from buildings.

sex [sɛks] *n* either of the two groups, male and female, that animals and humans are divided into.

shabby ['ʃæbi] *adj* nearly worn-out; almost ragged.

shade [ʃeyd] **1.** *v* to keep the light away from something. **2.** *n* a darker area which sunlight cannot reach. *Ex* There is lots of shade under those trees.

shadow ['ʃædow] *n* a dark area which appears on the ground when an object gets in the way of light.

shaggy ['ʃægi] *adj* covered with rough, long hair or fur, usually messy.

shake [ʃeyk] *v* to move something quickly up and down or from side to side. *Ex* Please don't shake the baby's bed. *pt* shook. *pp* shaken.

shaken ['ʃeykn] *v* the past participle of shake.

v. pasado y participio pasado de *send.*

1. *n.* frase; conjunto de palabras que forman una idea completa; oración; grupo de palabras colocadas según las reglas de la gramática. **2.** *n.* sentencia; castigo por haber vulnerado las leyes.

n. centinela; soldado que hace guardia.

1. *adj.* separado; no junto; dividido. **2.** *v.* separar; dividir, apartar.

n. lentejuela; adorno pequeño, redondo y brillante cosido a la ropa para que produzca destellos.

n. sargento; oficial del ejército o de la policía.

n. serial; novela o película que aparece por partes y no toda de una vez.

n. serie; número de cosas o acontecimientos que se siguen unos a otros en orden regular.

1. *adj.* serio; no gracioso. **2.** *adj.* preocupado; severo.

n. serpiente.

n. criado; persona a la que se paga por trabajar en casa de otro.

v. servir; trabajar para otro; repartir alimentos y comidas; vender cosas en el mostrador de una tienda.

1. *n.* servicio; acto de servir; servicio a los clientes de un restaurante o café. **2.** *n.* ceremonia religiosa.

n. sesión; período de tiempo dedicado a una actividad.

1. *v.* colocar algo en alguna parte. **2.** *v.* poner platos, vasos y cubertería en una mesa antes de la comida. **3.** *n.* serie; un determinado número de cosas de un mismo tipo; colección de elementos particulares que forman un todo.

v. fijar; ponerse de acuerdo en algo; llegar a un acuerdo.

n. colonizador; colono; cada una de las personas que se establecen en una nueva región y forman allí su hogar.

adj. varios; más de dos; unos pocos.

adj. riguroso; severo; muy serio; inclemente.

v. coser; unir trozos de tela con aguja e hilo.

n. alcantarilla; cañerías subterráneas que transportan las basuras que salen de los edificios.

n. sexo; cada uno de los dos grupos, varón o hembra, en que se dividen los animales y los seres humanos.

adj. andrajoso; harapiento.

1. *v.* ensombrecer; quitar la luz de algo. **2.** *n.* sombra; área oscura a la que no llega la luz del sol.

n. sombra; área oscura que aparece en el suelo cuando un objeto se interpone en el camino de la luz.

adj. peludo; cubierto de greñas, cabello o pelo largo, generalmente en desorden.

v. agitar; mover algo rápidamente, de arriba a abajo, o de lado a lado.

v. participio pasado de *shake.*

shall [ʃæl] v a word used to express a command. Ex You shall go. pt should.

v. palabra utilizada para expresar un mandato.

shallow ['ʃælow] adj not very far to the bottom; the opposite of deep.

adj. superficial; no muy lejos del fondo; lo contrario de profundo.

shame [ʃeym] n a feeling of unhappiness because you have hurt someone or done something you know is wrong.

n. vergüenza; sentimiento de infelicidad por haber herido a alguien o haber hecho algo que sabes que está mal.

shameful ['ʃeymfl] adj wrong; mean. Ex What a shameful thing to do!

adj. vergonzoso; malo, ruin.

shampoo [ʃæm'puw] **1.** v to wash the hair of the head. **2.** n a special liquid soap used to wash the hair of the head.

1. v. lavarse el cabello o la cabeza. **2.** n. champú; jabón líquido especial para lavarse el pelo o la cabeza.

shamrock ['ʃæmrɑk] n a kind of clover plant with tiny leaves divided into three sections.

n. trébol; planta de hojas pequeñas divididas en tres secciones.

shape [ʃeyp] **1.** v to cause something to take a particular form; to give something a form. **2.** n the form of something.

1. v. dar forma; hacer que algo tome una forma determinada. **2.** n. forma de algo.

share [ʃer] **1.** v to give part of something to someone else. **2.** n a part or section that is given to someone.

1. v. compartir; dar a alguien parte de algo. **2.** n. participación; parte o porción que se le da a alguien.

shark [ʃɑrk] n a large, dangerous sea fish which has very sharp teeth.

n. tiburón; pez muy grande y peligroso con dientes muy afilados.

sharp [ʃɑrp] adj having an edge that can cut or a point that can make holes.

adj. afilado; que tiene un borde que puede cortar o una punta que puede hacer agujeros.

sharpener ['ʃɑrpənə] n a machine that sharpens a pencil when the crank is turned; a pencil sharpener.

n. sacapuntas; máquina que afila un lápiz cuando se le ha gastado la punta.

shatter ['ʃætə] v to break something into many pieces.

v. destrozar; romper algo en muchos pedazos.

shave [ʃeyv] v to cut off hair with a razor; to scrape the hair off a male face with a razor.

v. afeitar; cortar el pelo con una rasuradora; quitarle a un hombre el pelo de la cara con una máquina de afeitar.

shawl [ʃɔl] n a square piece of cloth folded and worn around the head and shoulders, usually by girls and women.

n. chal; prenda cuadrada de paño que se dobla y se lleva por encima de la cabeza y los hombros, particularmente las chicas y las mujeres.

she [ʃi] pro a female person or animal. Ex She put her coat in the closet.

pro. ella; persona o animal hembra.

shears [ʃirz] n large scissors used for cutting things like paper, cloth, or hedges.

n. tijeras grandes para cortar cosas como papel, tela o setos.

shed [ʃed] **1.** n a hut used to keep tools, supplies, or animals in. **2.** v to lose hairs; to take off clothing. Ex The house is a mess because the dog is shedding. pt shed. pp shed.

1. n. cobertizo para guardar herramientas, provisiones o animales. **2.** v. despojarse de; quitarse la ropa; caerse el pelo.

she'd [ʃid] cont she would; she had.

contracción de she would; she had.

sheep [ʃip] n an animal covered with thick hair called wool. The plural is sheep. Ex There are seven sheep in the field. There is only one black sheep.

n. oveja; animal cubierto con un pelo grueso, llamado lana. El plural es sheep.

sheet [ʃit] **1.** n a single piece of something such as glass, paper, or metal. **2.** n a large piece of cloth used on a bed.

1. n. hoja; trozo de algo como vidrio, papel o metal. **2.** n. sábana; pieza de tela grande que se pone sobre las camas.

shelf [ʃelf] n a board fastened to a wall. Ex Please put this book on the shelf. The plural is shelves.

n. repisa; estante adosado a una pared.

shell [ʃel] n the hard covering on a nut or an egg. Ex Some fish, animals, and insects have shells.

n. cáscara; la cubierta dura de una nuez o un huevo.

she'll [ʃil] cont she will.

contracción de she will.

shelter ['ʃeltə] n a place where there is safety from danger or from bad weather.

n. refugio; lugar donde se está a salvo del peligro o del mal tiempo.

shepherd ['ʃepəd] n a person whose job is to look after sheep.

n. pastor; persona que cuida las ovejas.

sheriff ['ʃerəf] n the chief police officer in a county.

n. sheriff; oficial jefe de la policía de un territorio.

she's [ʃiz] cont she is; she has.

contracción de she is; she has.

shield [ʃild] **1.** n something that you hide behind or hold up to protect yourself from attack. **2.** v to protect by standing in front of or holding a shield in front of.

1. n. escudo; aquello tras lo que uno se esconde o se sujeta para protegerse de un ataque. **2.** v. escudarse; protegerse poniéndose delante de un escudo o sujetándolo.

shift [ʃɪft] **1.** *v* to move something, usually something heavy. *Ex* She shifted her weight from one foot to the other. **2.** *n* a group of people working together for a number of hours; a period of time when a group of people work together. *Ex* Maria's and Carlos's fathers both work the night shift at the factory.

1. *v.* trasladar; cambiar de sitio algo pesado. **2.** *n.* turno de trabajo; grupo de personas que trabajan juntas durante un determinado número de horas; período de tiempo durante el que trabajan juntas un determinado número de personas.

shimmer ['ʃɪmɚ] *v* to shine with a soft, trembling light.

v. brillar con luz trémula, parpadeante.

shin [ʃɪn] *n* the front of the lower leg bone. *Ex* The horse kicked me in the shin.

n. espinilla; parte frontal del hueso más bajo de la pierna.

shine [ʃayn] *v* to give out bright light.

v. brillar, dar luz brillante.

shingle ['ʃɪŋgl] *n* one of the flat pieces of material used to cover a roof.

n. tablón; cada uno de los trozos planos de madera que se utilizan para cubrir un tejado.

ship [ʃɪp] **1.** *n* a large boat. **2.** *v* to send something by train, truck, airplane, or boat. *Ex* They shipped us a new part for our washing machine.

1. *n.* barco. **2.** *v.* expedir; enviar algo por tren, camión, avión o barco.

shipwrecked ['ʃɪprɛkt] *adj* having to do with people or property which were on a ship which was destroyed by a storm.

adj. relativo a las personas o a las pertenecias que iban en un barco destruido por una tormenta.

shirt [ʃɚt] *n* a piece of clothing worn on the upper part of the body.

n. camisa; prenda que se lleva en la parte superior del cuerpo.

shiver ['ʃɪvɚ] *v* to shake because of the cold.

v. tiritar; estremecerse a causa del frío.

shock [ʃɑk] **1.** *n* an unpleasant surprise; a sudden jolt of electricity. **2.** *v* to frighten or surprise someone with something unpleasant; to give someone a sudden jolt of electricity.

1. *n.* conmoción; sorpresa desagradable; descarga repentina de electricidad. **2.** *v.* conmocionar; asustar o sorprender a alguien con algo desagradable; dar a alguien una descarga repentina de electricidad.

shoe [ʃuw] *n* a covering for the foot, usually made of leather, canvas, or plastic.

n. zapato; cubierta para los pies, fabricada normalmente con cuero, lona o plástico.

shoemaker ['ʃuwmeykɚ] *n* a person who makes or repairs shoes.

n. zapatero; persona que hace o repara zapatos.

shook [ʃuk] *v* the past tense of shake.

v. pasado de *shake*.

shoot [ʃuwt] *v* to send a bullet from a gun; to send an arrow from a bow. *pt* shot. *pp* shot.

v. disparar; enviar una bala por medio de un arma; lanzar una flecha con un arco.

shop [ʃɑp] **1.** *n* a place where things can be bought. **2.** *v* to go to different places to buy things; to go to different places looking for the lowest price on something you want to buy.

1. *n.* tienda; lugar donde se pueden comprar cosas. **2.** *v.* comprar; ir de compras; ir a diferentes lugares para comprar cosas; ir de un lugar a otro viendo dónde tiene el precio mas bajo algo que se quiere comprar.

shore [ʃor] *n* the land at the edge of a lake or an ocean.

n. costa; tierra que está al borde de un lago u océano.

short [ʃort] *adj* not very long; not very tall.

adj. corto; no muy largo; no muy alto.

shortening ['ʃortnɪŋ] *n* fat used in baking bread and pastry.

n. materia grasa que se emplea para cocinar.

shorthand ['ʃorthænd] *n* a quick way of writing down what is said. *Ex* Many secretaries use shorthand.

n. taquigrafía; modo rápido de escribir al dictado.

shorts [ʃorts] **1.** *n* short trousers. **2.** *n* a kind of underpants worn by men and boys.

1. *n.* pantalones cortos. **2.** *n.* especie de calzoncillos que llevan chicos y hombres.

shot [ʃɑt] **1.** *n* an act of shooting. **2.** *v* the past tense and past participle of shoot.

1. *n.* disparo; acción de disparar. **2.** *v.* pasado y participio pasado de *shoot*.

should [ʃud] *v* the past tense of shall.

v. pasado de *shall*.

shoulder ['ʃowldɚ] *n* the joint where the arm is attached to the body.

n. hombro; lugar donde se unen los brazos y el cuerpo.

shouldn't ['ʃudn̩t] *cont* should not.

contracción de *should not*.

shout [ʃawt] **1.** *v* to speak or call out very loudly. **2.** *n* a loud call; words spoken very loudly.

1. *v.* gritar; hablar o llamar a alguien en voz muy alta. **2.** *n.* grito; palabras dichas en voz muy alta.

shove [ʃəv] **1.** *v* to push roughly. **2.** *n* a push; a rough push.

1. *v.* empujar rudamente. **2.** *n.* empujón.

shovel ['ʃəvl] **1.** *n* a tool for digging or moving material like soil or snow. **2.** *v* to dig or move material with a shovel.

1. *n.* pala; herramienta para cavar o mover cosas como tierra o nieve. **2.** *v.* traspalar; cavar o mover cosas con pala.

show [ʃow] **1.** *v* to point out; to guide. *pt* showed. *pp* shown. **2.** *n* a spectacle; a film; a play.

1. *v.* mostrar; guiar. **2.** *n.* espectáculo; película; obra de teatro.

shower ['ʃawɚ] **1.** *n* a sudden, brief fall of rain, sleet, or snow. **2.** *n* a bath in which you stand up and water sprays all over you.

shown [ʃown] *v* the past participle of show.

shrank [ʃræŋk] *v* the past tense of shrink.

shred [ʃred] **1.** *n* a scrap or strip torn off of something; a bit. **2.** *v* to tear something into scraps or strips.

shriek [ʃrik] **1.** *v* to make a high-pitched scream. **2.** *n* a high-pitched scream.

shrill [ʃril] *adj* high-pitched and piercing to the ears.

shrimp [ʃrimp] *n* a small shellfish that turns pink when it is cooked.

shrink [ʃriŋk] *v* to become less or smaller. *pt* shrank. *pp* shrunk. *Ex* Some kinds of cloth shrink when they have been washed.

shrivel ['ʃrivl] *v* to dry up and become smaller. *Ex* A raisin is a shriveled grape.

shrub [ʃrəb] *n* a small, woody plant that does not grow very tall; a bush.

shrunk [ʃrəŋk] *v* the past participle of shrink.

shudder ['ʃədɚ] *v* to tremble with fear or disgust.

shuffle ['ʃəfl] **1.** *v* to move along without lifting your feet. *Ex* When you shuffle, your feet make a rubbing sound. **2.** *v* to mix a pack of cards before playing a game.

shut [ʃət] **1.** *v* to close. *pt* shut. *pp* shut. **2.** *adj* closed; not open.

shutter ['ʃətɚ] *n* a wooden cover for a window used to keep heat and light out in the daytime and cold out in the winter.

shy [ʃay] *adj* not wanting to be with lots of people; timid.

sick [sik] *adj* ill; not well.

side [sayd] *n* the part between the back and the front of something. *Ex* We have a lovely tree near the side of the house. I have a pain on my right side.

sidewalk ['saydwɔk] *n* a hard area next to a street where people can walk.

siege [sidʒ] *n* an attempt to capture a town or fort by surrounding it, so that help cannot reach it.

sift [sift] *v* to separate grains or powder from larger lumps by shaking matter through a screen or a special device.

sigh [say] **1.** *v* to breathe out heavily when you are tired or sad. **2.** *n* a large puff of air breathed out when you are tired or sad.

sight [sayt] **1.** *n* the ability to see. **2.** *v* to locate something in your vision; to spot something with your eyes. *Ex* Elaine sighted a ship on the horizon.

sign [sayn] **1.** *n* a board with printing on it that tells you something, like a traffic sign. **2.** *n* a signal; a movement to show what you mean, like nodding your head to mean yes. **3.** *v* to write your name on an important paper such as a check, letter, or contract.

signal ['signəl] **1.** *n* a message sent by signs, colored lights, or hand movements. *Ex* We waited for the traffic signal to change. **2.** *v* to send a message by some kind of a sign. *Ex* The police officer signaled us to go on.

1. *n.* chaparrón; caída repentina y breve de agua, aguanieve o nieve. **2.** *n.* ducha; baño que se toma de pie mientras cae el agua sobre el cuerpo.

v. participio pasado de *show*.

v. pasado de *shrink*.

1. *n.* trozo; fragmento de algo. **2.** *v.* desmenuzar; romper algo en trozos.

1. *v.* chillar; gritar en tono muy alto. **2.** *n.* chillido.

adj. chillón; agudo y estridente; sonido agudo que molesta en los oídos.

n. camarón; marisco pequeño que se vuelve rosa al cocerlo.

v. encoger; hacerse más pequeño o más corto.

v. marchitarse; secarse y encogerse.

n. arbusto; planta pequeña y leñosa que no crece mucho.

v. participio pasado de *shrink*.

v. estremecerse; temblar de miedo o disgusto.

1. *v.* arrastrar; caminar arrastrando los pies. **2.** *v.* barajar las cartas; mezclarlas antes de comenzar un juego.

1. *v.* cerrar. **2.** *adj.* cerrado; no abierto.

n. contraventana; cubierta de madera de una ventana, utilizada para preservarse de la luz y del calor durante el día y del frío durante la noche.

adj. tímido; que no le gusta estar con mucha gente.

adj. enfermo; que no se encuentra bien.

n. lado; parte entre el frente y la parte posterior de algo.

n. acera; zona próxima a una calle por donde puede andar la gente.

n. asedio; intento de capturar una ciudad o un fuerte rodeándolo, de manera que no pueda recibir ayuda.

v. cribar; separar el grano o el polvo de los terrones mayores, agitando el material en una pantalla o instrumento especial.

1. *v.* suspirar; expirar fuertemente cuando se está cansado o triste. **2.** *n.* suspiro; gran soplo de aire expirado cuando se está cansado o triste.

1. *n.* vista; capacidad de ver. **2.** *v.* ver; localizar algo en la visión; reconocer algo con los ojos.

1. *n.* señal; un tablero que tiene algo impreso para informar de algo, como una señal de tráfico. **2.** *n.* señal; movimiento por el que se expresa algo, como cuando se dice que sí con la cabeza. **3.** *v.* fimar; escribir el nombre en un papel importante, como un cheque, una carta o un contrato.

1. *n.* señal; mensaje enviado con signos, luces de colores o movimientos de las manos. **2.** *v.* enviar un mensaje mediante algún tipo de señal.

signature ['sɪgnətʃɚ] *n* the special way you have of writing your name. *Ex* Your signature should be exactly the same each time you write it.

n. firma; el modo particular que uno tiene de escribir su nombre.

silence ['saɪlən(t)s] *n* the absence of any sound.

n. silencio; ausencia de cualquier sonido.

silent ['saɪlənt] *adj* not making a sound.

adj. silencioso; que no hace ruido alguno.

silk [sɪlk] *n* a very fine, smooth cloth made from threads that silkworms spin.

n. seda; tejido suave y fino formado con los hilos que tejen los gusanos de seda.

silkworm ['sɪlkwɚm] *n* a caterpillar that spins silk threads.

n. gusano de seda; oruga que teje hilos de seda.

sill [sɪl] *n* the wooden or stone ledge at the bottom of a door or window.

n. umbral; borde de madera o de piedra en la parte inferior de una puerta o ventana.

silly ['sɪli] *adj* not sensible; not thinking carefully.

adj. tonto; no sensible; que no piensa detenidamente.

silver ['sɪlvɚ] **1.** *n* a shiny, grayish-white metal. *Ex* Money, knives, forks, and spoons are sometimes made of silver. **2.** *n* the color of the metal silver. **3.** *adj* of a silver color.

1. *n*. plata; metal brillante, blanco grisáceo. **2.** *n*. color de la plata. **3.** *adj*. plateado; del color de la plata.

silverfish ['sɪlvɚfɪʃ] *n* an insect pest which gets into drawers and closets.

n. lepisma; insecto dañino que se introduce en los cajones y armarios.

silverware ['sɪlvɚwer] *n* knives, forks, and spoons made of silver or any other metal.

n. cubertería; cuchillos, tenedores y cucharas hechos de plata o de cualquier otro metal.

similar ['sɪmələr] *adj* like, or almost like, something else.

adj. parecido; igual, o casi igual.

simple ['sɪmpl] *adj* easy; not difficult.

adj. sencillo; fácil; no difícil.

since [sɪn(t)s] *prep* from a time in the past. *Ex* I haven't eaten since yesterday.

prep. desde un tiempo en el pasado.

sincere [sɪn'sɪr] *adj* honest; meaning what you say.

adj. sincero; honesto; que quiere decir lo que dice.

sing [sɪŋ] *v* to make music with the voice. *Ex* Birds, as well as people, can sing. *pt* sang. *pp* sung.

v. cantar; hacer música con la voz.

singe [sɪndʒ] *v* to burn slightly; to scorch.

v. chamuscar; quemar ligeramente; socarrar.

singer ['sɪŋɚ] *n* a person who gets paid for singing; a musician who sings.

n. cantante; músico que canta; persona que cobra dinero por cantar.

single ['sɪŋgl] **1.** *adj* only one. *Ex* I don't have a single dollar. **2.** *adj* not married. *Ex* My brother is married, and my sister is single.

1. *adj*. singular; sólo uno. **2.** *adj*. soltero; no casado.

singular ['sɪŋgyələr] **1.** *adj* one only; not plural. *Ex Cow* is a singular noun. **2.** *n* the state of a noun when it is not plural; a noun referring to just one thing or person. *Ex* The word *cow* is in the singular.

1. *adj*. singular; solo uno; no plural. **2.** *n*. singular; nombre que se refiere precisamente a una cosa o persona.

sink [sɪŋk] **1.** *n* a place in the kitchen where there is running water for washing dishes and preparing food. **2.** *v* to go under the water. *pt* sank. *pp* sunk.

1. *n*. fregadero; parte de la cocina donde hay agua corriente para lavar los platos y preparar las comidas. **2.** *v*. sumergirse; hundirse en el agua.

sinus ['saɪnəs] *n* one of the small cavities deep behind the nose. *Ex* Sometimes sinuses swell up and cause headaches or they can get infected.

n. seno; cada una de las pequeñas y profundas cavidades que están detrás de la nariz.

sip [sɪp] **1.** *v* to drink something a little bit at a time. **2.** *n* a tiny drink of something.

1. *v*. sorber; beber algo poquito a poco. **2.** *n*. sorbo; bebida corta de algo.

siren ['saɪrən] *n* something like a whistle or a horn that makes a loud, wailing noise.

n. sirena; silbato o cuerno que emite un ruido alto y lastimero.

sister ['sɪstɚ] *n* a daughter of the same parents. *Ex* You and your sister have the same parents.

n. hermana; hija de los mismos padres.

sit [sɪt] *v* to be on a chair or a seat; to bend down onto a chair or a seat. *pt* sat. *pp* sat.

v. sentarse; estar en una silla o asiento.

site [saɪt] *n* an area of ground where a building is, or will be built.

n. solar; terreno sobre el que hay o habrá un edificio.

situation [sɪtʃə'weyʃn] **1.** *n* the place or position of something. **2.** *n* a state of affairs; the circumstances belonging to an event.

1. *n*. situación; lugar o posición de algo. **2.** *n*. situación; estado de las cosas; las circunstancias que pertenecen a un acontecimiento.

size [saɪz] *n* the amount of space something occupies.

n. tamaño; cantidad de espacio que ocupa algo.

skate [skeyt] **1.** *n* a shoe with a metal blade or wheels attached. *Ex* Skates allow a skater to move quickly and smoothly on ice or a flat surface. **2.** *v* to move quickly and smoothly on ice or a flat surface while wearing skates.

1. *n.* patín; bota que lleva acoplada una hoja de metal o unas ruedas. **2.** *v.* patinar; moverse rápida y suavemente sobre patines, sobre hielo o sobre una superficie plana.

skeleton ['skɛlətṇ] *n* all of the bones inside a body; the bones of a body remaining when the flesh has wasted away.

n. esqueleto; todos los huesos del cuerpo. Los huesos permanecen después de que se haya descompuesto la carne.

sketch [skɛtʃ] **1.** *n* a rough, quick drawing. **2.** *v* to make a rough, quick drawing.

1. *n.* bosquejo; dibujo rápido y rudimentario. **2.** *v.* bosquejar; hacer un dibujo rápido y rudimentario.

ski [ski] **1.** *v* to move quickly over snow on two long pieces of wood called skis. **2.** *n* one of a pair of long pieces of wood attached to special boots for the sport of skiing.

1. *v.* esquiar; deslizarse sobre la nieve sobre dos trozos largos de madera llamados esquís. **2.** *n.* esquí; cada uno de los dos trozos grandes de madera unidos a botas especiales para esquiar.

skid [skɪd] *v* to slide sideways, as a car sometimes does on wet or icy roads.

v. derrapar; moverse de lado, como ocurre a menudo cuando los coches van por una carretera mojada o con hielo.

skill [skɪl] *n* cleverness; the ability to do something well.

n. habilidad; capacidad para hacer las cosas bien; inteligencia.

skillet ['skɪlət] *n* a frying pan; a heavy pan in which food is fried.

n. sartén; cacerola grande para freír alimentos.

skillful ['skɪlfl] *adj* clever; able to do something well.

adj. hábil; capaz de hacer algo bien.

skim [skɪm] **1.** *v* to glide quickly over the surface of something. **2.** *v* to take the cream off the top of milk.

1. *v.* rozar; deslizarse muy rápidamente sobre la superficie de algo. **2.** *v.* desnatar; quitar la nata de la parte superior de la leche.

skin [skɪn] **1.** *n* the outside covering of the body. **2.** *v* to remove the skin from something. *Ex* You should skin a catfish before you cook it.

1. *n.* piel; la cubierta exterior del cuerpo. **2.** *v.* despellejar; mondar; quitar la piel de algo.

skip [skɪp] **1.** *v* to jump up and down on one leg at a time. **2.** *v* to leave out something. *Ex* Joel always skips the dull parts of the story.

1. *v.* brincar; saltar con una pierna cada vez. **2.** *v.* omitir; dejarse algo.

skipper ['skɪpɚ] *n* the captain of a ship.

n. patrón; capitán de barco.

skirt [skɚt] *n* the part of a dress which hangs down from the waist; a garment covering the lower part of the body, worn by women and girls.

n. falda; parte del vestido que cuelga desde la cintura; prenda que cubre la parte inferior del cuerpo y que llevan las chicas y las mujeres.

skit [skɪt] *n* a little play; a story acted out by people who are not real actors.

n. breve representación teatral en que los actores no son profesionales.

skull [skəl] *n* the bony part of a human or animal head.

n. calavera; parte ósea de la cabeza de un animal o persona.

skunk [skəŋk] *n* a small, black animal with white stripes and a bushy tail. A skunk gives off a horrible smell when it is in danger.

n. mofeta; animal pequeño, negro con rayas blancas y cola peluda que despide un olor horrible cuando se ve en peligro.

sky [skɑy] *n* the air above you that you see when you look up out-of-doors.

n. cielo; lo que hay sobre uno en el exterior cuando se mira por la ventana.

skyscraper ['skɑyskreypɚ] *n* a very tall building.

n. rascacielos; edificio muy alto.

slab [slæb] *n* a thick slice. *Ex* Juan ate a huge slab of ice cream. The building is covered with slabs of stone.

n. bloque; porción gruesa.

slack [slæk] **1.** *adj* loose; not tightly stretched. **2.** *adj* having to do with a time when people are not busy. *Ex* Summer is always a slack time for our store.

1. *adj.* flojo; no tenso. **2.** *adj.* ocioso; relativo al tiempo en que la gente no está ocupada.

slain [sleyn] *v* the past participle of slay.

v. participio pasado de *slay*.

slam [slæm] *v* to shut or bang something with a very loud noise.

v. golpear; arrojar algo con un ruido muy fuerte.

slant [slænt] *v* to lean or slope; to be at an angle.

v. inclinar; sesgar; estar en ángulo.

slap [slæp] **1.** *v* to hit with the palm of the hand. **2.** *n* a blow struck with the palm of the hand.

1. *v.* abofetear; golpear con la palma de la mano. **2.** *n.* bofetada; golpe dado con la palma de la mano.

slash [slæʃ] **1.** *v* to make long cuts in something, sometimes violently. **2.** *n* a long cut in something.

1. *n.* acuchillar; hacer grandes cortes en algo, a veces violentamente. **2.** *n.* cuchillada; corte grande en algo.

slate [sleyt] *n* a kind of stone sometimes used for roofs and floors.

n. pizarra; tipo de piedra que se utiliza a veces en tejados y suelos.

slaughter ['slɔtɚ] **1.** *v* to kill an animal for food; to kill one or more people without mercy. **2.** *n* the killing of animals for food; the killing of one or more people.

1. *v.* sacrificar; matar a un animal para comérselo; matar; matar a una o más personas sin misericordia. **2.** *n.* sacrificio de animales para comérselos; matanza de una o más personas.

slave [sleyv] *n* someone who is owned by another person and who must work for that person.

n. esclavo; el que es propiedad de otra persona y debe trabajar para ella.

slay [sley] *v* to kill. *pt* slew. *pp* slain.

v. asesinar; matar.

sled [slɛd] *n* a vehicle with metal or wooden runners, that moves easily over snow-covered ground.

n. trineo; vehículo con patines de metal o de madera, que se puede mover fácilmente sobre terreno nevado.

sleek [slik] *adj* smooth and shiny. *Ex* The coat of a well-fed horse is sleek.

adj. liso y brillante.

sleep [slip] **1.** *n* the state of sleeping. **2.** *v* for the body to rest in a state where you are not aware of what is going on around you. *pt* slept. *pp* slept.

1. *n.* sueño; acción de dormir. **2.** *v.* dormir; descansar el cuerpo en un estado donde no se entera uno de lo que ocurre alrededor.

sleepy ['slipi] *adj* tired; in need of sleep.

adj. soñoliento; cansado, que necesita dormir.

sleet [slit] *n* rain mixed with snow or hail.

n. aguanieve; agua de lluvia mezclada con nieve o granizo.

sleeve [sliv] *n* the part of clothing that covers the arm.

n. manga; parte del vestido que cubre el brazo.

sleeveless ['slivləs] *adj* without sleeves.

adj. sin mangas.

sleigh [sley] *n* a large sled, usually pulled by horses. *Ex* They say that Santa Claus rides in a sleigh pulled by reindeer.

n. trineo grande, tirado normalmente por caballos.

slender ['slɛndɚ] *adj* slim; narrow; thin.

adj. delgado; fino; estrecho.

slept [slɛpt] *v* the past tense and past participle of sleep.

v. pasado y participio pasado de *sleep*.

slew [sluw] *v* the past tense of slay.

v. pasado de *slay*.

slice [slays] **1.** *v* to cut a piece or slab of something. **2.** *n* a flat piece cut from something, like a slice of bread or cake.

1. *v.* cortar una rebanada o trozo de algo. **2.** *n.* rebanada; trozo que se corta de algo, como una rebanada de pan o de pastel.

slid [slɪd] *v* the past tense and past participle of slide.

v. pasado y participio pasado de *slide*.

slide [slayd] **1.** *v* to move smoothly down or along on something. *pt* slid. *pp* slid. **2.** *n* a device on a playground which you can slide down. **3.** *n* a small frame containing a piece of film with a picture on it. *Ex* The slide is slid into a slide projector so that the picture can be seen, and then it is slid out again.

1. *v.* deslizarse; desplazarse suavemente hacia abajo o a lo largo de algo. **2.** *n.* tobogán; artilugio que hay en las zonas de juego por el que uno puede deslizarse. **3.** *n.* diapositiva; marco pequeño que contiene un trozo de película con una imagen de ella.

slide projector ['slayd prədʒɛktɚ] *n* an instrument which shows color pictures on a screen or the wall.

n. proyector de diapositivas.

slide rule ['slayd ruwl] *n* a ruler used for calculating. *Ex* A slide rule has a central part which slides back and forth.

n. regla de cálculo; regla que se emplea para hacer cálculos.

slight [slayt] *adj* small in quantity or importance; slim or slender.

adj. ligero; de poca cantidad o importancia, esbelto o delgado.

slightly ['slaytli] *adv* by a small amount.

adv. ligeramente.

slim [slɪm] *adj* thin; slender.

adj. delgado; ligero; esbelto.

slime [slaym] *n* thin, slippery mud or dirt.

n. légamo; cieno.

sling [slɪŋ] **1.** *n* a piece of cloth tied around your neck and shoulder to hold up an injured arm. **2.** *v* to throw something; to throw something carelessly. *Ex* Please don't sling your clothing all over the place. *pt* slung. *pp* slung.

1. *n.* cabestrillo; trozo de tela atado alrededor del cuello para mantener inmóvil un brazo roto. **2.** *v.* arrojar; tirar algo sin cuidado.

slink [slɪŋk] *v* to creep or prowl. *pt* slinked, slunk. *pp* slinked, slunk.

v. merodear; rondar; ir con cautela.

slip [slɪp] **1.** *v* to slide when you don't mean to. **2.** *v* to move away quickly and quietly. **3.** *n* a dress-like undergarment worn by girls and women.

1. *v.* resbalar; deslizarse cuando no se desea. **2.** *v.* eludir; alejarse rápida y sigilosamente. **3.** *n.* combinación; prenda interior que llevan las mujeres y las chicas.

slipper ['slɪpɚ] *n* a soft shoe that is worn indoors.

n. zapatilla; zapato suave que se lleva en casa.

slippery ['slɪp(ə)ri] *adj* smooth on the surface so that you can slip easily. *Ex* There is ice on the sidewalk, and it is very slippery.

adj. resbaladizo; de superficie pulida donde uno puede resbalar fácilmente.

slit [slɪt] **1.** *v* to make a long, thin cut. *pt* slit. *pp* slit. **2.** *n* a long, thin cut.

1. *v.* rasgar; hacer un corte largo y fino. **2.** *n.* ranura; corte largo y fino.

slob [slɑb] *n* a very messy person.

n. astroso; persona muy desaliñada.

slope [slowp] **1.** *v* to slant; to aim upward or downward. **2.** *n* a slant; a hill.

1. *v.* inclinar; dirigir hacia arriba o hacia abajo. **2.** *n.* colina; pendiente.

sloppy ['slɑpi] *adj* messy.

slot [slɑt] *n* a narrow opening, usually in a machine, for something like a coin to fit in.

slouch [slɑwtʃ] *v* to walk or move in a lazy, drooping way; not to hold yourself upright.

slow [slow] **1.** *adj* taking a long time; not fast. **2.** *v* to become slow; to make something more slow.

sludge [slədʒ] *n* nasty, sott mud.

slug [sləg] **1.** *n* a kind of snail which has no shell. **2.** *v* to hit something or someone with a fist. **3.** *n* a hard blow with the fist.

sluggish ['sləgɪʃ] *adj* very slow; as slow as a slug.

slung [sləŋ] *v* the past tense and past participle of sling.

slunk [sləŋk] *v* a past tense and a past participle of slink.

slush [sləʃ] *n* melting snow; soft mud.

sly [slɑy] *adj* cunning; clever; sneaky.

smack [smæk] *v* to hit with the open hand; to slap.

small [smɔl] *adj* little; the opposite of large.

smart [smɑrt] *adj* clever; quick to learn; well dressed and stylish.

smash [smæʃ] *v* to break something into pieces, usually with a crashing noise.

smear [smir] **1.** *v* to spread or rub something greasy or sticky so as to leave a dirty mark. **2.** *n* a dirty mark; a place where dirt has been rubbed around.

smell [smɛl] **1.** *n* what your nose tells you about something. **2.** *n* an odor. **3.** *v* to test something for its odor by sniffing the air near it; to sense an odor.

smile [smɑyl] **1.** *v* to put a happy look on your face, especially your mouth. **2.** *n* a happy look on your face, especially your mouth.

smock [smɑk] *n* a loose garment usually worn over other clothes to keep them clean.

smoke [smowk] **1.** *n* a cloud of tiny particles that comes from something burning. **2.** *v* to make smoke; to burn tobacco in a cigarette or a pipe.

smoke alarm ['smowk əlɑrm] *n* a device which sounds an alarm if there is smoke in the air.

smolder ['smowldɚ] *v* to burn slowly without much flame.

smooth [smuwð] *adj* without any bumps; the opposite of rough.

smother ['sməðɚ] *v* to cover completely; to put out a fire by covering it; to kill a living thing by covering it so that it cannot breathe.

smudge [smədʒ] *n* a stain; a smear of dirt.

smuggle ['sməgl] *v* to bring something into a country without paying tax; to bring something into a country illegally.

snack [snæk] **1.** *n* a small, quick meal, like a sandwich or a bowl of soup. **2.** *v* to eat a snack; to nibble bits of food between meals.

snail [sneyl] *n* a small animal with a shell on its back that moves very slowly.

snake [sneyk] *n* a crawling animal with a long body and no legs. *Ex* Some snakes are dangerous because they have a poisonous bite.

adj. desastrado.

n. ranura; abertura estrecha, generalmente en una máquina, para introducir por ella una moneda.

v. holgazanear; andar o moverse de manera perezosa, andar desgarbadamente, sin mantenerse erguido.

1. *adj.* lento; que lleva mucho tiempo; que no es rápido. **2.** *v.* retardar; ralentizar; hacer más lento algo.

n. fango; barro sucio y blando.

1. *n.* babosa; especie de caracol sin concha. **2.** *v.* golpear a alquien con el puño. **3.** *n.* puñetazo; golpe fuerte dado con el puño.

adj. perezoso; muy lento; lento como una babosa.

v. pasado y participio pasado de *sling*.

v. pasado y participio pasado de *slink*.

n. nieve derretida, fango.

adj. astuto; inteligente; solapado.

v. abofetear; golpear con la mano abierta.

adj. corto; opuesto a largo.

adj. elegante; bien vestido y con estilo; listo; ingenioso.

v. hacer pedazos; romper algo en trozos haciendo ruido.

1. *v.* manchar; tirar o frotar algo grasiento o viscoso, de manera que deje una marca sucia. **2.** *n.* mancha; lugar sobre el que se ha refregado suciedad.

1. *n.* olor; información que a uno le da la nariz sobre algo. **2.** *n.* perfume. **3.** *v.* oler; investigar algo por su olor inspirando el aire de sus proximidades; sentir un olor.

1. *v.* reír; poner en la cara un rictus de felicidad, especialmente en la boca. **2.** *n.* risa; gesto alegre en la cara, especialmente en la boca.

n. bata; prenda suelta que se suele llevar sobre otras prendas para conservarlas limpias.

1. *n.* humo; nube formada por finas partículas que salen de algo que se está quemando. **2.** *v.* hacer humo; fumar; quemar el tabaco de un cigarrillo o pipa.

n. dispositivo que hace sonar una alarma cuando hay humo en el aire.

v. arder lentamente sin mucha llama.

adj. liso; sin ningún bulto, lo opuesto a rugoso.

v. ahogar; tapar del todo; sofocar un fuego; asfixiar; matar a un ser vivo tapándolo completamente, de manera que no pueda respirar.

n. mancha de suciedad.

v. hacer contrabando; meter algo en un país sin pagar impuestos, ilegalmente.

1. *n.* tentempié; comida ligera y rápida, como un bocadillo. **2.** *v.* picotear algo entre comidas.

n. caracol; animal pequeño que lleva una concha a sus espaldas y se mueve muy lentamente.

n. serpiente; animal reptante que tiene el cuerpo largo y carece de patas.

snap [snæp] **1.** *v* to break with a sudden, sharp noise. **2.** *v* to move the thumb and the longest finger in a way to produce a loud, sharp noise. **3.** *n* a loud, sharp noise.

1. *v.* partir; romper haciendo un ruido corto y agudo. **2.** *v.* chasquear los dedos, mover los dedos pulgar y corazón de manera que produzcan un sonido agudo. **3.** *n.* chasquido; ruido alto y agudo.

snarl [snɑrl] **1.** *v* to make a growling noise with the teeth showing. **2.** *n* an angry, growling noise made with the teeth showing. **3.** *n* a knot or a tangle.

1. *v.* gruñir; emitir un sonido gutural mientras se enseñan los dientes. **2.** *n.* gruñido; sonido airado, gutural, emitido mientras se enseñan los dientes. **3.** *n.* maraña o enredo.

snatch [snætʃ] *v* to grab something quickly.

v. arrebatar; echar mano a algo rápidamente.

sneak [snik] *v* to creep along quietly.

v. escabullirse; moverse furtivamente.

sneakers ['snikɚz] *n* shoes made of canvas and rubber; gym shoes; tennis shoes.

n. zapatillas de gimnasia o de tenis, hechas de lona y goma.

sneer [snir] **1.** *v* to smile in a scornful or mocking way. **2.** *n* a scornful or mocking smile.

1. *v.* sonreír burlonamente. **2.** *n.* sonrisa despreciativa o burlona.

sneeze [sniz] **1.** *v* to make a sudden blowing noise through your nose because it tickles. **2.** *n* a sudden blowing noise through your nose.

1. *v.* estornudar; hacer un ruido repentino con la nariz al sentir en ella un cosquilleo. **2.** *n.* estornudo; ruido repentino hecho con la nariz.

sniff [snɪf] **1.** *v* to take a noisy breath through the nose. **2.** *n* a noisy breath taken through the nose.

1. *v.* sorber por las narices; tomar aire ruidosamente por la nariz. **2.** *n.* sorbo ruidoso de aire.

snip [snɪp] *v* to cut a little piece off something, usually with scissors.

v. tijeretear; cortar un trozo pequeño, por lo general con tijeras.

snore [snor] *v* to make a loud breathing noise through the nose while sleeping.

v. roncar; respirar haciendo mucho ruido con la nariz mientras se duerme.

snorkle ['snorkl] *n* a tube with one end sticking out of the water so that swimmers can stay underwater and still breathe air.

n. tubo de respiración; tubo que deja fuera del agua uno de sus extremos para que los nadadores sumergidos puedan respirar.

snout [snɑwt] *n* the long nose of some animals which sticks out. *Ex* Pigs and porpoises have long snouts.

n. hocico; nariz larga que sobresale mucho de la cara de algunos animales.

snow [snow] **1.** *n* drops of water that become frozen in the air in winter. *Ex* Snow makes the ground white. **2.** *v* for snowflakes to drop out of the sky. *Ex* It is so cold that it is snowing.

1. *n.* nieve; gotas de agua que se hielan en el aire en invierno. **2.** *n.* nevar; caer copos de nieve desde el cielo.

snowball ['snowbɔl] *n* a ball of snow pressed together.

n. bola de nieve.

snow day ['snow 'dey] *n* an extra day at the end of the school year to make up for days missed when the school was closed because of too much snow.

n. día extra al final del año escolar para recuperar los días perdidos porque la escuela estuvo cerrada a causa de la nieve.

snowman ['snowmæn] *n* a human figure made out of snow.

n. muñeco de nieve; figura humana hecha con nieve.

snowshoe ['snowʃuw] *n* a pair of frames strung with thin strips of leather. *Ex* People wear snowshoes to keep their feet from sinking into deep, soft snow.

n. raqueta de nieve; bastidores atados con finas tiras de cuero.

snug [snəg] *adj* cozy and warm.

adj. abrigado; confortable y cálido.

soak [sowk] *v* to make something or someone very wet.

v. empapar; mojar mucho a algo o a alguien.

soap [sowp] *n* something used with water to make things clean. *Ex* Please buy a cake of soap at the store.

n. jabón; lo que se utiliza, junto con el agua, para limpiar o lavar las cosas.

soar [sor] *v* to fly high into the air.

v. elevarse en el aire.

sob [sab] **1.** *v* to weep; to weep noisily. **2.** *n* a loud, sad cry. *Ex* She was so sad that she could only answer with loud sobs.

1. *v.* sollozar; llorar ruidosamente. **2.** *n.* sollozo; grito triste y alto.

soccer ['sakɚ] *n* a sport played on a field with a round ball that is kicked.

n. fútbol; deporte que se juega en un campo con un balón redondo que se golpea con el pie.

social ['sowʃl] *adj* having to do with people.

adj. social; relativo a las personas.

social studies ['sowʃl stədiz] *n* the study of groups of people and how they get along.

n. sociología; estudio de los grupos de personas y de su progresión.

social worker ['sowʃl wɚkɚ] *n* a person whose job is to help people with their problems.

n. asistente social; persona cuyo oficio consiste en ayudar a la gente en sus problemas.

society [sə'sayəti] **1.** *n* human beings thought of as a group. **2.** *n* a group of human beings joined together for a purpose.

1. *n.* sociedad; los seres humanos considerados como grupo. **2.** *n.* sociedad; grupo de seres humanos que se han unido con un propósito.

sock [sak] **1.** *n* something put on to cover the foot before a shoe is put on. **2.** *n* a hard blow. **3.** *v* to strike; to slug.

1. *n.* calcetín; lo que se pone para cubrir el pie antes del zapato. **2.** *n.* tortazo. **3.** *v.* pegar.

socket ['sakət] *n* a hollow place that something is fit into. *Ex* Please screw this light bulb into the socket.

n. enchufe; sitio hueco en el que se introduce algo.

sofa ['sowfə] *n* a couch.

n. sofá.

soft [sɔft] *adj* not hard or rough; not loud.

adj. blando; no duro o áspero; no ruidoso.

soft drink ['sɔft 'drɪŋk] *n* a sweet, bubbly drink which comes in a can or bottle.

n. refresco; bebida dulce y con bandejas envasada en lata o botella.

soggy ['sagi] *adj* damp and heavy; very wet.

adj. empapado; saturado; muy mojado.

soil [soyl] **1.** *n* loose earth; dirt. **2.** *v* to make something dirty.

1. *n.* tierra; suciedad. **2.** *v.* ensuciar.

solar ['sowlɚ] *adj* having to do with the sun.

adj. solar; relativo al sol.

solar system ['sowlɚ sɪstəm] *n* the sun and its planets.

n. sistema solar; el sol y sus planetas.

sold [sowld] *v* the past tense and past participle of sell.

v. pasado y participio pasado de *sell.*

soldier ['sowldʒɚ] *n* a member of the army.

n. soldado; miembro del ejército.

sole [sowl] **1.** *n* the bottom of the foot; the bottom of a shoe. **2.** *n* a kind of flat fish which is good to eat. **3.** *adj* only.

1. *n.* planta del pie; suela del zapato. **2.** *n.* lenguado; pez plano muy rico de comer. **3.** *adj.* único.

solemn ['saləm] *adj* serious; very earnest.

adj. solemne; muy serio.

solid ['salɪd] *adj* hard and firm; not hollow; not liquid.

adj. sólido; duro y firme, que no está hueco ni es blando.

solitary ['salətɛri] *adj* alone; single.

adj. solitario, solo.

solution [sə'luwʃn] **1.** *n* a liquid; a substance dissolved in a liquid. **2.** *n* the answer to a problem.

1. *n.* sustancia disuelta en un líquido. **2.** *n.* solución; respuesta a un problema.

solve [salv] *v* to find the answer to some problem; to find a solution.

v. resolver; encontrar la solución a un problema; encontrar una solución.

some [səm] **1.** *adj* few; not all. **2.** *pro* a few; some people.

1. *adj.* alguno; no todos. **2.** *pro.* algunos; unos cuantos.

somebody ['səmbadi] *pro* a person whose name is not stated.

pro. alguien; persona cuyo nombre no se determina.

someone ['səmwən] *pro* a person whose name is not stated.

pro. alguno; persona cuyo nombre no se determina.

somersault ['səmɚsɔlt] *n* a kind of a rolling of the body where the head is on the ground and the rest of the body goes up and over.

n. voltereta; vuelta de campana; la cabeza queda en el suelo y el resto del cuerpo se levanta y cae.

something ['səm(p)θɪŋ] *pro* a thing whose name is not stated.

pro. algo; una cosa cuyo nombre no se determina.

sometime ['səmtaym] *adv* at an unknown time.

adv. alguna vez; en un momento desconocido.

sometimes ['səmtaymz] *adv* not all of the time; now and then.

adv. a veces; no siempre; ahora y luego.

somewhat ['səmhwət] *adj* a little; rather.

adj. algo; un poco.

somewhere ['səmhwɛr] *adv* at an unknown place. Also someplace.

adv. en alguna parte; en lugar desconocido.

son [sən] *n* a male child of a father or a mother.

n. hijo; vástago varón de un padre y una madre.

song [sɔŋ] *n* the musical sounds sung by birds; the musical words and notes sung by people.

n. canción; sonidos musicales emitidos por los pájaros; las palabras y notas musicales que canta la gente.

sonic ['sanɪk] *adj* having to do with sound waves, as in sonic boom.

adj. sónico; relacionado con ondas sonoras.

soon [suwn] *adv* in a short time.

adv. pronto; dentro de poco.

soot [sʊt] *n* a black, powdery stuff which comes from burning wood or coal. *Ex* Soot sticks to the inside of the chimney.

n. hollín; residuos negros y polvorientos procedentes de la combustión de la madera o del carbón.

soothe [suwð] *v* to calm someone down; to comfort.

v. calmar; reconfortar; apaciguar.

sore [sor] *adj* painful when touched.

adj. dolorido; que duele cuando se toca.

sorrow ['sarow] *n* unhappiness; sadness.

n. tristeza; infelicidad.

sorry ['sari] *adj* feeling unhappy about something you have done, or something that has happened.

adj. triste; infeliz como consecuencia de algo que uno ha hecho o algo que ha sucedido.

sort [sort] **1.** *v* to put things together that belong together. *Ex* Please sort these cards in alphabetical order. **2.** *n* kind; type; class.

1. *v.* clasificar; poner juntas las cosas que deben ir juntas. **2.** *n.* clase; tipo; modo.

sought [sɔt] *v* the past tense and past participle of seek.

v. pasado y participio pasado de *seek.*

soul [sowl] *n* the spirit or invisible part of a person which is thought to live on after death.

n. alma; el espíritu o parte invisible de una persona que se cree que vive después de la muerte.

sound [sawnd] **1.** *n* anything which can be heard. **2.** *v* to use a musical instrument to make a sound. *Ex* They sounded the trumpets on time.

1. *n.* sonido; lo que puede oírse. **2.** *v.* sonar; tocar un instrumento musical para hacer un sonido.

soup [suwp] *n* a liquid food made by boiling meat, vegetables, or other foods together in water.

n. sopa; alimento líquido que se prepara cociendo en agua carne, verduras y otros alimentos.

sour ['sawɚ] *adj* not tasting sweet.

adj. ácido; agrio, que no sabe dulce.

source [sors] *n* the starting place of something; the place where something comes from; the person information comes from.

n. fuente; punto de partida de algo; el lugar de donde procede algo; la persona de la que procede la información.

south [sawθ] *n* the direction on your right as you face the rising sun; the opposite of north.

n. sur; la dirección que está a la derecha cuando se mira la salida del sol; lo contrario de norte.

South Pole ['sawθ 'powl] *n* the south end of the earth's axis; the southernmost place on earth.

n. Polo Sur; el extremo sur del eje de la Tierra; el lugar más al sur de la Tierra.

sow 1. *n* [saw] a female pig. **2.** *v* [sow] to scatter seeds over the ground; to plant seeds in the ground. *pt* sowed. *pp* sown, sowed.

n. cerda. **1.** *n.* hembra del cerdo. **2.** *v.* sembrar; dispersar semillas en el suelo; plantar semillas en el suelo.

sown [sown] *v* a past participle of sow.

v. participio pasado de *sow*.

space [speys] **1.** *n* a place with nothing in it. **2.** *n* the place occupied by the sun, stars, and other planets.

1. *n.* espacio; lugar en el que no hay nada. **2.** *n.* espacio; lugar ocupado por el sol, las estrellas y los planetas.

spacecraft ['speyskræft] *n* a special machine moved by rockets that can go far up into space.

n. nave espacial; ingenio espacial, impulsado por cohetes, que puede viajar por el espacio.

spaceship ['speyʃɪp] *n* a spacecraft.

n. nave espacial.

spade [speyd] *n* a tool used for digging in the ground; a kind of shovel.

n. pala; herramienta para cavar la tierra.

spaghetti [spə'gɛti] **1.** *n* long, thin sticks of dried wheat paste. **2.** *n* a meal made from cooked spaghetti with a tomato sauce.

1. *n.* palitos largos de pasta de trigo seca. **2.** *n.* comida a base de espagheti cocidos, con salsa de tomate.

span [spæn] *n* the length of something from end to end. *Ex* That bridge has a very long span.

n. envergadura; la longitud de algo de una punta a otra.

spank [spæŋk] *v* to smack with your open hand; to punish a child by striking with an open hand.

v. golpear con la mano abierta; dar un azote; golpear a un niño con la mano abierta.

spare [spɛr] **1.** *adj* extra. *Ex* I have a spare tire in my car. **2.** *v* to let something go. *Ex* The hunter spared the life of the smallest deer. **3.** *v* to part with something. *Ex* I can spare two cookies and no more.

1. *adj.* sobrante; extra. **2.** *v.* perdonar; dejar que algo huya.

spark [spark] *n* a tiny bit of something burning that flies out of a fire.

n. chispa; partícula pequeña de algo que se quema que salta del fuego.

sparkle ['sparkl] *v* to give off bright flashes of light; to glitter. *Ex* Snow sparkles in the sunlight.

v. centellear; producir brillantes destellos; relucir.

sparkler ['sparklɚ] *n* a kind of fireworks which gives off sparks when it is lit.

n. centelleo; destello; fuegos de artificio.

spark plug ['spark pləg] *n* a part inside a car engine which makes a spark to burn the gasoline.

n. bujía; parte del motor de un coche que produce chispas con las cuales se prende la gasolina.

sparrow ['spɛrow] *n* a small, brown and gray bird.

n. gorrión; pájaro pequeño, pardo y gris.

speak [spik] *v* to say something. *pt* spoke. *pp* spoken.

v. hablar; decir algo.

speaker ['spikɚ] **1.** *n* a person who is speaking; a person who is giving a speech. **2.** *n* the part of a radio or record player which the sound comes out of; a loudspeaker.

1. *n.* orador; el que habla; persona que pronuncia un discurso. **2.** *n.* altavoz; parte de un aparato de radio o de un tocadiscos por la que sale el sonido.

spear [spir] **1.** *n* a pole with a metal point on the end. *Ex* A spear is used as a weapon. **2.** *v* to stab at something.

1. *n.* lanza; mástil con punta de metal. **2.** *v.* alancear.

special ['spɛʃl] *adj* not like anything else; made for one use only.

adj. especial; que no es igual a ninguna otra cosa; fabricado para un solo uso.

specimen ['spɛsəmən] *n* one of something; a sample.

n. muestra; espécimen; unidad de algo.

speck [spɛk] *n* a small spot or dirty mark; a tiny piece.

n. mancha; marca de suciedad; pizca.

speckled ['spɛkld] *adj* marked with lots of small spots.

adj. moteado; salpicado de manchas.

spectacle ['spɛktɪkl] *n* something interesting which makes people want to look at it.

n. espectáculo; algo interesante que hace que la gente desee verlo.

spectacles ['spɛktɪklz] *n* eyeglasses.

n. gafas.

spectator ['spɛkteytɚ] *n* someone who watches other people do something; a person who watches a spectacle.

n. espectador; el que mira a los demás hacer algo; persona que contempla un espectáculo.

sped [spɛd] *v* the past tense and past participle of speed.

v. pasado y participio pasado de *speed*.

speech [spitʃ] **1.** *n* speaking; language; the act of speaking. **2.** *n* a talk; a lecture.

1. *n.* discurso; habla; acción de hablar. **2.** *n.* charla o conferencia.

speed [spid] **1.** *n* quickness; swiftness. **2.** *v* to go fast; to drive faster than the law allows. *pt* sped. *pp* sped.

1. *n.* velocidad; rapidez. **2.** *v.* apresurarse; conducir a más velocidad de lo que permite la ley.

speedometer [spə'damətɚ] *n* the instrument on a car that tells how fast the car is going.

n. velocímetro; instrumento que indica la velocidad a que marcha un coche.

spell [spɛl] **1.** *n* magic words which are supposed to make something happen. *Ex* The witch put an evil spell on the monkey. **2.** *v* to put letters together in the right order to make up a certain word.

1. *n.* hechizo; palabras mágicas que se supone que hacen que ocurra algo. **2.** *v.* deletrear; escribir; poner las letras en el orden adecuado para que formen una determinada palabra.

spelling ['spɛlɪŋ] *n* the study of how to spell; a class in how to spell.

n. ortografía; estudio de la escritura; clase sobre la forma de deletrear.

spend [spɛnd] *v* to pay out money. *pt* spent. *pp* spent.

v. gastar; pagar dinero.

spent [spɛnt] *v* the past tense and past participle of spend.

v. pasado y participio pasado de *spend*.

spice [spays] **1.** *n* a dried or powdered flavoring for food, usually strong tasting and smelling. **2.** *v* to put spices into food.

1. *n.* especia; sustancia seca o en polvo que da sabor y olor normalmente fuerte a los alimentos. **2.** *v.* especiar; poner especias en los alimentos.

spider ['spaydɚ] *n* a small animal with eight legs. *Ex* The spider spins a web to catch insects.

n. araña; animal pequeño de ocho patas.

spike [spayk] *n* a long, sharp point; a pointed rod of metal.

n. punta larga y afilada; barra afilada de metal.

spill [spɪl] *v* to let something, such as powder or liquid, accidentally run out of a container.

v. verter; dejar que algo, líquido o polvo, se salga accidentalmente de un recipiente.

spin [spɪn] **1.** *v* to go around and around. **2.** *v* to make thread out of wool, cotton, or similar material. *pt* spun. *pp* spun.

1. *v.* girar; dar vueltas. **2.** *v.* hilar; hacer hilos de lana, algodón o materia similar.

spinach ['spɪnɪtʃ] *n* a dark green, leafy vegetable.

n. espinaca; verdura de color verde oscuro.

spine [spayn] **1.** *n* the backbone of a person or animal; the edge of a book where the pages are attached. **2.** *n* a thorn; one of the stiff, sharp prickles growing on some animals such as the porcupine.

1. *n.* columna vertebral de una persona o animal; lomo de un libro; borde al que se unen sus páginas. **2.** *n.* espina; cada una de las púas que le crecen a algunos animales, como al puercoespín.

spinster ['spɪn(t)stɚ] *n* an unmarried woman.

n. soltera; mujer que no se ha casado.

spiral ['spayrəl] *n* something that winds upward, going around and around like a spring.

n. espiral; algo que se enrosca dando vueltas y vueltas, como un muelle.

spire [spayr] *n* the long, pointed top of a church steeple.

n. chapitel; techo alto y en punta del campanario de una iglesia.

spirit ['spɪrət] *n* ghost; soul.

n. espíritu; fantasma; alma.

spit [spɪt] *v* to throw something out of your mouth.

v. escupir; arrojar algo de la boca.

spite [spayt] **1.** *n* hatred; dislike; feeling bad about someone. **2.** *v* to be cruel and hateful toward someone.

1. *n.* rencor; odio; antipatía. **2.** *v.* mortificar; actuar con crueldad y odio contra alguien.

spiteful ['spaytfl] *adj* saying and doing cruel things to someone you do not like.

adj. rencoroso; que dice y hace cosas crueles a alguien a quien aborrece.

splash [splæʃ] **1.** *n* the noise of something heavy falling into liquid. **2.** *v* to throw liquid about; to make a splashing noise.

1. *n.* chapoteo; ruido que hace algo pesado cuando cae en un líquido. **2.** *v.* salpicar; arrojar líquido alrededor; hacer un ruido de salpicadura.

splashdown ['splæʃdawn] *n* the landing of a space capsule in the ocean.

n. amerizaje de una cápsula espacial en el océano.

splendid ['splɛndəd] *adj* wonderful; grand; good.

adj. espléndido; maravilloso; grande; bueno.

splinter ['splɪntɚ] *n* a tiny piece of wood, glass, or metal, which has broken off from a larger piece.

n. astilla; trozo pequeño de madera, vidrio o metal que se ha roto de un trozo mayor.

split [splɪt] **1.** *v* to break or cut something from end to end. *pt* split. *pp* split. **2.** *n* a break or a cut in something.

1. *v.* hendir; romper o cortar algo de parte a parte. **2.** *n.* rotura o corte de algo.

spoil [spoyl] **1.** *v* to damage something or make it of no use. **2.** *v* to give in to a child's demands too often.

1. *v.* estropear; dañar algo o dejarlo inutilizable. **2.** *v.* mimar; complacer los caprichos de un niño con demasiada frecuencia.

spoke [spowk] **1.** *n* a wire or rod running from the center of a wheel to the outside edge of the wheel. *Ex* One of my bicycle spokes is broken. **2.** *v* the past tense of speak.

1. *n.* radio; alambre o barra que va del centro de una rueda al borde de la misma. **2.** *v.* pasado de *speak*.

spoken ['spowkn̩] *v* the past participle of speak.

v. participio pasado de *speak*.

sponge [spəndʒ] **1.** *n* the soft, yellow skeleton of a sea animal, which becomes much softer when it soaks up water. **2.** *v* to use a sponge or a cloth to soak up a liquid.

n. esponja. **1.** *n.* esqueleto blando y amarillo de un animal marino que se hace mucho más blando cuando absorbe agua. **2.** *v.* absorber; utilizar una esponja o un paño para embeber un líquido.

spool [spuwl] *n* a short rod of wood or plastic on which sewing thread is wound. *Ex* Please buy me a spool of white thread while you are at the store.

n. carrete; rodillo pequeño de madera o plástico en el que se enrolla hilo de coser.

spoon [spuwn] *n* a tool used in cooking or eating food.

n. cuchara; instrumento utilizado para cocinar o comer.

sport [sport] *n* a game, often played outdoors. *Ex* Football, basketball, and baseball are sports.

n. deporte; juego que se practica normalmente al aire libre.

spot [spɑt] **1.** *n* a small mark. **2.** *v* to look very carefully to see something; to catch sight of. *Ex* Jeff spotted his friend Sally in the crowd at the football game.

1. *n.* mancha pequeña. **2.** *v.* mirar muy cuidadosamente para localizar algo; localizar.

spouse [spaws] *n* a wife's husband; a husband's wife.

n. cónyuge; la mujer de un marido; el marido de una mujer.

spout [spɑwt] *n* a small tube or pipe through which liquid is poured, like the spout of a teapot.

n. pitorro; tubo pequeño por el cual se sirve un líquido, como el pitorro de una tetera.

sprain [spreyn] **1.** *v* to twist a muscle of a joint so badly that it swells painfully. **2.** *n* a painful injury to a muscle or a joint caused by twisting.

1. *v.* torcer un músculo o una articulación de tal manera que se inflama dolorosamente. **2.** *n.* torcedura; lesión dolorosa en un músculo o una articulación a causa de una torcedura.

sprang [spræŋ] *v* the past tense of spring.

v. pasado de *spring*.

sprawl [sprɔl] *v* to sit or lie in a relaxed position with the arms and legs spread out.

v. repanchingarse; sentarse o tumbarse en una postura relajada, con los brazos y las piernas extendidos.

spray [sprey] **1.** *v* to send out fine drops of liquid. **2.** *n* a lot of fine drops of liquid.

1. *v.* rociar; esparcir gotas muy finas de líquido. **2.** *n.* rociada; muchas gotas finas de líquido.

spread [spred] **1.** *v* to open something outwards. *Ex* The bird spread its wings. **2.** *v* to cover a surface with something. *Ex* Molly spread the peanut butter on a slice of bread. *pt* spread. *pp* spread. **3.** *n* something which is used to cover something. *Ex* Frank bought a new bedspread. Margarine is sometimes called a spread.

1. *v.* extender; tender; abrir algo hacia afuera. **2.** *v.* untar; cubrir una superficie con algo. **3.** *n.* lo que se usa para cubrir algo.

spring [sprɪŋ] **1.** *v* to jump; to hop. *pt* sprang. *pp* sprung. **2.** *n* a coil of wire used to make furniture soft and comfortable. *Ex* The mattress of my bed has many springs inside. **3.** *n* a place where water runs out of the ground. *Ex* The cattle went down to the spring to drink. **4.** *n* the season between winter and summer.

1. *v.* saltar; brincar. **2.** *n.* muelle; espiral de alambre usada para hacer que los muebles sean blandos y cómodos. **3.** *n.* manantial; lugar donde brota el agua de la tierra. **4.** *n.* primavera; estación entre el invierno y el verano.

sprinkle ['sprɪŋkl] **1.** *v* to scatter small drops of water or bits of something like sugar or sawdust. **2.** *v* to rain tiny drops of water. *Ex* It's sprinkling, so you need an umbrella.

1. *v.* rociar; esparcir gotitas de agua o porciones de algo como azúcar o serrín. **2.** *v.* chispear; llover a gotitas.

sprout [sprɑwt] *v* to begin to grow. *Ex* The seeds I planted never sprouted.

v. brotar; comenzar a crecer.

sprung [sprəŋ] **1.** *v* the past participle of spring. **2.** *adj* having to do with a spring which is stretched out and useless.

1. *v.* participio pasado de *spring*. **2.** *adj.* relativo a un muelle que se ha estirado y ha quedado inservible.

spun [spən] *v* the past tense and past participle of spin.

v. pasado y participio pasado de *spin*.

spurt [spɚt] **1.** *v* to squirt out suddenly. **2.** *n* a rush of liquid. **3.** *n* a sudden burst of speed.

1. *v.* salir a chorros. **2.** *n.* chorro. **3.** *n.* aceleración; «golpe» repentino de velocidad.

spy [spay] **1.** *n* someone who secretly watches what other people are doing, especially during a war. **2.** *v* to secretly watch what other people are doing.

1. *n.* espía; el que vigila en secreto lo que hacen otros, especialmente durante una guerra. **2.** *v.* espiar; vigilar en secreto lo que hacen otros.

square [skwer] *n* a shape with four sides and four 90-degree angles. *Ex* A record album cover is usually square.

n. cuadrado; figura de cuatro lados y cuatro ángulos de 90 grados.

square root ['skwɛr 'rʊt, 'skwɛr 'ruwt] *n* a number which, when multiplied by itself, is equal to the number you are trying to find the square root of. *Ex* 10 is the square root of 100. 3 is the square root of 9.

squash [skwaʃ] **1.** *v* to crush something out of shape. **2.** *n* a game played on an indoor court.

squeak [skwik] **1.** *n* a small, high-pitched sound. **2.** *v* to make a small, high-pitched sound. *Ex* That door squeaks badly.

squeal [skwil] **1.** *v* to make a long, high, piercing sound. *Ex* Some animals squeal when they are frightened. Babies sometimes squeal when they are happy. **2.** *n* a long, high, piercing sound.

squeeze [skwiz] **1.** *v* to press hard; to crush; to hug. **2.** *n* a pressing; a hug.

squirrel ['skwəl] *n* a small, red or brown animal with a long, bushy tail.

squirt [skwət] *v* to force liquid out of an opening in a sudden stream.

stab [stæb] **1.** *v* to pierce or cut with a pointed weapon. **2.** *n* a stabbing; a cut from stabbing.

stable ['steybl] **1.** *n* a building where horses are kept. **2.** *adj* firm; sturdy.

stack [stæk] **1.** *n* a large heap; a pile of things laid on top of one another. **2.** *v* to lay things on top of one another to make a pile.

stadium ['steydiəm] *n* an open-air sports arena with seats around the outside.

staff [stæf] **1.** *n* a pole or stick. **2.** *n* a group of people in an office; teachers in a school.

stage [steydʒ] **1.** *n* a platform in a theater or a hall where people act, sing, or speak. **2.** *n* a position or phase; one of the steps in a project or program. *Ex* Children learn language at an early stage of development.

stagecoach ['steydʒkowtʃ] *n* a horse-drawn coach which traveled across the country in olden days, stopping at certain places to let people on or off.

stagger ['stægə] *v* to walk unsteadily, lurching and stumbling.

stain [steyn] **1.** *n* a dirty mark; a coloring from something like oil or fruit juices. **2.** *v* to cause or leave a stain. *Ex* The spilled grape juice stained my shirt.

staircase ['stɛrkeys] *n* a number of stairs, usually with a side rail to keep people from falling.

stairs [stɛrz] *n* a set of steps in a building, for walking up or down.

stairway ['stɛrwey] *n* the part of a building which contains stairs or a staircase.

stake [steyk] *n* a strong, pointed stick or post. *Ex* Tent stakes are hammered into the ground to hold the ropes that support the tent.

stale [steyl] *adj* not fresh; dry and without much taste because of being kept too long.

stalk [stɔk] **1.** *n* a stem; the part of a plant that holds up a flower. **2.** *v* to creep quietly after an animal that you are hunting.

stall [stɔl] **1.** *n* a small area at a fair or a market where a person can sell things; the little room inside a restroom where the toilet is contained. **2.** *n* a place for one animal in a cattle shed or a stable. **3.** *v* to delay; to stop or slow down. *Ex* I am late because my car stalled.

stallion ['stælyən] *n* a male horse.

n. raíz cuadrada; número que, multiplicado por sí mismo, nos da el otro del que estamos hallando la raíz.

1. *v.* aplastar; deshacer la forma de algo. **2.** *n.* especie de tenis jugado contra frontón.

1. *n.* chirrido; sonido corto y de tono muy alto. **2.** *v.* chirriar; producir un sonido corto y de tono muy alto.

1. *v.* chillar; emitir un sonido largo, alto y penetrante. **2.** *n.* chillido; sonido largo, alto y penetrante.

1. *v.* estrujar; apretar fuertemente. **2.** *n.* apretón; abrazo.

n. ardilla; animal pequeño, rojo o pardo con una cola muy peluda.

v. arrojar a chorros; arrojar un líquido a chorros por una abertura.

1. *v.* apuñalar; pinchar o cortar con un arma puntiaguda. **2.** *n.* puñalada.

1. *n.* cuadra; edificio en que se guardan los caballos. **2.** *adj.* estable; firme.

1. *n.* montón; pila de cosas puestas unas sobre otras. **2.** *v.* apilar; poner unas cosas sobre otras para formar una pila.

n. estadio; campo de deportes al aire libre, rodeado de asientos.

1. *n.* palo; bastón. **2.** *n.* grupo de personas que trabajan en una oficina; los profesores de una escuela.

1. *n.* escenario; plataforma en el teatro sobre la que se actúa, se canta o se habla. **2.** *n.* etapa; fase; cada uno de los pasos de un proyecto o programa.

n. diligencia; carro tirado por caballos que antiguamente viajaba por los campos y paraba en lugares determinados para recoger o dejar viajeros.

v. tambalearse; caminar con poca firmeza, dando bandazos y tropezando.

1. *n.* mancha; impregnación de algo como aceite o zumo de frutas. **2.** *v.* manchar; causar o dejar una mancha.

n. escalera; conjunto de escalones, generalmente con una barandilla para proteger a las personas de las caídas.

n. escalera; conjunto de escalones en un dificio, para subir o bajar.

n. escaleras; parte del edificio en la que está la caja de la escalera.

n. estaca; bastón o poste fuerte y puntiagudo.

adj. rancio; no fresco, seco y sin mucho sabor a causa de haber estado guardado demasiado tiempo.

1. *n.* tallo; parte de una planta que sujeta a la flor. **2.** *v.* acechar; deslizarse silenciosamente tras un animal al que se está dando caza.

1. *n.* caseta; área pequeña en una feria o mercado en la que una persona puede vender cosas; cuarto dentro de los lavabos en el que está el retrete. **2.** *n.* casilla de establo; compartimento para un animal en un establo. **3.** *v.* aminorar; parar o ralentizar.

n. semental; caballo macho.

stammer ['stæmɚ] *v* to repeat the beginning of a word several times before going on to say the whole word; to speak in jerks and pauses.

stamp [stæmp] **1.** *v* to hit the floor hard with the foot. *Ex* The little boy was very angry, and he stamped his feet. **2.** *n* a small rectangle of paper which you buy from a post office to stick on a letter or package you wish to mail. **3.** *n* a rubber stamp.

stamp pad ['stæmp pæd] *n* a flat, metal can holding thick material which has ink in it. *Ex* A rubber stamp is stamped first onto the stamp pad and then onto paper, where an image is made in ink.

stand [stænd] **1.** *v* to be on your feet; to get onto your feet. *pt* stood. *pp* stood. **2.** *n* a stall; a place where things, especially newspapers or fruits and vegetables, are sold.

standard ['stændɚd] **1.** *n* a grade or level. **2.** *n* a goal or principle. **3.** *adj* normal; average; regular.

stank [stæŋk] *v* the past tense of stink.

staple ['steypl] **1.** *n* a basic food such as flour, sugar, meat, and milk. **2.** *n* a small wire bent in a special way so that it will hold papers together when driven into them by a stapler. **3.** *v* to attach papers together with a staple.

staple puller ['steypl pulɚ] *n* a device which removes staples from paper. It is also called a staple remover.

stapler ['steyplɚ] *n* a machine which drives wire staples into sheets of paper to hold them together.

star [star] **1.** *n* one of the billions of suns in the universe which appear as tiny lights in the sky at night. **2.** *n* someone who is famous and popular, like a film star.

stare [stɛr] **1.** *v* to look at someone or something for a long time without looking away. **2.** *n* a person's gaze; an act of staring.

start [start] **1.** *v* to begin; to move suddenly. **2.** *n* a beginning; the point in time when a race begins.

startle ['startl] *v* to make a person or animal jump with sudden fear or surprise.

starvation [star'vey∫n] *n* suffering or death caused by lack of food.

starve [starv] *v* to be in great need of food; to die of hunger; to cause a living thing to die of hunger.

state [steyt] **1.** *n* a condition; a way of being. *Ex* The house was in a messy state. **2.** *n* one of the fifty subdivisions of the United States. **3.** *v* to make a statement; to say something.

statement ['steytmənt] *n* something said or told.

station ['stey∫n] **1.** *n* the place where a train stops to let people on or off. **2.** *n* a building for policemen and firemen.

stationary ['stey∫ɚri] *adj* not moving; standing still.

stationery ['stey∫ɚri] *n* writing paper and envelopes.

statue ['stæt∫uw] *n* the figure of a person or animal made from stone, wood, or metal.

statute ['stæt∫uwt] *n* a law.

stay [stey] *v* to be in one place and not leave.

steadily ['stɛdli] *adv* in a steady, firm way; constantly.

steady ['stɛdi] **1.** *adj* constant; without stopping. *Ex* We had three days of steady rain. **2.** *adj* standing firm; moving without jerking or shaking; loyal and faithful.

v. tartamudear; repetir varias veces el comienzo de una palabra antes de decir la palabra completa; hablar con pausas y a tirones.

1. *v.* patear; golpear con fuerza el suelo con los pies. **2.** *n.* sello postal; pequeño rectángulo de papel que se compra para pegarlo en una carta o paquete que se quiere enviar por correo. **3.** *n.* sello de caucho.

n. tampón; cajita plana de metal que tiene una almohadilla impregnada de tinta.

1. *v.* estar de pie; ponerse de pie. **2.** *n.* caseta; kiosko; lugar donde se venden cosas, principalmente periódicos o frutas y verduras.

1. *n.* patrón; grado o nivel. **2.** *n.* meta o principio. **3.** *adj.* estandar; normal; regular.

v. pasado de *stink*.

1. *n.* producto básico; alimento básico, como harina, azúcar, carne y leche. **2.** *n.* grapa; trozo de alambre doblado de una forma especial, que mantiene unidos los papeles cuando se introduce en ellos mediante una grapadora. **3.** *v.* grapar; coser papeles con una grapadora.

n. sacagrapas; instrumento para quitar las grapas del papel.

n. grapadora; máquina para meter grapas en las hojas de papel y sujetarlas.

n. estrella. **1.** *n.* cada uno de los billones de soles que hay en el universo y que aparece en el cielo, cada noche, como una lucecita. **2.** *n.* estrella; persona famosa y popular, como una estrella de cine.

1. *v.* mirar fijamente; mirar a algo o a alguien durante un cierto tiempo sin desviar la mirada. **2.** *n.* mirada; acción de mirar.

1. *v.* comenzar; moverse repentinamente. **2.** *n.* comienzo; principio; momento en el que comienza una carrera.

v. asustar; sobresaltar; hacer que una persona o animal salte con repentino temor o sorpresa.

n. inanición; sufrimiento o muerte causados por la falta de alimento.

v. pasar hambre; tener gran necesidad de alimentos; morirse de hambre; hacer morir de hambre.

1. *n.* estado; condición; situación. **2.** *n.* una de las cincuenta subdivisiones de los Estados Unidos. **3.** *v.* declarar; hacer una declaración; decir algo.

n. declaración; lo declarado o dicho.

n. estación. **1.** *n.* lugar donde para el tren para que la gente suba o baje. **2.** *n.* estación; edificio para la policía o los bomberos.

adj. estacionario; que no se mueve; que se mantiene.

n. papelería; papel de escribir y sobres.

n. estatua; figura de persona o animal realizada en piedra, madera o metal.

n. estatuto; ley.

v. permanecer; estar en un sitio y no marcharse.

adv. firmemente; de un modo fijo y estable; constantemente.

1. *adj.* firme; constante; sin parar. **2.** *adj.* imperturbable; sereno; serio, formal.

steak [steyk] *n* a thick slice of meat or fish.

n. filete; trozo de carne o pescado.

steal [stil] *v* to take something which belongs to someone else *pt* stole. *pp* stolen.

v. robar; tomar algo que pertenece a otro.

steam [stim] **1.** *n* a cloud-like gas that water turns into when it boils. **2.** *v* to cook something through the use of steam.

1. *n.* vapor de agua; gas parecido a una nube en que se convierte el agua cuando hierve. **2.** *v.* cocer al vapor.

steel [stil] *n* a very strong metal made from iron.

n. acero; metal muy resistente hecho con hierro.

steep [stip] *adj* rising nearly straight up from the ground. *Ex* You will get tired from climbing a steep hill.

adj. empinado; que se eleva casi verticalmente desde el suelo.

steeple ['stipl] *n* a high, pointed tower on a church.

n. campanario; torre alta y puntiaguda de una iglesia.

steer [stir] **1.** *v* to guide a vehicle to the right or left. **2.** *n* a young bull.

1. *v.* guiar; conducir un vehículo. **2.** *n.* novillo; toro joven.

steering wheel ['stiriŋ hwil] *n* the circular thing which you hold on to and turn when you drive a car.

n. volante; rueda mediante la cual se conduce un vehículo.

stellar ['stɛlɚ] *adj* having to do with the stars.

adj. estelar; relativo a las estrellas.

stem [stɛm] *n* the thin part of a plant that holds up the flowers and leaves.

n. tallo; parte delgada de la planta que sostiene las flores y las hojas.

stenographer [stə'nɑgrəfɚ] *n* a person whose job is to write down what someone says and type it afterwards.

n. taquígrafo; estenógrafo; persona cuyo trabajo consiste en escribir al dictado, mecanografiándolo después.

stenography [stə'nɑgrəfi] *n* the art or skill of writing down rapidly what someone says.

n. taquigrafía; estenografía; arte u oficio de escribir muy rápidamente lo que dice otro.

step [stɛp] **1.** *v* to put one foot in front of the other when walking. **2.** *n* one stair in a staircase. **3.** *n* one of a number of stages in a project or program.

1. *v.* andar; poner un pie delante de otro al caminar. **2.** *n.* escalón de una escalera. **3.** *n.* paso; cada una de las fases de un proyecto o programa.

stereo ['stɛriow] *n* a record player which plays in stereophonic sound.

n. estéreo; tocadiscos que reproduce el sonido estereofónico.

stern [stɚn] **1.** *adj* severe; strict; grim. **2.** *n* the back part of a ship or a boat.

1. *adj.* severo; estricto; sombrío. **2.** *n.* popa; parte posterior de un barco o bote.

stethoscope ['stɛθəskowp] *n* the instrument a doctor uses to listen to your heart and lungs.

n. estetoscopio; instrumento que utilizan los médicos para oír el corazón y los pulmones.

stew [stuw] **1.** *v* to cook food, especially meat with vegetables, by boiling it slowly. **2.** *n* a food made of slowly boiled meat and vegetables.

1. *v.* estofar; cocinar alimentos, principalmente carne con verdura, cociéndolos lentamente. **2.** *n.* estofado; alimento de carne y verdura cocidos lentamente.

stick [stɪk] **1.** *n* a long, thin piece of wood; anything shaped like a stick, such as a stick of wax or gum. **2.** *v* to poke or stab; to pierce. **3.** *v* to become fastened; to cause to become fastened. *pt* stuck. *pp* stuck.

1. *n.* vara; trozo largo y delgado de madera; todo lo que tiene forma de vara como una vela. **2.** *v.* hincar o pinchar; perforar. **3.** *v.* pegarse; pegar una cosa.

sticky ['stɪki] *adj* clinging or holding on; sticking like glue or honey.

adj. pegajoso; como la goma o la miel.

stiff [stɪf] *adj* firm; hard; not easily bent or moved.

adj. rígido; firme; duro; que no se puede curvar o mover fácilmente.

still [stɪl] *adj* not moving; calm.

adj. inmóvil; tranquilo.

stilts [stɪlts] *n* a pair of tall poles with footrests. *Ex* Stilts can make you seem very, very tall.

n. zancos; par de palos altos con espacio para los pies.

sting [stɪŋ] **1.** *v* to cause pain by sticking something sharp into flesh. *pt* stung. *pp* stung. **2.** *n* the act of stinging; a tiny, painful injury caused by an insect like a wasp or a bee.

1. *v.* picar; provocar dolor al introducir algo puntiagudo en la carne. **2.** *n.* picotazo; acción de picar; picadura, herida pequeña producida por un insecto, como un mosquito o una abeja.

stink [stɪŋk] **1.** *v* to have a bad odor; to cause a bad odor. *pt* stank. *pp* stunk. **2.** *n* a very bad odor.

1. *v.* apestar; tener o producir mal olor. **2.** *n.* hedor; mal olor.

stir [stɚ] *v* to move; to shake up or mix; to mix with a spoon.

v. mezclar; agitar; mezclar con una cuchara.

stirrup ['stɚəp] *n* a metal ring hanging down each side of a saddle. *Ex* A stirrup is flat at the bottom so that you can put your foot in it when you ride a horse.

n. estribo; aro de metal que cuelga a los lados de la montura.

stitch [stɪtʃ] **1.** *v* to sew. **2.** *n* a loop of thread that has been sewn.

1. *v.* coser. **2.** *n.* puntada de hilo que se ha cosido.

stock [stɑk] **1.** *n* supplies of food or other goods stored by shopkeepers. **2.** *v* to build up supplies. *Ex* The grocery store stocks its shelves during the night.

1. *n.* existencias de alimentos o de otros bienes almacenadas por los tenderos. **2.** *v.* almacenar existencias.

stocking ['stɑkɪŋ] *n* a kind of sock that covers the whole leg. *Ex* Stockings are usually made of nylon or some other man-made fiber.

stole [stowl] *v* the past tense of steal.

stolen ['stowlən] *v* the past participle of steal.

stomach ['stəmək] **1.** *n* an organ in the body which holds food after it has been swallowed. **2.** *n* the central part of the human body which runs from the belt line up to the ribs.

stomachache ['stəməkeyk] *n* a dull pain in the stomach.

stone [stown] **1.** *n* a piece of rock. **2.** *n* the hard seed inside some fruits like peaches and plums.

stood [stʊd] *v* the past tense and past participle of stand.

stool [stuwl] *n* a little seat with no back or arms.

stoop [stuwp] *v* to bend the upper part of the body downwards.

stop [stɑp] **1.** *v* to end or leave off doing something; to bring to a halt; to come to a halt. **2.** *n* a halt; a stopping; a place where something, like a bus, usually stops.

stoplight ['stɑplɑyt] *n* a traffic light; the light at intersections with red, yellow, and green signals.

stopper ['stɑpɚ] *n* something that is put into the neck of a bottle to close the opening.

stop sign ['stɑp sɑyn] *n* an eight-sided, red sign with white letters saying STOP. *Ex* You must stop your car or bicycle and look both ways at a stop sign.

store [stor] **1.** *n* a shop; a place where things are sold. **2.** *v* to keep something until it is needed.

stork [stork] *n* a large bird with very long legs and a long beak.

storm [storm] **1.** *n* a sudden outburst of windy weather with rain, snow, or hail. **2.** *v* to rain, snow, or hail very hard.

story ['stori] *n* an adventure, told or written. *Ex* Stories can be true or invented, like a fairy tale.

stove [stowv] *n* something that makes heat to cook with or to warm rooms.

straight [streyt] *adj* not crooked or curved.

straighten ['streytn̩] *v* to make straight; to put things neat and tidy.

strain [streyn] *v* to make every effort; to put all of your strength into doing something.

strainer ['streynɚ] *n* a kind of bowl with holes in it. It is usually made of metal or plastic.

strange [streyndʒ] *adj* unusual; out of place.

stranger ['streyndʒɚ] *n* someone you do not know.

strangle ['stræŋgl̩] *v* to choke; to kill a living thing by squeezing its throat.

strap [stræp] *n* a long, thin piece of leather, usually with a buckle to fasten something.

straw [strɔ] **1.** *n* dry, stiff, yellow stalks that farm animals sleep on. **2.** *n* a paper or plastic tube for sucking up liquids; a drinking straw.

strawberry ['strɔbɛri] *n* a small, soft, red fruit with whisker-like hairs all over it.

stray [strey] *v* to wander away or go in the wrong direction by mistake.

streak [strik] *n* a stripe; a long, narrow mark.

---

n. media; especie de calcetín que cubre toda la pierna.

v. pasado de *steal.*

v. participio pasado de *steal.*

n. estómago. **1.** *n.* órgano del cuerpo que contiene la comida después de que se ha tragado. **2.** *n.* estómago; parte central del cuerpo humano que va desde la cintura hasta las costillas.

n. dolor de estómago.

1. *n.* piedra; trozo de roca. **2.** *n.* hueso; la semilla dura de algunos frutos, como melocotones y ciruelas.

v. pasado y participio pasado de *stand.*

n. taburete; asiento pequeño sin respaldo ni brazos.

v. inclinar; doblar la parte superior del cuerpo; encorvarse.

1. *v.* parar; terminar o dejar de hacer algo; hacer un alto. **2.** *n.* parada; alto, lugar donde normalmente para algo, como un autobús.

n. semáforo; luz que regula el tráfico en una intersección de calles; tiene señales rojas, amarillas y verdes.

n. tapón; lo que se pone en el cuello de una botella para cerrarla.

n. señal de parada; octógono rojo con la palabra STOP pintada en blanco.

1. *n.* almacén; tienda; lugar donde se venden cosas. **2.** *v.* almacenar; guardar algo hasta que se necesite.

n. cigüeña; pájaro grande con patas y pico largos.

1. *n.* tormenta; acceso repentino de tiempo ventoso con lluvia, nieve o granizo. **2.** *v.* llover; nevar o granizar con mucha intensidad.

n. relato; aventura contada o escrita.

n. estufa; foco de calor para cocinar o para calentar habitaciones.

adj. recto; no quebrado ni curvo.

v. enderezar; poner derecho; arreglar; poner las cosas en orden.

v. esforzarse; hacer un esfuerzo; poner toda la fuerza en una acción.

n. colador; especie de tazón con agujeros de metal o de plástico.

adj. extraño; inusual; fuera de lugar.

n. desconocido; alguien a quien no se conoce.

v. estrangular; matar a un ser vivo apretándole el cuello.

n. correa; tira de cuero larga y delgada, normalmente tiene una hebilla para abrochar.

1. *n.* paja; tallos secos, rígidos y amarillos sobre los que duermen los animales en las granjas. **2.** *n.* pajita; tubito de plástico o de papel para sorber líquidos.

n. fresa; fruto pequeño, rojo y blando recubierto con una especie de pelillos.

v. perderse; extraviarse; vagabundear o caminar en dirección errónea.

n. raya; marca larga y estrecha.

stream [strim] *n* a small river.

n. arroyo; riachuelo.

streamer ['strimɚ] *n* a long, thin flag; a paper decoration for parties.

1. *n.* gallardete; bandera larga y delgada. 2. *n.* serpentina; decorado de papel para las reuniones y guateques.

street [strit] *n* a road with houses or other buildings on both sides of it.

n. calle; camino con casas o edificios a sus lados.

strength [strɛŋ(k)θ] *n* how strong and powerful something is.

n. fuerza; lo fuerte y poderoso que es algo.

stretch [strɛtʃ] *v* to make longer or wider by pulling.

v. estirar; hacer más largo o ancho al tirar.

stricken ['strɪkṇ] *v* a past participle of strike.

v. participio pasado de *strike*.

strict [strɪkt] *adj* severe; insisting on complete obedience.

adj. estricto; severo; que insiste en la obediencia total.

stridden ['strɪdṇ] *v* the past participle of stride.

v. participio pasado de *stride*.

stride [strayd] *v* to walk with long steps. *pt* strode. *pp* stridden.

v. andar con pasos largos.

strike [strayk] 1. *v* to hit very hard. 2. *v* to stop work and demand more money or better working conditions. *pt* struck. *pp* struck, stricken. 3. *n* a stopping of work by striking workers.

1. *v.* golpear muy fuerte. 2. *v.* declarar la huelga; dejar de trabajar para reclamar más dinero o mejores condiciones de trabajo. 3. *n.* huelga; interrupción del trabajo por parte de los trabajadores.

string [strɪŋ] 1. *n* thick thread used for tying things up. 2. *n* one of the parts of a musical instrument such as a violin or a guitar.

n. cuerda. 1. *n.* hilo grueso para atar cosas. 2. *n.* cuerda; parte de un instrumento musical, como un violín o una guitarra.

strip [strɪp] 1. *n* a long, narrow piece of something. 2. *v* to tear off a long, narrow piece of something. 3. *v* to take off all of your clothes.

1. *n.* faja; trozo largo y estrecho de algo. 2. *v.* arrancar una tira, un trozo estrecho y largo de algo. 3. *v.* desnudarse; quitarse toda la ropa.

stripe [strayp] *n* a long, narrow line or mark of color. *Ex* Flags often have different colored stripes on them.

n. lista; línea o marca de color larga y estrecha.

strive [strayv] *v* to try very hard. *pt* strove, strived. *pp* striven, strived.

v. esforzarse; intentar algo con esfuerzo.

striven ['strɪvṇ] *v* a past participle of strive.

v. participio pasado de *strive*.

strode [strowd] *v* the past tense of stride.

v. pasado de *stride*.

stroke [strowk] 1. *v* to rub gently. 2. *n* a blow; the sound of a clock striking.

1. *v.* acariciar; frotar suavemente. 2. *n.* campanada; el ruido de un reloj al dar la hora.

stroll [strowl] 1. *v* to walk slowly, in no hurry to get anywhere. 2. *n* a slow walk to no place in particular.

1. *v.* deambular; caminar lentamente, sin prisa por llegar a alguna parte. 2. *n.* paseo; caminata lenta sin dirección concreta.

stroller ['strowlɚ] *n* a small, four-wheeled carriage which carries an infant in an upright position.

n. cochecito de niño; coche pequeño para llevar a un niño en posición recta.

strong [strɔŋ] *adj* not weak; not easily broken; able to lift heavy things.

adj. fuerte; no débil; que no se rompe fácilmente; capaz de levantar grandes pesos.

strove [strowv] *v* a past tense of strive.

v. pasado de *strive*.

struck [strək] *v* the past tense and a past participle of strike.

v. pasado y participio pasado de *strike*.

structure ['strəktʃɚ] 1. *n* something which has been constructed, like a dam or a building. 2. *n* the way things are built up or arranged.

n. estructura. 1. *n.* algo que ha sido construido, como una presa o un edificio. 2. *n.* estructura; forma en que las cosas se han construido o preparado.

struggle ['strəgl̩] 1. *v* to make a great effort; to fight to get free. 2. *n* a battle; a fight or a big effort.

1. *v.* luchar; hacer un gran esfuerzo; luchar para ser libre. 2. *n.* lucha; batalla; gran esfuerzo.

stubborn ['stəbɚn] *adj* not willing to give in to others; obstinate.

adj. tenaz; que no quiere ceder ante otros; obstinado.

stuck [stək] *v* the past tense and past participle of stick.

v. pasado y participio pasado de *stick*.

student ['stuwdṇt] *n* someone who studies at a school or a university.

n. estudiante; el que estudia en un colegio o en una universidad.

student body [stuwdṇt 'badi] *n* the group of students who attend the same school or university.

n. cuerpo estudiantil; grupo de estudiantes que asiste a la misma escuela o universidad.

student council [stuwdṇt 'kawn(t)sl̩] *n* a group of students elected to represent the student body.

n. consejo estudiantil; grupo de estudiantes elegidos para representar al cuerpo estudiantil.

studio ['stuwdiow] *n* the workshop of an artist; a place where films are made; a room from which radio or television programs are broadcast.

n. estudio; taller de un artista; estudio cinematográfico; lugar donde se hacen películas; estudio de radio o de televisión; estancia desde donde se emiten programas de radio o televisión.

study ['stədi] **1.** *v* to learn; to examine something closely. **2.** *n* a room, like an office, where a person can read and think.

study hall ['stədi hɔl] *n* a large schoolroom where students can read and do their homework.

stuff [stəf] **1.** *n* the material something is made of. **2.** *v* to pack tightly.

stuffy ['stəfi] *adj* without enough fresh air.

stumble ['stəmbl] *v* to trip over something or lose your footing.

stump [stəmp] *n* the part of the tree trunk that is left after the tree has been cut down.

stun [stən] *v* to knock someone senseless; to amaze or surprise greatly.

stung [stəŋ] *v* the past tense and past participle of sting.

stunk [stəŋk] *v* the past participle of stink.

stupid ['stuwpəd] *adj* foolish; silly; slow to think.

sturdy ['stədi] *adj* strong; healthy.

stutter ['stətə] *v* to speak with difficulty; to stammer.

sty [stay] **1.** *n* a place where pigs are kept. **2.** *n* a small swelling on the eyelids.

style [stayl] *n* the way something is done; fashion in clothing. *Ex* I don't like the new clothing styles. My writing style is very poor.

subdivision ['səbdəvɪʒn] **1.** *n* one of the parts of a whole. **2.** *n* an area of land which has been divided into smaller sections on which houses will be built.

subject ['səbdʒɪkt] *n* what is being talked or written about. *Ex* The subject of the speech was taxes.

submarine ['səbmə·in] *n* a special kind of ship that can go along under the water.

substance ['səbstən(t)s] *n* anything solid that you can handle or feel; the important part of something.

substitute ['səbstətuwt] **1.** *n* something which serves in the place of something else. **2.** *n* a teacher who teaches a class when the regular teacher is away.

subtract [səb'trækt] *v* to take away a number or a quantity from a larger number or quantity.

subtraction [səb'trækʃn] *n* an act of subtracting.

suburb ['səbəb] *n* a small town or community near a large city.

suburban [sə'bəbən] *adj* having to do with suburbs and life in the suburbs.

subway ['səbwey] *n* an underground electric train.

succeed [sək'sid] *v* to do what one sets out to do.

success [sək'sɛs] *n* a satisfactory ending to something you set out to do, like passing an examination or winning a race.

such [sətʃ] *adj* having the quality indicated. *Ex* This is such a dull day.

suck [sək] *v* to draw liquid into the mouth.

sudden ['sədn] *adj* happening all at once.

suddenly ['sədṇli] *adv* unexpectedly; all at once.

suds [sədz] *n* soapy bubbles.

1. *v.* estudiar; aprender; examinar algo atentamente. **2.** *n.* estudio; habitación, como un despacho, donde las personas pueden leer y pensar.

n. sala de estudios; aula grande en la que los estudiantes pueden leer y hacer sus deberes.

1. *n.* materia; material con el que se ha hecho algo. **2.** *v.* atiborrar; llenar apretadamente.

adj. cargado; sofocante; ambiente sin suficiente aire fresco.

v. tropezar en algo o dar un traspié.

n. tocón; parte del tronco del árbol que queda cuando se corta éste.

v. aturdir; dejar a alguien sin sentido; sorprender gratamente, dejar pasmado.

v. pasado y participio pasado de *sting*.

v. participio pasado de *stink*.

adj. estúpido; loco; tonto; lento en pensar.

adj. robusto; fuerte; saludable.

v. tartamudear; hablar con dificultad.

1. *n.* pocilga; lugar donde se guardan los cerdos. **2.** *n.* orzuelo; pequeña inflamación en los párpados.

n. estilo; modo en el que se ha hecho algo; moda en el vestir.

1. *n.* subdivisión; una de las partes de un todo. **2.** *n.* parcelación; terreno que se ha dividido en áreas más pequeñas en las que se construirán casas.

n. sujeto; algo acerca de lo que se habla o escribe.

n. submarino; barco que puede navegar bajo el agua.

n. sustancia; algo sólido que se puede tocar o sentir; la parte importante de algo.

n. sustituto. **1.** *n.* algo que sirve en lugar de otra cosa. **2.** *n.* sustituto; profesor que da una clase en ausencia del titular.

v. restar; quitar un número o cantidad a otro número o cantidad mayores.

n. sustracción; acción de restar.

n. suburbio; poblado o comunidad pequeña cerca de una gran urbe.

adj. suburbano; relativo a los suburbios y a la vida en ellos.

n. metro; tren eléctrico subterráneo.

v. tener éxito; conseguir lo que uno intenta.

n. éxito; final satisfactorio de una acción, como aprobar un examen o ganar una carrera.

adj. tal; que tiene la calidad indicada.

v. sorber; tragar.

adj. repentino; que sucede todo de una vez.

adv. repentinamente; inesperadamente; de pronto.

n. jabonaduras; burbujas jabonosas.

suede [sweyd] *n* a soft leather which does not shine.

n. ante; cuero sin brillo.

suffer ['səfɚ] *v* to feel pain; to put up with.

v. sufrir; sentir dolor.

sufficient [sə'fɪʃnt] *adj* enough.

adj. suficiente; bastante.

suffix ['səfɪks] *n* a sound or syllable added to the end of a word to change its meaning. *Ex* The *ed* in the word *turned* is a suffix.

n. sufijo; sonido o sílaba añadida al final de una palabra para variar su siggnificado.

sugar ['ʃugɚ] *n* a white powder used in food and drinks to make them taste sweet.

n. azúcar; polvo blanco utilizado para endulzar comidas y bebidas.

sugarcane ['ʃugɚkeyn] *n* a plant with sweet-tasting stems from which sugar is made.

n. caña de azúcar; planta de tallo dulce de la que se fabrica el azúcar.

suggest [sə(g)'dʒɛst] *v* to tell others about an idea or plan that you think would be good.

v. sugerir; proponer; contar a otros un plan o una idea que se considera sería buena.

suggestion [sə(g)'dʒɛstʃn] *n* an idea or plan; something which is suggested.

n. sugerencia; idea o plan; algo que se sugiere.

suit [suwt] *n* a set of clothes, such as a coat and trousers, which are meant to be worn together.

n. traje; conjunto de prendas de vestir, como chaqueta y pantalón.

suitable ['suwtəbl] *adj* fitting in well; proper; right.

adj. apropiado; idóneo; adecuado.

suitcase ['suwtkeys] *n* a flat case for carrying clothes on a trip; a piece of luggage.

n. maleta; caja plana para llevar la ropa en los viajes.

suite [swit] **1.** *n* a set of rooms in a hotel or a large house. **2.** *n* a set of furniture for a room.

1. *n.* suit; conjunto de habitaciones en un hotel o en una casa grande. **2.** *n.* mobiliario; conjunto de muebles para una habitación.

sulk [səlk] *v* to show anger and bad temper by not speaking and not being friendly.

v. enfadarse; mostrar acritud y mal temperamento no hablando ni comportándose amistosamente.

sum [səm] *n* the total number when two or more things are added together.

n. suma; número total que resulta al juntar dos o más cosas.

summarize ['səmɚayz] *v* to go over the main points of what you have been saying or writing.

v. resumir; exponer los principales puntos de lo que se ha hablado o escrito.

summary ['səmɚi] *n* a statement of the main points of something written, or of a speech.

n. resumen; relación de los principales puntos de un texto o un discurso; sumario.

summer ['səmɚ] *n* the season between spring and fall.

n. verano; estación entre la primavera y el otoño.

summer session ['səmɚ sɛʃn] *n* a session of school classes held during the summer months.

n. clases escolares durante los meses de verano.

summit ['səmət] *n* the highest point of something, such as the summit of a mountain.

n. cima; el punto más alto de algo, como la cima de una montaña.

summon ['səmən] *v* to send for someone.

v. convocar; citar a alguien.

sun [sən] *n* the round, bright ball seen in the sky during the day. *Ex* The sun sends out light and heat.

n. sol; globo brillante que se ve en el cielo durante el día.

sunburn ['sənbɚn] *n* burning or reddening of the skin from being out in the sun too long.

n. quemadura; quemadura o enrojecimiento de la piel por haber estado expuesta largo tiempo a la acción del sol.

sunburned ['sənbɚnd] *adj* with burned skin from being in the sun too long.

adj. quemado por el sol.

sundial ['səndayl] *n* an instrument that shows the time of day by the position of the sun's shadow on a dial.

n. reloj de sol; instrumento que mide la hora del día de acuerdo a la sombra que proyecta el sol sobre un tablero con marcas.

sung [səŋ] *v* the past participle of sing.

v. participio pasado de *sing*.

sunk [səŋk] *v* the past participle of sink.

v. participio pasado de *sink*.

sunny ['səni] *adj* full of sunshine.

adj. soleado; lleno de luz solar.

sunrise ['sənrayz] *n* the time when the sun comes up; the actual rising of the sun.

n. salida del sol; el momento en que sale el sol.

sunset ['sənsɛt] *n* the time when the sun goes down; the actual setting of the sun.

n. puesta de sol; el momento en que el sol se pone o se oculta.

sunshine ['sənʃayn] *n* the light from the sun.

n. luz solar.

suntan ['səntæn] *n* a tan or brownish color on the skin of a white person due to being in the sun a lot.

n. bronceado; color tostado de la piel de una persona blanca debido a la exposición a los rayos solares.

superintendent [suwpɚ·ɪn'tɛndənt] *n* the person in charge of a building or a group of buildings; the person in charge of a group of schools; the person in charge of a factory.

n. inspector; persona que tiene a su cargo un edificio o un grupo de edificios; persona que tiene a su cargo un conjunto de escuelas; persona a cargo de una fábrica.

superlative [sə'pɚlətɪv] **1.** *adj* of the highest degree; the best. **2.** *n* the form of an adjective expressing the highest degree. *Ex Biggest* is the superlative of *big*.

adj. superlativo. **1.** *adj.* del más alto nivel; lo mejor. **2.** *n.* superlativo; forma del adjetivo que expresa el grado mayor.

supermarket ['suwpɚmarkət] *n* a large store where you can buy all kinds of food and other things. *Ex* You help yourself in a supermarket and pay when you go out.

n. supermercado; tienda grande donde se puede encontrar toda clase de alimentos y otros productos.

supersonic [suwpɚ'sanɪk] *adj* moving faster than sound travels in air.

adj. supersónico; que tiene más velocidad que el sonido.

supervisor ['suwpɚvayzɚ] *n* a person who oversees the work or play of other people.

n. supervisor; persona que supervisa el trabajo o el juego de otros.

supper ['səpɚ] *n* the last meal of the day.

n. cena; última comida del día.

supply [sə'play] **1.** *v* to provide; to give something that is needed. **2.** *n* a stock or store; a needed amount of something.

1. *v.* proveer; abastecer; dar lo que se necesita. **2.** *n.* suministro; existencias o surtido; cantidad que se necesita de algo.

support [sə'port] **1.** *v* to hold something up; to bear the weight of something. **2.** *n* something that holds something else up.

1. *v.* apoyar; mantener algo; aguantar el peso de algo. **2.** *n.* soporte; algo que sujeta a otra cosa.

suppose [sə'powz] *v* to imagine; to pretend.

v. suponer; imaginar; pretender.

Supreme Court [sə'prim 'kort] *n* the highest court in the United States.

n. Tribunal Supremo; el Tribunal más alto de los Estados Unidos.

sure [ʃuwr] *adj* certain; knowing that one is right.

adj. seguro; que sabe que tiene razón.

surely ['ʃuwrli] *adv* without question or doubt.

adv. seguramente; sin duda.

surface ['sɚfəs] **1.** *n* the outside of anything; the top of a lake, the sea, or the earth. **2.** *v* to come to the surface; to float to the surface.

1. *n.* superficie; la parte exterior de algo; la superficie de un lago, el mar o la tierra. **2.** *v.* emerger; subir a la superficie; flotar hacia la superficie.

surgeon ['sɚdʒn] *n* a doctor who treats patients by cutting out or repairing the diseased part.

n. cirujano; médico que trata a sus pacientes extirpando o reparando la parte enferma.

surgery ['sɚdʒɚi] *n* the process of cutting out diseased parts of the body or repairing the inside of the body.

n. cirugía; el proceso de extraer las partes enfermas del cuerpo o de efectuar curas en el interior del mismo.

surly ['sɚli] *adj* bad-tempered; not friendly.

adj. hosco; malhumorado; nada amistoso.

surname ['sɚneym] *n* the last name; the family name. *Ex* John Smith's surname is Smith.

n. apellido.

surprise [sɚ'prayz] **1.** *n* something unexpected; something sudden and a little frightening. **2.** *v* to startle; to do something suddenly when it was not expected.

1. *n.* sorpresa; algo inesperado; algo repentino y un tanto aterrador. **2.** *v.* sorprender; hacer repentinamente algo que no se esperaba.

surrender [sə'rɛndɚ] *v* to give up.

v. rendirse; ceder.

surround [sə'rawnd] *v* to get or be on all sides of something or someone.

v. cercar; rodear algo o a alguien.

survey 1. *v* [sɚ'vey] to take a careful look over something or some place. **2.** *v* [sɚ'vey] to ask many people to give answers to the same questions so that you can find out what people in general think about something. **3.** *n* ['sɚvey] a set of questions to be asked of many people; the act of surveying public opinion.

1. *v.* vigilar; observar cuidadosamente algo o algún lugar. **2.** *v.* encuestar; pedir a mucha gente su respuesta a una misma pregunta, a fin de saber lo que la gente en general piensa sobre algo. **3.** *n.* encuesta; conjunto de preguntas que se hacen a muchas personas; acción de pulsar la opinión pública.

suspect 1. *v* [sə'spɛkt] to have a feeling in your mind that something is wrong or that someone is not telling the truth. **2.** *n* ['səspɛkt] a person who is suspected of commiting a crime.

1. *v.* sospechar; sentir en el pensamiento que algo está mal o que alguien no está diciendo la verdad. **2.** *n.* sospechoso; persona que es sospechosa de haber cometido un delito.

suspenders [sə'spɛndɚz] *n* special bands of a stretchy material that help hold a man's pants up.

n. tirantes; tiras especiales de material elástico para sostener los pantalones de los hombres.

swallow ['swalow] **1.** *v* to let food or drink go down the throat. **2.** *n* a bit of food or drink small enough to go down the throat; an act of swallowing. **3.** *n* a pretty bird with a forked tail.

1. *v.* tragar; hacer que los alimentos o las bebidas pasen por la garganta. **2.** *n.* trago; porción de comida o bebida lo suficientemente pequeña como para que pueda atravesar la garganta; acción de tragar. **3.** *n.* golondrina; pájaro de cola ahorquillada.

swam [swæm] *v* the past tense of swim.

v. pasado de *swim*.

swamp [swɑmp] **1.** *n* wet, marshy ground. **2.** *v* to put too much water into something; to get too much water inside. *Ex* Sit still or you will swamp the boat.

1. *n.* marisma; terreno húmedo y pantanoso. **2.** *v.* inundar; poner demasiada agua en algo.

swan [swɑn] *n* a large water bird, usually white, with a very long neck.

n. cisne; ave acuática grande que suele ser blanca y tiene el cuello muy largo.

swap [swɑp] **1.** *v* to trade one thing for another. *Ex* I'll swap my red cap for your green one. **2.** *n* an act of swapping; something gotten by swapping.

1. *v.* intercambiar; cambiar una cosa por otra. **2.** *n.* intercambio; acción de intercambiar; algo que se ha obtenido mediante cambio.

swarm [sworm] **1.** *v* to gather together like bees in a hive. **2.** *n* a large number of people, animals, bees, or other insects gathered together.

1. *v.* hormiguear; juntarse al modo de las abejas en una colmena. **2.** *n.* enjambre; gran cantidad de personas, animales, abejas u otros insectos juntos.

sway [swey] *v* to swing or move from side to side.

v. balancearse; moverse de un lado a otro.

swear [swer] **1.** *v* to make a very solemn promise. **2.** *v* to use very bad language. *pt* swore. *pp* sworn.

1. *v.* jurar; hacer una promesa solemne. **2.** *v.* jurar; utilizar un lenguaje muy malo; tener muy mala lengua.

sweat [swet] **1.** *n* the moisture that comes from the skin when the body is hot. **2.** *v* for the skin to give off moisture when the body is hot.

1. *n.* sudor; sustancia que sale de la piel cuando el cuerpo está demasiado caliente. **2.** *v.* sudar; expulsar humedad cuando el cuerpo está caliente.

sweater ['swetɚ] *n* a heavy, knitted shirt.

n. suéter; camisa gruesa de punto.

sweep [swip] *v* to use a brush or broom to clean the floor. *pt* swept. *pp* swept.

v. barrer; limpiar el suelo con una escoba o un cepillo.

sweet [swit] *adj* not sour; tasting of sugar.

adj. dulce; no amargo; del sabor del azúcar.

sweetheart ['swithɑrt] *n* someone you are very fond of; someone you love.

n. novio; alguien a quien se ama, alguien que a uno le gusta mucho.

swell [swel] *v* to grow larger; to grow louder. *pt* swelled. *pp* swelled, swollen.

v. hincharse; abultarse.

swept [swept] *v* the past tense and past participle of sweep.

v. pasado y participio pasado de *sweep*.

swerve [swɚv] *v* to turn aside quickly to keep from running into something.

v. desviarse; girar a un lado brúscamente para evitar meterse en algo.

swift [swɪft] *adj* fast; rapid; quick.

adj. rápido; veloz.

swim [swɪm] **1.** *v* to move along in the water using the arms and legs. *pt* swam. *pp* swum. **2.** *n* an act of swimming; a period of swimming.

1. *v.* nadar; avanzar en el agua moviento las manos y los pies. **2.** *n.* nadadura; acción de nadar; período de natación.

swing [swɪŋ] **1.** *n* a seat hanging from ropes or chains. **2.** *v* to move in the air, back and forth, or from side to side; to ride in a hanging swing. *pt* swung. *pp* swung.

1. *n.* columpio; asiento colgado de cuerdas o cadenas. **2.** *v.* balancearse adelante y atrás, o de lado a lado.

swipe [swɑyp] **1.** *v* to hit something or someone hard. **2.** *v* to steal something.

1. *v.* golpear con fuerza a algo o a alguien. **2.** *v.* robar algo.

swirl [swɚl] *v* to move about quickly with a circling movement, as when dried leaves are blown about by the wind.

v. arremolinarse; moverse en forma de remolino, como las hojas secas cuando giran a causa del viento.

switch [swɪtʃ] *n* a lever which turns electricity on and off.

n. interruptor de la luz, para encenderla o apagarla.

swollen ['swowlən] *v* a past participle of swell.

v. participio pasado de *swell*.

sword [sord] *n* a very long knife with a special handle. *Ex* Swords were used in battle long ago.

n. espada; cuchillo muy largo con un mango especial.

swore [swor] *v* the past tense of swear.

v. pasado de *swear*.

sworn [sworn] *v* the past participle of swear.

v. participio pasado de *swear*.

swum [swəm] *v* the past participle of swim.

v. participio pasado de *swim*.

swung [swəŋ] *v* the past tense and past participle of swing.

v. pasado y participio pasado de *swing*.

syllable ['sɪləbl] *n* a group of sounds that make a word or part of a word. *Ex* The words *boy* and *girl* each have one syllable. The words *women* and *children* each have two syllables.

n. sílaba; grupo de sonidos que forman una palabra o parte de ella.

symbol ['sɪmbl] *n* something like a sign that stands for something else. *Ex* The dove is a symbol of peace.

n. símbolo; especie de signo que representa algo.

sympathy ['sɪmpəθi] *n* a feeling of kindness and pity towards someone who is sad or ill.

n. condolencia; compasión; sentimiento de benevolencia y piedad hacia alguien que está triste o enfermo.

symphony ['sɪm(p)fəni] **1.** *n* a long piece of orchestra music with three or four main parts. **2.** *n* an orchestra which plays symphonies.

1. *n.* sinfonía; obra orquestal extensa dividida en tres o cuatro partes. **2.** *n.* orquesta sinfónica; orquesta que toca sinfonías.

symptom ['sɪmptəm] *n* a sign of an illness. *Ex* Sneezing is a symptom of a cold or the flu.

n. síntoma; señal de una enfermedad.

synagogue ['sɪnəgɑg] *n* a group of Jews gathered together to worship; the place where Jews gather to worship God.

n. sinagoga; grupo de judíos que se reúnen para la oración; lugar donde se reúnen los judíos para rezar a Dios.

syrup ['sɪrəp] *n* a thick, sweet juice made by boiling sugar with water, fruit juice, or sap from a maple tree.

n. sirope; jugo dulce y espeso hecho mediante la cocción de azúcar con agua, zumo de fruta o jarabe de arce.

system ['sɪstəm] *n* a group of things working together.

n. sistema; grupo de cosas que funcionan conjuntamente.

tab [tæb] *n* a small flap or loop, usually on a piece of clothing.

n. etiqueta; pequeño lazo o trozo de tela, generalmente en una prenda de vestir.

table ['teybl] **1.** *n* a piece of furniture with legs and a flat top. **2.** *n* a set of facts or numbers arranged in columns. *Ex* Find the answer to the problem in the multiplication table.

1. *n.* mesa; mueble con patas y un tablero. **2.** *n.* tabla; conjunto de hechos o números ordenados en columna.

tablecloth ['teybl̩klɔθ] *n* a large piece of cloth used to cover a table.

n. mantel; trozo grande de tela que se utiliza para cubrir una mesa.

table of contents [teybl̩ əv 'kɑntɛnts] *n* a list at the beginning of a book showing the page numbers of the main parts of the book.

n. índice; lista al principio o al final de un libro que muestra el número de página de las partes principales del mismo.

tablet ['tæblət] *n* a bit of powdered medicine pressed into a pellet. *Ex* I need an aspirin tablet for my headache.

n. tableta; porción de medicamento en polvo que se ha comprimido.

tack [tæk] **1.** *n* a short nail with a flat head. **2.** *v* to sew something together with long, loose stitches.

1. *n.* tachuela; clavo corto de cabeza plana. **2.** *v.* hilvanar; coser algo con puntadas largas y sueltas.

tackle ['tækl̩] **1.** *v* to take on a job; to use much strength to try to do something; to pull down a player in the sport of football. *Ex* I'm too tired to tackle my homework now. **2.** *n* equipment for doing something, such as fishing tackle.

1. *v.* abordar; emprender; poner mucho empeño para tratar de hacer algo; placar; derribar a un jugador en el rugby americano. **2.** *n.* aparejo; equipo necesario para hacer algo, como un aparejo de pesca.

tadpole ['tædpowl] *n* a frog when it is very young, before its legs develop.

n. renacuajo; rana muy pequeña antes de que le hayan crecido las patas.

tag [tæg] **1.** *n* a label. *Ex* There is no price tag on this coat. **2.** *n* a children's game in which one person chases and tries to touch another.

1. *n.* etiqueta. **2.** *n.* juego infantil en el que uno persigue y trata de tocar al otro.

tail [teyl] *n* the part that hangs out at the end of animals; the end of an airplane; the streamer of a kite. *Ex* A cat's tail is long and furry.

n. cola; parte que cuelga por detrás de los animales; cola de un avión; cola de un cometa.

tailor ['teylɚ] **1.** *n* someone who makes or changes the fit of suits, coats, skirts, and trousers. **2.** *v* to make or change the fit of clothing.

1. *n.* sastre; el que hace o ajusta abrigos, chaquetas, faldas y pantalones. **2.** *v.* confeccionar; hacer o adaptar ropa.

take [teyk] *v* to get hold of; to carry away; to swallow medicine. *Ex* Please take the garbage out. Don't forget to take your pills. *pt* took. *pp* taken.

v. tomar; llevar; tragar medicinas.

taken ['teykn̩] *v* the past participle of take.

v. participio pasado de *take*.

talk [tɔk] *v* to speak; to say something.

v. hablar; decir algo.

talkative ['tɔkətɪv] *adj* fond of talking; talking too much. *Ex* Sammy is always getting into trouble because he is so talkative.

adj. locuaz; que le gusta hablar; que habla mucho.

tall [tɔl] *adj* very high.

adj. alto; muy alto.

tame [teym] *adj* not wild; able to live with people as a pet. *Ex* A tame deer lives near our house.

adj. domesticado; manso; que no es salvaje; que puede vivir con las personas como animal de compañía.

tamper ['tæmpɚ] *v* to meddle or interfere with something. *Ex* Someone tampered with the lock on my door.

v. forzar; manosear o entrometerse en algo.

tan [tæn] **1.** *n* a light brown color. **2.** *adj* of a light brown color. **3.** *v* to make animal hide into leather.

1. *n.* bronceado; color marrón claro. **2.** *adj.* bronceado; de color marrón claro. **3.** *v.* curtir; convertir en cuero el pellejo de un animal.

tangerine [tændʒɚ'in] *n* a kind of small, sweet orange with a loose skin that comes off easily.

n. mandarina; naranja dulce y pequeña, de piel suelta que se pela fácilmente.

tangled ['tæŋgld] *adj* twisted up in knots like hair that has not been combed.

adj. enredado; enmarañado; retorcido y con nudos, como el pelo sin peinar.

tank [tæŋk] **1.** *n* a special heavy vehicle made of iron and steel, with big guns in it. **2.** *n* a large metal or glass container for water or other liquids.

n. tanque. **1.** *n.* vehículo especial muy pesado; es de hierro y acero y lleva cañones. **2.** *n.* tanque; contenedor grande de metal o cristal para agua u otros líquidos.

tanker ['tæŋkɚ] *n* a ship that carries oil or other liquids.

n. petrolero; barco que transporta petróleo u otros líquidos.

tap [tæp] **1.** *v* to hit something lightly. *Ex* A tree branch is tapping at my window. **2.** *n* a light hit; the sound of a light hit. *Ex* I hear a tap at the door. **3.** *n* a kind of a handle used to turn the water on and off. *Ex* Turn off the tap so you won't waste water.

tape [teyp] **1.** *n* a narrow strip of something such as strong cloth, plastic, or sticky paper used to tie or fasten things together. **2.** *n* a special plastic ribbon used to record sound or pictures with sound. **3.** *v* to use tape to hold something closed. **4.** *v* to make a sound or picture recording on tape.

tape recorder ['teyp rɪkordɚ] *n* a machine that records and plays back sounds on a special kind of tape.

tar [tɑr] *n* a thick, sticky, black liquid which comes from wood and coal. Tar is used in making roads.

tardy ['tɑrdi] *adj* late; late for school.

target ['tɑrgət] *n* something you aim at when shooting. *Ex* She shot the arrow at the target.

task [tæsk] *n* a job; an amount of work which must be done.

taste [teyst] **1.** *n* the flavor of something. *Ex* This fruit has a sour taste. **2.** *v* to put a bit of food in your mouth or sip a drink to see if you like it or not. **3.** *v* to have a flavor. *Ex* The milk tastes sour.

taught [tɔt] *v* the past tense and past participle of teach.

tax [tæks] *n* money paid to the government to pay for things everyone uses, such as roads, bridges, schools, and hospitals. *Ex* We have both a sales tax and an income tax.

taxi ['tæksi] *n* a car that you pay to ride in. *Ex* Sarah took a taxi to the airport.

tea [ti] *n* a hot drink made by pouring boiling water onto the dried leaves of the tea plant.

teach [titʃ] *v* to give lessons; to instruct. *pt* taught. *pp* taught.

teacher ['titʃɚ] *n* a person who teaches in a school.

teacher's aide [titʃɚz 'eyd] *n* a person who helps a teacher in the classroom.

team [tim] *n* a group of people all helping each other in a job or a game.

teapot ['tipɑt] *n* a special pot to make tea in.

tear 1. *v* [tɛr] to pull apart; to rip. *pt* tore. *pp* torn. **2.** *n* [tir] one of the drops of water that comes from your eyes when you are sad or hurt. *Ex* Mark was crying, and the tears streamed down his face.

tease [tiz] *v* to annoy by making fun or mocking. *Ex* Stop teasing me!

teem [tim] *v* to be abundant; to be full to overflowing. *Ex* The river is teeming with fish!

teenage ['tineydʒ] *adj* between 13 and 19 years old.

teenager ['tineydʒɚ] *n* a person between 13 and 19 years old.

teeth [tiθ] *n* more than one tooth; the plural of tooth.

telegram ['tɛləgræm] *n* a short message sent by telegraph. *Ex* Sammy got a telegram from his brother in China.

telegraph ['tɛləgræf] *n* a device that allows messages to be sent very rapidly over electric wires.

telephone ['tɛləfown] *n* an instrument that carries sound through electric wires so that people far apart can talk to each other. *Ex* Please answer the telephone.

telescope ['tɛləskowp] *n* an instrument like a tube that you look through to see things that are far away, like the stars.

1. *v.* golpear suavemente. **2.** *n.* golpecito; el sonido de un golpecito. **3.** *n.* grifo; especie de manubrio que se utiliza para abrir y cerrar el agua.

1. *n.* cinta estrecha de algo como tela fuerte, plástico o papel engomado que se utiliza para atar cosas. **2.** *n.* cinta; cinta de plástico especial que se utiliza para grabar sonido o imágenes con sonido. **3.** *v.* atar con una cinta. **4.** *v.* grabar; hacer que un sonido o una imagen se graben en una cinta.

n. magnetófono; máquina que graba y reproduce los sonidos sobre un tipo especial de cinta.

n. alquitrán; líquido espeso, viscoso y negro que procede de la madera y el carbón. Se utiliza para hacer carreteras.

adj. tardío; lento, que llega tarde al colegio.

n. diana; aquello que se quiere alcanzar cuando se dispara.

n. tarea; empleo; cantidad de trabajo que hay que hacer.

1. *n.* sabor de algo. **2.** *v.* paladear; poner un trozo de algo en la boca o tomar un sorbito, para ver si nos gusta o no. **3.** *v.* saber; tener sabor.

v. pasado y participio pasado de *teach*.

n. impuesto; cantidad de dinero que se paga al gobierno en contraprestación por lo que se utiliza, como carreteras, puentes, escuelas y hospitales.

n. taxi; coche de alquiler.

n. té; bebida caliente que se prepara vertiendo agua caliente sobre las hojas secas de la planta del té.

v. enseñar; dar lecciones; instruir.

n. profesor; persona que enseña en una escuela.

n. profesor ayudante.

n. equipo; grupo de personas que se ayudan mutuamente en un trabajo o un deporte.

n. tetera; vasija especial para hacer el té.

1. *v.* arrancar; rasgar. **2.** *n.* lágrima, gota de agua que fluye de los ojos cuando se está triste o herido.

v. fastidiar; molestar haciendo gracias o muecas.

v. abundar; rebosar.

adj. adolescente; entre 13 y 19 años.

n. adolescente; persona que tiene entre 13 y 19 años.

n. dientes; el plural de *tooth*.

n. telegrama; mensaje corto enviado por telégrafo.

n. telégrafo; instrumento que permite enviar mensajes muy rápidamente por medio de cables eléctricos.

n. teléfono; instrumento que permite transmitir la voz a través de cables, de manera que puedan hablarse personas que están distantes entre sí.

n. telescopio; instrumento que es como un tubo, por el que se mira para contemplar objetos muy lejanos, como las estrellas.

television ['tɛləvɪʒn] *n* an instrument that brings pictures and sound through the air from far away. *Ex* I had to stop watching television and do my homework.

n. televisor; aparato que recoge imágenes y sonido emitidas en un lugar distante.

tell [tɛl] *v* to give news or say what you know about something. *Ex* Tell me what you know about New York City. Please tell me another story. *pt* told. *pp* told.

v. decir; dar noticias o decir lo que se sabe sobre algo.

teller ['tɛlɚ] *n* a person whose job is to take in or pay out money, usually in a bank. *Ex* The teller cashed the check for me.

n. cajero; persona cuyo oficio consiste en tomar o pagar dinero, normalmente en un banco.

temper ['tɛmpɚ] **1.** *n* a person's mood. **2.** *n* the ease with which a person gets angry.

1. *n.* temperamento; manera de comportarse una persona. **2.** *n.* genio; la facilidad con que una persona se encoleriza.

temperature ['tɛmprətʃɚ] **1.** *n* how hot or cold something is. **2.** *n* a fever. *Ex* The sick baby had a temperature.

1. *n.* temperatura; grado de calor o frialdad de algo. **2.** *n.* fiebre.

tempest ['tɛmpəst] *n* a violent storm with a very strong wind.

n. tempestad; tormenta muy violenta con viento muy fuerte.

temple ['tɛmpl] *n* a building where people pray and worship; a building where Jews worship.

n. templo; edificio donde reza y ora la gente.

tempo ['tɛmpow] *n* how fast or slow a piece of music has to be played. *Ex* Fast music has a fast tempo.

n. tiempo, ritmo; velocidad de interpretación de una pieza musical.

temporary ['tɛmpəreri] *adj* for the time being; not permanent.

adj. temporal; por el tiempo que sea; no permanente.

tempt [tɛmpt] *v* to try to persuade someone to do something which ought not to be done. *Ex* The wonderful food tempted me to eat too much.

v. tentar; tratar de persuadir a alguien de que haga algo que no debería hacerse.

tenant ['tɛnənt] *n* a person who rents property from a landlord.

n. arrendatario; persona que trabaja para sí la tierra de otro.

tennis ['tɛnəs] *n* a game played on a court with two or four people.

n. tenis; deporte practicado en una pista por dos o cuatro personas.

tennis shoes ['tɛnəs ʃuwz] *n* white, canvas shoes worn while playing tennis; gym shoes.

n. zapatillas de tenis; zapatos de lona blanca que se usan para jugar al tenis.

tense [tɛn(t)s] **1.** *adj* tight; strained; rigid. **2.** *n* a quality of a verb telling the time of the action of the verb. *Ex* *Went* is the past tense of the verb *go.*

1. *adj.* tenso; rígido, tirante. **2.** *n.* tiempo verbal; cualidad que expresa el momento de la acción del verbo.

tent [tɛnt] *n* a shelter made of a thick piece of cloth held up by sticks or poles.

n. tienda de campaña.

tepee ['tipi] *n* a cone-shaped tent that some American Indians lived in.

n. tipi; tienda de campaña cónica en la que vivían algunos indios norteamericanos.

tepid ['tɛpəd] *n* slightly warm; lukewarm.

n. tibio; ligeramente cálido.

term [tɚm] **1.** *n* a length of time. *Ex* The school year is divided into two or three terms. **2.** *n* the name of a thing.

1. *n.* trimestre; período de tiempo. **2.** *n.* término, nombre de una cosa.

terminal ['tɚmənl] **1.** *n* the place where buses, trains, or airplanes end their trips. **2.** *n* a screw or other piece of metal to which an electric wire is fastened. **3.** *n* a special electronic device with a keyboard that allows a person to communicate with a computer. *Ex* Andy's father works at a computer terminal all day.

1. *n.* terminal; lugar donde concluyen su viaje los autobuses, trenes o aviones. **2.** *n.* terminal; tornillo u otra pieza de metal a la que está unida un hilo eléctrico. **3.** *n.* terminal; instrumento electrónico especial, con teclado, que permite a las personas comunicarse por ordenador.

termite ['tɚmayt] *n* an insect pest which eats the wood of houses and trees.

n. termita; insecto dañino que se come la madera de las casas y de los árboles.

terrace ['tɛrəs] *n* a raised, flat area of earth; a lawn on a slant.

n. terraza; área de tierra elevada y llana; ladera con césped.

terrible ['tɛrəbl] *adj* awful; horrible.

adj. terrible; horroroso; horrible.

terrier ['tɛriɚ] *n* a kind of small dog.

n. terrier; raza de perro pequeño.

terrific [tə'rɪfɪk] *adj* very great; loud; wonderful. *Ex* Rachel's nephew makes a terrific noise.

adj. tremendo; enorme; maravilloso.

terrify ['tɛrəfay] *v* to frighten someone very badly. *Ex* Mr. Long terrified Andy.

v. aterrorizar a alguien.

terror ['tɛrɚ] *n* very great fear.

n. terror; miedo muy grande.

test [tɛst] **1.** *v* to look at carefully; to give an examination; to quiz; to run a machine to see if it works properly. *Ex* We tested the radio, but it didn't work. **2.** *n* an examination; a quiz. *Ex* I failed a test yesterday.

1. *v.* probar; contemplar muy atentamente; poner un examen; preguntar; probar una máquina para ver si marcha bien. **2.** *n.* examen; interrogatorio.

testify ['tɛstəfay] *v* to give special knowledge about something in a court of law. *Ex* My father had to testify in court yesterday.

v. testificar; proporcionar información especial sobre algo en un tribunal de justicia.

test tube ['tɛs tuwb] *n* a small, glass tube used to hold liquids. *Ex* Rachel is always breaking test tubes in chemistry class.

n. tubo de ensayo; pequeño tubo de vidrio usado para contener líquidos.

than [ðæn] **1.** *prep* compared to. *Ex* She is taller than me. **2.** *conj* compared to. *Ex* She is taller than I am.

1. *prep.* que; comparado a. **2.** *conj.* que; en comparación.

thank [θæŋk] *v* to show gratitude to someone; to state your gratefulness to someone. *Ex* The old lady thanked me over and over.

v. agradecer; mostrar gratitud a alguien.

thankful ['θæŋkfl] *adj* grateful; pleased. *Ex* The old lady was very thankful when I helped her.

adj. agradecido.

thanks [θæŋks] *n* gratitude; words of gratitude. This noun is not used in the singular. *Ex* The old lady said many words of thanks when I helped her.

n. gracias; palabras de gratitud. No se utiliza en singular.

thank you ['θæŋk yuw] what you say to express gratitude; what you say when someone gives you something. *Ex* "Thank you for helping me," said the old lady.

muchas gracias; lo que se dice para expresar gratitud; lo que se dice cuando alguien le da algo a uno.

that [ðæt] **1.** *adj* mentioned before; a particular one. *Ex* Where is that cake I baked yesterday? **2.** *adj* the one farther away; the opposite of this. *Ex* Please give me that cup. This one is broken. **3.** *pro* someone or something that you have been talking about; an idea or an opinion which has been expressed. *Ex* That is a horrible thing to say.

1. *adj.* ese; mencionado antes, uno en particular. **2.** *adj.* aquel; que está más lejos; el contrario de este. **3.** *pro.* ese; algo o alguien de quien se ha estado hablando; idea u opinión que se ha expresado.

thatch [θætʃ] *n* a roof or covering of straw or reeds.

n. tejado o cubierta de paja o cañizo.

thaw [θɔ] *v* for something frozen to become unfrozen; to cause something frozen to become unfrozen.

v. derretirse; deshelarse lo que estaba helado; derretir; hacer que se descongele algo.

the [ði, ðə] a word called an article which is used before a noun. *Ex* Where did you put the salt? The old man was very helpful.

el; la; los; las; artículo, palabra que se utiliza delante de un nombre.

theater ['θiətɚ] *n* a building where plays are performed; a building where films are shown.

n. teatro; lugar donde se representan textos dramáticos; cine, lugar donde se proyectan películas.

theft [θɛft] *n* an act of stealing.

n. hurto; robo; acción de robar.

their [ðɛr] *pro* belonging to them. *Ex* They put their books on the floor.

pro. su; de ellos.

them [ðɛm] *pro* the objective form of they. *Ex* Where did you put them? Give it to them.

pro. los; las; forma objetiva de *them*.

theme [θim] *n* the subject of discussion; the main melody in a piece of music; the main idea in a piece of writing.

n. tema; materia de discusión; melodía principal de una obra musical; la idea principal de una obra de teatro o de un texto.

themselves [ðəm'sɛlvz] *pro* those people; they and no one else. *Ex* They did it themselves.

pro. ellos mismos; esas personas; ellos y nadie más.

then [ðɛn] **1.** *adv* at that time; next. *Ex* Then he put the book on the desk. I will do it then. **2.** *n* that time. *Ex* She has been more careful since then.

1. *adv.* entonces; luego. **2.** *n.* en ese momento.

there [ðɛr] *adv* to or at that place; not here. *Ex* Please put it there.

adv. allí; en ese lugar; no aquí.

therefore ['ðɛrfor] *adv* for that reason.

adv. por tanto; por esa razón.

thermometer [θɚ'mɑmətɚ] *n* an instrument for measuring how hot or cold something is. *Ex* The thermometer says it is below freezing.

n. termómetro; instrumento para medir lo caliente o frío que algo está.

thermostat ['θɚməstæt] *n* an instrument that measures hot and cold and turns heating or cooling equipment on or off. *Ex* Andy turned down the thermostat, and the house got colder.

n. termostato; instrumento que mide el calor y el frío y actúa los dispositivos para enfriar o calentar.

these [ðiz] *adj* and *pro* the plural of this.

adj. y *pro.* plural de *this*.

thesis ['θisəs] **1.** *n* a point of view; an opinion; a theme. **2.** *n* a long paper written for a high degree in a university.

n. tesis. **1.** *n.* punto de vista; opinión; tema. **2.** *n.* tesis doctoral; texto redactado para obtener el grado superior en una universidad.

they [ðey] *pro* those people or things. *Ex* They are quite happy now. They are too old to eat.

pro. ellos, ellas; esas personas o cosas.

they'd [ðeyd] *cont* they would; they had.

contracción de *they would; they had.*

they'll [ðeyl] *cont* they will.

contracción de *they will.*

they're [ðɛr] *cont* they are.

contracción de *they are.*

they've [ðeyv] *cont* they have.

contracción de *they have.*

thick [θɪk] *adj* wide or deep; the opposite of thin.

adj. espeso; ancho o profundo; lo contrario de delgado.

thicket ['θɪkət] *n* shrubs and trees growing close together.

n. bosquecillo; matorral, espesura.

thief [θif] *n* someone who steals.

n. ladrón.

thigh [θay] *n* the part of your leg above the knee.

n. muslo; parte de la pierna que está sobre la rodilla.

thimble ['θɪmbl̩] *n* a metal or plastic cover for the end of the finger. *Ex* The thimble keeps the needle from hurting you when you sew.

n. dedal; caperuza de metal o plástico para la punta del dedo.

thin [θɪn] *adj* not wide or fat; the opposite of thick.

adj. delgado; no ancho o grueso; lo contrario de gordo.

thing [θɪŋ] *n* an object which is not named.

n. cosa; objeto no nombrado.

think [θɪŋk] *v* to use the mind; to have ideas. *pt* thought. *pp* thought.

v. pensar; utilizar la mente; tener ideas.

third [θɚd] *adj* next after second; the last of three.

adj. tercero; el que sigue al segundo; el último de tres.

thirsty ['θɚsti] *adj* wanting to drink; needing to drink.

adj. sediento; que necesita beber; que quiere beber.

this [ðɪs] **1.** *adj* mentioned just now. *Ex* Where is this new hat you are so proud of? **2.** *adj* the one nearer; the opposite of that. *Ex* I want this one here, not that one there. **3.** *pro* a situation which you must deal with; an idea or an opinion which has been mentioned. *Ex* We have to do something about this.

1. *adj.* este; el que se acaba de mencionar. **2.** *adj.* este; el más cercano; lo contrario de ese. **3.** *pro.* éste; ésta; situación a la que uno debe enfrentarse; idea u opinión que se acaba de mencionar.

thorn [θorn] *n* a sharp, woody spike on a bush or shrub. *Ex* There are lots of thorns on a rosebush.

n. espina; púa afilada y corta de un arbusto o matorral.

thorough ['θɚow] *adj* careful; doing things completely. *Ex* They are very thorough house cleaners.

adj. minucioso; cuidadoso; que hace las cosas con detalle.

those [ðowz] *adj* and *pro* the plural of that.

adj. y *pro.* plural de *that.*

though [ðow] *conj* although.

conj. aunque.

thought [θɔt] **1.** *n* an idea; thinking. **2.** *v* the past tense and past participle of think.

1. *n.* idea; pensamiento. **2.** *v.* pasado y participio pasado de *think.*

thoughtful ['θɔtfl̩] *adj* thinking deeply; thinking of what others would like. *Ex* Sally is a friendly and thoughtful person.

adj. pensativo; que piensa profundamente; atento; que piensa en lo que les gustaría a los demás.

thousand ['θawznd̩] *n* 10 times 100. One thousand is written 1,000.

n. mil; 10 veces 100.

thread [θrɛd] *n* a very long, thin piece of material used in sewing.

n. aguja; herramienta larga y muy fina que se utiliza para coser.

threaten ['θrɛtn̩] *v* to warn by frightening. *Ex* He threatened to send me home if I didn't stop talking.

v. amenazar; advertir asustando.

threw [θruw] *v* the past tense of throw.

v. pasado de *throw.*

thrill [θrɪl] **1.** *n* a feeling of excitement. *Ex* The fast ride was a thrill. **2.** *v* to excite someone. *Ex* The wonderful present thrilled me.

1. *n.* emoción; sensación de emoción. **2.** *v.* emocionar a alguien.

throat [θrowt] *n* the inside of the front of the neck which contains the windpipe.

n. garganta; interior de la parte frontal del cuello en la que está la tráquea.

throb [θrɑb] *v* to quiver; for something, such as your heart, to beat very strongly. *Ex* Your heart may throb when you run.

v. palpitar; latir con fuerza el corazón.

throne [θrown] *n* a special chair for a king or a queen.

n. trono; asiento especial de un rey o una reina.

throttle ['θrɑtl̩] **1.** *n* the fuel control of a gasoline or diesel engine. **2.** *v* to choke or strangle.

1. *n.* estrangulador; el control de combustible inyectado en un motor de gasolina o diesel. **2.** *v.* ahogar o estrangular.

through [θruw] **1.** *prep* from one end to the other. *Ex* Please walk quietly through the halls. **2.** *adj* finished. *Ex* Are you through with my pencil now?

1. *prep.* a través de; de una punta a otra. **2.** *adj.* terminado.

throughout [θruw'ɑwt] *prep* in every part of.

prep. en todas partes.

throw [θrow] *v* to release something like a ball or a stone out of your hand and into the air with force. *Ex* He threw the ball over the house. *pt* threw. *pp* thrown.

v. arrojar; lanzar al aire y con fuerza algo como una pelota o piedra.

thrown [θrown] *v* the past participle of threw.

v. participio pasado de *threw*.

thrust [θrəst] *v* to push with great force; to throw. *Ex* She thrust the cat through the door.

v. impulsar; empujar con mucha fuerza.

thud [θəd] *n* a heavy, bumping sound when something falls to the ground. *Ex* His head hit the ground with a thud.

n. ruido sordo producido al caer al suelo algo.

thumb [θəm] *n* the short, thick finger on a human hand.

n. pulgar; el dedo corto y grueso de la mano.

thumbtack ['θəmtæk] *n* a short tack or nail with a very big, flat head, so that it can be pushed in by a thumb.

n. chincheta; tachuela o clavo corto con cabeza grande y plana, para que pueda presionarse con el pulgar.

thump [θəmp] **1.** *v* to strike with the fist; to make a thudding sound. **2.** *n* a blow struck with the fist; a thudding sound.

1. *v.* aporrear; golpear con el puño; hacer un ruido sordo. **2.** *n.* porrazo dado con el puño; ruido sordo.

thunder ['θəndɚ] **1.** *n* a loud noise which you hear during a storm after a flash of lightning. **2.** *v* to make a loud noise; to make the loud noise that comes after lightning.

1. *n.* trueno; ruido grande que se oye durante una tormenta después de que brille el relámpago. **2.** *v.* tronar; hacer un ruido grande; producirse el trueno después del relámpago.

thus [ðəs] *adv* therefore; for example.

adv. así; por ejemplo.

tick [tɪk] **1.** *n* a soft, clicking noise such as a clock makes. **2.** *v* to make the sound of a clock.

1. *n.* tictac; sonia como el que produce un reloj. **2.** *v.* hacer tic-tac; hacer el sonido de un reloj.

ticket ['tɪkət] *n* a small piece of paper or cardboard which you get when you pay to ride a public vehicle, or go to a show.

n. billete; trozo pequeño de papel o cartón que le dan a uno al pagar en un transporte público o en un espectáculo.

tickle ['tɪkl] **1.** *n* a funny feeling on your skin which makes you want to scratch, or even laugh. **2.** *v* to touch or lightly scratch someone in a place so that the person laughs; to cause someone to laugh or be amused.

1. *n.* cosquilleo; sensación en la piel que produce ganas de rascarse o incluso de reír. **2.** *v.* cosquillear; tocar o arrascar suavemente a alguien para que se ría; divertir; hacer que alguien se ría o se divierta.

tide [tɑyd] *n* the coming in and going out of the sea.

n. marea; avance y retroceso del mar.

tidy ['tɑydi] *adj* neat; in order; not in a mess.

adj. ordenado; limpio; no revuelto.

tie [tɑy] **1.** *n* a narrow piece of cloth worn around the neck. **2.** *v* to make a knot; to make a bow.

1. *n.* corbata; prenda estrecha de tejido que se pone alrededor del cuello. **2.** *v.* anudar; hacer un nudo.

tiger ['tɑygɚ] *n* a dangerous, wild animal like a very large cat. *Ex* The tiger has striped fur and lives mostly in India.

n. tigre; peligroso animal salvaje que tiene la forma de un gato grande.

tight [tɑyt] *adj* closely fitting; closely packed; the opposite of loose.

adj. tenso; ajustado; lo contrario de flojo.

tighten ['tɑytn̩] *v* to make tight; to make tighter.

v. estirar; poner más tenso.

tile [tɑyl] *n* a flat piece of baked clay used for floors or walls; flat or curved pieces of baked clay used for roofs.

n. baldosa; pieza plana de barro cocido que se pone en los suelos y las paredes; teja; piezas curvas o planas de barro cocido utilizadas en los tejados.

till [tɪl] **1.** *prep* up to a certain time; until. **2.** *n* a cash drawer in a shop; a cash register. **3.** *v* to work or plow the soil.

1. *prep.* hasta cierto tiempo; hasta. **2.** *n.* caja registradora; caja para el dinero; caja registradora de una tienda. **3.** *v.* arar; cultivar la tierra.

tilt [tɪlt] *v* to lean to one side; to lean something to one side.

v. inclinar a un lado algo; inclinarse a un lado.

timber ['tɪmbɚ] *n* wood which is going to be made into something or used for building.

n. madera de construcción.

time [tɑym] *n* seconds, minutes, hours, days, weeks, months, and years.

n. tiempo; segundos, minutos, horas, días, semanas, meses y años.

times sign ['tɑymz sɑyn] *n* the multiplication sign: ×. *Ex* 2 × 2 = 4.

n. signo de multiplicar: ×.

timid ['tɪməd] *adj* shy; easily frightened.

adj. tímido; que se asusta fácilmente.

tin [tɪn] *n* a silvery metal.

n. estaño; metal plateado.

tingle ['tɪŋgl̩] **1.** *n* a prickly feeling. **2.** *v* to have a prickly feeling.

1. *n.* hormigueo; escozor, **2.** *v.* escocer; hormiguear; tener sensación de cosquilleo.

tinker ['tɪŋkɚ] *v* to meddle with things; to work with something to try to fix it when you really do not know what you are doing.

v. chapucear; entrometerse en cosas; trabajar algo para intentar componerlo cuando realmente no se sabe bien lo que se hace.

tinkle ['tɪŋkl̩] **1.** *n* a soft, ringing sound. **2.** *v* to make a soft, ringing sound.

1. *n.* campanilleo. **2.** *v.* hacer tintinear.

tinsel ['tɪn(t)sl̩] *n* long strips of silvery, sparkling material which are used to decorate Christmas trees.

n. oropel; tiras largas de material centelleante plateado que se emplea en la decoración de árboles de Navidad.

tiny ['tɑyni] *adj* very small.

adj. diminuto; muy pequeño.

tip [tɪp] **1.** *n* the thin end of something; the pointed end of something. **2.** *v* to turn over; to tilt.

1. *n.* punta; la parte final, afilada, de algo. **2.** *v.* girar; inclinar; ladear.

tiptoe ['tɪptow] *v* to walk on the tips of the toes very quietly.

v. andar de puntillas; caminar sigilosamente sobre la punta de los dedos de los pies.

tire [tɑyr] *v* to become tired; to bore someone; to make someone tired.

v. cansar; cansarse; aburrir a alguien; cansar a alguien.

tired [tɑyrd] *adj* having the feeling that you need sleep or rest.

adj. cansado; que tiene la sensación de necesitar dormir o descansar.

tissue ['tɪʃuw] **1.** *n* a very thin sheet of paper. **2.** *n* one of the different materials which a living body is made of.

1. *n.* hoja muy delgada de papel. **2.** *n.* tejido; cada uno de los diferentes materiales de que está hecho un cuerpo vivo.

title ['tɑytl̩] **1.** *n* the name of a book, a song, or a play. **2.** *n* a word, such as Doctor, Captain, or Sister, in front of someone's name.

n. título. **1.** *n.* nombre de un libro, una canción o una obra de teatro. **2.** *n.* título; palabra como Doctor, Capitán o Hermana que se pone delante del nombre de alguien.

title page ['tɑytl̩ peydʒ] *n* a page at the front of a book or paper which tells the title and the author.

n. portada; página al comienzo de un libro o documento que contiene su título y el nombre de su autor.

to [tuw] *prep* toward; until; at.

prep. a; hasta; hacia.

toad [towd] *n* an animal that looks like a frog which has rough, lumpy skin.

n. sapo; animal parecido a la rana, de piel rugosa y llena de protuberancias.

toast [towst] **1.** *n* bread which is made brown and crisp by heating it. **2.** *v* to heat bread to make it brown and crisp.

1. *n.* tostada; pan que se tuesta y se pone crujiente al calentarlo. **2.** *v.* tostar; calentar el pan para que se tueste y se ponga crujiente.

toaster ['towstɚ] *n* an electric appliance which toasts bread.

n. tostador; aparato eléctrico para tostar pan.

tobacco [tə'bækow] *n* a plant with large leaves which are dried, cut up, and used for smoking in cigarettes, cigars, and pipes.

n. tabaco; planta de grandes hojas que, secas y cortadas, se fuman en cigarrillos, cigarros y pipas.

toboggan [tə'bɑgn̩] *n* a long, flat sled without runners.

n. tobogán; trineo largo y plano, sin patines.

today [tə'dey] *adv* on this day.

adj. hoy; en este día.

toe [tow] *n* one of the five things on the foot which are similar to fingers.

n. dedo del pie; cada una de las cinco cosas que hay en el pie parecidas a los dedos de la mano.

together [tə'gɛðɚ] **1.** *adv* in a group. **2.** *adv* with one another.

1. *adv.* juntos; en grupo. **2.** *adv.* junto; con otro.

toil [toyl] **1.** *v* to work very hard. **2.** *n* hard work.

1. *v.* trabajar muy duramente. **2.** *n.* fatiga; trabajo duro.

toilet ['toylət] *n* a bathroom; the basin for human wastes in the bathroom.

n. baño; inodoro, vasija que recoge los desechos del hombre en el cuarto de baño.

token ['towkn̩] **1.** *n* a symbol; an object which helps you remember something. **2.** *n* a piece of metal like a coin that can be used as fare on a bus or a subway.

1. *n.* recuerdo; símbolo; objeto que nos ayuda a recordar algo. **2.** *n.* ficha; pieza de metal, como una moneda, que se puede utilizar como billete en el autobús o en el metro.

told [towld] *v* the past tense and past participle of tell.

v. pasado y participio pasado de *tell.*

tolerance ['tɑlɚən(t)s] *n* the ability to put up with someone or something that you do not like.

n. tolerancia; capacidad de pasar por alto a alguien o algo que a uno le disgusta.

tolerant ['tɑlɚənt] *adj* able to put up with someone or something you do not like.

adj. tolerante; que es capaz de tolerar.

tolerate ['tɑlɚeyt] *v* to put up with someone or something that you do not like.

v. tolerar; pasar por alto algo que a uno le disgusta o contemporizar con alguien que a uno no le gusta.

tomato [tə'meytow] *n* a soft, round, red fruit, often used as a vegetable or in salads.

n. tomate; fruto rojo, redondo y blando que se utiliza como alimento, solo o en ensaladas.

tomb [tuwm] *n* a place where someone is buried, either in the ground or in a stone box above the ground.

n. tumba; lugar donde se entierra a una persona.

tomboy ['tɑmboy] *n* a girl who behaves like a boy and enjoys playing boy's games.

n. marimacho; chica que se comporta como un chico y se divierte jugando a los juegos de chicos.

tomorrow [tə'mɑrow] **1.** *adv* on the day after today. **2.** *n* the day after today; the future.

1. adv. mañana; el día después de hoy. **2.** *n.* mañana; el día después de hoy; el futuro.

ton [tən] *n* a measurement of weight; one ton is equal to 2,000 pounds.

n. tonelada; medida de peso, igual a 2.000 libras ó 1.000 kilos.

tone [town] **1.** *n* a sound, usually musical. **2.** *n* the quality of a person's voice, such as harsh or sweet.

n. tono. **1.** *n.* sonido, generalmente musical. **2.** *n.* tono; cualidad de la voz de una persona, áspera o dulce.

tongs [tɔŋz] *n* a tool with two pieces of metal which can be squeezed together to hold things.

n. tenacillas; herramienta formada por dos partes de metal que se aprietan en torno a algo para cogerlo.

tongue [təŋ] *n* the thick, soft part inside your mouth that moves when you talk and with which you taste things.

n. lengua; la parte gruesa y blanda del interior de la boca que se mueve al hablar y con la que se saborean las cosas.

tonight [tə'nɑyt] *adv* on this night.

adv. esta noche.

too [tuw] *adv* also; as well.

adv. también; demasiado.

took [tʊk] *v* the past tense of take

v. pasado de *take*.

tool [tuwl] *n* any instrument that people use to help them in their work. *Ex* Hammers and shovels are tools.

n. herramienta; cualquier instrumento que se utiliza para auxiliarse en el trabajo.

tooth [tuwθ] *n* one of the white bones in your mouth that you use to bite and chew with. The plural is teeth.

n. diente; cada uno de los huesos blancos de la boca que permiten trocear y masticar cosas. El plural es *teeth*.

toothache ['tuwθeyk] *n* a pain in a tooth.

n. dolor de muelas.

toothbrush ['tuwθbrəʃ] *n* a small, long-handled brush which you use to clean your teeth.

n. cepillo de dientes; cepillo pequeño y con mango largo que se usa para limpiarse la boca.

toothpaste ['tuwθpeyst] *n* a paste which you put on a toothbrush and use to clean your teeth.

n. pasta de dientes.

top [tɑp] **1.** *n* the highest part of something. **2.** *n* a kind of spinning toy.

1. n. la parte más alta de algo. **2.** *n.* peonza; juguete que gira.

topic ['tɑpɪk] *n* a subject or theme.

n. asunto; tema.

torch [tortʃ] *n* a light which can be carried about, like a stick which is flaming at one end.

n. antorcha; luz que puede transportarse; es como un bastón con una llama en la punta.

tore [tor] *v* the past tense of tear.

v. pasado de *tear*.

torn [torn] *v* the past participle of tear.

v. participio pasado de *tear*.

tornado [tor'neydow] *n* a violent, whirling wind that destroys whatever it gets near.

n. tornado; vendaval violento que destruye todo cuanto encuentra a su paso.

torpedo [tor'pidow] *n* a long, rounded bomb which is fired through or along the surface of the water.

n. torpedo; bomba grande y redonda que se dispara dentro del agua o sobre la superficie.

torrent ['torənt] *n* a very fast-moving stream or river.

n. torrente; arroyo o río muy rápido.

tortoise ['tortəs] *n* a very slow-moving animal with a very thick shell.

n. tortuga; animal que se mueve muy lentamente y tiene una concha muy gruesa.

torture ['tortʃɚ] *v* to make someone suffer great pain in order to get a confession or an admission of something.

v. torturar; hacer sufrir mucho a una persona para conseguir que confiese o admita algo.

toss [tɔs] *v* to throw something carelessly into the air.

v. tirar; lanzar algo al aire descuidadamente.

tot [tɑt] *n* a small child.

n. nene; niño pequeño.

total ['towtl] **1.** *n* the sum of; the whole amount. **2.** *v* to add up figures.

1. n. total; la suma de. **2.** *v.* totalizar; sumar cifras.

totter ['tɑtɚ] *v* to walk unsteadily or shake.

v. tambalearse; andar sin estabilidad o a sacudidas.

touch [tətʃ] *v* to feel something with your fingers or with some part of your body.

v. tocar; sentir algo con los dedos o con alguna otra parte del cuerpo.

tough [təf] *adj* hard; strong; not easily broken.

adj. duro; fuerte; que no se rompe fácilmente.

tour ['tuwɚ] **1.** *n* a visit to a place or a series of places; a vacation which takes you to one or more places. **2.** *v* to visit a place or a series of places.

1. n. gira; visita a un lugar o a una serie de lugares; excursión; vacación en la que se va a uno o más lugares. **2.** *v.* visitar un lugar o una serie de lugares.

tourist ['tuwɚɪst] *n* a person visiting a place as part of a vacation.

n. turista; persona que visita un lugar durante sus vacaciones.

tournament ['tɚnəmənt] *n* a sports competition where several teams try to win to see which is the best.

n. torneo; competición deportiva entre varios equipos que compiten para ver cuál es el mejor.

tow [tow] *v* to pull something along by a rope.

v. remolcar; tirar de algo con una cuerda.

toward [tord] *prep* in the direction of. Also towards.

prep. hacia; en dirección de. También se dice *towards*.

towel ['tɑwəl] *n* a piece of thick cloth or paper that you use to dry things.

n. toalla; trozo de papel o paño que se utiliza para secar cosas.

tower ['tɑwɚ] *n* a building or a part of a building that is very high and narrow.

n. torre; edificio, o parte del mismo, muy alto y estrecho.

town [tɑwn] *n* a group of houses and buildings together.

n. ciudad; grupo de casas y edificios juntos.

toy [toy] *n* an object that children play with.

n. juguete; objeto con el que juegan los niños.

trace [treys] *v* to copy a drawing by putting transparent paper over it and going over the lines with a pencil.

v. calcar; copiar un dibujo colocando encima papel transparente y siguiendo sus líneas con un lápiz.

track [træk] **1.** *n* a footprint left by a person or an animal. **2.** *v* to follow an animal you are hunting by going along the trail it has made. **3.** *n* one of the iron bars that a railroad train travels on.

1. *n.* pista; huella que deja una persona o un animal. **2.** *v.* seguir la pista a un animal que se trata de cazar. **3.** *n.* rail; una de las barras de hierro por las que transita un tren.

tractor ['træktɚ] *n* a powerful engine on wheels that pulls something along.

n. tractor; potente máquina con ruedas para arrastrar cosas.

trade [treyd] **1.** *n* a particular kind of work, such as building things, hairdressing, or house painting. **2.** *v* to buy and sell; to exchange.

1. *n.* industria; comercio; tipo particular de trabajo, como la construcción, la peluquería o la pintura. **2.** *v.* comerciar; comprar y vender; intercambiar.

tradition [trə'dɪʃn] *n* a custom which has been practiced for many years.

n. tradición; costumbre practicada durante muchos años.

traffic ['træfɪk] *n* cars, buses, and trucks moving along the street.

n. tráfico; el conjunto de coches, camiones y autobuses que circulan por la calle.

tragedy ['trædʒədi] *n* a disaster; a terribly sad happening.

n. tragedia; desastre; suceso terriblemente triste.

trail [treyl] *n* footprints or other signs that have been left by someone or something; a path.

n. rastro; huellas u otras señales dejadas por alguien o algo; sendero.

trailer ['treylɚ] *n* any wheeled vehicle pulled behind a car or truck.

n. remolque; cualquier vehículo sobre ruedas arrastrado por un coche o un camión.

train [treyn] **1.** *v* to teach. **2.** *n* a line of special cars pulled along railroad tracks by an engine.

1. *v.* adiestrar; enseñar. **2.** *n.* tren; fila de vagones que arrastra una máquina por las vías.

trainer ['treynɚ] *n* someone who teaches a person or animal to do something well, like swimming or running a race.

n. entrenador; el que enseña a una persona o a un animal a hacer bien algo, como nadar o correr una carrera.

traitor ['treytɚ] *n* someone who betrays his friends or country.

n. traidor; el que traiciona a sus amigos o a su país.

tramp [træmp] **1.** *v* to walk heavily. **2.** *n* a person who goes from place to place, often sleeping out-of-doors and begging for money from other people.

1. *v.* vagar; caminar pesadamente. **2.** *n.* vagabundo; persona que va de un sitio a otro, que duerme a menudo al aire libre y pide limosna a otras personas.

trample ['træmpl] *v* to tramp on.

v. pisotear; caminar pesadamente.

trampoline ['træmpəlin] *n* a large piece of canvas fastened to a frame with springs. *Ex* You can bounce up and down and do somersaults on a trampoline.

n. trampolín; trozo grande de lona sujeto con correas a una estructura.

transfer 1. *v* [træn(t)s'fɚ, 'træn(t)sfɚ] to carry or send something or someone from one place to another; to change from one bus, plane, or train to another. **2.** *n* ['træn(t)sfɚ] a slip of paper you can get when you ride a bus. It lets you complete your trip on another bus without paying another fare.

1. *v.* trasladar; llevar o enviar algo a alguien de un lugar a otro; transbordar; cambiar de autobús, tren o avión. **2.** *n.* billete de transbordo; trozo de papel que se puede sacar al tomar un autobús y que permite viajar en otro hasta completar el recorrido, sin pagar un nuevo billete.

transform [træn(t)s'form] *v* to change the way something looks, as a caterpillar is transformed into a butterfly.

v. transformar; cambiar la forma de algo, como la oruga que se transforma en mariposa.

transistor [træn'zɪstɚ] **1.** *n* an electronic part which is found in radios, television sets, computers, and other devices. **2.** *n* a transistor radio; a portable radio using transistors.

n. transistor. **1.** *n.* elemento electrónico que se encuentra como componente en los aparatos de radio y televisión, en los ordenadores y otros aparatos. **2.** *n.* transistor; radio a transistores; radio portátil que funciona mediante transistores.

translate ['træn(t)sleyt] *v* to express the meaning of words in one language in another language.

v. traducir; expresar el significado de las palabras de un idioma en otro idioma.

transparent [træn(t)s'pɛrənt] *adj* easily seen through. *Ex* Window glass is transparent.

adj. transparente; que se puede ver a su través.

transplant 1. *v* [træn(t)s'plænt] to remove a plant from the ground and plant it somewhere else. **2.** *n* ['træn(t)splænt] a kind of surgery in which a diseased part of the body is removed and a healthy part is put in its place.

1. *v.* transplantar; sacar una planta de la tierra y plantarla en otro lugar. **2.** *n.* transplante; operación quirúrgica por la que se saca una parte enferma del cuerpo y se sustituye por otra que está sana.

transportation [træn(t)spɚ'teyʃn̩] **1.** *n* carrying from one place to another. **2.** *n* things that move people, like buses, trains, cars, planes, and ships.

1. *n.* transporte; acción de llevar de un lugar a otro. **2.** *n.* transportes; vehículos que llevan a las personas de un lugar a otro, como autobuses, trenes, coches, aviones y barcos.

trap [træp] **1.** *n* a device for catching animals or birds. **2.** *v* to catch something in a trap.

1. *n.* trampa; artilugio para cazar animales o aves. **2.** *v.* atrapar; coger algo en una trampa.

trapeze [træ'piz] *n* a kind of swing with only a thin bar for a seat.

n. trapecio; especie de columpio cuyo asiento es una simple barra.

trash [træʃ] *n* rubbish; garbage; useless material that is to be thrown away.

n. desperdicios; basura; material inservible que se tira.

trash can ['træʃ kæn] *n* a bin or a large can for holding trash; a wastebasket.

n. cubo de basura; bidón o lata grande para la basura.

travel ['trævl] **1.** *v* to make a journey; to go from place to place. **2.** *n* journeying; going from one place to another, like you do on a vacation.

1. *n.* viajar; hacer un viaje; ir de un lugar a otro. **2.** *n.* viaje; la acción de ir de un lugar a otro, como se hace en vacaciones.

tray [trey] *n* a flat piece of wood, metal, or plastic on which a person can carry things, such as cups, saucers, and food.

n. bandeja; pieza plana de madera, metal o plástico en la que una persona puede llevar cosas, como copas, fuentes y comida.

treacherous ['tretʃɚəs] *adj* not to be trusted; likely to betray.

adj. traicionero; persona que no es de fiar, que puede traicionar.

tread [trɛd] *n* the thick, ridged pattern on a bicycle, car, or truck tire.

n. banda de rodadura; parte gruesa y con dibujos de los neumáticos de bicicleta, coche o camión.

treasure ['trɛʒɚ] **1.** *n* a collection of money or jewels. **2.** *n* anything which is valuable or much loved.

n. tesoro. **1.** *n.* colección de dinero o joyas. **2.** *n.* tesoro; algo que es valioso o muy querido.

treasurer ['trɛʒɚɚ] *n* a person who is in charge of the money of a business, government, or a club.

n. tesorero; persona que tiene a su cargo el dinero de una empresa, un gobierno o un club.

treat [trit] **1.** *v* to act in a certain way toward someone or something. *Ex* He always treats us kindly. **2.** *v* to give a gift of something to someone. *Ex* He treated us to a picnic. **3.** *n* a special outing or a present for which you do not have to pay. *Ex* His treat for us was a picnic. **4.** *n* a bit of candy, ice cream, or cake; something nice to eat.

1. *v.* tratar; actuar de una determinada forma con alguien o ante algo. **2.** *v.* invitar; obsequiar con algo a alguien. **3.** *n.* invitación; salida especial o regalo por el que no se tiene que pagar. **4.** *n.* golosina; caramelo, helado o pastel, algo agradable de comer.

tree [tri] *n* a very large plant with leaves and branches.

n. árbol; planta muy grande con ramas y hojas.

tremble ['trɛmbl] *v* to shake or quiver.

v. temblar; sacudirse o estremecerse.

tremendous [trə'mɛndəs] *adj* very large; enormous; huge.

adj. tremendo; muy grande; enorme; descomunal.

tremor ['trɛmɚ] *n* a shaking; a small earthquake.

n. temblor; estremecimiento; pequeño terremoto.

trench [trɛntʃ] *n* a deep ditch.

n. trinchera; zanja profunda.

trespass ['trɛspæs] *v* to go on someone else's land or property without permission.

v. traspasar; entrar en el terreno o propiedad de otra persona sin permiso.

trial ['trayl] *n* a test to see if something works well; the judging of a person or an issue in a court of law.

n. ensayo; prueba para ver si algo funciona bien; proceso; juicio de una persona o asunto en un tribunal de justicia.

triangle ['trayæŋgl] *n* an area enclosed by three straight lines.

n. triángulo; área comprendida entre tres líneas rectas.

tribe [trayb] *n* a group of families who all live together, with one chief who rules them.

n. tribu; grupo de familias que viven juntas, bajo el mandato de un jefe.

trick [trɪk] *n* something clever. *Ex* Some people can do magic tricks, and others can do tricks like walking on a wire.

n. habilidad; maña; algo inteligente.

trickle ['trɪkl] **1.** *v* to flow in a very thin stream. **2.** *n* a very thin stream.

1. *v.* gotear; chorrear un poco; fluir en pequeña cantidad. **2.** *n.* goteo; corriente muy pequeña de líquido.

tricycle ['traysɪkl] *n* a three-wheeled cycle.

n. triciclo; bicicleta con tres ruedas.

trigger ['trɪgɚ] *n* the little lever which is pulled to fire a gun.

n. gatillo; palanquita de la que se tira para disparar un arma de fuego.

trigonometry [trɪgə'namətri] *n* the mathematical study of triangles and the arcs and angles that relate to triangles.

n. trigonometría; estudio matemático de los triángulos y de los arcos y ángulos que tienen relación con los triángulos.

trillion ['trɪlyən] *n* the number 1,000,000,000,000.

trim [trɪm] **1.** *v* to make something neat, often by cutting off the rough edges or loose threads. **2.** *v* to decorate a piece of clothing by adding something like lace or ribbon; to decorate a Christmas tree. **3.** *n* cloth, wood, or metal used to decorate something.

trip [trɪp] **1.** *n* a short journey. **2.** *v* to stumble or fall as a result of catching your foot on something.

tropics ['trɑpɪks] *n* the warm, humid parts of the earth. *Ex* I love to go to the tropics on vacation.

trot [trɑt] *v* to run, but not as fast as you can.

trouble ['trʌbl] **1.** *n* anything which annoys or causes worry or unhappiness. *Ex* Please try to stay out of trouble. **2.** *v* to annoy or worry someone. *Ex* I am sorry to trouble you.

troublesome ['trʌblsəm] *adj* causing trouble or difficulty. *Ex* Mr. Long can be very troublesome.

trousers ['trawzɚz] *n* a piece of clothing which covers you from your waist to your ankles, fitting around each leg separately; long pants.

trowel ['trawl] **1.** *n* a tiny shovel with a curved blade. *Ex* A trowel is used for gardening. **2.** *n* a flat, metal tool with a handle. *Ex* Bricklayers use a trowel to put mortar between bricks.

truce [truws] *n* a cease-fire; an armistice; a stopping of fighting. *Ex* A truce was called, and the fighting stopped.

truck [trʌk] *n* a strong vehicle used for carrying things from place to place.

trudge [trʌdʒ] *v* to walk along wearily, with heavy footsteps. *Ex* Joel had to trudge home through the snow.

true [truw] *adj* real; correct; accurate.

trumpet ['trʌmpət] *n* a musical instrument which you blow into.

trunk [trʌŋk] **1.** *n* the thick stem of a tree. **2.** *n* an elephant's nose. **3.** *n* a big box for sending clothes in.

trust [trʌst] **1.** *v* to believe that someone is honest, or that you will not be tricked. **2.** *n* faith in someone or something.

truth [truwθ] *n* whatever is true.

try [tray] *v* to test to see if something works; to do the best you can.

trying ['trayɪŋ] *adj* annoying; frustrating.

T-shirt ['tiʃɚt] *n* a cotton, pullover shirt with short sleeves. *Ex* Many T-shirts have pictures or writing on them.

tub [tʌb] *n* an open container for washing in or for holding liquids; a bathtub.

tube [tuwb] **1.** *n* a long, thin, hollow piece of metal, wood, or other material. **2.** *n* a container from which you squeeze out the contents, such as a toothpaste tube.

tuck [tʌk] *v* to fold something into something else. *Ex* Be sure to tuck the edge of the sheet under the mattress.

tuft [tʌft] *n* a small bunch of grass, plants, hairs, or feathers growing together in a group.

tug [tʌg] *v* to pull hard at someone or something.

tugboat ['tʌgbowt] *n* a small but powerful boat which pulls or pushes large ships.

tug-of-war [təgə'wor] *n* a game in which a team pulls on each end of the same rope. Each team tries to pull the other team over a line.

n. trillón; el número 1.000.000.000.000.

1. *v.* recortar; podar; dejar algo limpio, a menudo cortando los bordes rugosos o los hilos que sobresalen. **2.** *v.* adornar; decorar un vestido, añadiéndole cosas como lazos y cintas; adornar un árbol de Navidad. **3.** *n.* adorno; tela, madera o metal utilizados para decorar algo.

1. *n.* viaje corto. **2.** *v.* tropezar; dar traspiés o caer como consecuencia de haberse enganchado el pie en algo.

n. trópicos; las partes cálidas y húmedas de la Tierra.

v. trotar; correr, pero no tan deprisa como se puede.

1. *n.* aflicción; algo que molesta o que causa inquietud o infelicidad. **2.** *v.* molestar; fastidiar o preocupar a alguien.

adj. molesto; que causa molestias o dificultades.

n. pantalones; vestimenta que cubre desde la cintura a los tobillos y que se ciñe a las dos piernas por separado.

1. *n.* transplantador; pequeña pala de hoja curva. **2.** *n.* llana; herramienta plana de metal con mango.

n. tregua; alto el fuego; armisticio; interrupción de la lucha.

n. camión; vehículo potente utilizado para transportar mercancías de un lugar a otro.

v. caminar penosamente.

adj. verdadero; real; correcto; exacto.

n. trompeta; instrumento musical que suena cuando se sopla.

1. *n.* tronco; el tallo grueso de un árbol. **2.** *n.* trompa; la nariz de un elefante. **3.** *n.* baúl; caja grande para meter vestidos.

1. *v.* confiar; creer que alguien es honesto, o que no le traicionará. **2.** *n.* confianza; fé en algo o en alguien.

n. verdad; lo que es cierto.

v. probar; comprobar algo para ver si funciona; esforzarse; hacer las cosas lo mejor posible.

adj. molesto; cansado; aburrido.

n. camiseta; camiseta de algodón de manga corta.

n. tina; recipiente abierto para lavar cosas dentro o para contener líquidos; bañera.

1. *n.* tubo; trozo largo, delgado y hueco de metal, madera u otro material. **2.** *n.* tubo; recipiente del que se saca el contenido al apretarlo, como un tubo de pasta dentífrica.

v. plegar; esconder.

n. mata; pequeño manojo de hierba, plantas, cabellos o plumas que crecen juntos, en grupo.

v. tirar fuerte de algo o de alguien.

n. remolcador; barco pequeño, pero potente, que tira de o empuja grandes barcos.

n. tira y afloja; juego en el que un equipo tira de cada extremo de una cuerda, tratando cada uno de ellos de hacer que el otro sobrepase una determinada línea.

tulip ['tuwləp] *n* a brightly colored flower with a few large leaves.

n. tulipán; flor de colores brillantes, con algunas hojas grandes.

tumble ['təmbl] *v* to fall over suddenly.

v. derrumbarse; caerse repentinamente.

tumbler ['təmblɚ] *n* a plain drinking glass.

n. vaso; vaso sencillo para beber.

tummy ['təmi] *n* stomach; belly.

n. barriga; tripa; vientre.

tuna ['tuwnə] *n* a large fish which lives in the ocean.

n. atún; pez grande que vive en el océano.

tune [tuwn] **1.** *n* a melody; a lot of musical notes sounded one after the other to make a piece of music. **2.** *v* to make the different notes of a musical instrument match the musical scale. *Ex* Our piano needs to be tuned.

1. *n.* melodía; conjunto de notas musicales colocadas una a continuación de otra para formar una composición musical. **2.** *v.* afinar un instrumento musical, haciendo que sus diferentes notas coincidan con la de la escala.

tuning fork ['tuwnɪŋ fork] *n* a metal instrument with two prongs that give out a musical sound when you strike it.

n. diapasón; instrumento musical con dos dientes que emite un determinado sonido cuando se le golpea.

tunnel ['tənl] **1.** *n* a hole cut right through a hill or under the ground. **2.** *v* to make a tunnel; to burrow.

1. *n.* túnel; excavación a través de una colina o bajo la tierra. **2.** *v.* excavar; hacer un túnel.

turbine ['tɚbən] *n* an engine that works by the force of moving water, steam, or gas.

n. turbina; motor que funciona con la fuerza del movimiento del agua, vapor de agua o gas.

turf [tɚf] *n* the top layer of earth with grass growing on it.

n. césped; capa de tierra en la que crece hierba.

turkey ['tɚki] *n* a big bird with small wings and a fan-shaped tail. *Ex* Americans eat turkey at Thanksgiving.

n. pavo; ave corpulenta de alas cortas y cola en forma de abanico.

turn [tɚn] **1.** *v* to move yourself or some object to the left or the right or all the way around. **2.** *n* a turning; a place to turn. **3.** *n* your chance or time to do something. *Ex* Hurry, or you will miss your turn.

1. *v.* girar; moverse uno o moverse algún objeto, a la izquierda o a la derecha, o en redondo. **2.** *n.* giro; lugar para dar la vuelta. **3.** *n.* turno; la ocasión u oportunidad de uno para hacer algo.

turnstile ['tɚnstayl] *n* a device set in a passageway so that you can go through but you cannot come back out. *Ex* Turnstiles are found at football stadiums and subway stations.

n. torniquete; aparato colocado en un sitio de paso que, una vez cruzado, impide retroceder.

turntable ['tɚnteybl] *n* a flat, circular panel which turns around; the part of a record player which carries a record around and around.

n. plato giratorio; panel circular y plano que gira; parte de un tocadiscos sobre la que el disco gira y gira.

turpentine ['tɚpəntayn] *n* a kind of very thin oil used to thin paint.

n. trementina; especie de aceite muy fluido que se utiliza para aclarar pintura.

turtle ['tɚtl] *n* a hard-shelled reptile which lives in and around water; a tortoise.

n. tortuga de mar; reptil de caparazón duro que vive en el agua o cerca de ella.

tusk [təsk] *n* one of the two very long teeth that stick out of the mouths of some animals such as elephants.

n. colmillo; cada uno de los dos dientes largos que sobresalen de la boca de algunos animales, como los elefantes.

tutor ['tuwtɚ] *n* a person whose job is to help students learn a school subject by giving them private lessons.

n. tutor; profesor particular; persona cuyo oficio consiste en ayudar a los estudiantes a aprender los temas escolares, dándoles clases particulares.

tweed [twid] *n* a thick, wool cloth which is often used to make suits and overcoats.

n. tweed; tejido grueso de lana que se suele utilizar para hacer trajes y abrigos.

tweezers ['twizɚz] *n* a very small set of tongs which can be used to take out splinters or pull out single hairs.

n. pinzas; especie de tenacillas que se pueden utilizar para sacar astillas o arrancar pelos uno a uno.

twice [tways] *adv* two times.

adj. dos veces.

twig [twɪg] *n* a little branch on a tree or a bush.

n. ramita de un árbol o un arbusto.

twilight ['twaylayt] *n* the fading, dim light just before the sun sets.

n. crepúsculo; luz débil y borrosa, inmediatamente antes de la puesta de sol.

twin [twɪn] **1.** *n* one of a set of twins. **2.** *adj* paired; matched.

1. *n.* gemelo. **2.** *adj.* gemelo; emparejado.

twine [twayn] *n* threads twisted together to make strong string.

n. bramante; hilos torcidos juntos que forman un cordel fuerte.

twinkle ['twɪŋkl] *v* to shine and sparkle in flashes, like a star in the sky.

v. centellear; brillar y parpadear, al modo de una estrella en el cielo.

twins [twɪnz] *n* a pair of children or animals born at the same time to the same mother.

n. gemelos; dos niños o animales nacidos al mismo tiempo, de la misma madre.

twirl [twɚl] *v* to turn around and around very quickly; to turn something around and around very quickly.

v. girar; dar vueltas una y otra vez muy rápidamente. girar algo una y otra vez muy rápidamente.

twist [twɪst] *v* to bend something; to wind one thing around another; to turn sharply.

type [tɑyp] **1.** *n* something that belongs to or stands for a group of things, like a person or kind of food. **2.** *v* to print words on paper by using a typewriter.

typewriter ['tɑyprɑytɚ] *n* a machine which prints words on paper. *Ex* A typewriter has keys with letters on them which you press.

tyrant ['tɑyrənt] *n* a person who rules over people in a cruel way.

v. torcer; doblar algo; enrollar una cosa alrededor de otra; girar repentinamente.

1. *n.* tipo; clase; algo que pertenece a o representa a un grupo de cosas, como una persona o una clase de comida. **2.** *v.* mecanografiar; imprimir palabras sobre papel con una máquina de escribir.

n. máquina de escribir; máquina que imprime palabras sobre papel.

n. tirano; persona que gobierna a un pueblo con crueldad.

ugly ['əgli] *adj* unpleasant to look at; the opposite of pretty.

adj. feo, lo contrario de bonito.

ulcer ['əlsɚ] *n* an open sore on the skin or inside the body.

n. úlcera; herida dolorosa en la piel o en el interior del cuerpo.

umbrella [əm'brɛlə] *n* a round piece of cloth stretched over thin sticks of metal. *Ex* An umbrella is held over a person to keep the rain off.

n. paraguas; trozo redondo de tela extendida sobre varillas de metal.

umpire ['əmpɑyr] *n* someone who decides whether players have broken the rules in baseball.

n. árbitro que decide qué jugadores han roto las reglas en el béisbol.

unable [ən'eybl] *adj* not able to do something.

adj. incapaz de hacer algo.

uncle ['əŋkl] *n* the brother of your father or mother.

n. tío; el hermano del padre o de la madre.

uncomfortable [ən'kəm(p)fɚtəbl, ən'kəm(p)ftɚbl] *adj* not at ease; feeling awkward.

adj. incómodo; poco confortable; molesto.

under ['əndɚ] **1.** *prep* beneath. *Ex* Please put your books under your chair. **2.** *adv* to a lower place; in a lower direction. *Ex* Yes, put them under.

1. *prep.* debajo de; bajo. **2.** *adv.* más abajo; en un lugar mas bajo; hacia una dirección inferior.

underground ['əndɚgrawnd] **1.** *adv* to a place beneath the surface of the earth. **2.** *adj* beneath the surface of the earth. **3.** *n* the world of criminals.

1. *adv.* bajo tierra; en un lugar debajo de la superficie de la tierra. **2.** *adj.* subterráneo; debajo de la superficie de la tierra. **3.** *n.* bajos fondos; mundo de los delincuentes.

underline ['əndɚlɑyn] *v* to draw a line under a word.

v. subrayar; trazar una línea debajo de una palabra.

underneath [əndɚ'niθ] **1.** *prep* under. **2.** *adv* under.

1. *prep.* debajo de. **2.** *adv.* por debajo.

underpants ['əndɚpænts] *n* pants that are worn under regular clothing next to the skin.

n. calzoncillos; pantalones cortos que se llevan bajo la ropa normal, en contacto con la piel.

understand [əndɚ'stænd] *v* to know what something means. *pt* understood. *pp* understood.

v. entender; conocer lo que algo significa.

understood [əndɚ'stʊd] *v* the past tense and past participle of understand.

v. pasado y participio pasado de *understand*.

underwear ['əndɚwɛr] *n* clothing worn under regular clothing next to the skin

n. ropa interior; la que se lleva debajo de la ropa normal, en contacto con la piel.

undid [ən'dɪd] *v* the past tense of undo.

v. pasado de *undo*.

undo [ən'duw] *v* to unfasten, untie, or open something. *pt* undid. *pp* undone.

v. desatar; desamarrar o abrir algo.

undone [ən'dən] *v* the past participle of undo.

v. participio pasado de *undo*.

undress [ən'drɛs] *v* to take clothing off.

v. desnudarse; quitarse la ropa.

unemployed [ənɪm'ployd] *adj* having no job.

adj. desempleado; parado; que no tiene trabajo.

unemployment [ənɪm'ploymənt] *n* the state of not having a job; a state where many workers have no jobs because there are not enough jobs.

n. desempleo; situación de estar sin empleo; estado o situación en la que muchos trabajadores no tienen trabajo porque no hay puestos suficientes.

unexpected [ənɪk'spɛktəd] *adj* not expected; sudden.

adj. inesperado; no esperado; repentino.

unfortunate [ən'fortʃənət] *adj* unlucky; sad.

adj. desafortunado; sin suerte; triste.

unhappy [ən'hæpi] *adj* sad; the opposite of happy.

adj. triste; infeliz; lo contrario de feliz.

unhealthy [ən'hɛlθi] *adj* sick; not well; not in good health.

adj. enfermo; que no está bien; que no tiene buena salud.

uniform ['yuwnəform] **1.** *adj* similar; identical; same. **2.** *n* special clothes worn by those who belong to groups such as the police or the military.

adj. uniforme. **1.** *adj.* similar; idéntico; el mismo. **2.** *n.* uniforme; trajes especiales que llevan los que pertenecen a grupos tales como la policía o la milicia.

unimportant [ənɪm'portənt] *adj* not important.

adj. insignificante; sin importancia.

uninteresting [ən'ɪntrəstɪŋ] *adj* not interesting; dull; boring.

adj. sin interés; no interesante; insulso; aburrido.

union ['yuwnyən] **1.** *n* a joining together; a uniting. **2.** *n* a group of workers who have joined together.

1. *n.* unión; armonía. **2.** *n.* sindicato; grupo de trabajadores que se han unido.

unit ['yuwnət] *n* a single thing; a group; a device or appliance.

n. unidad; una sola cosa, grupo, aparato o dispositivo.

unite [yə'nayt] *v* to join together; to join something together.

v. unir; reunir; juntar algo.

universal [yuwnə'vɚsl] *adj* having to do with everyone everywhere; having to do with the universe.

adj. universal; relativo a todos en todas partes; relativo al universo.

universe ['yuwnəvɚs] *n* all things existing on earth and in space.

n. universo; todo lo que existe en la tierra y en el espacio.

university [yuwnə'vɚsəti] *n* a place where students who have finished high school can go for more education.

n. universidad; lugar al que pueden ir todos los estudiantes que han finalizado el bachillerato para continuar sus estudios.

unkind [ən'kaynd] *adj* not kind; mean; cruel.

adj. poco amable; despiadado; cruel.

unknown [ən'nown] *adj* not known.

adj. desconocido; no conocido.

unless [ən'lɛs] *conj* except that.

conj. a menos que; a no ser que.

unload [ən'lowd] *v* to take a load from.

v. descargar una mercancía.

unpleasant [ən'plɛzənt] *adj* not pleasant; nasty.

adj. desagradable; no agradable; repugnante.

unsteady [ən'stɛdi] *adj* not steady; shaky.

adj. inestable; no estable; tambaleante.

unsuccessful [ənsək'sɛsfl] *adj* not successful; having failed.

adj. fracasado; sin éxito; fallido.

untidy [ən'taydi] *adj* not neat; not well arranged.

adj. desaliñado; no limpio; no bien arreglado.

until [ən'tɪl] **1.** *prep* up to a stated time. **2.** *conj* up to the time that.

1. *prep.* hasta un momento determinado. **2.** *conj.* hasta que; hasta el momento que.

unusual [ən'yuwʒəwəl] *adj* not usual; out of the ordinary.

adj. insólito; no usual; que se sale de lo ordinario.

unwell [ən'wɛl] *adj* ill; not healthy.

adj. indispuesto; enfermo; que no tiene salud.

unwrap [ən'ræp] *v* to take the covering or wrapping off of something.

v. desenvolver; quitar la cubierta o envoltura de algo.

up [əp] **1.** *prep* toward a higher place. *Ex* Don't climb up the tree. **2.** *adv* toward a higher place. *Ex* Please move up. **3.** *adj* awake.

1. *prep.* arriba; hacia un lugar más alto. **2.** *adv.* hacia arriba.

upon [ə'pan] *prep* on; on top of something.

pre. sobre; sobre la parte superior de algo.

upset [əp'sɛt] **1.** *v* to knock something over. **2.** *adj* worried; sick.

1. *v.* volcar; tirar algo. **2.** *adj.* preocupado; enfermo.

upside-down [əpsayd'dawn] *adj* turned over, with the top part underneath.

adj. boca abajo; al revés; vuelto del revés; con la parte superior debajo.

upstairs [əp'stɛrz] **1.** *adv* up the stairs; toward a higher floor of a building. **2.** *n* a floor above the ground floor of a building.

1. *adv.* arriba; hacia una planta más alta de un edificio. **2.** *n.* piso superior sobre la planta de un edificio.

upstream [əp'strim] *adv* toward the upper part of a stream; toward the source of a stream.

adv. río arriba; hacia la parte superior de una corriente; hacia la fuente de una corriente.

upward ['əpwɚd] *adv* going up; toward the sky.

adv. hacia arriba; hacia el cielo.

urban ['ɚbn] *adj* having to do with towns or cities and not the countryside.

adj. urbano; relativo a las urbes y ciudades y no al campo.

urge [ɚdʒ] *v* to try to get someone to do something; to try to persuade.

v. incitar; tratar de conseguir que alguien haga algo; tratar de persuadir.

urinate ['yɚəneyt] *v* to release waste fluid from the body.

v. orinar; expeler del cuerpo el fluido residual.

us [əs] *pro* the objective form of we. *Ex* Please give them to us. Please do it for us.

pro. nos; nosotros; forma objetiva de *we*.

use 1. *v* [yuwz] to do something with an object made for a special purpose. *Ex* Please use a knife to cut your meat. **2.** *n* [yuws] the using of something; what something is used for.

1. *v.* utilizar; hacer algo con un objeto fabricado para un propósito especial. **2.** *n.* uso; utilización de algo; aquello para lo que algo se usa.

used [yuwzd] *adj* not new. *Ex* I do not wish to buy a used car.

adj. usado; no nuevo.

used to ['yuwstuw] *v* a special phrase meaning *did often in the past*. *Ex* We used to go to the beach when I was young.

v. acostumbrado; frase especial que significa «hecho a menudo en el pasado».

useful ['yuwsfl] *adj* helpful; handy and frequently used.

adj. útil; provechoso, práctico y que se utiliza frecuentemente.

useless ['yuwsləs] *adj* of no use; of no worth or value.

adj. inútil; que no se usa; que no tiene valor.

usher ['əʃɚ] *n* a person who takes people to their seats in theaters or stadiums.

n. acomodador; persona que acompaña a la gente a sus asientos en los teatros o los estadios deportivos.

.**usual** ['yuwʒəwəl] *adj* common; happening often or regularly.

adj. usual; común; que ocurre a menudo o regularmente.

usually ['yuwʒ(əw)əli] *adv* almost always; more often than not.

adv. normalmente; casi siempre.

utilities [yuw'tɪlətiz] **1.** *n* the pipes and wires that come into a building, such as wires for the telephone and electricity and pipes for water, gas, and sewage. **2.** *n* the companies that supply water, gas, electricity, and telephone service.

1. *n.* tuberías y cables de un edificio como los cables eléctricos y del teléfono y las tuberías para agua, gas y alcantarillado. **2.** *n.* empresas de servicio público; compañías que abastecen de agua, gas, electricidad y servicio telefónico.

V

vacant ['veyknt] *adj* empty; unused.

adj. vacío; libre.

vacation [vey'keyʃn] *n* a period of time off from your job; a trip or a tour.

n. vacación; período de tiempo fuera del trabajo, viaje o excursión.

vaccinate ['væksəneyt] *v* to give an injection which will keep you from getting some diseases.

v. vacunar; poner una inyección que evitará contraer algunas enfermedades.

vaccination [væksə'neyʃn] *n* an injection which will prevent disease.

n. vacuna; inyección preventiva de enfermedades.

vacuum ['vækyuwm] **1.** *n* a space with no air in it. **2.** *n* a vacuum cleaner; an appliance which sucks dirt up from the floor.

1. *n.* vacío; espacio que no contiene aire. **2.** *n.* aspiradora; aparato que succiona la suciedad del suelo.

vague [veyg] *adj* not very clear; not very certain.

adj. impreciso; no muy claro; dudoso; no muy cierto.

vain [veyn] *adj* thinking how pretty or good-looking you are; having a very good opinion of yourself.

adj. vanidoso; presumido; que piensa lo bien parecido o lo guapo que es; que tiene una opinión muy buena de sí mismo.

valentine ['væləntayn] *n* a card or greeting sent to someone special on Saint Valentine's Day, February 14th.

n. tarjeta de felicitación que se envía a alguien especial el 14 de febrero, día de San Valentín.

valley ['væli] *n* the low land between two hills or mountains.

n. valle; tierra baja entre dos colinas o montañas.

valuable ['vælyuw(ə)bl] *adj* worth a lot of money; high-priced.

adj. valioso; que vale mucho dinero; de muy alto precio.

value ['vælyuw] *n* the worth of something; the price or cost of something.

n. valor de algo; precio o coste de algo.

van [væn] *n* a closed motor vehicle used for carrying things or people from place to place.

n. furgoneta; vehículo de motor cerrado que se usa para transportar personas o cosas de un lugar a otro.

vanilla [və'nɪlə] *n* a food flavoring which comes from the dried seedpods of a climbing plant.

n. vainilla; condimento procedente de las vainas de una planta trepadora.

vanish ['vænɪʃ] *v* to go out of sight very quickly; to disappear.

v. desaparecer; irse del campo de visión muy rápidamente.

vanity ['vænəti] *n* pride; vainness; too high an opinion of yourself.

n. vanidad; orgullo; opinión demasiado elevada sobre uno mismo.

vapor ['veypɚ] *n* mist, steam, or smoke floating in the air.

n. vapor; niebla; vapor de agua o humo que flota en el aire.

variety [və'rayəti] *n* a collection of many kinds of things; a show with different kinds of entertainment.

n. diversidad; colección de muchas clases de cosas; variedades; espectáculo con distintos tipos de diversiones.

various ['vɛriəs] *adj* different; many; several.

adj. diverso; diferente; muchos; varios.

varnish ['vɑrnɪʃ] *n* a clear liquid which is painted on wood to make it look shiny.

n. barniz; líquido claro con el que se pinta la madera para hacerla más brillante.

vase [veys] *n* a pretty container for putting flowers in.

n. florero; recipiente bonito para poner flores.

vast [væst] *adj* huge; very big; immense.

adj. vasto; muy grande; inmenso.

veal [vil] *n* the meat from a calf.

n. ternera; carne de ternera.

vegetable ['vɛdʒ(ə)təbl] *n* any plant used for food.

n. verdura; cualquier planta que se usa como alimento.

vehicle ['viəkl] *n* anything with wheels used to carry people or things.

n. vehículo; cualquier dispositivo con ruedas utilizado para trasladar cosas o personas.

veil [veyl] *n* a thin piece of netting or material worn by women to hide their faces or to protect them from strong wind or sunshine.

n. velo; prenda fina de red o tela que llevan las mujeres para ocultar la cara o para protegerse del viento y los rayos del sol.

vein [veyn] *n* one of the long, thin tubes that carries blood around in the body. *Ex* Arteries carry blood away from the heart and veins return blood to the heart.

n. vena; cada uno de los tubos largos y finos que llevan la sangre por el cuerpo.

velvet ['vɛlvət] *n* a soft material that looks and feels like fur with very short hairs.

n. terciopelo; clase de tela que parece y tiene el tacto de la piel, con pelos muy cortos.

vending machine ['vɛndɪŋ məʃin] *n* a kind of machine from which people can buy things like soft drinks, candy, and postage stamps.

n. máquina de venta automática; máquina en la que se pueden adquirir una serie de cosas, como bebidas sin alcohol, caramelos y sellos de correos.

venetian blinds [vəniʃn 'blɑyndz] *n* a window covering made of wooden, metal, or plastic strips which can be tilted to let light in or keep it out.

n. persiana veneciana; persiana hecha con tiras de madera, metal o plástico que se pueden girar para que pase la luz o no.

vengeance ['vɛndʒn(t)s] *n* revenge.

n. venganza.

vent [vɛnt] *n* an opening to let air in or out. Short for ventilator.

n. respiradero; abertura para permitir que salga o entre aire. Especie de ventilador.

ventilator ['vɛntʲleytɚ] *n* a small opening in a wall to let stale air out or fresh air in.

n. ventilador; abertura pequeña en una pared para permitir que salga el aire cargado y entre aire fresco.

veranda [vɚ'ændə] *n* an open porch with a roof joined on to a house.

n. pórtico; porche abierto con tejado, unido a una casa.

verb [vɚb] *n* a grammatical term for a word of doing or being.

n. verbo; término gramatical para una palabra que implica acción o existencia.

verse [vɚs] *n* poetry; part of a poem.

n. verso; poesía; parte de un poema.

very ['vɛri] **1.** *adj* absolute; exact. **2.** *adv* to a very high degree.

1. *adj.* mismo; absoluto; exacto. **2.** *adv.* muy; mucho; en muy alto grado.

vessel ['vɛsl] **1.** *n* a ship. **2.** *n* a container, usually for liquid.

1. *n.* nave; navío; barco. **2.** *n.* vasija; recipiente, generalmente para líquidos.

vest [vɛst] *n* a kind of jacket which has no sleeves; a waistcoat.

n. camiseta; especie de chaqueta sin mangas; chaleco.

vet [vɛt] *n* a veterinarian.

n. veterinario.

veterinarian [vɛt(ə)rə'nɛriən] *n* a doctor for sick animals.

n. veterinario; médico de los animales.

veto ['vitow] *n* the power to say no; a president's or a governor's power to say no to a law passed by a legislature.

n. veto; el poder para decir que no; poder de un presidente o un gobernador para decir que no a una ley que ha pasado por una cámara legislativa.

viaduct ['vɑyədəkt] *n* a long bridge which carries a road or railway over a valley or low-lying area.

n. viaducto; puente grande, por encima de un valle o zona baja, por el que transcurre una autopista o línea férrea.

vice president [vɑys 'prɛzədənt] *n* the officer second in power to a president.

n. vicepresidente; el segundo funcionario después del presidente.

vicious ['vɪʃəs] *adj* wicked; fierce; very spiteful.

adj. vicioso; malvado; feroz; muy despiadado.

victim ['vɪktəm] *n* a person who is hurt or is killed by someone else's action.

n. víctima; persona que resulta muerta o herida por la acción de otra.

victory ['vɪktɚi] *n* the winning of a battle, contest, or game.

n. victoria; triunfo en una batalla, competición o juego.

video ['vɪdiow] **1.** *n* the part of a television broadcast which you see. **2.** *adj* pertaining to pictures broadcast or recorded on tape or video disk.

1. *n.* imagen; la parte de la emisión de televisión que vemos. **2.** *adj.* vídeo; relativo o perteneciente a las imágenes emitidas o grabadas o grabadas en una cinta de vídeo o un vídeodisco.

video disk ['vɪdiow dɪsk] *n* a disk like a phonograph record which has pictures and sounds recorded on it. *Ex* A video disk is played on a special player which is attached to a television set.

n. vídeodisco; disco que tiene grabadas imágenes y sonidos.

videotape ['vɪdiowteyp] **1.** *n* a special tape on which television pictures and sound are recorded with the help of a special machine. **2.** *v* to record pictures and sound on a videotape.

1. *n.* cinta de vídeo; cinta especial en la que se graban las imágenes y el sonido de la televisión mediante un aparato especial. **2.** *v.* grabar imágenes y sonidos en una cinta de vídeo.

view [vyuw] **1.** *n* what you can see in front of you. **2.** *n* a special sight; a good image of something. **3.** *v* to watch something, like a film or television.

1. *n.* vista; lo que podemos ver delante de nosotros. **2.** *n.* vista; vista especial; una buena imagen. **3.** *v.* contemplar; mirar algo como una película o la televisión.

vigor ['vɪgɚ] *n* strength; energy.

n. vigor; fuerza; energía.

village ['vɪlɪdʒ] *n* houses and buildings all together, like a town but smaller.

n. pueblo; aldea; conjunto de casas y edificios, como una ciudad, pero más pequeña.

villain ['vɪlən] *n* a bad man; a rogue.

n. canalla; mal hombre; granuja.

vine [vɑyn] *n* a plant that creeps up a pole, a fence, a wall, or along the ground.

n. vid; planta que trepa por un poste, una valla, una pared o que se extiende por el suelo.

vinegar ['vɪnəgɚ] *n* a sour liquid used in salads and pickles.

n. vinagre; líquido ácido que se utiliza en ensaladas y escabeches.

vinyl ['vaynl] *n* a kind of plastic.

violent ['vay(ə)lənt] *adj* very rough; forceful.

violet ['vay(ə)lət] **1.** *n* a small plant with purple, pink, or white flowers. **2.** *n* a light purple color. **3.** *adj* of a light purple color.

violin [vayə'lın] *n* a musical instrument with four strings. A violin is held under the chin and played with a special stick called a bow.

virus ['vayrəs] **1.** *n* a very simple form of living matter which can cause disease. *Ex* A virus is too tiny to be seen. **2.** *n* a case of influenza; the flu or a bad cold.

visa ['vizə] *n* a note on your passport saying that it is all right to visit a certain country.

visibility [vızə'bıləti] *n* the clearness with which things can be seen. *Ex* It is foggy, and there is very low visibility.

visible ['vızəbl] *adj* able to be seen.

vision ['vıʒṇ] *n* the ability to see; eyesight.

visit ['vızət] **1.** *v* to go somewhere and see what it is like there; to stop by the house of a friend; to call on someone. **2.** *n* an act of visiting. *Ex* We paid a visit to Joel's parents.

visitor ['vızətɚ] *n* a person who visits; a person who is visiting you.

vitamin ['vaytəmən] *n* a substance in foods that is good for you beause it keeps you healthy. *Ex* Milk and oranges have lots of vitamins.

vivid ['vıvəd] *n* very bright; brilliant.

vocabulary [vow'kæbyələri] **1.** *n* all the words that a person uses or understands. **2.** *n* a list of words, usually in alphabetical order.

voice [voys] *n* the sound that comes from people's mouths when they speak or sing.

volcano [val'keynow] *n* a cone-shaped mountain that throws out hot ashes or liquid rock from an opening.

volleyball ['valibɔl] **1.** *n* a game played by two teams which hit a ball back and forth over a net. **2.** *n* the ball used in the game of volleyball.

volume ['valyuwm] **1.** *n* the amount, quantity, or bulk of something. **2.** *n* a book.

volunteer [valən'tir] **1.** *v* to offer to do something that you do not have to do. **2.** *n* a person who volunteers.

vomit ['vamət] **1.** *n* food and liquid thrown up from the stomach when you are sick. **2.** *v* to throw up food and liquid from the stomach.

vote [vowt] *v* to cast a ballot in an election; to mark a piece of paper to show whom you wish to be elected.

vow [vaw] *n* a solemn promise.

vowel ['vawl] *n* a speech sound which is not a consonant. *Ex* In English [i, ı, ɛ, ey, æ, ɑ, ɔ, ow, ʊ, uw, ə] are the vowel sounds. Vowels are often written with the letters *a, e, i, o, u.*

voyage ['voyıdʒ] *n* a long journey by sea or in space.

vulgar ['vəlgɚ] *n* rude; not very polite.

vulture ['vəltʃɚ] *n* a large bird of prey that eats dead flesh.

n. vinilo; un tipo de plástico.

adj. violento; muy bronco; muy fuerte.

1. *n.* violeta; planta pequeña con flores de color púrpura, rosa o blanco. **2.** *n.* violeta; color púrpura brillante. **3.** *adj.* violáceo; de color púrpura brillante.

n. violín; instrumento musical de cuatro cuerdas, que se coloca bajo la barbilla y se hace sonar con un bastón especial llamado arco.

1. *n.* virus; forma muy simple de materia viva que puede producir enfermedad. **2.** *n.* gripe o un mal catarro.

n. visado; anotación en el pasaporte que indica que no hay inconveniente para visitar un país.

n. visibilidad; claridad con la que pueden verse los objetos.

adj. visible; que se puede ver.

n. visión; capacidad de ver; vista.

1. *v.* visitar; ir a alguna parte y ver cómo es aquello; detenerse en casa de un amigo; visitar a alguien. **2.** *n.* visita; acción de visitar.

n. visitante; persona que visita; persona que nos visita.

n. vitamina; sustancia contenida en los alimentos que es buena porque nos ayuda a conservar la salud.

n. vivo; muy brillante; intenso.

1. *n.* vocabulario; conjunto de palabras que una persona emplea o entiende. **2.** *n.* lista de palabras; generalmente en orden alfabético.

n. voz; sonido que sale de la boca de las personas cuando hablan o cantan.

n. volcán; montaña en forma de cono que arroja cenizas calientes o roca líquida por una abertura.

n. voleibol. **1.** *n.* juego entre dos equipos, consistente en lanzar y devolver una pelota por encima de una red. **2.** *n.* el balón empleado en el juego del voleibol.

1. *n.* volumen; cantidad o masa de algo. **2.** *n.* volumen; libro.

1. *v.* ofrecerse voluntario para hacer algo que uno no tiene que hacer. **2.** *n.* voluntario; persona que se ofrece voluntariamente para algo.

1. *n.* vómito; comida o líquido que se arroja por la boca cuando se está mareado. **2.** *v.* vomitar; arrojar comida y líquido del estómago.

v. votar; emitir una papeleta en una votación; marcar un trozo de papel para expresar quién se quiere que salga elegido.

n. voto; promesa solemne.

n. vocal; sonido hablado que no es una consonante.

n. viaje largo por mar o por el espacio.

n. vulgar; rudo; no muy cortés.

n. buitre; ave grande de presa que come carne muerta.

wad [wɑd] *n* a bundle of paper, often used for packing.

waddle ['wɑdl] *v* to walk with short steps, rocking from side to side, as a duck does.

wade [weyd] *v* to walk in water.

wag [wæg] *v* to move something up and down or from side to side, as when a dog wags its tail.

wage [weydʒ] *n* payment for working at a regular job.

wagon ['wægn] *n* an open vehicle with four wheels, used to carry heavy loads; a toy wagon.

wail [weyl] **1.** *v* to make a long, sad crying noise. **2.** *n* a long, sad crying noise.

waist [weyst] *n* the narrow, middle part of the body, above the hips.

wait [weyt] *v* to stay in place until someone comes or something happens.

waiter ['weytɚ] *n* a man who takes orders and serves food in a cafe or restaurant.

waitress ['weytrəs] *n* a woman who takes orders and serves food in a cafe or restaurant.

wake [weyk] **1.** *v* to become awake after being asleep; to wake up someone who is asleep. *pt* waked, woke. *pp* waked, woke, woken. **2.** *n* the trail left in water by a ship or boat. **3.** *n* a time of keeping watch over the body of a dead friend or relative.

walk [wɔk] **1.** *v* to move along on your feet, more slowly than running. **2.** *n* an act of walking.

walkie-talkie ['wɔki'tɔki] *n* a radio carried with you when you walk, used to send and receive messages.

wall [wɔl] *n* something built of wood, bricks, or other material, like the sides of a house or a building.

wallet ['wɑlət] *n* a small pocket case, usually of leather, for carrying paper money, tickets, stamps, and personal papers.

wallpaper ['wɔlpeypɚ] **1.** *n* a special kind of paper put on the inside walls of houses as decoration. **2.** *v* to glue wallpaper to the wall.

wand [wɑnd] *n* a magic stick used by fairies or by magicians when they do magic tricks.

wander ['wɑndɚ] *v* to roam about from place to place.

want [wɑnt] **1.** *v* to wish for, desire, or need something. **2.** *n* desire; need; lack.

war [wor] *n* a fight between two or more countries. *Ex* If two groups of people in the same country fight with each other, it is called civil war.

ward [word] *n* a large room in a hospital, where there are a number of beds for sick people.

warm [worm] **1.** *adj* more hot than cold. **2.** *v* to make something warm.

warm-blooded ['worm'blədəd] *adj* having a constant body temperature. *Ex* Humans and other mammals are warm-blooded.

n. lío de papel; fardo de papel utilizado para empaquetar.

v. anadear, andar con pasos cortos, basculando de un lado a otro, al modo de los patos.

v. vadear; andar en el agua.

v. agitar; mover algo de arriba a abajo, o de un lado a otro, como cuando un perro agita la cola.

n. salario; pago por el desempeño de un trabajo regular.

n. vagón; vehículo abierto de cuatro ruedas que se emplea para transportar mercancías pesadas; vagón de juguete.

1. *v.* quejarse; emitir un sonido lastimero, prolongado y triste. **2.** *n.* lamento; quejido; sonido lastimero, prolongado y triste.

n. cintura; parte estrecha del cuerpo, sobre las caderas.

v. esperar; permanecer en un sitio hasta que llega alguien o sucede algo.

n. camarero; hombre que toma pedidos y sirve comidas en un café o restaurante.

n. camarera; mujer que toma pedidos y sirve comidas en un café o restaurante.

1. *v.* despertar; despertarse después de haber dormido; despertar a alguien que duerme. **2.** *n.* estela que deja en el agua un barco o un bote. **3.** velatorio; momentos durante los que se contempla el cuerpo muerto de un pariente o amigo.

1. *v.* andar; moverse hacia adelante sobre los pies más lentamente que cuando se corre. **2.** *n.* marcha; acción de andar.

n. radioteléfono portátil que se puede llevar con uno para enviar y recibir mensajes.

n. pared; algo construido con madera, ladrillos u otro material, como los lados de una casa o de un edificio.

n. cartera; cartera de bolsillo, generalmente de cuero, para llevar papel moneda, billetes o entradas, sellos y papeles personales.

1. *n.* papel pintado; tipo especial de papel que se coloca en los muros interiores de las casas como decoración. **2.** *v.* empapelar; pegar papel pintado en las paredes.

n. varita mágica que utilizan las hadas o los magos cuando hacen sus trucos.

v. vagabundear; vagar de un sitio a otro.

1. *v.* querer; desear o necesitar algo. **2.** *n.* deseo; necesidad; carencia.

n. guerra; lucha entre dos o más países.

n. pabellón; habitación grande de un hospital en la que hay un determinado número de camas para la gente enferma.

1. *adj.* tibio; más cálido que frío. **2.** *v.* calentar; poner caliente algo.

adj. de sangre caliente; que tiene constante la temperatura del cuerpo.

warn [worn] *v* to tell someone to be careful because something dangerous might happen.

v. advertir; prevenir; decir a alguien que tenga cuidado porque puede ocurrir algo peligroso.

warp [worp] *v* to twist out of shape.

v. deformar; desvirtuar la forma.

warrior ['woryɚ] *n* a man who fights for his country in time of war; an old-fashioned word for soldier.

n. guerrero; hombre que lucha por su país en tiempo de guerra; palabra anticuada para soldado.

warship ['worʃɪp] *n* a ship that has guns and weapons for fighting in a war.

n. buque de guerra; barco con armas y cañones para luchar en una guerra.

wart [wort] *n* a small lump on the skin, usually on the hands or face.

n. verruga; pequeña protuberancia de la piel, que sale generalmente en las manos o en la cara.

was [wəz] *v* the past tense of the verb *be* which is used with *I, he, she,* and *it.*

v. pasado del verbo *be* que se utiliza con *I, he, she* e *it.*

wash [wɔʃ] *v* to make clean, using soap and water.

v. lavar; limpiar utilizando jabón o agua.

washroom ['wɔʃruwm] *n* a restroom.

n. aseos; servicios de un lugar público.

wasn't ['wəznt] *cont* was not.

v. contracción de *was not.*

wasp [wɑsp] *n* a stinging insect something like a bee.

n. avispa; insecto que pica, parecido a la abeja.

waste [weyst] **1.** *v* to use something up or spend money carelessly **2.** *n* trash; rubbish; material defecated or urinated from a living body.

1. *v.* derrochar; gastar algo o gastar dinero despreocupadamente. **2.** *n.* desperdicios; basura; excrementos sólidos o líquidos de un cuerpo vivo.

wastebasket ['weys(t)bæskət] *n* a small trash can in a room of a house or other building.

n. cubo de la basura.

watch [watʃ] **1.** *v* to look at closely. **2.** *n* a small clock worn on the wrist or carried in a pocket.

1. *v.* observar; mirar atentamente. **2.** *n.* reloj de pulsera o de bolsillo, que se lleva en la muñeca o en un bolsillo.

watchful ['watʃfl] *adj* careful.

adj. atento; alerta.

watchman ['watʃmən] *n* a man whose job is to keep watch over something, such as a building, usually at night.

n. vigilante; hombre cuyo oficio consiste en vigilar algo, como un edificio y generalmente por la noche.

water ['wotɚ] **1.** *n* the clear liquid in lakes, rivers, and oceans. **2.** *v* to put water on plants or lawns.

1. *n.* agua; el líquido transparente de los lagos, ríos y mares. **2.** *v.* regar; echar agua a las plantas o al césped.

water closet ['wotɚ klazət] **1.** *n* a small room containing a bowl which has a rushing flow of water to carry away waste through a pipe; a bathroom; a restroom; a washroom. **2.** *n* a bowl which has a rushing flow of water to carry away waste through a pipe; a toilet. It is called the W.C. for short.

1. *n.* retrete; cuarto pequeño que tiene una taza por la que corre el agua que arrastra los excrementos por una tubería; baño; aseo. **2.** *n.* retrete; taza con un flujo de agua que arrastra los excrementos por una tubería; toilet. Se le llama, en abreviatura, W. C.

water cooler ['wotɚ kuwlɚ] *n* a machine which makes drinking water cool and makes it squirt in a stream when a button is pressed, usually found in the hallway of a public building.

n. refrigerador de agua; máquina que enfría agua potable y la hace salir por un chorro cuando se aprieta un botón. Las hay normalmente en los vestíbulos de los edificios públicos.

waterfall ['wotɚfɔl] *n* a stream of water flowing down from a high place.

n. catarata; cascada; corriente de agua que cae desde un lugar alto.

water fountain ['wotɚ fawntṇ] *n* a little sink where the water squirts out in a stream when turned on. It is sometimes called a fountain.

n. fuente; pila pequeña en la que cae el agua en un chorro cuando giramos el grifo. Se le llama también *fountain.*

watermelon ['wotɚmɛlən] *n* a large melon, one or two feet long, filled with good-tasting, red material.

n. sandía; melón grande de uno o dos pies de longitud, llena de una sustancia roja de buen sabor.

waterproof ['wotɚpruwf] *adj* able to keep water out. *Ex* My raincoat is waterproof.

adj. impermeable; que no deja pasar el agua.

wave [weyv] **1.** *n* a ridge of water moving on the surface of the sea or a lake. **2.** *v* to move something, like your hand or a flag, back and forth or up and down.

1. *n.* ola; onda de agua que se mueve sobre la superficie del mar o de un lago. **2.** *v.* agitar; mover algo, como la mano o una bandera, adelante y hacia atrás o arriba y abajo.

wavy ['weyvi] *adj* curving in and out.

adj. ondulado; curvado hacia adentro y hacia afuera.

wax [wæks] *n* a soft, yellowish material used in making candles. *Ex* Bees make wax to build the inside of their hives

n. cera; materia blanda y amarillenta que se emplea para fabricar velas.

way [wey] **1.** *n* a road or path. **2.** *n* how to do something, like how to paint a picture.

1. *n.* camino; carretera o sendero. **2.** *n.* manera; modo de hacer algo, como el modo de pintar un cuadro.

we [wi] *pro* you and I; my group and I (but not you); you and I and others. *Ex* We are quite happy now. We are going to do it for you.

pro. nosotros; tu y yo; mi grupo y yo (pero no tu); tu y yo y otros.

weak [wik] *adj* not strong.

weaken ['wikn] *v* to grow weak; to make something weak.

wealth [wɛlθ] *n* great riches; a lot of money.

wean [win] *v* to train a young child or young mammal to eat solid food rather than milk.

weapon ['wɛpn] *n* anything used to fight or hunt with, such as a gun, a heavy stick, or a bow and arrow.

wear [wɛr] *v* to be dressed in. *Ex* You wear thin clothes in summer and thick clothes in winter. *pt* wore. *pp* worn.

weary ['wɪri] *adj* very tired.

weather ['wɛðɚ] *n* the kind of day it is outside; the temperature of the air, the speed of the wind, and the amount of clouds in the sky.

weather vane ['wɛðɚ veyn] *n* a flat piece of metal, shaped like a rooster or a horse, that shows the direction of the wind.

weave [wiv] *v* to make cloth by twisting threads over and under each other. *pt* wove. *pp* woven.

web [wɛb] *n* the lacy net that spiders spin to trap insects.

we'd [wid] *cont* we would; we had.

wedding ['wɛdɪŋ] *n* a marriage ceremony where a man and a woman become husband and wife.

wedge [wɛdʒ] *n* a triangular piece of metal or wood, very thin at one end and thicker at the other. *Ex* A wedge is put between two things to hold them firm or to push them apart.

weed [wid] *n* one of many kinds of wild plants which grow where they are not wanted in gardens or among farm crops.

week [wik] *n* seven days; the seven days starting on Monday and ending on Sunday; the seven days starting on Sunday and ending on Saturday.

weekday ['wikdey] *n* any day of the week except Saturday or Sunday.

weekend ['wikɛnd] *n* Saturday and Sunday.

weekly ['wikli] *adv* every week; once every week.

weep [wip] *v* to cry tears. *pt* wept. *pp* wept.

weigh [wey] *v* to find out how heavy something is; to have a particular weight.

weight [weyt] *n* the amount that something weighs.

weird [wird] *adj* strange and frightening.

welcome ['wɛlkəm] *v* to greet someone with joy.

welfare ['wɛl'fɛr] **1.** *n* well-being; prosperity. **2.** *n* payments made to people to improve their well-being.

well [wɛl] **1.** *n* a deep hole in the ground from which oil or water is obtained. **2.** *adv* healthy; properly; skillfully.

we'll [wil] *cont* we will.

went [wɛnt] *v* the past tense of go.

wept [wɛpt] *v* the past tense and past participle of weep.

were [wɚ] *v* the past tense form of the verb *be* that is used with *you*, *we*, and *they*.

we're [wir] *cont* we are.

weren't [wɚnt] *cont* were not.

adj. débil; no fuerte.

v. debilitar; debilitarse; hacer débil algo.

n. riqueza; gran cantidad de dinero.

v. destetar; enseñar a un niño pequeño o a un mamífero joven a comer alimentos sólidos en lugar de leche.

n. arma; cualquier cosa que se utiliza para luchar o cazar, como un fusil, un palo grande o un arco y unas flechas.

v. llevar; ir vestido con.

adj. agotado; muy cansado.

n. tiempo meteorológico; día que hace en el exterior; la temperatura del aire; la velocidad del viento y la cantidad de nubes que hay en el cielo.

n. veleta; pieza plana de metal, con forma de gallo o de un caballo, que indica la dirección del viento.

v. tejer; fabricar tejidos trenzando hilos por encima y por debajo del uno y del otro.

n. tela de araña; la fina red que teje la araña para atrapar insectos.

contracción de *we would* y *we had*.

n. boda; ceremonia por la que un hombre y una mujer se hacen marido y mujer.

n. cuña; pieza triangular de madera, o de metal, muy fina en un extremo y muy gruesa en el otro.

n. maleza; plantas silvestres que crecen en lugares no deseados de los jardines o entre las cosechas.

n. semana; siete días; los siete días que comienzan con el lunes y terminan con el domingo; los siete días que comienzan el domingo y terminan el sábado.

n. día laborable; cualquier día de la semana, excepto el sábado y el domingo.

n. fin de semana; sábado y domingo.

adv. semanalmente; cada semana; una vez a la semana.

v. llorar; derramar lágrimas.

v. pesar; ver cómo es de pesado algo; tener un peso determinado.

n. peso; cuánto pesa algo.

adj. misterioso; extraño y espantoso.

v. dar la bienvenida; saludar a alguien con alegría.

1. *n.* bienestar; prosperidad. **2.** *n.* beneficencia; pagos que se hacen a la gente para mejorar su bienestar.

1. *n.* pozo; hoyo profundo en la tierra del que se saca agua o petróleo. **2.** *adv.* bien; saludable; debidamente; hábilmente.

contracción de *we will*.

v. pasado de *go*.

v. pasado y participio pasado de *weep*.

v. forma del pasado del verbo *be* que se emplea con *you*, *we* y *they*.

contracción de *we are*.

contracción de *were not*.

west [wɛst] *n* the direction in which the sun sets; the direction opposite to east.

n. oeste; dirección en la que se pone el sol; la dirección opuesta al este.

wet [wɛt] **1.** *adj* not dry; covered or soaked with liquid. **2.** *v* to make something wet.

1. *adj.* mojado; no seco; cubierto o mojado con líquido. **2.** *v.* mojar; humedecer; poner húmedo algo.

we've [wiv] *cont* we have.

contracción de *we have*.

whack [hwæk] *v* to strike something so hard that it makes a noise.

v. golpear algo ruidosamente.

whale [hweyl] *n* a huge mammal found in the sea.

n. ballena; mamífero enorme que vive en el mar.

wharf [worf] *n* a landing place for loading and unloading ships.

n. muelle; desembarcadero donde se cargan y descargan barcos.

what [hwɑt] **1.** *pro* which one; that which. **2.** *adj* which.

1. *pro.* el cual; lo que. **2.** *adj.* el que.

wheat [hwit] *n* a kind of grain from which flour is made.

n. trigo; grano con el que se hace la harina.

wheel [hwil] *n* a large, flat circle made of wood or metal. *Ex* Cars, buses, and bicycles must have wheels to be able to move.

n. rueda; círculo grande y plano hecho de madera o metal.

wheelbarrow ['hwilbɛrow] *n* a kind of small cart with only one wheel. *Ex* Wheelbarrows are used for carrying leaves, grass, or building materials.

n. carretilla; especie de carrito con una sola rueda.

when [hwɛn] *adv* at what time; at the time that.

adv. cuándo; a qué hora; a la hora que.

whenever [hwɛn'ɛvɚ] *adv* at any time that; at every time that.

adv. cuando; en cualquier momento; en cualquier momento que.

where [hwɛr] *adv* at what place.

adv. dónde; en qué lugar.

wherever [hwɛr'ɛvɚ] *adv* at whatever place· to whatever place.

adv. dondequiera que; en cualquier parte; a cualquier parte.

whether ['hwɛðɚ] *conj* if or if not.

conj. si; si no.

which [hwɪtʃ] **1.** *pro* one of two or more people or things. *Ex* I don't know which to buy. **2.** *adj* having to do with one or another one. *Ex* I don't know which one to buy.

1. *pro.* que; el cual; una de dos o más personas o cosas. **2.** *adj.* que; el cual; relativo a uno o a otro.

whiff [hwɪf] *n* a sudden puff of air, smoke, or scent.

n. soplo; soplo repentino de aire, humo o perfume.

while [hwɑyl] **1.** *n* time; a period of time. **2.** *conj* during the time that; as long as.

1. *n.* rato; tiempo; período de tiempo. **2.** *conj.* mientras; durante el tiempo que.

whimper ['hwɪmpɚ] *v* to cry in a low, whining voice.

v. gimotear; lloriquear en voz baja y lastimera.

whine [hwɑyn] *v* to make a sad, complaining, crying sound.

v. quejarse; gritar de forma triste y lastimera.

whip [hwɪp] **1.** *n* a piece of thin, strong cord or leather attached to a handle. **2.** *v* to beat something with a whip; to stir up eggs or cream very quickly.

1. *n.* látigo; trozo de cuero o cuerda fuerte y delgado, con mango. **2.** *v.* dar latigazos; golpear a alguien con un látigo; batir huevos o leche muy rápidamente.

whirl [hwɚl] *v* to turn around and around very quickly.

v. girar; dar vueltas una y otra vez muy rápidamente.

whisk [hwɪsk] **1.** *v* to move, sweep, or stir something very quickly. **2.** *n* a kitchen tool used for whipping eggs or cream.

1. *v.* sacudir; mover; limpiar o agitar algo muy rápidamente. **2.** *n.* batidora; instrumento de cocina para batir huevos o leche.

whisker ['hwɪskɚ] *n* one of the stiff hairs on a man's face, or at the sides of the mouths of some animals such as cats, lions, and tigers.

n. pelo del bigote o de la barba; cada uno de los pelos rígidos que le salen a los hombres en la cara, o que salen a los lados de la boca de algunos animales, como los gatos, los leones y los tigres.

whiskey ['hwɪski] *n* a very strong, alcoholic drink made from grain.

n. whisky; bebida alcohólica muy fuerte, hecha a partir de cereales.

whisper ['hwɪspɚ] **1.** *v* to speak so softly that only someone very close to you can hear. **2.** *n* something spoken with a whispering voice.

1. *v.* cuchichear; susurrar; hablar tan suavemente que sólo puede oírnos quien se encuentre muy cerca. **2.** *n.* susurro; lo que se dice con voz susurrante.

whistle ['hwɪsl] **1.** *v* to make a high musical sound by blowing through your mouth with your lips nearly closed. **2.** *n* an act of whistling. **3.** *n* a small, tube-like instrument which makes a whistling sound when you blow it.

1. *v.* silbar; emitir un sonido musical muy agudo, soplando con los labios apretados. **2.** *n.* silbido; acción de silbar. **3.** *n.* silbato; instrumento pequeño, como un tubo, que emite un silbido cuando se sopla.

white [hwɑyt] **1.** *n* the color of snow. **2.** *adj* of a white color.

1. *n.* blanco; el color de la nieve. **2.** *adj.* de color blanco.

who [huw] *pro* what person or persons; which person or persons. *Ex* Who are you? I know who you are. He is the man who sold me the car.

pro. quién; qué persona o personas; cuál persona o personas.

whole [howl] **1.** *n* an entire thing, not part of it. **2.** *adj* entire; all, not a part.

1. *n.* todo; una cosa entera y no parte de ella. **2.** *adj.* entero; todo, no una parte.

whom [huwm] *pro* a form of *who* used with a preposition or as an object of a verb. *Ex* Whom did you see? To whom did you send the letter?

pro. a quién; forma de *who* usada con una preposición o como objeto del verbo.

whoop [hwuwp] **1.** *n* a loud cry or shout. **2.** *v* to shout; to cry out.

1. *n.* alarido; grito muy alto. **2.** *v.* gritar.

why [hwɑy] **1.** *adv* for what reason. *Ex* Why did you come here? **2.** *conj* the reason for. *Ex* I don't know why you did that.

1. *adv.* por qué; por qué razón. **2.** *conj.* por qué; la razón por la qué.

wick [wɪk] *n* the twisted threads of cotton in a candle or lamp, which you light.

n. mecha; hilos o algodón retorcidos de una vela o lámpara que encendemos.

wicked ['wɪkəd] *adj* evil; very bad.

adj. malvado; muy malo; perverso.

wide [wɑyd] *adj* a long way from one side to the other; broad; the opposite of narrow.

adj. ancho; extenso; que hay mucho de una parte a otra; lo contrario de estrecho.

widow ['wɪdow] *n* a woman whose husband is dead.

n. viuda; mujer cuyo marido ha muerto.

widower ['wɪdowɚ] *n* a man whose wife is dead.

n. viudo; hombre cuya mujer ha muerto.

width [wɪdθ] *n* how wide or broad something is.

n. anchura; lo extenso o ancho que es algo.

wiener ['winɚ] *n* a sausage which is eaten in a long bun; a hot dog.

n. salchicha de Francfort; salchicha que se toma dentro de un bollo largo; perrito caliente.

wife [wɑyf] *n* a married woman.

n. esposa; mujer casada.

wig [wɪg] *n* false hair worn on the head.

n. peluca; pelo postizo.

wiggly ['wɪgli] *adj* moving back and forth; not able to sit still.

adj. inquieto; que se mueve atrás y adelante; incapaz de permanecer tranquilo.

wild [wɑyld] **1.** *adj* not kept or looked after by people; untamed. **2.** *adj* acting like a wild animal. *Ex* Arthur, you are acting wild. Calm down!

1. *adj.* salvaje; no guardado o cuidado por las personas; no domado. **2.** *adj.* salvaje, que se comporta como un animal salvaje.

wilderness ['wɪldɚnəs] *n* a wild area of land where no one lives.

n. desierto; área salvaje de tierra donde no vive nadie.

wildflower ['wɑyldflawɚ] *n* a flower that grows without being planted by anyone.

n. florecilla; flor silvestre; que crece sin que la plante nadie.

will [wɪl] *v* a word that expresses the future. *Ex* I will do it tomorrow. *pt* would.

v. palabra que expresa, o con la que se forma, el futuro de los verbos.

willful ['wɪlfl] **1.** *adj* always wanting your own way. **2.** *adj* intentional; on purpose.

1. *adj.* obstinado; terco; que desea hacer siempre su voluntad. **2.** *adj.* intencionado; a propósito.

willing ['wɪlɪŋ] *adj* pleased to do something you are asked to do.

adj. complaciente; dispuesto; que hace con gusto lo que se le pide.

willow ['wɪlow] *n* a tree with long, bending branches and narrow leaves.

n. sauce; árbol de grandes ramas colgantes y hojas estrechas.

win [wɪn] *v* to come first in something like a race or a game. *pt* won. *pp* won.

v. ganar; llegar el primero en una carrera o en un juego.

wind 1. *n* [wɪnd] fast-moving air that blows things about. **2.** *v* [wɑynd] to turn or twist something around, like winding up a ball of string.

1. *n.* viento; aire que se mueve a bastante velocidad y hace revolotear las cosas. **2.** *v.* enrollar; devanar; ovillar.

windmill ['wɪndmɪl] *n* a machine that is worked by the wind. *Ex* Windmills are used to pump water.

n. molino de viento; máquina que se mueve por el viento.

window ['wɪndow] *n* a glass-covered opening in the wall of a building, which lets light and air in.

n. ventana; abertura de la pared cubierta con vidrio, que deja que entre la luz.

windy ['wɪndi] *adj* having to do with a day when the wind is blowing hard.

adj. ventoso; relativo a un día en que el viento sopla con fuerza.

wine [wɑyn] *n* a strong drink made from the juice of grapes.

n. vino; bebida alcohólica hecha a partir del zumo de uva.

wing [wɪŋ] *n* one of the two feathered parts of a bird's body with which it flies. Airplanes and insects also have wings.

n. ala; cada una de las dos partes del cuerpo de un ave cubiertas de plumas, con las que vuela. Los insectos y los aviones también las tienen.

wink [wɪŋk] **1.** *v* to shut and open one eye quickly; for a light to turn on and off quickly. **2.** *n* an act of winking.

1. *v.* guiñar; cerrar y abrir un ojo muy rápidamente; encenderse y apagarse una luz muy rápidamente. **2.** *n.* guiño; acción de guiñar.

winner ['wɪnɚ] *n* the team or person who wins a game or a contest.

n. ganador; equipo o persona que triunfa en un juego o en una competición.

winter ['wɪntɚ] *n* the coldest season of the year; the season between fall and spring.

n. invierno; la estación más fría del año; la estación que transcurre entre el otoño y la primavera.

wipe [wɑyp] *v* to clean or dry something by rubbing.

n. limpiar o secar algo frotando.

wire [wɑyr] *n* a long, thin piece of metal.

n. alambre; trozo de metal largo y fino.

wise [wɑyz] *adj* knowing and understanding a lot of things.

adj. sabio; que sabe y comprende muchísimas cosas.

wish [wɪʃ] **1.** *v* to want something very much. **2.** *n* a desire for something; a statement of hope that something will happen.

1. *v.* desear algo. **2.** *n.* deseo de algo; esperanza de que ocurra algo.

wit [wɪt] *n* understanding; cleverness.

n. entendimiento; inteligencia.

witch [wɪtʃ] *n* a wicked, dangerous woman who is supposed to be able to do magic.

n. bruja; mujer perversa y peligrosa a la que se supone con poder para hacer magia.

with [wɪθ] *prep* near to; alongside; against. *Ex* I can only play with kids my own age. Elaine is over there with Rachel. Please don't fight with each other.

prep. con; cerca de; en compañía de; junto a.

withdraw [wɪθ'drɔ] *v* to leave; to remove yourself officially, as from a class or a school.

v. retirarse; despedirse oficialmente, como de una clase o un colegio.

wither ['wɪðɚ] *v* to dry up; to shrivel.

v. marchitarse; secarse.

within [wɪθ'ɪn] *prep* inside; in the inner part.

prep. dentro; en el interior.

without [wɪθ'ɑwt] **1.** *prep* lacking. *Ex* I can't write without a pencil. **2.** *adv* not having. *Ex* You will have to do without. **3.** *n* outside. *Ex* There is enough trouble here, and we don't need any more from without.

1. *prep.* sin; que carece de. **2.** *adv.* sin; que no tiene. **3.** *n.* fuera.

witness ['wɪtnəs] *n* someone who has seen something happen; someone who has seen something happen and tells about it in a court of law.

n. testigo; alguien que ha visto cómo ocurría algo; alguien que ha visto cómo ha ocurrido algo y lo cuenta ante un tribunal de justicia.

witty ['wɪti] *adj* clever and amusing.

adj. ingenioso; agudo y gracioso.

wizard ['wɪzɚd] *n* a man who is supposed to be able to do magic.

n. mago; hechicero; hombre al que se supone poder hacer magia.

wobble ['wɑbl] *v* to rock unsteadily from side to side.

v. tambalearse; balancearse inestablemente de un lado a otro.

woke [wowk] *v* a past tense and past participle of wake.

v. pasado y participio pasado de *wake.*

woken ['wowkn̩] *v* a past participle of wake.

v. participio pasado de *wake.*

wolf [wʊlf] *n* a dangerous, wild animal that looks like a large dog.

n. lobo; animal salvaje y peligroso que parece un perro grande.

woman ['wʊmən] *n* a grown-up female human being.

n. mujer; hembra adulta del ser humano.

women ['wɪmən] *n* the plural of woman.

n. mujeres. Plural de *woman.*

won [wən] *v* the past tense and past participle of win.

v. pasado y participio pasado de *win.*

wonder ['wəndɚ] **1.** *v* to question; to want to know. **2.** *v* to be surprised at something marvelous, unexpected, or strange. **3.** *n* a miracle; something that holds all of your attention.

1. v. preguntarse; desear saber. **2.** *v.* asombrarse; sorprenderse por algo maravilloso, inesperado o extraño. **3.** *n.* milagro; algo que acapara toda la atención.

wonderful ['wəndɚfl̩] *adj* marvelous; amazing.

adj. maravilloso; asombroso.

wonderland ['wəndɚlænd] *n* an imaginary country where amazing and wonderful things happen.

n. País de las Maravillas; país imaginario en el que ocurren cosas asombrosas y maravillosas.

won't [wownt] *cont* will not.

v. contracción de *will not.*

wood [wʊd] *n* the material that trees are made of. *Ex* Our furniture is made of wood.

n. madera; materia de los árboles.

wooden ['wʊdn̩] *adj* made of wood; hard and stiff like wood.

adj. de madera; hecho de madera; duro y rígido como la madera.

woodpecker ['wʊdpɛkɚ] *n* a wild bird that pecks holes in the bark of trees to find insects for food.

n. pájaro carpintero; pájaro que picotea agujeros en la corteza de los árboles para buscar insectos y comérselos.

woodwork ['wʊdwɚk] *n* carpentry; the wooden part of a building or furniture.

n. carpintería; parte de madera de un edificio, o los muebles.

wool [wʊl] *n* the thick, warm covering of hair on a sheep, which is made into such things as blankets and clothing.

n. lana; pelo grueso y cálido que cubre a las ovejas y que se transforma en cosas como mantas y vestidos.

woolen ['wʊlən] *adj* made of wool.

adj. de lana; hecho de lana.

word [wɚd] *n* a spoken sound or group of letters that means something when you hear it or see it.

n. palabra; sonido hablado o grupo de letras que tiene un significado cuando se oye o se ve.

wore [wor] *v* the past tense of wear.

v. pasado de *wear.*

work [wɚk] **1.** *v* to do something useful; to do a job. **2.** *n* a person's job; activity; effort.

1. *v.* trabajar; hacer algo útil; desempeñar un oficio. **2.** *n.* trabajo; oficio de una persona; actividad; esfuerzo.

workbook ['wɚkbʊk] *n* an exercise book in which you can write the answers.

n. cuaderno de trabajo; cuaderno para ejercicios en el que se pueden escribir las respuestas.

workman ['wɚkmən] *n* a man who works with his hands, often using tools or machinery

n. obrero; hombre que trabaja con sus manos, a menudo manejando herramientas o maquinaria.

world [wɚld] *n* the earth, the people and things on it, and the air around it.

n. mundo; la tierra; las personas y las cosas que hay en ella y el aire en torno a ella.

worm [wɚm] *n* a small, snake-like animal which lives in the soil and makes tiny tunnels in the earth.

n. gusano; animal pequeño, parecido a una serpiente que vive en el suelo y abre diminutos túneles en la tierra.

worn [worn] **1.** *adj* shabby or ragged. **2.** *v* the past participle of wear.

1. *adj.* raído o roto. **2.** *v.* participio pasado de *wear.*

worry ['wɚi] **1.** *v* to be afraid that something is going to go wrong or that something bad may happen to someone. **2.** *n* a fear that something will go wrong.

1. *v.* preocuparse; sentir temor de que algo vaya mal o de que pueda ocurrir algo malo a alguien. **2.** *n.* preocupación; temor de que algo vaya mal.

worse [wɚs] *adj* not so good; more bad.

adj. peor; no tan bueno; más malo.

worship ['wɚʃəp] **1.** *v* to honor and praise someone or something; to honor and praise God. **2.** *n* the praising of God.

1. *v.* adorar; honrar y alabar a alguien o a algo; honrar y alabar a Dios. **2.** *n.* culto; alabanza a Dios.

worst [wɚst] *adj* most bad.

adj. el peor; el más malo.

worth [wɚθ] **1.** *n* the value of something. *Ex* That is a diamond of great worth. **2.** *prep* deserving of. *Ex* That book is worth reading.

1. *n.* valor; lo que vale algo. **2.** *prep.* digno de.

worthless ['wɚθləs] *adj* not worth anything; no good.

adj. sin valor; que no vale nada; no bueno.

would [wʊd] *v* the past of will.

v. pasado de *will.*

wouldn't ['wʊdn̩t] *cont* would not.

v. contracción de *would not.*

wound 1. *v* [wɑwnd] the past tense and past participle of wind. **2.** *v* [wuwnd] to injure; to make a cut in flesh. **3.** *n* [wuwnd] a cut; an injury to the skin.

1. *v.* pasado y participio pasado de *wind.* **2.** *v.* herir; hacer un corte en la carne. **3.** *n.* corte; herida en la piel.

wove [wowv] *v* the past tense of weave.

v. pasado de *weave.*

woven ['wowvn̩] *v* the past participle of weave.

v. participio pasado de *weave.*

wrap [ræp] *v* to cover something by folding paper or cloth around it. *Ex* I wrapped my mother's birthday present in red paper.

v. envolver; cubrir algo doblando papel o tela alrededor.

wrath [ræθ] *n* great anger.

n. ira; cólera grande.

wreath [riθ] *n* a ring of flowers or leaves twisted together.

n. guirnalda; anillo de flores o de hojas trenzadas.

wreck [rɛk] **1.** *n* something that has been destroyed or made useless. *Ex* That old car looks like a wreck. **2.** *v* to destroy. *Ex* Mr. Franklin wrecked his new car.

1. *n.* ruina; algo que ha sido destruido o convertido en inutilizable. **2.** *v.* destrozar; destruir.

wrench [rɛntʃ] *n* a tool used to tighten bolts.

n. llave inglesa; herramienta para apretar tornillos.

wriggle ['rɪgl̩] *v* to move about by twisting and turning.

v. serpentear; moverse torciéndose y girando.

wring [rɪŋ] *v* to make water come out of something, like wet clothes, by twisting and squeezing. *pt* wrung. *pp* wrung.

v. escurrir; sacar el agua de algo como de la ropa mojada, retorciéndola y apretándola.

wringer ['rɪŋɚ] *n* a machine with two rollers that wring the water out of wet laundry.

n. escurridor; máquina que tiene dos rodillos que escurren el agua de la colada húmeda.

wrinkle ['rɪŋkl] *n* a small fold or crease in cloth, paper, or the skin of old people.

n. arruga; doblez o pliegue pequeño en la ropa, el papel o la piel de los ancianos.

wrist [rɪst] *n* the part of your arm that joins on to your hand.

n. muñeca; parte que une la mano con el brazo.

write [rayt] *v* to draw letters or words so that people can read them. *pt* wrote. *pp* written.

v. escribir; dibujar letras o palabras para que la gente pueda leerlas.

writhe [rayð] *v* to wriggle or twist about.

v. retorcerse.

writing ['raytɪŋ] *n* something that has been written.

n. escrito; algo que se ha escrito.

written ['rɪtn] *v* the past participle of write.

v. participio pasado de *write*.

wrong [rɔŋ] *adj* not right; evil or wicked.

adj. equivocado; malo o perverso.

wrote [rowt] *v* the past tense of write.

v. pasado de *write*.

wrung [rəŋ] *v* the past tense and past participle of wring.

v. pasado y participio pasado de *wring*.

X ray ['ɛks rey] **1.** *n* a special kind of photograph which shows doctors what the inside of your body looks like. **2.** *v* to take a photograph using X rays.

1. *n.* rayos X; fotografía especial que muestra a los médicos el aspecto del interior del cuerpo. **2.** *v.* tomar fotografías utilizando rayos X.

xylophone ['zayləfown] *n* a set of narrow pieces of wood that make musical sounds when they are hit with wooden hammers.

n. xilofón; grupo de estrechas piezas de madera que emiten sonidos musicales cuando se las golpea con unos martillos de madera.

yacht [yɑt] *n* a kind of boat, usually with sails, used for racing or for pleasure.

n. yate; tipo de barco que suele llevar velas, que se usa para hacer regatas o viajes de placer.

yard [yɑrd] **1.** *n* a space, usually closed in by buildings or a fence. **2.** *n* a measurement of 36 inches or 3 feet.

1. *n.* patio; espacio generalmente cerrado por edificios o por una tapia. **2.** *n.* yarda; medida formada por 36 pulgadas o 3 pies.

yarn [yɑrn] **1.** *n* thread made from wool, cotton, or some other fiber. **2.** *n* a story told by a traveler.

1. *n.* hilo de lana, algodón u otra fibra. **2.** *n.* historia contada por un viajero.

yawn [yɔn] **1.** *v* to open your mouth wide and breathe air slowly inward and then let it out. *Ex* The speech made me sleepy, and I yawned three times. **2.** *n* an act of yawning.

1. *v.* bostezar; abrir mucho la boca y aspirar aire lentamente para expulsarlo a continuación. **2.** *n.* bostezo; acción de bostezar.

year [yir] *n* a length of time. 365 days, 52 weeks, or 12 months make a year.

n. año; espacio de tiempo que se compone de 365 días, 52 semanas o 12 meses.

yearly ['yɪrli] *adv* every year; once each year.

adv. anualmente; cada año; una vez al año.

yell [yɛl] **1.** *v* to call out very loudly; to shout. **2.** *n* a shout; a very loud call.

1. *v.* gritar muy fuerte; llamar a voces; dar un alarido. **2.** *n.* grito, alarido.

yellow ['yɛlow] **1.** *n* the color of a lemon or an egg yolk. **2.** *adj* of a yellow color.

1. *n.* amarillo; color del limón y de la yema del huevo. **2.** *adj.* de color amarillo.

Yellow Pages ['yɛlow peydʒəz] *n* the yellow-colored pages at the end of the telephone book where the business numbers are listed.

n. páginas amarillas que hay al final de una guía telefónica, con el listado de los números de teléfono de las empresas comerciales.

yes [yɛs] **1.** *adv* a word you say when you agree. **2.** *n* a statement of agreement.

adv. sí; **1.** *adv.* palabra que se dice cuando se está de acuerdo. **2.** *n.* afirmación de acuerdo.

yesterday ['yɛstərdey] **1.** *n* the day before today; the past. **2.** *adv* on the day before today.

1. *n.* ayer; el día anterior a hoy; el pasado. **2.** *adv.* ayer; en el día anterior a hoy.

yet [yɛt] **1.** *conj* but. *Ex* He hasn't done it, yet he could if he tried. **2.** *adv* even; still; by now. *Ex* Here it is noon, and he hasn't done it yet.

1. *conj.* a pesar de todo. **2.** *adv.* aún; todavía; por ahora.

yield [yild] **1.** *v* to give up, as when the enemy surrenders. **2.** *v* to produce, as when a field of wheat produces a good crop.

1. *v.* rendirse; abandonar, como cuando se rinde el enemigo. **2.** *v.* producir, como cuando un campo de trigo produce una buena cosecha.

yogurt ['yowgərt] *n* slightly sour, thick milk, often mixed with a fruity flavoring.

n. yogur; leche espesa, ligeramente ácida, mezclada a menudo con sabores de frutas.

yolk [yowk] *n* the yellow part of an egg.

n. yema; parte amarilla del huevo.

yonder ['yɑndər] *adv* over there; beyond.

adv. allá; a lo lejos; más allá.

you [yuw] *pro* the person being talked to. *Ex* How are you? You look quite happy.

pro. tú; usted; la persona a la que se habla.

you'd [yuwd] *cont* you would; you had.

contracción de *you would, you had.*

you'll [yuwl] *cont* you will.

contracción de *you will.*

young [yəŋ] *adj* not old; in the early part of life.

adj. joven; que no es viejo; en la parte temprana de la vida.

youngster ['yəŋ(k)stər] *n* a young person who is not yet grown up.

n. jovencito; joven que aún no ha alcanzado la edad adulta.

your [yər] *pro* belonging to you. *Ex* Please put your coat in the closet.

pro. tu; que te pertenece.

you're [yər] *cont* you are.

contracción de *you are.*

yours [yərz] *pro* that which belongs to you. *Ex* That coat is yours.

pro. el tuyo; lo que te pertenece.

yourself [yər'sɛlf] *pro* you and no one else.

pro. tú y ningún otro.

youth [yuwθ] **1.** *n* the time when you are young; the quality of being young. **2.** *n* a young man.

1. *n.* juventud; época en la que se es joven; cualidad de ser joven. **2.** *n.* joven; hombre joven.

you've [yuwv] *cont* you have.

contracción de *you have.*

yo-yo ['yowyow] *n* a toy in the shape of a reel, which spins up and down on a string.

n. yo-yo; juguete de forma de carrete que gira arriba y abajo por una cuerda.

zebra ['zibrə] *n* a wild animal like a small horse with stripes.

n. cebra; animal salvaje que es como un caballo pequeño con rayas.

zero ['zirow] *n* nothing; a number (0) indicating none or nothing.

n. cero; nada; un número (0) que indica que no hay nadie o nada.

zigzag ['zɪgzæg] *adj* moving from side to side; turning to the left and right, over and over, while moving forward.

adj. zigzag; que se mueve de lado a lado; que se mueve una y otra vez a izquierda y derecha mientras avanza.

zinc [zɪŋk] *n* a bluish-white metal.

n. cinz; metal blanco-azulado.

zip [zɪp] **1.** *n* a zip code. **2.** *v* to close a zipper.

1. *n.* código postal. **2.** *v.* cerrar una cremallera.

zip code ['zɪp kowd] *n* a long number which is the last part of an address in the U.S.

n. código postal; número largo que se pone en la última parte de una dirección postal en los Estados Unidos.

zipper ['zɪpɚ] *n* a long metal or plastic fastener used to close purses, bags, and clothing.

n. cremallera; cierre largo de metal o plástico que se usa para cerrar monederos, maletas y ropas.

zone [zown] *n* an area or section; an area of the world which is different from other areas.

n. zona; área o sección; área del mundo que es diferente de otras.

zoo [zuw] *n* a place where wild animals are kept and people can come to look at them. The word is short for zoological gardens.

n. zoo; lugar donde hay encerrados animales salvajes para que la gente vaya a contemplarlos. La palabra es abreviatura de jardín zoológico.

VOCABULARIO ESPAÑOL-INGLES

A

a, hacia, to.
a lo largo de, along.
a menos que, unless.
a menudo, often.
a través de, through, across.
a veces, sometimes.
al aire libre, outdoors.
abajo, down, downstairs.
abandonar, abandon, leave.
abanico, fan.
abdomen, abdomen.
abeja, bee.
abejorro, bumblebee.
abertura, opening, break.
abeto, fir.
abierto, open.
ablandarse, relent.
abofetear, spank, slap, smack.
abogado, lawyer.
abolir, abolish.
abolladura, dent.
abono, manure.
abordar, tackle.
aborrecer, loathe.
abrazar, clasp, cuddle, hug.
abreviatura, abbreviation.
abrigado, snug.
abrigo, overcoat, coat.
abrir, open.
abrochar, button.
abrocharse el cinturón, buckle.
absorber, blot, sponge.
absurdo, nonsense.
abuchear, hoot.
abuela, grandmother.
abuelo, grandfather.
abuelos, grandparents.
abundante, abundant.
abundar, teem.
aburrir, bore.
acabar, finish.
acampar, camp.
acantilado, cliff.
acariciar, stroke, pet.
acarrear, cart.
accidente, accident.
acción, action.
acebo, holly.
acechar, stalk.
aceite, oil.
aceleración, spurt.
acento, accent.
aceptar, accept.
acera, footpath, sidewalk.
acero, steel.
ácido, acid, sour.
aclarar, clear.
acomodador, usher.
acondicionador de aire, air conditioner.
acontecimiento, event.
acorazado, battleship.
acostumbrado, used to.
acróbata, acrobat.
acrónimo, acronym.

activo, active.
actor, actor.
actriz, actress.
actual, current.
actuar, perform, act.
acuario, aquarium.
acuchillar, slash.
acuerdo, agreement.
acunar, cradle.
acusar, accuse.
acusar de un delito, book.
adelante, ahead, forth.
además, else, besides.
además de, besides.
adeudar en, charge.
adición, addition.
adiestrar, train.
adios, goodbye, bye.
adivinanza, riddle.
adivinar, guess.
adjetivo, adjective.
adjuntar, enclose.
admirar, admire, appreciate.
admitir, admit.
adolescencia, teenage.
adolescente, teenager, adolescent.
adoptar, adopt.
adorable, lovable.
adorar, worship.
adornar, trim.
adorno, trim, ornament.
aduana, customs.
adulto, grown-up.
adversario, foe.
advertir, warn.
adverbio, adverb.
aeropuerto, airport.
afectar, affect.
afecto, affection.
afeitar, shave.
aficionado, amateur.
afilado, sharp, pointed.
afinar (un instrumento), tune.
afirmativo, affirmative.
aflicción, trouble.
afligirse, grieve.
aflojar, loosen.
afortunado, fortunate, lucky.
agalla, gill.
agarrar, seize, grip, cling, clutch, handle.
agenda, notebook.
agente, agent, officer.
agitar, shake, wave, wag.
agitarse, fidget.
agotado, weary.
agradable, nice.
agradecer, thank.
agradecido, grateful, thankful.
agricultura, agriculture.
agrietar, crack.
agrio, acid.
agua, water.
aguanieve, sleet.
águila, eagle.
aguja, needle, thread.
agujero, hole.
ahogar, smother, throttle.
ahogarse, drown.

ahora, now.
ahorrar, save.
ahorros, savings.
aire, air.
aislado, alone.
aislamiento, insulation.
ajedrez, chess.
ajustar, fit.
ala, wing.
alabanza, praise.
alabar, praise.
alambre, wire.
alambre de espino, barbed wire.
alancear, spear.
alargar, lengthen.
alarido, whoop, yell.
alarma, alarm, fire alarm.
alba, dawn.
albaricoque, apricot.
alboroto, disturbance, bother, racket.
album, album.
alcalde, mayor.
alcantarilla, sewer.
alcanzar, reach, overtake.
alegar, allege.
alegrarse, rejoice.
alegre, jolly, gay, merry.
alegre, cheerful.
alegría, happiness, joy, cheer.
alergia, allergy.
alero, eaves.
alerta, awake.
aleta, fin.
alfabetizar, alphabetize.
alfabeto, alphabet.
alfarería, pottery.
alfarero, potter.
alfiler, pin.
alfombra, carpet, rug.
alga, seaweed.
álgebra, algebra.
algo, something, somewhat, anything.
algodón, cotton.
alguacil, marshal.
alguien, somebody.
alguna vez, sometime.
alguno, some, someone.
alicates, pliers.
aligerar, lighten.
alimentar, feed.
alimento, feed.
aliviar, relieve.
alivio, ease, relief.
alma, soul.
almacén, store.
almanaque, allmanac.
almeja, clam.
almendra, kernel.
almohada, pillow.
almuerzo, lunch.
alquilar, rent, hire.
alquiler, rent.
alquitrán, tar, pitch.
alrededor, around.
alta fidelidad, hifi.
altar, altar.
altavoz, speaker, loudspeaker.
alterar, alter.
alto, tall, high.
altura, height.
alubia, bean.
aluminio, aluminium.
allá, yonder.
allí, there.
amable, kind, friendly.
amar, love.
amargo, bitter.
amarillo, yellow.
ambición, ambition.
ambos, both.
ambulancia, ambulance.
amenazar, threaten.
amerizaje, splashdown.

amigable, agreeable.
amigo, friend.
amigo íntimo, chum.
aminorar, stall.
amontonar, heap.
amor, love.
amplio, ample.
ampolla, blister.
anadear, waddle.
análisis, analysis.
anciano, ancient, old.
ancla, anchor.
anclar, anchor.
andar, walk, step.
andar a tientas, grope.
andar de puntillas, tiptoe.
andén. platform.
ancho, wide, broad.
anchura, width, breadht.
andrajoso, shabby.
anfibio, amphibian.
anfitrión, host.
anfitriona hostess.
anguila, eel.
ángulo, angle.
ángulo recto, right angle.
anillo, ring.
animado, frisky.
animal, animal.
animal doméstico, pet.
animar, encourage.
aniversario, anniversary.
anochecer, dusk.
ansiedad, anxiety.
ansioso, anxious, eager.
antártico, antartic.
ante, suede.
antebrazo, forearm.
antena, antenna.
anterior, former.
antes, before.
anticuado, old-fashioned.
antiguo, antique.
antipático, horrid.
antorcha, torch.
anual, annual.
anualmente, yearly.
anudar, tie.
anunciar, advertise, announce.
anuncio, advertisement, commercial.
añadir, add.
año, year.
año bisiesto, leap year.
apacible, mild.
apañador, catcher.
aparatos sanitarios, plumbing.
aparear, breed.
aparecer, appear.
aparcar, park.
aparejo, tackle.
aparición, appearance.
apariencia, appearance.
apartado de correos, P.O.box.
aparte, aside.
apellido, surname, family name.
apestar, reek, stink.
apetito, appetite.
ápice, apex.
apilar, stack.
apiñarse, huddle.
apisonar, ram.
aplastar, squash.
aplaudir, applaud, clap.
aplicarse, apply.
apodo, nickname.
aporrear, thump.
apostar, gamble.
apóstrofe, apostrophe.
apoyar, support.
apoyarse, lean.
apreciar, appreciate.
aprender, learn.
apresar, capture.

apresurar, hurry, hustle.
apresurarse, speed, bustle.
apretar, press.
apretón, grip.
apropiado, suitable, proper.
aproximado, approximate.
aproximarse, approach.
apuntar, point, aim.
apuñalar, stab.
apurarse, rush.
aquí, here.
arado, plow.
araña, spider.
arañar, scrape.
arañazo, scratch.
arar, plow.
árbitro, referee, umpire.
árbol, tree.
árbol perenne, evergreen.
arboleda, grove.
arbusto, shrub, bush.
arcilla, clay.
arco, bow, arc, arch.
arco iris, rainbow.
archivador, file cabinet.
arder, flicker, blaze, smolder.
ardiente, fiery.
ardilla, squirrel.
ardilla listada, chipmunk.
área, area.
arena, sand, arena.
argamasa, mortar.
argumento, argument, plot.
aritmética, aritmethic.
arma, weapon.
armar, pitch.
armario, cupboard, cabinet.
armonizar, match.
aro, hoop.
arpa, harp.
arquitecto, architec.
arte, art.
artesanía, handicraft.
artesano, craftsman.
ártico, artic.
artículo, article.
artilugio, gadget.
artista, artist.
arrancar, strip, tear, shuffle, haul, drag, pull.
arrastrarse, creep.
arrebatar, grab, snatch.
arrecife, reef.
arreglar, mend, fix, straighten.
arremeter, lunge.
arremolinarse, swirl.
arrendamiento, lease.
arrendatario, tenant.
arreos, harness.
arrepentimiento, apology.
arrepentirse, repent, apologize.
arriate, bed.
arriba, up, upstairs.
arriesgar, risk.
arrodillarse, kneel.
arrogante, haughty.
arrojar, throw, draw, fling, sling.
arroyo, stream, brook.
arroz, rice.
arruga, wrinkle.
arrugar, wrinkle.
arruinado, broke.
asado, roast.
asar, roast, bake, broil.
asar en parrilla, grill.
ascender, ascend.
ascensor, elevator.
aseado, neat.
asedio, siege.
asegurar, assure.
asentir con la cabeza, nod.
aseos, restroom, lavatory, podwer room, washroom.
asesinar, murder, slay.
asesino, murderer.

asfalto, asphalt, blacktop.
asfixiar, choke.
así, thus.
asiento, seat.
asir, hold, catch.
asistencia, attendance.
asistente, aide, attendant.
asistente social, social worker, case worker.
asistir, attend.
asociación, association.
asombrar, amaze.
asombrarse, wonder.
áspero, rough.
aspiradora, vacuum cleaner.
aspirina, aspirin.
asta, pole.
asterisco, asterisk.
astilla, splinter, chip.
astillar, chip.
asunto, affair, topic.
asustar, startle.
asustado, scared, afraid.
astrólogo, astrologer.
astronauta, astronaut.
astronomía, astronomy.
astrónomo, astronomer.
astroso, slob.
astuto, crafty, cunning, sly.
atacar, attack.
ataque, attack.
atar, fasten, attach, bind, tape.
atareado, busy.
atarse los zapatos, lace.
atascar, clog.
ataud, coffin.
atención, attention.
aterrado, frightened.
aterrador, frightening.
aterrizar, land.
aterrorizar, terrify.
atizador, poker.
atizar, poke.
atlas, atlas.
atleta, athlete.
atmósfera, atmosphere.
átomo, atom.
atracar, dock.
atractivo, attractive.
atraer, attract.
atrapar, trap, catch.
atreverse, dare.
atrevido, daring.
atún, tuna.
aturdido, dazed.
aturdir, stun.
audiencia, audience.
auditorio, auditorium.
aula, classroom.
aullar, howl.
aullido, howl.
aún, yet.
aunque, although, though.
auricular, receiver.
auriculares, headphones, headset.
ausencia, absence.
ausente, absent, away.
autobiografía, autobiography.
autobús, bus.
autocar, coach.
automóvil, automovile.
automático, automatic.
autopista, highway, expressway, interstate.
autor, author.
autoridad, authority.
autorizar, entitle.
avanzar, advance.
avaro, miser.
ave, bird, fowl.
avena, oats.
avenida, avenue.
aventura, adventure.
avergonzado, ashamed.
averiguar, count.

aviación, aviation.
avión, airplane, plane.
avisar, caution.
aviso, notice.
avispa, wasp.
axila, armpit.
ayer, yesterday.
ayuda, help, benefit.
ayudante, assistant.
ayudar, help, assist.
ayuntamiento, cityhall.
azadón, hoe.
azotar, lash.
azote, lash.
azucar, sugar.
azucena, lily.
azul, blue.

B

babosa, slug.
bacalao, cod.
bacon, bacon.
bacterias, bacteria.
bahía, bay.
bailarina, ballerina, dancer.
baile, dance, ball.
bajo, below, low.
bajo tierra, underground.
bala, bullet, bale.
balancearse, sway.
balancín, seesaw.
balcón, balcony.
baldosa, tile.
balón, ball, basketball.
baloncesto, basketball.
balsa, raft.
ballena, whale.
ballet, ballet.
bambú, bamboo.
bañar, dip.
banco, bank, pew, bench.
banda, band.
banda escolar, rhythm band.
banda de rodadura, tread.
bandada, flock.
bandeja, tray.
bandera, flag.
banjo, banjo.
banquete, banquet.
bañador, bathing suit.
bañar, bathe.
baño, bath, toilet, dip.
baqueta, drumstick.
barajar, shuffle.
barandilla, banister, rail.
barato, cheap.
barba, beard.
barbacoa, barbecue.
barbero, barber.
barbilla, chin.
barcaza, barge.
barco, ship.
barniz, varnish.
barnizar, varnish.
barómetro, barometer.
barra, bar.
barra de labios, lipstick.
barra de pan, loaf.
barrer, sweep.
barrera, barrier.
barriga, tummy.
barril, barrel.
barro, mud.
base, base, foundation.
bastante, enough, rather.
bastón, club.
basura, garbage, waste, rubbish.
basurero, dump, garbage.
bata, smock, gown.

batalla, battle.
batallar, battle, campaign.
bate, bat.
bateador, batter.
batería, battery.
batidora, whisk, blender.
batuta, baton.
baúl, trunk.
baya, berry.
bayoneta, bayonet.
bebé, baby.
beber, drink.
bebida, drink, beverage.
becerro, calf.
beisbol, baseball.
belleza, beauty.
beneficencia, welfare.
beneficio, benefit.
besar, kiss.
beso, kiss.
bestia, beast.
biblia, bible.
bibliografía, bibliography.
biblioteca, library.
bibliotecario, librarian.
bicicleta, bicycle, bike, cycle.
bien, well.
bienes, goods.
bienes raíces, real state.
bienestar, welfare.
bienvenida, welcome.
bigote, mustache, whisker.
bikini, bikini.
bilingüe, bilingual.
billar, billiards.
billete, bill.
billón, billion.
bingo, bingo.
biografía, biography.
biología, biology.
biombo, screen.
bisagra, hinge.
bisecar, bisect.
bizcocho, cake.
blanco, white, blank.
blando, soft.
blanquear, bleach.
bloc, pad.
bloque, block, slab.
bloquear, block.
blusa, blouse.
bobina, reel, bobbin.
boca, mouth.
boca abajo, upside-down.
bocadillo, sandwich.
bocinazo, hoot.
boda, wedding, marriage.
bodega, cellar, hold.
bofetada, slap.
bola de nieve, snowball.
boletín de notas, report card.
bolígrafo, ballpoint.
bolita, pellet.
bolsillo, pocket.
bolso, handbag.
bollo, muffin, bun.
bomba, bomb, pump.
bombardear, bomb.
bombardero, bomber.
bombear, pump.
bombero, fireman, fire fighter.
bombilla, bulb, light bulb, lamp.
bondad, goodness.
bonito, pretty.
bono (de comida), meal ticket.
boquete, gap.
bordar, embroider.
borde, border, rim, brim.
bordillo, curb.
borracho, drunk.
borrador, eraser.
borroso, fuzzy.
bosque, forest.

bosquecillo, thicket.
bosquejar, sketch.
bosquejo, sketch.
bostezar, yawn.
bostezo, yawn.
bota, boot.
botánica, botany.
botar, bounce.
bote, boat.
bote salvavidas, lifeboat.
botella, bottle.
boticario, druggist.
botón, button.
botones, page.
boxear, box.
boya, buoy.
bozal, muzzle.
bramante, twine.
bramar, bellow.
bravo, fearless.
brazo, arm.
breve, brief.
bridge, bridge.
brillante, bright, radiant.
brillar, shine, shimmer, glimmer.
brincar, leap, skip.
brisa, breeze.
broche, clasp.
broma, joke, fun.
bronce, bronze.
bronceado, tan, suntan.
bronquitis, bronchitis.
brotar, sprout.
bruja, witch.
brújula, compass.
brusco, gruff, abrupt.
bueno, good, moral.
buey, ox.
bufanda, muffler, scarf.
buho, owl.
buitre, vulture.
bujía, spark plug.
bulbo, bulb.
bulto, bulge.
bulldozer, bulldozer.
bumerang, boomerang.
bungalow, bungalow.
buñuelo, doughnut.
buque de guerra, warship.
burbuja, bubble.
burlarse, mock, jeer.
buscar, seek, search.
búsqueda, search.
busto, bust.
buzo, diver.
buzón, mailbox.

C

caballero, gentleman.
caballete, easel.
caballo, horse.
cabaña, hut, cabin.
cabecera, bedside.
cabestrillo, sling.
cabeza, head.
cabina, cab, cabin.
cable, cable.
cabra, goat.
cabrito, kid.
cacahuete, peanut.
cacao, cocoa.
cacerola, pan, saucepan.
cactus, cactus.
cachorro, cub, puppy.
cada, each, every.
cadena, chain.
cadera, hip.
cadete, cadet.
caer, fail.

café, coffee.
cafetera, percolator.
cafetería, cafeteria, cafe.
caimán, alligator.
caja, box, check out, carton.
caja fuerte, safe.
cajero, teller, cashier.
cajón, drawer, crate.
cal, lime.
calabaza, pumkin.
calabozo, dungeon.
calamidad, calamity.
calavera, skull.
calcar, trace.
calcetín, sock.
calcetines, hose.
calcio, calcium.
calculadora, calculator.
cálculo, calculus, estimate.
caldera, boiler.
caldo, broth.
calendario, calendar.
calentar, warm.
calentador, heater.
calidad, quality.
calidoscopio, kaleidoscope.
caliente, hot.
calificar, grade.
calmar, calm, soothe.
calor, heat.
calvo, bald.
calzoncillos, underpants.
callar, hush.
calle, street.
callejón, alley.
callejón sin salida, dead end.
callo, corn.
cama, bed.
camada, litter.
cámara, camera.
camarada, chap.
cámara de representantes, house of representatives.
camarero, waiter.
camarera, waitress.
camarón, shrimp.
camarote, cabin.
cambiar, change, exchange.
cambio, change, gear.
camello, camel.
caminar, walk.
camino, way, driveway.
camino vecinal, lane.
camión, truck.
camisa, shirt.
camiseta, vest, t-shirt.
camisón, nightgown.
campamento, camp.
campana, bell.
campanada, stroke.
campanario, steeple.
campanilleo, tinkle.
campaña, campaign.
campeón, champion.
campesino, peasant.
camping, camp.
campo, country, field.
campus, campus.
camuflar, camouflage.
canal, channel, canal.
canalón, cutter.
canalla, villain.
canario, canary.
canasta, hamper.
cancelar, cancel.
canción, song.
candidato, candidate.
cangrejo, crab.
canguro, kangaroo.
canica, marble.
caniche, poodle.
canoa, canoe.
cansado, tired.
cansar, tire.

cantante, singer.
cantar, sing.
cántaro, pitcher.
cantera, quarry.
cantidad, amount, quantity, deal.
canturrear, hum.
caña, cane.
caña de azúcar, sugarcane.
caña de pescar, fishing rod.
cañería, pipe.
cañería maestra, main.
cañón, canyon, cannon.
capa, layer, cape.
capacidad, capacity.
capataz, foreman.
capaz, able.
capilla, chapel.
capital, capital.
capitán, captain.
capítulo, chapter.
cápsula, capsule.
cápsula espacial, capsule.
capturar, capture, bag.
capucha, hood.
capullo, bud.
cara, face.
caracol, snail.
carácter, character.
característica, feature.
carámbano, icicle.
caramelo, candy, caramel.
caravana, caravan.
carbón, coal, charcoal.
carbonilla, cinder.
carburador, carburetor.
cárcel, jail.
cardenal, bruise.
carga, burden, load.
cargado, stuffy.
cargar, load, charge.
cargo, cargo.
caridad, charity.
carillón, chime.
cariñoso, fond.
carne, flesh, meat, beef.
carne de cerdo, pork.
carnero, ram.
carnicero, butcher.
caro, expensive.
carpeta, folder.
carpintería, woodwork.
carpintero, carpenter.
carretera, road.
carta, letter.
cartel, poster.
cartelera, billboard.
cartera, wallet.
cartero, postman, mail carrier.
cartón, cardboard.
cartucho, cartridge.
carrera, race, career.
carrete, coil, spool.
carretera, ramp.
carretilla, wheelbarrow.
carril, lane.
carro, cart.
casa, house, household, lodge.
casa de campo, cottage.
casa flotante, houseboat.
casarse, marry.
cascabeleo, rattle, jingle.
cáscara, shell.
casco, helmet, hoof.
casero, landlord, homeowner.
casera, landlady.
caseta, stand, stall, kennel.
casi, almost, about.
casilla de establo, stall.
caso, case.
caspa, dandruff.
cassette, cassette.
castigar, punish.
castigo, punishment.

castillo, castle.
catalogar, schedule.
catálogo, catalog.
catarata, waterfall.
catedral, cathedral.
categórico, definitive.
catsup, catsup, ketchup.
causar, cause.
cautela, caution.
cavar, dig, burrow, scoop.
caverna, cavern.
cayado, crook.
caza, hunt.
cazador, hunter.
cazar, hunt, chase.
cazar (o pescar) furtivamente, poach.
cazo, ladle.
cebo, bait.
cebolla, onion.
cebra, zebra.
ceja, brow, eyebrow.
celda, cell.
celebración, celebration.
celoso, jealous.
célula, cell.
cementerio, cemetery, graveyard.
cemento, cement.
cena, dinner, supper.
cenar, dine.
ceniza, ash.
centavo, cent.
centellear, gleam, sparkle, twinkle.
centelleo, sparkler.
centeno, rye.
centígrado, centigrade.
centímetro, centimeter.
centinela, sentry.
centro, center.
ceño, frown.
cepillo, plane, brush.
cepillo de dientes, toothbrush.
cepillo para el pelo, hairbrush.
cera, wax.
cerca, near, by.
cercano, handy.
cercar, surround.
cerda, bristle, sow.
cerdo, pig.
cereal, cereal.
cerebro, brain.
ceremonia, ceremony.
ceremonia religiosa, service.
cereza, cherry.
cerilla, match.
cero, zero.
certificado, certificate.
cervatillo, fawn.
cerveza, beer.
cerrado, shut.
cerradura, lock.
cerradura de combinación, combination lock.
cerrar, shut.
cerrojo, bolt.
cesar, cease.
cesped, grass, lawn, turf.
cesta, basket.
cicatriz, scar.
ciclo, cycle.
ciclomotor, motorbike.
ciclon, cyclone.
ciego, blind.
cielo, heaven, sky.
cien, hundred (a).
ciencia, science.
cieno, slime.
científico, scientist.
ciertamente, certainly.
cierto, certain.
ciervo, deer.
cifra, figure, numeral.
cigarrillo, cigarette.
cigarro, cigar.
cigüeña, stork.

cilindro, cylinder.
cima, summit.
cimientos, foundation.
cinc, zinc.
cincel, chisel.
cine, cinema, motion picture theater.
cinta, ribbon, tap.
cinta de vídeo, videotape.
cintura, waist.
cinturón, belt.
circulación, circulation.
circular, circulate.
círculo, circle, circus, ring.
circunferencia, circumference.
circunscripción, precinct.
circunstancia, circumstance.
ciruela, plum.
cirugía, surgery.
cirujano, surgeon.
cisne, swan.
cita, appointment, quotation.
citar, quote.
cítricos, citrus.
ciudad, town, city.
ciudadanía, citizenship.
ciudadano, citizen.
civil, civil.
clarividente, farsighted.
claro, clear, fair.
clase, class, kind, sort.
clase de gimnasia, gym.
clásico, classical.
clasificar, sort.
clemencia, mercy.
clérigo, minister.
cliente, customer.
clima, climate.
clínica, clinic.
clip, clip, paperclip.
cloqueo, cluck.
coartada, alibi.
cobarde, coward.
cobaya, guinea pig.
cobertizo, shed.
cobrar un cheque, cash.
cobre, cooper.
cociente, quotient.
cocina, kitchen.
cocinar, cook.
cocinero, cook.
coco, coconut.
cocodrilo, crocodile.
coche, car, auto.
coche de bomberos, fire engine.
cochecito para bebé, baby carriage, stroller.
cochera, depot.
codicia, greed.
código, code.
código de zona, area code.
código postal, zip code.
codo, elbow.
cofre, chest.
cohete, rocket.
cojín, pad, cushion.
cojo, lame.
cola, cola, tail, cement, glue.
colador, strainer.
colección, collection.
coleccionar, collect.
coleta, pigtail.
colcha, bedspread.
colchón, mattress.
colgador, peg.
colgar, hang.
colina, hill.
coliseo, coliseum.
colmena, hive, beehive.
colmillo, fang, tusk.
colon, colon.
colonia, colony.
colonizador, settler, colonist.
color, color.
colorear, to color.

columna, column.
columna vertebral, spine.
columpio, swing.
collage, collage.
collar, necklace.
coma, comma.
combar, to buckle.
combarse, bulge, sag.
combinación, combination, slip.
combinar, combine.
combustible, fuel.
comedia, comedy.
comediante, comedian.
comedor, dining room, lunchroom.
comentario, remark.
comenzar, start, begin, commence.
comer, eat, snack.
comerciar, trade.
comercio, trade.
cometa, kite.
cometer, commit.
comic, comic.
cómico, comic.
comida, food, meal.
comienzo, start, beginning.
comillas (« »), quotation marks.
comisión, board.
comité, committee.
cómo, how.
como, like, as.
compañero, fellow, playmate, companion.
compañía, company.
compañía de radiodifusión, network.
comparar, contrast, compare.
comparativo, comparative.
compartir, share.
compás, compass.
compasión, sympathy.
compeler, compel.
competición, competition.
competir, compete.
complacer, please, oblige.
complacido, glad.
complaciente, willing.
completamente, fully, quite.
completar, complete.
completo, full, complete, entire.
complicado, complicated, elaborate.
comportamiento, behavior.
comportarse, behave.
composición, composition.
comprar, buy, purchase, shop.
comprensión, comprehension.
comprimir, compress.
comprobar, check.
comprometido, engaged.
computadora, computer.
común, common.
comunidad, community.
con, with.
conceder, grant.
concejal, alderman.
concentración, attention.
concentrar, concentrate.
concierto, concert.
concluir, conclude.
conclusión, conclusion.
concurso deportivo, meet.
concha, seashell.
condenar, convict.
condensar, condense.
condición, condition.
condolencia, sympathy.
condominio, condominium.
conducir, drive.
conducta, conduct.
conductor, driver.
conectar, connect.
conejo, rabbit.
conexión, connection.
confeccionar, tailor.
conferencia, conference, lecture.
conferenciante, lecturer.

confesar, confess.
confeti, confetti.
confianza, trust.
confiar, trust, rely.
confirmar, confirm.
confite, butterscotch.
confortable, comfortable.
confundir, confuse.
congratularse, congratulate.
congregación, congregation.
congreso, congress.
conjunción, conjunction.
conmoción, shock.
conmocionar, shock.
cono, cone.
conocimiento, knowledge.
conquistar, conquer.
consciente, conscious.
consejo, council.
consejo estudiantil, student council.
consejo de ministros, cabinet.
consentir, consent.
considerable, considerable.
consideración, regard, consideration.
considerado, considerate.
considerar, regard, mind, consider.
consonante, consonant.
constante, steady.
consuelo, comfort.
consternación, dismay.
constitución, constitution.
construcción, construction.
constructor, builder, contractor.
construir, build, construct.
contable, accountant, bookkeeper.
contador, meter.
contar, count.
contener, contain.
contenido, contents.
contestar, answer, reply.
contemplar, gaze.
continente, continent.
continuar, continue, keep.
continuo, continuous, continual.
contonearse, waddle.
contra, against.
contracción, contraction.
contrachapado, plywood.
contradecir, contradict.
contraerse, contract.
contrastar, contrast.
contraste, contrast.
contrato, contract.
contraventana, shutter.
control, control, charge.
control remoto, remote control.
controlar, control.
contusión, bruise.
convencer, convince.
convención, convention.
convenir, agree.
convento, convent.
conversación, conversation.
convicto, convict.
convocar, summon.
cónyuge, spouse, mate.
copa, cup.
copia, copy.
copias, dittos.
copos de maíz, cornflakes.
coral, coral.
corazón, heart, core.
corbata, tie.
corcho, cork.
cordero, lamb.
cordón, lace.
coro, choir.
corona, crown.
cortacésped, lawn mower.
cortar, cut.
cortés, polite, civil.
corteza, crust, bark.
cortina, curtain.

cortinajes, drapery.
corto, short, small.
corto de vista, nearsighted.
corral, farmyard.
correa, strap.
correcto, right, correct.
corredor, corridor, passage.
corregir, correct.
correo, mail.
correr, run, dart.
corrida, run.
corriente, ordinary, current.
cosa, thing.
coser, stitch, sew.
cosecha, harvest, crop.
cosechar, harvest.
cosquillear, tickle.
cosquilleo, tickle.
costa, coast, shore, seashore.
costar, cost.
coste, cost.
costilla, rib.
costoso, costly.
costra, scab.
costumbre, custom.
costura, seam.
creador, creator.
crear, create.
crecer, grow.
creciente, crescent.
crédito, credit.
creencia, faith.
creer, believe.
cremallera, zipper.
crepúsculo, twilight.
cresta, ridge.
criado, servant.
criar, rear.
criatura, creature.
cribar, sift.
crin, mane.
cristal, glass, crystal.
criticar, critize.
crítico, critic.
croar, croak.
crol, crawl.
cromo, chrome.
crucero, cruise.
crudo, raw.
cruel, cruel.
crujido, crack.
crujiente, crisp.
cruz, cross.
cruzar, intersect.
cuaderno, workbook.
cuaderno de bitácora, log.
cuadra, stable.
cuadrado, square.
cuadrángulo, quadrangle.
cuadrilla, gang.
cuadro, painting.
cuando, when.
cuartel, barracks.
cuarto, quart, quarter.
cuarto de baño, bathroom.
cuarto de estar, living room.
cubertería, silverware.
cubierta, deck.
cubo, bin, pail, hub, cube, bucket.
cubo de basura, trashcan.
cubrir, cover.
cucaracha, cockroach, roach.
cuchara, spoon.
cuchichear, whisper.
cuchillada, slash.
cuchillo, knife.
cuello, neck, collar.
cuenta, account.
cuenta de collar, bead.
cuento de hadas, fairy tale.
cuerda, string, cord.
cuerno, horn.
cuero, leather.

cuerpo, body.
cuerpo estudiantil, student body.
cuervo, crow.
cueva, cave.
cuidado, care.
cuidadoso, careful.
cuidar, care.
culpa, guilt, blame.
culpable, guilty.
culpar, blame.
culto, worship.
cultura, culture.
cumbre, peak.
cumpleaños, birthday, birthdate.
cumplido, compliment.
cuna, crib, cot, cradle.
cuña, wedge.
cupón, coupon.
cúpula, dome.
cura, cure.
curar, heal, cure.
curiosear, pry.
curioso, curious, nosey.
cursiva, italics.
curso, course.
curtir, tan.
curva, curve, bend, jog.
curvar, bend.
custodio, custodian.

CH

chal, shawl.
chalet, bungalow.
champiñón, mushroom.
champú, shampoo.
chamuscar, scorch, singe.
chanclas, galoshes.
chaparrón, shower.
chapitel, spire.
chapotear, paddle.
chapoteo, splash.
chapucear, tinker.
chaqueta, jacket.
charca, pond.
charco, puddle.
charla, speech, chat.
charlar, chat.
chasis, chassis.
chasquear (los dedos), snap.
chasquido, snap.
cheque, check.
chequeo, checkup.
chica, girl.
chicle, gum, chewing gum.
chico, boy, lad.
chillar, squeal, shriek.
chillido, squeal, screech.
chillón, shrill.
chimenea, chimney.
chimpancé, chimpanzee.
china, china.
chinche, bug.
chincheta, thumbtack.
chiquillo, kid.
chirriar, squeak.
chirrido, squeak.
chisme, gossip.
chismorrear, gossip.
chispa, spark.
chispear, sprinkle.
chocar, collide, crash, clash.
chocolate, chocolate.
chofer, chauffeur.
chorrear, gush.
chorro, spurt.
chuleta, chop.

D

dado, die, dice.
daga, dagger.
dama de honor, bridesmaid.
danza, dance.
danzar, dance.
dañar, harm, damage.
daño, harm, damage.
dar, give.
dar a luz, bear, deliver.
dar azotes cariñosos, paddle.
dar cabezadas, nod.
dar forma, shape.
dar la bienvenida, welcome.
dar latigazos, whip.
dar palmaditas, pat.
dar sacudidas, lurch.
dar saltitos, hop.
dar una patada, kick.
dar vueltas, spin.
dar zancadas, stride.
darse cuenta, realize.
dardo, dart.
dátil, date.
datos, data.
de, of.
deambular, stroll.
de cualquier modo, anyway.
de dirección única, one-way.
de la misma manera, alike.
de mala manera, badly.
de nuevo, again.
de otra manera, otherwise.
de sangre caliente, warm-blooded.
de sangre fría, cold-blooded.
debajo, under, beneath.
debate, debate.
deber, responsibility.
deber, owe.
deber, must, ought to.
deberes, homework.
débil, weak.
debilitar, weaken.
débito, debit.
década, decade.
decaer, decay.
decente, decent.
decimal, decimal.
decidir, decide.
decir, say, tell.
decisión, decision.
declaración, statement.
declarar, state, declare.
declarar la huelga, strike.
decorar, decorate.
decorado, scenery, fancy.
dedo, finger.
dedo del pie, toe.
dedo índice, index finger.
deducir, deduct.
defecar, defecate.
defender, defend.
dejar, quit.
dejar caer, flop.
delantal, apron.
delante de, before.
delegado, delegate.
delegar, delegate.
deleitar, delight.
deleite, delight.
delgado, slim, thin, slender.
deliberado, deliberate.
deliberar, deliberate.
delicado, dainty, delicate, faint.
delicatessen, delicatessen, deli.
delicioso, delicious, luscious.
delito, crime, offense.
demanda, demand.
demandar, demand.
demasiado, too.

democracia, democracy.
demócrata, democrat.
demonio, demon.
demora, delay.
demorarse, linger.
denominador, denominator.
denso, dense.
dental, dental.
dentista, dentist.
dentífrico, toothpaste.
dentro, in, inside, within, indoors.
departamento, department.
departamento de personal, personnel.
depender, depend.
dependiendo de, according to.
dependiente, salesclerk.
deporte, sport.
depositar, deposit.
depósito, deposit.
depósito de objetos perdidos, lost and found.
depresión, depression.
derecho, direct, law, right.
derechos de autor, copyright.
derramar, pour.
derrapar, skid.
derretirse, thaw.
derribar, lay, overthrow.
derrochar, waste.
derrota, debeat.
derrumbarse, tumble.
desafiar, defy, dare, challenge.
desafío, dare.
desafortunado, unfortunate.
desagradable, unpleasant.
desagüe, outlet, drain.
desalentar, discourage.
desaliñado, untidy.
desapacible, bleak.
desaparecer, disappear, vanish.
desarrollar, develop.
desastrado, sloppy.
desastre, disaster.
desatar, undo.
desayuno, breakfast.
desbandada, helter-skelter.
desbordarse, overflow, toldflood.
descansar, rest.
descanso, rest, intermission.
descarado, impudent.
descargar, unload.
descender, descend.
desconcertar, bewilder, confuse.
desconfianza, mistrust.
desconfiar, mistrust.
desconocer, ignore.
desconocido, stranger, unknown.
describir, describe.
descubrimiento, discovery.
descubrir, betray, discover.
descuento, discount.
descuidado, amateur, careless.
descuidar, neglect.
desde, since, from.
desdichado, miserable.
desear, wish, desire.
desembarco, landing.
desembocadura, mouth.
desempleado, unemployed.
desempleo, unemployment.
desenvolver, unwrap.
deseo, want, wish, desire.
desertar, desert.
desesperación, despair.
desesperado, hopeless.
desesperar, despair.
desfallecido, faint.
desfile, parade, procession.
desgarrar, rip.
deshonesto, dishonest.
deshonrar, disgrace.
desierto, desert, wilderness.
desilusionar, disappoint.
deslizar, coast.

deslizarse, slide, glide, flow.
deslucido, dinge.
deslumbrante, brilliant.
deslumbrar, dazzle.
desmayarse, pass out.
desmenuzar, crumble.
desnatar, skim.
desnudarse, strip, undress.
desnudo, bare, naked, nude.
desobediente, naughty.
desodorante, deodorant.
despedazarse, collapse.
despedida, farewell.
despedir, dismiss.
despellejar, skin.
despensa, pantry.
desperdicios, trash, litter.
despertador, alarm clock.
despertar, wake, awake, arouse.
despierto, alert.
despojarse de, shed.
desposar, mate.
despreciar, scorn, despise.
desprecio, scorn.
después, afterward.
después de, after.
despuntado, blunt.
destello, sparkler.
desteñir, fade.
destetar, wean.
destornillador, screwdriver.
destrozar, shatter.
destruir, destroy.
desvalido, helpless.
desván, loft, attic.
desvanecerse, faint.
desventaja, handicap.
desviarse, sweerve.
desvío, detour.
detalle, detail.
detective, detective.
detención, detention.
detener, halt, arrest.
detergente, detergent.
determinar, determine.
detestar, detest.
detrás, behind.
deuda, debt, due.
devolver, return.
día, day.
día laborable, weekday.
diablo, devil.
diagonal, diagonal.
diagrama, diagram.
dial, dial.
dialecto, dialect.
diálogo, dialog.
diamante, diamond.
diámetro, diameter.
diana, target.
diapasón, tunning fork, pitch pipe.
diapositiva, slide.
diariamente, daily.
diario, diary, everyday.
dibujar, draw.
dibujo, picture, drawing, cartoon.
diccionario, dictionary.
dictado, dictation.
dicho, saying.
diente, tooth.
diestro, handy.
diferencia, difference.
diferenciarse, differ.
diferente, different.
diferir, disagree, differ.
difícil, difficult, hard.
dificultad, difficulty.
digerir, digest.
diligencia, stagecoach.
diminuto, tiny.
dinamita, dynamite.
dinero, money.
dinero en efectivo, cash.

E

dinosaurio, dinosaur.
diploma, diploma.
diputado, representative.
dirección, direction, address.
director, manager, principal, director, conductor.
dirigir, manage, lead, direct, conduct.
discípulo, pupil, disciple.
disco, disk.
disculparse, apologize.
discurso, speech.
discusión, discussion.
discutir, argue, discuss.
disecar, dissect.
diseñar, design.
diseño, design, check.
disfraz, disguise.
disfrazar, disguise.
disminución, decay.
disminuir, reduce, decrease.
disparar, shoot.
disparo, shot.
dispositivo, device.
distancia, distance.
distante, distant, farther.
distinguir, distinguish.
distinto, distinct.
distribuir, distribute.
distrito, district.
divagar, ramble.
diversidad, variety.
diverso, various.
divertido, funny.
divertir, amuse, entertain.
divertirse, enjoy.
dividendo, dividend.
dividir, divide.
división, division, long division, dividend.
divisor, divisor.
divorcio, divorce.
dobladillo, hem.
doblar, droop, double.
doble, double.
doblez, fold.
docena, dozen.
dócil, meek.
doctor, doctor.
dolar, dollar.
doler, pain.
dolor, pain, ache.
dolor de cabeza, headache.
dolor de estómago, stomachache.
dolor de muelas, toothache.
dolorido, sore.
domesticado, tame.
dominó, domino.
doncella, maid.
donde, where.
dondequiera, wherever.
dormido, asleep.
dormitar, doze.
dormitorio, bedroom, dormitory.
dos puntos (:), colon.
dos veces, twice.
dosel, canopy.
dosis, dose.
dragón, dragon.
drama, drama.
drenar, drain.
droga, drug.
drugstore, drugstore.
ducha, shower.
duda, doubt.
dudar, doubt.
dudoso, doubtful.
duende, goblin, fair.
dulce, sweet, gentle.
duplex, duplex.
durante, during.
durar, last.
duro, hard, tough.

eclipse, eclipse.
eco, echo.
economía, economics.
economía doméstica, home economics.
ecuación, equation.
ecuador, equator.
echarse, lie.
edad, age.
edificio, building.
editor, editor.
edredón, quilt.
educación, education.
educación física, P. E., phys.
educar, educate.
efectivamente, indeed.
efecto, effect.
egoísta, selfish, mean.
eje, axle, axis.
ejecutivo, executive.
ejemplo, example.
ejercicio, exercise.
ejercitar, exercise.
ejército, army.
él, he.
él, la, los, las, the.
él mismo, himself.
elaborar, elaborate.
elástico, elastic.
elección, election, choice.
electricidad, electricity.
eléctrico, electric.
electrón, electron.
electrónico, electronic.
elefante, elephant.
elegante, smart, bright.
elegir, choose, elect, pick.
elemento, element.
elevarse, rise, soar.
elfo, elf.
eliminar, rid.
élite, elite.
eludir, slip, doge.
ella, she.
ella misma, herself.
ello, it.
ello mismo, itself.
ellos, they.
ellos mismos, themselves.
embalar, crate.
embalse, reservoir.
embarazada, pregnant.
embarcadero, landing.
embarcarse, board.
embrague, clutch.
embudo, funnel.
embutido, sausage.
emergencia, emergency.
emitir, issue.
emoción, thrill.
emocionante, exciting.
emocionar, thrill.
empapado, soggy.
empapar, soak.
empaquetar, pack.
emparejado, twin.
empaste, filling.
emperador, emperor.
empinado, steep.
emplazar, place.
empleado, employee.
empleados, personnel.
emplear, employ.
empleo, job.
emprender, tackle.
empresa, firm, corporation.
empresas de servicio público, utilities.
empujar, push, prod, jostle, heave, shove.
empalme, junction.
empujón, shove.

empuñar, grasp.
en, in, into, at.
en alguna parte, somewhere.
en cambio, instead.
en cualquier momento, whenever.
en cualquier parte, anywhere.
en medio, midst.
en ninguna parte, nowhere.
en otra parte, elesewhere.
en todas partes, everywhere.
en voz alta, aloud.
enagua, petticoat.
enano, dwarf.
encaje, lace.
encantado, haunted.
encantar, charm.
encanto, charm.
encerado, blackboard.
encestar, dribble.
enciclopedia, encyclopedia.
encima, on.
encoger, shrink.
encolerizado, mad.
encontrar, meet, find.
encorvarse, stoop.
encuesta, survey, quiz.
enchufe, plug, socket.
endeble, feedle.
enderezar, straighten.
enemigo, enemy.
energía, energy.
enérgico, brisk.
enfadado, angry, cross.
enfadarse, sulk.
enfermedad, disease.
enfermera, nurse.
enfermería, infirmary.
enfermo, ill, sick.
enfocar, focus.
enfurecer, infuriate.
engañar, cheat, deceive.
engrasar, oil.
engreídos, conceited.
engrudo, paste.
engullir, gobble, gulp.
enjambre, swarm.
enjuagarse, rinse.
enojar, annoy.
enorme, enormous, huge.
enredado, tangled.
enrollar, wind, coil.
ensalada, salad.
ensayar, rehearse.
ensayo, trial, essay.
enseñar, teach.
ensombrecer, shade.
ensortijado, frizzy.
ensuciar, soil.
entender, understand.
entendimiento, wit.
enterrar, bury.
entierro, burial, funeral.
entonces, then.
entorpecer, hinder.
entrada, entrance, entry, input, cue.
entrar, enter, go in, come into.
entrar en erupción, erupt.
entre, between, among.
entrega, delivery.
entremezclar, mingle.
entrenador, trainer, coach.
entrenar, coach.
entretanto, meanwhile.
entretener, entertain.
entrevistar, interview.
entrometerse, meddle.
entumecido, numb.
entusiasmo, enthusiasm.
envenenar, poison.
envergadura, span.
enviar, send.
envidia, envy.
envidiar, envy.

envolver, wrap.
enyesar, plaster.
epidemia, epidemic.
episodio, episode, installment.
equilibrar, balance.
equipaje, luggage, baggage.
equipo, team, equipment, hardware.
equivocación, mistake, misunderstanding.
equivocado, wrong.
equivocar, mistake.
erguido, erect.
erosión, erosion.
erosionar, erode.
erudición, scholarship.
errar, miss.
error, error.
escabechar, pickle.
escabroso, rugged.
escabullirse, sneak, dodge, scurry.
escala, scale.
escalar, climb.
escaldar, scald.
escalera, stairs, staircase, ladder, stairway.
escalera mecánica, escalator.
escalfar, poach.
escama, flake, scale.
escapar, escape.
escape, exhaust.
escarabajo, beetle.
escarcha, frost.
escarchado, frosting.
escarlata, scarlet.
escasamente, scarcely.
escasez, scarcity.
escaso, scarce.
escena, scene.
escenario, stage.
esclavo, slave.
escoba, broom.
escolar, scholar.
esconderse, hide.
escribir, write, adress.
escrito, writing.
escritorio, desk, bureau.
escritura, script.
escuadra, bracket.
escuchar, listen.
escudar, shield.
escudo, shield.
escuela, school.
escultura, sculpture.
escupir, spit.
escurridor, wringer, drainboard.
escurrir, wring.
ese, that.
esfera, globe.
esforzarse, strive, strain.
esfuerzo, effort.
eslabón, link.
esmalte, enamel.
esmeralda, esmerald.
espacio, space.
espada, sword.
espagueti, spaghetti.
espalda, back.
espantapájaros, scarecrow.
espantoso, frightening.
esparcir, scatter.
especia, spice.
especial, special.
especialmente, specially.
espécimen, specimen.
espectáculo, show, entertainement, spectacle.
espectador, spectator.
espejismo, mirage.
espejo, mirror.
esperanza, hope.
esperanzado, hopeful.
esperar, hope, expect.
espeso, thick.
espesura, thicket.
espía, spy, agent.
espiar, spy.

espina, spine, thorn.
espinaca, spinach.
espinilla, shin.
espiral, spiral.
espíritu, spirit.
espléndido, splendid, gorgeous.
esponja, sponge.
esposa, wife.
esposo, husband.
espuma, foam, froth.
espuma jabonosa, lather.
esqueleto, skeleton.
esquema, outline.
esquí, ski.
esquiar, ski.
esquina, corner.
esta noche, tonight.
estable, stable.
estaca, stake.
estación, station, season.
estacionario, stationary.
estadio, stadium.
estado, state.
estafar, fool.
estallar, burst.
estampado, pattern.
estampido, boom, crash.
estandar, standard.
estanque, pool.
estaño, tin.
estar al acecho, lurck.
estar candente, glow.
estar de acuerdo, agree.
estar de pie, stand.
estatua, statue.
estatuto, statute.
éste, this.
este, east.
estela, wake.
estelar, stellar.
estera, mat.
estéreo, stereo.
estiércol, ding.
estilo, style.
estilográfica, fountain pen.
estimar, estimate.
estirar, stretch, toghten.
estofado, stew.
estofar, stew.
estómago, stomach.
estornudar, sneeze.
estrado, platform.
estrangular, strangle.
estrangulador, throttle.
estrecho, narrow.
estrella, star.
estremecerse, shudder.
estrépito, clatter.
estribillo, chorus.
estribo, stirrup.
estricto, strict.
estropear, spoil, mangle, ruin.
estructura, structure, framework.
estruendo, rumble, clang, clash.
estrujar, squeeze, crumple.
estuche, case.
estudiante, student.
estudiar, study.
estudio, studio, den.
estúpido, stupid.
etapa, stage.
etc, etc.
etiqueta, label, tag, tab.
etiquetar, label.
étnico, ethnic.
evidencia, evidence.
evitar, avoid.
exactamente, exactly, just.
exagerar, exaggerate.
examen, examination, exam, test.
excavar, tunnel.
excelente, excellent.
excepto, except.

exclamación, exclamation.
exclamar, exclaim.
excursión, outing, hike.
excusa, excuse.
exhausto, exhausted.
exhibición, exhibition.
exigente, particular.
exigir, claim.
existencias, stock.
existir, exist.
éxito, success.
expedición, expedition.
expediente, file.
expedir, ship.
experiencia, experience.
experimento, experiment.
experto, expert.
explicación, explanation.
explicar, explain.
explorador, scout.
explorar, scout, explore.
explosión, explosion, burst, outburst.
explosionar, blast.
explotar, explode.
exponer, exhibit.
exposición, exhibit.
expresar, express.
expresión, expression.
expreso, express.
extender, spread, expand, extend.
extensión, extent.
exterior, outside.
externo, outdoor.
extintor, fire extinguisher.
extra, extra.
extraescolar, extracurricular.
extranjero, foreign, foreigner.
extraño, strange, odd.
extraordinario, extraordinary.
extraviarse, stray.
extremado, extreme.

F

fábrica, factory.
fábula, fable.
fácil, easy.
fácilmente, easily.
factor, factor.
factura, bill.
facultad, college.
faja, strip, sash.
falda, skirt.
faldón, flap.
falsificación, forgery, fake.
falsificar, forge.
falso, fake, false.
falta, fault, foul.
fallar, fail.
familiar, familiar.
familia, family.
famoso, famous.
fan, fan.
fanfarronear, brag.
fango, sludge.
fantasma, ghost.
fardo, pack, bundle.
farmacéutico, pharmacist.
farmacia, pharmacy.
faro, lantern.
farol, lantern.
farsa, farce.
fascinante, fascinating.
fastidiar, tease, bother.
fatal, fatal.
fatiga, toil.
fatigar, toil.
favor, favor.
fe, faith.
fecha, date.

feliz, happy.
femenino, feminine.
feo, ugly.
feria, fair.
fértil, fertile.
fertilizante, fertilizer.
ferretería, hardware.
ferry, ferry.
fibra, fiber.
ficción, fiction.
ficha, token.
fichero, file.
fidedigno, reliable.
fiebre, fever, temperature.
fiebre del heno, hay fever.
fiero, fierce.
fiel, loyal.
fieltro, felt.
fiesta, festival, celebration.
figura, figure.
fijar, settle.
fila, file, row.
filete, steak.
film, film.
filo, edge.
filtrar, filter.
fin, finish.
fin de semana, weekend.
final, final, end.
finalmente, finally.
finca, estate.
fino, fine.
firma, signature.
firmar, sign.
firme, steady, firm.
firmemente, steadily.
física, physics.
físico, physical.
flácido, limp.
flauta, recorder.
fleco, fringe.
flecha, arrow.
flexible, flexible, plastic.
flojo, slack.
flor, flower, bloom.
florecer, bloosom, bloom.
florecilla, wildflower.
florero, vase.
florista, florist.
flota, fleet.
flotar, float, hover.
fluido, fluid.
foca, seal.
fogata, bonfire.
follaje, foliage.
fondo, bottom, background.
fonógrafo, phonograph.
fontanería, plumbing.
fontanero, plumber.
forma, shape, form.
formal, earnest, steady.
formar, form.
forúnculo, boil.
fortalecer, cement.
fortaleza, fortress.
fortuito, haphazard.
fortuna, fortune.
forzar, force, tamper.
fósil, fossil.
foso, ditch.
fotografía, photography.
fracasado, unsuccesful.
fracaso, failure, flask, miss.
fracturar, fracture.
fracción, fraction.
frágil, fragile, brittle, flimsy.
fragmento, fragment.
frambuesa, raspberry.
franco, frank.
franela, flannel.
franelograma, flannel board.
franqueo, postage.
frase, phrase, sentence.

fraude, fraud.
frecuente, frequent.
fregadero, sink.
freir, fry.
frenos, brakes.
frente, forehead, front.
fresa, strawberry.
fresco, cool, fresh.
fricción, friction.
frigorífico, refrigerator.
frío, cold, chilly.
frontera, frontier.
frotar, rub, wipe.
fructífero, fruitful.
fruncir el ceño, scowl, frown.
frustrado, frustrated.
fruta, fruit.
fuego, fire.
fuegos artificiales, fire works, sparkler.
fuente, source, fountain, drinking fountain, water fountain.
fuera, out, abroad.
fuerte, strong, fort.
fuerza, strength, force, brawn.
fugarse, bolt.
fumar, smoke.
funcionario, official.
funda de almohada, pillowcase.
fundir, melt, cast.
furgoneta, van.
furia, fury.
fusible, fuse.
fusil, gun.
fútbol, football, soccer.
futuro, future.

G

gabinete, cabinet.
gafas, glasses, spectacles.
galería, gallery.
galón, gallon.
galopar, gallop.
galope, gallop.
gallardete, streamer.
galleta, biscuit, cookie, cracker.
gallina, hen, chicken.
gallo, rooster.
ganado vacuno, cattle.
ganador, winner.
ganancia, profit.
ganar, win, gain, earn, profit.
gancho, hook, coat hook.
ganga, bargain.
ganso/s, goose/geese.
ganster, gangster.
garabatear, scribble, scrawl.
garaje, garage.
garantía, guarantee, bond.
garganta, throat.
garra, claw.
garrapatear, doodle.
gas, gas.
gasolina, gasoline, gas.
gastar, spend.
gasto, expense.
gatear, crawl.
gato, cat.
gatillo, trigger.
gatito, kitten.
gaviota, sea gull, gull.
gelatina, jelly.
gema, gem.
gemelo, twin.
gemido, moan, groan.
gemir, moan, groan.
general, general.
generoso, generous.
genio, temper.
gente, folks.
genuino, genuine.

geografía, geography.
geometría, geometry.
germen, germ.
gigante, giant.
gigantesco, gigantic, giant.
gimnasio, gymnasium, gym.
gira, tour.
girar, turn, whirl, tip, twirl, spin.
giro, turn.
giro postal, money order.
gitano, gypsy.
glacial, arctic.
gobernador, governor.
gobernante, ruler.
gobernar, rule, govern.
gobierno, government.
gol, goal.
golf, golf.
golfo, gulf.
golpe, knock, blow.
golpear, hit, beat, slug, knock, slam, strike, swipe, bang,
   rap, bash, tap, whack.
golondrina, swallow.
golosina, treat.
golpecito, tap.
goma, rubber.
goma elástica, rubber band.
gong, gong.
gorila, gorilla.
gorjeo, chirp.
gordo, fat.
gorra, cap.
gorrión, sparrow.
gotear, drip, trickle, dribble.
glaciar, glacier.
glaseado, icing.
global, overall.
globo, balloon.
glosario, glossary.
glotón, glutton.
grabadora, recorder.
grabar, tape, record.
gracias, thanks.
grácil, graceful.
gracioso, gracious.
graderío, bleachers.
grado, degree.
graduación, rank, graduation, commencement.
graduado, graduate.
gradual, gradual.
graduarse, graduate.
gráfico, graph.
gramática, grammar.
gramo, gram.
gramola, jukebox.
grande, large, great, big.
granero, barn.
granito, granite.
granja, farm.
granjero, farmer.
grano, pimple, grain.
grapadora, stapler.
grapar, staple.
grasa, fat, grease.
grasiento, greasy.
gratis, free.
gravedad, gravity.
gravilla, gravel.
graznar, honk.
graznido, quack, honk, hail.
grieta, break.
grifo, tap, faucet.
grillo, cricket.
gripe, flu, influenza.
gris, gray.
grisáceo, gray.
gritar, scream, shout, yell.
grito, scream, cry, shout.
grúa, crane.
gruesa, gross.
grueso, gross.
gruñido, snarl, growl, grunt.
gruñir, snarl, growl, grunt.

gruñón, grumpy.
grupo, group, band.
guarda, guard, keeper.
guardabosque, ranger.
guardaespaldas, bodyguard.
guardar, guard, keep.
guardarropa, cloak room.
guardián, guardian.
guardián de seguridad, security guard.
guarida, den.
guerra, war.
guerrero, warrior.
guía, guide, guidance.
guía vocacional, guidance counselor.
guiar, guide, steer.
guijarro, peeble.
guillotina, paper cutter.
guiñar, wink.
guión, dash, hyphen.
guirnalda, wreath.
guisante, pea.
guitarra, guitar.
guante, glove.
guapo, handsome.
gusano, worm, maggot.
gusano de seda, silkworm.
gustar, like.

H

haber, have.
hábil, skillful.
habilidad, ability, skill, trick.
habitación, room.
habitar, inhabit.
hábito, habit.
hablar, speak.
hacer, do, make.
hacer balance, balance.
hacer contrabando, smuggle.
hacer humo, smoke.
hacer la manicura, manicure.
hacer punto, knit.
hacer pedazos, smash.
hacer un crucero, cruise.
hacer una pausa, pause, recess.
hacerse cargo, adopt.
hacia, toward.
hacia adelante, forward.
hacia arriba, upward.
hacia atrás, back.
hacha pequeña, hatchet.
halcón, hawk.
halo, halo.
hamaca, hammock.
hambre, hunger, famine.
hambriento, hungry, famished.
hamburguesa, hamburger.
hamster, hamster.
hangar, hangar.
harapo, rag.
harina, flour.
harina de avena, oatmeal.
hasta, until, till.
hebilla, buckle.
hechizo, spell.
hecho, fact, deed.
hedor, stink.
helada, freeze.
helado, frozen, ice cream.
helar, freeze.
helecho, fern.
hélice, propeller.
helicóptero, helicopter.
hembra, female.
hemisferio, hemisphere.
hendidura, slit.
hendir, split.
heno, hay.
heredera, heiress.

heredero, heir.
herencia, estate.
herida, injury, wound, scratch, cut.
herir, injure.
hermana, sister.
hermano, brother.
hermoso, beautiful, lovely.
héroe, hero.
heroina, heroine.
heroismo, heroism.
herradura, horseshoe.
herramienta, tool, appliance.
herrería, forge.
herrero, blacksmith.
hervidor, kettle.
hervir, boil.
hexágono, hexagon.
hibernar, hibernate.
hidroavión, seaplane.
hiedra, ivy.
hielo, ice.
hierba, herb.
hierro, iron.
hígado, liver.
higiene, sanitation.
higiénico, sanitary.
hija, daughter.
hijo, son.
hilar, spin.
hilo, yarn.
hilvanar, tack.
hincar, stick.
hincharse, swell.
hinchazón, bump.
hipar, hiccup.
hipo, hiccup.
hipótesis, hypothesis.
historia, history.
historiador, historian.
hocico, muzzle, snout.
hockey, hockey.
hogar, home, fireplace.
hoguera, bonfire.
hoja, blade, leaf, sheet.
holgazanear, slouch.
hollín, soot.
hombre, man.
hombres, men.
hombro, shoulder.
honesto, honest.
hongo, mold.
honor, honor.
honrar, honor.
honorario, fee.
hora, hour.
horario, schedule.
horas extraordinarias, overtime.
hormiga, ant.
hormigón, concrete.
hormiguear, swarm; tongle.
hormigueo, tingle.
horno, furnace.
horquilla, bobby pin.
horquilla de pelo, hairpin.
horda, horde.
horizontal, horizontal.
horizonte, horizon.
horrible, horrible.
horror, horror.
horroroso, hideous.
hosco, surly.
hospital, hospital.
hotel, hotel.
hoy, today.
hoyo, pit.
hoyuelo, dimple.
hueco, hollow, recess.
huelga, strike.
huella, track.
huella dactilar, fingerprint.
huérfano, orphan.
huerto, orchard.
hueso, bone, stone.

huésped, boarder.
huevo, egg.
huir, flee.
humanidad, mankind.
humano, human.
humedad, humidity, moisture.
húmedo, damp, moist.
humilde, humble.
humo, smoke.
humor, humor, mood.
humorista, humorist.
humorístico, humorous.
huracán, hurricane.
hurto, theft.

I

idea, idea, thought.
ideal, ideal.
idéntico, identical, same.
identificación, identification.
idioma, language.
idiota, idiot.
ídolo, idol.
iglesia, church.
iglú, igloo.
ignorante, ignorant, dunce.
ignorar, ignore.
igual, equal.
ilegal, illegal.
iluminar, illuminate.
ilustración, illustration.
ilustrar, illustrate.
imagen, image.
imaginar, imagine.
imaginario, imaginary.
imán, magnet.
imitador, mimic.
imitar, imitate.
imitar torpemente, ape.
imperativo, imperative.
imperdible, safety pin.
imperio, empire.
impermeable, waterproof, raincoat.
imperturbable, steady.
importancia, importance.
importante, important.
imposible, impossible.
impreciso, vague.
impresión, impression, print.
impresionante, impressive.
imprimir, print, impress.
imprudente, reckless.
impuesto, tax.
impuesto sobre la renta, income tax.
impulsar, to thrust.
impulso, motion.
inanición, starvation.
incapaz, unable.
incidente, incident.
incitar, urge.
inclinado, diagonal.
inclinar, tilt, stoop, slope, slant.
incluir, include.
incómodo, uncomfortable, awkward.
incrementar, increase, raise.
incrementarse en valor, apreciate.
inculcar, impress.
incursión, raid.
independiente, independent.
índice, index, table of contents.
indignado, indignant.
indio, indian.
indispuesto, unwell.
individual, individual.
industria, industry, trade.
inesperado, unexpected.
inestable, unsteady.
infierno, hell.
infinidad, infinity.

infinito, infinity.
inflamable, inflamable.
inflexible, grim.
información, information.
informar, inform.
informe, report.
infortunio, misfortune.
ingeniería, engineering.
ingeniero, engineer.
ingenioso, witty.
inglés, english.
ingresos, income.
inicial, initial.
inmediatamente, immediately.
inmenso, immense.
inmigración, inmigration.
inmigrar, immigrate.
inmóvil, still.
inocente, innocent.
inodoro, toilet.
inofensivo, harmless.
inquietarse, fuss, fret.
inquieto, wiggly.
inquisitivo, inquisitive.
inscribir, enroll.
inscribirse, register.
inscripción, enrollment.
insecto, insect.
insensato, senseless.
insignia, badge.
insignificante, unimportant, petty.
insinuar, hint.
insistir, insist.
insólito, unusual.
inspeccionar, inspect.
inspector, inspector, superintendent.
instantáneamente, instantly.
instinto, instinct.
instrucción, drill.
instructor, instructor.
instruir, instruct.
instrumento, instrument.
insultar, insult.
insulto, insult.
inteligente, clever, intelligent.
intenso, intense.
intentar, attempt.
intento, attempt.
intercambiar, swap.
interés, interest.
interesado, interested.
interesante, interesting.
interesar, interest.
interestatal, interstate.
interferir, interfere.
interior, interior.
interior de un edificio, indoor.
interjección, interjection.
intermedio, intermediate.
internacional, international.
interrogativo, interrogative.
interrumpir, interrupt.
interruptor de la luz, switch.
intervalo, interval.
inundación, flood.
inútil, useless.
invadir, invade.
inválido, invalid.
inventar, invent.
invernadero, greenhouse.
inversión, investment.
inverso, reverse.
invertir, reverse.
investigar, investigate.
invierno, winter.
invisible, invisible.
invitación, invitation, treat.
invitado, guest.
invitar, invite, treat.
inundar, swamp.
inyección, injection.
ir, go.
ir a la deriva, drift.

ir de excursión, hike, tour.
ira, wrath.
iris, iris.
ironía, irony.
irradiar, radiate.
irreflexivo, rash.
irregular, irregular.
irritar, irritate.
isla, island, isle.
istmo, isthmus.
izquierda, left.

J

jabón, soap.
jabonaduras, suds.
jadear, gasp, pant.
jadeo, gasp.
jamón, ham.
jardín, garden, front yard.
jardín de infancia, kindergarden.
jarra, jug.
jarro, mug.
jaula, cage, bird cage.
jazz, jazz.
jefe, head, chief, boss.
jefe de pista, ringmaster.
jeep, jeep.
jengibre, ginger.
jersey, jersey.
jinete, rider.
jirafa, giraffe.
jockey, jockey.
joroba, hump.
joven, young, youth.
jovencito, youngster.
jovial, jovial, lively.
joya, jewel.
joyero, jeweler.
joyería, jewelry.
jubilarse, retire.
juego, game.
juego de bolos, bowling.
juego del escondite, hide-and-seek.
juez, judge.
jugar, play.
jugar a los bolos, bowl.
jugar sucio, foul.
jugo, juice.
juguete, toy.
juicio, judgement.
jungla, jungle.
junior, junior.
junco, reed, rush.
junta, joint.
juntar, join, assemble.
junto a, by.
juntos, together.
jurado, jury.
juramento, oath.
jurar, swear.
justicia, justice.
justo, fair, just.
juventud, youth.
juzgar, judge.

K

keroseno, kerosene.
kilogramo, kilogram.
kilómetro, kilometer.
kleenex, kleenex.

L

laberinto, maze.
labio, lip.
laboratorio, laboratory, lab.
lado, side.
ladrido, bark.
ladrillo, brick.
ladrón, thief, robber, burglar.
lagarto, lizard.
lago, lake.
lágrima, tear.
lamentar, regret, repent.
lamento, wail.
lamer, lick.
lámpara, lamp.
lana, wool, fleece.
lancha, launch.
langosta, lobster, locust.
lanoso, woolen.
lanza, lance, spear.
lanzador, pitcher.
lanzar, launch, pitch, hurl.
lápiz, pencil.
largo, long.
laser, laser.
lastimar, hurt.
lata, can.
látigo, whip.
latitud, latitude.
latón, brass, tin.
lava, lava.
lavar, wash.
lavabo, lavatory.
lavanda, lavender.
lavandería, laundry.
lavandería automática, laundromat.
lavarse la cabeza, shampoo.
lazada, bow.
lazo, loop, bond, lasso, noose.
le, him.
leal, faithful.
lección, lesson.
leche, milk.
leche de manteca, buttermilk.
lechería, dairy.
lechero, milkman.
lechuga, lettuce.
lectura, reading.
leer, read.
legal, legal.
légamo, slime.
legión, legion.
lejía, bleach.
lejos, far.
lema, motto.
lengua, tongue.
lenguaje, language.
lente, lens.
lentejuela, sequin.
lento, slow.
león, lion.
leona, lioness.
leonera, den.
lepisma, silverfish.
les, las, them.
letra, letter.
letra negrita, boldface.
levantar, lift, raise.
levantarse, arise.
ley, act, law, rule.
leyenda, legend.
libertad, liberty, freedom.
libra, pound.
libre, free.
librería, bookcase.
libro, book.
licencia, license.
líder, leader.
lienzo, canvas.
liga, garter.

ligeramente, slightly, lightyly.
ligero, light, slight.
lima, file, lime.
límite, limit.
limón, lemon.
limonada, lemonade.
limpiador, cleaner.
limpiar, clean, clean up, cleanse, mop.
limpio, clean.
lino, linen.
linóleo, linoleum.
linterna, lantern, flash light.
lío, wad, mess.
líquido, liquid.
lirio, iris.
lisiado, cripple.
lisiar, cripple.
liso, even, smooth.
liso y brillante, sleek.
lista, list, stripe.
litera, bunk.
literatura, literature.
litro, liter.
lo mejor, best.
lo menos, least.
lobo, wolf.
local, local.
localizar, spot.
loción, lotion.
loco, madle, crazy.
locomotora, locomotive.
locuaz, talkative.
locura, folly.
lona, canvas.
longitud, length, longitude.
loro, parrot.
loto, lotus.
luchar, struggle, scrap, fight.
lugar, place.
lujo, luxury.
luna, moon.
luna de miel, honeymoon.
lunar, lunar.
luz, light.
luz solar, sunshine.

LL

llama, flame.
llamada telefónica, call.
llamar, call.
llamarada, blaze.
llamear, flare.
llana, trowel.
llano, flat, level.
llanura, plain.
llave, key.
llave inglesa, wrench.
llegar, arrive, reach.
llegar a ser, become.
llenar, fill.
llevar, carry, bear.
llevar puesto, wear.
llorar, weep, cry.
llover, rain, storm.
llovizna, drizzle.
lluvia, rain.

M

macarrones, macaroni.
maceta, flowerpot.
macizo, massive, bed.
machacar, crush, mash.
madera, wood, lumber, timber.
madre, mother.
madriguera, burrow.

maduro, ripe.
mágico, magic.
magnético, magnetic.
magnetófono, tape recorder.
magnífico, grand, magnificent.
mago, wizard, magician.
magro, lean.
magulladura, bruise.
majestad, majesty.
majestuosidad, majesty.
malabarista, juggler.
malecón, pier.
maleta, suitcase.
maleza, weed.
malo, bad.
malla, net.
malvado, wicked.
malvavisco, marshmallow.
mamífero, mammal.
manantial, spring.
mancha, stain, smudge, smear, spot, speck, blot.
manchar, stain, smear.
mandar, order, command.
mandíbula, jaw.
manejar, handle.
manera, way.
maneras, manners.
manga, sleeve.
mango, handle.
manguera, hose, fire hose.
manicura, manicure, manicurist.
manillar, handlebar.
maniquí, dummy.
mano, hand.
manopla, mitten.
mansión, mansion.
manta, blanket.
manteca de cacahuete, peanut butter.
manteca de cerdo, lard.
mantel, tablecloth.
mantequera, churn.
mantequilla, butter.
manzana, apple, block.
mañana, tomorrow, morning.
mañoso, handyman.
mapa, chart, map.
maquillaje, makeup.
máquina, machine.
máquina de escribir, typewriter.
máquina de venta automática, vending machine.
máquina para enfriar agua, water cooler.
maquinaria, machinery.
mar, sea.
maraña, snarl.
maravilla, marvel.
maravillarse, marvel.
maravilloso, wonderful, marvelous.
marca, brand.
marcador, scoreboard.
marcar, score.
marco, frame.
marcha atrás, reverse.
marchar, march.
marcharse, depart.
marchitarse, wither, shrivel.
marea, tide.
mareado, dizzy, giddy.
margarina, margarine.
margen, margin.
marimacho, tomboy.
marina de guerra, navy.
marinero, sailor.
marino, marine.
marioneta, puppet, marionette.
mariposa, butterfly.
mariscos, seafood.
marisma, swamp.
mármol, marble.
marrón, brown, maroon.
martillo, hammer.
martillear, hammer.
más, more, most, plus, further.
más allá, beyond.

más bajo, lower.
más lejos, farther, further.
masa, mass, batter, dough.
mascar, munch.
máscara, mask.
mascota, mascot.
masculino, masculine, male.
masticar, chew.
mástil, mast.
mata, tuft, clump.
matanza, slaughter.
matar, kill.
matemáticas, mathematics, math.
materia, stuff.
material, material.
matiné, mattinee.
matón, bully.
matorral, thicket.
matrícula de honor, honors.
mayor, older, major.
mayoría, majority.
mayúscula, capital.
mazorca de maíz, corncob.
mecánico, mechanic, engineer.
mecanografiar, type.
mecer, rock.
mecha, wick, fuse.
mechero, lighter.
medalla, medal.
media, stocking.
mediano, medium.
mediodía, midday.
medianoche, midnight.
medicamento, drug.
medicina, medicine.
medicinar, doctor.
medición, measurement.
medida, measure.
medio, middle, medium.
mediodía, noon.
medios, media.
medios de comunicación, mass media.
medir, measure.
meditar, brood.
megafonía, P.A. system.
mejilla, cheek.
mejor, better, best.
mejora, improvement.
mejorar, improve.
melocotón, peach.
melodía, tune.
mella, nick.
mellado, jagged.
memorandum, memo.
memoria, memory.
memorial, memorial.
mencionar, mention, refer.
mena, ore.
mendigo, beggar.
menor, minor.
menos, less.
mensaje, message.
mensajero, messenger.
menta, mint, peppermint.
mental, mental.
mente, mind.
mentir, lie.
mentirijilla, fib.
mentiroso, liar.
menú, menu.
mercado, market.
merecer, merit, deserve.
mérito, merit.
mermelada, jam.
mero, mere.
merodear, slink, prowl.
mes, month.
mesa, table.
meta, goal.
metal, metal.
meteoro, meteor.
método, method.
metro, meter, subway.

metropolitano, metropolitan.
mezcla, mixture, blend.
mezclar, mix, blend, stir, scramble.
mezquino, mean.
mi, mis, my.
micrófono, microphone.
microonda, microwave.
microscopio, microscope.
miedo, fear.
miel, honey.
miembro, member, limb.
mientras, while.
migaja, crumb.
migración, migration.
mil, thousand.
milagro, miracle, wonder.
milímetro, milimeter.
militar, military.
milla, mile.
millón, million.
millonario, millionaire.
mimeógrafo, mimeograph machine.
mina, mine.
mineral, mineral.
minero, miner.
miniatura, miniature.
minucioso, thorough.
minuto, minute.
mío, mine.
mirada, stare.
mirar, look, regard, stare, glare, peer.
mirar furtivamente, peep.
mirlo, blackbird.
miseria, misery.
misterio, mystery.
misterioso, weird.
mitad, half, middle.
mito, myth.
mobiliario, suite.
mochila, knapsack.
modelo, model, pattern.
moderado, moderate.
moderno, modern.
modificación, alteration.
modista, dressmaker.
mofa, mockery.
mofeta, skunk.
mojado, wet.
mojar, drench.
molde, mold.
moldear, mold.
moler, grind.
molestar, disturb, trouble, bother.
molestia, nuisance.
molesto, troublesome.
molino, mill.
molino de viento, windmill.
momento, moment.
monarca, monarch.
monasterio, monastery.
mondar, peel.
moneda, coin.
monedero, purse.
monja, nun.
monje, monk.
mono, ape, monkey.
monstruo, monster.
montaña, mountain.
montar, ride.
montarse, mount.
monte, mount.
montículo, moand.
montón, pile, stack, heap.
monumento, monument.
mopa, mop.
moraleja, moral.
morder, bite.
mordisco, bite, nip.
mordisquear, nibble.
morena, brunette.
morir, die.
morral, pouch.
mosaico, mosaic.

mosca, fly.
mosquito, mosquito, gnat.
mostaza, mustard.
mostrador, counter.
mostrar, show.
moteado, speckled.
motocicleta, motorcycle.
motín, riot, mutiny.
motor, engine, motor.
motor de gasoil, diesel engine.
mover, move.
moverse, budge.
movimiento, movement, move.
mozo, porter.
muchas gracias, thank you.
mucho, much, a lot.
muchos, many.
mudo, dumb.
mueble, furniture.
muelle, spring, wharf, dock.
muérdago, mistletoe.
muerte, death.
muerto, dead.
muestra, specimen, sample.
mugre, grime.
mugriento, filthy.
mujer, woman, lady.
mula, mule.
muleta, crutch.
multa, forfeit.
multicopista, ditto machine.
multiplicación, multiplication.
multiplicador, multiplier.
multiplicar, multiply.
multitud, crowd.
mundo, world.
municipal, municipal.
muñeca, wrist, doll.
muñeco de nieve, snowman.
murciélago, bat.
murmullo, murmur.
murmurar, mumble, mutter.
músculo, muscle.
museo, museum.
musgo, moss.
música, music.
músico, musician.
muslo, thigh.
muy, very.
muy bueno, fine.

N

nacido, born.
nacimiento, birth.
nación, nation.
nacional, national.
nacionalidad, nationality.
nada, nothing.
nadadura, swim.
nadar, swim.
nadie, nobody.
naipe, card.
nalgas, buttocks.
naranja, orange.
narciso, daffodil.
nariz, nose.
nata, cream.
nativo, native.
naturaleza, nature.
náusea, nausea.
navaja, pocketknife.
nave, vessel.
nave espacial, spaceship, spacecraft.
navegar, navigate.
neblina, haze.
neblinoso, foggy.
necesario, necessary.
necesitar, need.
necio, fool.

necrología, obituary.
néctar, nectar.
negar, deny.
negativo, negative.
negocio, business.
negocianta, businesswoman.
negociante, businessman.
negro, black, negro.
nene, tot.
nervio, nerve.
nervioso, nervous.
neumonía, pneumonia.
neutral, neutral.
neutrón, neutron.
nevar, snow.
ni, nor.
nidada, brood.
nido, nest.
niebla, fog, mist.
nieto, grandchild.
nieve, snow.
nieve derretida, slush.
nilon, nylon.
ninguno, neither, none.
niño, infant, child.
niños, children.
níquel, nickel.
nivel, level.
no, no.
noble, noble.
noche, night.
nómada, nomad.
nombrar, name, appoint.
nombre, name, noun.
normal, normal.
normalmente, usually.
norte, north.
nosotros, we, us.
nota, note, grade.
noticia, news.
novedad, novelty.
novela, novel.
novia, bride.
novio, sweetheart.
nube, cloud.
nuboso, cloudy.
nuclear, nuclear.
núcleo, nucleus.
nudillo, knuckle.
nudo, knot.
nudoso, gnarled.
nuestro, (adj.) our, (pron.) ours.
nuevo, new, novel.
nuez, nut.
nulo, null.
numerador, numerator.
número, number.
número entero, integer.
numeroso, numerous.
nunca, never.
nutrir, nourish.

océano, ocean.
ocioso, slack.
ocular, eyepiece.
ocultar, conceal.
ocupación, occupation.
ocupado, busy.
ocupar, occupy.
ojal, buttonhole.
ojear, glance.
ojo, eye.
ojo de la cerradura, keyhole.
ola, wave.
oler, smell.
olor, smell, odor.
olla, pot.
olvidar, forget.
omitir, omit.
onda, ripple.
ondulado, wavy.
onza, ounce.
ópera, opera.
operación, operation.
operar, operate.
opinión, opinion.
oportunidad, opportunity, chance.
óptico, optical, optician.
opuesto, opposite.
oración, prayer.
orador, speaker.
orangután, orangutan.
órbita, orbit.
orden, order.
ordenado, tidy.
ordenar, bid.
organización, organization.
organizar, organize, arrange.
órgano, organ.
orgullo, pride.
orgulloso, proud.
origen, origin.
orillar, wind.
orinar, urinate.
oro, gold.
oropel, tinsel.
orquesta, orchestra.
ortografía, spelling.
oruga, caterpillar.
orzuelo, sty.
oscurecer, blur.
oscuro, dark, gloomy, dim.
oso, bear.
ostra, oyster.
otalgia, earache.
otoño, autumn, fall.
otro, other, another.
otros, others.
oval, oval.
ovalado, oval.
oveja, sheep.
oxidarse, rust.
óxido, rust.

O

o, or.
oasis, oasis.
obedecer, obey, mind.
obediencia, obedience.
objeción, objection.
objetar, object.
objeto, object.
obligación, duty.
obra de teatro, play.
obrero, workman.
observar, watch, notice, observe.
obstaculizar, hamper.
obstáculo, obstacle.
obstinado, obstinate, willful, stubborn.
obtener, obtain, get.
ocasión, occasion.

P

pabellón, pavilion, ward.
paciencia, patience.
paciente, patient.
padre, father.
padre (o madre), parent.
pagar, pay, check out.
página, page.
páginas amarillas, yellow pages.
pago, payment.
país, country.
País de las Maravillas, Wonderland.
paisaje, scenery.
paja, straw.
pajita, straw.
pájaro carpintero, woodpecker.
pala, shovel, spade, scoop.

palabra, word.
palacio, palace.
paladear, taste.
palanca, lever.
pálido, pale.
palillos, chopsticks.
palique, chatter.
palma, palm.
palmadita, pat.
palmatoria, candlestick.
palmera, palm.
palo, staff.
paloma, pigeon, dove.
palomita de maíz, popcorn.
palpitar, throb.
pan, bread.
pan de jengibre, gingerbread.
pana, corduroy.
panadería, bakery.
panecillo, roll.
pánico, panic.
pantalones, trousers, pants.
pantalones cortos, shorts.
pantalones vaqueros, jeans.
pantalla, screen.
pantano, marsh.
pantanoso, marshy.
pantomima, pantomime.
pañal, diaper.
paño, cloth.
pañuelo, handkerchief.
papel, paper.
papel carbón, carbon paper.
papel pintado, wallpaper.
papelería, stationery.
papeleta de voto, ballot.
paperas, mumps.
paquete, parcel, packet, package.
par, couple, even.
paracaídas, parachute.
parachoques, bumper, fender.
parada, stop, halt.
parada de autobús, bus stop.
parafrasear, paraphrase.
paraguas, umbrella.
paralelo, parallel.
parar, stop.
parásito, pest.
parcela, plot, patch, lot.
parecer, seem.
parecerse a, resemble.
parecido, similar.
pared, wall.
pareja, couple.
paréntesis, parentheses.
pariente, relative.
parlamento, parliament.
parlotear, chatter.
parpadear, blink.
párpado, eyelid.
parque, park.
parque de bomberos, fire house.
parte, part.
participación, share.
participio, participle.
partícula, particle.
particular, particular.
párrafo, paragraph.
parrilla, grill, grate.
parroquia, parish.
partir (por la mitad), halve.
pasa, raisin.
pasado, past.
pasajero, passenger.
pasaporte, passport.
pasar, pass.
pasar hambre, starve.
pasatiempo, pastime.
pasatiempo favorito, hobby.
pase, hall pass.
pasearse de un lado a otro, pace.
paseo, stroll.
pasillo, aisle.

paso, step, footstep, pace.
pasta, pasta.
pastar, graze.
pastel, pie.
pasteles, pastry.
pastelillo, pancake.
pastizal, pasture.
pastor, shepherd.
pata, leg, paw.
patata, potato.
patear, stamp.
patente, patent.
patín, skate.
patín sobre ruedas, roller skates.
patinar, skate.
patines, ice skates.
patinete, scooter.
patio, patio, yard, courtyard, backyard.
patio de juegos, playground.
pato, duck.
patrón, employer, master.
patrón (de barco), skipper.
patrón, standard.
patrulla, patrol.
patrullar, patrol.
pausa, pause.
pavimento, pavement.
pavo, turkey.
payaso, clown.
paz, peace.
peatón, pedestrian.
peca, freckle.
peculiar, peculiar.
pecho, breast, bosom.
pedal, pedal.
pedernal, flint.
pedir ayuda, appeal.
pedir prestado, borrow.
pegajoso, sticky.
pegar, glue, beat, sock.
peinado, hairdo.
peine, comb.
peldaño, rung.
pelea, fight, scrap, struggle.
pelear, fight.
película, film, filmstrip, movie, motion picture.
peligro, peril.
peligroso, dangerous.
pelirrojo, redhead.
pelota de beisbol, baseball.
peluca, wig.
peludo, shaggy.
pelusa, fluff, lint.
pellejo, pelt.
pellizcar, pinch, nip.
pellizco, pinch.
pena, pity, grief, distress.
penalización, penalty.
pendiente, earring.
péndulo, pendulum.
península, peninsula.
penique, penny.
pensar, think.
pensamiento, pansy (flor), thought (reflexión).
pensativo, thoughtful.
peonza, top.
peor, worse.
pequeño, little.
pera, pear.
percha, perch, hanger, coat hanger.
perchero, rack.
percusión, percussion.
perder, lose.
perderse, stray.
pérdida, lose.
perdonado, excused.
perdonar, forgive, pardon.
perecer, perish.
peregrino, pilgrim.
perezoso, lazy, idle, sluggish.
perfeccionar, perfect.
perfecto, perfect.
perfil, outline.

perfilar, outline.
perforadora de papel, paper punch.
perforar, puncture, pierce.
perfume, perfume, smell.
perímetro, perimeter.
periódico, periodical, newspaper, journal.
periodismo, journalism.
periodo, period.
periscopio, periscope.
perjudicial, harmful.
perjuicio, mischief.
perla, pearl.
permanecer, stay.
permanente, permanent.
permiso, permission.
permitir, permit, allow, admit, let.
permitirse el lujo, afford.
pero, but.
perplejo, puzzled.
perrito caliente, hot dog.
perro, dog.
perro de caza, hound.
perro de raza indefinida, mongrel.
perseguir, pursue.
persiana veneciana, blind venetian.
persistir, persist.
persona, person.
personal, personal.
persuadir, persuade.
pertenecer, belong.
perverso, evil.
pesado, heavy.
pesar, weigh.
pescador, fisherman.
pescar, fish.
peso, weight.
pestaña, lash, eyelash.
pétalo, petal.
petirrojo, robin.
petrolero, tanker.
pez, fish.
pez de colores, goldfish.
piano, piano.
picar, sting.
picazón, itch.
picnic, picnic.
pico, beak, bill.
picotazo, sting.
picotear, peck.
pie, foot, pl. feet.
piedra, stone.
piel, skin, peel, fur.
pierna, leg.
pieza, piece.
pijama, pijamas.
pilar, pillar.
píldora, pill.
piloto, pilot.
pimienta, pepper.
pinchar, jab, prick.
pino, pine.
pinta, pint.
pintar, paint.
pintoresco, quaint.
pintura, paint.
pintura al pastel, crayon.
pinza, clothespin.
pinzas, tweezers.
piña, cone, pineaple.
pipa, pipe.
pirámide, pyramid.
pirata, pirate.
pirulí, lollipop.
pisada, footprint.
piso, flat, apartment.
pisotear, trample.
pista, clue, track, racetrak, rink.
pistola, pistol.
pistolera, holster.
pitón, python.
pitorro, spout.
pivote, pivot.
pizarra, slate (mineral), chalkboard.

pizca, dab.
pizza, pizza.
placer, pleasure.
plaga, plague.
plancha, iron.
planchar, iron.
planeador, glider.
planear, plan.
planeta, planet.
plano, plan.
planta, plant.
planta de interior, houseplant.
planta del pie, sole.
plantar, plant.
plástico, plastic.
plata, silver.
plátano, banana.
plateado, silver.
platillo, cymbal, saucer.
plato, plate, dish.
plato giratorio, turntable.
playa, beach.
plazo, installment.
plegar, fold, tuck.
pliegue, crease, pleat.
plomo, lead.
pluma, pen, feather.
plural, plural.
población, population.
pobre, poor.
pocilga, sty.
poco amable, unkind.
pocos, few.
poder, can, may (v), power (n).
poderoso, mighty.
podrido, rotten.
poema, poem.
poesía, poetry.
poeta, poet.
poker, poker.
polar, polar.
polea, pulley.
polen, pollen.
policía, police, policeman.
polilla, moth.
política, policy, politics.
político, political.
póliza, policy.
polo, pole.
Polo Norte. North Pole.
Polo Sur, South Pole.
polvo, powder, grit, dust.
pólvora, gunpowder.
pollito, chick.
pomelo, grapefruit.
pomo, knob.
poncho, poncho.
poner, put.
poner mala cara, pout.
poney, pony.
popular, popular.
por, by.
por favor, please.
por lo tanto, therefore.
por debajo, underneath.
por encima, above.
por qué, why.
porcentaje, percent.
porción, portion.
porche, porch.
porque, because.
porrazo, thump, jolt.
portada, title page.
portarse mal, mishave.
portátil, portable.
portero, janitor, doorman.
posada, inn.
poseer, own, possess.
posesivo, possessive.
posible, possible.
posición, position.
positivo, positive.
posponer, postpone.

postal, card.
poste, post.
posterior, rear.
postre, dessert.
pozo, well.
práctica, practice.
practicar, practice.
práctico, practical, convenient.
pradera, prairie.
prado, meadow.
preacaución, caution.
precavido, farsighted.
precio, price, rate.
precioso, precious.
precipitación (de lluvia), rainfall.
precipitarse, pounce, dash.
preciso, accurate.
predicador, preacher.
predicar, preach.
predilecto, favorite.
preferir, prefer.
prefijo, prefix.
pregunta, question.
preguntar, ask, inquire, question.
preguntarse, wonder.
preliminar, preliminary.
premiar, reward.
premio, prize.
prenda, garment.
prensa, press.
preocupación, concern.
preocupado, upset.
preocupar, concern, trouble.
preocuparse, worry.
preparado, ready.
preparar, prepare.
preposición, preposition.
presa, dam, quarry, prey.
presentación, introduction.
presentar, introduce.
presente, present.
presidente, president.
presión, pressure.
preso, captive.
préstamo, loan.
prestar, lend, loan.
presupuesto, budget.
pretender, pretend.
prevenir, prevent.
previo, previous.
previsión, forethought.
previsor, farsighted.
primario, primary.
primavera, spring.
primeramente, first.
primero, first.
primo, cousin.
princesa, princess.
principal, main, principal.
príncipe, prince.
principio, principle.
prisa, haste, rush.
prisión, prison.
prisionero, captive, prisoner.
prismáticos, binoculars.
privado, secret, private.
probable, probable, likely.
probablemente, likely.
probar, try, prove, test.
problema, problem.
proceder, proceed.
procesar, prosecute.
procesión, procession.
proceso, trial.
procurador, attorney.
producir, produce.
producir, yield.
productivo, fruitful.
producto, product.
producto básico, staple.
productor, producer.
proeza, feat.
profecía, prophecy.

profesión, profession.
profesor, teacher, professor.
profesor ayudante, teacher''s aide.
profetizar, prophesy.
profundidad, depth.
profundo, deep.
programa, program.
programa de ordenador, computer program.
programa doble, double feature.
progreso, progress.
prohibición, ban.
prohibir, forbid, ban, prohibit.
prólogo, foreword.
promesa, promise.
prometer, promise, pledge.
pronombre, pronoun.
pronosticar, forecast.
pronóstico, forecast.
pronto, soon.
pronunciación, pronunciation.
pronunciar, pronounce.
propiedad, property.
proponer, propose.
proponerse, intend.
proporción, ratio.
propósito, purpose.
propulsar, propel.
proscrito, outlaw.
proteger, protect.
protestar, protest.
protón, proton.
proveer, supply, provide.
provisión, provision, hoard.
próximo, next.
proyectar, cast.
proyector, projector.
proyector de diapositivas, slide projector.
prueba, proof.
psicólogo, psychologist.
psiquiatra, psychiatrist.
púa, prong.
publicación, publication.
publicar, publish.
público, public.
pudin, pudding.
pudrir, rot.
pueblo, village.
puente, bridge.
puerco espín, porcupine.
puerta, door.
puerta giratoria, revolving door.
puerto, harbor, port.
puesta de sol, sunset.
puesto, appointment, position.
pulga, flea.
pulgada, inch.
pulgar, thumb.
pulimento, polish.
pulir, polish.
pulover, pullover.
pulpo, octopus.
pulsar, pluk.
pulsera, bracelet.
punta, point, tip.
puntada, stitch.
puntal, prop.
punto, point, dot.
punto y coma, semicolon.
puntual, punctual.
puntuar, punctuate.
puñado, handful, bunch.
puñetazo, slug.
puño, fist, cuff.
pupila, pupil.
puro, pure.
púrpura, purple.
purpúreo, purple.

Q

que, which, what, that.
quedarse, remain.
queja, complain, fuss.
quejarse, complain, whine, wail.
quemadura, burn, sunburn.
quemar, burn.
querer, want.
querido, dear, darling.
queso, cheese.
quien, who.
química, chemistry.
quiosco de periódicos, newsstand.
quitar, remove.
quitar el polvo, dust.
quizá, maybe.
quizás, perhaps, probably.

R

rabia, rage.
racimo, cluster.
ración, ration, helping.
radar, radar.
radiador, radiator.
radiante, radiant.
radiar, radiate, broadcast.
radio, spoke, radio, radius.
radioteléfono, walkie-talkie.
ráfaga, blast, gust.
rail, track, rail.
raíz, root.
raíz cuadrada, square root.
rallar, grate.
rama, branche, bough.
ramita, twig.
ramo, bouquet.
rampa, ramp.
rana, frog, bullfrog.
rancio, stale.
rancho, ranch.
ranura, slot, groove, coin slot.
rápidamente, fast.
rápido, rapid, quick, swift.
rápidos, rapids.
raqueta, racket.
raqueta de nieve, snowshoe.
rara vez, seldom.
raro, rare, queer, curious, freak.
rascacielos, high rise, skyscraper.
rasgar, slit.
raso, satin.
raspar, scrape.
rastrillar, rake.
rastrillo, rake.
rastro, trail, scent.
rasurador, razor.
rata, rat.
ratón/es, mouse/mice.
rato, while.
raya, streak.
rayo, ray, beam.
rayón, rayon.
rayos x, x ray.
raza, race, breed.
razón, reason.
razonable, reasonable.
reaccionar, react.
reacción, reaction.
reactor, jet.
real, actual, real, royal.
rebajas, sale.
rebanada, slice.
rebaño, hard.
rebelarse, rebel, revolt.
recado, errand.
recepcionista, receptionist.

receptor, receiver.
receta, prescription, recipe.
recibir, receive.
recibo, receipt.
recién nacido, newborn.
reciente, recent.
recipiente, container.
recitar, recite.
reclamación, claim.
recogedor, dustpan.
recolectar, raise.
recomendar, recommend.
recompensa, award, reward.
recompensar, award.
reconfortar, comfort.
reconocer, recognize.
récord, record.
recordar, remind, remember.
recortar, clip, trim.
recreo, recreation, playtime.
rectangular, rectangular, oblong.
rectángulo, rectangle, oblong.
rectificar, make up.
recto, straight.
recuerdo, token.
recuperar, recover.
recuperarse, recover.
rechinar los dientes, gnash.
red, network.
redacción, composition.
redondo, round.
reducir, reduce.
referencia, reference.
reflector, searchlight.
reflejar, reflect.
reforzar, cement.
refrán, proverb.
refresco, soft drink, refreshment.
refugio, refuge, shelter.
refunfuñar, grumble, grouch.
refunfuñón, grouch.
regalar, present.
regaliz, licorice.
regalo, gift, present.
regañar, nag, reproach, scold.
regatear, bargain.
región, region.
registrar, ransack, record.
regla, rule, ruler.
regla de cálculo, slide rule.
regulación, regulation.
regulador, regulator.
regular, regular, regulate.
rehusar, refuse.
reina, queen.
reinado, reign.
reino, kingdom.
reir, laugh, smile, chuckle.
relajarse, relax.
relámpago, lightning.
relatar, report.
relato, story.
relevancia, importance.
religión, religion.
religioso, religious.
reloj, watch, clock.
reloj de sol, sundial.
relumbrar, glisten.
rellano, landing.
remedar, mimic.
remendar, patch.
remiendo, patch.
remo, paddle, oar.
remolacha, beet.
remolcador, tugboat.
remolcar, tow.
remolque, trailer.
renacuajo, tadpole.
rencilla, grudge.
rencor, spite.
rencoroso, spiteful.
rendimiento, output.
rendirse, surrender, yield.

reno, reindeer.
renovar, renew.
renta pública, internal revenue.
reñir, quarrel.
repanchingarse, lounge, sprawl.
reparar, repair.
repartir, snap, deliver.
reparto, cast.
repasar, review.
repaso, review.
repentinamente, suddenly.
repentino, sudden.
repetir, repeat.
repetirse, recur.
repique, peal.
repisa, shelf, ledge.
reponer, replace.
reportero, reporter.
representante, representative.
representar, represent.
reprimir, restrain.
reproducción, reproduction.
reptil, reptile.
república, republic.
republicano, republican.
repugnancia, disgust.
repugnante, disgusting.
requerir, require.
requisitos, requirements.
resbaladizo, slippery.
resbalar, slip.
rescatar, rescue, deliver.
rescate, ransom, rescue.
reservar, book.
resistir, resist.
resolver, resolve, solve.
respetar, respect.
respiración, breath.
respiradero, vent.
respirar, breathe.
resplandor, glare, flash.
responsable, responsible.
respuesta, answer, reply.
restaurante, restaurante.
resto, remainder, rest.
restregar, grind, scrub.
resultado, result.
resumen, summary.
resumir, summarize.
retardar, slow.
retirarse, retreat, retire, withdraw.
retorcer, twist.
retorcerse, writhe.
retozar, frolic.
retrasar, delay.
retrato, portrait.
retrete, water closet.
reunión, meeting, party.
reunir, gather, assemble.
revelar, reveal, develop.
revestir con cojines, pad.
revisor, conductor.
revista, magazine.
revolotear, flutter.
revoltijo, jumble.
revolución, revolution, revolt.
revolver, revolve.
rey, king.
rezagarse, lag.
rezar, pray.
rezumar, leak.
rico, rich.
ridiculizar, ridiculize.
ridículo, ridiculous.
riendas, reins.
riesgo, risk, danger.
rifle, rifle.
rígido, stiff.
riguroso, severe.
rima, rhyme.
rimar, rhyme.
rizar, curl.
río, river.

río arriba, upstream.
riqueza, wealth.
risa, laugh, smile.
risilla, giggle.
ritmo, rythm, beat.
rizado, curly.
rizo, curl.
robar, rob, steal.
roble, oak.
robo, robbery.
robot, robot.
robusto, hardy, sturdy.
roca, rock, boulder.
rociar, spray, sprinkle.
rocío, dew.
rodar, roll.
rodilla, knee, lap.
rodillo, roller, rolling pin.
roer, gnaw.
rogar, beg.
rojizo, red.
rojo, red.
rollizo, plump.
rompecabezas, puzzle, jigsaw puzzle.
romper, break.
roncar, snore.
ronco, hoarse.
rondar, roam.
ronroneo, purr.
ropa interior, underwear.
ropa, clothing.
ropa blanca, linen.
ropas, clothes.
ropero, closet.
rosa, pink, rose.
rotar, rotate.
rotura, split.
rozar, skim.
rubí, ruby.
rubio, blond.
ruborizarse, blush.
rudo, rude.
rueda, wheel.
rugido, roar.
ruido, noise, thud.
ruidoso, loud.
ruina, wreck, ruin.
rulo, curler, roller.
rumor, rumor.
rural, rural.
ruta, route.
ruta, bus route.

S

saber, know.
sabio, wise.
sabor, taste, flavor.
sacacorchos, corkscrew.
sacagrapas, staple puller.
sacapuntas, sharpener, pencil sharpener.
sacar del cascarón, hatch.
sacerdote, priest.
saco, bag, sack.
sacrificar, butcher, slaughter.
sacudida, jerk.
sacudir, flap, jolt, rattle, whisk.
safari, safari.
sagrado, holy, sacred.
sajar, lance.
sal, salt.
sala, hall.
sala de estudios, study hall.
sala de un tribunal, courtroom.
salar, salt.
salario, salary, wage.
salchicha, wiener.
salchicha de fráncfort, frankfurter.
saldo, balance.
salida, exit.

salida de sol, sunrise.
salir, go out.
salir a chorros, spurt.
salir de excursión, ramble.
saliva, saliva.
salmón, salmon.
salón, lunge, parlor.
salpicar, splash.
salsa, gravy, sauce.
saltamontes, grasshopper.
saltar, jump, spring.
saltito, hop.
salto, jump.
salud, health.
saludar, greet, salute.
saludo, greeting, salute.
salvaje, wild, savage.
sandalias, sandals.
sandía, watermelon.
sangrar, bleed, indent.
sangre, blood.
sano, healthy, fit.
santo, saint.
sapo, toad.
sarampión, measles.
sardina, sardine.
sargento, sergeant.
sarpullido, rash.
sartén, frying pan, skillet.
sastre, tailor.
satélite, satellite.
satisfacer, satisfy.
satisfactorio, satisfactory.
satisfecho, content.
sauce, willow.
savia, sap.
sazonar, pepper, season.
scheriff, scheriff.
secador, dryer.
secar, dry.
sección, section.
seco, dry.
secretaria, secretary.
secreto, secret.
secuestrar, kidnap.
secundario, secondary.
seda, silk.
sediento, thirsty.
segar, mow, reap.
seguir, follow.
segundo, second.
seguramente, surely.
seguridad, security, safety.
seguro, insurance, sure, safe.
seleccionar, select.
sellar, seal.
sello de caucho, rubber stamp, stamp.
sello postal, stamp.
semáforo, stoplight.
semana, week.
semana santa, easter.
semanalmente, weekly.
sembrar, sow.
semental, stallion.
semestre, semester.
semicírculo, semicircle.
semilla, seed, bean.
semillas de maíz, corn.
senado, senate.
senador, senator.
sencillo, simple.
sendero, path.
seno, sinus.
sensación, sensation.
sensato, sensible.
sentarse, sit.
sentencia, sentence.
sentido común, sense.
sentimientos, feelings.
sentir, feel, sense.
señal, signal, sign, mark.
señal luminosa, flare.
señor, Mr.

señora, Mrs.
señorita, Miss.
separado, separate, apart.
ser, be.
ser humano, human being.
sereno, steady.
serial, serial.
serie, series.
serie, set.
serio, serious, steady.
serpentear, wriggle.
serpiente, snake, serpent.
serpiente de cascabel, rattlesnake.
serrín, sawdust.
servicio, service.
servilleta, napkin.
servir, serve.
sesión, session.
seto, hedge.
severo, harsh, stern, grim.
sexo, sex.
sí, yes.
si, if, whether.
siempre, ever, always.
sierra, saw.
sierra de vaivén, jigsaw.
siesta, nap.
siglo, century.
significado, meaning.
significar, mean.
signo de admiración, exclamation point.
signo de división, division sign.
signo de interrogación, question mark.
signo de la multiplicación, multiplication sign, times sign.
signo igual, equal sign.
signo más, plus sign.
signo menos, minus sign.
sílaba, syllable.
silbar, whistle, hoot.
silbato, whistle.
silbido, whistle.
silencio, silence.
silencioso, quiet, silent.
silla, chair.
silla de cuero, saddle.
sillón, armchair.
símbolo, symbol.
similar a otro, alike.
simpático, likable.
simple, plain.
sin, without.
sin duda, really.
sin embargo, however.
sin interés, uninteresting.
sin mangas, sleeveless.
sin valor, worthless.
sinagoga, synagogue.
sincero, sincere.
sindicato, union.
sinfonía, symphony.
singular, single, singular.
síntoma, symptom.
sirena, mermaid, siren.
sirope, syrup.
sisear, hiss.
siseo, hiss.
sistema, system.
sistema solar, solar system.
situación, situation.
soltero, single.
sketch, skit.
sobrante, spare.
sobre, envelope.
sobre, on, upon, over, above.
sobrecubierta, jacket.
sobresaltar, startle.
sobrina, niece.
sobrino, nephew.
social, social.
sociedad, society.
socio, partner.
sociología, social studies.
sofá, sofa, couch.

soga, rope.
sol, sun.
solar, site.
soldado, soldier.
soldado raso, private.
soleado, sunny.
soledad, lonely.
solemne, solemm, dignified.
solicitar, request, apply.
solicitud, form, blank, application.
sólido, solid.
solitario, solitary.
solo, alone, lone, only.
soltar, release, free.
soltera, spinster.
soltero, bachelor.
solución, solution.
sollozar, sob.
sombra, shadow, shade.
sombrero, hat.
sonajero, rattle.
sonar, sound.
sónico, sonic.
sonido, sound, peep.
sonreír, grin.
sonreír burlonamente, sneer.
sonrisa despreciativa, sneer.
soñar, dream.
soñoliento, sleepy, drowsy.
sopa, soup.
soplar, blow, puff.
soplo, whiff, puff.
soportar, endure,
soporte, cradle.
sorber, sip, suck, sniff.
sorbo, sip, sniff.
sordo, deaf.
sorprender, surprise.
sospechar, suspect.
sospechoso, suspect.
squash, squash.
sótano, basement.
staff, staff.
stop, stop sign.
su (de él), his.
su (de ella), her.
su (de ellos), their.
subasta, auction.
subdivisión, subdivision.
submarino, submarine.
subrayar, underline.
subsidio, benefit.
subterráneo, underground.
suburbano, suburban.
suburbio, suburb.
suceder, occur.
suciedad, dirt, soil.
sucio, dirty, foul, nasty.
sudar, perspire.
sudor, sweat.
suelo, floor, ground.
suelto, loose.
sueño, dream, sleep.
suerte, luck.
suéter, sweater.
suficiente, sufficient.
sufijo, suffix.
sufrir, suffer.
sugerencia, suggestion, hint.
sugerir, suggest.
suit, suite.
sujetar, clench.
sujeto, subject.
suma, sum.
sumergir, dip.
sumergirse, sink.
suministrar, furnish.
superficial, shallow.
superficie, surface.
superlativo, superlative.
supermercado, supermarket.
supersónico, supersonic.
supervisor, supervisor.

suponer, suppose.
sur, south.
surtido, assorted.
suspender, adjourn.
suspirar, sigh.
suspiro, sigh.
sustancia, substance.
sustituto, sustitute.
susto, fright.
sustraccion, subtraction.
susurrar, murmur.
susurro, whisper, rustle.
suyo (de él), his.
suyo (de ella), hers.

T

tabaco, tobacco.
tabla, table.
tabla de multiplicar, multiplication table.
tablero, board.
tableta, tablet.
tablón, plank, shingle.
tablón de anuncios, bulletin board.
taburete, stool.
taciturno, glum.
tacón, heel.
tachuela, tack.
tal, such.
tal vez, possibly.
taladrar, bore, drill.
taladro, drill.
talón, heel.
tallar, carve.
taller, garage.
tallo, stalk, stem.
tamaño, size.
tambalearse, wobble, stagger, totter.
también, also, too.
tambor, drum.
tamborilear, patter.
tamborileo, patter.
tampón, stamp pad.
tanque, tank.
tanteo, score.
tapadera, lid, cover.
tapón, plug, cork stopper.
taponazo, pop.
taquigrafia, shorthand, stenography.
taquígrafo, stenographer.
taquilla, locker.
tarde, late, afternoon, evening.
tardío, tardy.
tarea, task.
tarifa, fare.
tarjeta, card.
tarjeta de crédito, credit card.
tarjeta de felicitación, valentine.
tarjeta perforada, punch card.
tarjeta postal, postcard.
tarta de fruta, cobbler.
tartamudear, stammer, stutter.
tartera, lunch box.
tarro, jar.
tasador, assessor.
taxi, taxi, cab.
taza, cup.
tazón, bowl, basin.
té, tea.
teatro, theater.
tecla, key.
teclado, keyboard.
techo, ceiling.
teja, tile.
tejado, roof.
tejado de paja, thatch.
tejer, weave.
tejido, tisue.
tela escocesa, plaid.
telar, loom.

telaraña, cob web, web.
teléfono, telephone, phone.
telégrafo, telegraph.
telegrama, telegram.
telescopio, telescope.
televisión, television.
televisión por cable, cable television.
tema, theme.
temblar, tremble, quake.
temblor, tremor, quake.
temer, dread, fear.
temeroso, fearful.
temperamento, temper.
temperatura, temperature.
tempestad, tempest.
templo, temple.
tempo, tempo.
temporal, temporary, gale.
tenacillas, tongs.
tenaz, stubborn.
tendedero, clothesline.
tender, spread.
tendero, grocer.
tenedor, fork.
tener, have.
tener cuidado, beware.
tener éxito, succeed.
tenis, tennis.
tenso, tight, tense.
tentar, tempt.
tentenpié, snack.
teñir, dye.
tercero, third.
terciopelo, velvet.
terminal, terminal.
terminar, end, finish.
término, term.
termita, termite.
termómetro, thermometer.
termostato, thermostat.
ternera, veal.
terraza, terrace.
terremoto, earthquake.
terrible, terrible, fearful, awful, dreadful.
terrier, terrier.
terror, terror.
terrorista, bomber.
tesis, thesis.
tesorero, treasurer.
tesoro, treasure.
testificar, testify.
testigo, witness.
tetera, teapot.
tía, aunt.
tío, uncle.
tibio, warm, lukewarm, tepid.
tiburón, shark.
ticket, ticket.
tictac, tick.
tiempo, weather, time.
tiempo suplementario, overtime.
tiempo verbal, tense.
tienda, shop, store.
tienda de campaña, tent.
tienda de ultramarinos, grocery store.
tierra, land, earth.
tigre, tiger.
tijeras, scissors, shears.
tijeretear, snip.
timador, crook.
timido, shy, timid, bashful.
timón, rudder.
tina, tub.
tinta, ink.
tinte, dye.
tintinear, tinkle.
tintineo, tinkle.
tintorería, dry cleaners.
tiovivo, merry-go-round.
tipi, tepee.
tipo, type.
tira y afloja, tug-of-war.
tirar, toss.

tirar con fuerza, tug.
tirantes, suspenders.
tirano, tyrant.
tirar, drop.
tiritar, shiver.
tiro con arco, archery.
titular, headline.
título, title.
tiza, chalk.
toalla, towel.
tobera, nozzle.
tobillo, ankle.
tobogán, toboggan, slide.
tocadiscos, record player.
tocar, touch, handle, feel.
tocar con el codo, nudge.
tocón, stump.
todo, everything, all, whole.
todos, everybody, all.
tolerancia, tolerance.
tolerante, tolerant.
tolerar, tolerate.
tomar, take.
tomate, tomato.
tonelada, ton.
tono, tone.
tonto, silly, foolish.
topo, mole.
torcedura, sprain.
torcer, twist, buckle.
torcer un músculo, sprain.
torcido, crooked.
tormenta, storm.
tornado, tornado.
torneo, tournament.
tornillo, scew.
torniquete, tornstile.
toro, bull.
toros y vacas, oxen.
torpe, clumsy, awkward.
torpedo, torpedo.
tortazo, sock, clout.
tortilla, omelette.
tortuga, turtle, tortoise.
tortuoso, crooked.
torturar, torture.
torre, tower.
torrente, torrent.
tos, cough.
tosco, coarse.
toser, couch.
tostada, toast.
tostar, toast.
tostador, toaster.
total, total, full.
totalmente, all.
trabajar, work, labor.
trabajo, labor, work, employment.
tractor, tractor.
tradición, tradition.
traducir, translate.
traer, bring.
tráfico, traffic.
tragar, swallow, suck.
tragedia, tragedy.
trago, swallow, gulp.
traicionar, betray.
traicionero, treacherous.
traidor, traitor.
traje, suit.
traje de gimnasia, gym suit.
trampa, trap.
tranquilo, calm.
transbordo, transfer.
transformar, transform.
transistor, transistor.
transparente, transparent.
transplantador, trowel.
transplantar, transplant.
transplante, transplant.
transportador, protractor.
transportar, carry.
transporte, transportation.

trapecio, trepeze.
trasladar, transfer, shift.
traspalar, shovel.
traspasar, trespass.
trasto, junk.
tratar, treat.
trazo, line.
trébol, shamrock, clover.
tregua, armistice, truce.
trementina, turpentine.
tremendo, tremendous, terrific.
tren, train.
trenza, braid.
trenzar, braid.
trepar, scramble.
triángulo, triangle.
tribuna, gallery.
tribunal de justicia, court.
tribunal supremo, supreme court.
triciclo, tricycle.
trigo, wheat.
trigonometría, trigonometry.
trillón, trillion.
trimestre, term.
trinchera, trench.
trineo, sled.
tripulación, crew.
triste, sorry, sad, unhappy.
tristeza, sorrow.
trompa, trunk.
trompeta, trumpet.
trona, high chair.
tronar, thunder.
tronco, trunk, log.
tronchar, chop.
tropezar, stumble, trip, bumb.
trópico, tropics.
trotar, trot, jog.
trozo, bit, scrap, lump, shred.
truco, trick.
trueno, thunder.
tweed, tweed.
tú, you.
tú mismo, yourself.
tubería, pipe.
tubo, tube.
tubo de ensayo, test tube.
tubo de respiración, snorkle.
tuerca, nut.
tulipán, tulip.
tumba, tomb, grave.
tumulto, commotion.
tunante, rascal.
túnel, tunnel.
túnica, robe.
turbar, embarrass.
turbina, turbine.
turista, tourist.
turno, turn.
tutor, tutor.
tuyo, yours.

U

úlcera, ulcer.
último, last.
ululato, hoot.
umbral, doorstep, still.
un/a, a.
una vez, once.
underground, underground.
unidad, unit.
uniforme, uniform, steady.
ungüento, ointment.
unión, union.
unir, unite.
universal, universal.
universidad, university.
universo, universe.

uno, one, a, an.
untar, spread.
untar mantequilla, butter.
uña, nail, fingernail.
urbano, urban.
usado, used.
usar, use.
usual, usual.
útil, useful, helpful.
utilizar, use.
uva, grape.

V

vaca, cow.
vacación, holiday, vacation.
vacilar, hesitate.
vacío, empty, vacant, vacuum.
vacuna, vaccination.
vacunar, vaccinate.
vadear, wade.
vado, ford.
vagabundear, wander.
vagabundo, tramp.
vagar, tramp, loiter.
vagón, wagon.
vaina, pod.
vainilla, vanilla.
valiente, brave, bold.
valioso, valuable.
valor, courage, value. worth.
valla, hurdle, fence.
valle, valley.
vanidoso, vain.
vanidad, vanity.
vapor, vapor.
vapor de agua, steam.
vaquero, cowboy.
vara, stick, rod.
variedades, variety.
varios, several.
varita mágica, wand.
varón, male.
vaso, glass, tumbler.
vaso alto, beaker.
vástago, offspring.
vasto, vast.
vecindad, neighborhood.
vecino, neighbor.
vehículo, vehicle.
vela, candle.
vela de un barco, sail.
veleta, weather vane.
velatorio, wake.
velo, veil.
velocidad, speed, rate.
velocímetro, speedometer.
veloz, fast, express.
velloso, fuzzy.
vena, vein.
vencer, overcome, defeat.
vendaje, bandage.
vendar, bandage.
vender, sell.
veneno, poison.
venganza, revenge, vengeance.
vengarse, revenge.
venir, come.
venta, sale.
ventana, window.
ventilador, ventilator.
ventisca, blizzard.
ventoso, windy.
ver, see, sight.
veranda, veranda.
verano, summer.
verbo, verb.
verdad, truth.
verdadero, true.
verde, green.

verdoso, green.
verdura, vegetable.
vergonzoso, shameful.
vergüenza, shame, disgrace.
verja, gate, railing.
verso, verse.
verter, spill, dump.
verruga, wart.
vestíbulo, hall, lobby.
vestido, dress.
vestuario, costume.
veterano, senior.
veterinario, veterinarian, vet.
veto, veto.
varicela, chicken pox.
vía férrea, railroad.
viaducto, viaduct.
viajar, travel.
viaje, trip, travel, journey, voyage, drive.
vicepresidente, vice president.
vicioso, vicious.
víctima, victim.
victoria, victory.
vid, vine.
vida, life.
video, video.
videodisco, video disk.
viento, wind.
vientre, belly.
viga, beam.
vigilante, watchman, caretaker, lifeguard.
vigilar, carvy.
vigor, vigor.
villancico, carol.
vinagre, vinegar.
vinilo, vinyl.
vino, wine.
violento, violent.
violeta, violet.
violín, violin, fiddle.
virus, virus.
visado, visa.
visera, bill.
visibilidad, visibility.
visible, visible.
visión, vision, glimpse.
visita, visit, call.
visitante, visitor.
visitar, visit.
víspera, eve.
vista, view, sight.
vistazo, glance.
vitamina, vitamin.
vitorear, cheer.
viudo/a, widow/er.
víveres, groceries.
vivir, live.
vivo, alive, live, vivid.
vocabulario, vocabulary.
vocal, vowel.
volante, steering wheel.
volar, fly.
volatería, poultry.
volcán, volcano.

voleibol, volleyball.
volcar, upset.
voltereta, somersault.
volumen, bulk, volume.
voluntario, volunteer.
vómito, vomit.
votar, vote.
voto, vote, vow.
voz, voice.
vuelo, flight.
vulgar, vulgar.

W

whisky, whiskey.

X

xilofón, xylophone.

Y

y, and.
ya, already.
yarda, yard.
yate, yatch.
yegua, mare.
yema, yolk.
yeso, plaster.
yo, i.
yo mismo, myself.
yogur, yogurt.
yoyó, yo-yo.

Z

zambullirse, dive, duck, plunge.
zancos, stilts.
zapatero, shoemaker, cobbler.
zapatilla, slipper.
zapatillas de gimnasia, sneakers.
zapato, shoe.
zapatos de tenis, tennis shoes.
zigzag, zigzag.
zona, zone.
zoológico, zoo.
zorro, fox.
zumbador, buzzer.
zumbar, buzz.
zumbido, buzz.
zurcir, darn.